神について
いかに語りうるか

プロティノスからウィトゲンシュタインまで

W. シュスラー ◉編
芦名定道 ◉監訳

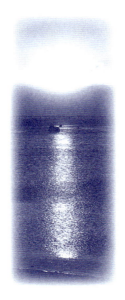

Wie läßt sich über Gott sprechen?
Von der negativen Theologie Plotins bis zum religiösen Sprachspiel Wittgensteins

日本キリスト教団出版局

Wie läßt sich über Gott sprechen?
Von der negativen Theologie Plotins
bis zum religiösen Sprachspiel Wittgensteins

hrsg. Werner Schüßler

Copyright © 2008 by Wissenschaftliche Buchgesellschaft

Japanese Edition Copyright © 2018
Translated by Permission of
Wissenschaftliche Buchgesellschaft
tr. by ASHINA Sadamichi
Published by
The Board of Publications
The United Church of Christ in Japan
Tokyo, Japan

目　次

凡　例 ……6

序　言 ……7

I　クラウス・クレーマー
プロティノスの否定神学：
「我々は、それ［Es］が何でないかは言うことができる。
　しかし、それが何であるかを、我々は言うことができない」 ……11

II　ミヒャエル・フィードロヴィッチ
教父における否定神学のはじまり　……41

III　ノルベルト・エルンスト
トマス・アクィナスにおける神についての類比的な語り　……61

IV　クラウス・クレーマー
ニコラウス・クザーヌスにおける謎としての神認識：
否定神学の克服なのか、変化「形態」なのか　……83

V　クリスティアン・ダンツ
宇宙の媒体、象徴、直観：
シュライアマハーの1799年の『講話』の神表象と
カントとフィヒテにおける問題史的文脈　……108

VI　マルクス・ペレノウド
「私たちのXは、厳密にいうと、教示されえず、
　ただ刺激され、目覚めさせられるものでしかない」：
ルドルフ・オットーの『聖なるもの』における
聖なるものの言語的遂行について　……130

VII　ディルク＝マルティン・グルーベ
信仰の類比（analogia fidei）：
カール・バルトにおける「類比の出来事」について　……160

VIII　エルドマン・シュトゥルム
ルドルフ・ブルトマンの
非神話化と実存論的解釈についてのプログラム　……181

IX　アンドレアス・レスラー
神をこの世的に理解し、神について語る：
ディートリヒ・ボンヘッファー、
宗教から離れた状況におけるキリスト教的証言について　……205

X　ヴェルナー・シュスラー
宗教の言語としての象徴：
パウル・ティリッヒによる
宗教的言語の「非字義化」のプログラム　……235

XI　マルティン・ライナー
マルティン・ブーバーが語る神の蝕について　……261

XII　ティエモ・ライナー・ペータース
神の危機：
ヨハン・バプティスト・メッツにおける
慰めなさの否定神学に対して　……283

XIII　ルドルフ・フォーダーホルツァー
アンリ・ド・リュバック：
神学特有の思考形式としての逆説　……302

XIV　ヴェルナー・シュスラー
超越者の言語としての暗号：
カール・ヤスパースは「否定神学者」か？　……327

XV　ペーター・ヴェルゼン
リクールによる宗教の解釈学的現象学：
宗教的象徴の解釈学から宗教的テクストの解釈学へ　……357

XVI　ザスキア・ヴェンデル
超越についての「非言語的な語り」：
リオタール、デリダ、レヴィナス　……378

XVII　アンドレアス・コリテンスキー
ルートヴィヒ・ウィトゲンシュタイン：
言語ゲームによる宗教の解明　……399

XVIII　カール＝ハインツ・ポール
語りえぬことを語る：
老子と荘子におけるタオとナーガールジュナの「空」　……421

人名索引　……454
事項索引　……465

訳者あとがき（芦名定道）　……480
執筆者紹介　……483
翻訳者紹介　……486

　　　　　　　　　　　　　　　　　　　　　装丁　熊谷博人

凡　例

・原文でイタリックになっている箇所は訳文では傍点を付した。
・原文がラテン語・ギリシア語の箇所は、漢字とカタカナで訳した。
　例）analogia entis →存在ノ類比。
・原書中の引用符（„　"）は、書名の場合は『　』、それ以外は「　」で、（‚　'）は〈　〉で表記した。
・引用文中の［……］と［　］は著者による省略と補足である。
・〔　〕内は訳者による補足である。
・語句の区切りの明確化のために、訳者が〈　〉を付加した場合がある。
・邦訳がある場合は、初出の箇所で示した。ただし訳者があらためて訳出したので、既存の邦訳とは必ずしも一致しない。
・聖書からの引用は、原則的に、『聖書　新共同訳』（日本聖書協会）による。
・引用箇所と参照箇所の誤りは、特に断りなく訂正した。

序　　言

　　神あるいは絶対的なものについていかに語ることができるのか。この問いは神学的また哲学的な思想にとって最初からの関心事であった。われわれが神について語るのにもち出すことができるのは人間的な概念にすぎないということを、ソクラテス以前の哲学者であるクセノパネスはすでに知っていた。人間的な概念はわれわれの有限な世界から取り出されたものであり、したがって神的なものの現実におよばないのは必然的であり、それゆえ常に擬人観の危険を伴っている。それについて、クセノパネスの有名な断片15と16では、次のように述べられている。「しかしもし牛や馬やライオンが手を持っており、あるいはその手によって絵を描き、人間のように作品を作ることができるとするならば、馬は馬に似た神々の形姿を、牛は牛に似た神々の形姿を描き、それぞれ自分たちの持つ姿と同じような体を作るだろう」、そして「エチオピア人は彼らの神々が丸い鼻で色が黒いと主張し、トラキア人は目が青く髪が赤いと主張する」〔『ソクラテス以前哲学者断片集　第Ⅰ分冊』岩波書店、1996年〕。

　　2000年後、著名な枢機卿ニコラウス・クザーヌスは神秘的な著書『神を観ることについて』（1453年）第6章で、依然としてまったくこの意味において、次のように意見を述べている。「それゆえに、愛情を込めた顔をもってあなたを見つめる者は、愛情を込めて自分を見つめる他ならぬあなたの顔を見いだすのです。……すなわち、この肉体の眼が赤いガラスを通して眺めれば見るものすべてを赤いと判断し、緑のガラスを通して眺めれば見るものすべてを緑と判断するのと同様に、縮限と受動にとらわれたいかなる精神も、自らの縮限と受動の性質に応じて、精神の対象であるあなたのことを判断するのです。……もしライオンがあなたに顔を付与する場合にはあなたの顔を他ならぬライオンの顔として見なすでしょうし、牛は牛の顔と、鷲は鷲の顔と見なすでしょう」〔クザーヌス『神を観ることについて　他二篇』八巻和彦訳、岩波文庫、2001年〕。

　　しかしこれに関して、マックス・シェーラーは、フォイエルバッハに従って神表象を人間の投影として考えることは必然的ではなく、クザーヌスがも

ちろんそれをそのようにさえ見なしていないということを、明瞭に指摘している。すなわち彼は、神の理念が擬人観にすぎないという見解を、「近代人」が考え出したもっとも愚かなものと見なしている。そして、さらに、次のように説明している。「それは間違いであって、むしろ『人間』という比類なく有意味な理念はまさしく『擬神観』であり、Xの理念は神の有限で生きた似姿である。それは、神の影像の比喩、存在という偉大な壁の上の神の数限りない影像の一つである！」（Max Scheler, Gesammelte Werke, Bd. III, hg. von Maria Scheler, Bonn 5. Aufl. 1972, 187）。

投影理論は、もしそれが神々を形作る素材は人間の経験に由来することを主張するのであれば、たしかにまったく正当である。プロテスタント神学者にして哲学者であるティリッヒが要約するように、「しかしそれは、『投影を映す壁』自体が……投影であることを決して意味しない」（Paul Tillich, Gesammelte Werke, Bd. XII, hg. von R. Albrecht, Stuttgart 1971, 334）。

神的なものとの関わりにおいて、われわれの概念がすべて不適切であることは、すでに早くからいわゆる「否定神学」の発展へと導いていたが、その際に、問題となるのは哲学であって、神学ではない。周知のように否定神学の古典的な表現は、新プラトン主義者プロティノスの著書の中に見いだされる。それに従えば、神についてわれわれが知るのは、神が何であるかではなく、むしろ神が何でないかである。しかし否定神学は、そのように誤解されることも珍しくないのだが、純粋に否定的なのではなく、否定を超えて、神的なものに「触れよう」と試みるのである。

否定神学の伝統については過去に遡って繰り返し語られてきたが、それは、すでに挙げられたニコラウス・クザーヌスの場合にそうであるように、教会教父ならびに神秘主義の伝統と近い立場にある神学者と哲学者においても、同様である。そしてトマス・アクィナスは、アリストテレスの「プロス・ヘン〔一なるものの関係において〕」言明に立ち戻り、類比論によって「神についての語り／神の語り（Gottes-Rede）」の真の独自の形式を展開したのであるが、彼自身、否定神学との対論を繰り返し批判的に行っている。この思想形態の諸要素は、それから20世紀に至るまで、とりわけルドルフ・オットー、パウル・ティリッヒ、カール・ヤスパースにおいて、ならびにジャン・フランソワ・リオタール、ジャック・デリダ、エマヌエル・レヴィナスにおいても、形を変えてではあったとしても、見いだされるのである。

われわれは、次の思想家たちにおいて、「神についての語り」の真に独自の試みに出会う。すなわち、カントとフィヒテの影響に遡るフリードリヒ・シュライアマハーの思想において、ポール・リクールの宗教の解釈学的現象学において、アンリ・ド・リュバックの逆説概念において、ならびにルートヴィヒ・ウィトゲンシュタインの宗教的な言語理論においてである。

　それに対して、カール・バルト、ルドルフ・ブルトマン、ディートリヒ・ボンヘッファーといったプロテスタント神学者は「神についての語り」の断固として神学的な思想形態を展開し、哲学的なモデルから区別することを目指した。ユダヤ教的な宗教哲学者マルティン・ブーバーとカトリック神学者ヨハン・バプティスト・メッツも、それぞれの異なった前提からではあるが、結局のところ、「神についての語り」に関連して、神の蝕または神の危機に注意を促している。

　アジアの伝統においては、まったく独特な思想形態が展開された。それは、例えば、「道」あるいは「空」についての語りに関わっている。これは、非常な相違のもとにおいてであるが、否定神学と多くの共通性を示している。本書の締めくくりの寄稿論文は、この思想を扱っている。神あるいは絶対的なものについていかに語ることができるのかという問いにおいて問題とされるのはまさに「頑強な」哲学的－神学的なテーマであるということが、明らかになるであろう。このテーマは宗教と文化の一切の境界を越えるのである。

　たしかに、ほかのだれかれの思想家ならびにほかのあれやこれやの思想形態がなおも考慮され得たかもしれないが、しかし、私にとって大切なのは、完璧さではなく、「神についての語り」に関連した最重要な哲学的また神学的な思想形態をまず一つの著書に集めることなのである。この「手引き」に参加いただいたすべての同僚の専門家にこの場を借りてほんとうに心からの謝意を表したい。それだけでなく、「神についてのすべての語りが途方に暮れてたどたどしく語ることであり、せいぜいのところ神に至る途上にあり続けるのだということ」（ピンハス・ラピーデ）を明らかにできるならば、この著書はその役割を十分に果たしたのである。

　　トリーア、2007年5月　　　　　　　　　　　　ヴェルナー・シュスラー

I

クラウス・クレーマー

プロティノスの否定神学

「我々は、それ［Es］が何でないかは言うことができる。しかし、それが何であるかを、我々は言うことができない」

§1．プラトンの思索に倣って

『エンネアデス』の中で、プロティノスがどのように否定神学を理解したかについて調べるためには、少なくとも前もって、プラトンにおけるこの議論に——ただし、「テオロギア・アポファティケー（θεολογία ἀποφατική）〔否定神学〕」の概念は、プロティノスにもプラトンにも現れていないが——目を向けることが不可欠である[1]。というのも、プロティノスは、自分の教説を独自の記述に従った新しいものと見なしたのではなく、プラトン自身が書いて残した証言に由来する、これまでの教説を解釈したものにすぎないと考えて

---

[1] プラトンの場合、「テオロギア」という概念が見いだされるが、それは神についての認識として理解されていた。Polit. 379 a 5f.〔『国家』〕．これについては、以下の文献を参照。W. Jaeger, Die Theologie der frühen griechischen Denker (Darmstadt ²1964) 12f; Historisches Wörterbuch der Philosophie (HWP) Bd. 10 (Basel 1998) 1080f. 否定・肯定神学については、恐らく偽ディオニュシオス・アレオパギテースが言及し（De mystica Theologia III: PG 3, 1032 CD, 1033 C）〔『神秘神学』〕、彼に続いたのが、ヨハンネス・スコトゥス・エリウゲナ（880年頃没）である。De divisione naturae II.30: PL 122, 599 C. S.〔『自然区分論』〕；HWP, a.a.O., Sp. 1082.「テオロギア」という語は、プロティノスに属するのではない。「否定」と「肯定」については、以下を参照。Lexicon Plotinianum, hg. v. J. H. Sleeman u. G. Pollet (Leiden/Löwen 1980) s. vv.

いたからである[2]。

　否定神学は、「肯定ノ道」（via affirmativa）、「類比ノ道」（via analogia）、また「卓越性ノ道」（via eminentiae）と内的に連関した探求方法の一部と見なされる[3]。そのため、肯定ノ道ないしは類比ノ道に対してはプラトンの『国家』における太陽の比喩が、そして、否定ノ道に対してはプラトンの『パルメニデス』が、また、卓越性ノ道に対しては『饗宴』が、それぞれ対応していることが指摘される。プロティノス自身は、『エンネアデス』第VI巻第7論文第36章第6-8行において、この3つの探求方法を明確に示唆していた。「それ（至高なる存在を仰ぎ観ること）を教えてくれるのは、類比（ἀναλογίαι）と除去〔否定〕（ἀφαιρέσεις）[4]と、かのもの（一者・善）から生じたものの認

---

[2] V 1, 8, 10-14. 以下に挙げる文献の「プロティノス（Plotinos）」の項目も参照。H.-R. Schwyzer, in: Pauly-Wissowa-Ziegler, Realencyclopädie der klassischen Altertumswissenschaft (Stuttgart 1893ff.) Bd. XXI/1 (1951). 現在では、補足が付いた版が入手可能である（München 1978）。Cf. 1. Platonische Nachfolge, S. 547, 46-553, 59.

[3] 3つに区分された道の歴史的開始点としてのプラトンの対話的上昇の概念については、例えば次の文献が示唆している。W. Beierwaltes (Platonismus im Christentum, Frankfurt/M. 1998. 2nd 2001, 135f.). この文献の脚注9で挙げられた重要な指摘は、いわゆる三性が、浄化・照明・完成という他の三性と同一視されえず、また両者の間につながりも見いだせないということである——新プラトン主義以前のガイウス学派（紀元後2世紀）におけるいわゆる最初の三性の議論に関しては、以下のものを参照。H. A. Wolfson, Albinus and Plotinus on Divine Attributes, in: Harvard Theological Review 45 (1952) 115-130. この文献は、現在は以下のものに収録されている。Der Mittelplatonismus. Wege der Forschung, Bd. 70, hg. v. C. Zintzen (Darmstadt 1981) 150-168. さらに、以下のものも参照。H. Dörrie, Die Frage nach dem Transzendenten im Mittelplatonismus, in: Les Sources de Plotin. Entretiens sur l'antiquité classique, Tom V (Genève 1960) 13 u. 228. アレクサンドリアのフィロンにおいて、（非常に狭い意味での）否定神学の部分的契機が既にあったか否かに関しては、ウルフソンの上掲書150-152頁を参照。また、プロティノス（とアルビノス）のアファイレシス（ἀφαίρεσις）の概念に関するウルフソンの解釈に対する批判については、以下のものを参照。J. M. Whittaker, Neupythagoreismus und Negative Theologie, in: Der Mittelplatonismus, a.a.O., 169-186. ここでは特に、175-181 および 185 頁以下を参照。

[4] Bréhier, Hadot, Armstrong übersetzen ἀφαίρεσις mit „négations" bzw. „negations", Theiler-Beutler mit „Abstraktion". 脚注3も参照。

識と、また上昇の段階（ἀναβασμοι）⁵である」⁶。太陽の比喩によれば⁷、太陽は善のイデアの「子ども」（ἔκγονον）⁸として示される。見えるものの世界において、太陽があらゆる事物に存在と生命と認識を賦与するように、見えざるものの世界において、諸々のイデアの中のイデアは、あらゆる生起するものに本質と認識を賦与する。しかし、太陽や他の諸々のイデアとは異なり、善のイデアはもはや何ものにも依存せず、絶対的なもの（ἀνυπόθετον）⁹そのものであり、あらゆる存在を超えて直知されうるものであり、力と位において凌駕するものである¹⁰。善の子どもとして、すなわち善に類似して生み出されたもの（ἀνάλογον ἑαυτῷ）として¹¹、太陽は我々が善のイデアの存在を認識するに至るまでを助けることができるのである。

　プラトンの『パルメニデス』¹²の中で、プロティノスは次のような命題に直面している。「ところで、もし何かがあらぬとすれば、そのあらぬもの〔非有〕にとって何かがあるということがあるだろうか、それが所有し、それに

5　Symp. 211 c 3〔『饗宴』〕.〔なお、以下のプラトンの著作の翻訳に際しては、『プラトン全集 1-15』田中美知太郎・藤沢令夫監修、岩波書店、1975 年を参照し、上記邦訳者（田中ほか）が補ったものを｜｜、訳者が補ったものを〔　〕とした。〕

6　この箇所の解釈については、次のものを参照。Plotins Schriften, übersetzt v. R. Harder. Neubearbeitung mit griech. Lesetext und Anmerkungen (Hamburg 1956 ff.) = Harder². Ab Bd. II fortgeführt v. R. Beutler u. W. Theiler, zitiert ebenfalls als Harder². VI 7,36,6-8 の解釈については、Harder 2, IIIb (1964) 511 を参照。さらに、次のものも参照。Les Écrits de Plotin. Traité 38. VI, 7. Introd., trad., comment. et notes par P. Hadot (Paris 1988) 348.〔なお、翻訳に際しては、『プロティノス全集 1-4、別巻』田中美知太郎・水地宗明・田之頭安彦訳、中央公論社、1986–1988 年を参照し、引用者（Kremer）の補ったものを［　］、上記邦訳者（田中ほか）が補ったものを｜｜および〈　〉、訳者が補ったものを〔　〕とした。〕

7　Polit. 508 a 4ff.

8　Ebd. 508 b 13.

9　Ebd. 520 b 7; 511 b 6.

10　Ebd. 509 b 9f.

11　Ebd. 508 b 13.

12　プロティノスは、三段説におけるヒュポスタシスの教説が、プラトンの『パルメニデス』の第二部〔第 8 章以下〕の中で証明されているのを見いだした。これに関しては、以下のものを参照。H.-R. Schwyzer, Die Zwiefache Sicht in der Philosophie Plotins, in: Museum Helveticum 1 (1944) 87-99; ibid. Art. „Plotinos", a.a.O.（本論脚注 2）553-554. プロティノスにおける 3 つのヒュポスタシスと、プラトンの三段説に関する並行箇所の要約は、同書 324, 8-14 を参照。

所属するような何かが」[13]。絶対的なものは、存在と認識を超越している。なぜなら、ありうべき知識は、絶対的なものに達することはなく、それに関する他のものにも達しないからである。「したがって、それ〔絶対的な一者・善〕には、名前もなければ、説明｛もしくは命題｝もなく、学問的知識のたぐいもなく、感覚や思いなしもつかないことになる」[14]。

　卓越性の道は、プラトンの『饗宴』の中で巫女ディオティマの話を通じて描かれている[15]。それは、美しい肉体への愛とともに始まり[16]、魂における美へと進み[17]、さらには人間の営みと掟における美へ[18]、そして美の大海原へと進み[19]、最後にはあらゆる点で美しく、生成も消滅もない美そのものへと至る方法論である[20]。

§2. 我々は神について語ることができるだろうか

　ここで扱う文章は『エンネアデス』第Ⅴ巻第3論文第14章第1-19行である。

　『エンネアデス』第Ⅴ巻第3論文第13章の結末部分は、次のことを確認して終わっている。存在自体（αὐτὸ τὸ εἶναι）は、それ自体において多種多様であり、また我々が名付けたとしても、存在自体に内包されている。しかし、すべてのもののうちで最も純粋なものは、善と同一視される一者であって、それ自体の直知〔νόησις〕を伴わないものである。——すなわち、プロティノスにとって、名付けうる存在の充溢それ自体は、直知の直知としての、一者・善から生じた超越的なヌース〔知性、英知〕と一体なのである。存在の

13　Parm. 142 a 1f.〔『パルメニデス』〕。この箇所の解釈については、以下のものを参照。J. Halfwassen, Der Aufstieg zum Einen. Untersuchungen zu Platon und Plotin (Stuttgart 1992) 400 頁と脚注 345。

14　プラトン『パルメニデス』142 a 3 以下。

15　Symp. 209 e 5- 211 d 1.

16　Ebd. 210 a.

17　Ebd. 210 b.

18　Ebd. 210 c.

19　Ebd. 210 d.

20　Ebd. 210 e- 211 d.

充溢だけでなく、自己自身の直知も、多性に関わっている。したがって、一者・善が自身を直知することもなければ、直知する可能性も存在しないのである[21]。

このように見てくると、我々の直知と言語は、アポリアに陥るであろう。これについて、プロティノスは次のように答えている。「では、われわれはか・の・も・の・｜一者｜について、ど・の・よ・う・に・語るべきか。われわれは、かのものについて何かを語るが、かのものを語る｜言い表す、規定する｜のではないし、かのものの認識も直知も持たないのだ。しかし、われわれがかのものを｜認識によって｜持っているのでなければ、か・の・も・の・に・つ・い・て・語ることがどうしてできようか。いや、われわれが認識によって｜かのものを｜持たないからといって、全然｜かのものを｜持たないことになるだろうか。否、か・の・も・の・に・つ・い・て・語ることができるが、かのものそのものを語ることはできないという程度には、われわれは｜かのものを｜持っているのだ。というのも、かのものが何でないかをわれわれは言うのであって、何であるかは言わないのである (καὶ γὰρ λέγομεν ὃ μὴ ἔστιν, ὃ δέ ἐστιν, οὐ λέγομεν)。したがって、われわれは、｜かのものの｜［その本性によれば］後のものを用いて (ἐκ τῶν ὑστέρων)、か・の・も・の・に・つ・い・て・語るわけだ。しかし、われわれが｜かのものを｜言い表せなくても、｜かのものを｜持つことをわれわれは妨げられてはいないのだ。否、ちょうど神がかりにあい、｜神霊に｜とりつかれた人たちが、何であるかは分からないが、自分の内にもっと偉大なものを持っているという程度のことは知っており、自分が動かされるその動きと自分が発することばとに基づいて[22]、動かしたものを或るふうに感知する——それら｜動きやことば｜と動かしたものとは異なるのだが——ように、われわれもかのものに対してそれと同様な関係に立っているように思われる。われわれが純粋な英知 (νοῦν καθαρόν) をもつばあいにであるが。｜つまり、このばあいには｜われわれはこのように感得するのだ。これは内なる英知［ὁ ἔνδον νοῦς］で、

21　V 3, 13, 33-36. 以下のプロティノスのテクストに従う。Paul Henry und Hans-Rudolf Schwyzer: Bd. 1: Vita Plotini u. Enneaden I-III (Oxford 1964); Bd. 2: Enneaden IV-V (Oxford 1977); Bd. III: Enneade VI (Oxford 1982).

22　この文中のギリシア語 „κεκίνηνται"（「動かされた」）は、複数形であって、単数形ではない。H.-R. Schwyzer, Corrigenda ad Plotini Textum, in: Museum Helveticum 44 (1987) 190-210, 特に 201 頁。

15

実有その他この系統に属するものを与えるものである[23]。他方かのもの自身は、それがどのようなものであろうとも、とにかくこれら〔実有その他〕ではなくて、われわれが〈有るもの〉〔ὄν〕と呼ぶものよりも優れた何かであるばかりか、ことばで言い表されるいかなるものよりも強大で偉大である。なぜなら、かのもの自身はことば〔条理〕と英知と知覚を超えたものであり、これらを提供はするが、それ自身はこれらではないのだから、と」[24]。

このテクストは、プロティノスの否定神学に関する我々の問いの多様な側面を明らかにしている。1. 一者・善は、「男性名詞」と「中性名詞」で表現される。2. 一者・善に至る方法はあるが、それは（その本性によれば）「後からのもの」〔認識、直知、言葉、知覚など、これらに加えて存在を与えられたものや生成したもの〕である。3. 一者・善は、存在するものや生成したものすべてと異なっている。4. 一者と善に関する直知と言語における主要な根本命題は、次のように述べられている。「というのも、我々はそれが何でないかを語るのであって、それが何であるかについて語るのではない」。5. 我々はそれに・・・ついて語ることはできるが、それ自体は言い表せない。これら5つの問題点が、以下の文章の中でさらに詳しくまとめられるであろう。

Ⅰ. 人格的な神の表象

一者・善は、プロティノスにとって真の神である。彼は、一者・善から現れ出た超越的なヌース〔知性〕を「第二の神」[25]と呼び、また魂と世界を神もしくは神々と見なしているため、一者・善の神性は問題とはならない。しかし、一者・善は完全性において自立しており、・・・すべての点において何も必要としていない。この一者・善は、あるときは中性名詞で、またあるときは男性名詞で表される。これは第Ⅴ巻第3論文第14章にも見いだされ[26]、

23　本論脚注6で挙げたHarderの上掲書（V b [1964] 511）は、この箇所と、使徒パウロのアレオパゴスの説教の中に、驚くほどの並行箇所があると指摘している。使徒言行録17章25節では、「神自らが、すべての人々に、命と息と万物とを与えた」ことがパウロによって語られている。

24　V 3, 14, 1-19. 強調箇所は引用者による。

25　V 5, 3, 3 以下。

26　αὐτό: V 3, 14, 2. 4. 6; ἐκεῖνο: V 3, 14, 13; αὐτός: V 3, 14, 16. 18. 19. H.-R. Schwyzerの本論脚

ἐκεῖνο / ἐκεῖνος（かのもの・かの者）や αὐτό / αὐτός（それ・その者）などがそうである。このようなテクスト分析は、『エンネアデス』における多くの箇所から裏付けられ、人格的な神の表象を示唆している[27]。中性名詞と男性名詞を入り混ぜて用いることは、ここでも同じ文脈の中で頻繁に見いだされる。

II．我々は一者・善に至る道をもっているのだろうか

　一者・善よりも「後からのもの」から、我々は一者・善について語るとプロティノスは述べている[28]。この「後からのもの」〔ἐκ τῶν ὑστέρων〕に関しては、アリストテレスの「本性によれば後からのもの」が一緒に考察されなければならない。それは、「本性によれば先立つもの」と、「先立つものと後からのもの」に我々が区別するためのものである[29]。アリストテレスによれば、我々にとって先立つもの（つまり、本性によれば後からのもの）は、感覚で捉えられる個々の事物であり、これに対して、我々にとって後からのもの（つまり、本性によれば先立つもの）は、普遍的なもの、存在するもの、感覚的事物の根源であるもの、形而上のものであり、それを我々は適切にも後からそのように呼んだのである[30]。プロティノスは、本性によれば後からのもののもとで、一者・善から下降線上に直接ないしは媒介を通して現れ出たすべてのものについて直知した。それはすなわち、まずヌースであり、次に世界霊魂と個々の魂、そして最後に物体的な本性をもつものである。彼は、本性に

注2の上掲書 515, 1-34 も参照。

27　以下のものを参照。P. Henry, Das Problem der Persönlichkeit Gottes in der Philosophie Plotins, in: Jahres- und Tagungsbericht der Görres-Gesellschaft 1955 (Köln 1956) 50.『エンネアデス』VI 8 から、プロティノスの神がもつ人格的特性について、一者・善が、意志や自由と同様、本質的に「思考を超えたもの」であるとされている。

28　V 3, 14, 7f.

29　H. Reiner, Die Entstehung und ursprüngliche Bedeutung des Namens Metaphysik, in: Zeitschrift für philosophische Forschung VIII/2 (1954) 210-237. 特に、215 頁の脚注 25 における、アリストテレスの重要な立場を参照。プロティノスは、このような区別を、以下の箇所で指し示している。III 2, 1, 24; V 9, 2, 25; VI 3, 9, 38f.; VI 6, 18, 50; VI 7, 32, 13f.; VI 8, 11, 7f.

30　上述の脚注 29 に掲げた H. Reiner の文献を参照。

よれば後からのもののこの出発点を、一者・善に至る道として、神によって霊を吹き込まれ、心を打たれたものを手がかりに、具体的に示している。それが何であるかを知ることなく、これらがそれ自体でより大いなるものを担っているということを、少なくともここまで我々はどこから知ることができるのであろうか。我々は、自身の内的な心の動き、知性的な動きから、我々自身を動かしているものを確認するとき、同時に、この心の動きが、動かしているものそれ自体とは異なっているということも知っている。これと同じ関係に、我々と、かの一者・善もあるように思われる。

　我々が「後からのもの」に基づいて一者・善について語ることができるとするプロティノスの答えは、次のような二重の問いに対する解答となっている。1. 我々は、どこから一者・善の現実性に関する自分たちの知識を得たのであろうか。2. 我々は、最終的にどのように、ここで見いだした一者・善について語ることができるのであろうか。これら2つの問いは、後に、本論の第5節で扱うことになるであろう。

　本性によれば後からのもの——感覚世界からはじまって魂を超えてヌースに至る——を、プロティノスはしばしば、一者・善への上昇のための出発点として言及している。この上昇は、彼にとって、常に一方向であり、あるいはむしろ、人間にとっては自分の内奥へ帰る道であった[31]。『エンネアデス』第VI巻第9論文第5章30-34行では、「本当をいえば、一者には合う名前が一つもない」のであって、そのような一者の「驚嘆すべきもの」（θαῦμα）について語られている。一者に名前を冠さなければならないとき、それは適切にも一者と呼ばれるのだが、まず何か他のものを考えて、それからそれを一者と呼ぶのではない。それゆえに、一者を認識することはあまりにも困難なのである。「むしろそれから生み出されたものとしての有〔存在〕によって徐々に認識されることになる」。『エンネアデス』第VI巻第7論文第36章第7行以下の箇所は、既に本論でも触れているが、類比と除去〔否定〕とともに、一者に由来するものの認識が、我々を一者へと導くと述べている。これ以前に書かれたとされる第IV巻第8論文第6章第1行以下でも、一者・善はそれ自体の内に静止したまま留まることはありえないことが説明

31　この点については、拙論を参照。Klaus Kremer, Selbsterkenntnis als Gotteserkenntnis nach Plotin (204-270), in: International Studies in Philosophy, Vol.XIII/2 (1981) 41-68. 特に46-53頁。

されている——もし一者・善が自らの内に留まるならば、一者・善から存在へと進み出る諸段階のすべてが、隠されたものの中に留まっていたであろう——。すなわち、「それゆえ、感性界［世界］のもっとも優れたものは知性界のもっとも善きものの力と善さの現われ〔啓示〕であり、知性的な諸存在と感性的な諸存在はすべてが常に結ばれているのであって、知性的な諸存在はそれ自体で存在するけれども、感性的な諸存在は知性的な諸存在を分有することによって常にその存在を得ているのである」[32]。『エンネアデス』第 III 巻第 8 論文第 9 章第 19-24 行では、プロティノスは次のように説明している。「というのも、さらに、われわれは知性を通してそれ以外のものを知り、知性 |そのもの| を知ることができるのも知性によるからであるとすると、この知性の本性を超えているものを把握するには、どんな直観 |知| によればよいのだろうか。どうすれば |この超越者を把握することが| できるのか、その方法を示す必要のある者に対してわれわれは、『われわれのなかにある、これと似ているものによって』（τῷ ἐν ἡμῖν ὁμοίῳ）[33] と、答えるであろう。というのは、われわれの側にも、この超越者に属するものがあるからである」。『エンネアデス』第 III 巻第 8 論文第 11 章第 33-38 行の中で、プロティノスは次のように詳述している。「しかし、天上を見あげて星々のきらめきを見ている人が、これを作った者（ποιήσαντα）に思いをはせ、彼をたずね求めるように、知性界（νοητὸν κόσμον）を観てこれに注目し、驚きの念にうたれた者は、さらに、この知性界を作った者（ποιητήν）のことを考え、してみると、このようなすばらしい世界を存在せしめた者は誰で、知性のようなすばらしい子供、美しい少年、自分だけで充足している少年を産んだ者は、いったいどのようにしてこれを産んだのか、と尋ねなければならない」。

プロティノスにおいて常に重要なのは、現実的な経験において与えられた多と多様性が、「もはや多とならないようなもの」を根拠として要求してい

---

32 IV 8, 6, 23-27. 強調箇所は引用者による。
33 このことに関連して、後にプロクロスは「我々の内にある一者」（τὸ ἓν ἐν ἡμῖν）について語っている。Procli Philosophi Platonici opera inedita, ed. V. Cousin (Paris ²1864, ND Frankfurt/M. 1962) 1071, 26f.: Commentarium in Platonis Parmenidem. また、以下の著作にいくつかの典拠が挙げられている。W. Beierwaltes, Proklos. Grundzüge seiner Metaphysik (Frankfurt/M. 1965, ²1979) 367-382.

るという基本認識である[34]。このため、プロティノスは、現実的な経験のもとで、我々の内部と外部から議論を始めているにもかかわらず、神の存在証明の方法を引き継いでいない。だが、それでもやはり、彼は本性的な神認識を呈示している。このようなやり方は、いくつかの名前でのみ〔神を〕呼ぶことができるとしたマイスター・エックハルト、クザーヌス、マックス・シェーラーに見られるような、神証明の方法論と一緒にはできない。この関連性において、「現れ〔啓示〕」(δεῖξις, IV 8, 6, 23)、「観照、観ること」(ἡ θέα, IV 8, 7, 24; ἀναβλέψας, III 8, 11, 34)、「それに従って事物を認識すること」(συνορῶν, III 8, 10, 34)、また「我々においてそれに類似すること」(τῷ ἐν ἡμῖν ὁμοίῳ) のように、プロティノスによって表現されたものは、いずれにせよ、神の存在を証明することを目的としていない。しかし、だからといって、彼は理性的な考察の要求を放棄しようとしたわけではない。

　これらの証拠が示しているのは、プロティノスの思想における彼の出発点が、一者・善なのではなく、感覚的諸経験において経験された多性であるということである——すなわち、「本性によれば後からのもの」である[35]。もちろん、彼は次のような問いにも文字通り悩まされていた。例えば、『エンネアデス』第V巻第3論文第15章第1-11行におけるように[36]、全くの単一なるものや一者から、どのように多が現れ出るのであろうか。この問いを、É. ブレイエがプロティノスの「悩みの種」として捉えたのは誤っていないが[37]、これはプロティノスの思考の出発点ではないのである。また、彼の思考における出発点は、神秘的体験でもない。ポルピュリオスによれば、自分がローマでプロティノスのもとに留まっている時期に、プロティノスは4回、この神秘的体験を経験したとされている[38]。E. R. ドッズは、極めて適切にも、

34　これについては、以下の重要な箇所を挙げておく。III 8, 8, 1-10; III 8, 9, 1-16; III 8, 10, 14-23; V 3, 12, 9-13; V 3, 16, 8-16; V 4, 1, 1-18; V 5, 4, 1-6; VI 9, 1-3.

35　拙論を参照。Plotin (204-270). Nur Mystiker? Oder auch Metaphysiker? In: ΕΝ ΚΑΙ ΠΛΗΘΟΣ Einheit und Vielheit. FS K. Bormann (Altenberge 1993) 294-311, 特に 291-301 頁。また、脚注31で挙げた拙論44頁も参照。

36　これらに加えて、まさに古典的に特徴的な箇所と見なされたのは、次のものである。III 8, 10, 14-19; IV 8, 6, 1-23; V 1, 6, 1-12; 7, 5f.; V 2, 1, 3-7; V 3, 17, 1-7; V 4, 1, 21-41; V 4,2,12f.; V 3, 16, 16f.; VI 8, 11, 7f.

37　Émile Bréhier, La philosophie de Plotin (Paris ¹1928, ³1961) 40.

38　『プロティノス伝』を参照〔ポルピュリオス「プロティノスの一生と彼の著作の順序

次のように観取している[39]。「プロティノスは、一者を新たに見いだしたのではない。なぜなら、彼はその合一を経験したからである。『ト・ヘン』（τὸ ἕν）という概念は、伝統的な専門用語である。この概念のもとで——プロティノスも極めて頻繁にこれに達したのであるが——ある純粋に哲学的な証明、すなわち相対的なものの存在から絶対的なものの必然性への証明が行われたのである……。合一の経験は、このような遡及的弁証法が、いかなる空虚な抽象概念も意味しないという確信を与えてくれると言えるであろう。また、否定ノ道（via negativa）というマイナスの記号は、実際にはプラスの記号である。というのも、この経験は……間接的な価値判断を、自発的に、かつ熟慮なしに含意するからである。それはいわば、一者が善であるという抽象的な主張を経験的に真実として証明することなのである」。同じ意味で、W. タイラーも次のように述べている。「というのも、プロティノスの神秘主義が意味するものそれ自体は、極めて高度に理性的な思考運動の転倒にすぎないからである」[40]。したがって、この点において、高名なフランツ・ブレンターノ（1917年没）がプロティノスに関する1876年の論文の中で「このような哲学者が時として時代を造り出すことがある」[41]と侮蔑的な評価をしたのは、全くの的外れであると言える。

について（プロティノス伝）」水地宗明訳、『プロティノス ポルピュリオス プロクロス』世界の名著15、中央公論社、1980年〕。また、脚注21で挙げた文献のBd. I (1964) N. 23, Z. 15-17も参照。プロティノス自身の書物の中で、このことが窺われるのは、せいぜいIV 8, 1, 1-11の箇所だけである。これに関する素晴らしい見解は、脚注6で挙げたHarderの文献の中に見いだされる（I b [1956] 439）。

39　E. R. Dodds, Tradition und persönliche Leistung in der Philosophie Plotins, in: Die Philosophie des Neuplatonismus, hg. v. C. Zintzen, Wege der Forschung, Bd. 436 (Darmstadt 1977) 58-74. ここでは特に72頁。

40　W. Theiler. 脚注6で挙げたHarderの文献を参照（IIIb [1964] 417）。また、次のものも参照。H. Dörrie, Plotin, Philosoph und Theologe, in: Die Welt als Geschichte 23 (Stuttgart 1963), Platonica minora (München 1976) 361-374. 特に371頁。

41　Franz Brentano, Die vier Phasen der Philosophie und ihr augenblicklicher Stand. Nebst abhandlungen über Plotinus, Thomas von Aquin, Kant, Schopenhauer und Auguste Comte, hg. v. O. Kraus (Leipzig 1926) 37-59.

III. 一者・善は、自ら生み出されたものから、あらゆる点において区別される（ἕτερον πάντων）

　一者・善から生じたもの、ないしは一者・善から生み出されたものの区別を、プロティノスは極めて重視した。そのため、この点においても、なぜ彼が汎神論者もしくは流出論的汎神論者として断罪されるのかは驚くべきであろう。我々がこの議論の出発点とするテクストである『エンネアデス』第 V 巻第 3 論文第 14 章第 18 行以下では、一者・善が、ロゴスやヌース、そして感覚的に捉えられるものよりも力強き存在であることが、既に明確に述べられていた。確かに、一者・善はこれらの事物をもたらしているが、それら自体ではないのである。

　だが、このような洞察と結び付いても、プロティノスは窮地に陥っているように見える。一者が、名付けうる事物やあらゆるもの全般をもたらすならば、それはもたらされたものを前もって自らの内に・も・っ・て・いなければならないのは明白である。しかし、もしそうであるとすれば、一者は全くの単一（ἁπλοῦς）ではなくなってしまうのである。一者が事物を・も・た・な・い・とすれば、どのようにそれらをもたらすことができるのであろうか[42]。全くの一者（πάντη ἑνός）から単一なものが生じたということが、困難を伴うとしても、仮に認められたとしよう。それでは、どのように光からの閃光は生じるのであろうか。多（一者から直接生じたヌースに属するもの）は、どのように生じるのであろうか[43]。プロティノスが呈示している解答は、まさにライプニッツが後に形而上学的悪（malum metaphysicum）の概念のもとで表現した事柄に対応している（今日まで未だに誤解されることが頻繁にあるが）。すなわち、神は、もはやいかなる神々をも生み出すのではなく、自らの力も善も制御できない被造物を生み出すだけなのである[44]。プロティノスは、ここで生じたジレンマに次のように答えている。「いや、かのものから生じるものは、か

42　V 3, 15, 1-3.

43　V 3, 15, 3-7.

44　G. W. Leibniz, Die Theodizee. Übers. v. A. Buchenau, Einführ. Essay v. M. Stockhammer (Hamburg 2nd 1968) NN. 20f. (S.110f.) (= Philos. Bibliothek, Bd. 71)〔『神義論』〕; id., Metaphysische Abhandlung. Übers., mit Vorw. u. Anmerk. hg. v. H. Herring (Hamburg 1958) N. 30 (特に 75 頁) (= Philos. Bibliothek, Bd. 260)〔『形而上学序説』〕.

のものと同じものであるはずはないのだ（οὐ ταὐτόν）。そこで、同じでないとすると、より優れても（βέλτιον）いないわけだ。なぜなら、いったい何が一者よりも優れているだろうか。あるいは、そもそも |何が| 一者のかなたにあるだろうか。したがって、|一者から生じたものは一者よりも| 劣っているのだ（χεῖρον）」[45]。一者・善から生じたものは、かのものよりも存在の質として劣っており、かのものと比較して価値の劣ったものである。しかし、それは何か粗悪のようなものでもなければ、邪悪なあり方をしているものでもない。劣った存在は、あらゆる点において欠けることのないものとは対照的に、自らの欠けているというあり方に存している。なぜなら、それは多であり、もはや一ではないからである[46]。

　生み出すものと生み出されたものが同一ではないということを、プロティノスは自分の著作の中で繰り返し強調している。例えば、「まことに、万有を生むものとしての、一者自然の本性〔ἡ τοῦ ἑνὸς φύσις οὖσα〕は、それら万有のうちの何ものでもないわけである」[47]。または、「しかしながら、原因というものは、それを原因として生ぜしめられたものと同じではないから、したがって万物の原因となるものは、万物のどれでもないことになる」[48]。一者・善は、あらゆるものとは異なった（ἕτερον πάντων）ままである[49]——プロティノスにおいては、あらゆるものの始原なき始原を「非他なるもの」（non aliud）[50] とするクザーヌス的思考は未だ見いだされない。また、与え手であるにもかかわらず、自分がもっていないものを与えることに関して、プロテ

45　V 3, 15, 7-9.
46　V 3, 15, 9-11. 特に第10行に関しては、次のものを参照。W. Beierwaltes, Selbsterkenntnis und Erfahrung der Einheit. Plotins Enneade V 3. Text, Übers., Interpret., Erläut. (Frankfurt/M. 1991) 234f.
47　VI 9, 3, 39f.
48　VI 9, 6, 54f. 次の箇所も参照。V 5, 5, 16-28; VI 7, 32, 12-14:「だから、このものは有るもののうちの何ものでもないが、しかしまたすべてでもある。何ものでもないわけは、諸有がこれよりも後のもの（ὕστερα）であるからだし、またすべてであるわけは、すべてのものがこのものから生じたからである」。
49　VI 7, 42, 12f. さらに次の箇所も参照。III 8, 10, 18f.; III 9, 4, 7-9; V 1, 3, 21f.; V 1, 6, 53; V 2, 2, 24-26.
50　クザーヌスの著作を参照。De non aliud (1462)〔『非他なるもの』〕, hg. v. L. Baur u. P. Wilpert, in: Nicolai de Cusa Opera omnia, Vol. XIII (Leipzig 1944).

ィノスは次のように説明している。「いや、何者かが与えるものを、その者が持っているということは必然ではないのだ。むしろ、この類いのものにおいては、与える者はより偉大│高次│（μεῖζον）であり、与えられるもの│内容物│は与える者よりも卑小│低次元│（ἔλαττον）である、と考えねばならない。│真に│有るものの領域では、生成はそういうふうなものである」[51]。そして、一者・善がすべてのものであり、またすべてのものではない[52]ということをプロティノスが繰り返すとすれば、『エンネアデス』第III巻第8論文第9章第39-54行における汎神論に関する明敏な議論が示しているように、このことは汎神論とは関係がないのである。

IV. 一者・善に関する思考と言説における主要な根本命題

　神ないしは一者・善について我々が語ることができるのは、それが何でないかということだけであり、それが何であるかは語ることができない[53]。『エンネアデス』第V巻第3論文第16章の終わりで、プロティノスはヌースと一者・善との関係について論じている。ここでは、生命と直知の充溢であるヌースの根拠について語られている[54]。「したがって、かのものは生命よりも、また英知よりも〔νοῦ〕優れたものであるにちがいない。なぜなら、そうであって初めてこの者│英知│は自己の内の生命も――この生命はかのものの内にあるものの一種の模造品である│それによってこの者は生きている│――かのものへ向けるだろうし、また自己の内の英知も――│これもやはり│かのものの内にあるものの一種の模造品だが――かのものへ向けるだろうから。それ│原型│が何であろうと」[55]。プロティノスは、かのもの――「この者」――を定義することはできないし、それを望んでもいない。恐らくこれは定義されないままである。他の箇所で彼は、かのものを定義する

51　VI 7, 17, 3-6.
52　III 8, 9, 39f.; V 2, 1, 1f.（本論脚注6で挙げた上掲書［I b [1956] 509-511］を参照）; V 2, 2, 24-26; VI 7, 32, 12f.; VI 8, 21, 24f.
53　V 3, 14, 6f.
54　V 3, 16, 35-38.
55　V 3, 16, 38-42. しかし、それゆえに、一者・善は、魂をもたない、もしくは理性をもたない存在の領域に降りてこないのである（VI 8, 15, 28f.）。

ことが不可能であることを、次のような言葉で表現している。「否、あたかも直知される本性を観ようと欲する人が、感覚対象のいかなる表象をももたないで、感覚されうるもののかなた〔ἐπέκεινα τοῦ αἰσθητοῦ〕にあるものを眺めるであろうごとくに、そのようにまた、直知対象のかなたのものを眺めたいと望む人は、一切の直知対象を放棄したうえで、|かのものを| 眺めるべきであろう。つまり彼は、かのものが存在するということは、これ |直知対象| によって悟るのだが、かのものがどのようなものであるかは、これを投げ捨てることによって会得するのである」[56]。既に「どのようなものであるか」(οἷον) という問いは、かのもののもとでは不適当である[57]。「というのも、『どのようなものであるか』というのは、『何か』(τί) が当てはまらないもののもとには、存在しないからである」[58]。合理的な道筋に基づいて獲得された、一者・善の現実性についての認識だけでは、ここで見いだしたものの命名性から逃れられないのではないかという、次の問いの要点に移行する前に、私はここで以下のことを指摘したい。それはすなわち、神が何であるかを我々は言うことができず、単に神が何でないかを言うことができるだけであるとする、否定神学の根本原則が、既にアレクサンドリアのクレメンス (215 年没)[59] やアレクサンドリアのフィロン (紀元後 50 年没)[60] のもとで確証されていたということである。

---

56 V 5, 6, 17-21. 強調点は引用者による。

57 V 5, 6, 22.

58 V 5, 6, 22f. よく知られたあらゆるカテゴリーが、一者に当てはまらないことについては、VI 8, 15, 28 以下を参照。

59 Stromata, V, Cap. XII, 81, 2f., in: GCS Clemens Alexandrinus, Bd. II, Stromata I-VI, in 3. Aufl. hg. v. L. Früchtel (Berlin 1960) 381, 3-7 および Cap. XI, 71, 3 または 374, 11-15〔『ストロマテイス』〕.

60 Philonis Alexsandrini Opera quae supersunt, Vol. II, hg. v. P. Wendland (Berlin 1897) 4, 6-9: De post. Caini 15; 255, 1-9〔『カインの子孫』〕: De conf. ling. 137f.; Vol. III, hg. v. P. Wendland (Berlin 1888) 254, 8-10〔『言語の混乱』〕: De somno I 231; Vol. V, hg. v. L. Cohn (Berlin 1906) 344, 16-345, 3 u. 345, 23-346, 5〔『夢』〕: De praem. et poenis 40 u. 44; 332, 6-16 (『賞罰』): De virt. 215f.〔『徳論』〕.

V. 我々は一者・善について全く何も語ることができないのだろうか。このように問うことにおいて既に矛盾がないだろうか。

1. 一者に関する言説

　プロティノスは、十分に合理的な根拠をもって、次のことを証明した。すなわち、感覚的経験において与えられた多なるものが、全くの一なるものや単一なるものに立ち戻らなければならないのは、単一なるものがそれ自体からは把握されえないからである、ということである[61]。一者・善からは、それが何でないかという言説だけが為されうるという、彼の否定神学の根本命題にもかかわらず、彼はこの一者について肯定的な言説の流れに与している。例えば、一者は自己充足するもの（αὐταρκέστατον）であり、この点において何も欠けていないものであり[62]、あらゆる完全なものの源泉（πηγή）であり[63]、あらゆるものの力（δύναμις）であり[64]、もはや異質な光においてではなく、そのもの自らの光において見られる光であって、それゆえにこの光は同時に「対象」であり、これを理解するための媒介なのである[65]。『エンネアデス』第VI巻第8論文において、プロティノスはさらに思い切った表現をとっている。一なるものは、もはや自己直知ではないとすれば、「超直知」（ὑπερνόησις）[66]であり、それどころか意志（βούλησις）[67]や、自主性（αὐτεξούσιον）[68]でもあり、絶え間ない「目覚め」（ἐγρήγορσις）[69]である。一者

61　VI 9, 1, 1-VI 9, 2, 47 において、既に指摘したように、物体的なもの、心魂的なもの、精神・知性的なもののような個々の存在の階層を吟味した。この最後に挙げた階層については、さらに多様性がある。これに関しては、本論第2章と脚注34を参照。

62　以下の箇所を参照。I 8, 2, 4f.; V 3, 13, 16f.; 17, 13f.; V 4, 1, 12; VI 9, 6, 17f.; 24-39.

63　VI 9, 5, 36; 9, 1, 2.

64　V 3, 15, 33; VI9, 5, 36f.

65　V 3, 17, 33-37 および V6, 4, 18-20.

66　VI 8, 16, 32. および VI 9, 6, 52-55 では、一者・善は、直知する者の側に従ってではなく、それ自体は直知しない直知の作用に従って理解される。それは単に、他のものにとっての、直知の原因となっている。

67　VI 8, 13, 5-11. 25-40. 43f. 50-59.

68　VI 8, 8, 1-2. 11; VI 8, 15, 19. 23; VI 8, 20, 32. 34. 37.

69　VI 8, 16, 31f.

は、自己自身をつくり（ποιεῖ ἑαυτόν）[70]、それはやはり結局のところ、一者であり、善なのである[71]。こうした言説は何箇所にものぼっている。

2. この言説の多様性の根拠

プロティノスは、一方で自分の否定神学によって要求され——彼はそれを未知なる X としなければならなかったのだが——、他方で言説の多様性とともにここで挙げられた、第一のものの非命名性を、どのように根拠づけたのであろうか。

a) 我々は沈黙し続けることはできない

本性によれば後からのものから、本性によれば全くの先立つもの——つまり絶対的に第一のもの——にまで上昇することが不可避である点について、第一の根拠が呈示される。経験において与えられた感覚的に多様なものが、それを理解するために、その探求へと我々を駆り立てるとすれば、我々は、この探求の結果を、何らかのかたちで表現しなければならないはずである。プロティノスは次のように書いている。「なぜなら、〔一者・善は〕ちょうどまたそれら[72]に先立つものだからである。われわれがこれを一者と名づけるのは、互いにこのものを表示するための必要に出ず（ἐξ ἀνάγκης）のであって、われわれはこの名称によって、不可分なるものの思念に導き、魂の統一を図ろうとするのである。すなわちわれわれの言う一や不可分は、点や数の一の意味ではないのである。なぜなら、このような意味の一は、量の単元となるものであるけれども、しかしその量というものは、あらかじめ〔ヌースと同一の〕存在となるものや存在以前のものがなければ、成立しなかったであろう」[73]。「必要に出ず」ために我々は、自分たちの上昇の未知の終局点や目的点を指し示さなければならない。たとえ我々が、厳密には（ἀκριβείᾳ）

---

[70] VI 8, 20, 2. 21f. 25-27; VI 8, 15, 8f. これに関しては、以下のものを参照。W. Beierwaltes, Causa Sui. Plotins Begriff des Einen als Ursprung des Gedankens der Selbstursächlichkeit, in: Traditions of Platonism. Essays in Honour of John Dillan, hg. v. J. J. Cleary (Aldershot/Brookfield USA u.a. 1999) 191-226.

[71] II 9,1,1-8.

[72] これが指し示しているのは、1. 物体的な原因、2. 魂、3. 知性界とその内実としての知性〔ヌース〕である（VI 9, 5, 1-30）。すなわち、本性によれば、名付けられたものよりも前にまだ他のものが存するのである。

[73] VI 9, 5, 38-43. 次の箇所も参照。V 5, 6, 23-25; V 8, 12, 22-26.

用いることが許されないような用語（ὀνόμασιν）を用いるとしても、そうしなければならないのである[74]。プロティノスにとって明確なのは、人間の思考が言葉の使用なしには遂行されないということである。

b) 現実に存在するもののすべてが互いに親和性と類似性をもっていること

しかし、なぜ我々が自分たちの経験から学んだ表現を、何らかのかたちで、かのものに転用することが許されるのだろうか。これについて、プロティノスは、さらに別の、また恐らくより強力な理由を呈示している。質料を含めた最も低位のものからはじまって、一者・善の最も高位のものに至るまで、現実に存在するあらゆるものが、互いに結び付いている。それはつまり、互いに親和性があり（συγγενές）、互いに類似している（ὅμοιον）のであって、このことをプロティノスは確信していた[75]。中世の著述家たちのもとでよく知られていた、「すべてはたらくものは、そのはたらきによって自分に似たものを生ずる（Omne agens agit sibi simile）」[76]という状況を、既に我々はプロティノスのもとで見いだしている。「¦他のものを¦　自己自身との類似へと導くこと（ἄγειν）は、存在するものすべてに共通した働きでもあるのである」[77]。事物の生成に当てはまるのは、生み出されたものが、自分を生み出す段階のものに類似しているということである。これは、事物がその根拠に向き直って、一者・善と魂を神秘的に一致するに至るまで立ち戻ること（ἐπιστροφή）にも当てはまるのである。人は、かのものとの交わり（προσομιλεῖ）において、もはや存在ではなく、存在を超えたものとなる[78]。「かくて、もし自分がこのようなものになるのを視るにいたるならば、そこに人は自己をかのものの似姿としてもつことになるわけである。そしてまたこのような自己を抜け出して、いわば模型に対する原型のごときものへと歩を移して行く時、人は行程の目的をそこに完了したことになるであろう」[79]。

74　VI 8, 13, 47-49.

75　IV 8, 6, 1-28. さらに次の箇所も参照。I 7, 1, 20-22; I 8, 2, 1-7; V 3, 8, 47-56; V 6, 5, 12-14; VI 9, 4, 27f.

76　Thomas v. Aquin. 例えば、以下のものを参照。S.th. I 3, 3 ob. 2; 19, 2, c; 45, 5, c; 115, 1, c; II Sent. 18, 2, 1, 4〔トマス・アクィナス『神学大全』〕.

77　IV 3, 10, 34f.

78　VI 9, 11, 41f.

79　VI 9, 11, 43-45. また、幸福になることは、一者・善と似るものとなることに存するとされている。I 4, 16, 10-13.

確かに、プロティノスにおける類似の思考は[80]、同じ存在の階層に属し、また同じ範型に適合し、それゆえに互いに交換可能な関係にあるような、類似した事物の間を本質的に区別することである。ペトロはパウロに類似しており、また反対にパウロはペトロに類似している。というのも、両者はその（形而上学的な）範型に、すなわち人間存在のイデアに類似しているからである。しかし、交換可能性は、その像が自らの原型と比較されるならば、止まることになる。その時、前者は確かに後者に類似しているが、後者はもはや前者には類似していないからである（後にこのことから、世界は確かに神に類似するが、もはや神は世界に類似していない、という教説が成立する）[81]。あらゆる存在の段階を互いに結び付ける類似性は、たとえ同時に区別されるとしても、本性によれば後からのものから一者・善を語るための、事実に即した結合点なのである。プロティノスは一者・善の類似性を、思いつきで点や数字の一と呼んでいるわけではない[82]。彼は類比において、一者を観想する道を発見した[83]——というのも、起源に基づく類比は、類似の思考とは別のものだからである[84]。

一者からヌースが生成したことに関連して、我々がヌースをかのものの似像と呼んでいる点をプロティノスは認めている。しかし、プロティノスによれば、我々は次のことを明確に主張しなければならない。それは、生成されたものが、何らかのかたちで、かのものでもあり、かのものの多くの特徴を保有し、また陽光が太陽と類似するように、かのものと類似している、と

---

80 I 2, 2, 4-10; 7, 28-30. このことに関しては、拙論を参照。Die neuplatonische Seinsphilosophie und ihre Wirkung auf Thomas von Aquin (Leiden 1966, ²1971) 113f.
81 本論脚注 80 で挙げた拙論の 133 頁脚注 208 および巻末の事項欄「類似性」を参照。これ以前の文書 VI 9, 4, 27 以下で、確かにプロティノスは、かのものが自らにおいて働く力とともに、自らに由来するものと類似性をもつことについて語っている。
82 VI 9, 5, 44-46.
83 VI 7, 36, 7.
84 これに関しては、次の文献を参照。J. Hirschberger, Paronymie und Analogie bei Aristoteles, in: Philosophisches Jahrbuch 68 (1959) 191-203; Ähnlichkeit und Seinsanalogie vom Platonischen Parmenides bis Proklos, in: Philomathes. Studies Essays in the Humanities in Memory of Philip Merlan, hg. v. B. Palmer u. R. Hamerton-Kelly (Den Haag 1971) 57-74; Vom Sinn des Analogiebegriffes in der Metaphysik, in: FS Wissensch. Gesellschaft an der J. W. Goethe-Universität Frankfurt/M. (Wiesbaden 1981) 165-179; Geschichte der Philosophie I (Freiburg i.Br. 4th 1960, 14th 1987) 95f., 185f., 483-487.

いうことである[85]。この場合、ヌースではないものが、自己を直知するヌースをどのように生み出すのかという問題が生じるが[86]、このことは、かのものとの類似性を放棄しているのではない。それゆえに、『エンネアデス』第VI巻第8論文第18章第32-36行の中でプロティノスは、次のように力強く主張しているのである。「というのは、ヌース（νοῦς）の内にあるのと同様なものが、ただしその何倍も偉大な｛高次の｝ものが、かの一者の内にあるものなのである。たとえば、自己自身の内にとどまっているある一つの明るい光源から発した光が広範に拡散したばあいに、拡散したものは模造品で、光源が実物である。とはいうものの拡散した模造品、つまりヌース（νοῦς）も、｛一者と｝別種のものではない」。したがって、否定神学の原理は、存在[87]と認識[88]の原理でもある「類似による類似」[89]の原理によって補われなければならない。

§3. 類似の思考の限界

さて、確かに類似は同一と差異が互いにそこで行き交うような状態である。しかし、それは、常に変化におけるものであり、同一で型にはまったあり方をするものではない[90]。また、プロティノスや新プラトン主義者たちすべて

85　V 1, 7, 1-4.
86　V 1, 7, 4-6. この箇所の解釈については、本論脚注80で挙げた拙論の520頁以下を参照。さらに、本論脚注6で挙げたHarderの文献（VI, Indices [1971], 110, NN. 18 および 19）も参照。
87　I 2, 2, 4-10; V 1, 7, 1-6; VI 8, 18, 35; VI 9, 4, 27f.
88　III 8, 9, 19-23; VI 7, 36, 7; VI 9, 4, 27; VI 9, 11, 32.
89　VI 9, 11, 31f.
90　後に、プロクロスは、プロティノスと同じ意味で、この類似の思考について書いている。「この意味で、類似は、それが類似である限り、非類似にも関わっているのである。というのも、他のもの（非類似）に関わらないような部分は類似の中にはないからである。また同様に、非類似も、それが非類似である限り、類似に関わっている。というのも、あるもの（類似）に関わっていながら、他の部分には関わらないようなものはないからである。……したがって、類似の全体は非類似の全体に浸透し、また非類似の全体は類似の全体に浸透しているのである」（Parm. 756, 12-25）〔『パルメニデス註解』〕。したがって、類似性は存在と直知のカテゴリーであり、そこにおいては、類似が常に非類

が、生み出されたものと生み出すもの、模造と原型、直知されるものと直知するもの、そして引き起こされたものと引き起こすものとの関係において類似を捉えたように、この類似そのものを考察するならば、差異という契機が一方的に優位を占めるであろう。というのも、プロティノスが強調していたのは、そもそも存在することができるためには、確かにこの似像（εἰκών）はその範型や起源そのものから多くのものを担い、また保持しなければならないが[91]、この範型自体は似像に似ているとは呼ばれえないということである[92]。このことは、明白な制約のもとにではあるが、これまで類似性に基づいて主張されてきた一者・善の言説可能性を示唆している。これに従えば、我々は「それについて」（περὶ αὐτοῦ）は語りうるが、我々が一者をそれ自体において捉えることができないのと同じように、我々はそれをどのように呼ぶべきか分からず、「それ自体」については語りえない[93]。つまり、我々は、それを「一者」として示すが、そうするとこれは単に多くの特徴を放棄しているにすぎないのである[94]。この場合、まず他のものを考えて、それからそれを一者と呼ぶのではない[95]。「すなわち君がそれを知性もしくは神のごときものであると考えても、それはそれ以上のものとなるからである。またさらにそれを君が思考の上で一つのものとしてみたところで、そのばあいにおいても、たとえ君が神を、君の知性によって把握される以上の一体性をもつものであると想像するにしても、それはなお神以上のものなのである。すなわちそれは、自分だけであるものなのであって、何ものもこれに外から加えられること〔偶有性〕のないものなのである」[96]。「厳密な言葉づかいをするとなれば、『かのもの』（ἐκεῖνο）とも、『その〔存在する〕もの』（ὄν）とも言っ

　　似を伴い、また非類似は類似を決して排除することはないのである。あらゆる非類似を欠いた類似は、同一性へと昇りつめ、あらゆる類似を欠いた非類似は、全くの離反や相違に転落するであろう。

91　V 1, 7, 2-4.
92　I 2, 2, 6-10; 7, 29f.
93　V 3, 14, 1. 2. 3. 5. 7. また、VI 9, 8, 33-45 では、我々が常にかのものの周りに（περὶ ἐκεῖνο）存在しているが、常にかのものの方を視ているのではなく、ちょうどそれは中心に指揮者をもつ合唱隊に比較しうる、とされている。
94　V 5, 6, 26-28. 次のものも参照。Platon, Parm. 137 c 4; d 2.
95　VI 9, 5, 32f.
96　VI 9, 6, 12-16. 強調箇所は引用者による。

31

てはならないことになる。ただわれわれはいわばその外側のようなところを走りまわって、われわれ自身の体験をことばに直して言おうとしているにすぎない。それも時には、志向するところに近づくこともあるが、また時には、それに付随するところのいろいろの困難によって、的を離れたところに落ちてしまうこともある」[97]。この文章の直前では次のように書かれている。「すなわち原因としてかのものを語るというようなことを、これを何かかのものの上に加えられた規定（συμβεβηκός〔偶有性〕）として述語づけることではなく、むしろわれわれ側のこととして語らなければならない。なぜなら、われわれはかのものから由来するところの何かをもっているけれども、かのものは自分だけで自分のうちにあるからである（ἐκείνου ὄντος ἐν αὑτῷ）」[98]。それでは、「一者」という特別な表現を相対化した後に、かのものについて「善」と表現することはどうであろうか。それを善と名付けることは、それによって何か善なるものが理解されるとすれば[99]、納得のできるものである。それにもかかわらず、本来の意味では次のように語られる。「それは善を超越したもの（ὑπεραγαθόν）であって、他のものに対しては、それらのものが何かそれの一分を共有することができるばあいにおいては、善となるけれども、自分が自己自身に対して善であるということはないのである」[100]。「したがって万物の原因となるものは、万物のどれでもないことになる。またしたがってそれは、他のものに善を供給するけれども、それ自身は決して善と呼ばれるべきではなく、むしろあるいは他のいっさいの善を超越した善と言わるべきものなのである」[101]。『エンネアデス』第Ⅲ巻第8論文第9章第16-19行では、プロティノスは次のように説明している。「われわれが、『それは善なるもので、もっとも単一なものである』と主張し、その主張が真実であるとしても、何に基づいてそういう考えを述べているのか、その根拠をもたなければ、明確な事実を述べていることにはならないだろう」[102]。

　一者が何かをもつこと（ἔχειν）については、何も語られていない。一者

97　VI 9, 3, 51-54.
98　VI 9, 3, 49-51.
99　V 3, 11, 23f.
100　VI 9, 6, 40-42. 次の箇所も参照。VI 7, 41, 28-30.
101　VI 9, 6, 55-57.
102　次の箇所も参照。V 5, 13, 4-6; VI 7, 38, 2-9.

が、生み出すものそれ自体を事前にもっているとしても、またはもっていないとしても、どのように一者・善から何かが生み出されることがありうるのであろうか[103]。このアポリアについては、既に本論でも触れている。第Ｖ巻第3論文の同じ第15章の中の、少し後の箇所において、あらゆるものの原因である一者・善が、自らの後に存在するものを、どのように存在へと導くのかが、再び問いとして立てられている[104]。「いったい、どのようにしてか。あらかじめ（πρότερον）、それらをかのものが持つことによってである。しかし、すでに言われたように、そうだとするなら、かのものは多であることになるだろう。いや、かのものはそれらを未分の状態で持っていたのだ。そしてこれが、第二のもの｛英知｝の内で、条理｛形相｝として分かれたのだ。なぜなら、｛英知の内では、それぞれのものは｝すでに現実の活動であるから。他方かのものは、あらゆるものの力（δύναμις）なのだ」[105]。第Ｖ巻第2論文第1章第5-9行では、次のことが際立って強調されている。「彼の内には何一つなかったからこそ、彼からすべてのものが生まれたのであり、有るものがありうるために、まさにそのために彼自身は有るものでなくて、それの産出者なのである。というのは、かのものは何ものをも求めず、ま̇た̇も̇たず、必要としない状態にあるのでまさに完全な｛成熟した｝ものであるから、｛かのものの内容が｝いわば溢れ出たのであり、かのもののこの｛満々たる｝充溢が他者を作り出したわけである」[106]。何かをもつということは、差異を生み出すことを意味している。後の思想家たちも同様に、神のもとでは所有が存在へと移行し、神は自らが「もつ」ものでもあると説いていた[107]。

103　Ｖ 3, 15, 1-3. 上述の本論第 IV 章も参照。
104　Ｖ 3, 15, 27. 29.
105　Ｖ 3, 15, 29-33. V2, 1, 8 も参照。
106　強調箇所は引用者による。Ｖ 5, 13, 1-9 では、かのものが、非善も善もも̇っ̇て̇い̇な̇い̇ことが示されている。「かのものは、何ものをももたないで、この『何ももたない』ゆえに善である」。VI 7, 17, 3-9 も参照。
107　例えば、以下のものを参照。Thomas v. Aquin, S.th. I 75, 5 ad 4um; De pot. Dei III 5, c., Tertia ratio〔『神の能力について』〕; Cusanus, De pace fidei 11: h VII, N. 29; 31 頁 1 行以下など〔『信仰の平和』〕。

§4. あらゆる付加はそれを減少させる

　もつということは、内的な差異を示すことを意味している。そのようなものは、全くの一者や全くの単一なるものには属さない。したがって、一者には何も付け加えられないし、もし付け加えられるとすれば、それは何か他のものになってしまうか、何かを付け加えられて初めて一者であることになってしまうであろう[108]。プロティノスが一貫して説いているのは、あらゆる付加 (προσθήκη) が、付加されるものを減少させるということであり[109]、逆に言えば、我々が付加を受け入れなければならないとすれば、それは何かが足りないこと (ἐνδεές) を意味しているということである[110]。あらゆる存在するものは、一者を分有することによってのみ存在するのであるから、「真の一者」(ἀληθῶς ἕν) へと回帰もしくは上昇 (ἀναγωγή) し続けなければならない[111]。また、それゆえに、英知界としてのヌースも、同様に真の一者へと上昇し続けなければならない。確かに、このヌースは、あらゆる他のものよりも偉大なものであるが、一者に次ぐものである。しかしそれでも、ヌースは「純粋な一者」ではないのである。「だから、ここで ｜われわれは｜ まっしぐらに一に向かわねばならない。そして、もはや何ものをも彼 ｜一者｜ に付加してはならないし、ほんのわずかでも彼から離れることを恐れ、前へ進んで二にすらも陥ってはならないと恐れて、完全に静止しなければならない。そうでないと、君は二をつかむだろう。それも、その内に一者が含まれている二ではなくて、｜二を構成する二つの一の｜ どちらもが ｜一者よりも｜ 後のものであるような二を」[112]。第VI巻第8論文では、一者に関する思い切った言説が示されている。そこでは、「第一義的活動」(ἐνέργειαν τὴν πρώτην) としての一者が仮定されており、ここに何か (οἷον)「主体」(ὑπόστασιν) のようなものが見いだされている。働きを付け加えてしまうと、かのものは一を

108　VI 9, 5, 32f.
109　例えば、以下の箇所を参照。III 8, 11, 11-13; III 9, 9, 22f.; V 5, 13, 9-20; V 6, 6, 5-8; VI 2, 9, 5-8; VI 8, 21, 25-28.
110　II 6, 1, 52-59.
111　V 5, 4, 1-6.
112　V 5, 4, 8-11.

維持していないことになるのである[113]。

§5. 実際には、一者にはいかなる名前も属さない

　一者に呼び名を与え、またその特徴を述べることで一者・善を減少させ、そうすることによって一者から尊さ（σεμνόν）[114]を奪うことを我々が危惧しなければならないとすれば、本当を言えば（κατὰ ἀλήθειαν）一者にはいかなる名前も属さないという結論に結び付く[115]。我々は言い表せないもの（οὐ ῥητοῦ）について語り、それを我々自身が呼ぶためだけに、我々に可能な限りで、それに呼び名を与える[116]。神秘的合一においてのみ、我々はそれに達する。なぜなら、それ自体に我々がなる、ないしは、そうであるからであり[117]、その結果、直知と発話は不要になるからである。だが、この神秘的合一にも、その前提となる理性的・学問的な方法がある。しかし、学問的な知識は言論（λόγος）であって、この言論は多性なしには理解されえない[118]。そして、神秘的合一において経験されたものについて語ろうとすれば、必然的に多性において行われた直知と発話に新たに委ねられねばならない。そのため、この観想を話すこと（δύσφραστον）は極めて困難であるとプロティノスは説明している[119]。「かのものを観ていた時には、それを自分とは異なるものとしてではなく、むしろ自分と一体をなしているものとして見たのであるのに、それをどうして人は自分とは異なるよそごととして語り伝えることができるであろうか」[120]。

113　VI 8, 20, 9-13.
114　III 8, 9, 16. 以下の箇所も参照。VI 7, 39, 21. 28. 30. 31. 33.
115　VI 9, 5, 31.
116　V 5, 6, 24f. 次の箇所も参照。V 3, 13, 1; VI 8, 13, 49. これに関する詳細については、本論脚注 46 で挙げた W. Beierwaltes の文献 149-154 頁と 222-229 頁を参照。
117　VI 9, 9, 51 および 58. プロティノスにおける神秘的合一に関しては、拙論を参照。Mystische Erfahrung und Denken bei Plotin, in: Trierer Theologische Zeitschrift 100/3 (1991) 163-186. 脚注 9 に関連文献を挙げている。
118　VI 9, 4, 5-16.
119　VI 9, 10, 19f.
120　VI 9, 10, 20f.

§6. 探し求められるものは、もしかすると無なのではないか

　さて、神秘主義があるにもかかわらず、それでも我々がある純粋な無の前に立っているのではないかという問いが立てられなければならない。我々は一者それ自体に出会うこともなければ、それがそれによって生み出されたものに似ているということもない。我々の用いるあらゆる名称は、一者・善に対しては有効に働かない。なぜなら、我々の用いる名称や叙述は、常に他の名称や叙述との差異の中にあるが、一者・善は決して差異をもたないからである。「我々はそれを何とか自分に理解させなければならない」と告白することは、もしかすると、言語的な困惑よりもずっと小さなことではないだろうか。その背後には全く何も存在せず、それゆえに、我々は無の周囲をめぐっているのではないだろうか。プロティノスは、このような根源的な問いを前にしても怯むことはない。第VI巻第9論文の最初の2つの章において、彼は次のことを指摘している。物体的なものも心魂的なものも、またヌース〔知性〕ですら、探求されるべき一者や単一なるものではありえない。というのも、それらは、経験の中で見いだされた多性として理解され、また説明されうるからである——というのも、ヌース（νοῦς）は、自らを直知することによって、二重のものとなるのであるからである——。そこで、彼は次のような問いを立てざるをえなくなった。「それでは、一者は何なのであろうか。いかなる自然の本性をもつものなのであろうか」[121]。というのも、物体的なもの、心魂的なもの、知性的なものから離れるならば、我々の直知や言説の範疇はなくなってしまうからである。プロティノスは次のように答えている。「しかしむろん、これに答えることは容易ではない。すでに存在や形相（εἶδος）についても、それは容易ではないのに、われわれの知識は形相に依存するものだからである。ところが、その形相もないところ（ἀνείδεον）へ魂が向かうとなれば、それだけまた把捉が全然きかないことになるから、何も得るものはないのではないかと恐れて（καὶ φοβεῖται, μὴ οὐδὲν ἔχῃ）、たちまち魂はそこから抜け出ることになる。なぜなら、そこでは魂が何か印象の

121　VI 9, 3, 1.

ようなものを受けて、限定されるということがないからである。|すなわちその印象を与えるものというのは多くの様相（ποικίλος）をもつものなのである|」[122]。

§7. 一者・善への驚き（θαῦμα）

この無は、それでもやはり、プロティノスにとって、本当の無ではなく、我々にとって知られたあらゆる存在の無であり、また同時に、あらゆる表象可能で、直知可能で、言い表しうるものの無である。彼自身は次のように書いている。「事実、この一者は、これを源とする諸実在のいかなるものでもないのであって、存在でも実体でも生命でもなく、これについて述べることのできることばは一つもないのであるが、しかし|強いて言うならば|、これらすべてを超えているような、そのようなものなのである[123]。そこで、もし君が『有る』ということを抜きにしてこれを把握すれば、君は驚き（θαῦμα）に満たされることになるだろう」[124]。この「驚き」と「無」は極めて密接に隣り合っているために、簡単に両者を取り違えることがありうる。というのも、少なくとも、この「驚き」ないしは「無」があまりにも仰天すべきものであるので、魂はそれと対峙しながら、むしろ再び感覚的なものへ

---

122 VI 9, 3, 1-6. なお、III 8, 10, 26-28 においても、同様の問いが立てられている。

123 一者は、ヌース、直知、生命を超えた活動（ἐνέργεια）である：VI 8, 16, 35f.（V 3, 16, 38; V 4, 2, 18f.; VI 8, 15, 19f., 31f.）。高次のもの（μεῖζον）とは、自己認識や自己直知や自己意識よりも大きいということであり（VI 7, 41, 26f.）── 以前の文書である V 4, 2, 15 だけが、一者に「いわば」自己意識を認めている。これは、条理の根源（ῥίζα λόγου）（VI 8, 15, 32f.）であり、思慮的な生とヌースの彼方にある目覚め（ἐγρήγορσις）である（VI 8, 16, 33f.; Platon, Pollit. 509 b 9, 521 a 4, Aristoteles, Frg. 49 Rose[3] = p 57）。また、自己自身をつくる存在について語る場合には、つくられるものの位置に置いてはならないのであって、つくるもの（ποιοῦντα）の位置に置かなければならない（VI 8, 20, 4f.）。直知と一者に関するこの問いについて、類似した並行箇所は、VI 9, 6, 52-55 にも見いだされる（上述の本論脚注66）。ここでは、それが、一者によってつくられたものを直接直知するための原因となっている。VI 8 では、むしろ、つくられたものに従ってそれが理解される。

124 III 8, 10, 28-32. 一者・善は、V 5, 8, 23 以下や VI 9, 5, 3 以下では、驚きとしても表されている。

37

と下降し、ここで確証できるものを得ようとする。これはちょうど、視覚が、細かいものを見るのに疲れると、大きなものを見て目の疲れを癒すことに似ている[125]。

万有として、また同時に万有ではないものとして理解される一者・善は[126]、我々の求めているもの（ὃ ζητοῦμεν）である[127]。もちろん、それを言語的に表出することは極めて困難ではある。存在、生命、直知などを「超え」た「彼岸」というような、ここまでの議論で挿入した条項に加えて、プロティノスは「ほとんど」や「いわば」（οἷον）という表現を用いることによって、一者・善に関する自分の言説を保持している。すなわち、一者・善は、「いわば」実質（ὑπόστασις）[128]であり、本質（οὐσία）[129]であり、活動（ἐνέργεια）[130]であり、生命（ζωή）[131]であり、目覚め（ἐγρήγορσις）[132]であり、それは「いわば」充溢（ὑπερερρύη）[133]である。

しかし、プロティノスは、「いわば」という表現を用いてはいるが、既に何度も第VI巻第8論文の中で[134]、一者・善に関する驚くべき言説を大胆に描き出している。プロティノスにとって明白であったのは、一者・善が自らより後からのものを注視するのではなく、後からのものが一者・善を注視することである[135]（ヌースにして既に、後からのものを気にかけてはいな

125　VI 9, 3, 6-10.
126　上述の本論脚注52を参照。
127　VI 9, 3, 15.
128　VI 8, 7, 47; VI 8, 20, 10f.
129　VI 8, 7, 52.
130　VI 8, 7, 47; VI 8, 16, 24f.
131　VI 8, 7, 51.
132　VI 8, 16, 31.
133　V 2, 1, 7.
134　この書物は、彼の主要な弟子ポルピュリオス（301–305年の間に没）によって我々に伝えられた伝記的成立史において、39番目に書かれたものとされている。このことから、263年から268年までの間に、恐らく268年頃に著されたものと考えられており、それはプロティノスの晩年に位置づけられる。この文書に関しては、次の文献を参照。W. Beierwaltes, Geist-Ideen-Freiheit, Enneade V 9 und IV 8. Griechisch-Deutsch. Einl., Bemerkungen zu Text u. Übers. mit bibliograph. Hinweisen (Hamburg 1990). 特にXXIX-XLII章を参照。
135　VI 8, 16, 11f. VI 9, 8, 35 以下も参照。

い [136]。「彼のほうは、いわば自己自身の内部に惹きつけられて (εἰς τὸ εἴσω οἷον φέρεται)、いわば自己を、すなわち『清純な光彩』[137] を愛し (ἀγαπήσας)、自己が自己の愛した対象なのである。すなわち、彼は自己自身を存在せしめたのである。なぜなら、彼は静止する活動であり、そして最も愛に値するもの (ἀγαπητότατον)、は、いわば ｜一種の｜ ヌースである」[138]。自らを愛するあり方は、アガペーサス (ἀγαπήσας) という言葉を用いているが、キリスト教で理解されているような神の愛としてのアガペーでは（未だ）なく、これは低位や劣位にあるものをまさに高みへと向けるようなものである[139]。しかし、一者・善は活動であり、そのことをプロティノスも次のように表現している。「さらに、彼が自己自身にいわばしっかりとつかまり (οἷον στηρίζει)、いわば自己自身を眺め (οἷον πρὸς αὐτὸν βλέπει)、そしてこの『自己を眺める』ことが彼にとっていわば『有る』ことなのだという理由で、彼は最高の意味において有るのだとすれば、彼は自己自身をいわば創造することになるであろう」[140]。さらに、プロティノスは次の点を強調している。「さてしかし、このような彼の ｜彼自身に対する｜ 志向 ｜傾倒｜ は (τοιαύτη νεῦσις αὐτοῦ πρὸς αὐτόν)、彼の自己に対するいわば活動であり、また自己の内部における静止であって、彼がそれであるところのものであることを、もたらすのである。このことは、逆のばあいを想定してみれば、明らかとなる。すなわち、彼がもし自己の外部のものを志向するならば、自己がそれであるところのもので

---

136 この点については、VI 9, 3, 34 の箇所に言及した、次の優れた文献を参照。H-R, Plotini Opera III. Enneas VI (Paris-Brüssel 1973). ここでは、ἢ τὰ παρ' αὐτοῦ（ヌースが自らに由来するものを見やることに関する）の語句が削除されている。この箇所に関する校訂は、「我々がこの箇所を削除したのは、これがプロティノスに由来することは滅多にないものであって、ヌースは後からのものを顧みることはないからである」としている (H-S も参照)。

137 Phaidros 250 c 4〔『パイドロス』〕.

138 VI 8, 16, 12-16.

139 ディオニュシオス的・新プラトン主義的思考を、プロティノスやプロクロスの新プラトン主義から本質的に区別しようとする試みについては、次の文献を参照。E. v. Ivánka, Plato christianus (Einsiedeln 1964),「魂の根拠を神と同一視すること」や、魂とヌースの一者・善に対する愛の契機を過小評価することについては、本論脚注 3 で挙げた W. Beierwaltes の文献 75 頁以下および以下の文献を参照。Denken des Einen. Studien zur neuplatonischen Philosophie und ihrer Wirkungsgeschichte (Frankfurt/M. 1985) 151-153.

140 VI 8, 16, 18-21.

あることを失うであろう。とすると彼が、それであるところのものであることは、自己自身への活動である。この両者は一つのもので、つまり彼自身なのである。とすると、彼とともに活動も産出されたのだから、彼自身が自己を存在せしめたのである」[141]。

　終わりに――プロティノスの一者・善についての言及が思いきったものであったにせよ、それ程ではなかったにせよ、彼の根本的な認識は、本性によれば後からのもの、つまり一者に由来するものによって、我々がそれを語ることは正当化される、ということである。一者については、いかなる適切な言説も存在しない。それらの言説は、一者・善それ自体には当てはまらないが、だからといって、それが全くの的外れなものというわけでもない。類似性から真理の認識がもたらされるということを、ニコラウス・クザーヌスも後に学んでいる[142]。我々に既知で想像可能なすべての存在と比較しながら、我々は、「最善なるものの源泉」[143]を前にして、我々の認識する現実のあらゆるものの根拠に眼差しを向けつつ、無の前に屹立している。(超越的な)知性も(これら後からのものすべてと同様に)善を追い求めるが、自らの善を追い求めるのではない。知性が善に達するとすれば、知性は善に似たもの($\alpha\gamma\alpha\theta o\epsilon\iota\delta\acute{\epsilon}\varsigma$)となるであろう[144]。「そこで人は、それの原型｛つまり善｝を、知性のうえに見られる善の足跡に似たものと考えるのが妥当だろう。人は知性のうえに広がっている｛善の｝足跡($\H{\iota}\chi\nu o\varsigma$)から、善の真の姿($\alpha\rho\chi\acute{\epsilon}\tau\upsilon\pi o\nu$)を考えるからである。かくして、善は、知性が善の方に眼差しを向けている時に、知性のうえに広がっている自分の足跡を、知性の所有物として与えたのである」[145]。

141　VI 8, 16, 24-30.
142　Sermo CCXII: h XIX, N. 18, Z. 28〔『説教』〕.
143　VI 9, 5, 36.
144　III 8, 11, 15-17.
145　III 8, 11, 19-23.

II

ミヒャエル・フィードロヴィッチ

教父における否定神学のはじまり

　オリゲネスは、神について語ることが危険であると考えた。彼は、このことが神についての誤った表現に当てはまるだけでなく、たとえ本当のことが述べられても、適切なかたちで語られることはないと主張したのである[1]。神について語ることは危険を孕んでいる。それでは、否定神学について語ることも、同様に危険なのであろうか。それは、教父たちがこの否定神学という概念を、極めて遅い7世紀になって用い始めたからという理由だけでなく[2]、たとえ教父たちがこの概念に既にそれ以前から出会っていたとしても、彼らがこの概念を疑わしいものと見なしたに違いないからであろうか。初期キリスト教神学者の目には、「否定神学」（*theologia negativa*）について語ることが、単なる「形容矛盾」（*contradictio in adiecto*）であったかも知れない。しかし、それは、彼らの神学概念的理解によっては、そのような否定的な属性を確かめて理解することがほとんどできなかったからではないだろうか[3]。

1　Origenes, Homiliae in Ezechielem 1,11〔オリゲネス『エゼキエル書講話』〕; in psalmos 1,2〔『詩編講話』〕:「たとえあなたが神について正しい表現で語るとしても、その危険性が減ずることはない」。

2　Maximus Confessor, ambigua（PG 91,1081B）〔証聖者マクシモス『難問集』〕:「否定（ἀποφατικῆς）……神学の（θεολογίας）」。「肯定」神学と「否定」神学の区別、すなわち、肯定を用いた神の叙述と否定を用いた神の叙述の区別は、偽ディオニュシオス・アレオパギテースにおいて、章の標題として部分的にのみ用いられており（de mystica theologia 3〔『神秘神学』〕）、以下の批判的校訂版ではこの箇所は欠落している。G. Heil/ A. M. Ritter, Corpus Dionysiacum II (= Patristische Texte und Studien 36), Berlin/New York 1991, 146.

3　否定神学の概念と歴史について概観するには、次の文献を参照。J. Hochstaffel, Die Negative Theologie. Ein Versuch zur Vermittlung des patristischen Begriffs, München 1976;

確かに、キリスト教以前の、そしてキリスト教以外の古代世界の様々な伝統において、人間が神について語るあり方が、至高なる存在は語りえないとする点をますます強調し、また至高なる存在がもつ比類の無さを保持するために否定を用いたのであれば、それはほとんど矛盾とはならなかったであろう。何より、このような否定神学の原則も、神から与えられた啓示に従えば、やはり正当化されるものであり、もしくは不可欠なものではないだろうか。神学に関するキリスト教的理解は、依然として、キリスト教以前に由来する用語が言い表しているものに従っているのではないだろうか。もしくは、神学的な諸概念の意味が変化した結果、「否定神学」の意義や範囲も、古代の理解に比べて変化したのではないだろうか。こうした問いを明確にするために、キリスト教の神学的概念の発展を概観してみよう。

「テオロギア」(*theologia*) ないしは「テオロゴス」(*theologos*) という概念は、キリスト教以前の古代世界に由来する[4]。「神・学」(*theo-logia*) という合成語は、起源的には古代ギリシアの宗教において、人間が神に対して讃美しつつ語りかけることを意味していた。したがって、偉大なホメロスの神讃歌は「神学」であった。また、神々について宗教的に語ることも、神学と見なされた。「神学者」は、神々について告げ知らせる者であった。これに当てはまるのは、オルフェウスやムサイオス、ホメロスやヘシオドスのような詩人たちである。彼らは、神話の中で神々について語り、また神々の存在、活動、系図について語った[5]。さらに、帝政期のデルフォイや他の小アジアの都市において神学者と見なされていたのは、祭儀執行官であった。彼らの本

---

id., Apophatische Theologie, in: Lexikon für Theologie und Kirche, Freiburg ³1993, Bd. 1, 848; id., Negative Theologie, in: Lexikon für Theologie und Kirche, Freiburg ³1998, Bd. 7, 723-725; A. Solignac, Théologie négative, in: Dictionnaire de Spiritualité, Paris 1991, Bd. 15, 509-516; T. Rentsch, Theologie, negative, in: Historisches Wörterbuch der Philosophie, Darmstadt 1998, Bd. 10, 1102-1105; G. Martzelos, Kataphatische und apophatische Theologie in der griechischen Patristik, in: Orthodoxes Forum 18 (2004) 41-55; V. Lossky, Die mystische Theologie der morgenländischen Kirche, Graz 1961, 31-57 〔V. ロースキィ『キリスト教東方の神秘思想』宮本久雄訳、勁草書房、1986 年〕。

4 M. v. Perger, Theologie I. Griechisch-Römisch, in: Der Neue Pauly 12/1 (2002) 364-368; M. Seckler, Theologein. Eine Grundidee in dreifacher Ausgestaltung, in: Theologische Quartalschrift 163 (1983) 241-263; A. Solignac, Théologie, in: Dictionnaire de Spiritualité, Paris 1991, Bd. 15, 463-466.

5 Aristoteles, Metaphysik 1000a〔アリストテレス『形而上学』〕。

務は、讃歌制作者とは異なり、散文形式の式辞を朗読することであった[6]。「テオロゲイン」（θεολογεῖν）という動詞は、「ミュトロゲイン」（μυθολογεῖν）と同一視されることがあり、神的なものもしくは神々について神話的な形式で語ることを意味していた。

　このように、以前からあった異教的な意味合いがもつ制約のために、まずキリスト教の側からは、この単語を用いることに対する躊躇が明確にあった[7]。しかし、神学の概念が、宗教史的に制約された刻印から次第に解き放たれ、本来の言葉の意味である「神について語ること」として理解されるようになると、アレクサンドリアのクレメンスやオリゲネスのような古代の著述家は[8]、この単語をキリスト教の用法で借用した。そうすると、「テオロゴイ」（θεολόγοι）――神について告げ知らせる者――という言葉には、モーセ、預言者、詩編作者、洗礼者ヨハネ、ヨハネ福音書記者、そして使徒パウロなどが当てはまるようになった[9]。キリスト教の教説そのものも、「真の神学」となった[10]。聖なる書物が「神学する」（θεολογοῦσαι）とは、すなわち、この書物が神について語っていることを意味している[11]。ここには「救済者の神学」が存在している[12]。父の懐にいる独り子（ヨハ1:18）は、人間の魂を地上の事物から引き上げることを可能とする「神についての知」（θεολογία）を人間に授けることによって[13]、「神について語りながら」（θεολογῶν）、自らの真の

6　Plutarch, de defectu oraculorum 417f.〔プルタルコス『神託の衰微について』〕.

7　P. Battifol, Theologia, Theologi, in: Ephemerides Theologicae Lovaniens 5 (1928) 205-220; A. Solignac, Théologie, in: Dictionnaire de Spiritualité, Paris 1991, Bd. 15, 466-472; F. Kattenbusch, Die Entstehung einer christlichen Theologie. Zur Geschichte der Ausdrücke theologia, theologein, theologos, Darmstadt ²1962; J. Stiglmayr, Mannigfache Bedeutungen von „Theologie", in: Theologie und Glaube 11 (1919) 296-309.

8　H. Crouzel, *Theologia* et mots de même racine chez Origène, in: N. el-Khoury u.a. (Hg.), Lebendige Überlieferung. Festschrift H. J. Vogt, Beirut 1992, 83-90.

9　Clemens von Alexandrien, stromateis 1,150,4〔アレクサンドリアのクレメンス『ストロマテイス』〕; Origenes, commentaries in Joannem 6,357〔オリゲネス『ヨハネ福音書講解』〕; Eusebius, praeparatio evangelica 7,9,1〔エウセビオス『福音の準備』〕; 1,6.9; 15,13; 11,19,4; ecclesiastica theologia 1,20; 2,12〔『教会的神学』〕.

10　Clemens von Alexandrien, stromateis 5,56,3.

11　Origenes, contra Celsum 4,99〔オリゲネス『ケルソス反駁』〕.

12　Origenes, commentaries in Joannem 1,157.

13　Origenes, contra Celsum 7,41.

弟子たちに神の本性を告げ知らせるのである[14]。

　このようにして、神学の概念は根本的に変化した。もはや人間を通じて神が語りかけるのではなく、神を通じて人間が語ることが、神学の本来的な事柄となった。啓示の出来事に神学の基礎を置くことによって、神学は神に保証された実質的な中身を手に入れることができた。聖書の神が自らについて語るようなことは、古代の宗教史において他に類を見ない。ギリシア・ローマ的な神々の世界には、神々が顕現することや、人間の問いかけに対して神託によって応答することがあるが、神々が自らについて語ることはない。ユダヤ教やキリスト教の影響下において初めて、紀元後3世紀初頭に、ヘルメス文書の中で「神学的な神託」が見いだされる。その中では、神々もしくは神的なものの本性についての問いに対して、神々自身が答えを与えている。

　キリスト教信仰において、ロゴス、すなわち神の言葉との関係が根本的なものであるとすれば、それは否定神学のあらゆる形態と矛盾していたに違いない。というのも、否定神学は、グノーシス主義者たちの多くがそうであったように、神的な「深淵」と向き合った場合、最終的には言葉を発するのではなく沈黙すると捉えていたからである。もしくは、哲学的な素養を身に付けた異教徒のように、最も深遠な究極的なものに対して、人間の認識はいかなる接近も不可能であって、その結果、真理に関する問いを除外して考えると、宗教的に多様であることが唯一の正当な状態であると主張したからである。否定神学のこのような多様性は、古代の異教世界において、二人の著名な代弁者によって語られた。彼らは、神の超越性という名目において、キリスト教徒には神についての確実知が欠けていることを知らしめたのである。

　2世紀末に、キリスト教の敵対者であるケルソスは、当時の新しい宗教であるキリスト教に対する体系的な批判の中で、とりわけプラトンの有名な言葉を引き合いに出している。それは、「この万有の作り主であり父である存在を見いだすことは、困難な仕事でもあり、また見いだしたとしても、それを他の人に語るのは不可能なことである」(『ティマイオス』28c)という言葉である。ケルソスが確信した内容によれば、キリスト教徒は、このような厳格な否定神学の思考の筋道に沿ってプラトンに倣うことができなかった。なぜなら、キリスト教徒は感覚的なものに完全に囚われているため、「言い

14　Ebd. 2, 71.

表すことのできない最初の存在によって」いかなる過不足のない表象もつくり出すことができなかったからである[15]。

ケルソスの時代からおよそ 200 年後、確かにキリスト教徒は、ケルソスの時のように、もはや沼地でうずくまるカエルに譬えられることはなくなった。彼は、キリスト教徒が、自分たちだけが神との関係を築いていることを自慢し、その神について特権的に知っていると勘違いし、また至高の存在について思いめぐらして、その存在について語ることができると勘違いしたカエルであると批判していた[16]。しかし、4 世紀の終わりになると、異教徒の方が次第に受け身になっていったようである。そのような中で、この否定神学の原則は、形成されつつあった、国家の庇護下におけるキリスト教の絶対性の要求に応えるために、再び呼び起こされたのである。

紀元後 381 年、異教徒の元老院の大部分を代弁するローマ長官シュンマクスは、ウァレンティニアヌス 2 世に助言を求めている。古代の宗教に配慮したかたちで、シュンマクスは弁護演説の中で、「神の理性」によって結び付けられた文化的な多様性に言及しただけでなく、神の存在の不可解さについても示唆した。この点について彼は、「どんな理性的説明も、暗闇の中に留まったままである」[17]と述べている。超越した神の神秘を認識することは、人間には禁じられているため、多様な祭儀を許容することが、唯一の正しい態度であった。「人間が崇拝するすべてのものを、同じものとして捉えることが適切である。同じ星々を我々は見上げ、我々にとって天は共通のものであり、同じ万有によって我々は取り囲まれている。どのような教説に従って各々が真理を探すのかということなど、一体どのような違いがあるのだろうか。唯一つの方法だけで、かの崇高な神秘に至ることはできないのである」[18]。探求とは、否定神学の特定の形式から、宗教政治的な結論を導き出そうとする試みであった。神の超越性を大きく強調することは、様々な祭祀形態を区別なく許容することを認容しているだけに見える。新プラトン主義的な理解によれば、これらの様々な祭祀形態は、結果的に同一の至高神に当てはまり、哲学的な要求にも十分に合致しうるものであった。

15　Ebd. 7,42.

16　Ebd. 4,23.

17　Symmachus, relatio 3,8〔シュンマクス『上奏文』〕: *Cum ratio omnis in operto sit...*

18　Ebd. 3,10.: *Uno itinere non potest perveniri ad tam grande secretum.*

ミラノの司教アンブロシウスは、ローマの元老院議場において、ウィクトリア女神祭壇を復旧することをめぐる論争が、どれほど広く影響を与えたかを素早く理解した。ローマ皇帝の宗教政策がどのような道を辿ったかについては、ここでは問題ではない。むしろ、神についての問いそのものが重要なのである。

　神が、人間にとって永遠に神秘であり続けるとすれば、この神秘を人間は常に探し求めるのみである。人間は、多くのかたちをもった暗号の中でこの神秘を崇拝し、場合によっては主観的な経験の中で表現することがあるが、その断片的な像は全く異なった真理である。あるいは、このような真理自体が世界の中に入り込み、実際に神が人間に語りかけて啓示するのであって、神は無数の交換可能な名前で呼びかけられるだけでなく、神自身が独自の交換不可能な名を呼んでいるのではないだろうか。アンブロシウスは、古代世界とキリスト教の間の神理解をめぐる対立を的確に表現している。「シュンマクスは、『唯一つの方法だけで、かの崇高な神秘に至ることはできない』と述べている。しかし、あなたがたの知らないものを、我々は神の声によって認識した。そして、あなたがたが憶測によって探求するものを、我々は神ご自身の知恵と真理によって確実に知ったのである」[19]。アンブロシウスは、歴史の中で発展し、真理の暗闇に基づいた宗教的多様性に対して、歴史において啓示された新しいものを対置させた。その新しいものとは、宗教的多様性が様々な祭儀において探し求めた崇高な一者を、信仰者に明かすものであった[20]。このミラノの司教は、シュンマクスの解釈に反論し、人間は常に神的なものを探し求めることはできるが、神についての真理を見つけることはできないとした。なぜなら、神についての考え方はあっても、神についての確証性はないからである。

　アンブロシウスの抗議が示しているのは、否定神学も、宗教的なものの領域において真理に関する問いを断念するような、人間の知的な弱さを表す繊細な形式でありうるということである。なぜなら、否定神学は、神的なものを認識できないものとして説明し、せいぜいのところ、置き換えることの可能なメタファーを用いて神的なものを命名しようとするだけであって、最終

19　Ambrosius, epistulae 18,8〔アンブロシウス『第18書簡』〕.

20　W. Geerlings, Vom Prinzip Bewährung zum Prinzip Offenbarung. Die Umbildung der antiken Geschichtsphilosophie, in: Theologie und Philosophie 64 (1989) 87-95.

的には宗教的な世界観の全体を、究明できない事柄と同一のものと見なすからである。「聖なる無知」に立ち戻ることは、神についての肯定的な言説を否定することによって、あらゆるものを未決定のままにしようと試みるものである。しかしこれは、神的ロゴスが肉となったことによって、もはや許容されなくなった。神が歴史の中で自らについて語り始めて以来[21]、否定神学は嫌疑——もしくは試練——をかけられている。語りえない神秘を前にして、聖なる沈黙を要請することによって、神のかの声は、再び黙り込むことが望まれ、その言説は払いのけられ、もしくは片付けられた。

特に神の超越性に関して、異教徒たちは神の啓示を批判し、頻繁に論争が引き起こされてきた[22]。この議論の中で、キリスト教の護教家たちは、敵対者である異教徒たちの中に、様々なかたちで人間の傲慢さを表す、ある種の形式を認めなければならないと考えた。彼らの傲慢な考えとは、神には人間が真理に近づくように導くことはできないとするものであった。古代の哲学者たちは、「神について神から学ぼうとするのではなく、哲学者である自分自身から学ぼうとしていた」[23]のである。アレクサンドリアのクレメンスは、これとは反対のことを定式化した。「誰かが真理について述べることと、真理それ自体が自らについて語ることは別のことである。真理に関する推測と、真理それ自体は別のものである。……我々は、『神によって教えられており』（一テサ 4:9）、神の子によってまことの聖なる知において教えられているのである」[24]。

したがって、神のロゴスが神について語ることによって、「真の神的知」、確実な真理、そして「神についての知」が与えられる[25]。このような確信によって、神的超越のあらゆる表象は、古代哲学を発展させた時と同じように、現れ出て、否定神学の可能性を根本的に相対化させる。だが、相対化させる

21　ヘブ 1:1 以下。「神は、かつて預言者たちによって、多くのかたちで、また多くのしかたで先祖に語られたが、この終わりの時代には、御子によってわたしたちに語られました」。

22　マクロビウスは『スキピオの夢』1,3,18; 1,12,9 の中で、ポルピュリオスの言葉を述べている。「あらゆる真なるものは、隠されている（latet omne verum）」。Vgl. C. Gnilka, Chrêsis II. Kultur und Konversion, Basel 1993, 23.

23　Athenagoras, legatio pro Christianis 7,2〔アテナゴラス『キリスト教徒のための請願書』〕.

24　Clemens von Alexandrien, stromateis 1,38,4; 98,4

25　Ambrosius, epistulae 18,8; Origenes, contra Celsum 2,71; 7,41.

ということは、完全に廃棄することではない。
　既に 2 世紀の初期護教家教父たちは、至高の原理は把握不可能で、語りえないとする教説とともに、否定神学に関心を抱いていた。それは特に、プラトンの主張（『ティマイオス』28c）に結び付けて、神を見いだすことも困難であれば、言葉で理解することもほとんどできないとする中期プラトン主義哲学を、護教家教父たちが展開したのと同様である[26]。キリスト教徒たちは、異教の祭儀を拒否した結果、異教徒の側から非難され、無神論の罪を負わされた。そのため、護教家教父たちは同時代の否定神学を念頭に置きながら論争をおこなった。それは、とりわけ否定を用いて神を定義することによって、一方では異教徒たちの多神論的・擬人的な神の表象を批判し、他方では比較しえない神の固有の表象を守るためであった[27]。既に 2 世紀半ばまでに、無名の著者が、キリスト教的な神崇拝の新しいあり方を、否定神学の議論を用いて基礎づけていた。この人物は、神について次のように記述している。「すべてを見るが、ご自身は不可視な方、すべてを捉えるが、ご自身は何によっても捉えられない方、すべてのものがこの方を必要とするが、ご自身は何も必要としない方。捉えられない方、常に存続する方、朽ちることのない方、造られることのない方……この神は、ギリシア人のようなやり方では崇拝できないのである」[28]。
　このように護教論的な動機づけによって否定神学へと遡ったにもかかわらず、初期キリスト教の著作家たちは再びその諸原則の決定的な立場を突き破った。彼らは、受肉したロゴスの中においてのみ、神が認識できると推察したのである。神が自らの言葉によって人間に語りかけて以来、神についての

26　Apuleius, de Platone et eius dogmate 1,5〔アプレイウス『プラトンとその教説』〕; Maximus von Tyrus, orationes 2,10a; 11,9d〔テュロスのマクシモス『講話』〕; Origenes, contra Celsum 6,65. 解釈史に関しては、次のものを参照。A. D. Nock, The exegesis of Timaios 28c, in: Vigiliae Christianae 16 (1962) 79-86; J. Daniélou, Message évangélique et culture hellénistique, Tournai 1990 (= 1961), 104f.

27　D. W. Palmer, Atheism apologetic and negative theology in the greek Apologists of the second century, in: Vigiliae Christianae 37 (1983) 234-259 を参照。

28　Kerygma Petri〔『ペトロのケリュグマ』〕, frg. 2a-b. = Clemens von Alexandrien, stromateis 6.5.39; 独訳は以下のものを参照。W. Schneemelcher, Neutestamentliche Apokryphen, Tübingen ⁵1989, Bd. 2, 38f.

肯定的な言説は、人間の言葉においても可能となった[29]。テルトゥリアヌスは、神については言い表しえないという教説を明確に拒絶し、このような教説はキリスト教の神と一神教的な表象との一体感を異教の側に引き渡してしまうと考えた[30]。

したがって、否定神学の原則に基づくキリスト教的な神概念は、一方では保持され、また他方では攻撃されており、その限りでは、否定神学は異教との論争において両義的な特徴をもっている。このような特徴は、4世紀における神学内部の議論の中で初めて見いだされ、異端の合理主義から正統主義を擁護するために用いられたのであった。

当初、教会は否定神学を325年のニカイア公会議で拒絶した思考形式と同一視したため、否定神学は再び評判を落とすようになっていた。この公会議で有罪の判決を下されたアレイオスが神について語ったことは、中期および新プラトン主義的な表象に強く彩られていた。この表象の中には、ちょうど、あらゆる被造物の不完全さを否定するやり方で、彼が神について用いた呼び名が含まれている。アレイオスは、神を、唯独り生まれざる、造り出されず、永遠で、始まりをもたず、不変不易な方として理解した[31]。このように自分が受け継いだ否定神学を、アレイオスは次の方法で急進化させた。すなわち、かの哲学的な規準に従うならば、ロゴスそれ自体は、神的「一者」と世界の「多性」との間にある中間的な形態としてのみ考えられるに留まるのであって、このロゴスがアレイオスにとっては被造物の側に属しており、架橋できない裂け目によって、超越的な神から切り離されたと彼は考えたのである。その結果、聖書が語っている中間者もしくはロゴスと同一視された子自身は、自分自身について知るようなやり方では神を認識することができなくなった。最終的には、限定された認識能力によってしか、ロゴスは神を捉え

29　Justin, 2 apologia 10,1〔ユスティノス『第二弁明』〕; Origenes, contra Celsum 6,65; Clemens von Alexandrien, stromateis 5,71,3-5; 5,82,3. 以下のものも参照。J. Daniélou, Message évangélique et culture hellénistique（本論脚注26の上掲書）, 297-316; C. Reemts, Vernunftgemäßer Glaube. Die Begründung des Christentums in der Schrift des Origenes gegen Celsus (= Hereditas 13), Bonn 1998, 128-131.

30　R. Braun, Deus Christianorum. Recherches sur le vocabulaire doctrinal de Tertullien (= Études Augustiniennes), Paris ²1977, 34f.

31　Athanasius Werke 3/1 (Opitz), Urkunde 6.2〔アタナシオス『著作集』〕.

ることができず、不十分なやり方でしか、神について宣べ伝えることはできないとされたのである[32]。このように、否定神学が危険なほど異端に接近したために、否定神学の意義はキリスト教信仰の内部ですぐに変化し、4世紀後半には、神について語る可能性と意義が、再び激しい論争の対象となったのである。

「もしもあなたが、論理的な立証の様々なやり方に心から信頼を置くとすれば、神についてどのような像を描くのであろうか。理性は、どこまであなたを探求へと導くのであろうか」。このような言葉で、ナジアンゾスのグレゴリオスは、新アレイオス主義神学の合理主義的傾向に対して根本的な問いを立てた（『第28講話』7）。つまり、この立場の代表的な人物であるエウノミオスは、人間の側から神を完全に認識することが可能であると説いていたからである。この論争は、神の語源に関する言語哲学的な前提に基づくものであり、それは、単に事柄や特性を記述することだけでなく、その概念において適切な本質規定を呈示するものでもあった。神についての、その本来の、正確な（ἀκριβῶς）本質規定は、生み出されず、生成せず（ἀγεννησία）、つまり始まりをもたないというものである。ニュッサのグレゴリオスは、その立場を次のように批評した。「新アレイオス主義者たちは、神を生まれざる者と呼ばなければならず、この神が、その本性に従って単一であり、その単一性はあらゆる点で複合性を排除する、と主張する。さて、神は生まれざる者という概念に由来するのであるから、神がその本質に従って複合的でないならば、この『生まれざる』という本質それ自体の表現は、非生成に他ならない」[33]。人間は、神的存在が完全に単一であることに基づいて、この本質概念を神の教示的な助けによって理解する。そうすると、神が自らを認識するように、人間も神的本質を正確に認識することができるのである。教会史家ソクラテスは、エウノミオスの核となる理論を次のように引用している。「神は、自らの本質について、我々以上に知っているということはない。すなわち、神が〔自らの本質を人間よりも〕より良く認識できるのではないが、我々が〔神の本質を神よりも〕より劣って認識するということでもない。むしろ、我々

32　Ebd., 4b.8.

33　Gregor von Nyssa, contra Eunomium 2,23〔ニュッサのグレゴリオス『エウノミオス反駁』〕．独訳は以下のものを参照。A. M. Ritter, Eunomius, in: Theologische Realenzyklopädie, Bd 10, Berlin/New York 1982, 525-528, 527.

が知っていることは、神も〔自らの本質を人間と〕同じ程度に知っているのであって、反対に、神が知っている事柄は、我々のもとでも相違なく見いだされるのである」[34]。したがって、エウノミオスによれば、神的本質を実際に包含し、的確に指し示すような神概念を、完全にふさわしいかたちで形成することは可能なのである。このような解釈によって、神を完全に理解することは可能であると主張されている。エウノミオスは、「人間の本性は、理解できないものを把握しようとする場合に働かなくなると主張する人たち」[35]と論争していた。エウノミオスの神学の大部分は、生まれざる存在の本質概念を完全に認識可能であるという結論から論理的に演繹される事柄に基づいている。この生まれざる存在からは、もちろん、聖霊だけでなく子も除外されなければならない。子も聖霊も、生まれざる（ἀγέννητος）神に、似てもいない（ἀνόμοιοι）のである。エウノミオス神学の魅力は、その議論の単純明快さと、欺瞞的な明晰性、そして人間の知性を過大評価する点にあった。

　三位一体の信仰を疑問視するだけでなく、弁証論的方法の肥大化も激しい反論を呼び起こした。むしろ、エウノミオスによって表明された「神が自分自身を知っているように、私は神を知っている」[36]という主張も、神学的合理主義の根本的な議論に結び付いている。神の把握不可能性、神秘への崇敬、否定神学への関心は、このような神学的合理主義に対する反論として投げかけられたのである。三人の偉大なカッパドキア教父たちや、シリアのエフライム、そしてヨアンネス・クリュソストモスは、エウノミオスに対する神学

34　Socrates, historia ecclesiastica 4,7,13-14〔ソクラテス『教会史』〕. 以下の文献も参照。Eunomius, apologia 7; 21〔エウノミオス『弁明』〕; Gregor von Nyssa, contra Eunomium 1,154; 2,23; Epiphanius, panarion 76,54,17〔エピファニオス『パナリオン』〕; E. Mühlenberg, Die philosophische Bildung Gregors von Nyssa in den Büchern Contra Eunomium: M. Harl (Hg.), Écriture et culture philosophique dans la pensée de Grégoire de Nysse, Leiden 1971, 230-244, 230-234; K.-H. Uthemann, Die Sprache der Theologie nach Eunomius von Cyzicus, in: K.-H. Uthemann (Hg.), Christus, Kosmos, Diatribe. Themen der frühen Kirche als Beiträge zu einer historischen Theologie (= Arbeiten zur Kirchengeschichte 93), Berlin/New York 2005, 421-456; R. Mortley, From word to silence II. The way of negation, Christian and Greek (= Theophaneia 31), Bonn 1986, 128-159.

35　Gregor von Nyssa, contra Eunomium 3,8,1.

36　Johannes Chrysostomus, de incomprehensibili Dei natura 2,158-159〔ヨアンネス・クリュソストモス『神の本性の把握しがたさについて』〕.

的な反論の代弁者であった[37]。

　神について語ることの根本的な問題は、まず人間の有限な理解力では無限の神を決して理解もしくは把握できないという点と[38]、また人間の言葉では、知っているものを適切なかたちで表現することはできないという点にある[39]。したがって、「完全な知識とは、神は確かに知られざる方ではないが、恐らく語りえない方であることを知っていることである」とするのがふさわしい[40]。もしくは、より根本的に、「神が把握できない方であることの認識こそ

37　E. Mühlenberg, Die Unendlichkeit Gottes bei Gregor von Nyssa. Gregors Kritik am Gottesbegriff der Klassischen Metaphysik (= Forschungen zur Kirchen- und Dogmen-geschichte 16), Göttingen 1966; R. S. Brightman, Apophatic Theology and Divine Infinity in St. Gregory of Nyssa, in: Greek Orthodox Theological Review 18 (1973) 97-114; R. Mortley, From word to silence (本論脚注 34 にて上掲), 171-191; J. Daniélou, L'incompréhensibilité de Dieu d'après Jean Chrysostome, in: Recherches de Science Religieuse 37 (1950) 176-194, id., Introduction: Jean Chrysostome, Sur l'incompréhensibilité de Dieu I (Sources Chrétiennes 28bis), Paris 1970, 9-29; E. Amand de Mendieta, L'incompréhensibilité de l'essence divine d'après Jean Chrysostome, in: P. C. Christou (Hg.), Symposion. Studies on St. John Chrysostom, Thessaloniki 1973, 23-40; G. Wunderle, Zur religionsgeschichtlichen Würdigung der fünf Predigten des heiligen Johannes Chrysostomus über das Unbegreifliche in Gott, in: F.-J. v. Rintelen (Hg.), Philosophia perennis. Festgabe J. Geyser, Bd. I, Regensburg 1930, 69-82; S. Brock, The Luminous Eye. The spiritual world vision of Saint Ephrem, Kalamazoo (Mich.) 1992, 145-154.

38　Gregor von Nazianz, orationes 30,17〔ナジアンゾスのグレゴリオス『第30講話〔第四神学講話〕』〕:「人間は〔肉体に〕縛られている限り、全体を把握することはできないのである」; バシレイオス『詩編講話』115,1:「小さな杯で海の全体を計ることは、人間の精神で語り尽くせない神の偉大さを理解することよりも容易い」。

39　Augustinus, de trinitate 7,4,7〔アウグスティヌス『三位一体論』〕: *verius enim cogitatur deus quam dictur, et verius est quam cogitatur*（「神は語られるよりも真実に思考され、かつ思考されるよりも真実に存在するのである」）; enarrationes in psalmos 85,12〔『詩編注解』〕; de doctrina christiana 1,6,6〔『キリスト教の教え』〕; Marius Victorinus, de generatione divini Verbi 1〔マリウス・ウィクトリヌス『御言葉の誕生』〕; Athanasius, epistula ad monachos 1,2〔アタナシオス『修道士たちに宛てて』〕; Hilarius, de trinitate 2,7; 4,2; 11,44〔ヒラリウス『三位一体について』〕; Basilius, homiliae 15,1〔バシレイオス『第15講話』〕; Gregor von Nazianz, orationes 28,4〔ナジアンゾスのグレゴリオス『第28講話〔第二神学講話〕』〕; Johannes Damascenus, de fide orthodoxa 1,2〔ダマスコスのヨアンネス『知識の泉』「正統信仰」〕.

40　Hilarius, de trinitate 2,7.

が、神に関する知識である」[41] とするのがふさわしい。

このような認識から、教父たちは無知の認識、すなわち「知ある無知（docta ignorantia）」[42] という考えに行き着いた。シリアのエフライムは次のように書いている。「知ある者は、自分が神について何も知らないということを知っている」[43]。アウグスティヌスは、「かの至高なる神、むしろ無知においてよりふさわしく知られる方（qui scitur melius nesciendo）」[44] について語っている。同様に、エルサレムのキュリロスも、把握できない神についての唯一の真の認識について書いている。「神がどのような方であるかを教えられる者はいない。我々は、神についての正確な認識が自分たちに欠けていることを、誠実に認めている。神学者にとって、自らの無知を認めることは、より大いなる知のしるしなのである」[45]。

独善的な知から生まれる不遜な要求と、自らの無知についての謙虚な告白が、相互に様々なかたちで対比されてきた[46]。神を完全に認識できるとする

41　Basilius, epistulae 234,2〔バシレイオス『第234書簡』〕. 次の文献も参照。Johannes Damascenus, de fide orthodoxa 1,4:「把握しうるのは、〔神性〕のこの無限性と把握不可能性のみである」; Hilarius, de trinitate 2,11; Gregor von Nyssa, vita moysis 2,163〔ニュッサのグレゴリオス『モーセの生涯』〕; 既にフィロンが、『カインの子孫』15 の中で「さて、神を愛する魂が、存在するものの本質的な部分を探し求めるならば、永遠かつ不可視なものを超えた探求へと進むことになる。そして、この探求からこの魂に偉大な善が生じ、神が本質的にあらゆる人々にとって理解できない方であることが理解され、また、神が見えざる方であることがまさに見いだされるのである」と述べている（Philon von Alexandria, Die Werke in deutscher Übersetzung, Bd. 4, hg. von L. Cohn u.a., Berlin 2te 1962, 8）。

42　Augustinus, epistulae 130,28〔アウグスティヌス『第130書簡』〕.

43　Ephraem, sermons de fide 2,159〔エフライム『信仰についての賛歌』〕.

44　Augustinus, de ordine 2,44; vgl. 47〔アウグスティヌス『秩序』〕. 次の文献も参照。Ambrosius, de incarnatione 3,21〔アンブロシウス『主の受肉の秘儀について』〕; V. Lossky, Les éléments de 'Théologie negative' dans la pensée de saint Augustin, in: Augustinus Magister, Bd. 1, Paris 1954, 575-581.

45　Cyrill von Jerusalem, catecheses 6,2〔エルサレムのキュリロス『教理教育講話』〕.

46　Origenes, commentaries in Genesim〔オリゲネス『創世記註解』〕(= Pamphilus, apologia pro Origene 7〔パンフィロス『オリゲネスのための弁明』〕): cum multi imperitiam suam nesciant ... nos de rebus magnis et his quae supra nos sunt ignorantiam nostri non ignoramus（「多くの人々は自らの無知を知らないが、……我々は、偉大な事柄や、自分たちを超えた事柄について、自らの無知を知らないわけではないのである」）; Augustinus, epistulae 197,5〔アウグスティヌス『第197書簡』〕: magis eligo cautam ignorantiam confiteri quam

53

異端者の思い上がりに対して、ヨアンネス・クリュソストモスは次のように強調した。「無知における認識、そして認識における無知が存在する」[47]。神について語ることにおいて、断定的な発言を行い、最終的な結論を呈示できたと神学者が確信すればするほど、真理からますます遠ざかる。神学的な認識の逆説はまさに、この認識が探求すべき目標から遠ざかったと知れば知るほど、この認識に近づいていく点にある。「神に関することにどんなに探究の歩みを進めてみたところで、自分の求めるものがいつも自分をはるかにしのいでいるのを悟っている人こそ、最も真理に近づいている人である。なぜなら、求めるものに既に達したと想像する人は、求めるものを獲得しないで、その追究を途中でやめてしまった人であるから」[48]。

まさに、神が把握不可能であることの認識によって、神学者は真の意味で神の神秘の前に立つことが保証される。したがって、被造物が理解できる一切のものは、これに取って代わることはできない。「あなたが、それを理解したとすれば、それは神ではない」[49]。このように、教父神学は、神の啓示の真理がもつ超越性に対して豊かな感性をもち合わせており、その真理を人間は理解することができない。

神が根本的に把握不可能であるということに基づいて、教父たちは明白な次の事実を指摘した。それは、人間自身が既に、特に自分の魂の存在を完全には認識することができず、また創造の様々な事柄を鑑みても、自分の無知を認めなければならない、ということである[50]。神は言い表せず、また把握

---

falsam scientiam profiteri（「私は、誤った知を公言することよりも、慎重に無知であることを認める方を好む」）; 117,5〔『第117説教』〕; Enchiridion 5,17〔『エンキリディオン』〕; 15,59; contra Priscillianistas 11,14〔『プリスキリアヌス主義者反駁』〕.

47　Johannes Chrysostomus, in psalmos 143,2〔ヨアンネス・クリュソストモス『詩編講解』〕.
48　Leo, sermons 29,1; 62,1〔レオ1世『第29説教』；『第62説教』〕; Basilius, homiliae 15,1; homiliae in psalmos 115,2.
49　Augustinus, sermons 117,5〔アウグスティヌス『第117説教』〕: *si enim comprehendis, non est Deus*（「というのも、もしあなたが理解するとすれば、それは神ではないのだから」）; 52,16〔『第52説教』〕:「もしあなたが理解できたとすれば、何か別のものを神と理解したのである。もしあなたが知解したと思うのであれば、あなたは自分の思考を通じて自分自身を欺いたのである」; 53,12〔『第53説教』〕; Ephraem, hymni de fide:「この方（キリスト）は探求されえないので、この方が神であることが告げ知らされるのである」.
50　Irenäus, adversus haereses 2,28,2〔エイレナイオス『異端反駁』〕; Cyril von Jerusalem, catecheses 6,3.6; Basilius, homiliae 24,6〔バシレイオス『第24講話』〕; contra Eunomium 3,6

できない方であること、またこのような認識については、教父たちは、明白に多くの点において哲学的な内省に依拠している[51]。しかし、哲学的な内省だけでなく、聖書の数多くの証言が明らかにしているのは、本当の意味で知るということの特性が、最終的には人格的な神の啓示に出会うことから結果として生じているということである。「彼〔神〕は闇をおのれを囲む隠れ場とする」（詩 18:12）や、「ただモーセ〔だけ〕が、神がそこにいる密雲に近づいた」（出 20:21）という旧約聖書の言葉、そして子の他に父を知る者はいない（マタ 11:27）とするイエスの言葉、「すべての名にまさる名」（フィリ 2:9）、パウロが忘我状態で聞き知った言い表せない言葉（二コリ 12:2-4）、彼の驚嘆した叫び声「ああ、神の豊かさと知恵と知識の深さよ。神のさばきのなんと測りがたく、神の道のなんと探りがたきことか」（ロマ 11:33）、「私たちは部分的に知っている〔にすぎない〕」（一コリ 13:9）と認めること、「私は私自身が捕らえてしまっているとは考えていない」（フィリ 3:13）などは、この書物から取り出された多くの典拠のうちの一部分にすぎない。これらは、神が探求し尽くすことができず、言い表せない方であることが、聖書の言葉の不可欠な構成要素であることを教えてくれている[52]。ニュッサのグレゴリオスは、「神をいまだかつて誰も見たことがない」（ヨハ 1:18）という聖句について、ヨハネ福音書記者が否定（ἀπόφασις）によって「人間にとってだけでなく、すべての可知的本性にとっても、神の存在は認識されえない」[53]ことを確認したと解釈した。このように、ここで引用された聖書箇所についての教父たちの解釈は、総じて、これが真正の否定神学の表現であると見な

〔『エウノミオス反駁』〕; Gregor von Nazianz, orations 20,11〔ナジアンゾスのグレゴリオス『第 20 講話』〕; 28,22-31; Gregor von Nyssa, contra Eunomium 2,71; Ephraem, sermon de fide 1,283-325; 4,97-127; Johannes Chrysostomus, de incomprehensibili Dei natura 2,475-488; 5,259-266.

51　Johannes Chrysostomus, de incomprehensibili Dei natura 5,357-363:「真理から遠ざかっていたギリシア人たちでさえも、少なくとも、これと似たようなことを主張することは考えていなかったであろう。彼らのうちの誰もが、神の本性を定義し、それを一つの概念に閉じ込めようとはしなかったのである」。

52　Clemens von Alexandrien, stromateis 5,78,3; 80,2.4; Origenes, de principiis 4,3,1〔オリゲネス『原理論』〕; Hilarius, de trinitate 11,45; Gregor von Nazianz, orations 28,20-21; Gregor von Nyssa, vita Moysis 2,163-164; contra Eunomium 2,587; Basilius, homiliae in Psalmos 115,2.

53　Gregor von Nyssa, vita Moysis 2,163.

55

されるようになった。

「それでは、あなたは自分が崇拝しているものを知らないのか」。エウノミオス派はこのような結論ありきの問いを投げかける。エウノミオス派は、この問いかけとともに、特にヨハネによる福音書4章22節(「あなたがたはわからないものを礼拝し、われわれは自分にわかっているものを礼拝している」)を引き合いに出した。そして、神的存在が探求し尽くせず、言い表すことのできないことを擁護する自分の敵対者たちに対して、聖書から論拠を示すことによって、教父たちを窮地に追い詰めようとしたのである。その際に、エウノミオス派は、巧みな対話方法を用いて、容易には止められない抗議を行い、それと同時に、神的存在が完全に認識可能であることを示唆した[54]。「自分が知っているものと、自分が知らないもののどちらをあなたは崇拝するのか」というエウノミオス派の冷やかしのような問いかけは、通常——全くの無知（ἄγνοια）と完全な知（γνῶσις）との中間ノ道（via media）として——、神の存在と本質の区別に応えるものである。「何かがあることの確信と、それが何であるかの知との間には、大きな違いがある」[55]。人間が神の存在を認識可能であるとしても、その存在は最終的には探求し尽くせないままであり続ける。「神の明らかにされた側面は全く歴然としているため、愚かな者たちでさえも神がいることを知っているのである。しかし、神の秘められた側面は隠されているため、この方がどのような存在なのかについては天使でさえも把握しなかったのである」[56]。

同様に、東方の神学者も、認識不可能で言い表すことのできない神の本質（οὐσία）と、神の働き（ἐνέργειαι）とを区別した。これらは、創造と救済の歴史において認識可能となる。「神が善き牧者であること、そして、この方の命が羊たちに与えられたことを知るだけで十分である。この境界線には、神についての認識がまとめられている。しかし、神がどれほど偉大で、どれほどの方なのか、神の存在がどこにあるのか、これらについて問うことは危

54　Johannes Chrysostomus, de incomprehensibili Dei natura 5,366-367; Basilius, epistulae 234,1; Gregor von Nyssa, contra Eunomium 3,1.

55　Gregor von Nazianz, orations 28,5.

56　Ephraem, sermons de fide 6,271-273. 次の文献も参照。同 2,145-167; Gregor von Nazianz, orations 28,5; Basilius, epistulae 234,2; Maximus Confessor, ambigua (PG 91, 1229C).

険であり、答えることは不可能である」[57]。

　エウノミオスとの対立の中で、神学的思考のあり方は、根本的に否定的な言い回しにおいて神について語ることへと次第につながっていった。ナジアンゾスのグレゴリオスは、「そのようにしてのみ、あなたは神学を追求することができるであろう」と説明した。その際に、彼はモーセを典拠とした。モーセは、神を直接見ることができなかったのではなくて、神がモーセのそばを通り過ぎた後に、神の後ろ姿を見ることを授かったのである（出 33:22 以下）[58]。崇高な神学に基づいた唯一の教父として、既に古代において「神学者」の名誉ある呼び名を得ていたナジアンゾスのグレゴリオスについて、後代の作者は次のように書いている。「彼は、神については欠如的かつ否定的な表現で語ることを優先させた。その際、神については何も措定せず肯定もしないのだ」[59]。もちろん、このような考え方は、歴史的な文脈から理解されるものである。ナジアンゾスのグレゴリオスの否定神学は、「神が自らを知っているように」[60] 人間が神を認識できるとするエウノミオスの主張に対して向けられていたのである。

　もちろん、肯定的なやり方よりも、否定的なやり方の方が、神について相応しく語ることができるという認識は、エウノミオス論争以前から長くあった。だが、それは、この論争とは独立しており、初期キリスト教神学者たちもこのような認識を信頼していた。既に紀元後 200 年頃、アレクサンドリアのクレメンスは次のように書いていた。「したがって、もし我々が、物体と、いわゆる物体的な事物に結び付けられたすべてのものを取り去り、キリストの偉大さの中に埋没し、そこで神聖さとともに無限なものへと進むとすれば、我々は、何らかの方法で、全能なる方の知覚に近づき、認識するであろう。しかし、それは、この方が何であるかを認識するのではなく、この方が何でないかを認識するのである」[61]。アウグスティヌスは、神について語ることの否定的な原則を、さらに強調して用いている。「というのも、神が何である

57　Basilius, homiliae 23,4〔バシレイオス『第 23 講話』〕; epistulae 234,1.
58　Gregor von Nazianz, orations 28,3.
59　Maximus Confessor, ambigua (PG 91,1224B/C).
60　Ebd. (PG 91,1232D).
61　Clemens von Alexandrien, stromateis 5,71,3（独訳は O. Stählin, Bibliothek der Kirchenväter, München 1937）.

57

かを知りうる前に、神が何でないかを知り始めることは、神の認識の開始にとって重要だからである」[62]。「神々の中に、わが主よ、あなたのような方はなく、あなたの業のようなものはありません」と書かれた詩編86編8節を解釈した箇所では、このヒッポの司教は次のように述べている。「神は言い表すことができない。我々は、神が何であるかよりも、神が何でないかについて述べる方が容易である」[63]。

否定神学の語彙を学ぶための豊富な目録が、特にエウノミオス派に対して向けられた説教作品群の中に見いだされる。『神の本性の把握しがたさについて』は、ヨアンネス・クリュソストモスが385/6年にアンティオキアで行った説教である。いくつかの表現が、新約聖書から、特にパウロ書簡から引用されている。それによると、神は「見られえず」（ἀόρατος）、「言い表せず」（ἄρρητος）、「叙述できず」（ἀνεκδιήγητος）、「汲み尽くされず」（ἀνεξερεύνητος）、「発見されえず」（ἀνεξιχνίαστος）、「接近できない」（ἀπρόσιτος）[64]。他の概念は、フィロンから借用されている。「把握できず」（ἀκατάληπτος）、「究明できず」（ἀπερινόητος）、「限定できず」（ἀπερίγραπτος）、「表現されず」（ἀσχημάτιστος）、「注視できない」（ἀθέατος）[65]。いくつかの用語は哲学に由来する。「始まりがなく」（ἄναρχος）、「不変で」（ἀναλλοίωτος）、「非物体的で」（ἀσώματος）、「不朽で」（ἄφθαρτος）[66]ある。特に「言い表せない」（ἄφατος）という概念は、彼の宗教的な用法では新プラトン主義を背景にしている[67]。このように様々な源泉の潮流から導き出された否定神学の語彙は、東方神学において重要であっただけでなく、東方の典礼の中にもその始まりがあり、使用されていたことが見いだされる。例えば、ヨアンネス・クリュソストモスが列挙し

---

62 Augustinus, epistulae 120,13 〔アウグスティヌス『第120書簡』〕.

63 Augustinus, enarrationes in psalmos 85,12: *Deus ineffabilis est; facilius dicimus, quid non sit, quam quid sit* （「神は語りえない方である。その方が何であるかよりも、何でないかを言う方が我々には容易い」）.

64 Johannes Chrysostomus, de incomprehensibili Dei natura 3,54; 4,61; 1,274; 1,261; 1,264. 次の聖句も参照。ロマ 1,20; 11,33; 二コリ 9,15; 12,4.

65 Johannes Chrysostomus, de incomprehensibili Dei natura 1,216; 4,73; 3,171; 4,186; 2,147. 次の文献も参照。Philon, de posteritate Caini 15; de fuga 8; 141 〔『逃亡と発見』〕; de sacrificiis 59 〔『アベルとカインの供え物』〕; de ebrietate 135 〔『酩酊』〕.

66 Johannes Chrysostomus, de incomprehensibili Dei natura 2,190-191.

67 Ebd. 5,505. Plotin, enneades 4,8,6 も参照〔プロティノス『エンネアデス』〕.

ている「言い表せず、究明できず、見えず、把握できない」(ἀνέκφραστος, ἀπερινόητος, ἀόρατος, ἀκατάληπτος) という表現は、この司教が執った典礼の中で、同じ順序で繰り返されている[68]。したがって、聖書的概念と哲学的概念のつながりから、東方教会の典礼用語は成立したのであって、その特徴を示しているのは、神の神秘への畏敬の念を込めた祈りの精神なのである。

否定神学の原理は、偽ディオニュシオス・アレオパギテース(500年頃)において、決定的な意義をもつことになった。彼は、聖書と新プラトン主義の伝統に影響を受けて、肯定神学(θεολογία καταφατική)と否定神学を区別し、否定神学を超越者に関する真の神学であると理解した。『天上位階論』では次のように書かれている。「もしも神に関する事柄については否定すること(ἀποφάσεις)が真であり、言い表すことのできない事柄の神秘には肯定すること(καταφάσεις)がふさわしくないのであれば……」[69]。しかし、最終的に、神も依然として「あらゆる否定を超えた」ところにいる[70]。偽ディオニュシオス・アレオパギテースの著作において、否定神学は西洋における範例的なかたちを獲得した。これほどまでに秘密に満ちた、使徒の弟子の偽名のもとに隠されたこの無名の著者を除いて、神の神秘に向き合い、人間の言葉に限界があることを知っていた者はいない。「それは言い表すことができない。それは、常に理解に即して把握されようとするものである。それは、認識から取り除かれたままである」[71]。

8世紀半ば、教父時代の終わりに、ダマスコスのヨアンネスは、神につい

---

68 Johannes Chrysostomus, de incomprehensibili Dei natura 3,53-54. 次の文献も参照。Die göttliche Liturgie unseres Vaters Johannes Chrysostomus, hg. von P. De Meester, München ²1938, 74f.:「序言:というのも、あなたは、言い表すことのできない、究明されえない、見えざる、理解しえない、永遠の、不変の神だからです」。

69 Ps.-Dionysius Areopagita, de caelesti hierarchia 2,3〔偽ディオニュシオス・アレオパギテース『天上位階論』〕. 次の文献も参照。B. McGinn, Die Mystik im Abendland, Bd. 1, Freiburg/Br. 1994, 233-269; R. Mortley, From word to silence(本論脚注34にて上掲)221-241; R. Roques, Dionysius Areopagita, in: Reallexikon für Antike und Christentum 3 (1957) 1075-1121, ここでは特に1109-1120; W. J. Douglass, The negative theology of Dionysius the Areopagite, in: Downside Review 81 (1963) 115-124; V. Lossky, La théologie négative dans la doctrine de Denys l'Areopagite, in: Revue des sciences philosophiques et théologiques 28 (1939) 204-221.

70 Ps.-Dionysius Areopagita, de mystica theologia 5.

71 Ps.-Dionysius Areopagita, epistulae 3〔『第3書簡』〕.

て語ることの可能性と限界について、それまでの時代の思索的な成果を要約している。「さて、神について語ったり聞きたいと思っている者は、神に関すること（θεολογία）であれ、救いの営みに関すること（οἰκονομία）であれ、すべてが言葉で語りえないものでも、すべてが語りうるものでもなく、すべてが知りえないものでも、すべてが知りうるものでもないことをはっきりと知らなければならない。知りうることと語りうることとは別々のことである。語ることと知ることが別であるのと同様である」[72]。

　この著者は意図していなかったかも知れないが、彼の言葉には、同時に次のような道が示されている。それは、神について語るにふさわしいあり方について、初期キリスト教が熟考した事柄に戻る道である。神的なものの認識不可能性と言説不可能性が強調されている異教の哲学的傾向に対して、肯定神学の可能性が、啓示によって明らかにされたように、その特質を発揮させなければならなかったとすれば、後の時代では反対に、神学的合理主義に抵抗することが重要となった。この合理主義は、神の存在を完全に把握し、適切に表現することを要求するものである。その対抗手段として導入された、否定神学が断念できないものであるという考え方は、教父時代において、様々な神学につながった。それは、部分的には以前の論争的なものに制限されており、部分的にはより神秘主義的に方向づけられた、否定神学的要素の焼き直しであった。そうしたものが、個々の神学者において、神について語ることとして受け止められてきたのである。

72　Johannes von Damaskus, de fide orthodoxa 1,2〔ダマスコスのヨアンネス『正統的信仰』〕（独訳は D. Stiefenhofer, Bibliothek der Kirchenväter, München 1923）.

III

ノルベルト・エルンスト

トマス・アクィナスにおける神についての類比的な語り

1．導入：「神の名」における類比の発見

　どのように適切に神について語りうるのかという問いは、それどころか、そもそも神についての何らかの語りが可能であるのかという問いは、中世の著述家たちによってしばしば論考において扱われた。それらの論考は *De Dixinis Nominibus*（「神名論」）というタイトルを持つ。名という言葉は、神に帰属される属性と本質として理解される。それらの助けを借りて、私たちは神の存在と本質について言述しようとするのである。なるほど、宗教的な営みは、神のそのような「記述」を放棄することができない。しかし同時に、鋭敏で反省的な宗教的意識は、根本的にはいかなる名も、神を名づけるためには十分ではないということも知っている。神について語ることは、神の言明不可能性について語ることである。神と被造的な世界との間の距離があまりに大きすぎるので、いかなる名もいかなる名づけも、やはり被造的な領域から取られているので、神を言い当てることができないのである。「善」や「智」のような命名でさえ、私たちにとっては、有限な意味を抱えたままである。すなわち、私たちは、それらの命名が有限な領域でだけせいぜい近似的になされるのを見るのである。これらの語が神に関係づけられるとき意味するものを、私たちは推し量ることができない。神についての、あるいは神の本質についての肯定的な言述は、可能ではないように思われる。

　したがって、「神の名」について熟考する際にまず思い浮かぶ洞察は、神を表すいかなる名も明らかに存在しないということである。「神を表すいか

なる名も適切ではないように思われる」[1]と、トマス・アクィナスは、神の名について扱う問いの冒頭で述べ、その際、このテーマについてまるまる一巻を著した証人——偽ディオニュシオス・アレオパギテース[2]——を引き合いに出す。

しかし、「神を表すいかなる名も存在しない」という回答が唯一可能なものであったとしたら、包括的な問いもまるまる一巻も著されえなかったであろう。神の名についての論考の著述家たちが少なくともはっきり反省するのは、いかなる意味においては決して何らかの名が神に転用されてはならないのかや、いかなる意味においてはやはり何らかの名が神に適したものでありうるのかについてである。これらの熟慮は、のちに類比論において完全に展開されるものの発祥地ないしは出発点となる。

トマスにおいては、類比への道が次のように歩まれる。——いかなる名や概念、語においても、単なる名、つまり言葉の形態や音声の形態と、それらによって表現しようとする内実や意味とが区別されなければならない。したがって、言葉の形態が完全に同じであるにもかかわらず、まったく異なった内実が意味されているということが考えられうる。この場合、例えば「橋」と「箸」を表すことができる「ハシ」という語においてのように[訳注1]、純粋な同音異義（Äquivokation）が問題となっている。それに対して、同音同義（Univokation）においては、例えば「人間」が同じ意味でアフリカ人にもヨーロッパ人にも適用されるように、同一の意味内実がほかの対象に与えられる[3]。トマスによれば、いずれの語り方も、神についての語りにおいては可能ではない。同音同義は可能ではない。というのは、「いかなる名も、その

---

1 Summa theologiae（以下、S.th.）I, q. 13, a. 1.〔トマス・アクィナス『神學大全』第1冊（第1部第1問題－第13問題）、高田三郎訳、創文社、1960年〕——外国語からの引用の翻訳はすべて筆者による。

2 500年ころに著した、おそらくシリア出身の匿名の著述家。もともとは同名の使徒の弟子（使17:34）と同定され（それゆえ偽ディオニュシオス〔と呼ばれる〕）、その思考はのちの世界に大きな影響を持った。トマス・アクィナスは例えば『神学大全』で、ディオニュシオスをアリストテレスよりもしばしば引用する。

3 「同音同義 Univokation」と「同音異義 Äquivokation」という概念の基礎をなしている語の要素 vox は、それぞれその意味を変えるということに注意しなければならない。一方では vox は単なる同じ音（同音異義）を意味し、他方では vox は厳密な一意性（同音同義）を意味する。

意味は神に付加されないからである。なぜならば、そのような意味づけにおいては、神が被造物によって言述されることになってしまうからである」[4]。しかし、同音異義も可能ではない。というのは、もし可能であったとしたら、神についてのいかなる語りももはや可能ではなくなってしまうし——神についての語りをトマスはやはり捨てたくない——、神と世界が完全に無関係に相互に対立することになってしまうからである。このことは、トマスによると、因果的な創造関係と、それと共に与えられる被造物と神の類似（類比！）とのゆえに、不可能である。「［同音異義という語り方によれば、］神と被造物について言述される名においては、神と世界が完全に無関係に相互に対立するということにはならない。というのも、そのような種類の名の共通性においては、〈原因〉と〈その原因の結果〉の関係が観察されるからである」[5]。こうした熟慮の背景には、スコラ的ないしはすでにアリストテレスにおいても見いだされる公理——「結果を生み出すいかなるものも、それに類似しているものを結果として生み出す」——がある。この公理をトマスは疑いもなく前提とするのである[6]。

したがって、同音同義と同音異義の不可能な二者択一の間の中間の道として、類比だけが残る。類比は、一方では、（同音異義の結果として）神が偉大であればあるほどその神の前で完全に押し黙ってしまうことからの言語の「逃げ道」として、他方では、（同音同義的な語りの結果として）冒瀆的にであるとまでは言えないが擬人的に語ってしまうことからの言語の「逃げ道」として、発見される。宗教的な言語と、それにおいて用いられる神の名との権能と限界についてのこうした探求は、類比という概念についての、通例的で学校的な（「スコラ的な」）理解である。この理解は、そうした探求によって、さしあたりは、言語〔論〕的であり、より広い意味では認識論的でもあ

4　S.th. I, q. 13, a. 5, sed contra.

5　Summa contra gentiles（以下、ScG）I, 33〔聖トーマス・アクィナス『神在す——異教徒に與ふる大要』第1巻、酒井瞭吉訳、中央出版社、1944年〕.

6　例えばScG I, 8:「結果は、それぞれの仕方で、みずからの原因との類似性を持つ。なぜならば、結果を生み出すものは、それに類似したものを結果として生み出すからである」。

〔p.62 訳注1　原文では以下。「例えば『音 Schall』と『土 Erde』を表すことができる『トーン Ton』という語においてのように」。〕

63

る問題として、叙述される。では一体、神と被造物との間に、何らかの仕方で共通の名（「善い」や「賢い」、「強い」といったもの）によって表現されるいかなる共通性もないならば、どのように、神の名の同音異義性という前提の下で、なお何らかの道が（その道にトマスは大きな価値を置くのだが）、被造的な世界から神へと通じるというのか。逆に、すぐに次の問いが生じる。それは、わずかに神と被造物との間の共通なものだけであるとしても、それをあえて思考しようとするとき、どのように神の絶対的な超越性がなお保たれうるのか、という問いである。同音異義と同音同義においてやはり認められもする正当な関心（神と世界との間の距離を保つことないしは共通なものを守ること）に、わずかにだけであるとしても譲歩しないならば、不可知論か汎神論が不可避的な帰結であるように思われる[7]。稜線を歩く際にバランスを保ち、一方では、神と世界とが無差別に陥る一元論へと転がり落ちず、他方では、神と世界との間に橋渡しされえないクレバスが口を開ける二元論へと転がり落ちないことに、類比が、トマス・アクィナスが、成功するであろうか。

　そのような問いは、当然の如く次の洞察に至る。それは、あらゆる言語論的ないしは認識論的な観察の背後で、その存在論的な基礎が探し求められなければならない、という洞察である。言語が存在を写し取り、認識が存在に向けられるならば、そのことがなされなければならないのである。言語と認識の問題としての類比が存在論的な問題に変わり、（analogia entis という言葉によっては不十分にしか表現されない）存在のあるいは存在における類比が現れる。したがって、まずは、古典的な形而上学のこの学説が素描されなければならない。つまり、存在概念それ自体の意味が問われなければならないのである。そのことを経て、どのようにその概念が神について言述し、どのように有限な世界が言述されるのかを、さらに問うことができる。私たちは神について「神は存在する」と述べるが、それと同様に石についても「石は存在する」と述べるという素朴な観察がすでに、存在についてのその原理

---

[7] この帰結を非常に正確に記述するのは以下。B. Montagnes, La doctrine de l'analogie de l'être d'après Saint Thomas d'Aquin, Louvain/Paris 1963, 16:「私たちが神に適用する創造された事物の名が同音同義的であるならば、神的な超越性が否定される。その名が同音異義的であるならば、私たちの言葉は空虚になり、私たちは神を認識することを放棄せざるをえない」。

的な問いを要求する。「存在する」というこの目立たない一語には、何が隠されているのか。

2．何が類比的な語りを強いるのか

　明らかであるのは、神についておよび石について言述されるその「存在する」が、同一ではありえないということである。石の存在はかなり正確に規定されうる。例えば、植物に対しては命なきものとして、岩の重さに対しては軽いものとして、流れる水に対しては硬いものとして、など。換言すれば、石の存在において、ある特定の存在様態が見いだされる。存在するあらゆるものは、同時にある特定の様態において現に存在する。このことが認識する知性に初めて可能になるのは、生じる事物の多様性を相違ないしは一致に従って秩序づけることによってである。あらゆるものは、なるほど、何らかの仕方で存在において生じるが、しかし、みずからの様態で生じるのである。そのように相違するこれらの様態を見つけて、これらの中にひとつの秩序を作り出そうとするならば、終わりのないはずの哲学的な取り組み——カテゴリーに従った存在の分節化——が成し遂げられる[8]。カテゴリーとは、存在がありうる様態のことである。そのような様態がどのくらいあるのかや、それらがどのように規定されうるのかは、私たちの問題設定にとっては、さらに問われる必要がない。重要であるのは、存在において生じるあらゆるものが、つねにまた、それ以上は還元されえないある特定の存在様態を表現するような「在り様（Wie）」という特徴の下で生じるということだけである。

　存在のこれらのカテゴリー的な構造には、思考のある特定の構造が応答し、ないしは適合する。この思考は、みずからの判断において、存在のかくかくの仕方で与えられたものを「模倣する」のである。なぜならば、判断は「こ

8　アリストテレスは、カテゴリーの「発見者」と呼ばれる。カテゴリーは、人間が立てることができる一連の基礎的な問いへの答えとして見いだされる。例えば「それは何であるのか」（実体）、「それはいかなる特徴を持つのか」（性質）、「それはどれほど大きいのか、あるいは重いのか」（分量）、「それはどのようにほかのものに関係するのか」（関係）など。アリストテレスは、そのような「存在様態」を総計10個挙げることができると考えた。

れは……である」と述べ、この「である」によって、判断された対象をある特定のカテゴリーへと組み入れるからである。つまり、換言すれば、いかなる思考も言語もカテゴリーに結びついており、そのことによって存在のカテゴリー的な所与に従うのである[9]。

　この事態はさらに正確に探求されなければならない。判断は主語に述語を付け足すという仕方で働くことによって、複合的な構造を獲得する。つまり判断は何ものかを「並置」する。換言すると、判断は、存在者（「これ」）と、いろいろな存在様態へと規定される存在（例えば「赤」や「花」）とを、「並置」するのである。したがって、判断の「である」（「この対象は赤い花である」）は、いかなる場合にも、ある特定の存在仕方や存在様態の帰属や付加を表現する。もちろん、このことは、「第一に」「これ」があり、「ついで」赤であることと花であることが付け加わるかのようになされるのではない。判断は、そもそも存在において与えられているあらゆるものが、同時にかくかくの仕方で——すなわちかくかくの特定の存在様態で——与えられているという事実の表現にほかならない[10]。判断は、古典的な形而上学の言葉で表現するならば、〈現に存在すること〉と〈かくかくの仕方で存在すること〉とからなる、あるいは存在（*esse*）と本質（*essentia*）とからなる事物という「並置」を表現する。判断は存在に従う。すなわち存在の法則は思考の法則でもある（*Leges entis sunt leges mentis*）。このことも古典的な形而上学は知っていた。

　存在は認識する知性につねに特定の存在様態でだけ生じるという事実から、思考の、したがってまた語りのさらに広い特徴——つまりそれらの対象性——が明らかになる。対象的であることは、何ものかが思考に対して示さ

9　「カテゴリー」は字義的には「言述」を意味する。すなわち、カテゴリーとは、さしあたりは、存在が言述される様態であるが、この様態は存在が生じうる様態に従うのである。つまり、言述の様態と存在の様態は相関する。

10　トマスはこのコンテクストでしばしば、「contrahere」、すなわち、存在がこれやあれやの特定の存在に制限されることについて語る。例えば、S.th. I, q. 5, a. 3. ここでトマスが究明する問いは、「善であること」が存在に——存在が（概念の領域で）制限されるような仕方で——何ものかを付け加えるかどうかである。トマスはこのことを否定し、実体や分量、性質といったもの（つまりカテゴリー）だけが存在を「制限し」、「善であること」は、つねに、また原理的に、あらゆる存在者に働いている（それゆえ「善であること」はいわゆる「超越カテゴリー」に属する）ということを指摘する。

れ、かくかくの仕方で規定されたものとして現れ、思考に対向し、そのようなものとしてだけそもそも何ものかでありうるということである。決していかなる規定もみずからにおいて持たないものは、思考の〔対象としての〕何ものかとはなりえず、いかなる思考の可能性からも逃れる。このことは、そうしたものがこのことによっていかなる現実性をも失うということを意味しない。つまり対象性とは、本質的には規定と限定のことである。また、対象とは、少なくともかなり明らかな規定性において生じるものにほかならない。その結果、「それはこれであり、ほかのものではない」と言うことができるのである。対象性とは、結局は、思考が従わなければならない存在のカテゴリー的な所与についての別の語り方にほかならない。世界の対象性と言語の対象性は相関的である[11]。

　神には少なくとも——神ではないあらゆるものとは異なって——神であるという規定〔のみ〕が付加されるという最も広い意味にすぎないとしても、神も一つの対象であるのか。神は存在において生じるのか。これらの問いの含意に注意しなければならない。〔一方では、〕神が（思考や祈りの対象といった）いかなる仕方でも「対象」であることを否認するならば、神は完全に現実性を失うおそれがある。〔他方では、〕たとえどんな仕方であるとしても神に向くならば、神を有限化するおそれがある。〔また一方では、〕神を完全に存在から「除去する」ならば、神は無になる。〔他方では、〕神を何らかの仕方で存在「において」置くならば、神は、あらゆるほかの事物と同様に、存在をすでに前もって見いだし、それにおいて生じることになる。神の非現実化と有限化との間の逃げ道はどこにあるのか。

　トマスが与える答えは、簡潔さと的確さの点で、しかし哲学的、神学的な重みの点でも、凌駕されえないようなものである。それは、「神は存在様態においては存在しない」[12]という答えである。この命題によって述べられて

---

11 「一方の対象性と他方の対象性がそれぞれどれほど固有なものであるとしても、ここでは内的な対応関係が厳としてある。事物の対象性には、名の対象性が対応的に関係している。……世界は対象的に置かれ、精神は対象化しながら働く」（G. Söhngen, Analogie und Metapher. Kleine Philosophie und Theologie der Sprache, Freiburg/München 1962, 17f.）。
12 これについて最も詳細には ScG I, 25 を参照。さらには、S.th. I, q. 3, a. 5; q. 4, a. 3, ad 2; q. 6, a. 2, ad 3 を参照。

いるのは、神はあらゆるカテゴリーの彼岸に、あらゆるカテゴリーを越えて存在するということ、すなわち、神は、たとえどんなものであるとしても存在様態ではなく、いかなる存在様態でもありえないような「存在様態」を持つということである。神の存在については、のちに「このように」によって答えられるような「どのように（Wie）」によっては問われえない。というのは、いかなる「このように」も、たとえどれほど広く把握されているとしても、やはり神をある特定の存在様態に入れ、このことによって神を限定し、有限化するからである。したがって、厳密に取られるならば、神について述べようとするいかなる「である」も禁じられる。というのも、「である」は、カテゴリーに結びつけられることを免れず、原理的に神への適用に適さないからである。ただし、そのようになされるあらゆる言述をカッコに入れ、このことによって、カテゴリー的な意味を越え出ようとすることを暗示するならば、別である。このことがなされるならば、それが類比への道であろう。

　しかし、さしあたりは、非常な徹底性をもって、神がカテゴリーの外にあることから生じる帰結が言及されなければならない。例えばトマスが強調しながら述べることができるのは、〈神はいかなる特質も持たない、なぜならばこれらの特質はつねに、ある特定の存在やある特定の存在様態を記述するからである〉、ということである。「名詞は特質を持った実体を名づけ、動詞と分詞は時間性に従って名づけ、代名詞は指し示しと関係づけというやり方によって名づける。これらのものはすべて、神には当てはまらない。というのも、神は、特質を持たず、付け加えられるいかなる特殊性も持たず、時間を持たないからである」[13]。

　同様に、神についてのより広い述語も排除しなければならない。神は「普遍でも特殊でもない」[14]。それどころか、「現実に存在する existieren」や「現に存在する dasein」という述語をトマスは退ける。——もちろん、スコラ的な論争において通例的な区別を持たないわけではないが、神は現実に存在しないという（daß Gott nicht existiere）命題を裏付けるために、さしあたりは

13　S.th. I, q. 13, a. 1, obi. 3; この困難の解決は、ついで、ad 3 でなされる。そこでは、神の絶対的な単純さについて分割を指示しつつ語らなければならないという矛盾が指摘される。

14　S.th. I, q. 13, a. 9, ad 2.

ディオニュシオスの「超越存在 supra existentia」[15] を引き合いに出すとき、次のようにトマスは詳論する。「神が現実に存在しないものとして名づけられるのは、あたかも神が決して現実に存在しないかのような意味でではなく、神はみずからの存在であるという点で、神は現実に存在するあらゆるものを越えているからである」[16]。

　それと共に決定的な語りがなされるが、この語りによってだけ、トマスによれば、かなり適切に神について語られうるのである。それは、「神はみずからの存在である」[17]ないしは「神はみずから実在する存在それ自体である」[18]という語りである。神がみずからの存在であるということによって意味すべきことを理解するために、トマスは、あらゆるほかの（有限な）存在者に目を向ける。これらの存在者についてはつねに、それらは存在を持つということだけが述べられうる。この「である」ないしこの「を持つ」は、凌駕されえない鋭さで、神と被造物との間に口を開ける相違を特徴づける。被造物のいかなる存在も、創造されたものであるがゆえに、受け取られた存在であり、それと共に同時に、これやあれやの存在へと規定され、制限される──「ある特定の様態へと受け取られ、結び合わせられる」[19]──のである。創造されたものであるがゆえに、存在者は、なるほど存在を持つが、存在であるわけではない。つまり、存在を持つことという点で、何らかの仕方で、相違が見られる。すなわち、存在者は存在を持つが、そのことはみずからによってではなく、存在が存在者に（どこか別のところから）付加される[20]。それに対して、「存在である」という語りにおいては、同一性のようなものが現れる。それは当然、人間的な語りがやはり構成という仕方でだけ表現することができるような同一性であり、〈神は存在である〉という同一性である。「である」と述べるという、すなわち、神にいわば、神がやはり「つねにすで

15　S.th. I. q. 12, a. 1, praeterea (3).
16　S.th. I. q. 12, a. 1, ad 3.
17　注16で挙げられた箇所と並んで、さらに多くのほかの箇所が挙げられる。例えば、S.th. I, q. 3, a. 4, corpus; ScG I, 38.
18　例えば、S.th. I, q. 4, a. 2, corpus.
19　S.th. I, q. 7, a. 2, corpus.
20　根本的には因果原理を指し示すこの思想に、核心部分で、有名な神の存在証明についてのアクィナスの詳論は依拠している。

に」それであるところのものを帰属させるというこの強制は、人間の思考と言語のすでに述べたカテゴリー的な構造から生じる。つまり、この構造は、ある存在様態を存在者に付け加えるのであり、その点で神の前では役に立たないのである。神は、「すでにつねに」あらゆるもの——存在の充実、存在の源泉、存在の極度の強さ——であるがゆえに、何も付け加えられない単純なものである。

　神のこの完全な単純さにおいて、なぜトマスが、もともと彼によって構想された analogia proportionalitatis（比例性の類比）を、analogia attributionis（帰属の類比）によってのちに単純化するのかの理由も探求されるはずである。比例性の類比は、もしそれを用いなければまったく比較されえない様々な項の下で、比較をおこなう。共通性が存するのは、比例においてだけであり、それらの項においてではない。つまり、形式が取り出されると、比例性の類比は、例えば次のようになるであろう——〈神がみずからの存在に関係するように、被造物はみずからの存在に関係する〉。しかしながら、神が絶対に単純なものであるならば、神は「みずからにおける何ものか」に「関係する」ことができない。それゆえトマスはのちに、特に『神学大全』で、一方を他方に秩序づけることとして記述される「帰属ノ類比」を定式化するのである。「たとえ何が神と被造物について言述されるとしても、それは、根源と原因としての神に被造物を秩序づける、その秩序づけ方に従って、言述されるのである」[21]。

　神の存在に何ものかを付け加え、そのことによって神の存在をより詳しく規定することはできないということから[22]、トマスにおいては次のものが生じる。それは、神の存在について語る、より射程の長い完全に固有な語り方である。ある規定へと続くいかなる「である」も、不可避的に「これ」や

21　S.th. I, q. 13, a. 5, corpus.
22　したがって、いかなる概念形成においても、次のことがなされる。それは、性質を形成する区別（例えば「理性的な」）を類（例えば「動物」）に付け加えることによって、「人間」という概念が生じる、ということである。その際注意されなければならないのは、「理性的な」という規定は、初めからすでに「動物」という概念に含まれているわけではないということである。しかしながら、神の存在においてはそうではない。神の存在は、トマスによると、無限に高められた程度で（卓越した仕方で）ではあるが、すでにつねにあらゆる規定を含んでいる（完全性）。

「あれ」への固定を帰結するので、神の存在についてはそれが「何」であるのかを、もはや述べることがまったくできない。神についてはもはや「ただ存在のみ」[23]としか述べることができない。(「神は……である」と)それ以上に述べようと試みても、そのいかなる試みも、根本的には何ごとも述べることにはならないであろう。なぜならば、そのいかなる試みも、神を何らかの仕方で「秩序づけ」、ある類に固定し、したがって有限性のカテゴリー的な構造に従属させることになるであろうからである。

　こうした断定によってトマスがさらに至るのは、何ものかが「それ」であるところのもの[24]として本質を理解しようとするならば、神は本来的にはいかなる本質も持たないという断言である。こうした意味では、神はいかなる本質も持たない。すなわち、神の「本質」はかくかくであることではなく、存在すること、〈ただ存在のみ〉にほかならない。神の本質はその存在である。それゆえトマスは繰り返し、神における存在（esse）と本質（essentia）の同一性を主張する。「神の本質はその存在である」[25]。「神は単にその本質であるのみならず、その存在でもある」[26]。高度に抽象的なこの言述の理解が容易になるのは、被造的で有限な存在に目を向けるときである。被造的で有限な存在については、必ずしも、その本質は存在であることである、と言うことはできない。というのも、被造的で有限な存在は、存在しないも同然であることがありうるからである。被造的な本質は、たとえそれがどのようにあるとしても、また、たとえそれが何であるとしても、限定性と偶有性に組み入れられている。なるほど、被造的な本質はその存在の力によって存在するが、つねにこれであるほかなく、同様に存在しないこともありうる。それに対して、神の本質は、限定的でもなく、偶有的でもなく、それゆえ（私たちが有限な事物について用いる意味での）「本質」でもない。神の本質について述べられうる唯一のものは、〈存在すること〉だけである。神についての語りにおけるこの極度の還元は、もはや言明されえない充実の現れにほかな

23　De ente et essentia, cap. 5〔トマス・アクィナス「存在者と本質について」須藤和夫訳、『中世思想原典集成』第14巻所収、平凡社、1993年〕.
24　これは、しばしばスコラ的な言語使用において、*quidditas*（「何性」）という造語によって表現される。
25　ScG I, 22.
26　S.th. I, q. 3, a. 4, corpus.

らず、この語りの見かけの貧しさは、実際には、もはや想像されえない豊かさの表現である。

　この充実を示唆するために、トマスは、神について適用される〈存在（*esse*）〉に、しばしば同格の〈それ自体（*ipsum*）〉を付け加える。つまり、神は存在それ自体である、と。この「それ自体」は神の存在を性格づけ、強める。このことがなされるのは、「それ自体」が、一方では、いかなる有限な存在からも引き離されており、他方では、空虚で無規定な存在概念にすぎない共通存在（*esse commune*）——いかなる存在者についても言述されうる最小の存在——と混同されえないからである。したがって、トマスは次のように述べる。「神は……あらゆるものにとって共通の存在ではない。……すなわち、神があらゆるもの〔にとって共通〕の存在であるならば、神はあらゆるものが持つ何ものかであるが、あらゆるものを越える何ものかではない」[27]。

　存在を同じく強めることが目的とされているのは、トマスが神について、最大限ニ存在スルモノ（*maxime ens*）、すなわち最高の程度で存在するものとして語るときである[28]。神はまさに強く存在し、神はみずからの存在をいわば強く発揮するので——言葉はここではたどたどしくならざるをえない——、神の存在は神にとって本質となる。このことはあらゆるほかの存在者については決して述べることができない。トマスが見いだすのは、この事態が出エジプト記3章14節「私はある、私はあるという者だ」における神の有名な自己命名において言明されているということである。それに含まれているように見える同語反復は、トマスにとっては、神の存在が神の本質であるという現れにほかならない[29]。神は強く「存在する」ので、神は必然的に存在し、神の存在は凌駕されえない強さと、——燃えさかるが、燃え尽きない柴という聖書の比喩において表現されているように〔出3:2〕——汲み尽くされえない充実である。神の存在は、「何らの制限もない存在であり、現実そのものである。……神の存在は、制限なく『存在する』」[30]。しかし、この「充実」は、もはや把握されえず、思考されえず、言明されえない。という

27　ScG I, 26.

28　ScG I, 13 in fine.

29　Vgl. ScG I, 22.

30　J. Habbel, Die Analogie zwischen Gott und Welt nach Thomas von Aquin, Berlin 1928.

のは、いかなる把握も、思考も、言明も、つねに、私たちが把握し、思考し、言明しようとする「何ものか」に向けられるからである。この充実を思考しようと単に試みるだけで、それをもはや充実のままにしておかず、有限化し対象化してしまう。思考と語りが無限な充実に向こうとするとき、その無限な充実から不可避的に有限な何ものかが生じる。それゆえ、神は思考もされえず、言明もされえない。

3．何が類比的な語りを可能にするのか

しかし、思考と語りが挫折しかかり、断念（ただ存在のみ［esse tantum］）か自己凌駕（存在それ自体［esse ipsum］）によってだけある程度神を指し示すことができるところでこそ、やはり、思考を神に向け、言語に神について語らせる道のような何ものかが認められる。というのも、それどころか何ものかから抜け出すことにおいて、すなわち、私たちにとって原理的に少なくとも把握され、思考され、言明されるような現実から離れ去ることにおいて、〈ただ存在のみ〉や〈存在それ自体〉において問題となっているようなこうした語りの試みが生じるからである。神が「存在それ自体」と呼ばれるとき、そのことがなされるのは、存在それ自体であるわけでなく、存在それ自体を持つにすぎないあらゆるほかのものとの「対置」においてである。また、神が「ただ存在のみ」と呼ばれ、もしそうでなければ無と呼ばれるとき、そのことがなされるのは、例えば有機的な存在や無機的な存在などのようにさらに規定されうるが、まさにこの規定によって有限にもなるあらゆるほかのものから離れ去ることにおいてである[31]。

つまり、有限的なものと偶有的なものから抜け出ることにおいて、無限的なものと絶対的なものは、何らかの仕方で目に入ることができるのである。依存関係は、少なくとも「間接的には」神について思考し言明する可能性を

---

[31] ここにおいて注意されなければならないのは、ここでは言語が再び働かなくなるということである。たとえ「他なるもの」であるとしても、神は「対するもの」ではなく、「離れ去り」はしない。というのは、「対するもの」や「他なるもの」であったとしたら、神はやはり少なくとも、「対して」あり「別様に」あるものとして規定され、そのかぎりで、やはり何らかの仕方で「何ものか」であるからである。

開くのである。有限なものが無限なものにこのように依存していることをさらに追究するならば、この依存は、二重の——とはいえ、同一の事態への二つの別の見方にすぎない——形態において現れる。創造者への被造物のまなざしからは、つまり「下から」は、存在それ自体を存在者が分有（Teilhabe）することが叙述される。つまり、参与（Partizipation）の思想が開かれている。「上から」の、すなわち被造物への創造者のまなざしにおいては、分与（Teilgabe）としての、すなわち存在者への存在の依存が現れる。つまり、因果（Kausalität）の思想に足が踏み入れられる。参与と因果は、同一の事態の二つの面である。すなわち、有限な存在者は神の存在に対し無限に隔たっているが、やはり同時に神の存在によって支えられているのである。

　分有についてトマスは様々に、とりわけ存在者と存在それ自体についての思想の圏内で述べている。「存在を持ち、存在でないものは、分有によって存在者である」[32]。トマスによると、（名詞として〔の存在〕ではなく、不定詞としての）存在することは、原理的に、〈*esse per essentiam*（本質からして存在すること）〉としてか、〈*esse per participationem*（分有によって存在すること〉としてかの、いずれかだけが可能である。神の存在にのみ適用されるのは、神の存在が〈本質からして存在すること〉であるということである。したがって、例えば、神の存在がいわば、神と被造物を越える「第三のもの」としてあるような存在を分有することはありえない[33]。「被造物が神に似せられていると見なされるのは、神が被造物と同じ形姿を分有するからではなく、神が実体的にそれ自体で、被造物がある種の模倣によって分有する形姿であるからである」[34]。したがって、明らかになるのは、参与ないしは因果の思想が、類比——すなわち神と被造物との間の類似的な命名——がなされうる存

32　S.th. I, q. 3, a. 4, corpus.

33　もしそうであったとしたら、何よりもカール・バルトがしたような存在ノ類比を鋭く退けることにだけ賛同することができたであろう。このように、神を存在概念に従属させることだと誤って思い込まれたものとして存在ノ類比を誤解することがはっきり解消されたのは、エーリヒ・プシュワラの有名な類比についての著作（初版1932年）においてである。この著作は、何よりもカール・バルトの弁証法神学に抗するカトリックの立場の代弁と見なされた。現在は、E. Przywara, Analogia Entis. Metaphysik. Ur-Struktur und All-Rythmus, Einsiedeln 1962、特に137、188、201 頁所収。

34　De Veritate q. 23, a. 7, ad 10〔トマス・アクィナス『真理論（上・下）』山本耕平訳、『中世思想原典集成』第Ⅱ期第1巻・第2巻、平凡社、2018年〕．

在論的な基礎であることである。もちろん、その命名の際に保たれなければならない注意を、トマスは促す。それは、「ある種の模倣によって」という注意である。「第一の本質的な存在や善さから、いかなるものも善いものや在るものと名づけられうるが、それは、善いものや在るものが、たとえ削除され制限された意味でであるとしても、ある種の似せられ方によって、存在や善さを分有するかぎりでである」[35]。

　トマスは、みずからのスコラ学徒たちにもこの抽象的な事態を具体的に分からせようとしなかったならば、よいスコラ学者ではなかったであろう。存在（それ自体）と存在者の関係と、存在（それ自体）への存在者の参与とを、トマスは熱さと熱いものという具体例を用いて明らかにする。〈存在者は存在を持つにすぎず、そのことによって存在するが、存在者は存在それ自体ではない〉と言わなければならないのと同様に、〈熱いものは熱さを持ち、そのことによって熱いが、熱いものは熱さそれ自体ではなく、熱さを分有するにすぎない〉とも言わなければならない[36]。〈熱さは熱い、なぜならば、熱さはすでにつねに熱さそれ自体であるがゆえに、熱さに熱さは付加されえないからである〉と言うことが無意味であるのと同様に、〈（神の）存在は存在する、なぜならば、（神の）存在はすでにつねに存在それ自体であるがゆえに、（神の）存在に存在は付加されえないからである〉と言うことは無意味である。つまり、「それ自体」(*ipsum*)という同格は、──トマスによって用いられた例を手がかりとするとよく分かるように──、ある特定の性質（例えば熱さ）を高め、性質と担体が同一になるまでそれを極度に強めることに気づかせるために用いられる。その結果、最終的に、〈神は存在（それ自体）である、神は単に存在を持つわけではない〉と言うことができる。もちろん、「である」が神に用いられると、その意味は変わる。この「である」が表現するのは、もはや、あらゆる有限な存在者において言おうとするもの、すなわち、この「である」やあの「である」（例えば赤である）への規定や、この仕方やあの仕方の「である」の付加ではなく、「すでにつねに」与えられた、存在の充実そのものの「所有」である。換言すると、被造的な領域において用いられる「である」という繋辞は、神についての言述に対して用いら

35　S.th. I, q. 6, a. 4, corpus.
36　Vgl. S.th. I, q. 3, a. 6, corpus; q. 4, a. 2, corpus.

75

れるときには、類比的に思考されなければならない。存在を存在者が分有するという思想は、このように、一方では、神的な存在と有限な存在との間の距離を保ち、しかし他方では、それらが完全に相互に無関係になることをも防ぐ。中間の道としての類比は、同一性ないしは同音同義と、相違性ないしは同音異義との間にある。

　分有について語られるところでは、分与について、つまり因果についても語られる。参与は、それの論理的で存在論的な前提として、原因の結果であるという事実を持つ。「何ものかが分与によって存在するものであるということから、その何ものかがあるほかのものを原因とした結果であるということが結論される」[37]。神について原因として語ることは、不可避的であるとはいえ、──「原因」が、神について言述されると、あらゆる被造的な原因とは異なった意味を持たなければならないということに注意しなければ──、問題含みのものとなりうる。つまり、原因という概念も、神との関係においては、下降という意味でではなく、いかなる有限な原因をも越え出るような卓越という意味で、類比的に思考されなければならない。これが、いわゆる神の存在証明の──何よりも（*ex ratione causae efficientis*──結果を生み出す原因〔作用因〕に基づく）第二の道 *via* の[訳注2]──背後にある思想である[38]。これについての研究に際して、トマスが無頓着に因果の概念を神との関係において扱うという印象を持つかもしれない。それにもかかわらずやはり、ほかの箇所がトマスがこれらの問題に気づいているということを示す。「みずからの原因と等しくないような結果によっては、原因の完全な認識は獲得されえない。しかしながら、いかなる結果からも、私たちに明らかになるのは、ひとつの原因が存在するということである」[39]。私たちはなるほど神がどのように存在するのかは知りえないが、神が存在することは知りうると、トマスがしばしば十分に強調するのは、理由があってのことである。「感覚的に与えられる事物によっては、私たちの知性は、それらの事物のなかに神

37　S.th. I, q. 44, a. 1, ad 1〔トマス・アクィナス『神學大全』第 4 冊（第 1 部第 44 問題 – 第 64 問題）、高田三郎・日下昭夫訳、創文社、1973 年〕.

38　Vgl. S.th. I, q. 2, a. 3, corpus.

39　S.th. I, q. 2, a. 2, ad 3.

〔訳注2　トマスが挙げた 5 つの存在証明（「5 つの道」）のうち、第二のものを指す。S.th. I, q. 2, a. 3 を参照。〕

的な実体の〈何であるか〉を観ることができない。というのも、結果は、原因の完全性に到達しないからである。しかしながら、感覚的に与えられる事物から出発して、私たちの知性は、神について神が存在することを認識するという神の認識に至る」[40]。

　神と世界のこの因果関係が、最終的に、両者の間のある類似について語る可能性を開く。トマスがその際よりどころとするのは、すでに言及した次の原理である。それは、結果を生み出すいかなるものも、それに類似しているものを結果として生み出すという原理である[41]。しかしここでも彼は、大きな注意を払ってこの類似について語る。なぜならば彼はこの類似を「ある種の類比」あるいは「ある種の類似」と記述し、被造物における神的な完全性の模倣が不完全にしかなされないのを見るからである[42]。この「壊れた」類比の根拠は、あらたに、次の事実に見られうる。それは、神が自己同一性においてそれであるところのものが、被造物においては、「ある種の制限された分有によって」[43]だけ与えられているという事実である。この類似について語られうるのは、ましてや神が被造物に類似しているかのようにではなく、ただ、類似が被造物においてだけ見いだされうるというようにである。類似しうるのは神ではなく、被造物だけである。それにもかかわらず、神とのこの類似性は、つねに、さらに大きな非類似性によって突破されるのである[44]。矛盾しているように見えるものにおいてだけ、かなり正確に神と世界との間の類比について語られうる。なぜならば、いかなる一性にも徹底的な相違が厳としてあり、いかなる相違にもまた逆に共通が厳としてあるからである。神と被造物は、それらの相違する存在様態によって相互に切り離されているが、しかしやはり同時にそれらの相違する存在様態によって相互に結びついているのである。analogia entis という概念の entis は、いかなる共通の

40　ScG I, 3; vgl. auch ScG I, 14; S.th. I, q. 12, a. 12, corpus.
41　注6を参照。
42　例えば、S.th. I, q. 4, a. 3, corpus; q. 13, a. 2, corpus。
43　ScG I, 29.
44　類似性と、はるかに大きな非類似性との弁証法は、第4ラテラノ公会議（1215年）の類比の定式に、その古典的な表現を見いだした。「創造者と被造物との間には、はるかに大きな非類似性が確認されることなしには、いかなる類似性も確認されえない」（Denzinger-Schönmetzer, Enchridion Symbolorum, Freiburg/Br. 36. Aufl. 1976, Nr. 896）。

類もないというような、神と被造物との間の分離を意味する。しかしやはり entis には、根元での一性という徹底的・肯定的なものが表れる[45]。「類比は神と被造物について言述される同一のものが別様にあることである」[46]というエッセンスは、一見すると矛盾しているが、正確に事柄の核心を突いている。

4. 神についての押し黙る語り

　この存在論的な根拠は、類比の権能と不可避性について問いを立てた。この存在論的な根拠について、最後に、次のことが探求されなければならない。すなわち、トマスによれば、同時にみずからの可能性と限界に気づいている神についての語りが、どのようになされなければならないのかが、探求されなければならない。神についての語りは明らかに、禁止事項と、許されたある種の規則との間で、動く。したがって、いわゆる triplex via（三様の道）、すなわち否定、肯定、卓越においてみずからの古典的な表現を見いだしたような「語りの技術」の諸要素が目に入る。トマスは、神についての語りの、ないしは神の認識の、この三様の道を用いることによって、それと同時に、何よりも偽ディオニュシオスにおいて現れ、それ以来、神の名についてのあらゆる論考の核心部分をなすような方法に従う[47]。

　被造的な領域において見いだされる何らかの「名」、つまり名称や性質が神に適用されるとき（例えば「人格性」）、この「名」は、それが有限な事物に適用される際それに付随するようなあらゆる有限な含意から、解放されなければならない。したがって、なるほど、例えば自己所有は、人間的な人格性の特徴と見なされうるが、しかしながら、自己所有はつねに断片的で不完

45　E. Przywara, Analogia entis, a.a.O.（注33）, 201.

46　Ebd., 206. この見かけの「非論理性」は、存在の類比において問題となっている原理的な矛盾を極度に鋭くすることにほかならない。B. ヴァイスマールは、この非論理性を、次のように説明することによって、正確に明らかにする。——存在における存在者の類比とは、「いかなる様態でであれ存在するあらゆるものが、それにおいて区別されるところのものにおいて一致するということである」（B. Weissmahr, Philosophische Gotteslehre, Stuttgart 1985, 109）。

47　例えば、S.th. I, q. 13, a. 3, obi. 2 と ad 2 を参照。

全にすぎない。人間的な人格性に付随するこの不完全性は、私たちが神を人格と名づけるときには、否̇定̇されなければならない。それに対して、人格性が意味しうる完全性は、神について言述されるときには、肯̇定̇されることが許される。しかしながら、私たちはこの充実の十全なイメージを持たないので、私たちが人格性について私たちに基づき言うことができるあらゆる積極的なもの（肯定的なもの）は、もう一度、私たちがもちろん思考することも言明することもできないような強さへと卓̇越̇されなければならない。つまり、卓越は、つねに志向的であるにすぎず、決して実在的ではない。

　そもそも、有限な完全性が神へと関係づけられ、神における無限な完全性への参照指示として用いられうるということは、みずからの存在論的な根拠を、神と被造物との間に厳としてある因果関係ないしは類似関係に持つ。つまり、肯定されるものは、たとえ限定されているとしても、創造者によって被造物に与え入れられた完全性である。それゆえトマスは、神認識の三様の道を記述する際に、肯定（*affirmatio*）について語る代わりに、因果（*causalitas*）について語りうるのである。「神的な結果からは、神的な本性は、それがそれ自体においてどのように存在するのかに関しては、認識されえない。その結果、私たちは、神が何であるのかを知らない。私たちは、卓越、因果、否定という仕方で、認識する」[48]。同様に、トマスは、否定（*negatio*）を表すために、*remotio*（除去）という表現も選ぶことができる[49]。卓越（*eminentia*）は、トマスによって、──「完全」という語を具体例として説明されるように──、*extensio nominis*（名の拡張）として理解される。なるほど、この語は、さしあたりは、なにものかが可能態（可能性）から現実態（現実性）へと移行させられ、「完全」にさせられているという意味で、〔なにものかが〕生じたということを名づける。この基本的な意味では、「完全」という名は、神には適用されえないと、トマスは述べる。なぜならば、トマスによると、神は生じたものではないからである。しかし、トマスによれば、完全〔という語〕の意味内実のある種の拡張によって、この語は、やはり、神について言述されうる。「名のある種の拡張によって『完全』と呼ばれるのは、そうさせられることによって完全な現実態に達するもののみなら

48　S.th. I, q. 13, a. 8, ad 2.
49　例えば、ScG I, 12。

ず、そうさせられることもなしに完全な現実態であるものもである」[50]。

　肯定、否定、卓越という三つの歩みの中では、ときに否定が、重みを獲得することがありうる。なぜならば、あたかもトマスがいわゆる否定神学を重視するかのように見えるからである。否定神学の、神についての唯一の言述は——表面的には——何も神については述べることができないということである。したがって、やはりトマスもまた、何度も次のように述べる。「神についての人間的な認識の究極のものは、神については何も知らないということをその認識が知っているということ、すなわち、神がそれであるところのものが、神について私たちが洞察するあらゆるものを踏み越えるということを、その認識が認識しているということである」[51]。

　さて、考えられうる知と認識のいずれのものもこのように否定することにおいて固有なものは、やはり「何らかの仕方で」知 (sciat) や認識 (cognoscit) が与えられており、それらなしには、明らかに、無知も無認識もまったく主張されえないということである。このことがトマスにおいて明らかになるのは、神についての類比的な語りに際してつねに背後にあるより広い区別においてである。それは、*modus significandi* と *res significata* の——もっともうまく表現すれば「語りの仕方」と「語りの目標」の——差異である。「私たちによって言明されたいかなる名称にも、語りの仕方を顧慮すれば、次のような不完全性が含まれている。それは、語りにおいて目標とされる事柄が神にある種の越え出る仕方で付加されるにもかかわらず、神に付加されないような不完全性である」[52]。つまり、語りの仕方は、つねに、語りの目標に届かない。このことの原因であるのは、結局は、与えられえないものを神についてのいかなる命題においても（「神は……である」と）与えざるをえない知性の有限なカテゴリー的構造である[53]。人間的な思考が神に向こ

50　ScG I, 28.

51　De potentia q. 7, a. 5, ad 14. 否定神学へのトマスの近さについては、次を参照。B. Welte, Bemerkungen zum Gottesbegriff des Thomas von Aquin, in: Ders., Zeit und Geheimnis. Philosophische Abhandlungen zur Sache Gottes in der Zeit der Welt, Freiburg/Br. 1975, 219-227.

52　ScG I, 30.

53　これについては以下を参照。E. Stein, Endliches und ewiges Sein, Louvain/Freiburg 1950, 317:「これは、根本的にはもはや判断の形式においては言明されえない何ものかを、判断形式において言明しようとするあらゆる試みである。というのは、いかなる判断にも分節化が含まれているが、完全に単純なものはいかなる分節化も受けつけないからであ

うとするとき陥るこのアポリアを、トマスは次のように記述する。「まずは並置されたものを把握する私たちの知性は、並置を退けることによってのみ、単純なものの認識に至る」[54]。つまり、根本的に再び問題であるのは、いかなる存在者にもかくかくであることが付加されることによって、存在と本質が「並置さ」れている有限な事物の構造に、私たちの認識が従うということである。しかし、かくかくと規定される存在がまさにこのように付加されるということは、神においてはなされえない。なぜならば神は、すでにつねに存在それ自体であるからである。この同一性ないしは絶対的な単純性を、思考は適切に把握することができない。

しかしながら、思考が神に向くとき、たとえ否定によってだけであるとしても、思考は「何ものか」を把握するのである。トマスがかくもしばしば強調する無知は、空虚な知ではない。もしそうであるとすれば、それどころか、まったくもはや知について語ることができないであろう。無知においては、完全に別の種類の知が示される。それは、思考することも言明することもできないような何ものかを思念する。それは、学識ある無知、すなわち、無知のまま知り、知りながら無知であるような docta ignorantia である。「そうであるならば、私たちが真に神を認識するのは、私たちが神について、人間によって神について思考されうるあらゆるものを神が越え出るということを、信じるときだけである」[55]。私たちは知らないことによって知り、私たちは認識しないことによって認識する。この弁証法は、類比の根本的本質である。それは、肯定(神と世界は関係し、相互に類似している)と否定(神と世界は徹底的な距離にあり、類似しているにもかかわらず、はるかに大きく類似していない)との間で動き、肯定と否定との間を行き来する。そしてそれは、この弁証法的な緊張を揺るぎなく保ち、安易に主張されうる一面性(世界を欠いた神や神を欠いた世界、汎神論や不可知論、矛盾や同一性など)に満足しないかぎり、真である。類比の真理は、*media via*(中間の道)であるというその性格にある。思考の挫折や、不可能性を述べることは、成果のない中断ではなく、神についてのあらゆる思考や語りの試みの絶望的な終局ではなく、徹頭徹尾、神が現実に神となりうる新たな発端のようなものであ

る」。

54 S.th. I, q. 10, a. 1, ad 1.
55 ScG I, 5.

る。その際用いられる手段は、神に向けられた語りや主張ではなく、否定することや、究極的には押し黙ることである。しかしこの押し黙ることは雄弁であり、いかなる語りよりも雄弁である。あるいは別様に言えば、いかなる否定もそれに先行する肯定によって生き、いかなる否認も根源的なものに向き、いかなる沈黙も語りのあとになされる。この言明されない諸前提が、否定神学の生命線である。否定神学は、みずからの否定において「何ものか」を見なければ、存在することができないであろう。「神についての肯定的な言述は、たしかに存在するが、その言述は、神の絶対他者性についての否定的な言述を基礎づけるものにほかならない。否定は、ある種の肯定において根拠づけられているときにのみ、理解されうるにすぎない……。すなわち、人間的な知性は、何ものかを肯定しながら神について認識するということをしないならば、何も神について否定することができないのである」[56]。人間がみずからの認識の有限性を通して認識することができるこの「何ものか」は、何であるのか。さらに鋭く問うならば、人間は、神について何も知ることができないということを知るために、神について何を知らなければならないのか。

---

56 E. Przywara, Analogia entis, a.a.O.（注33）, 135. トマスからの引用は以下。De potentia q. 7, a. 5, corpus.

IV

クラウス・クレーマー

ニコラウス・クザーヌスにおける謎としての神認識

否定神学の克服なのか、変化「形態」なのか

I．ルドルフ・ハウプストとクルト・フラッシュの研究成果

　フラッシュは、クザーヌスの思想の発展史と理解される、1998年の優れたクザーヌス研究書において[1]、自らの発生学的な著作分析を通して、ニコラウス・クザーヌスにおける否定神学の概念をも研究している。ニコラウス・クザーヌスにおけるこの概念がフラッシュにとってどんな意義をもつのかということは、次のような事実からだけでもたしかに明らかである。すなわち、著作巻末の事項索引において[2]、「否定神学」という言葉が、「一者」「知性」「一致」「三位一体」と並んで最も大きな部分に数えられているのである。

　さて、すでに、ルドルフ・ハウプストもクザーヌスの否定神学を見据えていた[3]。ハウプストは、プロティノス、アレクサンドリアのクレメンス、お

1　K. Flasch, Nikolaus von Kues. Geschichte einer Entwicklung (Frankfurt/M. 1998).
2　Ebd. 678. S. auch K. Flasch, Die Metaphysik des Einen bei Nikolaus von Kues. Problemgeschichtliche Stellung und systematische Bedeutung (Leiden 1973), bes. 318-329.
3　Die „negative Theologie" im Christentum und den Ostreligionen, in: Communio 17 (1988) 297-311; 多少変更されて次に収録. Ders., Streifzüge in die cusanische Theologie. Buchreihe der Cusanus-Gesellschaft, hg. von R. Haubst, E. Meuthen u. J. Stallmach. Sonderbeitrag zur Theologie des Cusanus (Münster 1991) 96-115（引用はこれに基づく）．K. フラッシュはこの文献に言及しない。

よび、ニュッサのグレゴリオスのような著名な先達に比べて、『神秘神学について De mystica theologia』における偽ディオニュシオス・アレオパギテースの先鋭化を指摘した。「否定を、肯定的言明に対するものとしてではなく、あらゆる肯定と否定を超えるより原初的でより高次のもの(『最も高次のすべてのものの原因』)として考えよう」[4]。「例えば1440年[5]の新年説教と『知ある無知について De docta ignorantia』第1巻[6]において現れるような、この『否定神学』の決定的優位性は、しかしながら、クザーヌスにとって結論ではなかった」[7]。すでに、著作『推論について De coniecturis』(1441–42年)において、クザーヌスは「この否定の『支持者』を批判的に考察した」[8]。「(したがって)真理のより有効な把握は、両者の対立を(詳しく言えば)個々の対立(disiunctive)をも全体の対立(copulative)をも否定するということである」[9]。ハウプストによれば、否定神学に関するこの批判的な「拡張の試み」は、「すでにほとんど型通りのものとして」[10]、1444/45年の三部作である『隠れたる神について De Deo absconditus』、『神の探求について De quaerendo Deum』、『神の子であることについて De filiatione Dei』の中で継続されている。しかし、他方で、ルドルフ・ハウプストによれば、クザーヌスは「その中に横たわる過大な要求(perturbatio)を自覚する」ようになり、ディオニュシオスと共に(『神秘神学について』第1巻第2章)「神は言い表しえない仕方で『あらゆる肯定と否定を越えて』いるということに(専心した)。後になって、神はまさに明白な対立の一致の原理に従って『あらゆる肯定と否定(ablatio)以前に存在する』ということを、彼は簡潔に表明する」[11]。1462年

---

4 Ebd. 101.

5 Sermo XX: h XVI, N. 6, Z. 8-10. クザーヌスの著作の引用方法は次の通り。Heidelberger Standardausgabe 1932ff.(= h)からの引用は、巻数(Bd.)、頁数(N. またはS.)、行数(Z.)を示す。クザーヌスの著作が現存する場合、書名と章の表示、あるいは、章の表示のみを付する。例えば、De coni. I,6: h III, N. 24, Z. 1-3; De vis. 10: h VI, N. 41, Z. 3. ここで、p. は pagina(頁数)の、lin. は linea(行数)の略。

6 h I, S. 54, Z. 2 - S. 56, Z. 20 (NN. 86-89).

7 R. Haubst, Streifzüge, a.a.O.(注3)105.

8 Ebd. 106.

9 Ebd.

10 Ebd. 106f.

11 Ebd. 107.

の著作『非他なるものについて De non aliud』において、クザーヌスは「肯定と否定の二者択一を超えるこの凌駕の中に、ついに、……『永遠そのもの』への一つの『驚嘆すべき』入り口を発見するのである」[12]。

　ニコラウス・クザーヌスにおける否定神学が所与のものであり問題化していることは、クルト・フラッシュによって、より包括的に、また、より体系的に取り組まれた。彼の研究は、1430年の『説教 Sermo』1から開始され、1464年の著作『観想の最高段階について De apice theoriae』で終えている。ただし、そこでは、クザーヌスの293に及ぶ説教の大部分が考慮に入れられなかったことが強調されなければならない[13]。それゆえ、彼の研究は一つの脱落を示しており、この点で、フラッシュの論考の結論がまったく疑う余地のないものとしては評価されることができない。私の論考では、これを埋め合わせるという目的を追うことをせず、また、フラッシュの、それでもなお、非常に考察に値する個々の結論を紹介するような意図をももたない。両者とも、紙幅の制限から可能ではない。

　いずれにせよ、フラッシュの立場に立って考えれば、次のことが読み取れる。すなわち、クザーヌスの思想発展をめぐる彼の研究結果は、すべてのものの起源に関する徹底した確定不可能性から、一致の理論に基づいて明らかになるようなこの起源[14]の開示へと向かうものであるが、それは連続し

12　Ebd. ニコラウス・クザーヌスの否定神学に対するより若き時代の著作とそれらの問題点について、次を参照した。K. Bormann, Affirmation und Negation. Der Parmenides-Kommentar in Nikolaus von Kues' Schrift *Tu quis es*, in: Theologische Quartalschrift 181/2 (2001) 84-96; M.-A. Aris, „Praegnans affirmatio". Gotteserkenntnis als Ästhetik des Nichtsichtbaren bei Nikolaus von Kues, in: Ebd. 97-111, bes. 105f.; R. Manstetten, Abgeschiedenheit. Von der negativen Theologie zur negativen Anthropologie: Nikolaus von Kues und Meister Eckhart, in: Ebd. 112-131; W. A. Euler, Cusanus' Verständnis der negativen Theologie und seine Auseinandersetzung mit nichtchristlichen Religionen in De Pace fidei und *Cribratio Alkorani*, in: Ebd. 132-142. 次も参照。*Tu quis es <De principio> Über den Ursprung*. NvKdÜ, Heft. 23 (Hamburg 2001) XXII. この書籍は、K. Bormannにより新たに翻訳され序が書かれ注が付されたもの。

13　フラッシュの著作に関する筆者の次の論文を参照。Theologische Literaturzeitung 124/4 (1999) 410-415, hier 410.

14　フラッシュは例えば次のように述べる。「沈黙することを決意する場合は別だが、否定神学はあらゆる厳格性において実行されるものではない。いずれにせよ、結びつきを禁じる者は、言語を滅ぼす。語りつつ考えることは、つねに付け加えることである」

た上昇発展を意味するものではない。すなわち、著作『信仰の平和について *De pace fidei*』は、すでに『推論について』で始まっている否定神学の新たな位置づけであるが（その優位性の喪失であって、その回避不可能性の喪失ではない[15]）、それは、たしかに否定神学を放棄したのではなく、それを「差し控えた」のである[16]。そして、著作『コーランの精査 *Cribratio Alkorani*』（1460/61 年）では、「否定神学の基礎づけも関連づけもない肯定神学」が後続することとなる[17]。その際、次のことが考慮されなければならない。すなわち、すでに『知ある無知について』第 1 巻の中に、否定神学をともなわない肯定神学は偶像礼拝に堕落するという肯定神学に関する記述があり、その理由から、否定神学の優位性は容認されよう。クザーヌスは、次のように述べる[18]。「しかし、神は『精神において、また、真理において』[19]賛美されるこ

(Nikolaus von Kues, a.a.O.［注 1］403)。Ebd. 440:「最も深遠な思想家（*doctissimi*）でさえ、神的な暗闇と否定神学の役割を誤って見定めた。我々がすべての述部を取り除くとき、神は見いだされるのだ、と彼らは信じた。彼らは探し求める者に、何ものかであるものよりも何ものでもないものに近づいたならば、神を見いだしたのだ、と述べた。否定神学のみに立脚することによってこれは神的な深淵に入る正しい方法である、と彼クザーヌスは考えない。……否定神学はどんな内容も規定しない。否定神学は神を顕わな仕方では提示しない」。ここでは、例えば、テーゲルン湖の修道士に宛てられた 1453 年 9 月 14 日付のクザーヌスの『書簡』を指摘することができる。これについて、次を参照。E. Vansteenberghe, Autour de la docte ignorance. Une controverse sur la Théologie mystique au XVe siècle. BGPhMA 14/2-4 (Münster 1915) p. 114, lin. 16-23. それに関して、クザーヌスは、偽ディオニュシオス・アレオパギテース（500 年頃）の「対立の一致」（*De div. nominibus*, IV,7: 152, 16; ed. Suchla）という言葉を取り上げる。クザーヌスは、偽ディオニュシオスにおいて「あらゆる否定神学の最終的結果、すなわち、何も言表することができないこととプロクロスにおける沈黙に終わることを避けるための」着手する価値のある試みを見る。H. G. Senger, Die Präferenz für Ps.-Dionysius bei Nikolaus von Kues und seinem italienischen Umfeld, in Ders., Ludus sapientiae. Studien zum Werk und zur Wirkungsgeschichte des Nikolaus von Kues. Studien und Texte zur Geistesgeschichte des Mittelalters, Bd. 78 (Leiden 2002) 228-254, hier 239. クザーヌスと偽ディオニュシオスについて、次も参照。W. Beierwaltes, Der verborgene Gott. Cusanus und Dionysius, in Ders., Platonismus im Christentum (Frankfurt 1998, ²2001) 130-171.

15　K. Flasch, Nikolaus von Kues, a.a.O.（注 1）161.
16　Ebd. 379 u. 389.
17　Ebd. 562.
18　I,26: h I, S. 54, Z. 2-17 (N. 86).
19　ヨハ 4:24.

とを欲するのであるから、神への崇拝は必然的に神をめぐる肯定的な言表に基礎づけられる。そのようにして、一者であり三位一体なる方として、最も思慮深く最も慈悲深い方として、『接近できない光として』[20]、命として、真理として、等々、神を賛美することによって、あらゆる宗教はその神への崇拝において必然的に肯定神学を超えるその飛翔を受け取る。……それに応じて、あらゆる宗教は次のように信じる。すなわち、宗教が一者として賛美する方は、その単一性においてすべてである方であると。宗教が接近できない光として賛美する方は、暗闇がそれに対立する具象的な光の意味における光ではなく、絶対的に単純で無限の光であって、その中では、暗闇は無限の光であると。……けれどもそれにともなって、否定神学が肯定神学のためには不可欠であり、その結果、否定神学なしでは、神は無限の神としてでなく、むしろ、被造物として崇拝される。しかし、そのような神の崇拝は偶像崇拝であり、それは、真理だけにふさわしいものを像に与えてしまうのである」。

　フラッシュによって指摘された、不可視的なものの可視化へ向かうクザーヌスの思想における発展性は[21]、さらにその上、私たちを誘惑して、まるで私たちが、ついには、すべてのものの起源を（あるがままに）彼の見解の中に見いだしたかのような想定に至らしめる、ということは許されない。クザーヌスの人生の終わり近くに書かれた著作『観想の最高段階について』は、私たちに次のように教える[22]。「私たちはすべてのものにおいて可能現実存在（Posse）を見る。しかし、それがそのものとしてあるようには、私たちはそれを見ない。私たちは、現れるものが可能現実存在そのものであることを見

20　一テモ 6:16.

21　K. Flasch, a.a.O.（注 1）443:「不可視なものが可視的にされ」うる。Ebd. 423: 隠れたる神（*deus absconditus*）という旧約聖書的なモティーフのクザーヌス的標語について、また、ニコラウスの同名の小論について、フラッシュは次のように適切に説明する：「神の隠匿性とは彼の全き伝達性である。私たちがそれを私たちに隠されたままにしておくのでなければ、彼は私たちに隠れたままではいない。……消化可能でないか、それに決して近づかないかする食物は、知性を満足させえない、とクザーヌスは記述する。それにかかわるそれ以上の知識の限りない喜びを享受するために、知性は到達可能な限りない養分を必要とする。クザーヌスは、彼の自信に満ちた知識を明瞭に表明する［in *De visione Dei*, 1453］。再三問題とされることは、覆いが取り除かれた、あるいは、より少なく覆われた神は見られるのだ、ということである」。

22　Ebd. 640.

る。Non igitur videtur, uti est, sed in visibilibus se manifestat（それは、そのものとしてあるようには見られないが、可視的な事柄において自らを明らかにしている）」[23]。フラッシュの結論は、次のような内容である[24]。「彼（クザーヌス）は、否定神学を純粋に実現させると同時に、それを思索することによって、克服しようとする困難な仕事に従事した」。『観想の最高段階について』からいましがた引き出された引用文から確かめられるように、否定神学が全面的に克服されているというわけでは明らかにない。それゆえ、彼は否定神学をその直接性においてたしかに破棄するのであるが、しかし、それを全面的に消し去ったわけではない、となるように、クザーヌスは否定神学をさらに高める努力をするのだろうか。止揚された存在にかかわるヘーゲル的な言葉の意味では、「止揚することは……真に二重の意味を表す。……それは、同時に、一つの否定することであり、一つの保持することである」[25]。そうでなければ、クザーヌスを貫いている否定神学の批判的な精査は、どのように理解されるべきなのだろうか。

II. 『推論について』（1441/42 年）におけるクザーヌスの自己修正

　『知ある無知について』の完成から 2 年弱の後に書かれたこの著作で、クザーヌスは自己修正に取り組む。『知ある無知について』では、矛盾した対立を単純に相互に結びつけることによって、なおしばしば、彼は神について「知性的に」（intellectualiter）語った[26]。その結果として、彼は神について次のように教えた。すなわち、この方は、例えば、最も高次の尺度にあるような

23　たしかに、筆者は本稿でクザーヌスの神秘的合一（unio mystica）という問題に触れるべきであるが、ここでは、それを扱うことができない。次の拙著における詳論を参照せよ。Praegustatio naturalis sapientiae. Gott suchen mit Nikolaus von Kues. Buchreihe der Cusanus-Gesellschaft, hg. v. K. Kremer, E. Meuthen, K. Reinhardt (Münster 2004). Sonderbeitrag zur Philosophie des Cusanus, 205-221.

24　K. Flasch, Nikolaus von Kues, a.a.O.（注 1）651.

25　Phänomenologie des Geistes, in: G. W. F. Hegel, Werke in 20 Bänden, hg. v. E. Moldenhauer u. K. M. Michel, Bd. 3 (Frankfurt/M. 1970) 94.

26　De coni. I.6: h III, N. 24, Z. 1-3.

光と同時に最も低次の尺度にあるような光との結合であり、あるいは、およそ、存在と非存在との結合である[27]。しかし、神については、「神的な仕方で」(divinaliter) 語られなければならない[28]。というのは、「分離的に区別されると同時に連結的に結合される対立は、結びつけるよりも否定する方があまりにも容易だからである」[29]。

クザーヌスが表明しようとしたことは、1445 年に書かれた著作『神の子であることについて』において、五重の神学が区別される際に明らかになる。すなわち、肯定神学は、一者（神）についてすべてのことを是認する。否定神学は、その方についてすべてのことを否定する。懐疑的神学 (dubia) は、それらを是認も否定もせず、したがって、不可知論的立場である。分離的神学は、一者についてある一方のものを主張するのに対して、一者について他方のものを遠ざける。連結的神学は、次のように二分される。すなわち、一つには、それは一者もしくは神を、同時に光であり暗闇であると、あるいは、一者であり三者であると呼ぶことによって、対立を肯定しながら結びつける。しかし、また一つには、それは「これらを完全に拒否することによって (penitus abiciens)、相互に結合された対立そのものを否定する」[30]。注 29 で引用された『推論について』からの文章は、連結的神学のこれらの二者択一的なものに関連づけられなければならない。それゆえ、神は、同時に光であり暗闇、一者であり三者、存在であり非存在であるという他方の言表も、また、完全に廃止され退けられるべきであるとさえ言われる。この神学は、神の現実をふさわしく表現することができるのだろうか。すでに『知ある無知について』では、クザーヌスはアウグスティヌスを引き合いに出して、一なる三位一体の神について、もしそこで数えることを始めるのであれば、真理を逸することになるだろう、という重要な示唆を与えた[31]。「神においては、分離

27　De docta ign. I,4: h I, S. 11, Z. 3-9 (N. 12).

28　De coni. I,6: h III, N. 24, Z. 4.

29　Ebd. Z. 4-6: Improportionaliter simplicior est negatio oppositorum disiunctive ac copulative quam eorum copulatio.

30　De fil. 5: h IV, N. 83, Z. 11-15.

31　De docta ign. I,19: h I, S. 38, Z. 20-22 (N. 57). 上掲のアウグスティヌスの引用文は、アウグスティヌスにおいてそのような意味として裏付けられない。たしかに、アウグスティヌスの著書『三位一体論』でいくつかの箇所を貫く文章の意味ではあるが。加えて、次を参照。P. Wilpert bzw. H. G. Senger, Die belehrte Unwissenheit, Buch I, NvKdÜ, Heft 15a （distinctio）と非分離（indistinctio）は二つの相互に矛盾する事態として把握されるのでなく、分離が非分離に他ならないところでは、分離は、非分離における完全に単一な土台に（存在している）ものとして、あらかじめ［非分離］それ自体として把握する必要がある。そのとき、三性と一性は同一である、とより適切に捉えられることになる。というのは、分離が非分離であるところでは、三性は一性であり、逆もまた成り立つからである。すなわち、非分離が分離であるところでは、一性は三性である」[32]。（クザーヌスにおいて、distinctio という言葉がしばしば繰り返される）[33]。

『推論について』において自己批判との関係性のうちに立てられた原則[34]から、結果として次のことが明らかになる。すなわち、神に関連して語ることは、以下の仕方による。(1) 一つは、第一の絶対的な単一性の概念に従って、すなわち、神的な仕方において（*divine*）語ること。(2) 他の一つは、知性的な単一性に従って、すなわち、知性的な仕方において（*intellectualiter*）語ること。(3) もう一つは、より深く置かれている理性に（*rationem*）従って、すなわち、理性的な仕方において（*rationabiliter*）語ること[35]。

III. 一致の理論について

1441/42 年と 1445 年に掘り下げられた洞察は、いまや、どのようにしてクザーヌスの後続する著作に影響を及ぼすのだろうか。この問題のためには、なお、彼の一致の理論に簡単に目を向ける必要がある。

ヨハネス・ヴェンクによって 1442/43 年に書かれた論争的な著作『無知の書物について *De ignota litteratura*』[36] に対して、『知ある無知の弁明 *Apologia*

(Hamburg 1964, [4]1994) 123 zu n. 57.

32　De docta ign. I,19: h I, S. 38, Z. 24 - S. 39, Z. 5 (N. 57).

33　De sap. I: h [2]V, N. 24, Z. 12f.; De poss.: h XI/2, N. 49, Z. 14f.; Apol.: h II, S. 10, Z. 3 (N. 13).

34　注 29 を参照。

35　De coni. I,6: h III, N. 24, Z. 6-9.

36　加えて、次を参照。R. Haubst, Studien zu Nikolaus von Kues und Johannes Wenck. Aus Handschriften der Vatikanischen Bibliothek. BGPhThMA 38/1 (Münster 1955); J. Hopkins, Nicolas of Cusa's Debate with John Wenck (Minnesota 1983, [3]1988).

doctae ignorantiae』によってなされたクザーヌスの 1449 年の応答において見受けられる、1441/42 年以来ますます深まりつつあった対立の一致（coincidentia oppositorum）についての教えは、その影響を示している。もし『知ある無知について』における対立、例えば、正義と慈悲深さ、一性と三性といったすべてのものが、神において一つになるという意味に限定されるならば[37]、それはフラッシュによって、かつての人々にとっても事柄上知られていた一致の「弱い」形式と適切にも呼ばれたのであるが[38]、それは著作『推論について』と共に変化することになる。次のように、述べられている。「神的な単純さにおいて（complicatione）、すべてのものはあらゆる区別なしに一つとなり、知性的な単純さにおいて（in intellectuali）、矛盾した対立は互いに調和し、理性的な単純さにおいて（rationali）、何らかの対置された類的相違のような対立」[39]、したがって、例えば、感覚的存在（animal）という類概念における人間と獣のようなものがある。いまや拡張された一致概念は、何らかの仕方ですべての存在を含んでいる。というのは、クザーヌスは 1444 年の『説教』46 において「存在性……と単一性は一つとなり、すべての被造物にふさわしい」と説明するからである[40]。そして、遅くとも『神を観ることについて *De visione Dei*』における 1453 年以来の、対立の一致を

37　実例として、De docta ign. 1,24: h I, S. 49, Z. 14-19 (N. 77): Quis enim intelligere possit unitatem infinitam per infinitum omnem oppositionem antecedentem, ubi omnia absque compositione sunt in simplicitate unitatis complicata, ubi non est aliud vel diversum, ubi homo non differt a leone et caelum non differt a terra, et tamen verissime ibi sunt ipsum, non secundum finitatem suam, sed complicite ipsamet unitas maxima?（「というのは、誰が、先行するすべての無限的な対立を通して、無限の一致を理解することができるだろうか。無限の一致においては、すべての事柄が混成されることなく、一致の単純性において結びつけられており、そこでは、他なるものも異なるものもなく、また、人間がライオンと異なることも天が地と異なることもないのだが、それにもかかわらず、[すべての事柄] そのものは、その限定性に従うものとしてではなく、最大限の一致それ自体の結びつきとして、最も真実にそこにあるのである」). Übers. v. P. Wilpert/H. G. Senger, a.a.O.（注 31）99.

38　Nicolaus Cusanus (München 2001) 24.

39　De coni. II,1: h III, N. 78, Z. 13-15. 一致の問題について、筆者の次の論文を参照。Konkordanz und Koinzidenz im Werk des Nikolaus von Kues, in: Ders., Praegustatio, a.a.O.（注 23）377-412.

40　h XVII, N. 2, Z. 13f.: Entitas ... et unitas coincidunt et omnibus creaturis conveniunt（「存在……と一致は同時に起こり、それらはあらゆる被造物に適合する」).

超える方という最終的に達成された神の洞察へのいわば先取りとして、クザーヌスは 1446 年の聖霊降臨祭説教において、私たちは愛にあってのみ父なる神に仕えるのだ、ということを述べる[41]。そのために、神の子、すなわち、私たちの教師は、彼にあって獲得された恩恵を通して私たちを助けるのである[42]。「この隷属性は、確かに、対立の一致を超えて位置づけられる。というのはコリントの信徒への手紙一 7 章 22 節で述べられるように、愛することは、単に隷属ではなく自由である、というような隷属だからである」[43]。

Ⅳ．自己修正と拡張された一致の理論との影響

1．数学的な神学の限界、および、肯定神学と否定神学の結合を超える超越

1441/42 年の自己批判と一致の理論の展開にもかかわらず、クザーヌスは『知ある無知の弁明』において、一方では、第一に、それまでのように数学の神学的使用を弁護することができる。それは、例えば、精神において受け取られた無限の直線から、「無限性そのもの」へ前進することができるためである[44]。他方で、数学的な思考も、また、限界と尺度をもって措定される

---

41 Sermo LVII: h XVII, N. 22, Z. 1f.

42 Ebd. Z. 3-6.

43 Ebd. Z. 10-13: Certe servitus illa est *supra coincidentiam oppositorum*. Amare etenim sic est servitus, quod non est servitus, sed libertas primae Ad Corinthios VII. 強調は筆者による。一コリ 7:21-23 の聖書箇所は次の内容である。Servus vocatus es? non sit tibi curae; sed et si potes fieri liber, magis utere. Qui enim in Domino vocatus est servus, libertus est Domini; similiter qui liber vocatus est, servus est Christi. Pretio empti estis, nolite fieri servi hominum (「あなたは奴隷に召されたのですか。そのことを気にしてはいけません。しかし、自由になることができるとしても、むしろそのままでいなさい。というのは、主にあって奴隷と召された者は主の自由人だからです。同様に、主にあって自由と召された者はキリストの奴隷です。あなたがたは代価によって買い取られたのです。人間の奴隷となってはいけません」〔新共同訳を一部変更〕）．

44 h II: S. 32, Z. 8-13 (N. 47); 次も参照。De poss.: h XI/2, N. 24, Z. 5-21; N. 25, Z. 1-17. Ebd. N. 44, Z. 2f.: それは神の働きに関する追求にとって謎である。加えて、N. 43, Z. 5 - N. 44, Z. 6. これは、私たちが正確に（praecise）認識することの描写、すなわち、私たちの理性から現れ出る数学の理性的な事柄、そして、神が正確に認識することに対する描写、す

だけでなく、多、数、比によって働くのであるから、それはすべてのものを最も単純な単一性において（simplicissima unitate）見ることができるためには克服されなければならない[45]。「この仕方で神を見ることは、すべてのものを神として見ること、また、神をすべてのものとして見ることを含む。このような仕方について、神は私たちを通して（そのようには）見られえないという教導された無知に基づいて、たしかに私たちは知っている」[46]。それでもなお、クザーヌスが依拠するディオニュシオスは[47]、「私たちが人間的な仕方において神的な事柄を識別するのではなく、私たちが全体として私たち自身から自己自身を脱却して完全に神に移行する」ことを要請する[48]。明らかに、このことは神秘的な合一の方向に進んでおり、また、それゆえ、それは単に否定するだけの否定神学が果たしうることを超えている。しかし、この否定神学は完全に帳消しにはされえない。というのは、クザーヌスは次のように補足するからである。「それゆえ、神は知性（intellectus）における対象である真理であって、最も高次の仕方で見通されうるが、［それでもなお］はるかに優れた賢明さのゆえに理解されえない（unintelligibilis）」[49]。

　1年後の記念祭（ヨベルの年）に当たる1450年に、「無学者」（idiota）三部作の〔一作目であり〕二巻本である『知恵について *De sapientia*』において、クザーヌスは、どのようにして絶対的な知恵が人間精神の憧憬の前提と成就という一つのもののうちにあるのかを浮き彫りにする[50]。この知恵は、「それを通して、それにおいて、および、それから、あらゆる認識可能なものが

　　なわち、彼から現れ出る現実的な事柄である。
45　Apol.: h II, S. 9, Z. 11-14. 17f. (N. 12).
46　Ebd. Z. 15f.
47　De div. nominibus VII,1: 194, 12-14 (ed. Suchla).
48　それについて、Apol.: h II, S. 10, Z. 14-20 (N. 13) の中で、クザーヌスは彼が後の教皇ニコラウス5世から1443年に受け取った、カマルドリ修道会総長アンブロージオ・トラヴェルサーリ（Ambrogio Traversari, 1439年没）による偽ディオニュシオスの翻訳を参照するよう指示する。
49　Apol.: h II; S. 12, Z. 9-11 (N. 16). 否定神学をめぐる1449年頃のクザーヌスの詳細な見解について、次を参照。K. Flasch, Nikolaus von Kues, a.a.O.（注1) 187-194 u. 266.
50　加えて、筆者の次の論文を参照。Weisheit als Voraussetzung und Erfüllung der Sehnsucht des menschlichen Geistes, in: Ders., Praegustatio, a.a.O.（注23）51-91.

認識される原理である」[51]。永遠の知恵、つまり、創造されざる知恵において、それを通して、および、それからのみ、私があらゆる認識可能なものを認識することができるとき、その場合、その原理は知性を通して触れることができないというクザーヌスの断言にもかかわらず、私はどうにかしてこの知恵を前もって知り、ないしは、前もって味わわなければならない[52]。謎としての神認識をめぐる問い、つまり、否定神学をめぐる私たちの問題設定について、クザーヌスは次のように詳しく述べる。すなわち、神についてのあらゆる問いは問われるものを前提とする、という根本的な考えを受け入れるとき、神について何事かを肯定的に言表することができる[53]。神学的な事柄における問いに対する応答は、あらゆる問いにおいて前提とされるものである[54]。それで、神は存在するのか否かという問いに対して、神は存在すると答えなければならない。というのは、神は問いにおいて前提される存在性だからである。そのように、神は何であるのか等々をめぐる問いにおいても同様である[55]。「神を超えた本来的な問いは何もない」[56]。神にあっては「絶対的なたやすさ」は「絶対的な把握不可能性」と一つになる[57]。したがって、この点では、とにかく神について何事かを肯定的に言表することが容認できる[58]。しかし、すべてのものを否定する神学においては、違った仕方で進まなければならない。というのは、ここでは、神についてのあらゆる問いに対するより真実な（verior）応答は否定だからである。しかし、否定は、神は何であるのかということの認識へ私たちを導くのではなく、単に、神は何でないのかということの認識へ導くにすぎない[59]。「その他に（deinde）もう一つの神についての考察があり、そこでは、神があらゆる措定（positio）と削除（ablatio）を超

---

51 De sap. I: h²V, N. 8, Z. 7f. 強調は筆者による。

52 Et tamen intellectu inattingibile, ebd. Z. 9.

53 Ebd. N. 29, Z. 1 - N. 31, Z. 21. 加えて、筆者の次の論文を参照。„Jede Frage nach Gott setzt das Gefragte voraus" (Omnis quaestio de deo praesupponit quaesitum), in: Ders., Praegustatio, a.a.O.（注23）147-178.

54 De sap. II: h²V, N. 31, Z. 1f.

55 Ebd. N. 30, Z. 5-9.

56 Ebd. N. 31, Z. 2f.

57 Ebd. N. 32, Z. 4f.

58 Ebd. N. 32, Z. 6-8 u. 10f.

59 Ebd. Z. 11-14.

越している限りで、措定も削除も神にはふさわしくない。さらに、答えは次の中に存立する。すなわち、肯定と同様に否定をも否定すること、そして、その結合（beider）をも否定すること。例えば、神が存在するのか否かが問われるときには、措定に従うならば、前提に基づき神は存在すると、しかも、前提される絶対的な存在性であると答えなければならない。しかし、削除に従うならば、神は存在しないと答えなければならない。なぜなら、この仕方にあっては、言い表されることができるものはすべて言表不可能なものにふさわしくないからである。しかし、神があらゆる措定と削除を超えているという点では、神は存在するのでも、すなわち、絶対的な存在性でも、存在しないのでも、同時にその両者でもなく、そうではなく、それらを超えていると答えなければならない」[60]。さらに、「同時にその両者でもない」——これは、『知ある無知について』でかろうじて遂行されたことを明瞭に思い起こさせるものであるが、しかし、それは『推論について』で拒絶された神についての知性的な語りであって、対立を単純に相互に結びつけるものである。

　『知恵について』で扱われたものとまったく同様な問題状況が、1453年9月14日にテーゲルンゼーの修道士に送られた〔クザーヌス〕枢機卿の意義深い『書簡』の中に描写される。そこで問題となっていることは、「神との合一と覆いのない神の直視」に達したいと欲する者が陥るところの暗闇（caligo）である[61]。すべてのものを削除し、何ものをも措定しない否定神学の暗闇だけが、この暗闇として[62]意味されるわけではない。否定神学を通しては、神は決して覆い隠されずには（revelate）見られないだろう。というのは、それに従えば、神は存在するよりも、むしろ、存在しないように見えるからである。肯定神学も問題とはならない。なぜなら、覆い隠された仕方において（velate）のみ神に達することができるだけであり、決して、覆い隠

60　Ebd. Z. 14-24. 強調は筆者による。次も参照。De coni. I,5: h III, N. 21, Z. 9-17. 重要な補足的所見を含むまったく類似的な定式：これは、一つの最も高次で、最も単純で、最も適切な（conformior）答えであり、しかし、それでもなおこの答えは推論の（coniecturalis）領域をもっとも頭脳明敏なものとして見捨てないことが、二度ほど断言される。

61　Ad unionem Dei et visionem illam que est sine velamine, in: E. Vansteenberghe, Autour de la docte ignorance, a.a.O.（注14）p. 114, lin. 4f.

62　クザーヌスにおける暗闇の三重の概念について、次を参照。K. Kremer, Praegustatio, a.a.O.（注23）211-213.

されない仕方で達することはできないからである[63]。いま問われているのは、神との神秘的な合一なのだから、神との「結合と一致」に至るまで（usque in copulationem et coincidentiam）、肯定神学と否定神学の区別を超えて飛躍（saltat）しなければならないのであって、そこでは「最も単純な合一」が生じるのである。ここでは、削除が措定と一つになり、否定が肯定と一つになる[64]。より詳しく述べるならば、それは、矛盾の原理の断念、および、理性的思考や知性的思考の断念、それどころか、固有の自己の断念を要請する[65]。この完全な暗闇に立ち入った者は、その中で、彼が探し求める神がそこに存在するということのしるし（signum）を見つけることができる[66]。

『知恵について』以降、「より真実な」神学は、肯定と否定の区別を超えることのうちにのみ最終的に獲得されうる。このことは、いましがた引用された書簡に従えば、神秘神学のための必須条件である。神秘神学は、周知の二者択一的な神学を超える「飛躍」（saltat）を前提とする。

2．神認識の四段階

ブリクセンにおいて行われた 1456 年クリスマスの『説教』258 は、私たちにとって差しあたり知られた仕方で、肯定神学と否定神学とを特徴づけている[67]。肯定神学に対しては、少なくとも次のことが看守されるに値する。すなわち、神について語り、神を礼拝し、神に祈りを捧げることができるためには、私たちは、命、光、善などのような神についての言表を必要とする[68]。その場合、クザーヌスは、神認識に関して 4 つの段階を区別する[69]。

a) 自然的な認識。私たちはこの認識を私たちの知性的な精神の憧憬から「導き出す」（elicimus）。

63　E. Vansteenberghe, Autour de la docte ignorance, a.a.O.（注 14）p. 114, lin. 16-23.
64　Ebd. lin. 26-31.
65　Ebd. p. 115, lin. 1-4.
66　Ebd. p. 115, lin. 4-9 u. p. 114, lin. 8-15. 次も参照。De vis. 6: h VI, N. 21, Z. 1-23.
67　h XIX, N. 11, Z. 4 - N. 12, Z. 14.
68　Ebd. N. 11, Z. 5-8. De docta ign. で確認されたことについて、注 18 を参照。
69　Ebd. N. 12, Z. 1 - N. 15, Z. 9.

b）神秘的な認識[70]。この形態は、否定するものであるがゆえに、より高次の光において生じる。神は、私たちによって自らに付与されたすべての名称を凌駕する方として、魂に開示される。さらに、否定の道について、次のように述べられる。「この否定は、懐胎している肯定を自らのうちに含んでいる」[71]。否定的言表の中に肯定的言表を宿すという潜在的に懐胎的であるという理由から、私たちはこれを神秘的な認識の形態、もしくは、隠された認識の形態と名づけることができる。なぜなら、私たちは、名づけることができない方として、神を特徴づけるからである。神に関するあらゆる名づけの可能性を拒絶することによって、私たちは、神がすべての名づけの可能性を凌駕するということを、隠された仕方で主張する[72]。「そして、この形態は、先の形態に、ある種のより高次の開示の光を付け加える」[73]。意図されているのは、否定神学に他ならない。

c）第三の段階は、顔そのものの自己表示に存する。もちろん、その際、顔はいわゆる第二の形態の暗闇にとどまる。この顔は、第二の仕方の暗闇を照らす光である。もっとも信仰の助け（medio fidei）を借りてのみではあるが[74]。これについて、クザーヌスは誤解のおそれがないほどにはっきりと説明している[75]。「そして、この照明は、謎としてのものであって明瞭でない。それは、明瞭でなく影が差した顔を、わずかに識別できる仕方で認識させる。そのとき、信仰は増大して減少するのであって、月と比較することができる」。その他に、第二の相は、すなわち、確固たる、ないしは、天的な領域において、「義の太陽」（マラ 4:2）によって自己自身を通して引き起こされる照明は、この第三の認識段階に属する。それは、神が彼自体として存在するような影も謎もない神認識である[76]。

70　Ebd. N. 12, Z. 3. それによって意味されているのは、たとえふだんは折に触れてであるにしても（例えば、Crib. Alk., Alius Prologus: h VIII, N. 18, Z. 2; II,1: N. 86, Z. 2; N. 88, Z. 10f. 13f. 18f.）否定の道なのである（N. 7, Z. 6-9 も参照）。

71　Sermo CCLVIII: h XIX, N. 12, Z. 7f. より正確には、「否定は肯定を懐妊する」。

72　Ebd. Z. 8-13.

73　Ebd. Z. 13f.

74　Ebd. N. 13, Z. 1-9.

75　Ebd. Z. 11-14.

76　Ebd. N. 14, Z. 1-5. 例えば、次の文献では、クザーヌスは uti est の代わりにときどきではあるが sicut est を用いる。Sermo IV: h XVI, N. 32, Z. 26-28; Sermo CLXXXVII: h XVIII,

d) 第四の最終的な認識段階は、神が何であるのか（Washeit）に関係する。この認識は神にのみふさわしい[77]。

　少しの間振り返れば、私たちは次のように述べることができる。すなわち、『推論について』と『神の子であることについて』に従えば、『知恵について』は、肯定神学と否定神学との結合を超えてさらに前進していなければならなかった。神秘神学が覆い隠されない直視というその目標に達したいと欲するとき、それが背後に置き去りにされることはなおさらのことできなかった。たしかに、神秘神学は暗闇に達した「にすぎない」が、もちろん、その中で神の臨在のまぎれもないしるしを認めることができた。『神を観ることについて』では、直接的な神の現存の暗闇に至るこの道について、次のように述べられている[78]。「対立の一致の入口で、楽園への通路に置かれた天使がこの入口を見守るのであるが、そこで、私は主であるあなたを見始める」。1460 年の著作『可能現実存在について De possest』は、この単なる始まりを前進させる。すなわち、「可能現実存在［des possest］というこの名称は、あらゆる意味とあらゆる理性とあらゆる知性を超えて、神秘的な直視へ（in mysticam visionem）熟考を導く。そこでは、あらゆる認識能力の上昇の終焉と、知られない神の開示の始まり（initium）とが生起する」[79]。

3．プロクロス（485 年没）の思考を辿って

　1459 年 6 月 9 日の著作『起源について De principio』もまた、矛盾した対立さえ結合しようと努める連結的神学を退ける思考空間の中で動いている。というのは、「相互に結びつけられた対立的なもの」も、神に関しては退けられなければならないからである[80]。この著作は、プロクロスのパルメニデス注解に大いに依存しつつ、根拠はその根拠によって根拠づけられたものの

　　　N. 5, Z. 1-18 u. N. 8, Z. 1 - N. 9, Z. 20.
77　Sermo CCLVIII: h XIX, N. 14, Z. 5 - N. 15, Z. 19.
78　10: h VI, N. 40, Z. 1f. 強調は筆者による。
79　h XI/2: N. 15, Z. 1-4. 強調は筆者による。次も参照。N. 74, Z. 16-20, Z. 19: Haec visio in tenebra est（「この像は暗闇のうちにある」）.
80　De fil. 5: h IV, N. 83, Z. 14f.（本稿 89 頁または注 30 を参照）.

何ものでもありえないということを繰り返し強調した後で[81]、そこでは、『推論について』と『知恵について』との規定が拡張され、次のように述べられる[82]。「すべての名づけ可能なものの起源は名づけることができない。なぜなら、この起源は発生したものではありえないからである。そして、それゆえ、この起源は、起源とも名づけられないのであるが、名づけられる起源の名づけられない起源であり、より良いもの／より高次のもの（melius）として、あらゆる何らかの名づけ可能なものに先行する。それから、周知のように、矛盾した対立がこの起源によって否定され、その結果、それは存在するのでも存在しないのでもなく、また、存在かつ存在しないのでもなく、存在あるいは存在しないのでもない。むしろ、これらのすべての言表はこの起源に触れることはない。この起源は、すべての言表可能なものを超えている」[83]。このテクストは、正確に見られなければならない。次のような矛盾する対立の仕方が断念されている。すなわち、a）それが存在することは事実ではなく、さらにまた、それが存在しないことも事実でない。b）それが同様に存在かつ存在しないことも事実でない。c）それが存在するか、あるいは、存在しないかも事実ではない。

さて、否定的な言表が肯定的な言表を宿す懐妊という、すでに『説教』258 で触れられた言葉が、クザーヌスの思想の頂点と見なされるのは、とりわけ、この著作においてである。プロクロスに同意しつつ[84]、クザーヌスは、多なるものが起源ではありえないということ、そして、なぜそうなのかについて、まず簡潔に理由づける。すなわち、存在するものに「存在しない

81　例えば、h X/2b: N. 18, Z. 11f.: et licet principium entis nihil entium sit, cum principium nihil sit principiati（「また、仮に存在の起源が存在に属するものでないとすれば、その場合、どんな起源も開始されないだろう」）; N. 19, Z. 10f.; N. 34, Z. 8.

82　注 60 を参照。

83　De princ.: h X/2b, N. 19, Z. 10-16; ebd. auch Z. 4-6.

84　Proklos, Commentarium in Platonis Parmenidem, ed. Victor Cousin (Paris ²1864, ND Frankfurt/M. 1962), 例えば、p. 1075,16 - 1077,18. 加えて、クザーヌスが手本として所持していたムールベーケのギヨーム（Wilhelm von Moerbeke）由来のラテン語翻訳。Proclus. Commentaire sur le Parménide de Platon. Traduction de Guillaume de Moerbeke, Tom. II, éd. critique par C. Steel (Leuven 1985), p. 366,43 - 368,93 und CT III 2.2. Proclus Latinus. Die Exzerpte und Randnoten des Nikolaus von Kues. Expos. in Parmenidem Platonis, hg. v. K. Bormann (Heidelberg 1986).

もの」が先行するように、多なるものに「多でないもの」が先行し、同様に、知性に「非知性」が先行し、一般的に、言表可能なものに「非言表可能なもの」が先行する。それゆえ、「存在しないもの」は存在するものの起源であり、すなわち、存在するものに先行する。それは、存在するものに先行しており、同様にそれは、最小かつ最大に存在するものであるか、あるいは、最大に存在するものであるという仕方では存在しないものであるかのものである。存在するものの起源は、単純に存在しないのではなく、名づけられる仕方では存在しないのである[85]。それに加えて、あらゆる引き起こされたものは、それ自体においてよりも、その起源においてより真実である[86]。それゆえ、存在するものについて主張されることは、すべて、前述した仕方で、起源によって否定される。しかし、あらゆる被造物は何らかの存在するものである。すべてのものの起源としての「多でないもの」は、それ自体のうちにすべてのものを一つにたたみ込んでいる。それはちょうど、この「非存在」が肯定を懐妊している否定と名づけられるようなものであり、すなわち、「存在しないこと」は「存在すること」を通して指示されるように存在するのではなく、そうではなく、それはより高次の仕方で存在すること（melius esse）を意味しているようなものである[87]。

　この箇所で、プロクロスのパルメニデス注解のテクストを共に考慮に入れなければならない。このテクストの中で、クザーヌスは三重の非存在の区別に出会っている[88]。すなわち、存在するものに対立するより強力なもの（より高次のもの）としての非存在。存在といわば同格にされた（coordinatum）

---

[85] De princ.: h X/2b, N. 34, Z. 3-7. 12. 14-16.
[86] Ebd. Z. 9. この後者について、特に、以下を参照。Sermo XIX: h XVI, N. 4, Z. 18f.; Apol.: h II, S. 26, Z. 10f. (N. 37); De vis. 7: h VI, N. 24, Z. 7-10; De poss.: h XI/2, N. 13, Z. 4-8; Epistola ad Nic. Albergati: CT IV/3, S. 34; Z. 19f. (N. 22); De ven. sap. 8: h XII, N. 19, Z. 4f.; De ludo I: h IX, N. 38, Z. 12-15; auch De docta ign. II,9: h I, S. 95, Z. 18f. (N. 149); De coni. II,10: h III, N. 123, Z. 3-6; De beryl: h ^{2}XI/1, N. 54, Z. 1-3. この背後にあるのは『原因論』(der Liber de causis［おそらく9世紀］) である。Das Buch von den Ursachen, hg. v. R. Schönberger (Einl.) u. A. Schönfeld (Übers., Glossar, Anm. Verzeichnisse), lat.-dt., in: Philos. Bibl., Bd. 553 (Hamburg 2003) Prop. XI, 107 (p. 26): ex. gr.: anima in intelligentia per modum intellectibilem (精神における精神的なあり方による魂). 次も参照。Thomas v. Aquin, De verit., q. 4, a. 6.
[87] De princ.: h X/2b, N. 34, Z. 22-26; s. auch CT III 2.2, a.a.O.（注84）n. 613.
[88] In Parm., a.a.O.（注84）1073, 2-4.

非存在[89]。存在の強奪（Steresis）という意味における非存在[90]。これに平行して、否定の三重の形態も採用されなければならない。すなわち、肯定を凌駕する否定。肯定の背後にとどまる否定。何らかの仕方で肯定にほぼ匹敵する否定。それゆえ、あらゆる否定が無へ導かれることが明らかである[91]。さらに、次の問いが投げかけられる[92]。この問題提起だけでもすでに驚くべきものであるが、否定は肯定よりもより強力なもの（meliores / pociores / kreittous）であるのだろうか、あるいは、より非力なもの（periores / cheirous）であるのだろうか[93]。答えは、次のような内容である。すなわち、否定は肯定を凌駕する。それについて、三種類の根拠が持ち出される。a）否定は、存在よりも高次のものという意味で、非存在に関係する[94]。b）存在するものの非存在からの発生と平行して、否定は肯定の産出（generatio / causa / principium/ /génesis）を意味する[95]。c）それゆえ、否定は肯定の母（mater / mētēr）である[96]。著作

---

[89] プラトン主義的なパルメニデスの第一仮説における一者そのもの（tò autò hén）、あるいは、第二仮説における存在する一者（tò hèn òn）について、次を参照。Proklos, ebd. Anm. 1. 存在する一者について、次を参照。W. Beierwaltes, Das seiende Eine, in: Ders., Denken des Einen. Studien zur neuplatonischen Philosophie und ihrer Wirkungsgeschichte (Frankfurt/M. 1985) 193-225, bes. 201-211 (zu Proklos).

[90] これについて、NvK, CT III 2,2, a.a.O.（注84）nn. 432f. 次も参照。Moerbeke, a.a.O.（注84）365, 86-88.

[91] A.a.O.（注84）: Proklos, 1073, 4-9; Moerbeke, 365, 88-92, NvK, n. 432. 次も参照。De non aliud 23: h XIII, S. 55, Z. 26-28. 次も参照。W. Beierwaltes, Proklos. Grundzüge seiner Metaphysik (Frankfurt/M. 1965, ²1979) 342, 354f. 次も参照。Aristoteles. Eth. Nic. VII l; 1145 a 25-27: 神は徳より上位上方にあるので徳を所有せず、動物は徳より下位にあるので〔徳を〕所有しない。

[92] A.a.O.（注84）: Proklos, 1087, 27-29; Moerbeke, 374, 94-96; NvK, n. 459.

[93] Ebd. Proklos, 1072, 19-21; Moerbeke, 364, 74f.; NvK, n. 430; 次も参照, nn. 432, 434, 439.

[94] Ebd. Proklos, 1073, 2f. 6; Moerbeke, 365, 89. 92f.; NvK, n. 432. 次も参照。De non aliud 23: h XIII, S. 55, Z. 29-31:「非存在（non ens）が存在（ens）に先行すると述べられるとき、この非存在は、同じプラトンに従えば、存在するものより高次の価値をもつもの（melius）であり、それは否定が肯定に先行するのと同様である」。

[95] A.a.O.（注84）: Proklos, 1208, 22-24; Moerbeke, 470, 98; NvK, n. 585; n. 436: sicud unum causa totorum, sic negationes cause affirmaciones（「すべての事柄の唯一の原因であるかのように、否定は肯定を引き起こす」）; De princ.: h X/2b, N. 34, Z. 7f.: negativa igitur principium omnium affirmationum（「それゆえ、否定はすべての肯定の起源である」）.

[96] A.a.O.（注84）: Proklos, 1133, 4f.; Moerbeke, 411, 55; NvK, n. 520.

『起源について』は、肯定を宿す否定の懐妊（praegnans）という言葉を繰り返している[97]。この場合、次のような原則も、また、形而上学的なものと論理学的なものがこのように並置されることに属する。すなわち、存在するもの、あるいは、根拠づけられたものが、それ自体のうちにあるよりも、より高次の仕方で（melius / honoracius / timioteron / kreitton）その根拠のうちにある[98]、そのように、肯定も、その固有の存在のうちにあるよりも、より良い仕方によって（melius）否定のうちに（止揚されて）ある[99]。「ある種のより高次の開示の光」——肯定の光がそれに付け加えられなければならないのであるが[100]——という、より初期に述べられた否定の見解とは異なって、いまや、否定はこれまでの開示の特性を超える新しい認識段階に上昇する。

　肯定神学に対する否定神学のこの新しい優位性が、いま扱われているテクストにおいて、とりわけ印象づけられた仕方で表現される。それは、すべての神の言表を遠ざけている単なる否定神学、つまり、完全に不確実性にとどまっている否定神学ではなく、むしろ、懐妊として、出産（「起源」／「原因」／「産出」）として、および、「母」として、いわば、命や存在を創出し、新しいものを産出するものであり、したがって、それは創造的な仕方で活動的である。というのは、否定における肯定、および、「非多」における多、「非存在」における存在等々は、懐妊という言葉がなお前者のように解するよう誘惑することがありうるにもかかわらず、欠乏した存在形態を意味するのではなく、崇高な存在形態を意味するからである。この否定神学は、呼称と名称の拒絶ではもはや満足できるものではなく、より高次のより良いより強力な存在を指示しているのであって、どんな名称も十分ではない。そういうわけで、『非他なるものについて』は、次のように的確に述べている[101]。「それゆえ、私が（神を）名づけられない方として見るのは、あたかも名称

97　De princ.: H X/2B, N. 34, Z. 25. 本稿96-98頁を参照。De ven. sap. 22: h XII, N. 64, Z. 14f.

98　A.a.O.（注84）: Proklos, 1145, 19-21; Moerbeke, 420, 93-95; NvK, n. 542; De princ.: h X/2b, N. 34, Z. 8f. 加えて、注86を参照。

99　De princ.: h X/2b, N. 34, Z. 9-11. J. トゥルヤール（Trouillard）によるいくつかの文書に対する論争の中で、W. バイヤーヴァルテス『一者の思考』（注89）286-291が見事に提示することだが、形而上学的存在論的水準と論理的水準を区別しなければならない。

100　Sermo CCLVIII: h XIX, N. 12, Z. 3f. 13f. 本稿96-97頁を参照。次も参照。De ven. sap. 22: h XII, N. 64, Z. 13-16.

101　6: h XIII, S. 15, Z. 6f.

に欠ける方としてではなく、〔神が〕（あらゆる）名称以前の方だからである」。クザーヌスがプロクロスの欄外注において[102]神の無名性を基礎づけるのは[103]、神に名称が与えられるとすれば、認識できる存在によって（a cognitivis）神はまさに把握されるものになってしまうことのゆえによる。しかし、また、神は認識する力さえもない・す・べ・て・の・者によって追求される。というのは、同時に一者が善であるのは偶然ではないからである。一方で、・す・べ・て・の・者が善を求めるように、他方で、すべての者が災害と悪を（malum）避けるのである。

それゆえ、『起源について』の論究に従えば、クザーヌスはここで「厳格な否定神学」[104] を克服した、というフラッシュの発言が理解されたことになる。この著作の序文に従えば[105]、根拠が語るのである。そして、根拠はすべての者に対してすべてのものを通して語る。具体的な仕方で存在するものはこの根拠のうちで感覚的であり、暖められたものにおける暖めること自体とこの根拠とは比較可能である。そして、根拠は知性が付与されたすべての存在においてロゴスとして語る[106]。「というのは、語ることは開示すること、あるいは、明らかにすることを意味しており、……また、存在するものの根拠の語りはそれ自体の開示、あるいは、啓示だからである」[107]。フラッシュは、否定と沈黙についての・異・な・る理解を提示していると見られるべきクザーヌスの例示を正しく指摘する。「そのように、事柄の色のない本性が白いとか黒いとか呼ばれないのは、その本性が物質のようにこの色に欠けるかのように〔見なされるから〕ではなく、これらを超越しているからである。その場合、ここでは、この本性がその色の原因である。同じ仕方で、魂には声と沈黙が欠けている、と私たちは見なす。それは、木の場合と同様に、魂が声や沈黙

102　Plato Latinus III (London 1953, repr. Nendeln/Liechtenstein 1973): Parmenides usque ad finem primae hypothesis nec non Procli Commentarium in Parmenidem, pars ultima adhuc inedita interprete Guillemo de Moerbeke, edd. R. Klibansky et C. Labowsky, p. 56, 1ff.（プロクロスのパルメニデス注解のギリシア語には保存されない部分が問題となっている。）

103　CT III 2.2, a.a.O.（注 84）n. 609. 次も参照。De princ.: h X/2b, N. 27, Z. 1-11.

104　K. Flasch, Nikolaus von Kues, a.a.O.（注 1）513 u. 514f.

105　De princ.: h X/2b, p. 3: Principium, qui et loquor vobis（「起源、それが誰であるのか私はあなたがたに語る」）：ヨハ 8:25。

106　Ebd. N. 16, Z. 2-6. 9-16.

107　Ebd. Z. 6 u. 8.

でないという理由によるのではなく、原因は引き起こされたものではないという仕方においてである。というのは、魂は感覚的な存在においてこれらを引き起こすからである。まったく同様に、根拠にはそれから現れ出るすべてのものが欠けている、と私たちは見なす」[108]。

V. 謎としての神認識の断念？

　いまや、クザーヌスは否定神学の変化「形態」に達したのだろうか。ほとんど、そうであるかのように見える。というのは、プロクロスは、彼のパルメニデス注解の中で、否定の三つの「形態」（eide）について述べているからである。その中で、一つの形態（monoeidōs）と見なされる肯定は、否定よりさらに良いものであるとは限らないのであり、時折にではあるが、第二の地位を引き受けている。すなわち、存在の彼岸としての非存在についての言表を述べる場合である[109]。
　それについて、次の問いが不可避的に現れる。すなわち、ほんとうにそのような形態について語ろうとするとき、否定神学のこの「新しい形態」は私たちを導いて私たちの起源の認識に接近させ、その結果、これを覆い隠されないまま見ることができるのだろうか。というのは、彼の死のほぼ四年前にクザーヌスが書き記すように、知に対する私たちの渇望と欲求は覆い隠されない直視が生じるときに初めて休息するからである。「最も高次の幸福は、すなわち、全能なる方自身の知性的な直視のうちにある幸福は、私たちすべてが知ることを希求する際の、私たちの欲求のあらゆる成就である。したがって、神が世界を創造する際に用いられた神の知にまで、私たちが突き進むことがなければ、精神は休息に至らないのである。というのは、精神がそこまで達しない限り、知の知は未決着のままだろうからである。そして、神の言葉（WORT）とは彼自身［すなわち、神］と宇宙との概念なのだから、この知は神の言葉（WORTES）の知識である。すなわち、この概念まで突き進まない者は、神の知に触れることも彼自身を認識することもないだろう。

108　Ebd. N. 38, Z. 15-20.
109　A.a.O.（注84）: Proklos, 1073, 2-12.

というのは、原因が知られないならば、引き起こされたものは認識されえないからである」[110]。

　すでにここでは、クザーヌスは神の言葉、つまり、verbum dei を持ち出しており、私たちはこの神の言葉を自然の光を超え出る啓示のうちにのみ知る[111]。しかし、引用された著作『可能現実存在について』では、すでに、私たちの起源としての神の認識について、次のように述べられている。すなわち、「すべてを超えて賞賛に値する私たちの神は、本性的に（naturaliter）たとえどんなに高く上昇しても、謎の像において（in aenigmate）〔見ること〕とは別の仕方では見ることができない。そこでは、むしろ、見られうるものが見ることとして触れられており、探求する者が影になった暗闇に達するのである」[112]。しかし、言葉は並置された名称であるが、たしかに単純な意味をもっており、それゆえ、探求する者を、名称はただ「謎としての仕方で、神についてのある種の肯定的な言表へ導くこと」[113] ができる。私たちの精神から私たちによって生み出される数学は[114]、そういうわけで、私たちはそれをさらに正確に（praecise）知るのであるが、その上、それは「認識される数学的〔表記〕という謎の像と鏡のうちに」のみ神の働きを私たちに「認識さ」せる。そして、「あらゆる知性を超えて、信仰と恩恵との光の中で、キリストを通して与えられる神の開示（revelatur）」[115]、すなわち、子なるキリストのうちに父を認識させるこの開示もまた、神の顔を暗闇にとどめておく[116]。この神の開示そのものは、同じ箇所で説明されているように[117]、謎としてあるものの循環から逃れることができない。神秘神学がこのことに成功するの

110　De poss.: h XI/2, N. 38, Z. 5-14.
111　Sermo CCLVIII: h XIX, N. 11, Z. 2-5.
112　h XI/2: N. 31, Z, 1-5. sine aenigmate でないことについて、次も参照。Ebd. N. 24, Z. 5-21; N. 25, Z. 1-17; N. 26, Z. 1-11; N. 54, Z. 3 - N. 56, Z. 16 das aenigma IN, N. 57, Z. 1-22 das aenigma E; ferner N. 58, Z. 1 ff.; De sap. II: h^{2}V, N. 47, Z. 1-5; De mente 6: ebd. N. 92, Z. 4; Sermo LXII: h XVII, N. 22, Z. 1f. 7-9; Sermo CCLXXV: h XIX, N. 17, Z. 12f.; De vis. 4: h VI, N. 12, Z. 1f.; 6: N. 21, Z. 1f.
113　De poss.: h XI/2, N. 27, Z. 3f.
114　Ebd. N. 43, Z. 5-30.
115　Sermo CCLVIII: h XIX, N. 11, Z. 2-4.
116　Ebd. N. 13, Z. 1f.
117　Ebd. N. 13, Z. 7-14. 本稿 97 頁を参照。さらに、Sermo CLXXXIX: h XVIII, N. 7, Z. 7-9.

は、肯定と否定を超える飛躍、同時に、あらゆる概念とあらゆる知的なものを超える飛躍によってである。これらの概念と知的なものは、せいぜい何らかの神に類似したものであることができるが、決して、この神ご自身ではありえないのである。

　要するに、次のことが見逃されることは許されない。すなわち、否定神学のこの変化形態は、非存在、産出、原因、起源、懐胎、および、母のような諸概念が含まれることに依存する。しかし、これらすべての概念について、次のことが妥当する。「すなわち、一つの概念を有するようなあらゆるものは、その概念のうちに閉じ込められたままである」[118]。どんな事柄（res）とどんな名称（nomen）とがたとえ選択されようとも、それらは神にふさわしく関連づけられえない。それらは、〔被造物〕そのものとして、被造物の記号を引き受けているのである[119]。人間的な理性もまた、「前もって」神によって引き寄せられないことはないにしても、たしかにそれ自体の力で神に触れること（attingere）ができるにもかかわらず、それは被造物の中に共に含まれている[120]。しかし、それは、かろうじて、ただ「触れること」にすぎない。というのは、「知性はそれ以上偉大なものがありえないほど偉大ではない」のだから、それは「そもそも存在することができるものはどんなものであるのか」（quod est id, quod esse potest）ということを、理解すること（intelligi）ができないからである[121]。

　『知ある無知の弁明』で述べられるように[122]、「神は、像のうちにある真理

118　De poss.: h XI/2, N. 40, Z. 11f. 次も参照。De theol. compl.: h X/2a, N. 11, Z. 10-13. 一方で、事物の根底についてのすべての表現を削除すると同時にそれを確立するためには、『起源について De principio』もまた弁証法なくしては成し遂げられない。「つまり、すべてのものが存在と命名の可能性をもつようになるところのその方を他にして、何かを指し示すすべての言葉は、いったい誰にいっそう真実に認められうるだろうか。その方はあらゆる本質を凌駕するのではあるが、それぞれの本質に本質存在を与えるところのかの方を他にして、いったいどんな本質がより真実であろうか」。

119　De poss.: h XI/2, N. 10, Z. 1-5.

120　加えて、筆者の次の論文を参照。Weisheit als Voraussetzung und Erfüllung, a.a.O.（注50）, bes. 54-63.

121　De poss.: h XI/2, N. 17, Z. 14f. u. 12. 強調は筆者による。次を参照。Z. 19; N. 30, Z. 1-8; N. 40, Z. 14-22; N. 41, Z. 18-20 etc.

122　h II: S. 11, Z. 23 - S. 12, Z. 3 (N. 15).

と同様に、被造物のうちに照り返している。それゆえ、事柄の大きな差異性を神の像として見て取る者は誰でも、すべての像の完全な差異性を否認することによって、把握不可能なものへ向かう把握できない道に旅立っている。その者は、鏡と謎の像のようなすべての把握可能なもののうちにある、この無限の存在に感嘆するとき、深い驚きに襲われる。この形相は、あらゆる被造物がその像として存在するものであるが、それは、被造物を通しては把握することができないということを、その者ははっきりと見ている。すなわち、像は、それが像である［まさに］その点で、不十分なものにとどまるのであるから、どんな像も真理の適切な尺度ではありえない。それゆえ、絶対の真理は把握できるものではない」。「教導された無知だけが、つまり、把握可能な把握不可能性だけが、彼［すなわち、神］へ上昇するための・より・真実・な・道・で・あり・続ける」[123]。ここ地上では、・より・真実ではあるが、なおも真実で・は・ない神に至る道を私たちはもつにすぎない。最後に、『観想の最高段階について』と共に私たちの議論を閉じよう。それに従えば、「可能そのもの」(posse ipsum) は、それ自体においてではなく、むろん単なる仮象ではないようなその現れ (apparitiones) においてのみ、接近可能である[124]。すなわち、「それゆえ、真理が像のうちに見られるように、『可能そのもの』はすべてのもののうちに観察者によって見られる。そして、像が真理の現れであるように、同様に、すべての事柄は『可能そのもの』の現れに他ならない」。しかし、他方で、このことから、次のことが結論される[125]。すなわち、「『可能そのもの』を照り返すものは存在 (hypostasis) に欠けている。それはちょうど、例えば、価値のないもの、欠乏、誤謬、悪徳、弱さ、死、消滅 (corruptio)、および、存在特性に欠けるもののようなものである。なぜなら、それらのうちでは、『可能そのもの』の現れが不足しているからである」。

123　Ebd. S. 12, Z. 11-13 (N. 16). 強調は筆者による。
124　h XII: N. 20, Z. 4-7.
125　Ebd. N. 27, Z. 5-8.

V

クリスティアン・ダンツ

宇宙の媒体、象徴、直観

シュライアマハーの1799年の『講話』の神表象とカントとフィヒテにおける問題史的文脈

　「けれども、きみたちはこう考えるかもしれない、法律と審判とに耐えうるような神と存在についての定義が明らかにされ、ドイツ国内で許可を受ける以前に、神について語るのは危険だからといって、私が神について本格的に発言することを怖れているのだ、と。それとは別に、私は敬虔ぶった欺瞞を演じているのであって、すべての人に対してはすべてのものになったために（一コリ 9:22）、自分が告白したいと思っていることより、はるかに重要でなければならないことを、うわべだけ無関心を装って軽んじているのだ、と思う向きもあるかもしれない」[1]。この言葉によってフリードリヒ・シュライアマハーは1799年夏の宗教理論の処女作『宗教論 Über die Religion』において、1798年イエナ大学でのフィヒテをめぐって燃え上がった無神論論争を引き合いに出す。シュライアマハーは『講話 Reden』を1798年11月から1799年4月にかけて執筆したが、それはフリードリヒ・カール・フォアベ

1　F. Schleiermacher, Über die Religion, Reden an die Gebildeten unter ihren Verächtern (1799), hrsg. v. G. Meckenstock, Berlin/New York 1999, 124〔佐野勝也・石井次郎訳『宗教論』岩波書店、1949年〕．『講話』初版を R[1] の略号と頁数で引用する。

ルク[2]とヨハン・ゴットリープ・フィヒテ[3]が双方に罪を負わせた記事が『哲学雑誌 Philosophischen Journal』に掲載され、ついには1799年3月にフィヒテがイエナ大学を追われたまさにその時期であった。引用元である第二講をシュライアマハーは1799年2月に書いたが、同時に彼はフィヒテをめぐる論争の告発文書の作成にも取り組んだ[4]。けれども引用されたシュライアマハーの神性とその存在に関する発言において啓発的なのは、フィヒテをめぐる事件の暗示だけではなく、なによりもシュライアマハーの神思考の新しい規定である。それは最初に述べた第二講の箇所のように、「個々の宗教的直観のあり方」としてであるが、さらにそれについて他の宗教的直観に「依存しない」ことに当てはまるだろう。だから第二講の終わりの神性に対するシュライアマハーの説明の本来的焦点は、第一義には無神論論争への態度表明ではなく、それは彼自身の宗教理論における神思考の場所の説明に見られなく

---

2 F. K. Forberg, Einwickelung des Begriffs der Religion, in: Philosophisches Journal einer Gesellschaft Teuscher Geleheter, hrsg. v. J. G. Fichte/F. I. Niethammer, Bd. VIII, Erstes Heft, Jena/Leipzig 1798, 21-46. フォアベルクの寄稿論文は容易に入手できる。in: Appellation an das Publikum ... Dokumente zum Atheismusstreit um Fichte, Forberg, Niethammer. Jena 1798/99, Leipzig 1987, 23-38.

3 J. G. Fichte, Ueber den Grund unseres Glaubens an eine göttliche Weltregierung, in: Philosophisches Journal einer Gesellschaft Teuscher Geleheter, hrsg. v. J. G. Fichte/F. I. Niethammer, Bd. VIII, Erstes Heft, Jena/Leipzig 1798, 1-20〔「神の世界統治に対する私たちの信仰の根拠について」久保陽一・伊古田理訳、フィヒテ全集11巻所収、哲書房、2010年〕. フィヒテの寄稿論文は以下の文献から引用する。Fichtes Werke, hrsg. v. I. H. Fichte, Bd. V. Zur Religionsphilosophie, Berlin 1971, 177-189. 1798/99年のフィヒテをめぐる出来事については、M. Ohst, Fichtes Entlassung を見よ。in: Fichtes Entlassung, Der Atheismusstreit vor 200 Jahren, hrsg. v. K.-M. Kodalle/M. Ohst in Zusammenarbeit mit C. Danz/C. Dierksmeier/C. Seysen, Würzburg 1999, 9-14.

4 J. G. Fichte, Appellation an das Publicum über die durch ein Churf. Sächs. Confiscationsrescript ihm beigemessenen atheistischen Aeusserungen. Eine Schrift, die man erst zu lesen bittet, ehe man sie confiscirt, Jena/Leipzig 1799, 再版は以下。in: Fichtes Werke, hrsg. v. I. H. Fichte, Bd. V. Zur Religionsphilosophie, Berlin 1971, 193-238〔「声明『公衆に訴える』：自分に帰せられた無神論的見解にかんして公衆に訴える」久保陽一・伊古田理訳、フィヒテ全集11巻所収、哲書房、2010年〕. フィヒテをめぐる無神論論争の法制史の背景は、P. Landau, Der rechtsgeschichte Kontext des Atheismusstreits, in: Fichte Entlassung, a.a.O.（注3）, 15-30 を参照。

てはならない[5]。「私はここでこの仕事を、今ここで終わりにしようとするわけにはいくまい、ときみたちの多くは思っているようだ。不死についてはまるで触れなかったし、神のことはなにも言わなかったのも同然なのだから、宗教の本質について根本的に語っていないのではないか、と考えているようだ」（R[1], 123）。個々の宗教の直観の一つのあり方としての宗教的神表象についてのシュライアマハーの規定は、彼の宗教理論の新しい開始の帰結を表している。言うまでもなく彼が『講話』において行った宗教規定は、フィヒテをめぐる無神論論争の徴候である問題史的文脈に基づいている[6]。だが問題は、この論争案件において、伝統的な神概念に対するカントの批判という条件下で、なおも神について有意味に語ることはいかにして可能かという問いである。カント自身は周知のように、伝統的な「自然神学 theologia naturalis」を批判した結果として、すでに実践理性の地平において新しい宗教規定を行った。カントによって導入されたこの倫理神学でさえ、イエナの 1798/99 年の無神論論争においては危機に陥り、神についての語りの新しい規定が不可避となった[7]。この議論に対するシュライアマハーの貢献は、カントの批判主義に基づいて、進行する宗教理論に代わるものを提出したところにある。カントとフィヒテが提出した宗教理論の構想への同意と批判は相互に結びついている。これは以下において詳しく述べられるべきであろう。

　示唆された問題史的背景から、以下の論述の進行はおおよそおのずと明らかである。伝統的な「自然神学」の神思考へのカントの批判と、1793 年の『たんなる理性の限界内における宗教 Die Religion innerhalb der Grenzen der bloßen Vernunft』で展開されたカントの宗教理論から始める。第 2 節では無神論論争期にフィヒテが論じた宗教理論を取り上げる。その際、フィヒテの

5　C. Seysen, Die Rezeption des Atheismusstreits bei Schleiermacher, in: Fichtes Entlassung, a.a.O.（注 3）, 175-190 を参照。特に 175f. を見よ。

6　この問題地平では、以下においてもちろんヤコービが引き起こした汎神論論争を取り入れることはできないであろう。この論争案件のテーマは、近代の条件下における有神論的神思考の妥当性である。F. H. Jacobi, Über die Lehre des Spinoza in Briefen an den Herrn Moses Mendelssohn, hrsg. v. K. Hammacher/I. -M. Piske, Darmstadt, 2000. Vgl. U. Barth, Pantheismusstreit, Atheismusstreit und Fichtes Konsequenzen, in: Fichtes Entlassung, a.a.O.（注 3）, 101-123 を参照、特に 102-110 を見よ。

7　W. Jaescke, Die Vernunft in der Religion. Studien zur Grundlegung der Religionsphilosophie Hegels, Stuttgart/Bad Cannstatt, 1986, 24-133 を参照。

知識学と道徳論における初期宗教哲学の理論的背景ならびに、無神論論争に至るまでのフィヒテ自身の宗教哲学の作用史的発展が顧慮されないままにしておかねばならない[8]。この問題史的背景は、1799年の『講話』において宗教理論と個別宗教の宗教的直観のあり方としてシュライアマハーの神思想に関する規定の引き立て役となった。それゆえ第3節ではなによりもまずシュライアマハーの宗教概念、特に構成的な直観概念が取り上げられる。次に神思想についての帰結が論じられるであろう。

1. 人の心を知りたもう方としての神。イマヌエル・カントにおける実践理性の解釈媒体としての宗教講話

『たんなる理性の限界内における宗教』の第四編第二部「法規的宗教における神への偽奉仕について」という表題で、イマヌエル・カントは彼の宗教規定に関する形式的な注釈をほどこしている[9]。彼はここで次のように書いている。「神とその本質を理論的に表象しようとすると、人間には擬人観がほとんど避けられないのであるが、ついでにいえば、擬人観とは（義務概念に影響を及ぼしさえしなければ）さして害があるわけではなく、これがこのうえなく危険になるのは、神の意志に対する私たちの実践的関係に関してであり、また私たちの道徳性そのものにとってなのである。というのもそれは

---

[8] F. Medicus, J. G. Fichte. Dreizehn Vorlesung gehalten an der Universität Halle, Berlin 1905; E. Hirsch, Fichtes Religionsphilosophie im Rahmen der philosophischen Gesamtentwicklung Fichtes, Göttingen 1914; F, Wittekind, Religiosität als Bewußtseinsform. Fichtes Religionsphilosophie 1795-1800, Gütersloh 1993 を参照。

[9] カントの宗教規定の最初の定式化は『実践理性批判』に見られる。「このようにして道徳法則は、純粋実践理性の客体である究極目的である最高善の概念を通じて『宗教』へと、すなわち『あらゆる義務を神の命令として認定すること』へ導く」。I. Kant, Kritik der praktischen Vernunft, A233〔『実践理性批判』坂部恵・伊古田理訳、カント全集7巻所収、岩波書店、2000年〕. カントの著作は以下の版から引用する。W. Weischedel herausgegebenen Ausgabe, I. Kant, Werke in zehn Bänden, Darmstadt 1983 と通常は記号（KrV, KpV, Ri）。カントの宗教規定とその含意については、U. Barth, Kants Religionsfomel, in: C. Danz/R. Langthaler (Hrsg.), Kritische und absolute Transzendenz. Religionsphilosophie und Philosophische Theologie bei Kant und Schelling, Freiberg/München 2006, 30-42 を参照。

111

擬人観では自分の利益のために、きわめて容易に味方になると信じるままに、また道徳的心術の内奥に働きかけるという、つらくてたゆまざる努力、これを免じてくれると信じるままに、私たちが自身を神にする」[10]。カントの批判は、引用箇所で彼が付加した註で明らかなように、人間が神を創るという事態ではなく、いかに神が創りだされたかという方法へと移行する[11]。カントにとって、神表象はあらゆる点で人間の構成要素である。これがカントにとり意味するのは、それがあらゆる点においてもそれによりすでに証明されているということではない。それが当てはまるのは、この表象が道徳的な自己理解の自己解釈の表現である場合においてのみであり、人間が神表象によって自らの道徳的課題を免除される場合ではない。「一切の義務を神の命令として認識する」（KpV A 223）ことのもはや表現でもありえない神表象は「偶像崇拝」（Ri B 257 Anm.）となるだろう。カントの道徳哲学の神理解は、神についての宗教的語りの基準として機能し、その解説は以下でなされるべきであるが、それは最低二つの前提を有する。一つは伝統的な自然神学の批判と、もう一つはかつての自然神学に代わる倫理神学の彼独自の構想である。もちろん重要なのはカントの倫理神学の基礎の徹底的な叙述ではなく、ただカントの神思想の道徳神学とその位置づけの再構築である。

　周知のように、カントにとって宗教は理論哲学ではなく、実践哲学に場を有する。したがってカントの宗教哲学は、そこから帰結する道徳哲学的神思想と同じく、理論理性にとり、神思想は認識不可能であるばかりではなく、

10　I. Kant, Ri B 257f.〔「たんなる理性の限界内の宗教」北岡武司訳、カント全集 10 巻所収、2000 年〕．

11　Vgl. I. Kant, Ri B 257 Anm.:「どんな人間でも自ら『神を作り出す』といえば、それどころか道徳的諸概念によって（これらの概念には無限大の諸性質が伴っていて、そうした諸性質は概念に適合した対象を世界において表現する能力に属している）自らそのような神なるものを作り出さざるをえないのであって、それは、『自らを作った神において』崇敬するためにであると、こんなふうにいえば、いかがわしく聞こえるが、しかしけっして非難されるべきことではない。そもそもある存在者が『神』だと、どんなふうにして他人から知らされ描写されたにしても、それどころか、そのような存在者自らが（それが可能だとして）どのような仕方でその人にあらわれるかにせよ、しかしまずは、その人がこの表象を自分の理想と照らし合わせるのでなければ、それが神性と見なし崇敬する機能が自分にあるかどうか、これを判断することはできないからである」。カントの理性の「自己創造物」としての神についての語りについては、KrV B 612 を参照。

その現実存在についてはいくつかの理由からなにものも決定されない証明を前提とする[12]。にもかかわらず、もちろんカントの実践哲学における宗教は自律的道徳論の何らかの根拠の欠如を利用するものではない。むしろ道徳は宗教論の『序言』の第一文のように、自由な人間という理念に完全に基づいて、したがって宗教や神思想という根拠づけも動因も必要としない[13]。道徳は根拠理論の観点において理性の自己立法にのみ基づく。それゆえに道徳から宗教への移行は自律的理性道徳の何らかの根拠の欠如ではなく、ただ有限性の条件下における倫理法則の現実化に基づいている。カントがこれを明らかにしたのは、自律的理性道徳の基礎づけに捧げられた『実践理性批判』の「分析論」において、意志のあらゆる目的と外的規定根拠を度外視することによってである。カントは『実践理性批判』の「弁証論」において——そこではただ道徳の現実化、すなわち感性的で有限な存在者である人間に対する、純粋実践理性の要求の適用を取り扱う——「最高善」の表題で[14]、以前は根拠理論の観点において度外視された目的思想を導入するだけでなく、今や要請論の地平において宗教を初めてテーマとする。感性的で有限な理性的存在である人間に対する、純粋実践理性の適用におけるカントによる宗教の体系

---

12 神の認識不可能性についてのカントの議論は、認識の二源泉論であるが、直観と概念が出会うところにおいてのみ認識について語られる。私たちは神について概念を持っているので、神の概念について考えることはできるが、直観はそうはいかない。認識概念のこのような把握に基づけば、神思想は内容的に空虚である。認識のカントの二源泉論については、I. Kant, KrV B 74f. 125 と伝統的な神の存在証明に対するカントの批判については、KrV B 595ff. を参照。

13 Vgl. I. Kant, Ri B III.

14 Vgl. I. Kant, KpV A 194:「だが実践的使用における理性にとって、事情はそれよりもましというわけではない。理性は純粋実践理性として、実践的に‐制約されたもの(傾向性〔性向〕や自然の必要に基づくもの)にたいして、同様に無制約的なものを求めるのだが、それは意志の決定根拠として求められるのではなく、意志の決定根拠が(道徳法則において)与えられているにもかかわらず、さらに『最高善』の名のもとで純粋実践理性の『対象』の無制約的総体として、それを求めるのである」。実践理性の対象のカントの概念については、U. Barth, Kants Begriff eines Gegenstandes der praktischen Vernunft und der systematische Ansatz der Religionsphilosophie, in: U. Schnelle (Hrsg.), Refomation und Neuzeit. 300 Jahre Theologie in Halle, Berlin/New York 1994, 267-302.「最高善」の概念の作用史的発展については、K. Düsing, Das Problem des höchsten Gutes in Kants praktischer Philosophie, in: Kants Studien 62 (1971), 5-42 が展望を提供する。

的基礎づけは、今やカントの神概念の評価に対する重要な帰結と結びつく。カントの神思想は、確かに純粋実践理性にその場を有するだけでなく、倫理法則の要求の適用において初めて動き始める。というのも、幸福要求のような倫理的な傾向性の作用とを倫理的課題に一致させるという課題が、感性的で有限な理性的存在者に対してのみ生じるからである。カントの神思想はこの課題から帰結する。なぜなら倫理性と自然の因果性との一致は、倫理性と自然の因果性とのいずれの結果からも得られないからである。「それにもかかわらず、純粋理性の実践的課題、すなわち最高善に向かう必然的な努力においては、このような連関が必然的なものとして要請される。われわれは最高善を促進するように努める『べきである』(それゆえ、最高善はなんといっても可能でなければならない)」(KpV A 225)。倫理的課題と人間によるその現実化は倫理性と自然の因果性との一致を前提とする。このことは自然の原因という前提によって確かに到達されるのではなく、この原因自体は倫理的法則の支配下になければならない、つまり知性と意志を有する存在者が存在しなければならない[15]。

　カントの道徳的世界創造者は有限な倫理的行為を含意する。そこにおいて倫理的課題の実現における有限で感性的な理性的存在者は、それだけでその固有の感性的形式における「すべての責務一般に対する根拠」(KpV A 226)だけでなく、すべての倫理的行為がその内にすでにある倫理的自由と自然の因果性の一致を表している。道徳的世界創造者としての神概念は、それゆえ感性的存在としての人間がそのもとで倫理的課題とその漸進的で経験的成就を思い浮かべる具体的形式である。道徳哲学的神思想に充てられた第二の要請に対するカントの議論を読むと、それゆえカントが神思想に結びついた他律の響きを排除する努力をしていることがなにより際立つ。道徳原則は「純粋実践理性の自律それ自体」(KrV A 232)である。というのも、神認識は倫理法則の根拠でもその遵守の動因でもないからである。道徳的世界創造者としての道徳哲学的神思想の想定は「『主観』すなわち必然であり、『客観』す

15　Vgl. I. Kant, KpV A 226:「とすれば、自然の最上の原因は、それが最高善のために前提されないかぎりにおいて、『知性』と『意志』を通じて自然の原因(したがって創始者)である〔存在〕者、すなわち『神』である。したがって、『最高の派生的善』(最善の世界)が可能であることの要請は、同時にある『最高の根源的善』が現にあること、すなわち神が存在することを要請するものである」。

なわち義務ではない」（KpV A 226）。表された諸側面を総合すれば、カントの神思想は明らかになった実践的自己関係の表現形式を示していると言える。神思想の中には、有限で倫理的な行為主体自体がまず倫理的要求の有効性を表し、次に倫理的課題とついには漸進的な現実化の前提を表している。それにより宗教的神表象を吟味する基準として機能するカントの道徳哲学的神思想の体系的背景が包括的に表されるので、私たちが始めに述べた宗教論からのカントの発言に取り込むことができるのである。

　カントの宗教哲学において道徳的根拠づけだけではなく、感性的傾向性に常に動機づけられた人間への倫理的要求の適用が問題である。道徳の現実化理論は人間がこの傾向性と幸福に規定されていることをまったく無視できない。さもなければ、それは人間の有限性を無視するだろう。人間の見逃すことができない感性はしたがって徳と一つにされなくてはならない。それが意味するのは、意志の感性的規定の諸根拠は倫理法則に従属しなければならず、感性的傾向性ではなく、理性の倫理法則である意志の唯一の規定根拠である。カントは「幸福であるのにふさわしいこと」（Ri B XVI Anm.）という表題のもとで、この課題を道徳の現実化理論において取り上げる[16]。この定式は同時に歴史的に現れた宗教的意識の表象内容と比べられるだろう宗教理論の実質的な遂行の内容的基準として機能する[17]。宗教的表象内容は意志の規定根拠——それは他律的であるが——として機能すべきではなく、ただ倫理的自己意識の確実性についての自己解釈の表現形態として機能すべきである。そこでは感性的宗教表象は倫理的な自己関係の反省性の表現である。カントは宗教論の媒体概念においてこれを取り上げる[18]。「純粋宗教信仰のための媒

---

[16] Vgl. I. Kant, KpV A 235:「このことからまた次のことも見てとれる。すなわち世界創造における『神の究極目的』とは何かと問われたら、世界における理性的存在者たちの『幸福』ではなく、『最高善』であると言わねばならず、最高善はこれらの存在者の（幸福への）願望になお一つの制約、すなわち幸福にふさわしくあることという制約を付加するのだが、これは同じ理性的存在者の『道徳性』であり、この道徳性だけが尺度を含み、それらの理性的存在者はその尺度に従う場合にのみ『知恵のある』創始者の手を通じて幸福に与ることを希望できる、ということである」。

[17] カントの「調停形式」、すなわち宗教論の実質的な遂行の内容的基準としての幸福には次の文献を参照。U. Barth, Kants Begriff eines Gegenstandes der praktischen Vernunft und der systematische Ansatz der Religionsphilosophie, a.a.O.（注14）, 301.

[18] Vgl. I. Kant, Ri B 182 Anm.

体」(Ri B 173) としての教会信仰についてのカントの語りにおいては常に感性的な歴史信仰を理性宗教に移すことが重要なのではない。カントの宗教論におけるそのような読解を喚起するかのような箇所が見いだせる[19]。むしろカントにとって感性的歴史信仰に反省的になることが問題であり、だがそれは道徳的な理性宗教の感性的な表現として自らを捉える。カントは今や明らかに、感性的に規定された歴史信仰に反省的になることが始まろうとするという、彼の時代の啓蒙的プロテスタンティズムの見解を持っている。というのも、ここにおいて、「少なくとも理性的な信仰と歴史的信仰との区別に関する問いかけがすでに公にされるからである」(Ri B 185)。

カントの始めに引用した実践的見地における擬人観についての語りは、理論的見地において罪はないが、道徳的自己関係のまさに素描された反省性の中の体系的土台を持っていることが今や容易に見て取れる。神表象は道徳的理性宗教の媒体と捉えられておらず、倫理的自己意識は未だその固有の道徳的反省性においてまったく捉えられていない。ここにおいて人間は次のような原理に従って行動する。すなわち「(道徳性にはいささかも寄与せずとも、真っ向から矛盾さえしなければ) 神性に十分に嘉されるための行いすべてを通して、私たちが従順な、また従順だからこそ、神の意にかなう臣下たることの証として、ひたすら自らの精励さを神に示し、かくしてまた神に (in potentia できるかぎりに) 奉仕もするというものである」(Ri B 258) という根本法則に従って人間は行動する。カントは神への奉仕のこの形式を法規的宗教の偽奉仕と宗教的妄想として示す[20]。神表象が正当化され

---

19 I. Kant, Ri B 179:「胎児が皮膜に包まれて人となったにしても、しかし皮膜は胎児が日の目を見るときには脱ぎ捨てられねばならない」。カントの宗教哲学で理性宗教における感性的な歴史的信仰の変化があったと見なす解釈はこれと同じ箇所にその根拠を持っている。H. M. Baumgartner, Das ‚ethische gemeine Wesen' und die Kirche in Kants ‚Religionsschrift', in: F. Ricken/F. Marty (Hrsg.), Kant über Religion, Stuttgart 1992, 156-167, 最近では、J. Habermas, Die Grenze zwischen Glauben und Wissen. Zur Wirkungsgeschichte und aktuellen Bedeutung von Kants Religionsphilosophie, in: Ders., Zwischen Naturalismus und Religion. Philosophische Aufsätze, Frankfurt/M. 2005, 216-257. しかしながらカントの宗教哲学のそのような読み方は、常に人間が感性的で有限な理性的存在であるという、カントが強調した事態と矛盾している。

20 Vgl. I. Kant, Ri B 256 Anm.:「妄想とは、事柄のたんなる表象を、事柄そのものと等価だと見なすような思い違いである」。

るのは、それが倫理的自己意識の確実性の表現である場合においてのみである。カントはこの神表象の内面性に関連した契機、したがって倫理的心性に遡及的に結合するが、これをルター聖書に倣って神を「人の心を知りたもう方（Herzenskündiger）」として規定することによって表現する[21]。

したがって、カントは神について語ることを人間の自己解釈の形式として理解する。感性的で有限な理性的存在である人間それ自体は道徳的要求の拘束性だけでなく、最高善の実現の確実性も神思想において表している。この確実性はもちろん最高善の実現においても残る偶然性についての意識によって示される。有限な条件下においてこの偶然性がまさに乗り越えられない限り、偶然性の承認は実に「自らを現に神的（倫理的）国家の資格ある市民と見なす」（Ri B 205）道徳的で宗教的な確実性にまで匹敵する。

2．道徳的な世界秩序としての神。ヨハン・ゴットリープ・フィヒテにおける実践理性の必然的含意としての神

1798年、フリードリヒ・イマヌエル・ニートハンマーと共同発行した『哲学雑誌』に発表した論文「神の世界統治に対する私たちの信仰の根拠について Ueber den Grund unseres Glaubens an eine göttliche Weltregierung」で、フィヒテは論文の最後に人格性概念の神思想への適用について述べている。「諸君はこの存在者にその術語〔人格や意識〕を付け加えることによってこの存在を一つの有限なものとして、諸君と同じものにし、そして諸君は諸君が望んだ通りに神を考えたのではなく、単に諸君自身を思考のうちに二重化したにすぎない」[22]。神の人格性概念の適用に対するフィヒテによるこの批判は、周知のように、やがて彼がイエナ大学教授職を喪失することになる無神論という非難をもたらした。フィヒテの論文は様々な点において啓発的である。第一に、それは、長年論争されてきたことだが、フィヒテが無神論論争期にいくつかの点においてカントと区別できる独自の宗教哲学を手中にしていた

21　Vgl. I. Kant, Ri B 85. 95f.
22　J. G. Fichte, Ueber den Grund unseres Glaubens an eine göttliche Weltregierung, a.a.O.（注3），187〔「あらゆる啓示の批判の試み」阿部典子訳、フィヒテ全集1巻所収、晢書房、2011年〕．

ことを証明する[23]。第二に、フィヒテの無神論論争期の宗教哲学とカントの宗教哲学と神思想に対する修正の企ては、1792年の「あらゆる啓示の批判の試み Versuch einer Kritik aller Offenbarung」という啓示論文ですでに述べた立場の継続と見なされてよい[24]。すでにこの論文においてフィヒテは、特に1790年の『判断力批判』におけるカントの倫理神学の修正を企てている[25]。これはなにより神思想に関わる。すなわちすでにフィヒテはカントとの区別で、純粋実践理性にとっての神思想を主張したが、カントにおいて純粋実践理性と感性的で有限な理性的存在者の人間への適用という含意のように、初めから主張していたわけではない。無神論論争期のフィヒテの宗教哲学は、カントの宗教哲学を廃棄しているわけではない。次に、フィヒテの宗教哲学の発展との関連[26]で「神の世界統治に対する私たちの信仰の根拠について Ueber den Grund unseres Glaubens an eine göttliche Weltregierung」という論文の著作史的位置は、少ししか関心を喚起しなかったが、カントの道徳哲学的神思想への批判を含むフィヒテが明らかにした神思想だけは興味が引き立てられる[27]。

　1798年のフィヒテの論文は、世界統治への信仰を超越論的哲学的に導出することを課題に挙げる。「私たちは因果性の問いに答えること以外をすべ

23　フィヒテの無神論論争期の宗教哲学については、F. Wittekind, Religiosität als Bewußtseinsform, a.a.O.（注8）を参照。

24　J. G. Fichte, Versuch einer Kritik aller Offenbarung. In: Fichtes Werke, hrsg. v. I. H. Fichte, Bd. V. Zur Religionsphilosophie, Berlin 1971, 11-174.

25　なにより F. Wittekind, Theologie und Religion in J. G. Fichtes Offenbarungsschrift, in: Neue Zeitschrift für Systematische Theologie und Religionsphilosophie 39 (1997), 87-105 を参照。

26　フィヒテの宗教哲学に関する著作の歴史的発展においてこの論文の位置づけについては、以下を参照。E. Hirsch, Fichtes Religionsphilosophie im Rahmen der philosophischen Gesamtentwicklung Fichtes, Göttingen 1914; U. Barth, Pantheismusstreit, Atheismusstreit und Fichtes Konsequenzen, a.a.O.（注6）, 101-123; J. Dierken, Der Atheismusstreit vor dem Hintergrund von Fichtes späterer Religionsphilosophie, in: Fichtes Entlassung, a.a.O.（注3）, 125-142; C. Danz, Das Bild als Bild. Aspekte der Phänomenologie Fichtes und ihre religionstheorischen Konsequenzen, in: Die Spätphilosophie J. G. Fichtes (=Fichte-Studien Bd. 18), hrsg. v. W. H. Schrader, Amsterdam 2000, 1-17.

27　この論文の中での、一方ではプラットナーと他方ではフォアベルクへの宗教哲学的立場への批判については、F. Wittekind, Religiosität als Bewußtseinsform, a.a.O.（注8）, 35ff. 64ff. 97ff. を参照。

V　シュライアマハーの1799年の『講話』の神表象とカントとフィヒテにおける問題史的文脈

きではない。人はいかにその信仰に至るのか」(V, 179)。フィヒテの論文「神の世界統治に対して私たちの信仰の根拠について」におけるこの課題の設定は、道徳哲学的な神の存在証明について特定の解釈に対する批判が含まれている[28]。特に哲学と知識学の課題は、すなわち何らかの事実を生み出すことではなく、ただそれを説明することである。したがって実際に哲学も神の信仰を生み出さず、むしろすでにそれを見いだしている。フィヒテにとって信仰の超越論的哲学的な推論が問題なのではなく、それはカントの道徳哲学的な神思想への批判に結びつく。「この解答において問題となる決定的な点は次のことである。それは、その信仰が解答によって、何らかの人間の気に入る通りに、受け入れても受け入れなくてもよいような任意の想定として考えられたり、心が欲するという理由で心が欲したものを真と見なすような自由の決意と考えられたり、不十分な信念根拠を願望によって補足したり、埋め合わせたりすることとして考えられるのではないということである」(V, 179)。したがって神思想とその想定は、フィヒテにとり、カントのように主観的な欲求だけでなく、実践的な自己関係の必然的な構成要素である[29]。道徳的自己意識の直接的な含意として神の必然性についてフィヒテが証明したことは、この構成と結びついた神思想に対する結論と同様に今や一瞥されるべきである。

　フィヒテの神思想の超越論的な導出は、自由概念に出発点を持つ[30]。主観は自らを自由と見なし、自ら目的を定め、その目的は外から規定されることはない。この目的は、自由な意志の唯一の規定根拠とする自律的な主観とし

28　Vgl. J. G. Fichte, Ueber den Grund unseres Glaubens an eine göttliche Weltregierung, a.a.O. (注3), 178:「従来〔このテーマを扱う〕視点をほとんどあまねく混乱させてきたもの、そして恐らく今後も長く混乱させるであろうものは、神の世界統治に関するいわゆる道徳的証明ないしはある種の哲学的証明を本来の『証明』と見なしたことである。そしてそのような証明によって初めて神への信仰が人間にもたらされ、示されるべきだと考えられるように思われたことである。貧弱な哲学よ！」。

29　Vgl. ebd., 179:「理性のうちに根拠を持つものは、端的に必然的である。そして必然的でないものは、まさにそれゆえに反理性的である。必然的でないものを真と見なすことは、たとえいかにそれが敬虔に夢見られていたとしても、妄想であり夢想である」。

30　Vgl. ebd., 181:「私は私を一切の感性的世界の影響から自由であり、まったく能動的に私自身のうちで、私自身によって存在すると認める。こうして私は私を一切の感覚的なものを越えた力として認める」。

119

ての主観自身にほかならない[31]。したがって、そのように自律的に自己を規定し、固有の目的に対する自由をかかげる主観は、自己規定の中で倫理的行為において自己自身に関係する知にも常に関係する。すなわち、主観が自由を行為の唯一の規定根拠にするという反省的知を有する。

フィヒテの、主観の倫理規定からの行為の目的として自己自身を欲するという神思想の超越論的な導出は、今や倫理的自己関係の含意することに目指す、次の推論を通じて始められる。「私が私自身の存在によって自分に立てたその目的を掌握し、それを私の現実的行為の目的としていると、私は現実的行為による目的の遂行を同時に可能なものとして定立するのである」(V, 183)。倫理的行為者は倫理的行為の実行可能性のみならず、同時に個々の倫理的行為者が倫理的行為の最終目的にかなうことを仮定していなければならない。フィヒテ自身が表現しているように、これにより私の全実存ならびに感覚的世界は「道徳性への関係」(V, 184) を保持し、その中で全実存が道徳的秩序の元へ入る。その本質は、感覚的世界はすなわち主観の倫理的自由という最終目的を引き出すための手段として機能するということにある[32]。最後の段落の本質はフィヒテの神思想の導出では神的なものとこの道徳的世界秩序の同一化の中にある[33]。しかし「上述のように導出された信仰は、まったく完全な意味での信仰である。その生き生きと働いている道徳的秩序はそれ自身神である。また私たちはこれ以外の神を捉えてはならないし、捉えることはできない」(V, 186)。

そこでフィヒテにとって、神思想は道徳的自己意識を直接的かつ同時に必然的に含意する。それゆえフィヒテはカントの神思想を宗教へと移行させる。神はすべての実践的理性目的の内的調和を保証する秩序を代表する。道徳的に行為する人は、この道徳的行為においてまさしくすでに宗教的である[34]。

31　Vgl. ebd.:「私自身と私の必然的な目的は超感性的なものである」。
32　Vgl. ebd. 184:「全世界は私たちに対してまったく異なった相貌を呈するようになった」。
33　Vgl. ebd. 185:「これが真の信仰である。この道徳的世界秩序こそ、私たちが考える『神的なもの』である。神的なものの信仰は正しい行為によって樹立される」。
34　Vgl. J. G. Fichte, Appellation an das Publicum, a.a.O.（注4），209:「道徳性と宗教はまったく一体である。両者は超感性的なものの把握であり、道徳性は行為によって、宗教は信仰によって超感性的なものを把握する」。フィヒテによって行われた告訴文書における無神論という非難の反対者への転用については、F. Wittekind, Die „Retorsion des Atheismus" – Der Atheismusstreit im Kotext von Fichtes früher Religionstheorie, in: Fichtes

道徳的行為意識の直接的構成要素としての神思想はことさらにテーマ化するには及ばない。しかし意識が生じるところでは、それは特有の二次的遂行、すなわち抽象的思考の働きを表現している。フィヒテの始めに述べた人格性概念の神思想への転用に対する批判は、この反省の二次的遂行をよりどころとする。それは相互に重ねて組み立てられた3つの段階から結果として生じる[35]。第一に、道徳的な世界秩序と創造者の区別は、抽象的な思考の作業であるがゆえに二次的である[36]。それゆえ第二に、個別存在としての神の表象は根源的な宗教的確実性の要素をまったく叙述できない。この結果、フィヒテは宗教と神思想を分離するが、それにより神思想は宗教にとって構成的ではない。道徳的な世界秩序の創始者として世界を超えた神を常に指定することは、すでに実体範疇を使用している。第三に、この思想と結びつくのは、フィヒテの始めに引用した神の人格性の思想への批判である。というのも、人格の概念は有限な主観と間主観的な関係が不可分だからである。人格概念の神への転用により、神は有限な存在となる[37]。

　宗教的意識に対して二次的要素としての上述の神思想の引き下げこそ、フィヒテに無神論という訴えをもたらしたものである。実際、特にこの神思想の引き下げは、人間の想像力の二次的で歴史的に偶然な形式に対して、カントの宗教理論の修正を含んでいる。このことは、カントの神思想がフィヒテによって、宗教自体へと移行されたということにおいて捉えられるべきである。道徳性と真の宗教性はフィヒテにとり同一である。なぜなら宗教は行為

　　Entlassung, a.a.O.（注3）, 61-79.

35　以下参照。U. Barth, Schleiermachers *Reden* als religionstheoretisches Modernisierungsprogramm, in: S. Vietta/D. Kemper (Hrsg.), Ästhetische Moderne in Europa. Grundzüge und Problemzusammenhänge seit Romatik, München, 1997, 441-474. 特に457.

36　Vgl. J. G. Fichte, Ueber den Grund unseres Glaubens an eine göttliche Weltregierung, a.a.O.（注3）, 186.

37　Vgl. ebd., 187:「この存在者は諸君と世界から区別されているはずである。それは諸概念に従って世界のうちに作用し、つまり概念の能力を持っており、人格をもち、意識であるはずである。それなら諸君はいったいいかなるものを人格や意識と呼ぶのか。恐らく、諸君が自分自身のうちで見いだし、自分自身において知るようになり、そしてこの名前をもって示したものではないだろうか。しかし諸君がこのものを何の制約や制限もなしに端的に考えてはいないし、また考えることなどできないということは、諸君によるこの概念の構成に少しでも注意してみるならば、分かるだろう」。

意識とその確実性の直接的含意として理解されるからである。しかしながらさしあたりフィヒテの神思想批判は、彼が神思想一般から分かれたと理解されるべきではない。むしろ神思想はフィヒテにおいて行為意識の解釈として機能するが、もちろんそれは理論的な重要性としてではない。道徳的－宗教的意識は、神思想において行為意識の構成要素を感性的形式の中で現実化する。

3．宇宙の直観の仕方としての神。フリードリヒ・シュライアマハーにおける神についての宗教講話

シュライアマハーの宗教理論の特徴は、1799年に出版された処女作『宗教論』にあるように、カントとフィヒテの名の下で有名になった、近代における神思想の問題地平への同意と批判を相互に結合するところである。これは第二講の宗教の本質規定においてすでに明らかである。ここで語り手〔シュライアマハー〕は形而上学と道徳に対する区別における宗教の特性について明らかにする。「宗教は形而上学のように、宇宙を本性に基づいて規定し、説明しようとは望まないし、道徳のように、自由の力や神のごとくに気ままな人間の自由意志から宇宙を形づくり、完成しようともしない。宗教の本質は、思考することでも行動することでもない。それは直観そして感情である」（R[1], 50）。シュライアマハーにとって問題は、思考と行為の能力との区別における宗教とその意識の場所の独自性を際立たせることにある。続いて端的に、シュライアマハーの特徴は、彼の時代の宗教理論の論争におけるカントがもたらした神思想への問題状況に対する批判と同じく同意を叙述すべきことである。それに続けて、神思想の新しい規定の基礎を形成する宗教的直観の概念を追求することである。神についての語りにとって、この状況から生じる結果で締めくくりにしたいが、しかしながらまず彼の時代の宗教理論論争内でのシュライアマハーの位置づけから始めよう。

シュライアマハーによってなされた形而上学に対する宗教の意識理論の場所の境界設定は、まずカントによってなされた伝統的形而上学の批判と内容的に一致する。シュライアマハーにとっても形而上学は宗教と神学の関係の枠組みとしてもはや問題にならなかった。形而上学を宗教の関係の枠組みと

して却下することにおいて、シュライアマハーはカントの理論哲学の結論と完全に一致する。したがってカントと同様にシュライアマハーにとっても、神を認識することは理論的理性には可能ではない。だからシュライアマハーにとり、神関係は理論的関係ではなく、神概念は限界概念の地位をなおも持つのみである。これは積極的にはシュライアマハーが宗教と形而上学を完全に切り離したことを意味する[38]。シュライアマハーにとって宗教は形而上学の問題設定とはまったく関係しない。むしろそれは固有の意識内容とともに「心情に固有の区画（Provinz）」（R[1], 37）を成すのである。

シュライアマハーはカントの理論哲学の結論に同意するが、実践哲学の枠組みでの宗教の新しい根拠というカント固有の試みに対して同意しない。カントがなした感性的で有限な理性的存在としての人間に対する倫理法則の適用という地平における神思想の根拠づけに対しシュライアマハーは批判する。実践の道において獲得された神思想はシュライアマハーによれば深刻な二律背反に陥る。というのも、その実現において宗教に依存することから、道徳の自律が損なわれるか、あるいは道徳哲学からの根拠づけによって宗教はただの道徳の模造品になってしまうからである。カントの道徳哲学的神思想に結びつくこのジレンマから脱するために、シュライアマハーは道徳から宗教を分離することに賛同する。

シュライアマハーが行った道徳からの宗教の切り離しは、第三にフィヒテに対する境界設定と、さらに詳しく言うと無神論論争期におけるフィヒテによるカントの倫理神学の再編に対する境界設定も表している。すでに見たように、フィヒテはカントの神思想をその引き下げに結びつけた宗教概念へ移行させた。神思想はフィヒテによってもはや実践的－宗教的確実性の根源的な要素としてではなく、二次的な抽象化として理解された。ところでシュライアマハーは、フィヒテによってなされたカントの倫理神学の改鋳に賛成できなかったことに応じて[39]、世界を超越する神概念の批判を分かち合っていた。シュライアマハーも神思想を宗教概念に移行させ、この方法で宗教と形

---

38 U. Barth, Schleiermachers *Reden* als religionstheoretisches Modernisierungsprogramm, a.a.O.（注35），454 を参照。

39 Vgl. F. Schleiermacher, R[1], 107:「宗教はそんな党派の偏愛にはあずかり知らない。宗教にとっては、道徳の世界も宇宙ではなく、道徳の世界だけに通用するものも、宇宙の直観ではないのだ」。

而上学的神思想を切り離す[40]。シュライアマハーにとって神表象は構想力の二次的な産物であり、宗教的意識に対して構成的ではない。

上述の3つの側面を総合すると、まず宗教の消極的な規定が生じる。それは宗教が理論的関係としても、さらに実践的関係としても適切とは理解されないということを主張する。宗教は自然神学にとってそうであるように形而上学の要石ではなく、カントとフィヒテの倫理神学のように道徳の添え物でもない。シュライアマハーが宗教を形而上学と道徳という2つの重要なことから区別するのは、部分的な批判と結びついたカントとフィヒテの宗教哲学とのきめ細かい討論のおかげである。シュライアマハーによってなされた宗教の境界設定が説明された後であるから、今やその積極的な規定に目が向けられる。

シュライアマハーの宗教の積極的な規定は、直観と感情という2つの概念にある[41]。この2つの概念をもってシュライアマハーは宗教の意識理論上の場所を定めただけでなく、形而上学と道徳に対する独自性を明らかにしようとする。次に、直観概念という宗教的意識の志向構造に対するシュライアマハーの理解が重要なものとして興味をひく。なぜならそれが神表象のシュライアマハーによる新しい規定の基礎であるがゆえにである。『講話』の初版では直観概念が宗教の中心的な規定要素を成し[42]、それはシュライアマハー

---

40 Vgl. F. Schleiermacher, R¹, 57f.:「世界におけるすべての出来事を神の働きと考えること、これが宗教なのだ。それは、これらの出来事が一つの無限な全体に関係することを表現している。しかし、世界以前における、世界以外の場での神の存在について、あれこれ思いめぐらすのは、形而上学としては良いことだし、必要でもあろうが、宗教においては、それもまたむなしい神話でしかない。単に表現の補助手段にすぎないものを、それ自体が本質的なものであるかのように、どこまでも仕上げてゆこうとするのは、〔宗教の〕ほんとうの地盤からまったく逸脱してしまうことである」。存在する神についての批判については、R¹, 130 参照。

41 反省以前の自己関係を代表するシュライアマハーの感情については、F. Schleiermacher, R¹, 66f. 参照。さらには C. Danz, Der Begriff der Religion in den Frühwerken Schleiermachers und Schellings, in: R. Ahlers (Hrsg.), System and Context. Early Romantic and Early Idealistic Constellations (= Neues Athenaeum, Bd. 7), Lewiston/New York 2004, 507-523, 特に 509-514 を参照。

42 Vgl. F. Schleiermacher, R¹, 55:「宇宙を直観すること、どうかこの概念に親しんでほしいとお願いしよう。これこそ私の講話の全体の要であり、宗教のもっとも普遍的な最高の定式なのだ。この公式によってすれば、宗教の中のどんな場所でも見ることがで

によって次のように規定される。「すべて直観するとは、直観されるものが直観するものへ及ぼす影響、すなわち、直観されたものの根源的かつ独立的動きに基づいている。直観する人は、この行為を直観されるものの本性に従って受け取り、まとめて、こうしてそれを把握するのである」(R^1, 55)。それゆえ直観は2つの側面、すなわち直観されるものの意識への影響と、それによる直観されるものを受容し、理解されるという直観の主体的行為を包含する。シュライアマハーは直観概念において能動的と受動的な契機の結合を企てる。この組み合わせによって、一方では単なる直観において主観的な投影が問題なのではなく、他方では直観概念において主観的な意識行為を隠蔽すべきではないことが確定されなくてはならない。

けれども宗教的直観は感性的直観から区別されるだけではなく、フィヒテとシェリング的な意味での知的直観とも区別される。というのも、宗教的直観は内容として感性的なものでもなく、主観の自己関係を有さないからである。むしろシュライアマハーによれば、宗教的直観の特殊性は、そこにおいて有限的なものと具体的なものを無限性の視野に入れることである。宗教的直観が提示するものは「個別的なものはすべて全体の部分として、制約されたものは無限なものの叙述として」(R^1, 56) 初めて受け入れられる。無限性の領域と全体性の領域に対して、そこでは宗教的直観に個別的なものが入れられるが[43]、それゆえこれらの領域の叙述に対し『講話』では「宇宙」[44] とい

きるし、宗教の本質や限界を、きわめて精密に規定することができるのだ」。1806 年の『講話』第2版からは直観概念が後退し、感情概念が宗教の中心的な規定となる。『講話』の種々の版における、後の『信仰論』までの宗教理解の発展については、F. W. Graf, Ursprüngliches Gefühl unmittelbarer Koinzidenz des Differenten. Zur Modifikation des Religionsbegriffs in den verschiedenen Auflagen von Schleiermachers ‚Reden über die Religion', in: Zeitschrift für Theologie und Kirche 75 (1978), 147-186; J. Dierken, Das zweifältige Absolute. Die irreduzible Differenz zwischen Frömmigkeit und Reflexion in Denken Friedrich Schleiermachers, in: Zeitschrift für Neuere Theologiegeschichte 1 (1994), 17-46.

43　U. Barth, Schleiermachers *Reden* als religionstheoretisches Modernisierungsprogramm, a.a.O. (注 35), 462 を参照。

44　『講話』において伝統的な神概念に代わる宇宙の概念をシュライアマハーは初期のスピノザ研究に負っている。シュライアマハーのスピノザ主義については、in Ders., Jugendschriften 1787-1796 (= KGA I/1), hrsg. v. G. Meckenstock, Berlin/New York 1983, 513-558; ders., Kurze Darstellung des Spinozistischen System, in:Ders., Jugendschriften 1787-1796 (= KGA I/1), hrsg. v. G. Meckenstock, Berlin/New York 1983, 561-582. カントの叡知

う概念がそれらの領域を代表する。したがって宗教的直観は有限なものにおいて宇宙が直観されるという点で感性的直観と区別され、有限で具体的なものによって知的直観から区別される。それゆえ個別的で具体的なものとの構成的な関係によって知的直観と区別される宗教的直観は、宗教的主体の特殊な結合の働きとして理解されてもよい。それによりシュライアマハーによって宗教的意識は象徴意識として理解される。なぜならば宗教的経験において意識はしるしの意識として構成されるからである[45]。『講話』ではシュライアマハーの宗教概念の根本的な規定がそこから結果として生じて、それに従えばこれは「宇宙の直観」ないしは「無限なものへの感性と嗜好」（R^1, 53）である。

　もっとも『講話』からはシュライアマハーの直観概念は、その中では宗教的意識の統合の働きがあるという規定をもってしてはなおも完全には叙述さ

的存在（Numenon）と現象（Phänomenon）の説明の区別に対し、無限者における有限者の内在についてのスピノザの思想をシュライアマハーは用いたために、事柄に従ってその概念はカントとスピノザの交互の批判を含んでいる。これについては、G. Meckenstock, Deterministische Ethik und kritische Theologie. Die Auseinandersetzung des frühen Schleiermacher mit Kant und Spinoza 1789-1794, Berlin/New York 1988, 特に 213-217; C. Seysen, Die Rezeption des Atheismusstreits bei F. Schleiermacher, a.a.O.（注5）, 182f. を参照。

45　F. W. シェリングは 1802 年イエナでまず講義し、1803 年に出版した『学問論（*Vorlesungen über die Methode des akademischen Studiums*）』において『講話』からシュライアマハーの宗教概念を引き合いに出して、キリスト教を歴史意識として規定している。「絶対的関連は、キリスト教においては宇宙の畢竟歴史として、道義的王国として観られるということであり、この普遍的な見方がキリスト教の根本的性格をなす、ということである」（F. W. J. Schelling, Sämmtliche Werke, hrsg. v. K. F. A. Schelling, Bd. V, Stuttgart/Augsburg 1859, 287〔勝田守一訳『学問論』岩波書店、1957 年〕）。シュライアマハーの『講話』に対するさしあたってのシェリングの判断は生涯にわたり曖昧であった。一方でシェリングはシュライアマハーの『講話』を批判的に判断するとともに 1800 年ごろには積極的に評価している。後年になって再びシェリングは『講話』を汎神論的な敬虔な表現と分類している。1853 年シェリングはバイエルンのマクシミリアン 2 世への手紙で次のように書いている。「シュライアマハーの『講話』という、当時有名で修辞的な傑作がありますが、それによるとすべての普遍的なものが私たちから離れるとしても、キリスト教からまた個人的に関係することが可能な神からは遠く離れて、私たちの魂が苦しみの中に平安と鼓舞をその中に見いだす唯一のものが実在するでしょう」（Brief Schellings an Maximilian II. vom 19. 12. 1853, in: W. E. Ehrhardt, Schelling Leonbergenis und Maximilian II. von Bayern. Lehrstunden der Philosophie, Stuttgart/Bad Cannstatt 1989, 117）。

れない。つまりここでは宗教的直観が常に個別的なものであるという事態が顧慮されないままになっている。「直観は常に個別的なもの、孤立したもの、直接的に知覚することであって、それ以上のものではない。こういう直観を結び合わせて一つの全体を組み立てることは、もはや感性の仕事ではなく、抽象的思考の作業なのである」(R^1, 58)。宗教的直観は相互に結びつかないままであり、「直接的でそれ自体真である」(R^1, 58)。それに宗教的直観の複数性の帰結が結びつく。宗教的直観は源泉をそのつど個別的解釈の視点として、還元不可能であるばかりでなく、完全に同じ権利を持ったものでもある。これら2つの点をもって宗教的意識の志向構造が広く叙述されることで、今や私たちは神表象を個別の宗教的直観のやり方として自分自身に関心を向けることが可能である[46]。

『講話』においてシュライアマハーが企てた個別の宗教的直観のやり方としての神表象の規定は、一面ではカントの超越論的哲学の批判的条件下において神思想の問題地平を顧慮しようと努め、他方ではこの規定は宗教概念の帰結を表す。神表象は、宗教的直観のシュライアマハーによる理解の条件下では、他の条件下における直観の一形式にすぎないという可能性がある。他の場合には、それは宗教の領域にはもはや該当せず、思考か道徳に属することになるだろう。一つの宗教的直観形式としての神表象のシュライアマハーによる規定に、今や2つの帰結がカテゴリーの位置づけにおいて結びつく。第一に「神のないところには宗教はない」(R^1, 124)という古い定式をシュライアマハーが解消したのであって、それにより神表象は宗教をもはや構成しなくなった[47]。宗教は現実の全体的次元の象徴化の特殊な仕方であるが、

---

[46] ここで確かになおシュライアマハーの宗教的直観という題材についての議論がなされるべきであろう。Vgl. F. Schleiemacher, R^1, 78-108. シュライアマハーは、自然の宗教的意義から始めて人間性に至るまで、宗教的直観の様々な範例形式を区別している。人間性が宗教の本来的な題材を表現する一方で、外的自然はただ「最も外側の前庭」(R^1, 78)である。シュライアマハーが宗教的直観と自己形成を結合させたことについては、C. Seysen, Die Rezeption des Atheismusstreits bei F. Schleiermacher, a.a.O.（注5）, 185f.

[47] J. Dierken, „Daß eine Religion ohne Gott besser sein kann als eine andre mit Gott". Der Beitrag von Schleiermachers ‚Reden' zu einer nichttheistischen Konzeption des Absoluten, in: 200 Jahre „Reden über die Religion". Akten des 1. Internationalen Kongresses der Schleiermacher-Gesellschaft Halle 14.-17. März 1999, hrsg. v. U. Barth/C.-D. Östhövener, Berlin/New York 2000, 668-684.

その生活世界（Lebenswelt）の生成は神表象に拘束されない。だから第二に神表象は構想力に依存する、もしくはシュライアマハーが言うように想像力の方向性に依存するのである。それゆえ神表象は宗教的体験の二次的反省である。「神への信仰は想像力の方向の如何にかかっている、といったからとて、それを冒瀆と受け取らないでほしい。周知のように、想像力は人間における最高のもの、もっとも根源的なもので、それ以外のものは、すべて想像力についての反省作用にすぎず、きみたちのために世界を創造するのは、きみたちの想像力であり、世界がなければ神を持つということもありえない」(R^1, 129)[48]。だから宗教的神表象のカテゴリーの位置づけは、現実の全体的次元が象徴化される直観形式であるというところに見られるべきである。

『講話』においてシュライアマハーは神表象を宗教的主体の自己と世界の解釈の形式として理解する。それゆえ神表象は人間と宇宙の関係の解釈形式を表し、想像力の方向性にだけ依存する。したがってシュライアマハーにとっては、神表象の多様な形式をその生成において解明する可能性のみならず、有神論的と非有神論的な神表象の形式の対立を無効する可能性が生じる。『講話』においてシュライアマハーは現実把握の分化から生じる多様な神表象の形式的な宗教史的類型論を発展させる。神表象において象徴化される現実把握の最も低い段階は、「多様なものも区別されえない」「統一性」としての「全体的で無限なものの理念」(R^1, 126)の形成である。それは偶像信仰のはっきりしない形式を含んでいる。宗教的意識の形成と自己把握の次のより高い段階は、多神教を形成する。ここでは「統一性なき多として異質な要素と力の規定されない多様性としての宇宙」(R^1, 127)が姿を現す。宗教的自己と世界との解釈の第三にして最後の段階は、神表象において表現されるのであるが、「全体性としての多における統一性としての、体系としての宇宙」(R^1, 128)が表される。しかし宗教的象徴化のこの段階においても、有神論的で人格的な形式と非有神論的で汎神論的な形式が可能となるが、それらのいずれもが他のものも前提としない。「ところで、きみたちの想像力が

---

48 後年の『信仰論』にとっても、ここで次のことを触れられるにすぎない。神表象は絶対的依存感情として規定された宗教的意識をそれ自身において説明するという機能を持つ二次的な省察である。Vgl. F. Schleiermacher, Der christliche Glaube nach den Grundsätzen den Evangelischen Kirche im Zusammenhange dargestellt (1830/31), hrsg. v. M. Redeker, Berlin/New York 1999 § 5.4, T. 1. 30.

自由な意識に基づいているために、根源的な働きをしていると思うべきものを、ただ自由な存在という形でしか考えることができないのであれば、これはきみたちが宇宙の精神を人格化したためであり、きみたちは神を持つことになるだろう。また、きみたちの想像力が悟性に基づいて、自由は単に個人において、個人に対してしか意味を持たない、ということが明らかであれば、きみたちは世界を持ってはいても神を持たない、ということになるだろう」(R[1], 129)。シュライアマハーにとって神表象は、現実の全体的次元の象徴化の特別な方法を表しており、その発生は宗教的解釈が関係する意識の分化に依存するのである。有神論的な神表象と非有神論的な神表象の差異は、現実の全体性の次元の象徴化として宗教的には取るに足らない[49]。

シュライアマハーは宗教的神表象をすべての形而上学と道徳から完全に分離させ、それを宗教的直観の仕方として理解する。それゆえ近代の認識論的制約下の神思想に対する議論への彼の貢献は、二重に見られるべきである。第一にシュライアマハーの神思想の新しい規定の進行は、無神論論争で競合する諸立場を無効とすることを可能にするところまで及ぶ。しかしながらフィヒテの批判者による有神論的神表象もフィヒテ固有の道徳哲学的神思想もシュライアマハーの視点において宗教的な象徴化であることがわかる。次に挙げる側面もさらに重要である。それは、シュライアマハーが神についての宗教的な語りの純粋な意味を際立たせるということである。神についての宗教的な語りにおいて、最高存在についての形而上学的思弁でも、道徳の付録でもなく、生活世界における有限な主体の自己解釈が重要である。それゆえ宗教的神思想は、カント以前の形而上学に道徳哲学的機能化として内に持っていた世界を説明するという宇宙的機能からも解放される。それは現実の全体的次元との区別において自らの有限性を主題化する個別的主観の象徴的自己解釈にその場を持つのである。

---

[49] Vgl. F. Schleiermacher, R[1], 128f.:「ルクレティウスが偶像崇拝者よりも高いように、スピノザは敬虔なローマ人以上のところにいるのではないだろうか。しかし、自分と同じ段階に立っている人に対して、自分とは別の点によっていることを激しく排斥するというのが、古来続いてきた矛盾であり、無教育を示す黒い汚点であった。人間が数々ある宇宙の直観のどちらに傾くかは、彼の宇宙に対する感性の如何に基づくのであり、それが、その人の宗教性をおしはかるほんとうの尺度なのだ。人が宇宙を直観するときに神を持っているかどうかということは、彼の想像力の向かう方向の如何によって決まる」。

VI

マルクス・ペレノウド

「私たちのXは、厳密にいうと、教示されえず、ただ刺激され、目覚めさせられるものでしかない」

ルドルフ・オットーの『聖なるもの』における聖なるものの言語的遂行について

1．序論：ルドルフ・オットーと、その二重の影響史

　ゲッティンゲン、ブレスラウ、マールブルクの各大学で教鞭を執った体系家のルドルフ・オットー（1869–1937）は、彼の生涯を通して、あらゆる講壇神学的な場においてアカデミズムのアウトサイダーであった。彼の大学における経歴の始まりに見られる一つの逸話が、このことを具体的に示しうる[1]。私講師であったオットーが1904年にブレスラウ大学とバーゼル大学の准教授職に公募したとき、彼は両方から断りの返事を受け取った。ブレスラウ大学の教授職の人事を管理していたベルリンの教会評議会にとって、オットーはあまりに自由主義すぎたのである。というのも彼の初期の著作において、オットーは近代的立場にあからさまに接近しすぎていた。しかしオットーがバーゼル大学に快く迎え入れられるまで、さほど長くはかからなかった。というのもここは自由主義的なライン川沿いの都市であり、ここでオットーは、ちょうど逆に保守的すぎると思われたからである。おそらくそれはオットーの敬虔主義的な素性、彼の明確なルター主義、もしくは彼が疑いをかけら

---

[1] 本稿全体に関して、次の論文を参照せよ。R. Schinzer, Rudolf Otto – Entwurf einer Biographie, in: Benz (Hg.), Rudolf Ottos Bedeutung für die Religionswissenschaft und die Theologie heute. Zur Hundertjahrfeier seines Geburtstags 25. September 1869, Leiden 1971, 14.

れた民衆宗教的な典礼や慣習に対する彼の関心ゆえであろう。つまり 1900 年頃の対極的な神学的土壌のなかで、そしてまた彼のアカデミズムの活動全体にわたって、オットーは、はっきりとは分類できない「中道的な人」[2] と思われた。中道的な人とは、講壇神学のなかで影響力を持つことができず、最前線の狭間で消耗させられる人物である[3]。

この専門分野におけるアウトサイダー的な役割とは、はっきりと対照をなしていることがある。それはオットーが特に彼の主要著書『聖なるもの Das Heilige』をもってなしえた非常に大きな、それどころか「ヌーメン的」な波及効果である。この書物の刊行は、1917 年においてすでに正真正銘の「世界的な出来事」[4] であった。『聖なるもの』は熱狂的に受け入れられ、大学の環境をはるかに超えてますます増え続ける読者を見いだし、これによって「人が神学的書物に対して普段慣れていないような驚嘆、内的な感激、情熱的な賛同」[5] を引き起こした。その情熱は、急速に、はっきりとした数字のなかに現れるようになる。この書物は、数え切れないほど増刷され、たくさんの非ヨーロッパ言語においても同様に翻訳され、このようにして 20 世紀

2　オットーに対する「キリスト教世界」の弔辞に基づいて、シンツァーによって引用されている（R. Schinzer, Rudolf Otto – Entwurf einer Biographie, a.a.O.［注 1］, 14）。ドイツのプロテスタント神学におけるオットーのアウトサイダー的役割については、次を参照せよ。G. Pfleiderer, Theologie als Wirklichkeitswissenschaft. Studien zum Religionsbegriff bei Georg Wobbermin, Rudolf Otto, Heinrich Scholz und Max Scheler, Tübingen 1992, 105f.

3　このことは始まりにおいてだけでなく、新しい講壇神学の事情のなかで、オットーの学問的経歴の終わりにおいても同じく明らかになる、歴史の証人である E. ベンツはオットーの予定より早いマールブルクにおける定年退職を見て、次のように具体的に叙述している。「彼の少数の弟子たちとならんで、若者らしく声高に単純化されたバルト主義を表す学生たちの集団が現れた。［……］そしてこれは、オットーが彼の講義で話す自らの思想を嘲り、彼によって打ち立てられた宗教学上の蓄積を偶像の神殿として冗談を飛ばすことに事欠くことはなかった。きわめて繊細なルドルフ・オットーは、［……］このような形での論争に耐えきれず 1929 年早期に、60 歳で定年退職したのである」（E. Benz, Rudolf Otto als Theologe und Persönlichkeit, in: Ders. [Hg.], Rudolf Ottos Bedeutung, a.a.O.［注 1］, 32f.）。

4　W. Drechsler/O. Kaiser, in: T. A. Gooch, The Numinous and Modernity. An Interpretation of Rudolf Ottos' Philosophy of Religion, Berlin 2000, 序言を参照せよ。

5　P. Tillich, Der Religionsphilosoph Rudolf Otto (1925), in: Ders., Gesammelte Werke, hg. Von R. Albrecht, Bd. XII: Begegnungen. Paul Tillich über sich selbst und andere, Stuttgart 1971, 179.

のまさに神学ベストセラーへと登りつめた。——『聖なるもの』は「近代全般にわたって今日に至るまで最も売れた神学的ないしは宗教学的書物」[6]であろう。

　同時代の人はすでに『聖なるもの』の出版物としての成功のなかで、時のしるしに気づいてた。すなわち「この書物ほど、時代風潮の意に沿い、余すところなく受け入れられるような神学的著作はまれである」[7]。ルドルフ・オットーがその聖なるものの「論究」によって——特に非合理的なもの、神秘的なもの、暗闇、予感に満ちたものの強調をもって——彼の時代の宗教的神髄を的確に捉えるよう成功したことはまったく明らかである。例えば、若きティリッヒは、1918年に、おそらく多くの者を代表して次のように書いていた。「非合理的なものや、逆説的なものに関する私の古い意味、［……］私の実践的な非合理主義、非論理主義、非道徳主義——これらすべてがオットーの思想を快く迎え入れている」[8]。しかし『聖なるもの』の成功は、その診断上の的確さと時代風潮との適切な合致だけでなく、何よりもまずまったく簡素かつ単純に——この書物がその読者に与えた圧倒的な影響の結果として生じたのである。したがって、すでに引用したティリッヒは、1925年の力を入れた書評のなかで、ティリッヒにとって『聖なるもの』は「忘れられない出来事」であると書いている。彼自身、この書物を読むことを「解放として体験し」、この書物ゆえに著者ルドルフ・オットーに対して「一つの世代全体をあげて感謝せざるをえない」[9]とする。この賛辞は最終的に、次の

6　G. Pfleiderer, Theologie als Wirklichkeitswissenschaft, a.a.O.（注2）, 104.

7　この発言はアドルフ・フォン・ハルナックに由来する。ハルナックは、オットーへの賛辞を、即座に生じた非難と結びつけた。それは、このような実在性は「単に好都合なしるしではない」というものである（A. v. Harnack, Besprechung von Rudolf Otto, Das Heilige, G. Pfleidererによって Theologie als Wirklichkeitswissenschaft, a.a.O.［注2］, 104のなかで引用されている）。この補遺では、刊行以来オットーの書物に連れ添ってきた神学の仲間が、眉をしかめたことが反映されている。

8　1918年5月9日のエマヌエル・ヒルシュへの手紙。これは W. シュスラーによって、Der philosophische Gottesgedanke im Frühwerk Paul Tillichs (1910–1933). Darstellung und Interpretation seiner Gedanken und Quelle, Würzburg 1986, 175 のなかで引用されている。これらすべては同様に T. A. Gooch, The Numinous and Modernity, a.a.O.（注4）, 132-159 を参照せよ。

9　P. Tillich, Der Religionsphilosoph Rudolf Otto (1925), a.a.O.（注5）, 179. 182f. これに加えて、ティリッヒの次の論文も同様に参照せよ。Die Kategorie des ‚Heiligen' bei Rudolf Otto, in:

啓示神学的言い回しのなかで、まさに頂点に達する。すなわち、宗教史が進行するなかでつねに観察されることは、「合理的領域の彼方にある」宗教的「原初状態」がいかに論理化そして倫理化され、その結果その意味や生命力が失われるか、という言い回しにおいてである。その場合、合理的に凝り固まったものをこじ開け、根源的に非合理的なものを再び新たに力強く出現させるために、「ヌーメン的根拠が新たに突出することは必然的である」。まさにそれがルドルフ・オットーの書物『聖なるもの』において生じたのである。彼の聖なるものに対する論究によって、オットーは他と並ぶ一つの宗教理論を単に提示したわけではなく、むしろ「神学にとって絶対他者の突破のようなものが生じた」[10]のである。

ヌーメン的根拠が突出し、絶対他者が突破するものとして描写される『聖なるもの』——火山のイメージによって聖書のシナイ山啓示の叙述（出 19:16-19）に準拠していることはおそらく偶然ではないが——は、さしあたり個人の読解の証言として理解することができる。それはティリッヒや彼の時代における他の多くの読者による『聖なるもの』の読解が、まったく宗教的と呼ばれるべき体験を目覚めさせることができたことについての証言である。しかしこの証言がより詳しく考えられ、（少なくとも）啓示に類似したその要求のなかで、その証言が真剣に受け取られるのであれば、そこで「単なる」主観的な読解体験以上のものが現れることが、明確になる。むしろティリッヒの記述は、『聖なるもの』それ自体に対する帰納的推論をも可能にした。それはオットーの主要著書が、彼の読者に対して、まさに宗教的啓示書としての影響を及ぼした帰納的推論である。この論文の主題は、『聖なるもの』の決定的な局面が、この受容美学的な意味合いに合致し、この筆者の意図が的確に述べられることである。というのもルドルフ・オットーは、彼の主要著書によって、まさに単に聖なるものに関する学術論文を書こうとしただけではなく、ある擬似的に神聖な書物を執筆しようとしていたのであり、そのなかで聖なるものそれ自体が——ティリッヒのメタファーを引用するならば——突出し、突破するからである。それはオットーの著書の最初の頁で書かれた読書手引きのなかで、すでに示されていることである。すなわち聖

Ebd., 184.
10　Ebd., 182（強調箇所は筆者による）.

なるものに関しては本来の意味において何も語ることはできないので、読者は手を取られ、狙いを定められた連想と類比を用いて「彼自身の心情の境位まで」導かれることになる。そこでヌーメン的対象それ自体が現れ、そのなかで「胎動し、発現し、意識され」始めるのである[11]。したがって『聖なるもの』は、その主張によれば、聖なるもののまさに一部分であろうとする。すなわち『聖なるもの』の読解体験のなかで、そのつどヌミノーゼの顕現が現実的に（in actu）生起するよう意図されている[12]。

オットーの書物『聖なるもの』は、聖なるものを体験する場として、また擬似的に神聖な発話行為としてあり、その行為はヌミノーゼ自体が現れ、読者の心情のなかで自らを顕すことが目指される。とりわけオットーがその主要著書をもって成し遂げえた「ヌミノーゼ」の波及効果が、このような解釈方法の証明となる。以下では、このアプローチがより詳しく述べられ、実行される予定である。それは2つの段階において行われる。

ⅰ）第1段階において、この書物を擬似的に神聖な言語の生起として構想するために、オットーが取りはからった宗教論的基礎と言語論的基礎が、再建されねばならない。方法論的に、この第1段階は『聖なるもの』の論理的分析の形式において実行されるが、そこで主導的になるものは、聖なるものとその言語的表象可能性について何が述べられるかという問いである。

ⅱ）第2段階において、擬似的に神聖な発話行為というオットーの概念の具体的実行が、記述されることになる。方法論的に、この第2段階は『聖なるもの』の遂行的分析の形式において実行され、そこでどのような修辞法と

11　R. Otto, Das Heilige. Über das Irrationale in der Idee des Göttlichen und sein Verhältnis zum Rationalen, München 1997, 7（これは1979年に省略されていない特別版が再版され、それは1936年に著者が最後に手を入れた版に遡るものである）。以下、引用の頁番号は直接本文のなかに挙げる（略号DHを用いる）。

12　認識論的に表現するならば、「叙述による知識」（自然的な連想と類比）の媒介に関して、またその媒介によって、読者は「学識による知識」（自ら自己を示すヌーメン的対象との出会い）へと導かれることになる。ここから『聖なるもの』の1年後に刊行され同じく歴史の証言となった一つの書物、カール・バルトの『ローマ書』との興味深い横の関連が明らかになる。バルトはその主張によれば、観客席から単に神学に従事したのではなく、啓示の出来事それ自体へと〔読者を〕導き入れようと欲した（vgl. G. Pfleiderer, Karl Barths praktische Theologie. Zu Genese und Kontext eines paradigmatischen Entwurfs systematischer Theologie im 20. Jahrhundert, Tübingen 2000, 27ff.）。

ドラマトゥルギーの手段を用いて『聖なるもの』は作用し、その結果どのような効果が読者の方に及ぼされるのかという問いが主導的である[13]。

2．論理的分析：聖なるものとその言語的な表象可能性

2.1 宗教哲学的基礎づけ：非合理的なものと合理的なもの、これらの対象論的複合的観念と意識論的複合的観念としての聖なるもの

　オットーの書物『聖なるもの』は、宗教の構造分析という方法に基づくものである。それはサブタイトル「神的なものの観念における非合理的なもの、およびそれの合理的なものとの関係について」という基本方針が伝えている通りである。すなわち宗教的なものの現象は、――あたかも化学物質のように――それ特有の要素ないしは「要因」へと分化、分類されることになる。それについてオットーは冒頭の２つの章（DH 1-7）のなかで、３つの基礎的テーゼを定式化する。

　a）宗教は単にはっきりと定義される概念や表象から成り立っているだけではなく、概念的論証的思考から逃れる非合理的な要因をも含んでいる。このことは神の特性を表す用語の例として簡単に示すことができる。すなわち「誤解に対して警戒すべきである。［……］その誤解は、合理的な特性を表す用語［『精神』『全能』『良き意志』などのような］［……］が崇敬される神性の本質を汲み尽くしてしまっていると思い込むことである」。というのも「合理的な特性を表す用語が幅をきかせているということが、いかに普通のことだとしても、そのようなものが神性の観念を汲み尽くすとは、とても

13　管見によれば、このような遂行的解釈方法は、オットー研究においてこれまで体系的に考えられることも、実施されることも決してなかった。だがこれに関する方法は、L. ポランドのなかに見いだされる。彼はその論文「聖なるものの観念と崇高なるものの歴史」によって、『聖なるもの』の修辞的分析を発表し、これを次の断言をもって始めた。「この作業［すなわち『聖なるもの』］は、単に宗教に関するものであるだけではなく、同時にまぎれもなく宗教的著作である。ヌミノーゼは、理解されるためには経験されねばならない、とオットーは主張する。彼の任務は、単に宗教現象を分析することではなく、宗教的現象を彼の読者のなかで作り出すことである」（L. Poland, The Idea of the Holy and the History of the Sublime, in: Journal of Religion 72 [1992], 175）。

いえないからである。なぜならそれらが相手にしている対象は、まぎれもなく非合理的なものに他ならず、それ以上でもそれ以下でもないからである」（DH 2）[14]。

　b）宗教の全体構造の内部で、非合理的なものは合理的な要因と対等であるのみならず、合理的なものより上位に置かれる。というのもまさに概念以前かつ概念を超える非合理的なものは、あらゆる宗教におけるより深い核心を成すからである。すなわち「ここで私たちは合理主義と宗教の深みとの対立に出会う。［……］そしてこのことは、神観念のなかで、合理的なものが非合理的なものを圧倒しているのか、もしくは完全に排除しているのか、あるいはその逆の事態なのかどうかで、本質的に決まるのである」（DH 2f.）。

　c）合理的な要因と非合理的な要因から成る宗教的な全体構造を言語的に表象するため、聖なるものの概念が考えられる。それどころかオットーに従えば、まさに次のことが頭に思い浮かぶのである。「私たちはこのこと［つまり宗教的なものの合理的な要因と非合理的な要因との関係性を定めること］を、聖なるものという固有なカテゴリーに関して検討してみたい」（DH 5）。というのも「聖なる」は「このように宗教的な領域においてのみ生じる」（DH 5）術語であるだけでなく、「複合的観念」ないしは「複合的カテゴリー」（DH 61. 137）として、宗教的なものにとって特別な合理的要因と非合理的要因のあの全体性をまさしく象徴するものだからである。この全体性とは区別されるべき、宗教的なものの非合理的な核心的要因を、オットーは新しい造語「ヌミノーゼ」と名づけたのである。ヌミノーゼとは、――ほとんど数学的な印象を与える定義のなかで述べられるように――「聖なるものから倫理的要因を差し引いたもの、さらに付け加えるならば、聖なるものから合理的要因をすべて差し引いたもの」（DH 6）である。

　これら3つの主題をもって、さらなる前進のための場が、すでに定められている。第1段階において、オットーは宗教的なものの非合理的な核心的要因、いわゆるヌミノーゼに専念しているが、それはその多様な観点をより詳しく規定するためである（「ヌミノーゼの諸要因 I–VI」）。第2段階において、彼は宗教的なものの合理的な要因へと移行する。彼は理論的な考察と経験的

14　オットー独自の正書法と句読法は、ここにおいても以下でも引き継がれ、通常の文体使用法に（オットーの時代においても同じく）適合しないものである。

な例に基づいて、次の問いを記述する。それはいかにして非合理的なものが、宗教史の経過のなかで繰り返し新しく、またいっそう完全な形体のなかで、合理化され倫理化されるのかという問いである。というのも宗教的なものないしは聖なるものは、まさに——それはオットー受容のなかでよく見過ごされていることである——純粋に非合理的なもの以上である。すなわち「私たちが主として新約聖書のなかに見いだしているような『聖なる』という言葉の全体的な響きからすると、［……］聖なるものは、もはや単なるヌミノーゼではなく、［……］つねに合理的かつ合目的的な、また人格的かつ倫理的な諸要因が完全に浸透し充満した状態をいう」(DH 134、これに加えて「宗教の卓越性を計ることが可能な尺度」[DH 171] を参照せよ)[15] のである。

オットーは、「合理的」と「非合理的」という2つの概念をもって宗教的なものの全体構造を規定する。しかしそれらによってそもそも何が意図されているのか。「合理的」と「非合理的」とは何を意味するのか。オットー自身がここで解明の必要性があることを察し、それゆえ第15版 (1926年) 以降、彼の著書に特別な章「非合理性とはどういうことか」(DH 75-78) を追加した[16]。おそらく彼の人生哲学的に軽やかな同時代人を横目で見ながら、オットーは、非合理的なものの概念をもって「今日、まるでスポーツでもなされているようだ」と批判的に断言している。それゆえこの言葉を使用する者は、「それによって何を言おうとしているのかを語る義務がある」(DH 75)。まさにオットー自身が、この義務を果たしているのである。

「私たちが神的なものの観念において『合理的な』というとき、それはその観念のうちで私たちの理解力によってはっきりと把握できる部分、私たちがよく知っており、かつ定義可能な概念の領域に入るものを言お

---

15 この記述と結びついた構成は、A. ギボンズによって提案されたように、2部から成る『聖なるもの』の序論に形式的に従っている。彼によれば、第1部（第1–9章）は「神的な超越と感情におけるその認識の描写に専念し」、それゆえ、まず宗教的なものの非合理的な要因を取り扱う。他方、第2部（第12–23章）は「宗教史」が対象となり、それゆえ増大する非合理的なものの合理化と道徳化の進行と法則性に取り組んでいる (vgl. A. Gibbons, Religion und Sprache. Eine Untersuchung über Rudolf Ottos Buch „Das Heilige", Bern 1970, 37)。

16 それについては T. A. Gooch, The Numinous and Modernity, a.a.O.（注4）, 138 を参照せよ。

うとしている。そこで私たちが主張しているのは、この概念的明瞭さの領域の周囲には謎に満ちた闇の部分があり、これは私たちの感情の対象とはなりえても、私たちの概念的な思考の対象にはなりえないもので、その意味でこれを『非合理的なもの』と呼んでいる、ということである。［……］ここではどんなに注意を集中させても、至福をもたらしているもの〔すなわちヌミノーゼ〕が『何であるか』と『どのようであるか』を、感情内での不明瞭な状態から取り出し、理解による把握の領域へと移し入れることはできない。それは純粋に感情的で非概念的な経験という解きがたい闇のなかに留まり、意味をほのめかす表意文字的表現で、いわば楽譜を書き記すような方法で——説明可能なものとなるのではなく——暗示可能なものとなるだけである。これを、私たちは非合理的なものと呼んでいるのである。」(DH 76)

対照的である「合理的」と「非合理的」という一対に関する3つのことが、この意義の解明と、それと結びついたヌミノーゼの概念のために述べられる。

ⅰ)「合理的」と「非合理的」は、何よりもまず対象を規定するものであり、それゆえ概念的な思考や把握的な理解に近づきうるものやそれらから逃れるものという2つの「領域」やグループを、表している[17]。後者の「領域」の優れた例は、「ヌーメン的対象」であろう。それは「概念的把握をまったく寄せつけず」、それゆえ言葉の厳密な意味において名状しがたいものを描写する (DH 5. 28)。

ⅱ) その場合、「合理的」と「非合理的」は同じく、——これら2つの地平が混じり合っていることは、オットーに典型的である[18]——精神状態の2

---

17 『聖なるもの』のなかでオットーは、「概念的な思考」や「把握的な理解」によってそもそも何が本来的に意味されるのか、また「感情」に対するその欠如がどこにあるのか、詳しく述べていない。しかしフリースの認識理論が背後にあるのは確実であり、その理論は「理性の直接的認識」を要請し、概念的に媒介された悟性の「知」から際立っている。すなわち「高次の認識」——フリースはそれを「信仰」「予感」また「感情」と呼んでいる——は、理性的精神に基づいており、これらに対して「知はただ現象から有効なものとして止揚される」のである（基本的に G. Pfleiderer, Theologie als Wirklichkeitswissenschaft, a.a.O.［注2］, 109 と、詳細な A. Paus, Religiöser Erkenntnisgrund. Herkunft und Wesen der Aprioritheorie Rudolf Ottos, Leiden 1966 を参照せよ)。
18 G. プフライデラーはこれを聖なるものの概念において証明する。その概念は「聖な

つの種類やグループを表している。すなわち概念的媒介を操るもの——オットーは「理性」、「悟性」、言いかえればまさに「概念的思考」や、何もなさぬものについて語っている——、オットーはそれらを「感情」、「予感」もしくは「体験」と呼んでいる。後者のグループに関する優れた例は、宗教的なものの非合理的な核心的要因としての「ヌーメン的感情」である。

ⅲ）いまや決定的なことは、オットーが非合理的ないしは非概念的意識に対して、認識の知に関する地位を同じく認めたことである。というのも感情、予感、体験は、意識の主観的状態に没頭せず、徹底して意識を超越する特徴としての「認識される対象関連性」（DH 14, Anm. 1）を持つからである。すなわち感情のなかで、——卓越した非合理的感情としてのヌミノーゼのなかで、典型的に——概念的認識のなかと同じくらい、一つの「実在的対象」（vgl. DH 20, Anm. 1）が、媒介された仕方ではなく、ただまさに概念的に、私に見えるようになる。しかしそれはどのように理解することができようか。概念以前かつ概念を超える認識は、そもそもどの程度まで、存在することができようか。これは、あらゆる認識において認識主体の生産的関与を証明したカントの批判主義以前へと後退することを意味しないのか。これらの問いに対するオットーの答えは、まったく両義的である。一方で、彼は『聖なるもの』の現象学的箇所において、次のような示唆を意図していると思われる。非概念的な感情の認識は、認識主体と意識を超越する認識対象との直接かつありのままの出会いのようなものを描写する——ヌーメン的感情は「私の外部にある対象に、第一義的かつ直接的に」（DH 11）近づき、それは「まったく積極的なもの」（DH 14）であり、私の意識で考案された活動に依存しているのではない[19]。他方でオットーは、彼の書物の意識論的ないしは理性論的

るものの感情と、この感情のなかで感じられる対象とをしばしば区別することなく」使用されている（G. Pfleiderer, Theologie als Wirklichkeitswissenschaft, a.a.O.［注2］, 124）。

19 これに加えて、とりわけ現象学的記述を参照せよ。そのなかでオットーは、ヌーメン的対象の力や威力の形体をした構造について、また反対に、完全なる無力さと認識主体の受動性について語っている。すなわちヌミノーゼは、恐れに満ちたもの、強大なもの、活力あるものとして現れるが、それに対して認識主体——それはいまや決してそれ以上ではないもの——は、「塵芥にすぎない無力な存在」へと沈む（DH 23 ないしは 14-28）のである。この点についてオットーは、「感情」や「体験」に関する彼の粗野な実在論的（おそらく知覚に類似して考えられた）認識理論を、次のように1927年の大学講義のなかで発表した。「宗教は個人的体験の無防備な表現である——そのようにヴィルヘ

139

な一節のなかで、私たちの精神の超越論的な「解釈カテゴリーと評価カテゴリー」（DH 7）としてヌミノーゼについて語り、意識によって共統合される状態とはちょうど逆に「ヌーメン的な心的状況」を記述する。「ヌーメン的感情は、それ［つまりヌーメン的解釈カテゴリーと評価カテゴリー］が適用される場合、言いかえれば、ある対象がヌミノーゼとして誤って考えられる［すなわち認識主体によって！］場合に、かならず生じるのである」（DH 7、強調箇所は筆者による。138 と、具体例として 152f. も参照せよ）[20]。

オットーがそれによって宗教的全体構造を規定する合理的なものと非合理的なものの概念は、それらの認識的帰結において、終わりまで首尾一貫して考えられているとは思えない。すなわち、いかにして非合理的な認識はまさに（ヌーメン的）感情のなかで生じるのか、少なくともそのことは『聖なるもの』の文脈においては不明瞭である[21]。そのこととは無関係に、きわめて

ルム・ヘルマンは述べ、書き記した。そしてそれは最も鋭い表現と過去との隔たりのなかで述べられた。すなわち宗教は、モノ（Res）の経験であり出会いである。そのモノとは、いかなる知によっても考え出されず、アプリオリに思弁されず、『冷厳なる事実』として、純粋に傑出するなかで、その実在性によって、良心と心を屈服させ、移行させるものである」（R. Otto, Sinn und Aufgabe der modernen Universität. Rede zur 400jährigen Jubelfeier der Philippika zu Marburg, Marburg 1927, 15、強調箇所は筆者による）。

20 『聖なるもの』のこの「解釈論的」側面を、もっと後の時代において、とりわけ U. バルトが強くした。オットーによれば、宗教的行為は受容的体験の働きと、建設的評価の働きを同じく含んでいるので、「神聖さの体験というオットーの理論を、考慮不十分な客観主義（C. Colpe）に従属させることは、まったく状況に即していないこと」である（U. Barth, Theoriedimensionen des Religionsbegriffs. Die Binnenrelevanz der sogenannten Außenperspektive, in: Ders., Religion in der Moderne, Tübingen 2003, 46）。ちなみに感情についての認識論的地位に対するオットー独自の意見は、初期の著作だけではなく後期の著作においても、これと同じ方向を指し示している（例えば、ders., Kantisch-Fries'sche Religionsphilosophie und ihre Anwendung auf die Theologie. Zur Einleitung in die Glaubenslehre für Studenten der Theologie, Tübingen 1909, 112、もしくは ders., Das Gefühl des Überweltlichen. Sensus numinos, München 1932, 327ff. を参照せよ。オットーの感情概念に関する理論史的文脈については、同じく A. Gibbons, Religion und Sprache, a.a.O.［注 15］、17-36 を参照せよ）。

21 現象学的実在論（私が感情のなかで直接的に出会う私の外部にある実在的な対象としてのヌミノーゼ）と超越論的ないしは解釈論的な観念論（私がそれをもって世界を解釈し価値づける私の内なる理念的なカテゴリーとしてのヌミノーゼ）との間の両義性は、さしあたり解釈上の事実である。それはオットーが『聖なるもの』のなかで、重なり合

決定的であることは、オットーが——「時間的な意味でなく、原理的な意味で」(DH 60)——ヌーメン的感情に認識論的地位を認め、他のすべての精神状態からヌーメン的感情を際立たせることである。

2.2 言語哲学的基礎づけ：
象徴、表意文字、合図記号、ヌミノーゼの喚起

　宗教は、その核心において非合理的である。なぜならヌーメン的「対象」が、宗教の基礎をなしているからである。ヌーメン的対象は、概念的把握から離れ、独自の感情であるヌーメン的体験にのみ近づくことができる。宗教的なもののこのような対象論的また意識論的な同一視は、それら特有の性質に対する問いを提起する。それはヌーメン的対象や——その主観的な実施形体としての——ヌーメン的感情が存在する場合、いったいこれはどういう状態なのか、という問いである。これはまさに、オットーが彼の書物のさらなる進展のなかで、立ち向かった課題である。つねに新しい試みのなかで、彼はヌミノーゼを、意識を超越した対象や意識に内在する感情として規定する「要因」を説明しようとする (DH 3–9 章)。しかし何よりも方法論的問題を明確にすることが重要である。それは、いかにしてヌミノーゼは——それは宗教的なものの非合理的な核心的要因として、その語の意味する通り、概念的介入から離れるものである——そもそも説明し、記述することが可能であるか、という問題である。その問いに対するオットーの答えは、「喚起」

うように相互に入り組ませる形で眩惑させた様々な理論的視座のおかげである。この両義性がなおも解消されないかどうかをよく考えるべきであろう。つまりオットーの「カント-フリース的宗教哲学」や精神の最高論理から、「魂の根底」(DH 49) としての精神において、実在的対象と観念的カテゴリーのいわば神秘的合一が実施されるであろう。なぜなら両者は結局——何らかの方法で——同一だからである（この方向を目指しているのは A. Paus, Religiöser Erkenntnisgrund, a.a.O.［注 17］, 135 である。またそれに対して懐疑的であるのは G. Pfleiderer, a.a.O.［注 2］, 113f. である）。この論文のなかで、それに対する他の解決戦略が「施行される」。すなわち、その挙げられた両義性が論理的視座ではなく、遂行的視座から考察されるのであれば、この両義性が緩和されることを、私たちは示そうと試みる。オットーの粗野な実在論は、聖なるものないしは聖なるものの感情を読者の側で喚起するために、巧みに投入された修辞的文体上の手段であることが明らかになる（それについては後述を参照せよ）。

というキーワードのもとで要約することができる[22]。というのも説明の対象となるものは、概念的に表象されるのではなく、読者自身の「心」に適した「刺激」を通して引き起こされるからである。

> 「この［ヌミノーゼの］カテゴリーはまったく特殊固有なものであり、したがって、根源的な基礎事実が皆そうであるように、厳密な意味で定義することは不可能である。できるのは、ただそれについて論ずることのみである。聞き手がそれを理解するのに助けとなる方法はただ一つ、論ずることを通して、聞き手を自分自身の心的境地に達するよう導くことである。そうすれば聞き手の内部でそのカテゴリーがおのずから胎動し、発現し、意識されるに違いない。この方法を効果的に実施するには、すでによく知られ慣れ親しまれている他の心情領域で経験される、これと類似したもの、あるいは逆に特徴的に対をなすものを提示した上で、次のように言い添えればよい。『私たちのXはこれではないが、これに似ている。しかし、あれとは正反対である。さて、それが何であるか、君には自ずとわかるのではないか』。言いかえるならば、私たちのXは厳密にいうと、教示されえず、ただ刺激され、目覚めさせられるものでしかないということだ。『霊から』来るものは、皆そうなのである。」(DH 7)

その結果『聖なるもの』における決定的な言語哲学的ポイントが、的確に捉えられる。いまそれをより詳しく考察することが重要である。

ⅰ）ヌーメン的対象は、卓越した非合理的なものとして悟性的な概念をもって把握され、分解され、分析される（「解かれる」）ことができず、このために還元しえず、それゆえ定義しえない「基本データ」を描写する。それはいわば固有名詞である、まさに「ヌミノーゼ」によって、第一にただ言語的に表象される。

ⅱ）対象と主体の間の――つねに思考するような――概念以前の認識関係

---

22 オットー自身が「論ずること」（DH 7）について語り、後の箇所で、彼は「自律」(10)や「感情移入」(13)について語っている。それによって喚起の方法における２つの部分要因は周知のものである。これは論ずることのなかでその作成面を、自律と感情移入のなかでその受容面を主張する。

がそこで実施される限り、ヌーメン的対象は、悟性とは異なり、感情に近づくものである。前者〔対象〕の還元不可能性や「定義不可能性」は、それゆえ矛盾なく、同じく後者へと緩やかに変化する。すなわちヌーメン的感情は概念的には捕らえられず、「時間的ではなく原理的な意味で、質的に特殊な独自の感情、いわば原感情」（DH 59f.）を描写するのである[23]。

ⅲ）最初の２つの点から、次のことが判明する。ヌミノーゼ（対象や感情として）の伝達や会話は、ただ「回り道をして」のみ、「つまり、その経験を心のなかで引き起こす感情反応や、自らが自身で体験しなければならない感情反応の独特な音の響きや内容を、自分自身のなかで思い出してそれを手がかりにすることを通して」（DH 10）生じうる。そこで意味されることを、オットーは上で引用された一節のなかで、次のように詳しく述べていた。いわば助産術的探求方法の助けをもって——「私たちのＸはａではなく、ｂである、しかしまたそれはまったくそうなのではなく、どちらからといえばｃである」など——受容者は、説明の対象になるもの自体が彼の念頭に浮かび、ぱっと輝くかの「彼自身の心の地点」にまで導かれることになる[24]。それゆえ、

---

[23] ヌーメン的感情の還元不可能性に固執して、オットーは彼の反自然主義的な立場に従っている。すでに彼は初期の著書『自然主義的、宗教的な世界視』（1904年）と彼のヴント受容（1910年）のなかで、その立場には明確な輪郭を与えていた。すなわちヌーメン的感情は「後成説的」に自然的な感情から導き出されることはなく、完全にその概念へ、したがって——近代的に表現された——「三人称の視座」へと解消されることもできない。むしろヌーメン的感情は、私たちがそのように在ること（So-Sein）のなかでのみ理解する、私たちの意識の基本データであり、またそうあり続ける。もし私たち自身が「一人称の視座」からヌーメン的感情を体験するのであれば。すなわち「感覚を超えるものをただ信じることと、それをさらに体験することとは別である。聖なるものについての観念を持っていることと、さらにそれが働いているもの、作用するもの、働きつつ現れるものだと気づき、聞き分けることとは別である」（DH 172）。

[24] 助産術的とは探求方法である、それは受容者の側ですでに「かのもの〔つまり呼び覚まされるべきヌーメン的感情内容〕を理解するために、あらかじめ自ら持っていなければならない」（DH 79）前知ないしは「前感情」を前提とする点におけるものである。したがって呼び覚ましの方法は「受ける側の呼応」（DH 80, vgl. 188）を条件づける。しかしそこで、これは結局排他的なものではなく、あらゆる人間の「魂の根底」のなかに隠れている（DH 49。これについてオットーの「宗教的アプリオリ」ないしは「アプリオリなカテゴリー」としての聖なるものに対する詳述は、DH 137ff., 165ff. そして202ff. を参照せよ）。

ヌミノーゼが「生じるきっかけを［受容者の心へ］与えうる」(DH 60) まで、ヌミノーゼに関する語りの代わりに、ヌミノーゼが刺激し、突き動かすようになる[25]。

　iv) 助産術的探求方法が示したように、いまや言葉ないしは言語は、ヌミノーゼの刺激と突き動かしにおける重要な役割を、たとえ最重要でなくとも[26]担うことが可能である。すなわち類似した感情内容を言語的に指示することによって、ヌミノーゼの直接的臨在が、受容者の心のなかで呼び覚まされるだろう。したがって言語的表現手段は、宗教音楽の才能のある人間のなかで、ヌーメン的感情を「響かせ」(DH 14)、それと同時に、いわばその媒体や共鳴体として用いられるものである[27]。しかしそこで決定的なことは、——それによって私たちは考察全体の言語哲学的ポイントに至るのだが——このように「ヌーメン的」に使われる言語が、作成者と同じく受容者によってもまた正しく理解されることである。それはまさにヌミノーゼの媒体や共鳴体としてであって、またヌミノーゼの概念的で悟性に適った叙述とは異なるものとしてである。オットーは、このポイントの構想的把握とそこで示唆

25　ヌミノーゼの刺激と突き動かしというこの概念にとっての理論的基礎は、いわゆる「感情連合の法則」であり、したがって「他にすでに存在しているものによって感情や表象が刺激を受け呼び起こされる」(DH 57. 59) という考え方である。この表象の複雑な意識論的、認識論的、学問論的背景を、——オットーは、彼の時代に重要であった感情移入や追体験の方法を、ここでも当然ほのめかしている——この場所で取り上げることはできない。

26　ヌミノーゼのあらゆる客観化より優位にあるものは、——オットーは間接的「描写手段と刺激手段」について語り、言語もまたその一つであると見なす (DH 81ff.) ——「聖なる状況」を独自にいわば生き生きと体験することである。すなわち「うやうやしい態度やふるまい、声の調子や表情、事柄が奇異なくらい重大であることを示す表現、教会共同体の荘厳な集まりや祈りなどはヌーメン的感情を生き生きと伝える。それを言葉で言い表そうとして私たちは独自に様々な言い方や消極的な呼び方を見いだしたのであるが、そういうものではなかなか伝わらないのだ」(DH 79)。というのもヌミノーゼを「嗅ぎつけ、織り込む」最初の場所は、まさに理論でも教えでも教義でもなく、「儀式や典礼の荘厳さや雰囲気」であり、「神殿や教会の宗教記念碑的建築」を取りまく特別な雰囲気だからである (DH 12)。

27　このように言語の力のある言葉のもっとも良く知られた例は、イザヤ書6章におけるイザヤの召命体験の叙述である。——オットーが彼の墓石に書かせた言葉「聖なる、聖なる、聖なる、万軍の主。全地はその栄光で満ちる」(DH 82)。

された2つの言語使用の違いに、表意文字の概念もしくは――それと同等の――象徴と合図記号の概念を導入する。その表意文字は、宗教的なものの非合理的な核心的要因を代表し（DH 27f.）、それは「暗くて不十分な表現的象徴」であり、そのなかで、それと共に、それを通して、ずっと心は「探求する予感のなかで」ヌーメン的対象自体を感じ取る（DH 49 参照）。その結果、近代的術語のなかで、指示的言語使用と表現的（ないしは遂行的）言語使用の違いとして言いかえられる二重の言語理論がほのめかされる[28]。「指示的」とは、示すものと示されるものとがただ外的に互いに関係する言語使用を代表する。すなわち言語的表現は、この指示から独立して与えられた第二のものを指示し、これを可能な限り「客観的に」模写しようと試みる（典型例：自然科学的記述）。それに対して「表現的」（ないしは遂行的）が意味するものは、そのなかで記号〔示すもの〕と指示対象〔示されるもの〕とが互いに絡み合っているような言語使用である。すなわち言語的表現のなかで、それと共に、それを通して、そこで述べられたもの自体が、共に遂行され、共に構成される（典型例：詩、恋文、信仰告白）[29]。まさに後者が、オットーの「表意文字」に該当する。すなわちこれは「単に」指示的記述やそれから独立した与えられたもの（これはおそらくオットーの「概念」であろう）の模写として機能するだけでなく、むしろ遂行的発話行為であろうとする。そのなかで、それと共に、それを通して、そこによって意味されたもの、つまりヌーメン的対象が、自ら突き動かされ、目を覚まされ、呼び起こされる[30]。

28 この指示的言語使用と表現的言語使用の違いについては、C. テイラーに強く依拠している M. ユングを参照せよ（M. Jung, Erfahrung und Religion. Grundzüge einer hermeneutisch-pragmatischen Religionsphilosophie, München 1999, 287ff.）。
29 記号における指示対象が共に遂行され共に構成される具体的方法は、そこにおける言語的表現の作成者と受容者の側に応じて区分することができる（そのためにこの論文では、上位概念である「遂行的」が、下位概念である「表現的」より好まれる。なぜならそれによって非指示的な言語表現の喚起的次元が同じく共に考えられるからである）。それは恋文の例において具体的に説明される。すなわち恋文において「作成者」の愛は、そこで実現され、それによって（始めて）正しく自らに来たる限りにおいて、共に実施されるのである。反対に、恋文において「受容者」の愛は、これがそれを通して（初めて）正しく呼び覚まされ、夢中になる限りにおいて、共に構成されるのである（それについては基本的に M. Jung, Erfahrung und Religion, a.a.O.〔注 28〕, 261ff. を参照せよ）。
30 オットーは、飽くことなく「概念」と「表意文字」との混同や同一視をせぬよう注意し続けている。というのもそこで彼は、「神智学」の例で詳述している致命的な「誤り」

3．遂行的分析：『聖なるもの』における修辞法（レトリック）とドラマトゥルギー

『聖なるもの』の論理的分析によって明らかにされたことは、ヌミノーゼに関して、それを聖なるものの非合理的な核心的要因として語ることはできないということである。ヌミノーゼは、概念的記述や指示的記述の範囲には入らないものであり、いわば「心から心へと」（DH 79）ただ刺激され、突き動かされ、その結果さらに次の人へと渡されうるものである。このなかでヌミノーゼがまさに主題になる限り、この根本的洞察は、いまやオットーの書物にも跳ね返ってくるに違いない。すなわちもしオットーが彼自身の尺度を正当化しようと欲したのであるならば、彼は「単に」聖なるものに関するテクストを書くことはできなかった。むしろ彼は――それはこの論文の中心的主題である――彼の書物『聖なるもの』自体が、聖なるものの一部であるということをよく考えるべきであった。すなわち『聖なるもの』の読書体験のなかで、それと共に、それを通して、ヌーメン的感情は、読者自身の「感情」のなかで、「自ずから胎動し、発現し、意識される」（DH 7）のである。

この論文の最後の章で、いかにオットーがこの喚起的課題を「技術的に」移しかえるかについて分析される。すなわちヌミノーゼを読者の「心」のなかで輝かせるために、どのような修辞的表現形式とドラマトゥルギー的手段が『聖なるもの』のなかで投入されるのであろうか。そのためには、2つの段階で具体的に生じる遂行的分析が目標とされる。まず、オットーが『聖なるもの』のなかで用いるいくつかの修辞的表現形式が、実例としてリストア

（DH 28）を知っているからである。すなわち「そうした表意文字的表現［例えば『神の怒り』］をまともな概念と見なすならば、ラクタンティウスや神話が語る神人同型論が生まれる。そのような概念から出発して思弁されると、ベーメやその他の人の場合のように、神智学という疑似学問が生まれる。なぜならば、神智学の特徴とは次のようなものだからである。すなわち、そこでは類比的なものでしかない感情表現が合理的概念と取り違えられ、ついでこの概念は体系化され、そこから神についての学問という怪物が紡ぎ出されるということである」（DH 132f., キリスト教の宗教史と神学史における類似的「誤り」については、例えばDH 198を参照せよ）。

ップされ、そのヌーメン的「効果」を考慮にいれる。第2段階では、『聖なるもの』全体が見通され、それに基づいてヌミノーゼの自己光輝がいかにドラマトゥルギー的に実演されるかについて分析される。

3.1 『聖なるもの』の修辞法について

　第11章「ヌミノーゼの表現手段」(DH 79-91) において、オットーは間接的方法で——つまり類似した感情と表象の喚起に関して——ヌミノーゼを刺激し、突き動かすことができる様々な修辞的（かつ／もしくは一般的に美的）な表現形式を挙げている。そこで必要とされるものは、恐ろしいもの、荘厳なもの、神秘的なものと奇跡的なもの、普通でないものと理解されないもの、呪術的なものと魔術的なもの、暗闇、沈黙、空虚、そして最後に音楽である[31]。これら表現形式の多くは、『聖なるもの』のなかにも同じくある。このことは、その喚起的な役割を考慮してのみ、首尾一貫している。

　a）『聖なるもの』の外的な言語形体の目立った特徴は、オットーがテクストに挿入した数多くの異化効果である。それら荘重な筆法、ほとんど過剰に使われている引用符、普通でない正書法（音声学的書き方や恣意的に見える句読法）、多くのラテン語使用（Mysterium〔神秘〕、tremendum〔戦慄すべき〕、fascinans〔魅する〕など）、宗教史からの外国語引用（ほとんど翻訳されていない！）などである[32]。これらすべての文彩は、この書物に、古めかしく、

31　ヌミノーゼの修辞的・美的な喚起や構成に対するそのような類似した考察をもって、R. オットーは次の問題設定を先取りした。それは近代でいわゆる「宗教美学」によって宗教学の一つの分野ないしは基礎分野として取り扱われる問いである。それについては基本的に次の論文を参照せよ。H. Cancik/H. Mohr, „Religionsasthetik", in: Dies. (Hg.), Handbuch religionswissenschaftlicher Grundbegriffe. Systematischer Teil (Bd. 1), Stuttgart 1988, 121-156.

32　修辞的表現形式については、A. Gibbons, Religion und Sprache, a.a.O.（注15）, 74-77 を参照せよ。オットー自身が修辞的表現形式のヌーメン的効果を、次のような外国語表現の例を通して、詳しく述べている。「ハレルヤやキュリエライスやセラといった表現〔……〕、まったく、あるいは半分しか理解できなくなった儀式言語が、礼拝的気分を減じるどころか、かえって高揚させてくれるという事実、まさにそういったものこそ特別『荘厳に』感じられ、愛好されているという事実をどう説明したらよいだろうか。〔……〕それゆえ、これらによって神秘の感情、『絶対他者』の感情が呼び覚まされ、それらと結びつくのである」(DH 84)。

年代を経て威厳を備え、荘厳で神聖なる雰囲気を授け、それをもって読者を厳粛な気分にさせる。その気分は、ヌミノーゼの自己光輝に道を用意することになるだろう[33]。

b)『聖なるもの』の内容面で注意を引く点は、まず「焦点」が過去と遠方へと向けられていることである。すなわちオットーが宗教史を基にして詳しく述べる経験的な見解の素材は、一方ではずっと過去の時代(ルターからオットーまで)に由来し、他方ではヨーロッパ外の、まだ伝統的な特定の文化(特にインドや北アフリカのイスラーム国家、例えば DH 185 を参照せよ)に由来するものである。近代的で啓蒙された宗教形態は、それに比べれば、せいぜい暗い引き立て役として現れ出るのであり、それから区別し際立たせることが重要である(見出し語「合理主義」、DH 2 を参照せよ)。この特に前近代的な焦点[34] は、書物に異質なものと神秘に満ちたものの雰囲気を与え、その結果「絶対他者」としてこの書物を出版する。その絶対他者は「私たちの今日の洗練された文化と精神様式」(DH 185)という日常を中断し、ヌミノーゼの自己光輝に対して場を作り出す。

c)結局のところ、実在論と観念論の葛藤をもう一度思考することが、論証の場で考えられねばならない(上記の 2.1 を参照せよ)。すなわち『聖なるもの』の現象学的一節のなかで、オットーは宗教的認識主体とヌーメン的

---

[33] L. ポランドは、とりわけオットーの永続的自己相対化の修辞的表現形式を(例えば引用符を使って)際立たせ、そのヌーメン的効果を分析した。彼の書物『聖なるもの』のなかで、オットーは、ヌミノーゼに対する自然的類比と連想を、つねに新たに提示した。それはこの事柄を正当に評価することが、まだ完全に可能でないことを直ちに示すためである。この提示可能性の「危機」は、結局、読者の内に、感情ないしは予感を呼び起こすことになる。「その結果、この新たに重要な不在の背後には、新たに重要な臨在、潜在的な指示対象(the latent referent)[すなわちヌミノーゼ]が潜んでおり、いわば新しい象徴によって媒介されている。[……] オットーの修辞的任務は、読者のなかで、この移動をもたらすことである。すなわちそれは私たちがこの『無』[ヌミノーゼ]の臨在を、その場で感じるまで、訓練を通して、私たちを参与ないしは離別へと至らせるのである」(L. Poland, The Idea of the Holy and the History of the Sublime, a.a.O. [注 13]、190f.、強調箇所は筆者による)。

[34] L. ポランドの言葉をもって表すれば、オットーは「ヌミノーゼを遠い昔や遠い場所に探した。例えば原始宗教、東方、神秘主義、素晴らしく異化された聖書に対してである。[……] この文化的な他性への転換は、自国の世俗化に対する解毒剤として、聖なる外国を見つけるための願望なのかもしれない」(Ebd. 185)。

対象との直接かつありのままの出会いの可能性を提案すると同時に、その出会いを、自身のため、ないしは彼の書物のために、前提とさえする。この雑駁な、いやそれどころか素朴とさえいえるような実在論は、躓きの石のように批判的読者に影響を与えるに違いない[35]。ちなみにオットーは、彼の主著の理性的で理論的な一節のなかで、自らその素朴な実在論に逆らっている。しかし修辞的かつ遂行的な視座から見るならば、この躓きの石は、おそらくまったく目的に適って立てられている。すなわち彼はこの書物に、劇的緊張や「サスペンス」を与え、読者をそのような緊迫した期待の態度へと移行させるのである。読者に切迫しているものは、まさにヌミノーゼとの出会いなのである。同時に、オットーの実在論は、神秘的かつ黙想的直接性の雰囲気を喚起する。すなわち読者は、距離をとった自らの観察者の地位を断念し、聖なるものの（それを読む際に与えられる）印象にまったく開かれるために招待されているのである。

3.2 『聖なるもの』のドラマトゥルギー

ルドルフ・オットーは『聖なるもの』のなかで、個々の修辞的表現形式を投入しただけでなく、むしろ彼の著書全体を劇的に形作ったのである。すなわちこの書物のそれぞれの部分は、タイトルから補遺に至るまで、ドラマの一部分である。もしくはそれはオットーの言語世界のなかに留まるための喚起ないしはヌミノーゼの自己光輝や聖なるものとの出会いに役立つことになる典礼の一部分である。このドラマトゥルギーは、最終段階において再構成されることになる。それは具体的には「経験的報告」という形体において生起する。『聖なるもの』の読解体験は、読者の視座から語り直され、そこでは——オットーの言語世界に再び依拠して——神殿建築ないしは教会建築の分野からの概念が、主導的な比喩として使われる。

---

[35] そのことは『聖なるもの』の解釈史において具体的に見られる。そこではオットーの粗雑な実在論は驚嘆すべき攻撃能力を発揮した。それについては最近の論文を参照せよ。例えば、M. Jung, Religiöse Erfahrung. Genese und Kritik eines religionsphilosophischen Grundbegriffs, in: Ders./M. Moxter et al. (Hg.), Religionsphilosophie. Historische Positionen und systematische Reflexionen, Würzburg 2000, 145f.

(a) タイトル『聖なるもの』：聖所への呼び声

ドラマトゥルギーの視座からみると、書物のタイトル『聖なるもの』はすでに、注意を自らに向け、来たるものに対して心構えをするための、巧みな鐘を打つものであることが判明する。というのもこのタイトルは、単に——自己意識と断固とした態度を発する——特定の項目を通して、畏敬の念を抱かせるだけではなく、また特定の想起と連想を完全に呼び覚ますものだからである[36]。それは例えば、礼拝やカトリックのミサ、香煙や祝祭の音色、暗くされた空間や神秘に満ちた気分の想起、簡潔にいうならば、異質で脱自的に事物の規格化された経過から抜きん出た非日常的なものの想起である。タイトルがこれらすべてをなす限り、いわば教会の鐘の機能がこのタイトルに与えられている。すなわちオットーは読者を日々の務めから呼び覚まし、絶対他者としての聖なるものに対して読者の注意を向けさせる。そして彼は、『聖なるもの』を超え、また『聖なるもの』に基づいて、この神秘に包まれた他者と接触するよう読者を招待する。

サブタイトル「神的なものの観念における非合理的なもの、およびそれの合理的なものとの関係について」は、まさに数学的正確さによって表現されており、期待に満ちたタイトルと、特有の緊張関係にある。しかしこの「概念的緩和装置」は書物全体のなかで、その機能を有している。というのも彼は、次のように知らせているからである。『聖なるもの』は、単にヌミノーゼに身を委ねるだけでなく、まさに道徳的ないしは合理的要因がその一部であるところの「聖なるものの満ち足りた完全なる複合的観念」（DH 61）を主題として扱おうとしている。

(b) 第1章「合理性と非合理性」：前庭

書物のタイトルという鐘が打たれた後で、『聖なるもの』の第1章は、目立たず、それどころかしわがれて始まる。オットーは、むしろくどくてぎこちない言語のなかで、宗教的なものの世界における「合理的なもの」と「非合理的なもの」の関係性を報告する。ただ一つ目立つものは、すでに同時代のティリッヒを「驚かせた」[37] その文体の「奇妙さ」である。そのなかで、

---

[36] Vgl. G. Pfleiderer, Theologie als Wirklichkeitswissenschaft, a.a.O.（注2）, 119f.

[37] P. Tillich, Der Religionsphilosoph Rudolf Otto (1925), a.a.O.（注5）, 179.

あらゆる日常的なものを打ち砕き、それゆえ「普通の」正書法ではもはや表現することのできない何かがいますぐに来る、ということがかすかに聞こえてくるであろうか。

しかし第1章は、はっきりしない表現で、「合理的なもの」と「非合理的なもの」の区別によって、さらに前進するための区画を定める（「囲う」）という点において決定的である。すなわちオットーは、彼の読者と共に神殿の前庭に立ち、その概要を共に――合理的部分と非合理的部分へと空間を段階づけ――読者に習熟させ、読者に道を示す。つまり『聖なるもの』は、彼の読者を至聖所としての非合理的なものへと導こうとする。

（c）第2章「ヌミノーゼ」：正面玄関

オットーが彼の読者を聖所へと導く前に、彼は――ゴシック様式の正面玄関に見られるティンパヌムと比較可能な――来たるものの象徴的描写と連想を提供する。それは非合理的な核心的要因として、読み手を待ち望む「聖なるもの」と「ヌミノーゼ」である。読み手がそれらと適切かつ相応しく出会うことができるよう、さらにそれに加えていくつかの入場条件が明らかにされねばならない。というのも、いかにして一般読者は『聖なるもの』が導こうとする聖所へと到達するのであろうか、という問いが生ずるからである。すなわち具体的には、書物の形ないしはテクストの形でヌミノーゼ体験をそもそも描写し媒介することは、いかにして可能であろうか。この問いに対するオットーの答えを、私たちは「喚起」というキーワードの下で描写した。すなわち読み手がヌミノーゼ経験が何であるかを講義されることによって、聖所へと到達するのではない。読み手は「目覚め」させられ、つまり読み手の距離を取った姿勢を断念し、自らヌミノーゼ体験のために自身を開く場合に初めて、聖所への入り口を見つけるのである。もしくはオットーの言語ゲームで表現するならば、読み手にとって期待されることは、次に続く章のなかでもはや読み手ではなく、まさしく「聞き手」（DH 7）になることである。その聞き手とは、彼の師の足元に座り、ヌミノーゼ自体が現れる彼自身の心情の地点まで、この師から「導かれる」者である。

（d）第3章「被造者感情」：聖なる空間への入場

オットーが、――いわば峻厳な教会の世話役として――聖所に入場するた

151

めの条件を読者に説明した後、今度は——いわば典礼執行者もしくは神秘家として——彼の聴者の手を取り、まさにこの聖所のなかへと聴者を導き入れるのである。それゆえ第3章は、完全に狙いを定めて「想起」をもって始まる。

> 「私たちはここで、ある強い情動体験、しかもできる限り純粋に宗教的な情動体験の要因を、想起してみる必要がある。それができない者、あるいはそのような機会をまったく持たない者は、本書をこれ以上読まないようお勧めしたい。というのは思春期のときめく気持ちや消化不良の不快感、あるいは社会意識に由来する感情等々はともかく、特殊固有の宗教的感情を想起することができない者には、宗教研究は困難だからである。」(DH 8)

それによって、聞き手に変えられた読み手は、さらなる一歩を踏み出し、今度は完全に宗教的な主体になるよう招待される。彼は、観察する客観性の外套を入り口で脱ぎ、——彼がそうすることができ、またそう欲する場合——裸の直接性に至るまで、自らを露出する。というのも想起の目標は、まさにその内にあるからである。すなわち「合理的」な隔たりの最後の息吹はさらに追い出され、聞き手は純粋なヌミノーゼ体験へと投入されるよう意図されている。そこでオットーが奏でる粗野でほとんど不作法といえる音の響きは、企ての真面目さ、それどころかその危険性を気づかせる。すなわち次に来たる章のなかで、まさしくヌミノーゼとの直接的でむき出しの出会いが問題となる。

しかしヌミノーゼとのこの直接的出会いが生起するまえに、徐々に上昇する意味で、それへの最初の接近を、敢えて試みることが重要である。すなわち私たちは、想起をもって聖なる空間のなかへと最初の一歩を進んだのであり、今度は教会堂の身廊の中まで来たが、神秘に満ちて偉大な至聖所が、まだ私たちの前にある。私たちがその方へゆっくりと歩み寄る間、オットーは（喚起しながら）、ヌーメン的至聖所がすでに作った「影」を、私たちに指し示す。すなわちヌミノーゼとの出会いは、単に直接的な「対象感情」のみならず、同じく「反射」や「後に続く効果」として、間接的な「自己感情」を引き起こす。そのなかで、宗教的主体は、体験したことを自らへと遡及的に

関わらせる（DH 10ff.）。それに属しているものは、自己感情の最も重要なものとしての依存感情もしくは——オットーがシュライアマハーの概念を改良して表現しようとしたように——「被̇造̇者̇感̇情̇」である。章の冒頭で私たちのなかで想起を呼び覚ました宗教的感情から、あらゆる合理的要因が抽象されるのであれば、より深い謙遜や虚無の感情が残るだろう。それは「全被造物の上に立つ方に対して、おのれ自身の虚無性にうち沈み、そこに消え去ってしまう被造者の感情である」（DH 10）。

　ここでオットーが聖なる空間のなかで私たちにささやく言葉は、とても美しく含蓄に富んでいるが、同時にそれは限界づけられ、虚無的でもある。というのも宗教的体験の本来的なものを、オットーは飽くことなくこれを強調するように語りえないからである。すなわち「その対象は、その経験を心のなかで引き起こす感情反応や、自̇ら̇が̇自̇身̇で̇体̇験̇し̇な̇け̇れ̇ば̇な̇ら̇な̇い̇感情反応の独特な音の響きや内容を、自分自身のなかで想起してそれを手がかりにすることを通してのみ、知らしめることができるものである」（DH 10、強調箇所は筆者による）。

（e）第4-9章「ヌミノーゼの諸要因 II–VI」の章：至聖所における幻

　私たちが教会堂の身廊で被造者感情に共感する間、私たちには一つの問いが生まれる。その問いは、オットーが第4章のサブタイトルで取り上げた「それでは、この私の外部に客体として感得されるヌミノーゼとは何であり、またどのようなものであるのか」（DH 13）である。それによって私たちは、至聖所への入り口の前に立っている。概念でなく、象徴でなく、直接的自己感情でなく、むしろヌーメン的対象感情、それどころかヌーメン的対象それ自体が、いまや私たちに自らを顕わにするのである。オットーはもう一度私たちに警告する。ヌミノーゼは非合理的すなわち「概念では説明不可能」であるので、ただ「類似した感情と一致させたり対置させたりすることによって、また象徴的な表現によって、同時に響いてくる」（DH 13）ものである。それから私たちは歩み入る。

　残されたものは沈黙ではなく、むしろ甚だしい雄弁さによる冗長な言葉である。というのもつねに新たな試みのなかで、またいくつかの章にわたってオットーは、いまやヌーメン的現臨とその様々な「要因」を、私たちの内で、真に劇的な方法によって、喚起させようと試みるからである。ヌミノーゼ

はまずもって「戦慄すべき神秘」であり、私たちに「鳥肌を立たせる」(DH 14-22) ような神秘に満ち、戦慄に満ちたものである。またヌミノーゼは「強大なもの」であり、私たちを「塵やあくた」のなかへと沈ませる「威厳」である (DH 22-27)。しかし同じくヌミノーゼは、私たちを「熱意へと駆り立て、異常な緊張と活力で満たす」「活力あるもの」としても、自らを顕わにする (DH 27f.)。つまりヌミノーゼは、それ自体「魅するもの」である。「魔的・神的なものは非常にぞっとするように恐ろしく心に現れることも可能であり、また非常に心をそそり魅力的になることも可能である。この魔的・神的なものの前にへりくだり、震えおののく被造物は、同時にいつもそれに近づこうとする［……］。感覚を混乱させるばかりでなく、感覚を魅了するような、心を奪うような、不思議な法悦に導くような、しばしば忘我・恍惚へと高めるような、ディオニュソス的なものである」(DH 42)。

（f）第10章「非合理的とはどういうことか」の章：聖なる空間の離脱
　一連のヌミノーゼの諸要因のなかで、オットーはすでに一つの章を挿入していた。そこで彼はヌミノーゼ体験との概念的隔たりに踏み込んでいる。すなわち第8章の「類比事例」(DH 56-65) はヌミノーゼの美的、情動的な「類比」ないしは「図式化」の反省に役立つものである。この概念的隔たりは、第10章から決定的に取り上げられ、それはすでに最初の一文が「ここで私たちはもう一度、これまでの検討全体を振り返ってみたい」(DH 75) と、はっきり知らせている。したがって聞き手ないしは読み手は、いまや至聖所にはもはや居らず、同様に聖なる空間にも居ない。むしろ彼らは振り返り、再び「探求」について語ることが許される場所、前庭に居る。そこで導入された合理的な方向転換は、明らかな典礼的機能を持っている。すなわち、先行した章によっておそらく呼び覚まされた「夢中になった気ままな語り」という印象に対して、「しっかりした『健全な』説によって」立ち向かうことが意図されている (DH 77)。

（g）第19章「アプリオリなカテゴリーとしての聖なるもの」の章とそれに続く箇所：宗教授業
　第10章の概念的隔たりは、次に続く章のなかで、さらに拡大される。いまや、至聖所における幻の後に、宗教授業が続く。そのなかで直接体験され

たものが、再帰的に消化され、――合理的なものは、聖なるものの満ち足りた完全なる複合的カテゴリーに属する。オットーは、ユダヤ教、イスラーム、仏教、ヒンドゥー教、ギリシア、ローマ、アフリカからの敬虔さの証言に言及することによって、告白的形式においてではなく、「宗教間」的な形式において、この宗教授業を行う。すなわちオットーは、壮大な概要のなかで、いかにしてヌミノーゼとその輪郭が宗教史において明らかになるのか（経験的な部分で）、またいかにしてヌミノーゼは私たちの意識に根拠があるのか（アプリオリな部分で）を、彼の弟子の目の前に示すのである。様々な洞察や展望の内で、第15章「発展」（DH 134-136）から、ただ一つのことがここで言及されている。

　ヌミノーゼは聖なるものの核心であるが、それが合理的なものと道徳的なものと一緒に織り交ぜられるときに初めて、聖なるものはその完成された形態を見いだす。したがってヌミノーゼは、端的に与えられるものではなく、むしろ発展することが可能であり、発展することを必要としているものである。基本的には、2つの発展が、そこで区別される。

　ⅰ）最初の発展は、ヌミノーゼそれ自体において起こる。すなわちヌーメン的感情は、まずデモーニッシュな恐れ（Scheu）として現れ、その後次第に、多くの段階を超え出て、神の畏れ（Furcht）へと高まる。「デモーニッシュなものは神的なものとなる。恐れは礼拝となる。あちこちに散漫し混乱し動揺する気持ちは、敬神となる。怖さ（Grauen）は、聖なる身震い（Erschauern）となる。［……］このまず純粋に非合理的なもの自身の領域で、すでに始まっていた発展が、最初の主要な展開局面であり、このプロセスを追跡することは宗教史や一般宗教心理学の課題である」（DH 134f.）。

　ⅱ）二番目の発展はヌミノーゼの合理化と道徳化に該当する。「このプロセスも、私たちは宗教史の様々な領域で段階的に辿ることができる。ほとんどの場合、ヌミノーゼは義務、正義、善の社会的かつ個人的理想の観念を自らに引き寄せる。これらはヌーメンの『意志』となり、ヌーメン自体はこれら理想の諸観念の番人、調整人、発起人、その基礎・源泉となる。［……］『聖なるもの』は『善きもの』となり、『善』はまさしく『善きもの』であるがゆえに『聖』となり、［……］このようにしてついにもはや解きがたい両要因の混合、そして聖なるものの完全に複合化された意味が生まれる」（DH 135）。

これら2つの発展は、聖書の宗教、特にキリスト教においてその最高形態を見つけ、それゆえこの最高形態は「地上に存在する姉妹宗教を断然と優越するもの」と見なされねばならない。オットーはいまやこのように確信しており、そこで彼は伝道師になる。すなわちキリスト教において「人間の精神生活の一要素［……］他の領域にも類似するものを持っている要素、すなわち『宗教』が、成熟したのである」(DH 171)。

(h) 第22章「今日のキリスト教における予覚」：現実への喜ばしい解放

　『聖なるもの』の劇的緊張は、いまや完全に鎮まり、聖所の訪問はその終わりに近づいた。それゆえ結論の前に簡潔に、弟子たちに「人生」のための何かを持たせるために、あと一つ最後の問いを解明することが重要である。たしかに『聖なるもの』は、私たちをヌーメン的感情の至聖所へと導いたことによって、私たちに宗教的体験への通路を開いた。しかしそのようなヌーメン的感情は、聖所の外部においても同様に存在するのか、したがって私たちに固有の近代的現実性のなかで可能であるのか。すなわちヌミノーゼ体験とは、単に過去の時代から生じた遺物にすぎないのか、もしくは現在においても同様に現実的なものであるのか。オットーはこれらすべての決定的な問いを、キリスト教に注目することで表現した。「原始教会がキリストの内に聖なるものを体験したのか、しえたのかという問いよりも私たちに重要であるのは、そのことがまだ私たちにも可能なのかという問いである」(DH 189)。この問いに対するオットーの答えは、肯定的で、まったく楽観的である。すなわち私たちが聖なるものを、まさにイエス・キリストにおいて、いまだになお、特に力強く経験することが可能である。というのもイエスが原始教会に影響を与えた「第一にして直接の功績」が、今日なお私たちを征服しえるからである。それはすなわち、彼の「神の国の説教」、彼の「罪の赦しに基づく子供のような心、子供のようなあり方を理想とする敬虔さ」、簡潔にいうならば、彼の贖いと救済の約束（と同時にその実現）である（DH 192)。しかしそれはどのように生起するのであろうか。私たちは、どのようにして歴史的に「遠く離れた」イエス・キリストにおいて、聖なるものを体験しえようか。〔それが可能となるのは、〕何らかの証明による論証的な仕方ではなく、むしろ「純粋に観想的に、すなわち対象［すなわちイエス・キリスト］の純粋な印象に向かって心がひたすら開け放たれている状態によってで

ある。［……］このように観想に沈潜することができ、印象に対して心を全面的に開け放つ者には、聖なるものの『再確認』、『時間的なものにおける永遠なるものの直観』が、紛れもなく感情内で生じてくるに違いない」(DH 195f.)。この考えの筋道は、『聖なるもの』全体がそれをもって終結するキリスト論的告白において、そのクライマックスを迎える。「現れ出た聖なるものの予覚の対象と」(DH 205) なるために、イエス・キリストのようにカリスマと権力を持つある人物が、他のすべての者を凌駕し、すべての尺度を打ち砕く。「そのような者は預言者以上である。その人こそが、〔神の〕子である」(DH 205) [38]。

4．結論：宗教文学としてのオットーの主著『聖なるもの』

オットーの主著『聖なるもの』は、すでに序論で述べたように、二重の影響史を繰り広げた。それは一方で、この著書は熱狂的に取り上げられ、まさに20世紀の神学ないしは宗教学のベストセラーへと登りつめた。しかし他方で、この書物はまた——とりわけアカデミズムの専門家のなかで——激しい批判にさらされ、はねつけられた。それはオットーないしは彼の書物が非難されるとりわけ3つの弱点があったからである。

ⅰ) オットーは彼の書物のなかで、宗教的なものの普遍的な基本構造を記述するという要求を、客観的かつ偏見なく申し立てた。しかし『聖なるもの』は、実際は客観的でも普遍的でもなく、むしろ肯定的な宗教的関心を追求し、本質的にユダヤ・キリスト教的伝統に縛られている。

ⅱ)『聖なるもの』についての秘められた神学的性格は、その秘教的特徴と結びついている。すなわちこれはヌミノーゼをすでに経験したような読者や、そこから事情通のサークルに属している読者のみに語りかけられているものである。他のすべての者は、招待を取り消され、欠席届けが出されている状態である。それは彼らが、やはり「思春期感情」や「消化不良」に限定

---

[38] オットーが書物の最後で付加した「付録」、とりわけ世界宗教の「ヌーメン的詩歌」集がその一部をなしている付録1 (DH 207-212) は、究極の典礼的要素として言及することができよう。〔でははたして〕私的な礼拝のために、霊的な素質のある読者の役に立つような典礼上の定式が、存在するのか。

されることになるためである。

　ⅲ）『聖なるもの』の弁証的で秘められた神学的特徴は、実在するものとして考えられたヌーメン的対象との直接的出会いの管轄の下で、最終的に、頂点に達する。そのヌーメン的対象とは、ある種の素朴実在論と等しいだけでなく、（「絶対他者」としての）ヌミノーゼを厳密に個別化すると共に、宗教的なものが生活世界へ埋め込まれることを、正当に評価していない[39]。

　純粋に論理的な視座からみれば、『聖なるもの』に対するこの批判は完全に当てはまる。しかしこの論文は、――完全に「慈善の原理」の意味において――『聖なるもの』に対する論理的な視座とならんで、それどころかオットーの意図により適った第二の視座がありえることを示そうとした。それが遂行的な視座であり、上で挙げられた弱点に対してもまた、新たな光を投げかけるものである。というのも『聖なるもの』は、擬似的に神聖な書物と理解されるからである。その書物のなかで、ヌミノーゼは単に概念的かつ指示的に語られているのみならず、ヌミノーゼ自体が召喚されるのであり、そこから弱点がちょうど逆に、まさにこの目的へ到達するために巧みに投入された手段であると判明する。すなわち弁証的で秘められた神学的筆致、秘教的でエリート主義の特徴、粗雑な実在論とヌミノーゼの厳格な個別化は、書物『聖なるもの』に、荘厳で神聖な、秘義に満ちた神秘的な、劇的で非日常的な雰囲気を授け、ヌミノーゼそれ自体に対する読者の心の準備をさせ、ヌミノーゼの自己光輝を用意するために力を貸すのである。

　しかしそのような「好意的な」解釈をすることは、代償をともなう。すなわち『聖なるもの』に対する論理的な視座とならんで、一つの「遂行的な視座」が同じく可能であり、それどころかむしろこちらの方が事柄に即しているのであれば、それは、オットーの書物は学術的テクストではなく、宗教文学と見なさねばならないことを意味する。したがってその代償――『聖なるもの』の学術性を相対化すること――は高く、それでもなおその価値は私た

---

[39] これについては、すでに早くから『聖なるもの』に対して申し立てられていたような「審美主義」の非難を参照せよ。「聖なるものが、本質的に戦慄すべき神秘と魅する神秘という意味での絶対他者にすぎないのであれば、それに対する一種の審美的な態度が可能となる。その態度を通して、聖なるものは、主観的な感情の激動に役立ちうるようなものとして設定されるのである」（P. Tillich, Die Kategorie des ‚Heiligen' bei Rudolf Otto [1925], a.a.O.［注9］, 185）。

ちに対して公正であるように思われる。というのも一方で、これは——論理的地平に完全に当てはまる——『聖なるもの』に対する異論に対抗することができるおそらく唯一実行可能な道だからである。他方、『聖なるもの』の学術性をそのように相対化することは、この書物の影響史に合致する。まさにこの影響史が、何よりも一つの宗教的なものである。オットー研究者のT. A. グーチは、これについて的確な焦点を当てている。「『聖なるもの』は、単なる宗教についての書物ではない。それは同時に宗教書である——これは他に数人しか成し遂げていないような、20世紀の読者の想像力を捕らえることに成功したものである。そのような理由で『聖なるもの』は、近代宗教史のなかで独特な位置を占めている」[40]。

40　T. A. Gooch, The Numinous and Modernity, a.a.O.（注4）, 132.

VII

ディルク=マルティン・グルーベ

信仰の類比（analogia fidei）

カール・バルトにおける「類比の出来事」について

　カール・バルトの「信仰ノ類比（analogia fidei）」について書かれた論文は膨大な数にのぼる[1]。したがって本論文では、この教説の様々な解釈に取り組むことはせず、可能な解釈のジャングルをくぐり抜けるための道を切り拓いていくことにしよう。この企てを実現するためには、まず『教会教義学』（＝KD）第II巻の当該箇所を精読し、それを通して「信仰ノ類比」の教説を説明、解釈していくことが必要である。その際、解釈の重要な手助けとな

---

[1] 例えば、次の古典的著作を参照。H. U. von Balthasar, Karl Barth. Darstellung und Deutung seiner Theologie, Einsiedeln ⁴1976, 148ff. u.ö.、また以下も同様に参照。E. Jüngel, Barth-Studien, Tübingen 1982, 127-180 u. 210-233, W. Pannenberg, Zur Bedeutung des Analogiegedankens bei Karl Barth. Eine Auseinandersetzung mit Hans Urs von Balthasar, in: Theologische Literaturzeitung I (1953) 17-24, および W. Härle, Sein und Gnade, Berlin/New York 1975, 183ff. 英語圏においては、例えば次のものを挙げるべきであろう。C. Gunton, Becoming and Being: The Doctrine of God in Charles Hartshorne and Karl Barth, London 2001 （特に第7, 8章）, T. A. Hart, Regarding Karl Barth: Essays Towards a Reading of his Theology, Carlisle 1999（特に第8章）, B. L. McCormack, Karl Barth's Critically Realistic Dialectical Theology. Its Genesis and Development 1909-1936, Oxford 1995, 14-20 u.ö., および C. van der Kooi, As in a Mirror. John Calvin and Karl Barth on Knowing God, Leiden/Boston 2005（特に293ff.）. この点で私はオランダの同僚 J. モイスの参考文献に感謝している。オランダにおいてもバルトの「信仰の類比」は論争的に議論されている。特に次のものを挙げておくべきである。J. Muis, Openbaring en Interpretatie. Het verstaan van de Heilige Schrift volgens K. Barth en K. H. Miskotte, s'-Gravenhage ²1990, 179ff. u.ö., J. Wissink, De inzet van de theologie, Amersfoort 1983 (masch. Diss.), 136ff. u.ö., および C. van der Kooi, De denkweg van de jonge Karl Barth, Amsterdam 1985.

るのは、その当該箇所の数節が『教会教義学』全体のどこに位置づけられているかということである。本論文の第1節では、その問題を扱うことにする。第2節と第3節では、『教会教義学』第II巻第1分冊の当該節を解釈していく。第4節では、バルトが類比論を独自に定式化する動機となったものを4つ取り上げる。第5節では、この教説を最終的にバルトの学問的アプローチの文脈の中に位置づけ、それに批判的な評価を加えることで締めくくりとしたい。

　バルトの信仰ノ類比（analogia fidei）は、かなり特殊な構造をしている。この類比論を理解するための強力な手がかりとして、この教説がここで提案された解釈において特に否定的な役割を担っていることを最初に明らかにしておこう。それは、存在ノ類比（analogia entis）に対して、次のことを明らかにするという役割である。すなわち、神を認識し神について言明することができるという可能性に常に見合うのは、人間の目の前にある可能性ではない、ということを明らかにする。つまり、神よりも上位に置かれる存在、それによって人間が神を認識したり神について適切に言明することができるような存在、そのような存在はないということである。

　そういうわけでバルトの信仰ノ類比は、まず防御的な役割を果たしている。つまり、それは存在ノ類比を拒絶するものになっている。それによって、神を認識し神について適切に言明することができるという古典的な可能性の根拠は廃棄されたのである。バルトはこの可能性が原理的に不可能であることを主張している。それによって、神の認識と神について適切に言明する可能性に関する事細かな問題もすべて色あせてしまった。バルトはその可能性を原理的に否定した。ここで提唱されている解釈においては、このバルトの考察が持つ原理的な性格を視野に入れておくことが大切である。その解釈は、信仰ノ類比を何よりも一つの「防御作業」として理解するものである[2]。

　もちろんこの教説は、バルトにおいては構成的な側面も持つ。しかしそれは教説そのものや、教説が解決する問題においてではなく、この教説がバルトの神学的プログラムを完成するために重要な貢献をしているところにある。厳密に言えば、それはこのプログラムを統合する構成要素を示している。このプログラムは、神によって可能になる神認識とそれによる適切な神の‐語

2　その批判的な評価については注5を見よ。

り（Gottes-Rede）の可能性としてまとめることができる。要するに、この教説を以下では問題解決の独自の手がかりとして理解するより、バルト的なプログラムの証明あるいは暗示として理解していくことにする。以下では、これらのテーゼをより精細に仕上げていくことにする。

1. バルトの教義学の文脈における類比論の位置づけ

バルトはすでに 1932 年に、存在ノ類比の概念を信仰ノ類比の概念に置き換えている。『教会教義学』の第 I 巻で彼は、類比概念を世界のあらゆる場所で疑わしいものにすることが重要なのではない、と強調した。しかし存在ノ類比についてのカトリック的な教説[3]に対しては、ローマの信徒への手紙 12 章 6 節に従って「信仰に応じて」が強調されてしかるべきである。重要なのは「認識における認識されるもの、思惟における対象、考えられ語られた人間の言葉における神の言葉、といった対応である。その対応によって、信仰において生じる真の預言が偽の預言から区別されるのである」[4]。

これと関連させれば、「信仰ノ類比」の概念も明らかになる。これは「人間が神を認識することを人間が神によって認識されることへと逆転するパウロの注目すべき箇所」[5]の持つ意味である。この認識されることは、「神についての初期の異教的な無知」[6]からキリスト者を区別する目印である。

ここにはすでに、『教会教義学』の後の巻で完成されるものが準備されている。これに最も関連しているのは、おそらく第 II 巻第 1 分冊第 27 節（「神認識の限界」）の第 2 項「人間の神認識の真実性」である。そこでは類比についての教説が明確な形で論究されている。

この第 2 項をより詳細に分析する前に、その節の前後の文脈にも目を向けなければならない。それがバルトの『教会教義学』の大きな全体に組み込まれていることによって、一定の予断が見いだされることになるのである。ま

3　これについては注 4 を見よ。

4　K. Barth, KD, Bd. I: Die Lehre vom Wort Gottes. Prolegomena zur Kirchlichen Dogmatik, 1. Halbbd. (I,1), Teilbd. 1: Das Wort Gottes als Kriterium der Dogmatik, Zürich 1986, 257.

5　Ebd. 強調は引用者による。

6　Ebd.

た、それは彼の類比論の解釈にとって重要なことを指摘している。

　まず初めに目に留まるのは、バルトが類比論を扱っている『教会教義学』の第 II 巻に「神論」という表題が付けられていることである。バ・ル・ト・が・類・比・を・扱・っ・た・のは、人間学においてではなく、プロレゴメナにおいてでもなく、本・来・的・な・意・味・で・の・神・論・に・お・い・て・であった。バルトの教義学全体における神論の意義と位置を念頭に置くなら、類比論を神論の中に組み入れたことによって、類比の取り扱いが神論によって形を与えられなければならないということが、詳細な分析をするまでもなく明らかになる。

　第 26 節は「神の認識可能性」という表題が与えられており、第 27 節において類比論が扱われる。第 26 節では、神の認識可能性が原理的に保証される[7]。こ・の・可能性が保証された後で、第 27 節において類比論が扱われる。この順序によって、類比論は神の認識可能性の確証に利用されるのではなく、むしろその認識可能性から出発しており、それゆえその認識可能性を前・提・に・し・て・い・る・、ということが明らかになる。その意味で、この順序に注目することが必要である。

　第 27 節を詳しく考察すると、これと同様の結論を導き出すことができる。この節は「神認識の限界」という表題を付けられ、類比論が扱われている。それゆえ類比論は神認識の可・能・性・の・根拠になるのではなく、むしろその限界になっている。つまり、それは神認識の可能性を確証するのではなく、神認識によって限界づけられるのである。

　したがって、類比論は神学的認識論を構成する役割をまったく担っていないということが、少なくとも目下の作業仮説として確認される。類比論は神を認識できるという可能性を確証するのではなく、神について原理的に言明できるという要請によって神を認識できることを確かめる可能性を確証するのでもない。バルトは、神認識の可能性の確証において類比論に何らかの役割を担わせているのではない。むしろ、その逆である。つまり、類比論は神

---

[7] 例えば、この節の次のような趣旨を参照。「神認識の可能性は神に由来しつつ、神ご自身が真理であり、神は言葉において聖霊を通して人間に真理として認識される、ということのうちにある」(K. Barth, KD, Bd. II: Die Lehre von Gott, 1. Halbbd., Zürich 1958, 67)。この可能性の保証については第 25 節と何よりも次を参照。K. Barth, KD, Bd. I: Die Lehre vom Wort Gottes, 2. Halbbd., Zürich ⁵1960, 2. u. 3. Abschnitt, insbes. die jeweils ersten Paragraphen (§ 13 u. 16).

認識を可能にしたり擁護したりするのではなく、むしろ神認識によって限界づけられている。要するに、類比論は神の認識可能性と言明可能性を可能にするのではなく、それを前提にしているのである。

2. 「神は神のみによって認識される」：
この命題が類比論にもたらす結果

　バルトの教義学全体の中で類比論がどこに位置づけられるかを明らかにしたことで、前節のような仮説が立てられたが、次にこの仮説をテクストに沿ってより詳細に検証し、完成していくことにする。——類比論を扱った第27節の主要命題は、すでに挙げたような有名かつ簡潔な命題「神は神のみによって認識される」を含んでいる[8]。ここにはわれわれが初めから前提にすることのできる特定の認識論的な基礎前提が含まれている。その前提は神の言明可能性の問いに触れずに済ますことを許さない。神が神のみによって認識されるなら、神は神のみによって言明されるということにもなるだろう。われわれがこの簡潔な命題を真面目に受け取るなら、人間は神について言明することができる、つまり神に何らかの述語づけか属性を帰すことができる、ということはナンセンスと考えなければならない。言葉の本来的な意味において神によってのみ認識可能となる神は、その意味を厳密に取れば、神によってのみ言明されるということにもなる。

　この点において、認識可能性の問いと言明可能性の問いとを区別することが問題になる。前者を認識論的問い、後者を意味論的問いと呼ぶことにしよう。この術語を用いて、バルトの類比論の探求がこれまで論究してきたことの結論を次のような概念にまとめることができる。すなわち、バルトにおいては、認識論的問いも意味論的問いも同様に、何よりも神の神への関係に関わるのである。

　この結論が注目に値するのは、認識論的問いも意味論的問いも神学におい

---

[8] K. Barth, KD II, 1, a.a.O.（注7）, 200. 強調は引用者による。また同書263 も参照。そこでバルトは、「この章の秘密かつ公然の主要命題は、神は神によって、神のみによって認識される、というものであり」、それゆえ神認識の問いはいつもすでに神論そのものの一部でなければならない、と強調している。

てはともに古典的な仕方で人間と神との関係に関わっているからである。その際、人間が神を認識できるのか、それはどのようにしてか、という問いと、人間は認識された神について適切に言明できるのか、それはどのようにしてか、という問いとが重要になる。要するに、神学的認識論と神学的意味論の問いにおいて古典的な仕方で問題となるのは、人間と神との関係をどのように整序するかである。

しかし、バルトの場合はそうではない！　彼においては、神学的認識論と神学的意味論との問いに答えることは、人間と神との関係を整序することを目指すのではなく、神の神ご自身との関係を整序することを目指すのである。それこそが、神は神のみによって認識される、というバルトの言明を真面目に受け取ることからの帰結である。それゆえバルトの場合、認識論と意味論において問題になるのは、人間学と（言葉の厳密な意味で、つまり神論という意味での）神学との関係ではなく、神学と神学との関係なのである。

このようなバルトの考察が持つ神学的特徴は、すでに掲げた第27節の主要命題に続く箇所においても確かめることができる。「それゆえ、われわれは直観や概念の力を用いて信仰において神の啓示に応答しようとするのであるが、その力によって神を認識するのではない。われわれは神の許可なしに、また神の命令に従うことなしに、神の啓示に応答しようとしても、神を認識することにはならないのである」[9]。

したがって神認識は特定の直観や概念（以下ではこれをまとめて「概念形成」とする）によって生じるのではない。この概念形成が個別にどれほど正当化されようとも、またどのような権威（教会や聖書！）がそれを正当なものとして認めようとも、概念形成がそれ自体で神学ニオイテ（*in theologicis*）その対象に相応しいものになることはない。しかしそれにもかかわらず、神認識はそのような概念形成がなくては生じないと言ってもよい。

したがってここで重要なのは、「できない」、しかし「してもよい」ということである。われわれは神についての適切な概念を形成することはできないので、われわれの概念形成は神学ニオイテ信仰の対象を原理的に過小評価していることになる。しかしまた、われわれは神について概念を形成してもよいのである。つまり信仰による認識の服従（「神の許しによって、神の命令

9　Ebd.

に従いつつ」）があれば、概念形成をしてもよいことになる。

　ここでバルトの有名な転向についての意味論的な成果が示される。その転向以前、すなわち1922年の論文「神学の課題としての神の言葉」においては、神についての語りという観点で「しなければならない、しかし、できない」ということが問題になっていたが[10]、ここではこの「できない」を克服することから出発している。この「できない」によって「してもよい」が可能になるのである。たしかにわれわれは自分自身から出発しては、神学ニオイテ適切な概念形成をすることはできないままである。しかし、神がご自身によって、詳しく言えば、三位一体的に[11]、ご自身について適切に語ることができるという可能性を作ったことによって、われわれ人間も神について語ってよいことになるのである。これはまさに上に述べたような認識における服従から生じることであり、神によっていつもすでに前に言われたことを後で語ることにほかならないが、その限りにおいて人間も神について語ってよいのである。

　ところで、われわれの概念形成が神学ニオイテ適切であるかどうかは、どのようにして知られるのであろうか。この問いに対しては、第27節の主要命題の結論が回答を与えている。「この企てが成功して、われわれ人間の神認識が真実なものになるのは、われわれの直観と概念化が恩寵における神ご自身による神の真理への参与へと受け入れられ、定められている場合である」[12]。

　したがって「真理」、つまり、神学ニオケルわれわれの概念形成の適切性は、われわれの側にはないのである。いかにわれわれが努力しようとも、われわれは人間の「便宜的手段」によって概念形成の適切性を保証することができない。ただ神の恩寵によってわれわれの概念形成が受容され定められて初めて、それができるようになるのである。

　ここからすでに分かる通り、われわれの概念形成は適切であるか、とい

10　Vgl. K. Barth, Das Wort Gottes als Aufgabe der Theologie (1922), in: Ders., Gesamtausgabe, Bd. 3, hg. von H. Finze, Zürich 1990, 98-143.

11　これについては次を参照。D.-M. Grube, Unbegründbarkeit Gottes? Tillichs und Barths Erkenntnis-theorien im Horizont der gegenwärtigen Philosophie (= Marburger Theologische Studien, hg. von W. Härle u. D. Lührmann, 51), Marburg 1998, 135ff.

12　K. Barth, KD II, 1, a.a.O.（注7）, 200.

う先の問いに対するバルトの回答を批判することは容易である。後の節[13]で、私もそれに対して批判的な立場を取ることになるだろう。しかし今はまず、この答えの積極的な可能性について評価すべきであろう。この可能性は、ある種の・解・放あるいは・免・除のうちにある。われわれ人間は、われわれの神学ニオケル概念形成が適切であるかどうか、という面倒な問いに答える義務を免除されている。われわれの神学的な概念が適切であるかどうか、という心配は神に委ねることができる。われわれがその・適・切・性・を・確・立・す・る・の・で・は・な・く、そ・の・適・切・性・が・い・わ・ば・わ・れ・わ・れ・に・対・し・て・確・立・さ・れ・る・のである。

罪人の義認についての心配を神に委ねるという形で、義認の出来事は免除の役割を果たしているが、それと同様に、われわれの神認識の適切性についての問いに対するバルトの答えも免除の役割を果たしている。それには、この適切性の問いに対する答えを神に委ねるという意味がある。この関連における人間の役割は何よりも受け身であるから、「・義・認・の・出・来・事」という概念との類比において「・類・比・の・出・来・事」について語ることは有意義なことである。

3．『教会教義学』第Ⅱ巻第1分冊第27節における類比論の取り扱い

本節では、バルトが類比論を論じた節、つまり『教会教義学』第Ⅱ巻第1分冊第27節の第2項を取り上げながら、ここまでの考察をさらに深めていくことにする。

第27節第2項の最初の部分でバルトは、まず真実性の概念を説明する。それは「われわれの神認識の真実性は神の啓示の真実性である」[14]という言明において頂点に達する。この言明はさらに次の3つの小節に展開される。第1小節では、感謝の必然性（すでに述べた認識論的な意味では、認識の服従として）が強調される[15]。第2小節では、感謝できることの帰結としての

13　これについては第5節を見よ。
14　K. Barth, KD II, 1, a.a.O.（注7）, 235. その直前に、ヘブライ語の「emet」を手がかりとして、聖書の真実性の概念が説明されている（vgl. ebd., 233f.）。
15　Ebd., 243ff.

「驚きと畏敬の念」が強調される[16]。第 3 小節ではすでに述べた「してもよい」が認識の行為そのものにもたらす帰結が強調される[17]。ここで類比論が詳しく考察されているので、以下でもこの第 3 小節を集中的に考察していくことにする。

まずバルトは、̇神̇学̇ニ̇オ̇ケ̇ル̇人間の概念形成とその対象との関係は̇実̇定̇的̇なものでなければならない、という点に留意する。これはすでに述べた考察からの帰結である。すなわち、神はご自身を伝̇達̇した、神はご自身を啓̇示̇し̇た̇、ということからの帰結である。それゆえそこから次の結果が出てくる。すなわち「一方で認識する者とその認識があり、他方で認識されるものがあり、その間に何らかの現実的な共通点がある」[18]ということになる。

しかしこのような関係の原理的な実定性はあるが、この結果は̇神̇学̇ニ̇オ̇ケ̇ル̇われわれの概念形成と、それが判定する根拠となるものとの間の同等性から出てくるものではない。バルトの根拠づけはここでも厳密に神学的なものである。同等性から出てくることになると、神の隠れは否定されることになる。その場合、神の啓示は「隠れにおける̇顕̇れ̇」[19]以上のものとして理解す

16　Ebd., 247.

17　Ebd., 252ff.

18　Ebd., 252. このような『教会教義学』の中によく見られる言表は、宗教的熱狂の表現としてのみ理解すべきではない（それが個々の場合にはそうであっても）。むしろそれは少なくとも『ローマ書』第 2 版の周辺に見られた言表に対する自己批判のようなものとしても理解すべきであろう。たしかにバルトはそこでもこの関係の実定性を否定していないし、その限りでは措定を反措定よりも優位に置くことを認めたのである。しかしこの実定性は教義的構想を練り上げるうちに、弁証法的な装置と言語様式が優位に立つようになったために、̇事̇実̇上̇は̇消̇失̇し̇て̇い̇る̇（これについては例えば次を参照。D.-M. Grube, Reconstructing Karl Barth's Dialectics: The Role of Transcendental Arguments in Theological Theorizing. これはこの後すぐに登場する）。

19　Ebd., 253. この時代、つまり転向後のバルトは、̇顕̇れ̇を強調している（それについては、266f. も参照）。それ以前、つまり『ローマ書』第 2 版の時代には、隠れの方を強調していた。この変遷にあたっては、神の（言葉による）行為への集中が決定的な役割を果たしている。その際、バルトは顕れ／隠れの弁証法のような概念か、あるいは「間接性」のような概念を保持しているが、転向後はそれらに別の機能を与えている、というところが彼の特徴である。神が捉えられないことを示すことから、少なくとも部分的には神が理解可能であることを表現できる概念が現れる（これについては次を参照。Grube, Unbegründbarkeit Gottes?, a.a.O.［注 11］, 129f.）。

ることはできないだろう。要するに、顕れと隠れの（『教会教義学』の意味での）弁証法は、神について一義的に語る可能性を排除するのである。

同様のことは、神について多義的に語る可能性にも当てはまる。この可能性も排除されるのであるが、それはわれわれが「神を事実として認識できない」[20]ということから多義的な概念形成が帰結するからである。神を認識できないなら、神の恵みを賛美することはできず、むしろそれが否定されることになるだろう。

しかし神についての語りの記述としての一義性と多義性が排除されたとしても、類比だけはなおも残り続けるだろう。多くの他の神学者と同様に、バルトもまたこの点については肯定的に判断している。彼の類比論の取り扱いを特徴づけるものは、彼がこれを導入して基礎づける仕方である。彼が初めに譲歩しているように、類比についての彼の以下の論評は単なる人間的な概念形成にすぎない[21]。別の言い方をするなら、バルトは類比についての彼の省察もまた「類比」の様相において成り立つので、神学にオケルあらゆる形式の人間的な概念形成と同様の留保が生じる。

「同等性、非同等性、類比」という概念は、それ自体ではすべて等しく適切なものではない。なぜなら、それらの概念は比較可能な対象の共存を前提にしているが、このような共存はまさにこの認識対象の場合にはまったくふさわしくないからである。しかしわれわれが神の真実なる啓示から出発し、さらに神と人間との関係についてもその真実なる認識の可能性から出発するなら、われわれは、この関係を示す真実なる概念が存在するというところから出発することができる[22]。神の真実なる啓示を前提にすれば、「類比」という言葉が優位に立つのは当然である。「それゆえ、その言葉はそれ自体では正当ではないし、ここでも正当ではないが、神の真実なる啓示のうちに置かれる関係がこの言葉をいわば自分のうちに引き込んでいるがゆえに、ここでは正当になるのである」[23]。それ自体においてではなく、「対象の拘束力の下

20　K. Barth, KD II, 1, a.a.O.（注7）, 253.
21　Vgl. ebd., 254.
22　Vgl. ebd., 255.
23　Ebd. ここでもすでに述べたような、類比概念についての省察の「類比的な」性質に対する予防策が当てはまる。また ebd., 261 も参照。そこでバルトは、動的関係のために類比の静的理解を斥けている。

で」[24] 類比概念は提示される。それゆえ類比概念は前提された啓示概念の意味と、それに含まれる神と人間との関係の意味を示しているのである。

4．バルトが類比論の定式化に向かう動機

　それでは、バルトを彼独自の類比論の定式化に向かわせたものは何であろうか。ここでは少なくとも4つの動機系列に分けられるだろう。第一に、義認論の意味を意味論的にも一貫したものにする試み。第二に、存在に神を越えた役割を与えるすべての試みをバルトが拒絶したこと。第三に、認識論が神学的存在論に依存しているというバルトの要請。第四に、あらゆる自然神学に対するバルトのよく知られた拒絶。私はこれらの異なる動機系列を、クヴェンシュテッド（1617–1688）の類比論の扱いに対するバルトの批判に基づいて分析していきたい。さしあたり、この類比論から始めてみよう。
　まずバルトは、クヴェンシュテッドの形態における「古い神学」[25] がそもそも類比論を擁護しているだけでなく、より詳しく言えば「帰属ノ類比 (*analogia attributionis*)」を擁護していることを認めている。この帰属ノ類比は、「二つの対象の類似性」によって特徴づけられる。「その類似性は二つの対象に共通のものが初めは実際に第一のものの中にあり、その後、第二のものが第一のものに依存しているということに基づいて、第二のものの中にある、という形で存立する」[26]。
　しかしその後、バルトはクヴェンシュテッドの類比論の考察を批判する。クヴェンシュテッドが外的帰属ノ類比 (*analogia attributionis extrinsecae*) を擁護するのに対して、バルトは内的帰属ノ類比 (*analogia attributionis intrinsecae*) を擁護している。内的 (*intrinsicae*) であるために、類比は「神にも被造物にも内的に固有のもの」[27] となる。それゆえ、神との関係という枠組みにおいて被造物に帰せられる関係、すなわち単なる外的な関係、外的

24　Ebd., 256. バルトはこの箇所で「体系的決断」の代わりに「釈義的決断」について、かなり誤解を招くような言い方をしている (ebd.)。
25　Ebd., 267.
26　Ebd., 268.
27　Ebd., 269.

(*extrinsecae*) といわれる場合に当てはまる関係ではなく、被造物に固有のもの、つまり固有になった質（「習慣ニヨッテ［*per habitudinem*］」）[28] が重要なのである。

（1）この箇所で示されるのは、類比論の扱いにおけるバルトの最初の動機系列である。すなわち彼は、義認論の内容が意味論的にも無条件に妥当性を持つようにする。義認の出来事においてと同様に、人間は類比においてもこれを支配するように要求することはできない。人間は無条件に神の恵みに差し向けられたままでなければならない、ということがここでも当てはまる。人間は類比を所有するのではなく、それが贈られてくるのを受け取るのである。（適切な）類比を確立することは、人間の所業ではなく、出来事という性質を持つのである。

それゆえ類比論を取り扱う際のバルトの動機は、義認の出来事の性質、贈与の性質を意味論的に無条件に首尾一貫したものにしようとすることである。とりわけ英語圏でのバルト研究において繰り返し強調されてきたように、バルトにとっては、義認論に含まれる意味を方法論の領域にも適用することが重要である[29]。このことは認識論の領域だけでなく、意味論の領域にも当てはまる。神の認識可能性についての問いにおいて、バルトの「神のみによって」という答えが響くのと同様に、神の言及可能性についての問いに対する彼の「神のみによって」という答えも響き渡る。ここでも、人間が神の恩寵に満ちた行為に無制約的に差し向けられていることに注意しておく。

（2）第二の動機系列は第三、第四の動機系列と密接に絡み合っている。バルトは、存在そのものに上位の役割を担わせる試みを断固として拒絶する。存在は神と人間を包括する共通の枠を表すことはできないし、そんなことをしてはならない。自己を啓示する神を存在の下位に位置づけることは決してできないし、認識論的にもそれはできない[30]。もし神が存在の下位に位置づけられるなら、啓示は余分なものとなってしまうからである。

このように神とその恩寵による認識媒介を存在の下位に位置づけることを、

28　Ebd.
29　これについてはまず次を参照。T. F. Torrance, Theological Science, New York 1969, z.B. 97f.
30　Vgl. Barth, KD II, 1, a.a.O.（注7），271ff., und C. van der Kooi, As in a Mirror, a.a.O.（注1），302ff.

バルトはクヴェンシュテッドの中に見いだしている。「もしクヴェンシュテッドが正しいなら、神の認識が人間を通して生じることによって、神と人間との間に、神の啓示を度外視して、つまりイエス・キリストなしでも、現実的な共同体だけでなく、現実的なものとして分かりやすい、それゆえわれわれに要求されるべき共同体が存立することになる」[31]。これこそがクヴェンシュテッドの誤謬である。真実の神認識は啓示によってのみ、イエス・キリストを通してのみ、すなわち三位一体的に生じるのであり、これなくしては決して生じないのである。

(3) 第三の動機系列は、バルト独自の類比論の定式化に寄与するもので、第二の系列と密接に絡み合っている。これは認識論と神学的存在論の関係をバルト特有の仕方で規定したものである。別の箇所で詳しく示しておいたことだが、バルトの1925年の転向を説明するため、また『教会教義学』の理解のための、最も重要な根拠の一つは、神学的な認識の問いにおいて認識論を存在論の下に位置づけようとする彼の努力である。それによってバルトは主観哲学に直接的に対立していることが明らかになった。それは特にカントとの対立であり、またその神学的応用とも言うべきシュライアマハーとの対立である。主観哲学の範囲内で思考する哲学者と神学者は、Xとは何か、という問いを、Xはいかに認識されうるか、という問いに置き換えてしまう。

31　K. Barth, KD II, 1. a.a.O.（注7）, 272. これについては例えば次を参照。R. ホワイトの批判「バルトは単に論争が伝統的に扱ってきた重要な語彙を誤解しただけである」（Notes on Analogical Predication and Speaking about God, in: The Philosophical Frontiers of Christian Theology, hg. von B. Hebblethwaite u. S. Sutherland, 197f. u. 226; この参考文献については同僚の M. Sarot に感謝する）。さらに厳密には次を参照。C. van der Kooi, As in a Mirror, a.a.O.（注1）, 304ff., u. B. L. McCormack, Par. 27 „The Limits of the Knowledge of God". カール・バルトの神学的認識論についてのテーゼは、以下を見よ。Zeitschrift für Dialektische Theologie 15 (1999) 75-86, 83ff. バルトの神学史的補説のいくつかは、その歴史的妥当性に関してはあまり興味深いものではないが、むしろそこで彼自身の評価の重要な特性が明らかになっているので興味深い。これはバルトのアンセルムス解釈にも当てはまる（これについては次を参照。K. Barth, Fides Quaerens Intellectum. Anselms Beweis der Existenz Gottes im Zusammenhang seines theologischen Programms [1931], in: Ders., Gesamtausgabe, Bd. 2, hg. von E. Jüngel u. I. U. Dalferth, Zürich 1981）が、クヴェンシュテッドのこの解釈にも当てはまる。ここで私の興味を惹くのは、これらの節をその歴史的適切性について審査することではなく、バルト自身についての言明として読むことである。

VII 信仰の類比（analogia fidei）：カール・バルトにおける「類比の出来事」について

それに対してバルトは、もしXが神学的認識の対象であるなら、この関係は逆にしなければならない、と強調する。神学的な認識の事例では、神はいかに認識されるか、という問いは、神は何であるか、という問いの背後に退けられなければならない。前者の問いに対する回答は、後者の問いに対する回答に依存するからである。神学的な認識の対象はその認識の種類や仕方を規定する。神がそのようなものであり、それ以外のものでないなら、つまり神が三位一体的なものであるなら、神はそのようなものでしかない、つまり神ご自身によって認識されるべきものである（そのことが人間の認識に対して持つ結果も含まれる、例えば認識における服従も含まれる）。要するに、神学ニオイテは、認識論は存在論に依存するのである[32]。

ここでも同じことが当てはまる。バルトはクヴェンシュテッドが存在論に依存しない神認識の可能性を要請しているという理由で、彼を批判している。バルトによれば、彼は神学的存在論に依存しない認識論を神学ニオイテ創始するために、存在の概念を利用している。その存在は、それによって神が御子における啓示に依存せずに認識可能となるような、認識論の道具としての役割を担っている[33]。クヴェンシュテッド自身がここで幸いにも、神学的プログラムを実行する中で一貫性を欠いているとしても[34]、彼は神学的存在論に依存する代わりに、神学的認識論を自律的に構築することをそのプログラムの礎石としている。

（4）第四の動機系列は、バルトが何らかの形で自然神学につながるものに対して嫌悪感を持ったことに関わるものである。バルトは自然神学につながるもの、つまり存在ノ類比を、彼の類比論を説明する文脈でもう一度取り上げている。バルトは次のように主張する。「クヴェンシュテッドの前提、つまり古正統主義の類比論の前提は、この類比論がローマ・カトリックの基本

---

32 これについては次を参照。D.-M. Grube, God or the Subject. Karl Barth's Critique of Modernism（近刊）．カール・バルトの近代批判と、カントの「思考様式の革命」からのバルトの「革命」についての私の論評は次を参照。Unbegründbarkeit Gottes?, a.a.O.（注11），123ff.

33 「恩寵でなく存在が真理の基準であるなら、『神の真実性の優位』が逆転することは避けられない。クヴェンシュテッドにおいては、われわれを神の真実に参与させるための啓示は第一に必要なものではない」(K. Barth, KD II, 1, a.a.O.〔注7〕, 272)。

34 Ebd., 270ff.

173

教義と事実的に一致する、つまり存在ノ類比と一致する、ということを確かに示している。この教義によれば、思考をさらに展開するためにはカトリック的に考えるか、自由主義的に考えるかしかないのである」[35]。バルトはこの2つの選択肢を斥けたので、クヴェンシュテッドの類比論も斥けたのである。

バルトはここで、存在の概念が神と人間とを包括するものとして考えられる、という思想を存在ノ類比と直接的に一致するものと見ている。彼は存在ノ類比を斥けるので、これと一致すると見られる存在概念をも斥ける。この概念を存在ノ類比と同一視することは、この点における彼の論究の鋭さを同時に明らかにする。彼は存在ノ類比をかなり激しく拒絶したので[36]、これと同一視される存在概念をも激しく拒絶するのである。

バルトによれば、この点において存在概念は磁石のような役割を果たしている。つまりそれはあらゆる直観を引き寄せたり、その直観から概念が引き離されたりするのである。バルトは多かれ少なかれ無造作に特定の存在概念を存在ノ類比と、自然神学と同一視しており、自分自身もこの（クヴェンシュテッドの類比論！を取り扱う）文脈で「ドイツ的存在」[37]に言及している。バルトはクヴェンシュテッドをそのような非難から免れさせているが、この文脈におけるそのような概念を持ち出したことと、それを状況にかかわらずに存在概念と同一視したことは、バルトがこの点では何よりも連想によって論じていることを示している。ここでバルトはこれらすべての概念をあまりにも早急にまとめてしまい、その背後に「ドイツ的キリスト教」のイデオロギーがあると見たのである。

35　Ebd., 274.
36　『教会教義学』の冒頭部においてバルトは存在ノ類比を「反キリストの虚構」と呼び、これは人がカトリック的になりえない本当の理由を示していると説明している（K. Barth, KD I, 1, VIII)。もちろん問題となっている論争神学の議論にあたっては、この時代のバルトが置かれている状況を考慮すべきであろう。彼は批判者から「地下教会的なカトリシズム」であるという疑いをかけられ、そのような非難（当然のことだが、この時代のカトリックの対話相手との共同作業によっても強化された非難）に対するしばしば限界を超えた仕方で自己弁護している。したがって、バルトがこの存在ノ類比に対する痛烈な非難を後に少なくとも部分的には撤回したということも考慮すべきである。論争神学的な議論については例えば次を参照。J. Wissink, De inzet van de theologie, a.a.O.（注1), 131ff.
37　K. Barth, KD II, 1, a.a.O.（注7), 273.

VII 信仰の類比 (analogia fidei)：カール・バルトにおける「類比の出来事」について

　ここで再び次のことに注意すべきである。バルトの自然神学の拒絶が過剰とも言うべき形で定式化されたのは、彼が当時普及していた「ドイツ的キリスト教」のイデオロギーと自然神学を無造作に同一視したからである。そのようなバルトの拒絶にもかかわらず、これは常に時代によって刻印されている、とりわけ神学政治的な関心事、すなわち不安によって刻印されている、ということにも注意しなければならない。この不安は「ドイツ的キリスト教」の温床となることができたのである。このような洞察は、存在ノ類比に対するバルトの拒絶を含めた彼の自然神学の拒絶を相対化することになる。
　しかしその次に、この概念の同一視は概念的にその背景を問わなければならない。実際にそれは真実であるように見えるので、存在ノ類比は特定の存在理解を必然的な仕方で前提にしている。存在ノ類比に含まれている神の認識可能性についての認識論的な仮定は、特定の存在概念、つまり特定の部類に入る概念を前提にしている。
　しかし、必然的にそれと逆のことも当てはまるのではないか、という問いが生じる。特定の存在概念は必然的な仕方で存在ノ類比を含んでいるのか。あるいは、この存在概念において、別の認識論的な選択肢も考えられるのか。その際、この存在概念が存在論的な選択肢を示しているが、存在ノ類比は認識論的な選択肢を示していることに注意するべきである。それゆえここでは、結合論理が完成されなければならない。それは存在論から認識論への逆推論を引き出すことを可能にする[38]。
　したがってここでの問題は、バルトが「存在」、「自然神学」、「存在ノ類比」、「ドイツ的存在」の概念を相互に同一視するのを急ぎすぎた、ということである。ここでは、より細分化された処置が要求されるであろう。言うまでもないが、いかなる形式の自然神学もドイツ的キリスト教と同一視すべ

38　バルト自身においては、この論理的結合は明白である。神は神のみによって認識される。それゆえ存在論が認識論を規定する。しかし当然のことながら、このような論理的結合の枠組みはかなり特殊なバルトのアプローチの前提に依存しているので、これがクヴェンシュテッドにも必然的に当てはまるとは言えない。この点で事柄に即してクヴェンシュテッドを批判したければ、神学的存在論と認識論との間に他の論理的結合がありうるという可能性を排除することがさしあたって必要になるだろう。これを怠るなら、クヴェンシュテッドを正当に評価していないし、バルト自身の観点からしか評価できない、という非難を受け容れなければならない。バルトはこのような非難に少なくとも近いところにいる。

きではない。しかしまた、存在ノ類比も無造作に自然神学と同一視すべきではない。(古典的な神の存在証明が自然神学の形式であるなら、それはすべて認識論的観点において存在ノ類比を主張しているのか否かが問題になる。) また、すでに示したように、これらの概念をすべて存在概念に結びつけることが特に検証されるべきであり、それが安易に前提されてはならないのである。

要するに、バルトがこれらの概念をすべて拒絶したことには、それらを相互に同一視したのが拙速であったことによる影響が見られる。これらの概念を批判的に評価するには、仮にバルトの前提を共有するにしても、慎重な判断を期するために、まず概念相互の限定と秩序づけを適切に行うことが必要となるだろう。

5．結論的な批判的評価

以上の論評で、すでにバルト批判の地盤は準備できたことになる。以下ではその批判を明らかにしていこう。まず最初の部分で私はこれまで究明されたバルトにおける「類比の出来事」への所見を、上位にある彼の文脈の中に置き、次に第二の部分でそれを批判的に評価しようと思う。

(1)「類比の出来事」とバルトの神学的意味論の規定はおおむね、(神学的) 存在論と認識論との彼の関係規定、言い換えると、(神学的) 現実性と可能性の関係規定の延長線上にあると見るべきである。バルトが一貫して認識論を存在論の下位に置き、神認識の可能性をその現実性の下位に置くのと同様に、彼は一貫して意味論も (神学的) 存在論、つまり神の現実性の下位に置くことになる。このテーゼをここで展開してみよう。

(神学的) 存在論と認識論の関係規定、またそれが意味論に及ぼす結果について、ここでは手短に述べておくだけでよいだろう。この関係規定についてはすでに「4.」で論究しておいた。その簡潔かつ十分な定式化は次のようになる。バルトは認識論を (神学的) 存在論の下位に置いたので、意味論も (神学的) 存在論の下位に置かなければ一貫性を保つことができない。神は神のみによって認識され、それゆえ神のみによって言明される。神の認識可

VII 信仰の類比（analogia fidei）：カール・バルトにおける「類比の出来事」について

能性と、認識された神についての適切な言明をする可能性は、ただ神にのみ依拠しており、人間に依拠していないのである。

　神の現実性と神認識の可能性、またそれが意味論に対して与える結果の関係規定に関して、ここでもう少し詳しく述べておかなければならない。バルトにおいては神の現実性が神認識の可能性をもたらすということが、たびたび強調されてきた[39]。神が神である限りにおいて、つまりすべての被造物の主である限りにおいて、神は神認識の可能性の主でもある。たしかに罪を持った人間とこの神との間には、人間の側からは越えることのできない溝がある。しかし神が人間になられたことによって、しかも認識論的にも人間のところへ来られたことによって、この溝は神の側から越えられたのである。神はその御子において神認識の可能性の根拠を与えたのである。

　その際、人間はどこまでも受け身である。人間が神認識を可能にするのではなく、人間はただ神を通してもたらされた可能性に同意するという使命を持っているにすぎない。人間は、すでに訪れたことに従って（認識の服従という先に述べた意味で）「受け身」的に語るのである。

　この基本理念は意味論にも影響する。神について言明できるかという問いに対する答えは、いわば神の現実性を原則的に考慮した結果の産物である。神認識が原理的に可能とされている限りで、神についての語りも原理的に必ず可能とされるのである。そして神についての語りが原理的に可能とされている限りで、神学的意味論の根本問題も解決されるのである。

　それ以外のすべての意味論的問いは、バルトにとっては細部の問いということになる。つまりそれは、可能性の根拠から答えられる問いか、下位に位置づけられる意味を持つ問いか、そのいずれかである。例えば、われわれが神についての語りを示すときに「類比」概念を選ぶか否かは、そのような細部の問いである。原理的に見ると、この概念には何も付着しておらず、類比論についての省察もまた「類比的」となるのである[40]。

　たしかに戦略的な諸根拠は、「一義的」と「多義的」という概念を避けるために役立つ。それは考えられる事態を示すにはまだ不適切である。というのも、それは先に述べた逆転した神学的連想を抱かせるからである。われわ

39　Vgl. C. Schwöbel, Theology, in: J. Webster (Hg.), The Cambridge Companion to Karl Barth, Cambridge 2000, 17-36, 29ff.
40　これについては本論「2.」を見よ。

177

れに「一義的」、「多義的」、「類比的」という選択しかないなら、「類比」の概念がコミュニケーション戦略の根拠によって、不適切性が最も少ないものとして選ばれる。しかし原理的には、われわれが神について人間的に語ることを示すために「類比」概念を用いるか、他の例えば「X」を用いるか、という問いによって何かが変わるわけではない。どちらも同じくらい不適切なのである。その概念は常に神によってこそ「利用に適するもの」とされなければならない。ある概念がそれに適しているかどうかの良し悪しは他の概念とまったく同じ程度なのである。

　(2) バルトの神学的意味論において重要なことは、すでにここまでの議論で明らかになった。それは、原理的な意味論の問題を解決するということである。これは神についての語りが神によって与えられるというその可能性において解決される。

　バルトはここでこの原理的な解決に満足しているので、さらに具体的な意味論の問題を扱おうとはしない。それは彼にとっては細部の問題であり、原則的あるいは原理的な解決に比べると色あせて見えたのである。例えば、人間における接合点の可能性をめぐる議論において、「いかに？」という具体的な問いも、原則的な問いが解明された後では彼の興味を引くこともなかった[41]。それと同様に、ここでも具体的な問いは、神についての語りの可能性を原理的に可能にすることが保証された後では、興味を引くことがないのである。

　バルトはここで、こう言ってよければ、「ドイツ的認識論」の文脈で考えている。私がそのように考えるのは、原理的な認識論の問題の解決が絶対的な優位性を持っているために、具体的な問題の解決にはあまり注意が向けられなかったようなアプローチを想定しているからである。カント的なアプローチにおいてと同様に、バルトにとっては認識の原則的な可能性、この場合には神認識の可能性の確証が重要である。カント主義はバルトと正反対の極を示しているが[42]、バルトは問題解決の手続きを引き受ける限りにおいて、このいわゆる「ドイツ的認識論」に対して、まさに原則的なことから着手す

41　これについては次を参照。K. Barth, Nein! Antwort an Emil Brunner, in: Theologische Existenz heute 14 (1934) 5-63, 57ff.

42　„God or the Subject" a.a.O.（注32）において私が明らかにしたように、主体の強調と、存在論より認識論、現実性より可能性を優位に置くこととは、バルトの真の敵である。

るように義務づけている。

　一方で、ここにバルト的アプローチの長所を求めるべきである。まさにこの手続きによって、バルトは古典的な認識論と意味論の問題を神学的手段によって解決することができる。神の認識可能性と言明可能性の問題は、三位一体的に捉えられた神概念の助けを借りれば原則的に解決される。その際、中心的な役割を担うのは、20世紀の最も重要な神学的概念の一つ、すなわち神の自己啓示の概念である。神は神のみによって認識され言明される、ということは、すでに述べた認識論の問題と意味論の問題を解決する。他の場合にはバルトに同意できない人でも、この解決の試みの独創性は認めざるをえないだろう。

　しかし同時にここには重大な欠点もある。この問題に対する原則的な解決というバルトの業績を評価することはできても、神学的な意味論の具体的な問題がそこで無視されていることを見落としてはならない。バルトの解決は原則的なものであるから、具体的な基準を提供することはできない。したがって神についての不適切な語りを適切な語りから区別することもできないのである。

　しかし、こういった問題が生じるのは実践においてである。例えば、神の女性性を強調するフェミニスト的な神概念の構想は、神についての適切な語りを示しているであろうか。バルトのアプローチでは、こういった問いに答えるための基準を示すことはできないし、そのような基準を完成するための糸口を提供することもできない。

　「われわれ人間の神認識は、すなわちわれわれの直観と概念化が神の真理に参与できるのは、神ご自身によって恵みのうちに受け入れられ、そこに定められるときに」[43] 適切となる。このバルトの回答は実際的な問題の解決としては説得力がない。それでは、神について語り、神を認識するという特定の要求が適切であるか否かを、われわれはいかにして具体的に知ることができるか。このような反問がバルトの回答によって引き起こされる。バルトのアプローチはこの点において空白 (*Leerstelle*) を残している。

　その際、次の二通りの道がある。一つは、この空白の存在を認めるという道である。しかしその場合、一貫性を保とうとすれば、バルトの類比論は実

43　「2.」を見よ。

践的に使える基準を提供しない、という結論を引き出さなければならない[44]。それに対して、もう一つの道は、この空白を秘密裏に埋めて、実践的に意味のある基準を決めることで、バルトの原則的な考察が実践的に意味を持つかのようにすることである。しかしその際に、そのような基準の選択が恣意的になるという問題がある。それは原則的な解決と有機的につながっていないのに、つながっているものとして示されている。したがって、それは基本原理から必然的に導き出される帰結を何らかの仕方で示している、という誤った印象を与え、その結果、基本原理に同意する者は誰でもこの基準の選択にも同意しなければならないということになる。それによってこの基準は、そのつどの確信や関心に左右される人が定める恣意的な設定と根本的に同じであるにもかかわらず、威厳を持っているように見られることになる[45]。

---

44 場合によっては、この説の役割を別様に定義することもできる。
45 私見では、この危険はバルトに常につきまとっている。とりわけ彼の倫理的－政治的問いについての論述においてそうである。(例えば、彼の有名かつ悪名高い秘密外交の拒否と、その理由のことを考えてみよ。)

VIII

エルドマン・シュトゥルム

ルドルフ・ブルトマンの
非神話化と実存論的解釈についてのプログラム

　「新約聖書的告知の非神話化」というスローガンは、マールブルクの新約聖書学者ルドルフ・ブルトマン（1884–1976）に由来する。彼にとって非神話化とは、解釈学的方法論であり、それはすなわち今日の教会の告知に目を向けた釈義の方法論である。非神話化は、神話の削除や消去によって置き換えることはできない。その動機は、むしろ実存論的解釈、すなわち神話の基礎をなす人間的実存理解を発掘することである。それによって告知の本来的言葉が、聴取され、理解され、信じながら自己化することによって可能となる。非神話化と実存論的解釈は、ブルトマンにとって一対のものである。

　ブルトマンは、彼の非神話化の主張を、1941 年 6 月 4 日アルピルスバッハの「プロテスタント神学協会」でなされた講演のなかで、初めて公表した。それは「新約聖書と神話。新約聖書的告知の非神話化の問題」という主題だった。その講演は同年に刊行されたが、戦争のためにそれほど注意が払われなかった[1]。1948 年[2]に新たに公刊された後、初めて激しく、しばしば事柄を捉え損なった議論が起こった。

　非神話化に関するブルトマンのこれまですべての神学的著作は、たとえその概念自体がまだ使われていなかったとしても、取り上げられるべき事柄であった。実存論的解釈に関する基本的着想は、すでに 1924 年の「自由主義

---

[1] Beiträge zur Evangelischen Theologie, Bd. 7, München 1941, 2. Aufl. のなかに収録されている。この 1941 年に刊行されたものの再版は、E. ユンゲルによって編纂された（Beiträge zur Evangelischen Theologie, Bd. 96, München 1985）。
[2] Kerygma und Mythos I, Hamburg 1948, 15-48; 2. Aufl. 1951, 3. Aufl. 1954, 4. Aufl. 1960, 15-48（これらの版による引用は、以下 KM I と表記する）。

181

神学と最近の神学的運動」と 1925 年[3]の「神について語ることは、どのような意味を持つのか」という論文、ならびに 1926 年の『イエス』のなかで見られる。

ブルトマンは、1951 年にアメリカ合衆国における複数の大学で「イエス・キリストと神話論」[4]という講義を行い、これは後にドイツ語でも同様に刊行されることになる[5]。そのなかで、彼は 1941 年の講演の新たな理解を提供する。そこでブルトマンは批判的な問いや異論を詳しく取り上げ、そこで非神話化と実存論的解釈の関連性を明白に指摘する。ここで特に重要なことは「行為者としての神の意義」（講義の第 5 部）に関する彼の詳述である。

非神話化と実存論的解釈に関するその詳述は、ブルトマンのヨハネ福音書注解と『新約聖書神学』のなかに見られる[6]。

1．課題としての新約聖書の非神話化

19 世紀の自由主義神学とは異なり、ブルトマンは新約聖書的世界像の神話的性格を際立たせる。この世界像によれば、世界は 3 つの階層から編成されている。地は、世界という建物の真んなかにあり、地の上に天すなわち神や天使の住居があり、地の下に冥界すなわち苦難の場としての地獄がある。地は、神や悪魔などの超自然的な力の働く舞台である。「自然的出来事

---

[3] Rudolf Bultmann, Glauben und Verstehen. Gesammelte Aufsatze, 1 Bd., Tübingen 1933, „Die liberale Theologie und die jungste theologische Bewegung" 1-25 bzw. „Welchen Sinn hat es, von Gott zu reden?" 26-37（以下、GV I と表記する〔『ブルトマン著作集 11　神学論文集 I』土屋博訳、新教出版社、1986 年〕）.

[4] New York 1958.

[5] Rudolf Bultmann, Jesus Christus und die Mythologie. Das neue Testament im Licht der Bibelkritik (Stundenbuch 47), Hamburg 1964, 同様に、in: Ders., Glauben und Verstehen, 4. Bd., Tübingen 1965（〔『ブルトマン著作集 14　神学論文集Ⅳ』山形孝夫／一柳やすか訳、新教出版社、1983 年〕= GV IV, 141-189; 以下、この版にしたがって引用する）.

[6] Rudolf Bultmann, Das Evangelium des Johannes. Kritisch-exegetischer Kommentar über das Neue Testament, Bd. 2, Göttingen 1941, 21. Aufl. 1986〔ルドルフ・ブルトマン『ヨハネの福音書』杉原助訳、日本キリスト教団出版局、2005 年〕; ders., Theologie des Neuen Testaments, Tübingen 1953, 9. Aufl. 1984.

や人間の思考・意志・行為には、超自然的な力が介入する。すなわち奇跡（Wunder）[訳注1]が起こることは稀有なことではない」（KM I, 15）。アイオーン（この世界時代）は、悪魔の支配下にあり、それは非自然的な終わり、宇宙論的な破局に向かって急いでいる。終わりのときの陣痛、すなわち天上の審判者の到来、死者の生き返り、救済あるいは破滅の審判が、間近に迫っている。

神の支配についてのイエスの説教も、同じく神話的である。なるほど19世紀の釈義や神学は、神の支配を精神的、内世界的な王国と解した。それは歴史のなかで、ますます広くまた深く実現されるものである。しかし神の支配は、イエスが告知したように「終末論的」な重大事であり、それはすなわち神の終局的、超自然的行為によって突然始まる出来事である。神の国の始まりとして、イエスは宇宙論的ドラマを思い浮かべていた。それは天上の雲に乗った人の子の到来、死者の復活、義人には救済そして罪人に対しては地獄の苦しみという2種類の結末による最後の審判である。イエスは、この考えを自ら考えだしたわけではなく、ユダヤ教の黙示思想から引き継いだ。彼は神の支配を、間近に迫っているものとして待ち望んだ。イエスが行ったしるしと奇跡のうち、とりわけ悪霊の追い出しのなかで、彼はそれがただちに始まるものと見た。この神の国の到来に対して人間は準備するよう求められている。人は裁きを前にして責任が問われているのである。

同じく原始教団は、神の支配の到来を、直近の未来に待ち望んだ。彼らはイエス自身を、神話上の人物と理解したのである。新約聖書の告知は、次のような神話的言語で語られる。「今や終わりのときが到来した。『ときは満たされたので』神はその子を遣わした。神の子、すなわち先在的な神的存在は、人間として、地上に現れる。彼の十字架上の死は……、人間の罪に対する償いとなった。彼の復活は宇宙的破局の始まりであり、アダムによってこの世

〔訳注1　奇跡（Wunder）：神的力の物理的介入ではなく、神が人間に呼びかけ、それが聞き届けられること、そしてそれによって人間を突き動かし、世界に変化をもたらすことである（笠松誠「ハンス・ヨナスにおける責任と奇跡」『思想としての仏教』実存思想論集XXVI、2011年、162頁参照）。ブルトマンが「奇跡について語ることは、自己の実存について語ることであり、……私が奇跡を見るかどうかという問いは、私が信じるかどうかという問いである」（GV I, 221）と述べるように、私の実存や信仰と関連するのは奇跡であって異象ではない。〕

にもたらされた死は、この破局によって無力になり、悪魔的なこの世の諸力は、その力を失った。復活した者は天国へと上げられ、神の右に座し、『主』となり『王』となった。彼は救済の業を完成するために、天の雲に乗って再び帰ってこよう。そこで死者の復活と審判が行われ、罪、死、あらゆる苦難は根絶される。しかもそれはまもなく生起するであろう。パウロはこの出来事を自らも体験すると考えていた」(KM I, 15f.)。

今やブルトマンに対して、次のような問いが起こる。それは、キリスト教の告知は今日の人間に対してこの神話的世界像を要求することが果たしてできるのであろうか、という問いである。彼の答えは明白で、「否」であるが、そう要求することは無意味であり、そのうえ不可能である。そのことが無意味である理由は、神話的世界像はキリスト教に特有のものではないからである。つまり「それはいまだ科学的思考によって形成されていない単なる過去の世界像にすぎないからである」(16)。次にそのことが不可能である理由は、人は決断によって（時代遅れの）世界像を習得することができないからである。それに「信仰の要請としてその要請を掲げることは、信仰を業へと落とすことになるであろう」(17) という神学的根拠が、付け加わる。反対に、ブルトマンは次のような使命のために非神話化を保持している。それは律法の業によらず、ただ信仰によってのみ義認されるというパウロ―ルター的教えに対応する課題である。「さらに正確に言うならば、非神話化とは知識と思考の領域に、信仰による義認の教えを徹底的に適用することである」(GV IV, 188)。この議論の前提とは、神秘的世界像は、客体化する神知識と救済に基づき、人間に確かさを与えようとする見解である。ブルトマンは、「義認の教えと同様に、非神話化は確かさを求めるあらゆる要求を破壊する。良き業の基になっている確かさと、客体化する知識の基になっている確かさとの間にはまったく差異はない」(ebd.) と、説明する。

したがって 3 つの動機が非神話化のプログラムを根拠づける。1. 神話論的世界像は、近代人にとって、もはや無理強いされぬものである。2. 神話は神や救済を客体化するが、客体化された思考はつねに確かさを求める。3. 非神話化なるものがあるとすれば、それは、確かさに対する欲求から人間を解放する。そこでブルトマンは、次のように異を唱えられるに違いないであろう。それは近代人やその世界像にとって、客体化する思考や確かさを求め

てもよいのではないか[7]、という反論である。

2．「神話」という概念

　ブルトマンは神話、神話論、神話的世界像について、それらの諸概念を互いに区別することなく語っている。彼は「神話」を、宗教史研究がこの概念を理解する意味において理解できると主張する。「神話論的」とは、彼にとって「非世界的なもの・神的なものが、世界的なもの・人間的なものとして、また彼岸的なものが此岸的なものとして現れるところの表象方法である」（KM I, 22 脚注2）。神話は、「非世界的なものについて世界的に語り、神々について人間的に語る」（22）。そこには神の「客体化」という非難がある。すなわち神が対象化され、世界像のなかへと分類され、客体化して見ることにしたがってしまうのである。

　しかし、神話自体のなかに、同じく神話批判のモチーフが含まれている。それは「神話本来の意図は、世界と人間が従属している彼岸的な力について語ることなのだが、その意図が神話の叙述がもつ客体化する性格によって妨げられ、覆われる限り」（23）においてである。したがって神話の客体化する性格は、その本来的な意図と矛盾している。神話は彼岸の現実性について語るのであるが、「しかしそれは適切な仕方においてではない」（GV IV〔„Zum Problem der Entmythologisierung"〕, 128）。したがって神話の意図は、「人間が観察的な仕方や、予測的な仕方で対峙している世界について、ただ説明的な仕方で語るだけなのか、それとも人間自身の現実性について、したがって人間の

---

[7] 1960年11月1日にカール・プリュムに宛てられた手紙に書かれたブルトマンの発言を参照せよ。「私が、近代的な世界像を、使徒のメッセージとして妥当すべきことの基準とすることは、真実の半ばである。私にとって決定的なことは、客体化して見ることを受け入れるかたちで、私は神の啓示を保持することができないということである。しかし客体化する視覚は、私の考えでは、単に神話の思考だけではなく近代人の思考であり、私は神話論的世界像と同じぐらい近代の世界像から啓示の理解を自由にしたい。たしかに非神話化の出発点は、神話論的世界像と近代的世界像との衝突である。それはまず、神話論的世界像の批判へと導き、その後それを超えて客体化して見ること全般から神学的思考の解放の試みへと導いた」。典拠：Günter Klein, Rudolf Bultmann – ein unerledigtes theologisches Vermächtnis, in: Zeitschrift für Theologie und Kirche 94 (1997) 177-201, 193.

実存について語ろうとするのか」(134) という2つの問いが生ずるのである。ブルトマンは、まさに後者が神話の本来的意図であると、つまり人間的実存の特定の理解を表現することであると、確信している。したがって非神話化のみでは不十分であり、神話の本来的意図を発掘する神話解釈が必要とされる。すなわち、神話は、その実存理解に基づいて解釈することができるのである。

この神話の両義性をブルトマンは、次のように叙述する。「神話は、人間が依存していると自認する力、人間がその恩恵を必要とする勢力、人間がその怒りを怖れる力として、神々や悪霊について語る。神話は、人間が世界や自らの生の主人ではなく、人間が生きている世界は謎と秘密に満ちており、人間の生もまた謎と秘密の充満を隠しているという洞察を表現するものである」(146)。

神話の本来的意図というブルトマンの考え、つまり人間的実存理解を、私たちが詳しく取り上げる前に、パウル・ティリッヒのブルトマンに対する反論が思い出される。それはブルトマンが定式化したように「キリスト教信仰の言語は、必然的に神話論的である」(177) というものである。ティリッヒは、今日神話は解体され片づけられている、というブルトマンの見解を共有することは決してない。ティリッヒにとって、神観と世界観は、「相互に」[8]破られていない神話のなかに入り込んでいる。私たちは、ユダヤ・キリスト教的な一神教に制約された神話以後の時代に住んでいるが、決して神話なき時代に住んでいるわけではない。「神話は打ち砕かれ、背景へと追いやられたが、それが消失することはない。ほんとうに非神話的な精神状況は存在しない。そして宗教的文化的なあり方をするつねに新たな創造物において、また現在においても隠れた神話が顕わになる。それはもしかすると、いっそう非象徴的、実在的、現実に近い神話である。しかしそれが神話であることに変わりはなく、そしてそれは他のものにはなりえない。というのも神話のなかで、人間の精神生活と存在それ自体の基本的根拠が明らかになり、無条件的なものや存在の彼岸と結びつけられるからである」[9]。したがってティリッヒにとって実存は、ハイデッガーとは異なり、超越との関係を含むものであ

---

8 Paul Tillich, Artikel „Mythus und Mythologie: I. Begrifflich und religionspsychologisch", in: RGG, 2. Aufl., Bd. IV, Tübingen 1903, Sp. 363-370, 366.

9 Ebd., Sp. 370.

る。まさにこのことを、神話は表現する。

　ヴァルター・F・オットーにとって、原始的神話は、世界が始まる出来事に関する物語形式のなかで「無時間的なもの、永遠なるもの……を伝える。そして神話の真理が、人間全体を把握し、形づくり、人が始めからそうあるべきだったもの、つまり神性の像にするということを伝える。それは神との対話である」[10]。深層心理学の神話解釈において、ヴァルター・F・オットーが言うように、人間は自分自身へ、自らの内奥へと後戻りし、神的な精神から締め出される。「そこにはこの神性を失った時代の子がいる。それが悟性概念や実験を意味するところでは『自然』と語り、魂という対象を分析するところでは『存在』と語る」[11]。神話が、元来「言葉」を意味するということをオットーは思い出させる。神話において、神的なものは言葉として——人間に似た形として——顕れる。「このように神性は、あらゆる真の神話の中心点にある。……そして神性が、神話のなかで取り囲むすべてのものと共にあることは、端的に奇跡的なものなのではなく、それどころかまさに奇跡それ自体であり、神性は自然法則に矛盾するからであり、むしろあらゆる思考されたものや思考必然性とは別の存在領域に属するからである」[12]。

　宣教学者のホルスト・ビュルクレにとって、神話的なものは「私たち人間存在の根本構造」であり、啓蒙主義の進行によって簡単に解体されるものではなく、また理性の認識可能性と対立することもない。神話の真理は「本来の意味において超理性的である。すなわち音楽や詩や表現芸術の『言語』が真理を媒介的に知らせることと同じように、神話はそれに固有の啓示的言語を語るのである」。神学にとって重要な問いは「なにが神話に取って代わるのか」ではない。「それゆえケリュグマ（宣教）と神話との間には対立は存在しえない。告知されるべきものはすべて、本質的に神話的に規定され、引き起こされる。ここでもまたキリスト教的啓示の本質は、神話的なものを規定する。神話的なものは、神の自己告知が完全に歴史的に埋め込まれた

10　Walter F. Otto, Der ursprüngliche Mythos im Lichte der Sympathie von Mensch und Welt (1955), in: Karl Kerényi (Hg.), Die Eröffnung des Zugangs zum Mythos. Ein Lesebuch (Wege der Forschung Bd. XX), Darmstadt 1967, 270-278, 278.

11　Walter F. Otto, Theophania. Der Geist der altgriechischen Religion, Hamburg 1956, 22f.

12　Ebd., 25.

内にある」[13]。ビュルクレは、ヴァルター・F・オットーを次のように引用する。「神話が人間的なものを軽んじることや宗教から完全に追放しようとすることは、ひどい誤解である。言葉となった神話は、神的なものが人間的なものに受肉したものである」[14]。宗教的伝達としての言語は、ビュルクレが言うように、「きわめて深く神話的にくるまれている——この言語はその啓示を伝達する資質を失い、概念的-合理的でうわべだけの情報伝達行為に尽きている」[15]。それに反してブルトマンは、次のような見解を持っている。それは、もし神話論的概念が必然的に象徴や比喩として存在するならば、それによっていったい何が表現されるのか、私たちは問わねばならない、というものである。つまり「たしかに、信仰の言語にこめられたそれらの意味が、神話論的表象によって表現されねばならないということは、ありえない。それらの意味は神話論的用語を用いずに語られうるし、またそうでなければならない」(GV IV, 177)。

3．実存分析としての非神話化

ブルトマンにとって、神話の本来的意味は、神話が私たち自身の実存について語ることにある。聖書解釈にとって適切な問いは、「人間的実存は聖書のなかでどのように理解されているか」(168) である。すべての歴史的文書解釈の究極的動機は、「人間の生の可能性に対する理解、それと同時に私自身の生の可能性に対する理解を獲得することである」(ebd.)。私は人間的実存の可能性を意識するよう求められている——それは歴史的テクストつまり神話的で聖書外のテクストと聖書テクストの研究にとっても同じく、究極的根拠である。もっとも聖書テクストには、ある特別な根拠がある。聖書テクストのなかで、私は、たんに一般的な人間的実存の可能性について知らされるだけでなく、むしろそのなかで私に向けられた言葉を人格的に聴くのである。そして私は、その言葉から逃れることができない。しかしそれは特別

13　Horst Bürkle, Theologische Konsequenzen aus der Wiedereröffnung des Zugangs zum Mythos, in: Klaus Heinrich Schmid (Hg.), Mythos und Rationalität, Gütersloh 1988, 352-367, 352.

14　Walter F. Otto, Der ursprüngliche Mythos, a.a.O（注 10), 274.

15　Horst Bürkle, Theologische Konsequenzen, a.a.O（注 13), 353.

で、一般的ではない可能性である。私はそれを前もって予期することはできず、無理に取ることもできず、とりわけ他の人間に押しつけることはできない。その可能性は「ただ私が言葉を理解するときにのみ、現実的に」なるのである（ebd.）。

さしあたりブルトマンにとって重要なことは、聖書テクストは、人間的実存理解のどのような可能性を示すのか、という問いである。彼は「適切な解釈学的原理、正しい方法、正しい問いを立てること」（169）を挙げている。ブルトマンによれば、それはただ「客観的な批判的熟考」つまり「正しい哲学」によって発見することができる。ブルトマンが「正しい」という言葉を引用符のなかに置く理由は、あらゆる問いにいつも答えうるようなまさに正しい哲学など決して存在しえないことが、彼には明らかだからである。むしろ「最適な視座と最適な考えを、人間的実存理解のために」提供する今日の哲学が考えられる（ebd.）。ブルトマンにとって、この哲学とは、マルティン・ハイデッガーの実存哲学である。

私に人格的に向けられた「私に現実的実存を与える」という聖書の言葉は、人間的実存の可能性に対する哲学的な問いと、実存一般に関する報告から区別されねばならない（168）。両者はしばしば入り乱れて使われているが、正確に区別することができる。それは人間的実存の形式的で実存論的な分析と、私には選択の余地のない具体的で実存的な出会いと語りかけである。さてブルトマンにとって、実存論的解釈を超え、聖書の言葉を私に向けられた言葉として聞きそれを信ずることは、批判的な聖書釈義の管轄ではない。この「人格的関係性」は、ブルトマンが思い出させるように、聖霊によって私たちに授けられる。つまりそれは批判的聖書研究では達成されえないものである。しかしもしかすれば、私たちはハイデッガーの実存哲学と『存在と時間』のなかで与えられる彼の実存分析の助けを借りて、神話に覆われたテクストのなかで現れる実存理解を発見することができる。

ブルトマンにとって「正しい」哲学の成果は、何であるのか。ブルトマンは、1927年に刊行されたハイデッガーの『存在と時間』を、彼のやり方で受け入れた。カール・ヤスパースは、正当にも次のように指摘している。ブルトマンは、ハイデッガーの『存在と時間』のなかにある実存論的存在論を、学問的、普遍妥当的な認識の意味で、人間存在から「分離した」。つまり「引き離され、無関心にされることによって、この思考は聖書の実存的命

189

題を実存論的解釈によって思考しながら我が物にするための道具となる」[16]。このやり方は、ヤスパースが指摘するように「哲学に暗く」、同じく聖書にも暗い。ヤスパースは「実存論的分析」のようなものは、少なくとも学問的な認識としては存在しない、と疑った。すなわち「実存論的分析は、それが哲学的であるときには、けっして学問的に中立ではなく、普遍妥当的ではなく、むしろただちに実存的である。つまりそれは真剣さから真剣さへの言葉であり、感動から感動可能性への言語である。……かの実存論的と実存的とを区別することによって、私はこの真剣さから身を退くことになる。……これは批判的に明らかにするものではなく、むしろ無拘束的なものへと誤って導く区別である。それは目覚めさせる代わりに、麻痺させるものである」[17]。このようにハイデッガーの『存在と時間』をブルトマン自らの神学に役立てたという非難は、ブルトマンに対する哲学者の厳しい批判のなかに含まれる。

ハイデッガーとブルトマンの弟子ハンス・ヨナスは、たしかな循環性に特有の「選択が持つ親近性」について語る。つまり「哲学的道具の選択は、取り扱うべき事柄の見解によって規定され、道具が表す哲学的立場によって事柄の見解は規定される」[18]。ハイデッガーの『存在と時間』の選択にとっての本質的な要素は「同時代性」、「不可避的に支払わねばならない歴史性」、「完全に整っていること」であると、ヨナスは言っている[19]。

ブルトマンは、『存在と時間』において表現されているようなハイデッガー哲学を、完全に引き継ぐことは決してない。ブルトマンが採用するものは、ハイデッガーの現存在（Dasein）の存在論的分析である。ここで実存の形式的存在論的構造の分析と、実質的で存在的な現存在理解、もしくは実存的つまりキリスト教的な現存在理解とを、再び区別しなければならない。

16　Karl Jaspers, Wahrheit und Unheil der Bultmannschen Entmythologisierung, in: Karl Jaspers/ Rudolf Bullmann, Die Frage der Entmythologisierung, München 1954, 7-55, 14〔カール・ヤスパース『聖書の非神話化批判』ヤスパース選集 7、西田康三訳、理想社、1962 年〕（ヤスパースの論文は、次のなかで、最初に出版された、Schweizerische Theologische Umschau 23 [1953] 74-106）.

17　Ebd., 15.

18　Hans Jonas, Im Kampf um die Möglichkeit des Glaubens. Erinnerungen an Rudolf Bultmann und Betrachten zum philosophischen Aspekt seines Werkes, in: Otto Kaiser (Hg.), Gedanken an Rudolf Bullmann, Tübingen 1977, 41-70, 50f.

19　Ebd., 51.

「実存の問題を実存的なものとして明確にとらえ、徹底的に考えた」が、実存論的問題とは「異質な」[20]キルケゴールを、ハイデッガー自身は引きあいに出している。それはもちろん、存在的－実存的決断はハイデッガーの存在論的分析の基礎をなしていないのであろうか、という問いが残っている。存在的－実存的決断が、現存在の形式的存在論的解釈へと行き着くことはそもそもないのだろうか。

　それは例えば、実存概念の規定のなかで示される。ハイデッガーにとって存在者の本質存在（essentia）は、そもそもそれについて語られうるならば、現実存在（existentia）のなかに含まれる。その意味において、ただ現存在は、実存を持つのである。「すなわちこの存在者において際立つ特徴は、これこれと『見える』眼前的存在の眼前的『特性』ではなく、むしろそのつど彼にとって可能な仕方で存在することであり、それのみである」[21]。ある種の特性が人間の存在を構成するのではなく、むしろただ彼にとって可能な仕方が、存在するだけである。人間は実体ではなく、宗教的に言うならば被造物でもなく、むしろ実存である。彼は（存在様態としての）自らの実存に対して完全な責任を担っている。これは存在者の「各自性（Jemeinigkeit）」を意味し、そこではつねに人称代名詞「私」がともに考えられる[22]。この「各自性」は、そう問われるに違いないだろうが、神学的に受け入れられるのであろうか。人間の現存在がそのつど、自らの現存在であるのならば、神との関係は除外されるのであろうか。実存は超越なしの実存である。それに相当するものは「本来性（Eigentlichkeit）」の存在様式にも適用される。現存在は「各自性」によって規定されるのである。

　ブルトマンにとってさしあたり十分であるのは次のことである。ハイデッガーの「本来性」の概念は人間的実存の理想像を取り上げることではなく、また「汝はこのように実存せねばならず、そうするほかはない」と指示することでもない。「汝、実存せよ」と、彼が言うことは十分である。実存哲学はブルトマンにとって、事物のたんなる眼前的存在とは違って、実存するとは何を意味するのかを示すだけである。

20　Martin Heidegger, Sein und Zeit, 9. Aufl., Tübingen 1960, 235 Anm. 1〔マルティン・ハイデッガー『存在と時間』〕.
21　Ebd., 42.
22　Ebd.

人間は、ただ人間のみが、実存を持ち、「彼がどの『今』も自由な決断の瞬間であることを自覚するとき、自己の実存を実現するのである。……だれも他者の代わりにはなりえない。というのもそれぞれが自分自身の死を遂げねばならないからである。それぞれは自らの孤独のなかで、自己の実存を実現する」(GV IV, 170)。

ブルトマンは、実存哲学が存在論的分析に限定されていることを、キリスト教神学とキリスト教的宣教にとってのチャンスと見る。「実存哲学は、私自身の実存に対する問いに答えないことによって、私自身の実存を私の人格的な責任へと置くのであって、そうすることによって私を聖書の言葉へと開く」(ebd.)。

神と人間との関係にとって意味されるのは、純粋に形式的な実存論的-存在論的分析は神に対する私の関係を考慮しないということである。神ないしは私の神との関係は、形式的な考察の対象ではない。神の啓示は、「今ここで、ただ生の具体的な出来事のなかでのみ、現実的に」(171)なる。神は私たちが意のままにできるものではない。神自身が私と出会い、私に向かって行為し、彼の言葉で私に語らねばならない。それがブルトマンにとって、神についての語りが存在論的現存在分析のなかに、まさに普遍的な命題のなかにその場所を占めないことの根拠である。これは究極的にはブルトマンが、人格的な決断のなかで、私を〔神的〕告知の聴取へと開くために、ハイデッガーの実存理解に助けを求め、聖書テクストを実存的に解釈したことの根拠でもある。したがって私たちはブルトマンの神理解について、すでに暗黙のうちに語っているのである。今やここで、これを明示的に述べるべきである。

4. 神に関して (*über*) 語ることと、神から (*aus*) 語ること

ハイデッガーの『存在と時間』(1927年) が刊行される以前、すでにブルトマンは、1924年と1925年の2つの論文のなかで、また1926年に出版された『イエス』のなかで、彼の神理解を十分明瞭に述べていた。それはブルトマンの神理解と実存理解が、ハイデッガーの実存哲学に依拠して生み出されたわけではないことを示している。ブルトマンはこれらの理解を、自由主義神学との議論のなかで、つまり宗教改革神学と彼の師ヴィルヘルム・ヘ

ルマン（1846–1922）の神学と、キルケゴールならびにカール・バルトやフリードリッヒ・ゴーガルテンの弁証法神学との決定的な影響の下で、獲得した。

　ブルトマンは、彼の著書『イエス』[23]のなかで、神の支配が到来するというイエスの宣教を集中的に論ずる。神の支配は今到来し、「人間が神の支配へと決断し、そのときすべてを犠牲にするか否か、という重大な・あ・れ・か／・こ・れ・か」（30）の前に、人間を立てる。イエスは、有様として神の支配に関心を持たない。彼の関心は「重大な・あ・れ・か／・こ・れ・かを意味し、人を・決・断へと追いやる奇跡的な出来事としての」（38）神の支配に向けられている。人間は決断のなかに立ち、それによって人間は本質的に人間として特徴づけられる。ブルトマンが彼の宣教をそう解釈するように、イエスにとっては「いつもが最後のときである。イエスにとって同時代のかなり多くの神話論が、人間的実存を把握するのに適していたことは、理解可能である」（47）。非神話化と実存論的解釈は、「実存」「決断」「あれか／これか」という概念によって、すでにあらかじめ示されている。

　1924年の論文「自由主義神学と最近の神学的運動」[24]のなかで、神の存在は、客体化する思考からはっきりと免れている。「神は所与ではない」。神は「自らを啓示するときに」のみ、知られうる。神の啓示は「まさに偶然の出来事であり」、「・人・間・に・向・け・ら・れ・た・行・為であって、理性的認識の意味で知られるものではない」（18）。神は、自然や歴史や理性のなかのプロセスとして、自らを実現することはない。もしそうであれば、それは人間の神格化と、ほとんど同じであろう。「そうではなく、神は人間の・全・面・的・な・破・棄、・そ・の・否・定、・そ・の・疑・問・視、・人・間・の・裁・き・を・意・味・す・る」（ebd.）。この裁きが恩寵である。というのもそれは、人間として神に自己主張し、自ら神であろうと欲する人間に対する裁きだからである[25]。神は人間に対して、問いを「突きつける」。それは人間が自己神格化という根本的な罪から自由になるよう欲するか否か、と

23　Rudolf Bullmann, Jesus, Berlin 1926, 2. Aufl. 1929〔『ブルトマン著作集6　イエス／原始キリスト教』八木誠一／山本泰生訳、新教出版社、1992年〕. 以下の引用は第2版に依る。
24　In: GV I, 1-25.
25　ルターの「スコラ神学への反論」（1517）第17提題「人間はその本性から神に神であるよう欲することができない。それどころか彼自身が神になりたいのであり、神が神であることを欲していない」（WA 1, 225）を参照せよ。

193

いう問いである。「このように人間に問うことができるのは、神のみである。……問いが神から発せられるのであれば、その問いは人間に対する神の要求に基づくものである」(19)。「神の前に立たされた者として人間について語ることによって、したがって信仰から語ることによって」(25) のみ、神学は神について語ることができる。

1925 年の論文「神について語ることは、どのような意味を持つのか」[26] のなかで、ブルトマンは次の考えを述べている。彼はまず、「神は全能なるもの、すなわちすべてを規定する現実性である」(26) という伝統的な表現から作業を始める。そしてブルトマンは、この表現を私たちの「具体的実存」(これはこの論文の鍵概念である) に関連づける。したがって神は、「私たち実存を規定する現実性」である (29)。また「神は絶対他者である」という表現もブルトマンは取り上げる。しかしその表現は、ブルトマンにとって、神は「まさに絶対他者として、罪人である私に対峙する」(30) という意味である。人間は、私たちに対する神のこの要求から、神に対立する中立性へ、つまり神を議論することへと逃れようとする。それによって人間は「自らの実存のほんとうの現実性の外に」自身を置くのである (27)。ブルトマンは、ここで神学者として実存的に論証しており、実存論者として存在論的に論証していない。

神に関する (*über*) 中立的な議論、神に関する語りは、罪である。それではどのようにして、ブルトマンが言うように、私たちは神から (*aus*) 語ることができようか。私たちはこのことに取り組むことはできない。それが私たちの試みである限り、それは罪であろう。というのも私たちは神を意のままにすることができないからである。もしそうするならば、神の行いは放棄されるであろう。「神から語るという仕方で、神について語ることは、まぎれもなくただ神自身によって与えられうるのみである」(28)。

神は、人間の具体的実存を規定する力であるが、それにもかかわらず絶対他者でもある。それが意味することは、人間のほんとうの状況とは、「神について語りたくても語ることができず、また自らの実存について語りたくても語ることができない罪人」(30) である。それでは、私たちが神について語りえないのならば、せめて私たちの実存について語ることができるの

26　In: GV I, 26-37.

か。いや、そのようなことは決してない。それではどのようにして、私たち
は、自らの具体的実存を規定する力としての神について語ることなく、私た
ちの実存について語ることができるのか。「私たちは神に関して語ることは
できないのだから、自らの実存に関して語ることができない。また私たちの
実存に関して語ることができないのだから、神に関して語ることができない。
私たちはただ双方同時に語ることしかできない。私たちが神か̇ら̇神について
語ることができるのであれば、自らの実存についても同様に語ることができ
るし、その逆も成り立つ」（33）。

　しかしながら、私たちはどのようにしてこの循環から抜け出せるのであろ
うか。ブルトマンは、私たちは罪人であるから、もしかすると神についても
私たちについても、そもそも語るべきではないのだろうか、という問いを論
究する。それでは私たちは沈黙すべきなのだろうか。しかしそれでは、私
たちは同じく、行為すべきでもない。このジレンマに対するブルトマンの
解答は、1925 年の論文のなかにある。それは、神から自らの心に迫ってく
る、語らねばならないこと（Reden-Müssen）もしくは沈黙せねばならないこ
と（Schweigen-Müssen）の考えである。「そして実際、私たちが神について
語ることができるのか、いつ語ることができるのかという問いに対する唯一
の答えは、私たちがそ̇う̇し̇な̇け̇れ̇ば̇な̇ら̇な̇い̇ときにおいてである」（34）。し
かし、「しなければならない」は、私たちが因果的拘束や神の命令の下に立
つことを意味するのではない。それは「自由な行為」を意味する。「という
のも、私たちの実存的存在から生じるものは自由な行為のみであり、そのな̇
か̇でのみ私たちは自己であり、全体だからである」（ebd.）。私たちは自由な
行為のなかで「しなければならない」に従う。この「私たちの具体的実存を
表現する」自由な行為を、ブルトマンは信仰と名づける（35）。「私たちは神
について知̇ら̇な̇い̇。私たちは自身の現実性を知̇ら̇な̇い̇。ただ神の恩寵に対す
る信仰のなかでのみ、両者を知るのである」（37）。しかしブルトマンにとっ
て、この信仰は決してある立場やある種の世界観にはなりえず、「ただつね
に新たな行為、新たな服従であり、……ただ行為としてのみ、確かである」
（ebd.）。

5．救済の出来事の実存論的解釈

　ブルトマンは、ハイデッガー的な現存在の実存論的分析に倣って、罪の下にある人間の基本的状況を、次のように描写する。「人間は、眼前的存在者つまり『世人』の世界に自らを見失うか、もしくはあらゆる確かさを放棄して未来に向かって徹底的に自己を投げ出すことによって自らの本来性を獲得するか、という過去と未来の間における決断の瞬間に、そのつど置かれている。人間はこのような不安のもとで、自己自身についての憂慮のなかで、歴史的に実存している」(KM I, 33)。それに対してブルトマンは「新約聖書のなかでも同様に、人間はそのように理解されるのではないだろうか」と問い、その問いに「然り」と答える。1928年に発表された「ヨハネ福音書の終末論」[27]に関する論文のなかで、彼はハイデッガーの現存在分析に依拠して、次のような仕方で、人間の「非本来的な実存」を描写する。「自らを頽落存在のもとで拘束されることは、自らの可能存在を放棄することを意味する。この世の見解は、人間がそのつど可能性を持っていることである。人間がそのつど可能性であること、人間の存在は可能存在であること、人間はそのつど決断へと呼び出され、危険にさらされていることを、この世は忘却している。世界はそのような決断を退ける。それによって世界はすでに決断しているのであり、可能存在として自らの存在を切り捨ててしまったのである。それによってこの世は自らの未来を切り捨ててしまった。というのも可能存在であることは、未来を持つことだからである。それによってこの世はつねにすでに過ぎ去ったものである。この世が持っているものはすべて、本物ではなく偽りであり、つねにすでに過ぎ去ったものである。なぜなら、それはつねに古いものにとどまり、決して未来へ導くものではないからである。この世は死のなかに存在する」(139f.)。

　しかし生とは、自分自身を可能性として取り戻し、未来を再び持つことであり、それはいかなる意味においても、人間にとって意のままにできないものである。生は与えられるもの、すなわち「そのつどの聴取として信仰のなかではじめて捉えられるもの」(141)であり続ける。

27　In: GV I, 134-152.

それゆえブルトマンは、次のような見解に異議を唱えるのである。それはキリスト教的存在理解が、キリストなしでも自然的で哲学的なものとして可能であり、人間に必要なものは自らの非本来性を示すことだけであり、「存在するものすべてないしは存在するものの起源に対する献身、また神に対する献身」によって、人間は自らの根源的で真の本性を顕わにし、取り戻すことができるという見解である[28]。ブルトマンにとって、ここに新約聖書との違いがある。新約聖書は、人間は非本来性と世界頽落性から自己を自由にすることはできず、むしろ「神の行ない」によって自由にされる、と主張していた。新約聖書の宣教は、まさに「この自由にする神の行為についての宣教、キリストのなかで成就した救済の出来事についての」宣教である（KM I, 35）[29]。

　はたしてブルトマンは「神の行ない」という概念とまさしくこの自由にする神の行為の宣教という概念を断固として保持することで、非神話化や実存論的解釈を、首尾一貫してやり遂げなかったのだろうか。そうであるならば、人間の非本来性から本来的生への「移行」は、「ただ神の行ないとして把握できる」（40）のであって、非神話化に制限が設けられるのではなかろうか。それでは「神話論的な残余」（48）が残されたままであろう。

　神の「自由にする行ない」は、内容的にはキリストの出来事であり、そこでは史的なものや神話的なものが、相互に入り組んでいる。ブルトマンは、この神話的なものが「イエスの史的な形姿とイエスの歴史の意義、すなわちそれらの救済の形姿と救済の出来事としての意義を表現することにまったく意味がない」のだろうか、と問う（41）。

　ブルトマンは、イエスの先在と処女降誕という神秘的な叙述を例として挙げる。これらの叙述は、イエスという人格の信仰に対する意義を述べようとしている。しかしキリストの出来事は、十字架と復活に集約されるものである。十字架が神秘的出来事として理解されるのは、私たちが十字架を神

28　ブルトマンは、Wilhelm Kamlah, Christentum und Selbstbehauptung, Frankfurt/M. 1940, Neuauflage 1951 を「キリスト教と歴史性」という主題で取り上げている。

29　「したがって新約聖書を哲学から区別し、キリスト教信仰を『自然的』存在理解から区別することが決定的である。つまりどのような献身、どのような信仰、どのような愛、どのような人間の本来的生をまず可能にするか、という神の行為について新約聖書は語り、そしてそれについてキリスト教信仰は知っている」（KM I, 40）。

の子の犠牲と理解し、神の子の血が私たちの罪を贖ったと理解するときである。ただしブルトマンにとってそれは客体化する考えなのである。ここでは「神を私たちに役立つものと評価する」(42) という客観的に可視的な事態が起こっている。しかし十字架を信じることは、「キリストの十字架を自身のものとして受け入れること、すなわちキリストと共に自身を十字架につけるということを意味する」(ebd.)。そう見るならば、キリストの十字架は神秘的出来事ではなく、むしろその根源をイエスの磔刑という史的出来事のなかで受け入れる「歴史的出来事」である。歴史的出来事として、この出来事は過去の出来事ではなく現在の出来事であり、人間に対する神の救済する裁きである。復活は、十字架の意義を表現したものであり、証明可能な異象 (Mirakel) 〔訳注2〕ではない。それゆえ信仰は、救済の出来事としての十字架への信仰である。

信仰以前の人間の実存から新たな人間の実存への移行、つまり非本来性から本来性への移行、自己自身から本来的生に向けての人間の解放は、ブルトマンにとってただ「神の行ない」としてのみ把握することができる。そこでは神話論的な残余が、残されていないのだろうか。

ブルトマンは、1951 年の講義「イエス・キリストと神話論」のなかで初めて、神の行為という考えに、詳細に取り組んだ。そこで彼は、救済の出来事であるキリストの出来事を超えて、一般的に、自然・歴史・人間的運命もしくは魂の生における神の行為について語った。ここでもまた、神の行為についての語りは神話的語りなのか、と彼は問うている[30]。

6. 神の行為という考え

ブルトマンにとって、神の全能に対する信仰は、ただこの信仰が私の実存のなかで遂行されるとき、また私が今、ここでこの神の力によって圧倒され

---

30 Vgl. GV IV, 172-188.

〔訳注2 異象 (Mirakel)：規則正しい秩序にしたがって経過する自然的出来事に反する驚くべき出来事のこと（「奇跡の問題によせて」『ブルトマン著作集 11 神学論文集Ｉ』土屋博訳、新教出版社、1986 年、243 頁参照）。〕

るときにのみ、真実になる。したがって神の全能に対する信仰は、宇宙・自然・歴史を超えた全能という意味においては、主張されえない。神は、抽象的もしくは客体化するような（客観的）意味における世界の主人ではない。マルティン・ルターの「*Terra ubique Domini*」（地はいたるところ、主のものである）という命題は、ブルトマンにとって「教義学的な叙述として」真では「ない」。しかし、おそらくその命題が「私の実存の決断のなかで」述べられる場合、それは真理である。一つの例としてブルトマンは、戦争捕虜を取り上げている。それはロシアで、異国の困窮のなかにあって、この具体的状況のなかでその命題を語る戦争捕虜である。世界におけるそれぞれの出来事は神の行ないである、と主張する者は、もちろん普遍的で汎神論的な世界観を支持する。ブルトマンは、この世界観に対して、「神は、今ここで、私に向かって行為し、私に語りかける」（GV IV, 174）というキリスト者の信仰を対置させた。信仰とは「人が、そのとき一回限りで所有する」ような知識ではなく、また「普遍的な世界観」でもない。それは「生きた信仰」として、「信ずる者が、神が今ここで彼に何を語るか、と絶えず問うのであれば」(175)、今ここでのみ、現実的になるものである。

ブルトマンは、彼の師であるヴィルヘルム・ヘルマンの言葉[31]、つまり「神について私たちが言いうることは、ただ神が私たちに向かって行ないをする、ということだけである」（GV I, 36）を引用する。彼は、この言葉を先鋭化させ、今ここで私に向かう神の行為について語る。それはもちろん、客体化する眼差しから完全に逃れる行為であり、この世の事象へと客体化されてはならないものである。私たちが、神の行為を「因果性にしたがって相互に入り込んで契機する出来事の連鎖における環」（GV IV, 172）として導入するのであれば、これは生起する。

「出来事の連鎖」という隠喩が指し示すことは、神の行為は、近代的世界像と近代的自然科学や歴史科学のなかでは、謎めいた限界を見いだす、ということである。私たちが、神について語りうるのは、ただ神は今ここで私に向かって行ないをするということだけである。

このようにブルトマンは、神の行為を理解するための2つの方法を、厳密に区別する。それらは「この世の行為もしくはこの世の出来事の間に生じ

31　Wilhelm Herrmann, Die Wirklichkeit Gottes, Tübingen 1914, 42.

199

る」行為と、神の隠れた行為として「出来事のなかで起こる」行為である（173）。この世の行為の「間」に生じる神の行為についての語りは、ブルトマンによって客体化するものであり神話論的である、と判定される。それゆえその語りは非神話化されねばならない。しかし人が、自然的出来事の連鎖のなかに隠されたものとして神の行為を語ることを、神話論的と呼びたいのであれば、ブルトマンはそれに対して異議を唱える必要はない。なぜならこの場合、神話とは「非神話化が取り扱うものとはまったく違うもの」（ebd.）だからである。この意味において、行為する神について語る者は、神について客観的に語らないであろう。

　ブルトマンは、行為する神についての自らの語りが、この２つ目の意味、本来神話論的ではない意味において理解されることを知ろうと望む。彼はそれを、自然的出来事と直接的−同一的ではなく、むしろ逆説的−同一的な行為として、詳細に特徴づけた。この「逆説的同一性」は、「今ここで、外見上の非・同一性に逆らって」（ebd.）信じられるものである。私は信仰のなかで、たとえ自然的出来事を「事物の自然的経過の連鎖における環として」（173f.）見たとしても、この出来事を神の贈り物や神の罰として理解することができる。この連鎖が断ち切られることはないが、しかし私はそのなかに、私に対する神の隠れた行為を見るのである。

　神話論は、この世の出来事の自然的で完結した連関を否定する。それは「この連関を破壊することで、超自然的出来事を自然的出来事の連鎖のなかへと適合させる」（175）ことによってなされる。このような自然連関の破壊を、ブルトマンは拒絶する。「それどころか自然科学の世界像が、私たちにとってこの世で仕事しうるためには不可欠であることを、信仰は承認する。私は、一人の科学的観察者としてだけではなく、私の日常生活のなかでも、この世の出来事をすべて原因と結果によって連結されていると見なさねばならない」（ebd.）。神の行為についての語りは、この世の出来事の連関を神話論より根本的に否定する。つまり「私は神について語るとき、この世の連関そのものを否定する。また私は自分自身について語るときも、出来事のこの世における連関を否定する。というのも、この世の出来事の連関のなかでは、私の自己、私自身の実存、私の個人的生は、行為する神より可視的でも証明可能でもないからである」（ebd.）。ここでブルトマンは、ティリッヒの「それにもかかわらず」に依拠して、「信仰の逆説性」について語ってい

る。すなわち「完全に自然的で歴史的な物事の経過における理解可能な出来事を、『それにもかかわらず』神の行為として、今ここで［理解するのである］」(176)。この「それにもかかわらず」は、不可分に信仰に属する。「これのみが、ほんとうの奇跡（Wunder）信仰なのである」(ebd.)。

7．神の啓示と信仰の可能性について
（ハンス・ヨナスのブルトマンに対する哲学的批判）

　ハンス・ヨナスは、このブルトマンの解決策を、哲学的立場から批判した[32]。ヨナスは、「出来事の連鎖」をブルトマンが認め「それにもかかわらず」神の行為について語るという信仰の逆説のなかに、カントのフェノメノンとヌーメノンの区別すなわち現象と物自体の区別を見た。決断に従って自然的 – 因果的に規定されるものは、私にとって実際のところ、自らの自由の因果性である。しかしそれに対応して、ヨナスも議論しているように、神的な因果性が想定されえよう。もっともヨナスは哲学者として、次のように信仰の現実性ではなく、信仰の可能性について語った。「いわば『外から』ただの自然として見られねばならないのであれば、それは『内から』人間的自由の行為もしくは神的自由の行為としても見られる状態にありえるだろう」(58)。
　現象的なもの、自然のメカニズムが、知ることができる一方で、ヌーメン的なもの、自由やそれと共にある道徳は、ただ信じうるのみである。ヨナスは「それゆえ私は信仰の場を獲得するために、知識を破棄しなくてはならなかった」[33]というカントの有名な言葉を、思い出させる。ヨナスは、次のような事態を、カントとブルトマンのこの立場における弱点と見なした。それは、その立場においては根本的に神の働きは普遍的であらゆる事物のなかで認められるのであるが、特定の事物のなかで見られる神の啓示は除外される、という事態である。「超越の隠れ、すなわち超越が現象しないことは、現象の決定論と同様に突破することができない」(59)。他の言葉で表現するならば、神の行為は「物自体」の世界にくぎづけにされたままで、それは現象世

32　Hans Jonas, Im Kampf um die Moglichkeit des Glaubens, a.a.O.（注18）．
33　Kritik der reinen Vernunft, 第2版の序言（B XXX）〔イマヌエル・カント『純粋理性批判』〕。

界に入ってこないのであるが、それでもそれが私たちの世界である。

したがって哲学者ヨナスが批判するように、ブルトマンは「この世の因果性が持つ狭さと厳格さについての過度なイメージを、カントと」共有している。そのイメージは一義的に規定されるので、「非物理的な原因を自然の流れにそれぞれ導入することは、連鎖の断裂に等しいものであり、つまりタブー化された異象の場合と同様である」(59)。それにもかかわらず次のような奇跡が、絶えることなく、何よりも私たちと親密なものとして存在する。それは「物理的な連関が断裂することなく、物理的なものへと介入する非物理的な『奇跡』であり、……すなわち、私たちが意識的な選択に基づいて行為するときは、いつでも存在するのである」(ebd.)。さもなければ、私たちの行為は、たんに誤った仮象にすぎないであろう。私たちがいま人間的行為に対して認めるものが、神的な行為に対しては否認されるなどありえない。ブルトマンによれば、神的な行為が、現象世界のなかへと到達することはない。ただしヨナスは、アウシュヴィッツに目を向けて、歴史のなかで神の作用について語ることが非常に問題性をはらんでいることを、次のように認めている。「それゆえ内在の自律性は、信じぬ者と同様に信ずる者にとって、不可侵的なものとして認められたままである、という答えにおいて、私はブルトマンと意見が一致している」(64)。しかし宗教は、自らにとって生死に関わる一つの例外を容認しなくてはならない〔とヨナスは言う〕。そこにおいて重要なものは、普遍的な抽象的可能性ではなく、「この地の物事に対する神的介入の非常に確かな方法、つまり啓示である」(65)。ここで、信ずる者はブルトマンの「禁欲主義的節制」(ebd.)を凌駕することが可能であり、凌駕するに違いない〔とヨナスは考える〕。

ブルトマンにとって、啓示は「原則的に隠されている」ものである。「私に対して、ただ私に対して、人間の言葉から神の言葉を聴き取ることができ、また超自然的なものの啓示を自然的なもののなかで発見することができ、そして、私だけでなく他者においても心理的によく根拠づけられた考えのなかに出現するものを『神的な霊感』として理解することができる」(66)。啓示は、第一に私に対して生起し、そして「最終的に私が啓示の主体であり、何がいつかあるとき主体にとって啓示となりうるかは、主体にとって予測不可能である」(ebd.)。神的な創始者と、この世で経験可能なものとの「直接的同一性」などありえないのである。ヨナスは「超越の内在への侵入」(66f.)

についての語りを持ち出すことによって、それに異議を唱える。預言者、イエス、使徒たちは「隠れた神の発見者ではなく、自らを知らせる者の聞き手であり、彼らを通して全世界に自らを知らせようとする者の聞き手であった」。主導権は神に由来し、それは「自らを啓示する者の意志、……自らを啓示する力、つまり世界のなかへと行為する力」(67) を前提とする。「繰り返して言うが、〔その行為する力は〕世界の『なかへ』そして個別的にであり、たんに世界の『なかに』ではなく、また世界の汎時代的で超越的な解釈可能性としてではないが、それでもやはりこの場合において客観的な『間』においてである。啓示宗教は、内在的規則の例外を容認することによって、立ちも倒れもする」(ebd.)。

〔ヨナスは、以下のように考える。〕宗教とは、実存における知性的自由の意識と「言葉」の内面性の意識では満足することができない。宗教は、世界のなかに「言葉」が出現することを、人間の言葉を通した神の意志の自己啓示として、ありありと思い浮かべ「神的な因果性」に帰さねばならない。ただその上にのみ、宗教は「自らに固有のこの世的‐公的な実存」を、教会として基づかせることができる。神の行為や自己啓示のそのような可能性を容認することは、哲学の世界知に矛盾するものではなく、もちろん哲学によって確証されることもまたできない。信仰の「それにもかかわらず」は、啓示の内容、例えば十字架の使信に関係することはできるが、「『彼岸的な主導権』の事実それ自体」(69) には関係しえない。信ずる者は、その事実を「逆説なしに、またそれ以外の思考との衝突なしに」普遍的に肯定することができ、特定の事例のなかで生起するものとして認めることができる。哲学者として、ヨナスがそう主張するように、彼は「科学の威信によって圧倒された神学者」(ebd.) であるブルトマンより、信仰の可能性を認めているのである。

ヨナスは哲学者として、神の行為の可能性について語り、ブルトマンは神学者として神の行為の現実性について語った。ブルトマンにとって、啓示の真理は、神の直接的な語りかけとして、今ここで私に理解されるときにのみ、ただ現実的に理解されるものである。それゆえ啓示は、ただ「侵入」「意志」「力」として、十分に理解されえない。もちろん啓示が人間と出会い、その結果、人間を決断のなかに「すなわち自身の力、理性、行為から、あるいは神の恩寵から、自身の生、自身の本来性を獲得しながら、人間が自分自身

203

をいかに理解しようとするかというまさに決断のなかに」[34] 置く場合は別で、そこでは十分に理解されるのであるが。それこそ啓示が人間に提供する自己理解の2つの可能性である。

　啓示は、人間を決断のなかへと置く。これがブルトマンにとっての基本であり、そのために新約聖書の告知は非神話化され、実存論的に解釈されねばならない。その場合に信仰とは、「外的な権威に基づいて、なにか不可解なものを受け入れる」(71) ような分別を欠いたものではない。「したがって啓示は、方向を与え、贈与する恩寵の言葉がそのつど人間に語られる時と場所で、そのつど出来事でのみありえるのである。そのような語りかけが存在し、そのなかでは、それがいかに正しくても、神は神的観念としてではなく、むしろ今ここで、しかももちろん人間の口を通して、私に語りかける私の神として現われる。それが *ho logos sarx egeneto* ［言葉は肉となった］ことの意味、教会的受肉論の『非神話化された』意味である」(ebd.)。

34　Rudolf Bultmann, Zur Frage der Entmythologisierung. Antwort an Karl Jaspers, in: Karl Jaspers/Rudolf Bullmann, Die Frage der Entmythologisierung, a.a.O.（注16）, 57-73, 71.

IX

アンドレアス・レスラー

神をこの世的に理解し、神について語る

ディートリヒ・ボンヘッファー、宗教から離れた状況におけるキリスト教的証言について

1. 今日、神について、いかに説得力を持って信じるに値する形で語れるか

「神について、いかに語るか――それも宗教なしに、つまり時代の制約を受けた形而上学や内在性等々の前提を設けることなしに」[1]。この問いは、ディートリヒ・ボンヘッファー（1906–1945）が1944年4月30日にベルリンのテーゲル刑務所から出した書簡に書いたものである。ここで問われているのは、神についての説得力のある、かつ信じるに値する語りである。

そもそも人は、神について真面目に取り上げるべきことを考えられるのだろうか。神はすべての認識可能なものを超えている。神はわれわれがこの世界で知覚したり経験したりするものとは異なり、目に見えず、検証もできない。「かつて誰も神を見た者はいない」（ヨハ1:18）。「ただ神の名が明言できないことを知る場合にのみ、イエス・キリストの名を明言することが許される」[2]。

さらに今日では、人間が神に近づく道を見いだすのは極めて困難であり、神は一般の意識において何の役割も果たしていない、という雰囲気が蔓延

1　DBW VIII (= Dietrich Bonhoeffer Werke, Bd. 8: Widerstand und Ergebung. Briefe und Aufzeichnungen aus der Haft, hg. von C. Gremmels/E. Bethge/R. Bethge, München 1998), 405.
2　Ebd., 226.

している。ボンヘッファーは1943年4月から1945年1月にかけて刑務所で書かれた書簡や手記の中で、この「宗教なき」精神状態と向き合っている。「神学的諸概念の非宗教的解釈」、「聖書的諸概念を非宗教的に解釈すること」あるいは「聖書的諸概念の非宗教的解釈」[3]を求める、という彼の挑発的な主張、つまり「神について非宗教的に語る」[4]という彼のプロジェクトは、「宗教的諸概念」[5]の「宗教なき解釈」[6]の試みとなる。ボンヘッファーは信心深いキリスト教徒だけでなく、「宗教なき人々」に対しても、その理解の地平において神について証言しようとした。

　神について「宗教的」に語るか、あるいはボンヘッファーが望んだように「非宗教的」に語るか。ここでは神の行為と神との関係に関わるすべてのこと、例えば啓示、キリスト、罪、贖罪、恩寵、義認、救い、救済、審判、復活、神の国、永遠のいのちなどを、「神」という語が担っている[7]。この種の概念あるいは聖書的な歴史、宗教的な事柄や事象を理解するにあたって、「神」という語そのものが主要な問題となることはない。むしろそのつど注目された現象の現実的特徴が問題となる。言葉の問題の背後には事柄の問題があるからである。

　その際、神についての根拠のある言明に対して2つの前提がある。第一の前提は、神についての問いには原則的に答えがないということである[8]。この前提をそれだけで受け取ると、ある種の不可知論（「われわれは知らないし、これからも知ることはない」）より先には進めないことになる。第二に、キリスト教の観点から神について意味のある仕方で考えたり、神について語る

3　Ebd., 481. 509. 529.

4　Ebd., 537.

5　DBW VIII, 414.——この主題についての諸論文は以下に所収。P. H. A. Neumann (Hg.), „Religionsloses Christentum" bei Dietrich Bonhoeffer (= Wege der Forschung, Bd. CCCIV), Darmstadt 1990.

6　U. Neuenschwander, Denker des Galubens I, Gütersloh 1974, 136. 145.

7　これについては次を参照。DBW VIII, 416. 559.

8　しかしボンヘッファー自身は、「宗教的アプリオリ」つまり普遍的な超越意識という考え方をきっぱりと斥けている。それは誰よりもエルンスト・トレルチが概念化したものである。これについては前掲書403頁を参照。——「宗教的アプリオリ」の概念については以下を参照。E. Troeltsch, Gesammelte Schriften, Bd. 2: Zur religiösen Lage, zur Religionsphilosophie und zur Ethik, Tübingen 1913, 494.

ことができるのは、まさに神がご自身を知らしめた、つまり啓示したからである、という前提がある。神が自ら語る（「神の言葉」）からこそ、神の真の「姿」やわれわれに対する神の立場について言われることを信じるべきなのである。

　もっともボンヘッファーの言う意味での「啓示の実証主義」[9]には用心しなければならない。彼はカール・バルト（1886-1968）を神学者としては高く評価しているが、その「啓示の実証主義」に関しては否定的である。「啓示の実証主義」は権威によって前提された教理を意味する。その教理は、さらに遡って問うことができないとされた聖書に根拠を持つ、あるいは不可欠なものとされた信仰共同体に根拠を持つとされている。しかしボンヘッファーによれば、そのような権威による要求には「知的な誠実さ」[10]が欠けている。

　神について特別な仕方で考え語ることは、恣意的ではなく妥当性を持つべきであるが、そのためには神の自己証言が必要である。しかしこの自己証言は経験との整合性を求めるし、そのようにしてのみ真理の確信につながる。また逆に、啓示は人間の経験や問いかけに結び付けられ、単に「鳥よ、食べよ、さもなくば死ね」[11]というモットーによって提供されるべきではない。啓示の実証主義とは異なる選択肢としては、キリスト教の使信と宣教にとっての結合点を求めるというものがある。その「結合点」[12]は、ボンヘッファーの関心事というより、むしろパウル・ティリッヒ（1886-1965）[13]の関心事といった方がよいかもしれない。ティリッヒの「状況と使信との相関の方法」によれば、キリスト教の使信は、個人の生の状況において立てられる無

9　DBW VIII, 404. 415f. 482.

10　Ebd., 532f.

11　Ebd., 415.

12　「結合点」は、ルドルフ・ブルトマンの方法的アプローチである。R. Bultmann, Glauben und Verstehen. Gesammelte Aufsätze, Bd. 2, Tübingen 1952, 117-132（「結合点と矛盾」1946 年初出）．その 120f. 頁に「人間はその実存において、全体として、結合点である」と書かれている。

13　P. Tillich, Systematische Theologie, Bd. I, Stuttgart ³1956, 40. 73-80: 人間の問いと宗教的－神学的答えとの「相関の方法」。――ティリッヒの神学、特に彼の宗教理解については次を参照。W. Schüßler, Jenseits von Religion und Nicht-Religion. Der Religionsbegriff im Werk Paul Tillichs, Frankfurt/M. 1989.

制約的なものへの問い、絶対的なものへの問いに答えるものである[14]。

2. ボンヘッファーの「聖書的概念の非宗教的解釈」という構想

ボンヘッファーが獄中書簡の中で、神についての今日でも説得力を持つような語りを問題にしたのは、1944年4月30日付けのものが最初である[15]。その直後の1944年5月5日の書簡[16]で、彼はその問いを明白に、神を「非宗教的に解釈し告知する」[17]こととして述べている。しかるにボンヘッファーは、この「宗教的」「非宗教的」ということで何を理解しているのであろうか。宗教についての広義の概念から出発するなら、例えば「無条件にわれわれに迫ってくるもの」[18]あるいは「全体に対する全体的な関係」[19]といった意味では、神は原現実あるいは原根拠、すべての事物や存在者の創造者、現存在の秘義として理解され、まさに宗教がその周辺を回っているものとなるだろう。このような宗教の広い意味[20]においては、神については「宗教的」にしか考えたり語ったりすることはできない。ボンヘッファーの『抵抗と信従』における「聖書的」あるいは「神学的概念の非宗教的解釈」についての思想は、1944年の極限状況において考え出されたものであり、閉じられた体系に収まるものではない。そのような体系は刑務所においても実現できなかった。彼の思想は断片的なもので、順序よく整えられたものではない。し

14　これについては次を参照。A. Rössler, Die „Religiösen Reden" [Paul Tillichs], in: R. Albrecht/W. Schüßler (Hg.), Paul Tillich – Sein Werk, Düsseldorf 1986, 197-212.

15　DBW VIII, 401-408.

16　Ebd., 413-416.

17　Ebd., 414.

18　P. Tillich, Systematische Theologie, Bd. I, a.a.O.（注13）, 19-22.

19　U. Mann, Einführung in die Religionsphilosophie, Darmstadt 1970, 61:「宗教は全体に対する全体的な関係である」; 70:「宗教は全体に対する全体的な関係の媒介である」。

20　広義の宗教と狭義の宗教との区別については次を参照。P. Tillich, Die Frage nach dem Unbedingten. Schriften zur Religionsphilosophie (= Gesammelte Werke, Bd. V, hg. von R. Albrecht), Stuttgart 1964, 37-42.──これについては次も参照。W. Schüßler, Jenseits von Religion und Nicht-Religion, a.a.O.（注13）, 84-91.

かしそれはさらに考えるためのきっかけとなる。それはその相当な長さに及ぶ影響史が示している通りである[21]。

　神について「宗教的」に考えなければならないか、「非宗教的」に考えなければならないか、という問いは、ある意味では二次的な問いである。第一に問うべきなのは、神について信頼できる仕方で、また理解できる仕方で語れるか、ということである。それがうまく行くのは、納得のできる「啓示の経験」[22]から出発する場合に限られる。人は思考においても個人的な生き方においても、啓示の経験によって動かされるからである。

　ボンヘッファーは聖書的‒神学的「概念」を解釈しようとする。その際、(神話体系の個別の表象あるいは神々の歴史全体という意味での) 神話、象徴、歴史、出来事がともに想定されている。それらは聖書において基本的な意味を持ち、キリスト教の歴史において重要なものであり続けている。

　「解釈」とは、単に別の言語に翻訳する以上のことである。それはまず新しい表現方法を模索して、基準となる信仰の源泉において見いだされる古い定式化を、文字に従ってではなく霊に従って表現しなおそうとすることである。しかしそれだけなら宗教学的な距離をおいても生じることはあるし、それで満足できるかもしれない。ボンヘッファーは神学者として彼のキリスト教信仰を次の世代へ広げていきたいと考えているし、さらに次のようにも考えている。聖書的‒神学的言明の解釈は、一方において解釈学的な追体験において起源的な内実を保持しておかなければならない。つまり、ある時代、文化から、別の時代、文化へと書き換える中で、もちろん、これまでの「形而上学的」思考様式を捨て去って、内実を保持しなければならない。また他方において、聖書的‒神学的言明の解釈は何よりも真理そのものを求めて努力しているのでなければならない。

21　例えば、次の英国国教会主教の公的影響力を持った書物のことを考えよ。J. A. T. Robinson, Honest to God, London 1963、ドイツ語訳：Gott ist anders, München 1963〔ロビンソン『神への誠実』小田垣雅也訳、日本キリスト教団出版局、1964年〕.
22　「啓示経験」の概念については例えば次を参照。P. Tillich, Offenbarung und Glaube. Schriften zur Theologie II (= Gesammelte Werke, Bd. VIII, hg. von R. Albrecht), Stuttgart 1970, 79.

3．宗教的象徴：象徴の素材と内実

　「非宗教的解釈」というボンヘッファーのプログラムにおいて、非現実的な期待を寄せることは控えなければならないだろう。宗教のより広い概念から始めるなら、宗教的な象徴や言語を、「非宗教的な」象徴や「宗教なき」言語に完全に置き換えることはできない。ボンヘッファー自身は最期まで神について明白に語った。「非宗教的解釈」について熟考することと関連して、彼は例えば神の「無力」や「苦難」についても深く考察した[23]。それも「宗教的」象徴解釈ということになる。

　ボンヘッファーは基本的に宗教言語の特徴、特性や構造について研究していない。その点において彼は、他のことと並行して一時的であるにせよ、この問題に取り組んだティリッヒとは対照的である。宗教言語についてのティリッヒの理解[24]に沿って、次のことは銘記しておくべきだろう。すなわち、神——無制約的なもの、絶対的なもの、永続的な現存在の力、究極的な真理[25]——について、そういった何か特別なものについて考える場合、それは象徴的‒比喩的なものにならざるをえない、ということである。というのも、神はすべてのものの起源かつ目標として、われわれが経験したり思い描いたりできるすべてのものより、常に偉大なものであるからだ。「神は常により偉大である（Deus semper maior）」。それゆえ、人間は神について、人間的な経験の地平において、非本来的に、せいぜい近似的に語ることができるにすぎない。

　「象徴的に」語るということは、「宗教的」言語（ここでの「宗教的」は広い意味で理解されるものを指す）においては、次のことを意味する。すな

23　例えば、ボンヘッファーの詩「キリスト教徒と異教徒（Christen und Heiden）」（DBW VIII, 515f.）に見られる。——ボンヘッファーの獄中における詩作については、次を参照。Jürgen Henkys, Geheimnis der Freiheit. Die Gedichte Dietrich Bonhoeffers aus der Haft. Biographie – Poesie – Theologie, Gütersloh 2005.

24　P. Tillich, Die Frage nach dem Unbedingten, a.a.O.（注20）, 187-224.——これについては、本書所収のヴェルナー・シュスラーの論文を見よ。

25　ボンヘッファー自身は、このような神の言い換えに違和感を抱いている。DBW VIII, 558. もちろんそのような言い換えにおいては、具体的な神経験はまだ問題にならず、普遍的な超越意識が問題になる。

わち、象徴の素材、例えば、父、王、愛、力、支配、審判、といったものは、経験から取り出されているということである。神あるいは神的なものに関わることができるのは、これらの象徴がそれ自身を超えて別の次元、深みの次元を指し示しているからである。その象徴の素材は、直接的に語ることの不可能な象徴の内実を指し示している。なぜなら、その内実は空間、時間、あらゆる限定されたものや表象可能なものを飛び越えているからである。恣意的な宗教的象徴ではなく、適切な宗教的象徴の場合には、象徴の素材は象徴の内実を分与されている。それゆえ、例えば愛は人間においてそれ自体で、神の愛を指し示すという特殊な性質を持っているのである。キリスト教の観点から見ると、ナザレのイエスは真の人間存在、「新しい存在」（二コリ 5:17）、ロゴスつまり神の永遠の言葉（ヨハ 1:1–18、一ヨハ 1:1–3）などを示す象徴である。イエスはこの象徴解釈に特に適している。というのも、イエスにおける言動は一貫性を持っており、彼は神の真理と人間への愛のために、ご自身の生を捧げるまで「他者のためにそこにいること」[26] によって、信仰される存在となったからである。

　宗教的概念の「象徴的」解釈に対立するのは、例えば「処女降誕」や「イエスの昇天」といった古代教会の教義に見られる、「字義通り」の解釈あるいは原理主義的な解釈であろう[27]。それは創世記 1–3 章の例で言えば、神が 6 日間で世界を創造したとか、アダムとエバが誘惑されたからわれわれは皆すでに罪人である、といったものである。あるいは終末論の例で言えば、死者は歴史の終わりに肉体として残されたものをもって墓から甦るであろう、といったものである。

　そのような徹底した字義通りの解釈は、教会あるいは神学の標準的な営みにおいてはむしろ珍しい。よく見られるのは字義通りの解釈と象徴的解釈を混ぜ合わせた形のものである。しかしより誠実で首尾一貫しているのは、一般に通用している象徴的解釈の方である。これも歴史的な象徴素材を真面目

26　DBW VIII, 558-560.
27　ティリッヒはキリスト教の象徴の「非神話化」を「非字義化」という意味でのみ受け止めることができる。つまりそれは、「象徴と神話の字義的な誤解に対する戦い」として受け取られた。P. Tillich, Systematische Theologie, Bd. II, Stuttgart ³1958, 164. さらに、P. Tillich, Offenbarung und Glaube, a.a.O.（注 22）, 147：「その象徴を文字通りに受け取る信仰は、偶像信仰になる」。

に取り上げて、象徴の内実に特有の資格を与えるための検証を行わなければならない。例えば、イエスの十字架は神の赦しの愛を示す最も深遠な象徴である（また同時に人間の背徳や残虐性の表現でもある）。なぜなら、その「象徴素材」がそこに参与しているからである。すなわち、イエスは神の善性を示す唯一の使者として、自らの生をその過酷な最期に至るまで、人間の救済と解放のために捧げたのである。

　このように「象徴的」解釈となるか「字義的」解釈となるかは、その解釈が「宗教的」となるか「非宗教的」となるか、ということとは関係ない。つまり、「宗教的な語り」が常に「象徴的」となるわけではない。というのも、キリスト教原理主義者たちは聖書を字義的に理解しようとするからである。また、「非宗教的な語り」が常に「字義的」となるわけでもない。というのも、ボンヘッファーは決して字義主義者でもなければ原理主義者でもないからである。彼が「啓示の実証主義」を攻撃したことだけでも、すでにそれは明らかである。まさにボンヘッファーが言う意味での「非宗教的解釈」は、力あふれる宗教的象徴がなければ出てこないものである。それゆえボンヘッファーの考察において、キリストと十字架、それに結びつけられる神の「受難」や「無力」は中心的な役割を演じているのである[28]。

　ボンヘッファーは聖書的言語を聖書以後の言語、かつ「形而上学以後の」言語へと移し換えようとする。聖書的言語はもはや「成人した」思考様式や経験世界にふさわしいものではないからである。まず教会において、福音は歴史的かつ終末論的なエルサレムの思考様式から、ヘレニズム的、プラトン的-新プラトン的なアテネの思考様式へと移し換えられ、さらにそのつどの時代に合った言語世界へと入り込んでいった。それは利用された象徴素材とその思考の内的連関において何らかのものを変化させただけで、超越化や象徴化の過程そのものにおいては何も変化させていないのである。

4．宗教的象徴の前提としての哲学的-存在論的な場の設定

　神や神的なものについて象徴的に語ることは、人が「神」という語を発す

28　DBW VIII, 535-537.

るときに何を考えているのかを明らかにしなければ、原則的に理解不可能なままとなる。例えばティリッヒによれば、神について象徴的に語る、それゆえ特殊な仕方で語る場合、神についての存在論的‐哲学的、概念的‐非象徴的――また、もちろん他の言語と同様に隠喩的――な語りが、神の場を規定するという意味で前提されている[29]。

このような神についての哲学的‐存在論的な語りは、絶対者、無制約者(「われわれに無制約的に関わってくるもの」)、深みという次元の領域内でなされる。それは秘義であり、「存在そのもの」であり――神的な次元である。この種の存在論的な語りは意図的に無規定で開かれたものとなる。それは様々な、対立的にさえなる具体化のための余地を残している。すなわち、無制約的なものの真の本質、プロフィール、特徴についての問いに対しては様々な答えがありうる。

それとは異なる種類の神についての存在論的‐哲学的な語りは、実体(Substanz)によればすでに特殊なものであるが、形式によれば一般化となる語りである。これが内容的に満たされるのは、例えばアルベルト・シュヴァイツァー(1875–1965)が神的な「愛の意志」[30]について語るときであり、あるいは彼の弟子であるマルティン・ヴェルナー(1887–1964)が「存在根拠と意味根拠」[31]の二元性について語るときである。これは単に直観的な象徴において語られるということではない。むしろ「神は父である」あるいは「神は愛である」といった人格的な象徴が哲学的な形式においてまとめられている。この場合、神についての哲学的な語りは神的な次元を記述することではなく、神について抽象性の形式において象徴的に語るということである。

---

29 P. Tillich, Die Frage nach dem Unbedingten, a.a.O.（注20）, 218:「われわれは［神について］非象徴的に語るなら、神は究極的な現実、存在そのもの、存在の根拠、存在の力である、と言うだろう」。

30 これについては次を参照。A. Rössler, Der Gottesgedanke bei Albert Schweitzer, in: W. Zager (Hg.), Albert Schweitzer und das freie Christentum. Impulse für heutiges Christsein, Neukirchen-Vluyn 2005, 69-101, hier: 88-94.

31 M. Werner, Der protestantische Weg des Glaubens, Bd. II, Bern und Tübingen 1962, 33ff.

5. 神についての間接的な語り

　「非宗教的解釈」の別の側面は、神についての間接的な語りである。ここでは神についての明白な言及は断念されている。その代わりに神の働きが語られる。「われわれは贈与された」、「私には価値がある」、「私は愛されている」、「私の生は守られている」、「すべてはよくなる」など。これらは、神が間接的に示されている文である。そこでは神に由来して人間に生じることが表明されているが、その際、それがどこに由来するのかは明らかにされていない。つまり、人間の経験だけが述べられているのである。これはルドルフ・ブルトマン（1884-1976）と同一線上にあって、そこでは神について語ることは常に同時に人間について語ることとなる。「人が神について語ろうとするなら、明らかに自分自身について語らなければならない」[32]。

　そのような間接的な語りは、可能な限り理解可能な形で神について語るために側面から攻める手法である。それは聖書にもたびたび見られるが、誰かに救い（あるいは災い）がもたらされるというように受け身の形で述べられている。旧約聖書においては、神についての間接的な語りは、自分よりはるかに偉大な神の前での畏れや、偶像崇拝の禁止と関わっている。人は神を自分のものにしたいという誘惑から逃れようとする[33]。それゆえイエスは、中風を患っている人に対して「あなたの罪は赦された」と言い渡している（マタ 9:2）。

　フリードリヒ・シュライアマハー（1768-1834）は、信仰論の中でその神の意識を「絶対的依存感情」[34]として述べた。ティリッヒは義認の使信を「それにもかかわらず、あなたは肯定されている！」という命題にまとめること

---

[32] R. Bultmann, Welchen Sinn hat es, von Gott zu reden? (1925), in: Ders., Glauben und Verstehen. Gesammelte Aufsätze, Bd. 1, Tübingen ⁸1980, 26-37, 28.――これについては、本書のエルドマン・シュトゥルムの論文を参照。

[33] Vgl. DBW VIII, 197. 226.

[34] F. Schleiermacher, Der christliche Glaube nach den Grundsätzen der evangelischen Kirche im Zusammenhange dargestellt, 2. Ausgabe 1830/31, Paragraph 33. 引用は Ausgabe Berlin 1842, 171 に依拠する。

ができた[35]。

　ボンヘッファーがフロッセンビュルクに疎開する前——彼はそこで最終判決を下され処刑されることになったのだが——、ブーヘンヴァルト強制収容所において英国士官ペイン・ベストに言った言葉がある。その言葉とは、「これは終わりである——私にとっては生の始まりである」というものである[36]。これは神についての間接的な語りにとって印象深い例である。

　このような神についての間接的な語りは、直接的な語りに向けられているが、それについてボンヘッファーの「非宗教的解釈」の文脈で言及してもよいだろう。なぜなら、この解釈そのものは決して神についての明白な語りを断念するものではないからだ。それは例えば、「キリスト教徒と異教徒」、「自由への途上にある停車場」、「善の力について」[37]といった、刑務所で作られた彼の詩において示されている。

　それ以外に、神についての、神への間接的な語りとして考えられるものは、畏敬に満ちた沈黙である[38]。沈黙と静寂から、人は神の言葉を聞きやすくなる。ボンヘッファーはそれと同じ意味で、「秘義保持の紀律」（Arkandisziplin）[39]を主張している。

6．宗教批判的解釈

　ボンヘッファーの「聖書的および神学的諸概念の非宗教的解釈」のプログラムは、バルトを受け継ぐ形で、「宗教」の批判的理解を前提にしている。しかしその際、神学と宗教学との相互理解、また宗教間の出会いにおける相互理解という関心も働いており、ティリッヒにつながる形で広義の宗教と狭

35　P. Tillich, Dennoch bejaht, in: Ders., In der Tiefe ist Wahrheit (= Religiöse Reden, 1. Folge), Stuttgart [5]1952, 144-153, 152.

36　E. Bethge, Dietrich Bonhoeffer. Eine Biographie, München [3]1970, 1037.

37　DBW VIII, 515f. 570-572. 607f.

38　Vgl. G. Tersteegen: „Gott ist gegenwärtig. Lasset uns anbeten und in Ehrfurcht vor ihn treten. Gott ist in der Mitte. Alles in uns schweige und sich innigst vor ihm beuge" (Evangelische Gesangbuch, Berlin 1993, Nr. 165, Strophe 1).

39　DBW VIII, 405. 415.——「秘義保持の紀律」を通して、「キリスト教信仰の秘義は世俗化から守られるべきである」（ebd., 415）。

215

義の宗教とを区別した方がよい。

　広義の宗教においては「われわれに無制約的に迫ってくるもの」[40] が問題となる。神についての思考と語りは常に「宗教的」に理解される。広義の宗教はあらゆる生活領域を包括する。それは世界経験と世界における行為の深みである。広義の宗教的実践とは、例えば瞑想や沈黙であり、「原初的思考」[41] のことである。狭義の宗教とは、われわれに無制約的に関わってくるものの特殊な表明や形式に関わるものである。それは啓示、聖書、礼拝、教会、教会的伝統、信仰などである。それらは今では「世俗的」生活とは対照的に分離された生活領域である。狭義の宗教的実践とは、例えば祈ること、聖書を読むこと、礼拝に出席することなどである。

　ボンヘッファーは、キリストが「本当に世界の主」であり、それゆえすべての人間の生活領域の主となることができるのはいかにしてか、と問うた[42]。1934年のバルメン神学宣言は、その二番目のテーゼにおいて「われわれがイエス・キリストにではなく、別の主に仕えることになるような生活領域があり、その領域ではイエス・キリストを通しての義認や救済をわれわれは必要としない、という間違った教え」[43] を斥けている。それは広義の宗教である。ここでは、キリスト教の排他性が要求されているのか、あるいは「キリスト」という呼び名で「普遍的なキリスト」も想定されているのか、それゆえ神はキリストにおいて「教義的」あるいは「表現的」に見られるのか、といった問いはひとまず置いておこう[44]。

　ボンヘッファーが獄中書簡において「宗教」について論駁するように語り、「非宗教的解釈」を要求するとき、彼は第一に宗教の間違った使用を視野に入れている。彼の「非宗教的」解釈とは「宗教批判的」解釈のことである。宗教の正しい使用と間違った使用を区別しなければならない。

　宗教の間違った活用が生じるのは、例えば、義認の使信が神の自由な恩寵によって「高み」に留まるのでなく、「安価な恵み」へと反転するといっ

40　P. Tillich, Die Frage nach dem Unbedingten, a.a.O.（注20）, 40.

41　Vgl. A. Schweitzer, Gesammelte Werke, Bd. 1, hg. von R. Grabs, München 1974, 233.

42　DBW VIII, 405.

43　Die Barmer Theologische Erklärung. Einführung und Dokumentation, hg. von A. Burgsmüller/R. Weth, Neukirchen-Vluyn ²1984, 35.

44　U. Neuenschwander, Denker des Glaubens I, a.a.O.（注6）, 144.

た場合である。それは、ボンヘッファーが 1937 年に書いた『キリストに倣う』[45] における主要テーマである。「義認を過小評価する」「安価な恵み」は、柔らかいクッションであり、甘い言い訳であり、生活態度や世界への責任を伴わない信仰である。

狭義の「宗教」はボンヘッファーにおいては、経験可能な現実における空隙（Nische）以上の宗教であり、生活領域に影響を与えるものではない。それは「個人主義的」な脇道である[46]。自分の敬虔な自己だけを見つめる救済のエゴイズムに陥らないように用心しなければならない。もちろんそれによって「内面性」の価値も否定されるということにはならない。神の前で自己を吟味し、感謝を捧げ、神を崇拝し、願いやとりなしの祈りをすることなどは、キリスト教徒であるための力の源泉として欠かせない。キリスト教徒であることは、ボンヘッファーにとって、彼が 1944 年の 5 月に書いているように、本質的には「祈りつつ人間たちの間で正しい行いをすること」[47] である。

空隙としての宗教は、幻影的かつセクト的な宗教の特殊世界という形態を取り、宗教の特殊言語を用いている。ここではある現実を認識して理解する代わりに、超越世界が構成される。ボンヘッファーが宗教の「形而上学的」な脇道について語るとき、そのような世界のことが念頭にあったのは確かである[48]。世界の上にある超越世界は、経験主義による問いかけにとっては確かにつかみどころのないものであり、しかも意味のないものである。それは検証も反証もできない一つの体系である。そのようなタブー視される特殊世界は、権力を帯びた主張の助けを借りなければ保持できないものである。このような世界観的な超自然主義は「知的誠実さ」に反している[49]。

ボンヘッファーの批判もこの方向で、外的な権威に身を任せる無分別な信仰に向けられている。この「啓示の実証主義」は自立した理性を除外し、成

45　D. Bonhoeffer, Nachfolge, München [6]1958, 1-13.——これについては次を参照。E. Bethge, Dietrich Bonhoeffer in Selbstzeugnissen und Bilddokumenten (= rowohlts monographien 236), Reinbek bei Hamburg 1976, 112-116.
46　DBW VIII, 414f.
47　Ebd., 435.
48　Ebd., 414f.——これについては次も参照。U. H. J. Körtner, Theologie in dürftiger Zeit. Ein Essay, München 1990, 88f. 95.
49　DBW VIII, 532f.

人に達する精神史の発展を逆に戻そうとする。宗教の「個人主義的」な脇道も「形而上学的」な脇道も、ボンヘッファーにとっては、神が人間を置いたこの世界からの逃亡の変種ということになる。

宗教のさらに不誠実な形式は、人間がその理解と力によってはそれ以上進めなくなったところで初めて神の働きを認めるというものである。それは、神が謎に満ちた世界の出来事のどこに現れるのか、という問いであったり、あるいは、人が自分の無力さの中で運命の一撃に遭って神の働きについて問うか、あるいは自分の不安や不確かさの中で助けがあることを期待する、というものである。ここで神は「機械仕掛けの神」として、間に合わせのものとして、間違って使用されている[50]。したがって、人間が自らの思索的、学問的、技術的、倫理的な可能性の範囲を広げることができるようになると、神は再び周辺に追いやられることになる。

最後にボンヘッファーは、宗教の心理学的な誤用、すなわち、人々を疚しい良心や罪悪感へと導き、恩寵をそれだけ一層魅力的なものにしようとすることを非難する。ボンヘッファーは、このような仕方を不当なものと見なしている[51]。人間はもっと強さを要求されるべきで、その強さをもって責務をまっとうすべきである。「イエスは人間のあらゆる形態を取った生活全体を自らと神の国のために要求する」[52]。

宗教の間違った活用と見なされるべきものの全リストを作成すると、ボンヘッファー自身が主題化したものを超え出ることになる。実務生活（ビジネスライフ）や宣伝活動や政治においても、宗教、キリスト教、教会がそれ自身の目的のための道具とされ、第二戒（出 20:7）の偶像禁止の命令に反する傾向がある。さらに宗教が、信仰による自己正当化（ルカ 18:9–14）や偽善（マタ 6:1–18）のために利用されることもある。宗教の熱狂的な形式、異端排撃や場合によっては宗教に動機づけられたテロリズムに結びつくような不寛容、こういったものもそこに加わる。

聖書の基準に基づけば、宗教は自己解放と自己救済を可能にする場合に、適切な活用がなされていることになる。それゆえ「真の宗教」に含まれるのは、イエスに倣うという意味での倫理的な帰結である。「ユダヤ人のために

50　Ebd., 407. 503. 534.
51　Ebd., 503f. 510-512.
52　Ebd., 504.

叫ぶ者のみがグレゴリオ聖歌を歌ってよい」と、ボンヘッファーは1938年11月8日に確かに言った[53]。「真の宗教」は世界から逃亡することなく、むしろ世界に対する責任を引き受ける。さらに「真の宗教」は「知的な誠実さ」と結び付けられる[54]。神に与えられた理性は「成人として」利用すべきであり、神ご自身について熟考するときもそうである。そうでなければ、信仰は不安に満ちた不自由なものとなる。

そのような純化されて形成された「真の宗教」はキリスト教、あるいはせいぜいユダヤ・キリスト教の伝統に限定されるのであろうか。あるいは、それは宗教を超えて広がるものとして捉えられるのであろうか。この問いはボンヘッファー自身の考察の範囲を超えている。

7．この世的な解釈

「私は今、贖罪、信仰、義認、再生、救済といった概念を『この世的に』——つまり旧約聖書的な意味で、かつヨハネによる福音書1章14節の意味で——解釈しなおすにはどうすればよいかを考えている」とボンヘッファーは1944年5月5日の書簡で書いている[55]。「非宗教的解釈」というのは、彼においては「この世的な解釈」ということである[56]。またその少し前の1944年4月30日に、「われわれはいかに『神』について『この世的に』語るか、いかに『宗教なきこの世』のキリスト者となるか、[……]まったくこの世界に属している者として。キリストはその場合、もはや宗教の対象ではなく、まったく別の何か、つまりこの世の現実的な主である」と書いている[57]。

ボンヘッファーは「この世的な解釈」を持ち出すことで、キリスト教の使

53　E. Bethge, Dietrich Bonhoeffer, a.a.O.（注36）, 685.
54　DBW VIII, 532f.
55　Ebd., 416.
56　Ebd., 535.——「この世的な解釈」は「非宗教的解釈」の本来的な意義として、P. H. A. Neumann (Hg.), „Religionsloses Christentum", a.a.O.（注5）所収の次の2つの論文で強調されている。[A.] D. Müller, Dietrich Bonhoeffers Prinzip der weltlichen Interpretation und Verkündung des Evangeliums, 145-189, und K.-H. Nebe, Weltliche Interpretation. Zu Gedanken Bonhoeffers, 210-230.
57　DBW VIII, 405.

信が現実と関わっていることを強調した。したがって聖書的−キリスト教的伝統を時代に合わせて我がものにすることは、この伝統を教会という特殊領域に限定することに抵抗する以上の意味を持つことになる。神の言葉は人類の歴史の中で「肉となった」（ヨハ 1:14）。それゆえボンヘッファーは「この世の主」としてのキリストを非常に強調している。「イエス・キリストにおいて神の現実はこの世の現実の中に入り込んだのである。神の現実についての問いと、この世の現実についての問いとに、同時に答えが与えられる場は、ただイエス・キリストの名によって示される。[……]今後はイエス・キリストについて語ることなしに、神について、さらにこの世について正しく語ることはできない」[58]。

「この世」という言葉でボンヘッファーが獄中書簡において、常にキリスト論的な前提を伴って理解していたのは、彼岸と区別された此岸、あるいは人間が構成した超越界と区別された世界のことである。創造者が愛し、そこにイエス・キリストを遣わした被造世界のことである。「この世」とはわれわれに出会われ、経験可能かつ学問的にも十分接近できるような「こちら側の」現実である。それは苦難だけで規定されるわけではないが、それによって強く規定される。この苦難において神はイエス・キリストの中に参与して共に苦しむのである[59]。

信仰の此岸性あるいはこの世性について肯定的に述べているのは、特に旧約聖書である[60]。聖書の伝統やキリスト教的使信の「この世的な解釈」は、神についてのすべての語りを経験可能な現実に直面させ、そこに関係づけている。

またボンヘッファーは、世界と神について語る代わりに「究極以前のも

---

58 D. Bonhoeffer, Ethik, hg. von E. Bethge, München [5]1961, 60.――ボンヘッファーにおける現実理解については次を参照。O. Dudzus, Weltfrömmigkeit Dietrich Bonhoeffers.「生の完全な此岸性において初めて人は信仰を学ぶ」と次のものに書かれている。A. Zottl (Hg.), Weltfrömmigkeit. Grundlagen – Traditionen – Zeugnisse, Eichstätt/Wien 1985, 197-222, 215.「ボンヘッファーが定義する現実はもっぱらキリスト教的に基礎づけられている」。――これと同様のことについては次を参照。K.-H. Nebe, Weltliche Interpretation, a.a.O.（注 56），227.

59 DBW VIII, 515f.（「キリスト教徒と異教徒」という詩）.

60 Ebd., 226f. 408. 499-501.

の」と「究極のもの」[61] について語る。「究極以前のもの」とは此岸であり、地上的なものや暫定的なもの、経験可能な現実のことである。「究極のもの」とは彼岸であり、永遠、最終妥当的なもののことである。「究極以前のもの」とは、例えば、家族、夫婦、職業、仕事、芸術などで、「究極のもの」とは、例えば、審判、恩寵、救済、永遠、神の国などである。究極のものについては究極以前のものとの相関においてのみ考え、語ることができる。「究極のもの」すなわち神の言葉、神の啓示がその力と真理を示すのは、「究極以前のもの」つまり、この世において、その世界の構造や所与性においてである。

　ブルトマンによれば、神について語ることは、同時に個々の人間について語ることであり、人間について語ることは、同時に神について語ることである[62]。それに対応して、ボンヘッファーにおいては、神について語ることは、同時にこの世界について、経験可能な現実について語ることであり、この世界について語ることは、同時に神について語ることである。「神の現実が開かれるのは、それが私を完全に世界の現実に入り込ませることによって以外にない。しかし私はその世界の現実がいつもすでに神の現実において担われ、受け入れられ、和解されていることを見いだすのである。[……] それゆえ、今日ではイエス・キリストにおいて神の現実と世界に参与することが重要であり、私は世界の現実なしに神の現実を経験できないし、神の現実なしに世界の現実を経験できないのである」[63]。

　このような神と世界との呼応は、神についての思考と語りにおいて表現されなければならない。人間、自然、あるいは世界が神に代わる別の表現であるなら——例えば、「神は愛である」（一ヨハ 4:16）の命題が逆転して「愛は神である」となるなら——それは無神論になる。だからルートヴィヒ・フォイエルバッハ（1804–1872）において、神学とは人間学にほかならないし、

61　Ebd., 226. 405f.——「究極以前のもの」と「究極のもの」の区別は、次の著書においてさらに詳しく述べられる。D. Bonhoeffer, Ethik（注 58）, 75-128. これについては次も参照。E. Bethge, Dietrich Bonhoeffer, a.a.O.（注 36）, 807f.

62　R. Bultmann, Glauben und Verstehen, Gesammelte Aufsätze, Bd. 2, Tübingen ²1958, 232.「人間の現存在において神についての実存的な知が真に迫ってくるのは、「幸福」や「救済」についての問い、世界や歴史の意味についての問い、各自の存在の本来性についての問いとしてである」。——注 32 も参照。

63　D. Bonhoeffer, Ethik, a.a.O.（注 58）, 60f.——これについては次を参照。H. Ott, Wirklichkeit und Glaube, Bd. I: Zum theologischen Erbe Dietrich Bonhoeffers, Zürich 1966, 142.

あるいは究極的には宇宙論にほかならないが、逆に人間学は神学であるということにはならない[64]。フォイエルバッハにおいては神が人間や世界において現れるが、ボンヘッファーにおいては神が世界へ入り込んで人間を引き受けるのである。

　神についてこの世的に此岸的に語ることは、汎神論のように神と世界を同一視することではない[65]。むしろ聖書の文脈では、神は依然として創造者であり、人間と世界に向き合っている。

　ボンヘッファーにとっては、神についての思考と語りにおいて重要なことは、創造者が自ら創造したものに向かうことであり、世界がイエス・キリストにおける神の受肉において意味のあるものとなったように、世界において神が現在することである。したがって世界を肯定することと「此岸のキリスト教」はボンヘッファーにおいては、無神論ではないし、特定の世界的な関係、つまりイデオロギーや流行、時代精神、権力情勢に順応することでもない。むしろボンヘッファーは世界を神の被造物として、神が与えたものと理解している。それは責任をもって形成するという課題にただちに結び付けられる。現実は神に対する服従の場であり、神的なものに反するすべてのものに抵抗する場である。

　キリスト教の使信の宗教的象徴においては、経験可能な日常の世界が、その美しさと強さをもって、しかしまた分裂と罪をもって現れなければならない。ボンヘッファーは宗教的言語の特徴を扱っていないとしても、その関心の向かう先にあるのは、まさに宗教的象徴解釈の助けを借りて、神について「この世的に」考えて語るということである。宗教的象徴は世界あるいは世界の一側面を通して無制約的なものが透けて見えるようにするからである。象徴素材は此岸的であり、それ自体を超えて超越的な象徴の内容を指し示す。此岸的なものは、表象され意図された彼岸を示す素材なのである。

　ボンヘッファー独自の「この世的な解釈」においても、宗教的な象徴言語が捨てられることはない。むしろあらゆる神の超越においてこそ神の内在が強調されている。人は神を見ることはできないが、見ることのできる世界連

64　L. Feuerbach, Das Wesen des Christentums, Leipzig ³1849, 28. Kap.; jetzt in: Ausgabe Stuttgart 1969 (mit Nachwort von K. Löwith), 400f.

65　スピノザは『エチカ』（1677年）の序言で次のように述べている。「無限の存在者のことを、われわれは神あるいは自然と呼んでいる」。

関の中で神を理解することだけはできる。それは、ボンヘッファーのキリスト論的なアプローチにおいては、イエス・キリストにおいて理解するということである。

「この世的な解釈」における決定的な側面は、ボンヘッファーにとっては世界に対する責任と世界を形成することである。この世的な解釈も、それが自分の生によって保証されていないなら、信仰的な余談にすぎない。「解放と救済をもたらす新しい言語」は「新しい正義と真理の言語」であり、それは「義人の祈りと行いにおいて」[66] 生まれなければならない。したがってキリスト教の宣教の「新しい言語」[67] は、信仰の服従によって、イエスに倣うことによって、導かれなければならないのである。

さらにこの世的な解釈においては、この世界において神が隠されているということも保証される。神は奇跡や超自然的な仕方で、「機械仕掛けの神」として世界の出来事に影響を与えるのではない。われわれは世界において、「あたかも神が存在しないかのように（etsi deus non daretur）」[68] 働き、学問的な研究をして、実践的に決断しなければならない。ボンヘッファーは非宗教的解釈というテーマにとって最も重要な1944年7月16日付けの書簡で、次のように書いている。「神は、われわれが神なしに生を完成させることができるように生きなければならない、ということをわれわれに知らしめる。われわれとともにおられる神は、われわれを見捨てる神である（マコ 15:34）！　われわれを神という作業仮説なしにこの世界に生かしておられる神は、われわれがずっとその前に立ち続ける神である。神の前で神とともに、われわれは神なしに生きるのである」[69]。そのことによって神はその超越的な力で人間を圧倒するのではなく、人間に自由の余地を与えるのである——それは神に対して決断する自由でもある。それどころか、その限りにおいて「神がこの世に不在である瞬間」は「神の愛の表現」ともなるのである[70]。

66　DBW VIII, 435f.
67　Ebd., 436.
68　Ebd., 532f.
69　Ebd., 533f.
70　W. Krötke, Gottes Kommen und menschliches Verhalten. Aufsätze und Vorträge zum „Problem des theologischen Verständnisses von ‚Religion' und ‚Religionslosigkeit' " (= Arbeiten zur

神についてこの世的に語ることは、神がこの世とともに、この世において苦しむという思想において最も先鋭化する。非宗教的解釈についてのボンヘッファーの全構想は、苦悩する無力な神という見方において頂点に達する。その神はイエスの十字架において現在し、この観点で言えば、数え切れない苦しみの経験において現在する。それはボンヘッファーが考え合わせていたことであろう。ここでボンヘッファーにおいて、イエスの十字架の使信が第三帝国と世界戦争というおぞましい経験と結びつく。「神は十字架において世界から追い出される。神はこの世界において無力で弱いが、まさにそれゆえにこそ神はわれわれの傍らにおられ、われわれを助けることができる。キリストはその全能をもって助けるのではなく、彼の弱さと苦しみによって助ける、というマタイによる福音書 8 章 17 節の意味が明白になる。[……] 聖書は人間を神の無力と苦しみへと差し向ける。苦しむ神のみが助けることができる」。「世界が成人の段階に達したこと」は「その無力さを通して世界の中で力と可能性を獲得する聖書の神」に向かう視界を開く。ここに確かに「この世的な解釈」を入れ込まなくてはならない[71]。

　それゆえ原則的には、ボンヘッファーの意味で「神についてこの世的に語る」[72]のでなければならない。なぜなら、神は世界の創造者であり、神の言葉が人間となったからである。信仰によって与えられるこの此岸性があれば、この世に対する責任から逃れることはできない。逆にこの世界において没落することもなく、神の意志という意味で世界を形成していくことが可能になる。

　ボンヘッファーはティリッヒを批判している。ティリッヒはその「宗教的解釈」によって世界をそれ自身が理解している以上に理解しようとするが、それがうまくいってないからである[73]。しかしボンヘッファーも世界をそれ自身が理解している以上に理解しようとしている。つまり彼は宗教批判によって、此岸的に、まさに「福音によって、キリストによって」[74]理解しようとするのである。

Theologie, Heft 69), Stuttgart 1984, 19.
71　DBW VIII, 534f.
72　Ebd., 405.
73　Ebd., 480.
74　Ebd., 482.

しかしボンヘッファーが世界に開かれていることにおいては、時折彼が獄中から出した書簡に書かれていたように、もう後戻りできないほどに成人化した世界とその威力を強調して称賛することが重要だったのではない。それは神の苦難と無力についての彼の考察に確かに矛盾したことになる。世界の現実、人間世界は、極めて両価的なのである。実際に、人間をその弱さにおいてだけでなく、その強さにおいて扱うことも求められている[75]。ここではやはり複線的に扱わなければならない。すなわち一方では、神の支配に奉仕するために賜物と能力によって「強さ」を獲得する必要がある。「イエス・キリストは人間の全生活をそのすべての事象において、それ自体のために、また神の国のために要求する」[76] からである。しかし他方で、「弱さ」については、次のイエスの言葉を銘記すべきである。「強い人は医者を必要としない。医者を必要とするのは病人である。私は正しい人を招くためではなく罪人を招くために来たのだ」(マコ 2:17)。

ボンヘッファーは少々ためらいながらも、「この世的」な解釈によって、罪や死のような「限界状況」あるいは「究極の問い」を取り上げている[77]。ここにおいても、まさに生の強さや美しさにおいてと同様に[78]、神、継続する意味、真理についての問いを立てて、これらの問いに対する答えを求めようとしたのである。

8. 宗教なき世界の極限状況

「われわれは完全に宗教なき時代に向かっている」[79]。ボンヘッファーは 1944 年 4 月 30 日に、そのように書いている。彼は宗教が失われていくことを当時の精神状況として捉えていた。21 世紀の初めに、それが部分的にで

75　Ebd., 407f.
76　Ebd., 504.
77　Ebd., 407f. 477f. 503f.――これについては次も参照。G. Ebeling, Die „nicht-religiöse Interpretation biblischer Begriffe" (1955), in: Ders., Wort und Glaube, Tübingen 1960, 90-160, hier: 150-154.
78　DBW VIII, 478.
79　Ebd., 403.

はあるが実際の状況となっているにしても、宗教が失われていくことはわれわれが向き合うべき危急の事態である。西暦2000年前後に「宗教の回帰」として診断されたことは、教会の中であまりにも短絡的に利用された。それによってわれわれは目をくらまされ、この宗教の回帰は、極めてわずかではあるがキリスト教に有利に働くということや、多くの偽宗教が出現し、宗教的な迷信という形になり、また何よりも宗教的動機を持った熱狂主義が出現したということは度外視されたのである。

　ティリッヒは宗教なき状態あるいは真の無神論を、彼の広い意味での宗教理解に基づいて、無制約的なものや意味への問いに対する完全な無関心として理解している[80]。ドイツの東側では宗教なき状態が広まっている。よく知られている警句にあるように、多くの人間が「神を忘れてしまったということを忘れてしまった」のである。

　ボンヘッファーは聖書の使信を新しく解釈することによって、まさにその、いよいよ宗教なき状態に置かれる人間を理解しようとしている。その際、彼は宗教なき状態を、無心になって「宗教なきキリスト教」を視野に入れることで、むしろ肯定的に見ているようである[81]。そのことは、宗教の間違った利用についての彼の鋭い見解にも関わってくる。しかし、ボンヘッファーの意味における宗教なき状態と「神なき状態」とは別のことである。ある人がことさらに「宗教なき状態」にあり、神なき状態にあることはできるが、それは例えば上辺だけの信仰を飾った偽善によって、また自己批判や回心に対して閉じられた状態によってである。しかし逆に著しく宗教なき状態になった人間は倫理的に、理性的に、真理を求めて振る舞うことができる。そこには、信仰によって生きられたキリスト教と共通の断片が存する。あるいはまた、人間は単に宗教なき状態だけでなく、「宗教的」人間が自分を正しいとして迷信に陥るように、「神なき状態」にもなりうる。宗教なき状態そのものとは異なり、神のない状態は神から遠く離れて疎外された状態として、イ

80　P. Tillich, Das Neue Sein (= Religiöse Reden, 2. Folge), Stuttgart ³1959, 149:「それ（無関心）は、われわれに無制約的に関わる関心事に対する唯一の選択肢である。何もわれわれに関わらないか、あるいは何かがわれわれに無制約的に関わるか、それが二者択一となっている」。

81　DBW VIII, 404.――これについては次も参照。G. Ebeling, Die „nicht-religiöse Interpretation biblischer Begriffe", a.a.O.（注77）, 149f.

エスの精神に反した生として、否定的に評価されるべきである。「啓蒙された、勤勉な人、順応した人、あるいは淫らな人の平凡でつまらない此岸性ではなく、十分な教育を受けた、死と復活の認識が常に現存するような深い此岸性のことを私は考えている」[82]。

ボンヘッファーが「宗教的アプリオリ」の概念を批判するのは、「宗教なき」人間に対して何かを説得するためではない[83]。しかし一般的な超越意識なしには特殊的な信仰はありえない。それは言語の能力なしに話すことができないのと、また良心の素質なしに倫理的な意識がありえないのと同様である。聖書的－キリスト教的信仰は、ティリッヒが練り上げたように、無制約的なもの、絶対的なものへの問いに対するかなり明確な答えである[84]。むしろ理想型ともいえる「宗教なき」人間でも何らかの超越意識を持ち、真理や意味の予感を持っている。それは埋もれてしまうかもしれないが、そのようにして初めて意識に上って来なければならないのである。

ボンヘッファーは獄中書簡において、超越意識を特に否定的に示すということ、すなわち「偶像崇拝」については扱っていない[85]。宗教なき精神的状況においては世界観に空虚なものが生じるが、そこでは一時的なものを神にしてしまう危険性がつきまとう。「君の心がよりかかって、信頼しているもの、それが君の実際の神である」と、マルティン・ルターは第一戒についての考察で書いている（『大教理問答書』1529 年）[86]。ジャン・カルヴァンによれば、「偶像崇拝そのものがそれを受け入れる素地があることを示す何よりの証拠である」、すなわち「神性について感じる」素地があることの証拠である[87]。明らかに人間は何かあるものを神とすることができる。何らかの埋

82　DBW VIII, 541.――確かにボンヘッファーは極めて不明瞭な書き方をしている。「成人した世界は神なき世界であり、それゆえ成人してない世界よりも神に近い世界となるかもしれない」（ebd., 537）。
83　Ebd., 403.――注 8 も参照のこと。
84　これについては注 13 を参照。
85　P. Tillich, Offenbarung und Glaube, a.a.O.（注 22）, 119.――これについては次も参照。W. Schüßler, Jenseits von Religion und Nicht-Religion, a.a.O.（注 13）, 95-100. 124f.
86　以下の引用による。M. Luther, Der Große und der Kleine Katechismus. Ausgewählt und bearbeitet von K. Aland und H. Kunst, Göttingen 1983, 9. Originaltext in: BSLK (= Die Bekenntnisschriften der evangelisch-lutherischen Kirche, Göttingen [4]1959), 560.
87　次からの引用。J. Calvin, Unterricht in der christlichen Religion, übersetzt und bearbeitet von

227

め合わせの神々が神の代わりになり——ボンヘッファーの時代状況に留まるなら——神の代わりに第三帝国の国家社会主義体制のような独裁政権が現れることになるか、あるいは全力で真の神を探し求めて、その神に従おうとするか、どちらかである。

　キリスト教の宣教は、実際に宗教なき状態になり神が忘れられていることを、どのように建設的に扱うことができるだろうか。しかもその際、「鳥よ、食べよ、さもなくば死ね」の方法に頼らずにである。これはつまり、何ら接点のないところから突然に迫られる種類の宣教に頼らずに、ということである。人間の経験と問いは、意味や真理への超越的な問いを手探りで求めなければならない。ボンヘッファーの意味ではとりわけ肯定的に理解される此岸性や生の現実から出発しなければならない。これらのものは解釈されなければならない。それもあらゆるものの根拠と目標を視野に入れ、創造者であり救済者であり完成者である神を視野に入れて解釈されなければならない。この解釈は宗教批判的かつ偶像崇拝批判的に、明らかにされなければならない。そのためのキリスト教の基準は、イエス・キリストにおける神の自己証明である。ルターによれば、「われわれは、父の慈愛と恩寵を、主なるキリストを通さずに認識することは、もはや決してできない。キリストは [神の] 父なる心を映す鏡だからである」[88]。

9. キリスト論的集中

　ボンヘッファーの「非宗教的」解釈は「今日、われわれにとってのキリストとは本来、誰であるか」[89] という問いから始まる。ボンヘッファーはキリストを「この世の主」[90] として信仰し、それゆえ神への問いかけをやめた宗

O. Weber, Neukirchen 1955, 5 (1. Buch, 3. Kap.).

88　M. Luther, Der Große und der Kleine Katechismus, a.a.O.（注 86）, 48.「大教理問答、第三信仰箇条の解釈」。原本は次のものに収められている。BSLK（注 86）, 660.

89　DBW VIII, 402.——ボンヘッファーの神学全体に見られるキリスト論的集中は、次の労作において明らかにされている。E. Feil, Die Theologie Dietrich Bonhoeffers. Hermeneutik – Christologie – Weltverständnis, München/Mainz 1971, 196 u. passim.

90　DBW VIII, 405.

教なき人間をキリストに出会わせようとしている。

　ところで、史的イエス自身は一人の人間にすぎないので、イエスについて語るだけでは神について語ることにはならない。そこではイエスと神との関係が明白にならなければならない。しかしイエスが神と強烈で永続的な関係を持っていることを明らかにすれば、キリスト教的に理解して、イエスは「現実の人間」であるだけでなく、「真の人間」であり、それゆえ神が望んだような人間であることが分かる。したがってイエスは神についてのわれわれの確信と永遠の希望の保証人である。「イエス・キリストが人間となったこの地上を高く評価するなら、つまり人間がイエスのように生きたなら、その場合にのみ、われわれ人間にとって生きることは意味を持つ。イエスが生きなかったなら、われわれが知り敬い愛する他のすべての人間が生きたとしても、われわれの生は意味を持たないだろう」[91]。

　ボンヘッファーの1944年8月21日の書簡にある、この感動的な命題は、もちろん「宗教なき」人間にとってはほとんど納得できないものであろう。そういう人間はイエスにおいて神に基づいた透明性を認めることもない。なぜなら、彼らは人格的－超人格的な神によっては、本当に何も始めることはできないと考えているからである。

　それでもなおこの命題においては、イエス・キリストの基本的な特性、すなわち「他者のためにそこにいること」が垣間見られる。「イエスが『他者のためにそこにいること』は超越の経験である！」[92]。イエスにおいて、神ご自身がわれわれのためにそこにいることが明らかとなる。そのときわれわれと神との関係は「他者のためにそこにいること」[93]における新しい生となり、「教会は他者のためにそこにいるときにのみ教会となる」[94]。ここで再び、イエス・キリストの光に照らした「この世的な解釈」の線上で、この世に対する責任が際立ってくる。

　「この世の主」[95]としてのキリスト、復活したキリストは、一方では世界と固く結びつき、イエスがそこにいるのはこの世のためであり、この世のため

91　Ebd., 573.
92　Ebd., 558f.
93　Ebd., 558.
94　Ebd., 560.
95　Ebd., 405.

にイエスはその生涯を捧げたのである。しかしイエス・キリストは究極的には神との関係においてのみ理解すべきであり、神はいかなる場合でも目に見えるこの世界を飛び越えているのである。

ボンヘッファーにおいて、神がキリストにおいて人間となった受肉と並ぶキリスト論的に重要な点は、「イエス・キリストにおける神のメシア的苦難」[96]、イエスが神の無力と苦難に与ること、つまり十字架である。イエスは十字架において「神なき世界における神の苦難」[97]を苦しみ抜いた。十字架にかけられた者は復活した者としてわれわれの傍におられるが、だからといってわれわれは何らかの仕方でこの世から逃避してもよいということにはならない。「此岸が前もって止揚されるようなことがあってはならない」[98]。キリスト教の復活の希望は、人間に「この地上における生」[99]を指し示す。このことをボンヘッファーは自らの極限状況において強調した。そこで彼は自らの死を直接的に目前に見なければならなかった。しかし、キリスト教の復活の希望を、此岸が個々の人間にとって不可避的かつ最終的な目的となっている状況に明白に結び付けないなら、それは本末転倒ということになるだろう。

キリスト教の基本的な確信によれば、キリストは神の言葉が人格となったものである。キリスト自身が神の啓示であり、まさにボンヘッファーが強調しているように、神がイエスの十字架と数え切れない人間の苦しみにおいて、この世から追い出されることになった無力と弱さの只中における啓示である。キリストが――もちろん隠されているとはいえ――「この世の主」であるのは、彼が人間としてこの世に生きる意味を示し、模範となったからであり、人間を彼の服従へと導くからである。

しかし人間イエスだけが神の代理となり、永続的な生の意味の保証人となるのであろうか。宗教間対話が増え広がる状況においては、霊に満ちて解放をもたらす、信頼できる別の真理証言もあることは明らかである。それはイエスと直接的な関係を持つか否かに関わりなく、イエスと同じ線上にあり、その精神のうちにある。われわれが神の恩寵と愛の普遍的啓示を前提にする

---

96 Ebd., 536.
97 Ebd., 535.
98 Ebd., 501.
99 Ebd., 500.

なら、「キリスト」について、普遍的ロゴス（ヨハ 1:1–18）と「宇宙的キリスト」の意味でも語ることができる。それは宗教を超えて広がる善意の人間において働く[100]。これは確かにティリッヒの線上にあり[101]、ボンヘッファーが詳しく述べた考察の範囲を越えている。それでもボンヘッファーは1944年6月21日の書簡において、「言うのも恐ろしい！」特徴を持った思想を思い切って打ち出した。それは彼が、古典文献学者のヴァルター・フリードリヒ・オットーがその著書のタイトルともなっている「ギリシアの神々」をキリストの代わりに活用できると、「ほとんど信じていた」ことである[102]。

10. 神中心の前兆

「いかに神について語るか——宗教なしに」[103]。そのようにボンヘッファーは自らの「非宗教的解釈」についての思想に向けて最初の問いを立てる。彼の宗教批判、倫理的、時代分析的な多様な側面は、神と神的なものについての事柄に即した語りに役立っている。それは単に表現の仕方を問うだけでなく、その意図や基本的態度、信頼できる生活実践についても問う。

ボンヘッファーの神学は全体としてキリスト論的、つまりキリスト中心的に規定される。それにもかかわらず「この世的な解釈」は究極的には神中心の前兆として考えられなければならない。ボンヘッファーによれば、確かに「作業仮説」[104]としての神は時代遅れであるが、生きた人生の根拠の現実性はそうではない。ボンヘッファーが書いているように、「神の『彼岸』はわれわれの認識可能性の彼岸ではない！　認識論的な超越は神の超越とは何の関係もない。神はわれわれの生の只中において彼岸的である」[105]。しかしながら、「認識論的超越」はより偉大な神を指し示すものとなる。

100　これについては次を参照。A. Rössler, Steht Gottes Himmel allen offen? Zum Symbol des kosmischen Christus, Stuttgart 1990.
101　P. Tillich, Systematische Theologie, Bd. II, a.a.O.（注 27）, 103-106.
102　DBW VIII, 492.
103　Ebd., 405.
104　Ebd., 532f.
105　Ebd., 408.

ボンヘッファーによると、神は一方では「十字架において世界から追放されたので、この世においては無力で弱いが、まさにそうであるからこそわれわれに寄り添い、われわれを助ける神である」[106]。また他方でボンヘッファーは、「それ以外の点では相変わらず神は支配者の座におられる」[107]とも書いている。それをひっくるめて、どのように考えればよいだろうか。また最終的に、人はどのようにすれば「神の前で神とともに、神なしに生きること」[108]ができるだろうか。例えば、神はイエス・キリストにおいて、その聖霊としての働きにおいて、確かに人間と交わるが、自らを人間に押し付けることはない。人間は自発的に自己展開することができる[109]。人間は自分自身で神なしの道を行くこともできる。しかしまた人間は、自らの苦難、弱さ、無力をイエス・キリストの十字架の光において理解することもできる。人間は最終的にその行動において、無力な者や弱い者を助けて、それゆえまさに神の国に仕えても何も得るものはない、と意気消沈する必要はないのである。

神の人格性は、超人格的なものとして理解すべきである。ティリッヒが強調するように、神は人格以上であり、それ以下ではない[110]。神の無力は神の「全能」を否定するのではなく、むしろそれを前提するのである。それはボンヘッファーが次のように書いている場合でもそうである。「神とは何か？それは神の全能などに対する一般的な神への信仰ではない。それは真の神経験ではなく、延長された世界の一部分にすぎない」[111]。しかし神について語ることが意味を持つのは、神がまさに創造者として原根拠であり、すべてのものを存在させ、生成させている場合に限られる。神はその「全能」において、被造物と人間に自由を認めるということを成し遂げる。それは、創造者とその愛の意志に反した方向に行くこともできる自由である[112]。

106　Ebd., 534.
107　Ebd., 563.
108　Ebd., 534.
109　W. Krötke, Gottes Kommen und menschliches Verhalten, a.a.O.（注70）, 16:「神は世界から引き下がり、そのようにして世界が世界そのものとしてそこにあるように時間と機会を与えるだけのために、世界にとってそこにある」。
110　P. Tillich, Systematische Theologie, Bd. II, a.a.O.（注27）, 18.
111　DBW VIII, 558.──これについては、注25も参照。
112　したがってボンヘッファーの考察は「アウシュヴィッツ以後の神学」にも関わっている。これについては例えば次を参照。H. Jonas, Der Gottesbegriff nach Auschwitz. Eine

11. まとめ

ボンヘッファーの獄中書簡と手記による「神をこの世的に理解して、神について語るということ」は、次のようにまとめることができる。

1. 神についての適切かつ信頼できる語りは、ボンヘッファーにおいては孤立した言語の問題ではなく、生活実践に組み込まれている[113]。
2. ボンヘッファーは、神についての語りの象徴としての特徴を主題としたのではなく、それを実践したのである。彼はイエスの十字架を視野に入れつつ、「神の無力」と「神の苦難」について語ることによって、特定の宗教的象徴を強調したり、作り出したりもしている。
3. ボンヘッファーの「非宗教的解釈」は、「真の」宗教と「偽の」宗教を区別するという意味で宗教批判的に理解されるべきである。
4. 「非宗教的解釈」はボンヘッファーにおいて、「この世的な解釈」として肯定的に考えられている。それは現実に関係している。神はこの世界に近づき、そこに向けて立ち入っていることが前提とされている。しかし神は世界の中でその一部になったり、そこに沈み込むことはない。神について語ることは常に、神の光に照らして世界について、現実の生活について語ることでもある。
5. 神について「この世的に」語ることは、それが根拠のない思弁になるのを避けるという仕方でも現実に関わっている。またそれは、経験されたものや経験可能なもの、それゆえ事実に固く留まっており、人間がその生活世界と日常において関わっているすべてのことを考慮している。キリスト教徒は厳しい現実から手を引いたり、その現実そのものを放置することは許されない。キリスト教徒は現実に耐えなければならないし、その成り行きにおいて現実を神の国に向けて形成していかなければなら

Jüdische Stimme, in: Ders., Philosophische Untersuchungen und metaphysische Vermutungen (1992) (= suhrkamp taschenbuch 2279), Frankfurt/M. 1994, 190-208.

113　D. Bonhoeffer, Nachfolge, a.a.O.（注45）, 19:「信仰者だけが従順であり、従順な者だけが信仰する」。――これについては次を参照。D. Müller, Dietrich Bonhoeffers Prinzip der weltlichen Interpretation, a.a.O.（注56）, 164f.

ない。
6. もちろん神について「この世的に」語ることは此岸には限定されない。イエス・キリストの復活に基づいて永遠の希望をも表明する。
7. 神に愛されたこの世（ヨハ 3:16）は完全ではなく、その創造者から疎外されている。確かにこの世界は神の場であり、それは世界の中のある分離された領域だけではない。しかしこの世界は、その創造者のために何とかして取り戻されなければならない。
8. 神についての適切かつ信頼できる語りの基準は、ボンヘッファーによれば、世界そのものではなく、世界の真の主であるイエス・キリストである。
9. 神についての「この世的な」語りは、神が奇跡によって世界の出来事や人間の生活に介入するのではなく、世界と人間に自由の余地を与える、という経験に向き合う。いかなる仕方で神が世界において人間たちの間で日常的に働くのかは、隠されたままである[114]。しかしイエス・キリストが人間となって生き、苦悩し、十字架につけられて復活したことのうちに、人は「善い力によって忠実かつ暗黙のうちに取り囲まれ」、また「不思議な仕方で守られている」[115] のを知ることができる、ということが明らかになっている。

---

114 H. Ott, Wirklichkeit und Glaube, a.a.O.（注 63）, 125:「彼［ボンヘッファー］は、神は——もちろん主として優越しており、自由で、計り知れない方であるが——、最高度に現実的で、いわば明白に捉えられる形で、歴史においても彼の個人史においても振る舞うということを考慮している」。——これについては次も参照。DBW VIII, 30f.（「歴史における神の統治についてのいくつかの信仰箇条」）。
115 DBW, 607f.

X

ヴェルナー・シュスラー

宗教の言語としての象徴

パウル・ティリッヒによる
宗教的言語の「非字義化」のプログラム

> 「『非神話化』！ なんという思い上がりでしょうか。思い出してください、精神病の医師が消毒薬によっておこない、その際、神を見つけ（なかっ）た天国の殺菌を。」
> C. G. ユング[1]

1962年になされた、ドイツとアメリカのプロテスタント神学者、宗教哲学者であるパウル・ティリッヒに対する、ドイツ書籍協会平和賞の授与に際して、監督(ビショップ)オットー・ディベリウスは、祝辞の中で、ティリッヒの特別な功績として、〈象徴という概念をプロテスタント神学へと取り入れた〉ということを強調した[2]。ティリッヒ自身も、このテーマに彼自身の思考にとって中心的な役割があることを認める。まずマールブルクで1925年におこない、ついでドレスデンで1925年から1927年までおこなった教義学講義を、ティリッヒは、『宗教的象徴論（教義学）Die Wissenschaft vom religiösen Symbol (Dogmatik)』というタイトルのもとで、オットー・ライヒル社から出版しよ

---

1 C. G. Jung, Aus einem Brief an einen (unbekannten) Dr. H. vom 17. März 1951, in: Ders., Briefe 1906-1961, hg. von A. Jaffé, 3 Bde., Olten 1972, II 212.

2 O. Dibelius, Laudatio auf Paul Tillich, in: Friedenspreisträger Paul Tillich. Stimmen zur Verleihung des Friedenspreises des Deutschen Buchhandels 1962 mit der Laudatio von Bischof Dibelius und der Friedenspreisrede von Paul Tillich, Stuttgart 1963, 11-16, 14.

うと計画しさえした（vgl. EW XIV, XXX）[3]。ティリッヒはこの予定を——いかなる理由からであれ——取りやめたが、「象徴」というテーマは一貫した主題として彼の思考全体を貫いており、後期の著作に至るまで根本的な連続性〔を持っていること〕を明らかにする[4]。

1．影響

ティリッヒによる宗教的象徴についての理論には、非常に様々な伝統が流れ込んでいる。例えばいわゆる否定神学との共通点は明らかである[5]。5世紀

---

[3] ティリッヒの著作は次の略号で示す（そのつど巻数と頁数を挙げる）。EW = Paul Tillich, Ergänzungs- und Nachlaßbände zu den Gesammelten Werken, hg. von I. Henel u.a., bisher 14 Bde., Stuttgart, dann Berlin 1971ff.; GW = Paul Tillich, Gesammelte Werke, hg. von R. Albrecht, 14 Bde., Stuttgart 1959ff.〔『ティリッヒ著作集』新装復刊、全11巻、白水社、1999年〕; MW = Paul Tillich, Main Works/Hauptwerke, hg. von C. H. Ratschow, 6 Bde., Berlin 1987ff.; RR = Paul Tillich, Religiöse Reden, 3 Bde., Stuttgart 1952ff.〔『地の基は震え動く』茂洋訳、新教出版社、2010年、『新しき存在』土居真俊訳、新教出版社、1958年、『永遠の今』茂洋訳、新教出版社、1965年〕; ST = Paul Tillich, Systematische Theologie, 3 Bde., Stuttgart 1955ff.〔『組織神学』復刊、全3巻、谷口美智雄／土居真俊訳、新教出版社、2004年〕。

[4] ティリッヒにおける象徴概念については、特に GW V, 187-244; GW VIII, 139-148 および EW XIV, 90-118 を参照。——浩瀚な二次文献からは、次のものを挙げたい。K.-D. Nörenberg, Analogia imaginis. Der Symbolbegriff in der Theologie Paul Tillichs, Hamburg 1966; M. von Kriegstein, Paul Tillichs Methode der Korrelation und Symbolbegriff, Hildesheim 1976; J. Richard, Symbolisme et analogie chez Paul Tillich, in: Laval théologique et philosophique 32 (1976) 43-74; 33 (1977) 39-60 u. 183-202; W. Schüßler, Der philosophische Gottesgedanke im Frühwerk Paul Tillichs (1910-1933). Darstellung und Interpretation seiner Gedanken und Quellen, Würzburg 1986, 102-112; ders., Jenseits von Religion und Nicht-Religion. Der Religionsbegriff im Werk Paul Tillichs, Frankfurt/M. 1989, 155-177; ders., Paul Tillich, München 1997, 55-67; N. Ernst, Die Tiefe des Seins. Eine Untersuchung zum Ort der analogia entis im Denken Paul Tillichs (= Fuldaer Studien, Bd. 2), St. Ottilien 1988; D. F. Dreisbach, Symbols and Salvation. Paul Tillich's Doctrine of Religious Symbols and his Interpretation of the Christian Tradition, Lanham 1922; C. Danz/W. Schüßler/E. Sturm (Hg.), Das Symbol als Sprache der Religion (= Internationales Jahrbuch für die Tillich-Forschung/International Yearbook for Tillich Research/Annales internationales de recherches sur Tillich, Bd. 2), Wien 2007.

[5] W. Schüßler, Der philosophische Gottesgedanke im Frühwerk Paul Tillichs, a.a.O.（注4）, 149-

に生きた未知のキリスト教的新プラトン主義者である偽ディオニュシオス・アレオパギテースに関しては、ティリッヒ自らも、「神については象徴的にのみ語りうるということが当時すでに心得られていた」（EW I, 112）と書いている[6]。神が人格であるということは、神が「あらゆる人格的なものの根拠であり、それ自身は一個の人格ではない」（MW IV, 388）[7]ということを意味すると述べるとき、このことは完全な同一線上にある。しかし、それと並んで、トマス・アクィナスによって主張されるような中世の類比論を思い出させるティリッヒによる言明も少なくない[8]。例えば次のように述べられている。「まず人格とは何であるのかを知り、ついで神の概念をそれに合わせるのではない。神との出会いの中で私たちは初めて、人格とは何であり、人格がどのようにあらゆる非人格的なものから区別され、どのように非人格的なものへの堕落から守られなければならないのかを知るのである」（MW IV, 367）[9]。

　本質的な衝動をティリッヒが負っていたのは、それらを越えて、――彼自身が指摘するように（vgl. GW V, 188f.）[10]――シェリングとエルンスト・カ

---

　　162 を参照。
6　279f. も参照。
7　筆者訳。
8　これについては以下の第6節を見よ。
9　筆者訳。このようにトマス・アクィナスは、次のことを確信している。すなわち、「善」などのような諸概念は、神に適用されると、神が様々な物事における善の原因であること（vgl. Summa Theologiae I 13, 2 resp.）のみを意味するのではなく、むしろ、私たちが被造物において「善い」と呼ぶものが、まず神においてより高い仕方で存在すること（vgl. ebd. und I 13, 6 resp.）をも意味するのだ、ということである。これについては、W. Schüßler, Der philosophische Gottesgedanke im Frühwerk Paul Tillichs, a.a.O.（注4）, 111 および Anm. 328 を参照。
10　Vgl. GW V, 202-204. ティリッヒは、神話的な創造物に自立的で実質的な意義があることを認める、神話についての積極的な理論を支持する。彼はシェリングにおける神話についての形而上学的な理論と、エルンスト・カッシーラーにおける神話についての認識論的な理論を区別する。後期のシェリングは、神話を、「神が生まれる現実的な過程――すなわち、神において一つである様々な原理が人間の意識において矛盾に満ちた仕方で行き渡る過程――の表現と見なす」。カッシーラーは、神話を――科学や芸術、言語と並ぶ――「精神的な生の不可欠な要素」と見なす。その際、神話の現実は、「それ自体において意味に満ちた精神的な世界の創造に」基づいているのであって、「現実それ自体の正確な模写に」基づいているのではない（GW V, 188）。ティリッヒ自身が「象徴的で現実的」と呼ぶような、神話についての彼自身の理論において、ティリッヒは

ッシーラーによる神話と象徴の解釈や、ルドルフ・オットーによる表意文字の概念[11]、C. G. ユングによる象徴理解[12]である。オットーは周知のように表意文字という概念によって「宗教をその合理化から守ろ」うと試みる[13]。同じようにユングも繰り返し象徴の知性化に警鐘を鳴らし、もしそうされると象徴は空虚にされるであろうと言い、──ティリッヒと同様に──キリスト教の象徴の救済力を強調した[14]。

　しかしさらに別の観点がつけ加わる。私見によると、この観点はこれまでほとんど光が当てられなかった。それはこのコンテクストにおける芸術の意義である。1956 年の「現代芸術の実存主義的諸相 Existentialist Aspects of Modern Art」[訳注1]という論考において、ティリッヒは、私講師としてベルリン大学で第一次世界大戦後におこなった自らの初めての講義に言及する。この論考において言われているように、ティリッヒはこの講義の中で様々な絵画を用いた。それは形式と内実の関係を説明するためであったが、同様に、現実の外的な形式を突破する可能性を指摘し、そうして現実の深みへと入り込むことができるようになるためであった。そのうえ次のように述べられている。「偉大な現代の芸術家たちのこれらの絵画から学んだほど、神学的な書物からは学ばなかったということを、私は告白しなければならない。これ

　　　神話の形而上学的な理解と認識論的な理解の対立を克服しようとする（vgl. ebd.）──これについては、W. Schüßler, Der philosophische Gottesgedanke im Frühwerk Paul Tillichs, a.a.O.（注 4）, 72-80; C. Danz, Der Begriff des Symbol bei Paul Tillich und Ernst Cassirer, in: D. Korsch/E. Rudolph (Hg.), Die Prägnanz der Religion in der Kultur, Tübingen 2000, 201-228 を参照。

11　Vgl. GW XII, 179-186; これについては、W. Schüßler, Der philosophische Gottesgedanke im Frühwerk Paul Tillichs, a.a.O.（注 4）, 175-194 を参照。

12　Vgl. GW XII, 316-319.

13　Vgl. R. Otto, Das Heilige. Über das Irrationale in der Idee des Göttlichen und sein Verhältnis zum Rationalen, München (Sonderausgabe) 1971, 27f.〔オットー『聖なるもの』久松英二訳、岩波文庫、2010 年〕.

14　これについては、L. Procese, Institutionalität und Gnosis. Carl Gustav Jung und die katholische Kirche, in: Vernunft und Glauben. Ein philosophischer Dialog der Moderne mit dem Christentum. Père Xavier Tilliette SJ zum 85. Geburtstag, hg. S. Dietzsch u. G. D. Frigo, Berlin 2006, 315-342, ここでは 326 頁および 334 頁を参照。

〔訳注 1　原文の「現代芸術の実存的諸相 Existential Aspects of Modern Art」を「現代芸術の実存主義的諸相 Existentialist Aspects of Modern Art」に訂正。〕

らの芸術家たちは、象徴が生まれる領域へと突き進んだのである」[15]。
　芸術家たちの体験が手がかりとなってティリッヒにとって明らかになるのは、日常的な言語によっても科学の認識によっても伝達されえないような現実の諸次元が存在するということである[16]。ティリッヒにとってここで明らかになるのは、象徴は別の仕方では表現されえないような何ものかを表現するということである。この意味で象徴は表現的な性格を持っており、象徴は一個の人間全体に――したがってその無意識にも――語りかける。
　ドナルド・R・ワイズベイカーも、芸術との出会いがティリッヒの思考における象徴概念の展開にとって本質的な意義を持っているということを確信している。「パウル・ティリッヒは美的な領域から宗教的な領域へと移る。これらの価値領域の一方を他方へとまとめることを望まないということを除いて、美的象徴の機能についての彼の理論は、宗教的象徴の機能についての彼の理論と本質的に同じである」[17]。

2．象徴概念の原理

a）象徴についての消極的理論の限界

　象徴において指されていないような現実の層から象徴を説明しようとする、象徴についてのいわゆる消極的理論に、ティリッヒは決定的に反対する。2種類のもの――象徴についての心理学的な理論と社会学的な理論――に還元されうるそうした理論にとっては、象徴において表現されているのは主観的な存在だけであり、「象徴において指されている事柄ではない」（GW V, 198）。

15　P. Tillich, On Art and Architecture, hg. von J. Dillenberger New York 1987, 100. 筆者訳。
16　ここではウィトゲンシュタインの宗教的な言語ゲーム理論との類似は明白である。
17　D. R. Weisbaker, Aesthetic Elements in Tillich's Theory of Symbol, in: J. J. Carey (Hg.), Kairos and Logos. Studies in the Roots and Implications of Tillich's Theology, Cambridge (Mass.) 1978, 267-289, hier: 284; vgl. 269f. u. 274. これについては、W. Schüßler, Die Bedeutung der Kunst, der Kunstgeschichte und der Kunstphilosophie für die Genese des religionsphilosophischen und kulturtheologischen Denkens Paul Tillichs, in: P. Tillich, Kunst und Gesellschaft. Drei Vorlesungen (1952). Aus dem Engl. übers., hg. u. mit einem Nachwort von W. Schüßler (= Tillich-Studien. Abt. Beihefte, hg. W. Schüßler u. E. Sturm, Bd. 1), Münster 2004, 49-87, ここでは 62-65 頁も参照。

ティリッヒはそのような象徴理解の限界をはっきりと明らかにする[18]。

「精神分析が、例えば父親という象徴が神に用いられるということを、分析的な父親コンプレックスの表現と見なすならば（社会学は男性支配の表現と見なすようであるが）、その説明の意義がどのていど妥当するのかが問われなければならない。そのていどは、明らかにその説明による次の言明以上のものではない。すなわち、象徴選択は父親コンプレックスによって説明されうるが、宗教的象徴を定めることがすべてコンプレックスによって制約されているわけではないという言明である。つまり、宗教的象徴についての理論ではなく、宗教的な象徴選択についての理論が与えられているのである。実際、それ以外ではありえない。というのも、無制約的で超越的なものを定めることは、無意識的なものの無制約的で内在的な衝動に基づいては、決して説明されえないからである。しかし、宗教的な象徴選択の問いについても、究極的なことはいまだ言われていない。父親という象徴の選択へと導く生命的な衝動はそれ自体が生の原型の表現であり、それゆえその象徴のもとで無制約的なものを直観することは、たとえ限定的であるとしても、やはり究極的で、つまり宗教的な真理を持つのだ、という可能性は考察されていない。同じことは象徴選択についての社会学的な理論にとっても妥当するであろう。心理学的な衝動と社会学的な衝動は象徴選択を統制する。しかし、これらの象徴それ自体は、存在者の究極的な形而上学的構造を表す象徴として直観されうる。――こうした検討は、これらの理論が正しいところ、すなわち象徴選択についての説明においても、これらの理論から消極的なものを取り除く。」（GW V, 200）

b）象徴と記号

象徴概念についての記述に際して、ティリッヒは、繰り返し象徴と記号の原理的な区別を指摘する。なるほど、象徴と記号は、それ自体の外にある何ものかを指し示しているという点では共通しているが、やはりティリッヒに

---

18 ティリッヒはこのコンテクストで、彼がここで宗教的象徴について言っていることが広く「象徴一般にとって」も妥当するということを、はっきりと指摘する（GW V, 198）。

よると、両者の間には、根本的な差異がある。すなわち、記号は、それが記号化するものの現実と力に参与していないのに対して、象徴は、それが象徴化するものの存在と力に参与している、という差異である（vgl. GW V, 214）[19]。記号は自らが指し示しているものに参与していないので、その実用性という観点から、自由な取り決めに基づいて、別の記号によって置き換えられうる（vgl. GW VIII, 140）。それに対して、象徴は任意に別の象徴によっては置き換えることができない。記号は取り入れられ、再び取り去られる一方で、象徴は「生まれ」、「死ぬ」。象徴は、生き物のように、発生し、消滅する。「象徴は、それにとって時が満ちたときに発生し、それを越えて時が過ぎ去ったときに消滅する」（ebd.）。

象徴は恣意的には作り出されえない。象徴はその発生を、記号の場合とは違って、実用性や慣習には負っていない。では象徴はどこに由来するのか。ティリッヒが C. G. ユングを引き合いに出すのは、このように問う際に「集合的無意識」を挙げるときである。「象徴は意図的には作り出されなかった。象徴は、この特別な象徴、この言葉、この御旗——あるいは何であるとしても——の中で自己自身の存在を再認識するような集団において生じた」（GW V, 216）[20]。このことが意味するのは、この象徴に対する集団の内的な関係が消え去る瞬間に、象徴は「死ぬ」のだ、ということである。「そのとき象徴はもはや何も『言わ』ない」（ebd.）。

c）象徴の機能

「象徴が代理するのは、象徴が自らそれではないところのもの、しかし象徴が代表し、その力と意味に参与しているところのものである。それがあらゆる象徴の基礎をなす機能である。『代理的（repräsentativ）』という言葉が

19　Vgl. GW VIII, 80 u. 140; GW IX, 89; ST I, 277.
20　Vgl. GW VIII, 140; ST II. 178. GW IX, 337 においてはティリッヒはこれと相違する答えを与えている。「象徴は意図的には創られえない。象徴は生まれ、成長し、枯死する。しかしながら、象徴がどのように孕まれ、生まれるのかを言うことはできる。すなわち、自らが用いる素材の要求を誠実かつ真剣に聞き取り、自らの目標に合った形式を見て取り、どんな素材やどんな形式、どんな目標にもある深みの中に究極的なものが隠されており、それが建築、詩、哲学という様式において顕現されるのだということを知っている個々人の人格的な情熱から、象徴は孕まれ、生み出されるのである」。

非常にしばしば別の意味で用いられるということがなかったならば、その『代理的』という語によって『象徴的（symbolisch）』という言葉を言い換えることができさえしたであろう」（GW V, 215）。

象徴は私たちに、象徴が目に見えるようにさせうる現実の様々な層を開示する。こうした現実の諸層を開くためには、私たちの心の様々な層も開示されなければならない。このことが意味するのは、私たちの内的な現実の諸相が、象徴によって近づきうるようにさせられる外的な現実の諸相と対応する、ということである。したがって、いずれの象徴も2通りの仕方で働く。すなわち、象徴は、現実のより深い諸相と共に、心のより深い諸相をも開くのである（vgl. GW V, 215f.）。以上のように、人間は、例えば聖なる所や聖なる時、聖なる人、聖なる像との出会いの中で、聖なるものそれ自体の何ものかを経験する。こうした経験は、哲学的な概念や神学的な概念を媒介とした認識によっては置き換えられえない（vgl. GW V, 239）。

3．宗教的象徴

（a）宗教的象徴の本質

「あらゆるほかの象徴と同様に、宗教的象徴は、別の仕方では目に見えるようにさせられない隠れた現実の諸相を明るみに出す」（GW V, 216f.）。それは、「現実それ自体の深みの次元」であり、ほかの諸相と並ぶ一つの層ではなく、あらゆるほかの層の基礎をなす根本的な層、つまり存在それ自体の層である。究極的な現実の次元は聖なるものの次元でもあるので、宗教的象徴は「聖なるものの聖性」を分有している。「とはいえ分有は同一性ではない。象徴はそれ自体が聖なるものなのではない」（GW V, 217）。

何ものかが十全に表現されうるのは、それが把握されうる通りに把握されるときのみである。この意味で、神は人間的な知性によっては把握されえない。というのも、私たちの人間的な知性は有限であるが、神は無限だからである。したがって、表現と、表現されるものないし表現されうるものとの間には、隔たりがある。ティリッヒはそれに関して見事な例を挙げている。「この石やこの木、この人には無制約的な現実があり、存在それ自体がある。それらは、無制約的で現実的なものへと向かって透明であるが、濁ってもお

り、無制約的で現実的なものがそれらを通じて輝き出るのを妨げる」（GW IX, 358）。つまり象徴的な語り方は十全な言明ではない。本当に無制約的なものはあらゆる制約的なものの領域を越えているので、いかなる現実によっても直接かつ適切には表現されえない。「宗教的に言うと、『神は自己自身の名前を超越している』」（GW VIII, 141）。

ティリッヒによると、宗教的象徴は、経験されうる現実という数限りのない素材に由来する。宗教の歴史の中では、現存在のほとんどすべてのものが、いつか一度は象徴となった。このことが可能なのは、あらゆる有限的なものが究極的な存在根拠に基づいているからである。原理的には、あらゆる現実的なものが象徴の担い手となりうる。素材の選び出しは、究極的な存在の根拠と意味の根拠に対する人間的な精神の特殊な関係にそのつど拠っている。ティリッヒによると、混沌とした宗教的象徴へと通じる一見すると閉じているように思われるドアは、宗教的象徴がそれによって象徴されている無制約的なものに対していかなる関係を持っているかという問いを立てるときに、開くことができるのである（vgl. GW V, 217）。

（b）宗教的象徴の諸層

ティリッヒは宗教的象徴の2つの基礎的な層を区別する。すなわち、経験的な現実を超え出る超越的な層と、私たちに出会う現実の中にある内在的な層である（vgl. GW V, 218）。超越的な層に属する基礎的な象徴は「神」という言葉である。「〈とすると神は一つの象徴にすぎないのか〉と問うならば、それも完全に間違っている。というのも、そう問うならば、〈何を表す象徴であるのか〉という次の問いが続くであろうからである。それに対しては〈神を表す〉という答えだけが可能である。『神』は神を表す象徴である。このことが意味するのは、私たちは自らの神のイメージにおいて、次の2つの要素を区別しなければならない、ということである。すなわち、一方は、私たちに直接的な経験の中で開示され、それ自体は象徴的ではない無制約的な要素と、他方は、私たちの通常の経験から取り出され、象徴的に神に関係づけられる具体的な要素である」（GW VIII, 142）。それゆえ、例えばヤハウェ、すなわちイスラエルの神を崇拝する人間は、無制約的な関心のみならず、その人間に無制約的に関わるものの具体的な像をも持っているのである。「このことが、『神』は神の象徴であるという一見するとかくも逆説的なように

思われる断言の意味である」(GW VIII, 143)[21]。それゆえ、神は一つの象徴であると簡単には言えず、むしろ象徴的および非象徴的という2通りの仕方で神について語らなければならない。「私たちが非象徴的に語るときは、神とは究極的な現実、存在それ自体、存在の根拠、存在の力だと言う。私たちが象徴的に語るときは、神を、その内ではあらゆる有限的なものが最高の完全さで一つになる最高の存在者だと呼ぶ」(GW V, 218)[22]。

こうした言明は、〔ティリッヒについての〕研究において繰り返し批判的に議論された。ティリッヒ自身、『組織神学』の第2巻において、「神についての非象徴的な言明がなされなければならないような点が存在するのかどうか」という問いに対して、「そのような言明は存在する」と答えたとき、さらに別の混乱をもたらした。「神について言われうるあらゆることは象徴的である。こうした主張は、それ自身は象徴的ではない神についての言明である。もしそうでないとすると、私たちは循環論法に陥るであろう」(ST II, 15f.)[23]。その際ティリッヒは、「神は存在それ自体である」というような言明を、「境界線」という意味で理解している。「この境界までは、どの言明も(宗教的象徴の意味では)非象徴的である。この境界の彼岸では、どの言明も(宗教的象徴の意味では)象徴的である。この境界線それ自体は両者、すなわち非象徴的であり象徴的である」(ST II, 16)。

ティリッヒにとって、この区別は、宗教的言語の基準についての言明である。私たちが循環論法に陥りたくないのであれば、そのような言明それ自

---

21 ティリッヒはこれを次のように明確にする。「『神』という用語は、神を越えた神――すなわち存在の究極的な根底――と共に、その特殊な表現をも同時に含んでいる。後者のみが象徴という性格を持つ」(D. M. Brown [Hg.], Ultimate Concern. Tillich in Dialogue, London 1965, 14〔ティリッヒ『究極的なものを求めて――現代青年との対話』茂洋訳、新教出版社、1968年〕)。

22 Vgl. ST I, 277:「神は存在それ自体であるという命題は、非象徴的な命題である。この命題は自己自身を越えたところを指し示していない。この命題は、この命題が言っていることを、直接的にそのまま指しているのである。神の現実性について語るとき、私たちは第一に、神が存在それ自体ではないのであれば、神は神ではないであろう、と主張する。神についてのほかの言明は、神学的であるべきならば、その基礎に基づいてのみなされうる。……ただし、これらの言明以上には、象徴的ではないどんなことも、神としての神について言うことはできない」。

23 これについては、G. Wenz, Subjekt und Sein. Die Entwicklung der Theologie Paul Tillichs, München 1979, 171ff. を参照。ヴェンツはこれについての議論をまとめている。

体はもはや象徴的であってはならない。なるほど神についてのあらゆる言明は象徴的であり、「神」という概念ですら、この意味では一つの象徴である。とはいえ、この象徴が関係づけられる何ものかが存在しなければならない。この「何ものか」をティリッヒは「存在それ自体」や「存在の力」のような概念をもって名づける。もちろんティリッヒは、「存在それ自体」のような概念は概念であるがゆえにやはり一つの象徴であり、この象徴と様々な特定の内容、すなわちそれ自体も有限的なものから借用されている内容とが結びつけられることがあまりにもよくされがちであるということを心得ている。しかし、神は人格や愛であるというような言明と、神は存在それ自体や存在の力であるというような言明の間にはたしかに、差異がある。すなわち、「人格」や「愛」のような概念によって私たちはさらにまた制約的なものを名づけるのに対して、「存在それ自体」や「存在の力」のような概念によって私たちは制約的なものを名づけない。こうした理由からティリッヒは、後者は非象徴的に理解されなければならないと――より慎重には、後者は象徴的な言明との境界線であると――言うことができる[24]。

しかしながら、無制約的なものに対する私たちの関係においては、私たちは常に象徴的に語らざるをえない。「神が『存在それ自体』にすぎないのであれば、私たちは神との交わりへと入ることができないであろう。神に対する私たちの関係においては、私たちは、私たちの存在の最高段階にある――つまり人格としての――神と出会う」（GW V, 218）。それによって私たちはさらに、超越的な層に属する――神の諸属性に関わる――第二の要素に至っている。それによると、神は愛であり、慈悲であり、力であり、神は全知であり、遍在であり、全能であり、神は人格である。これらは神について言明されうるものである。「これらの属性を私たちは自己自身の諸性質から借用した。それゆえ、それらは文字通り（buchstäblich）には神に適用されえない」（GW V, 219）。

例えば「persönlich〔人格的〕」や「personal〔人格的〕」という術語に関して、私たちがそれを神に当てはめるならば、このことは何を意味するのであろうか。「『人格的な神』は、神が一個の人格であるということを意味しない。そ

24　これについては、Thomas von Aquin, Summa Theologiae I 13, 11（「『存在者』という名前は……神の本来的な固有名詞である［Utrum hoc nomen ,qui est' sit maxime nomen Dei proprium］」）を参照。

れが意味するのは、神は人格的なものの根拠であり、人格的なものの存在論的な力を蔵している、ということである。神は一個の人格ではないが、人格以下のものでもない。『人格的な神』という象徴は誤解を招く」(ST I, 283)[25]。とはいえ、ティリッヒが「非人格的な」神を想定しているわけではない。ティリッヒにとっては神の存在は「超人格的」である。「ただし『超人格的』は『非人格的』ではない」(ST II, 18)[26]。『聖書の宗教と存在の問い Biblische Religion und die Frage nach dem Sein』という著作において、ティリッヒはそのことを簡潔に表現する。「神は人格であり、人格としての自己自身の否定である」(GW V, 184)。

超越的な層に属する第三の要素は、神の諸行為を内容とする。すなわち、神が世界を創造したということや、神が御子を遣わしたということ、神が世界を完成させるであろうということなどである。「あらゆるこうした時間的で因果的、類似的な表現方法を用いて、私たちは神について同様に象徴的に語る」(GW V, 219)。ここで、文字通りに理解するならば、神を制約的なものの世界へと組み入れることになるであろうが、ティリッヒによると、神は空間と時間のカテゴリーを超越しているのである。

ティリッヒによると、宗教的象徴の内在的な層は、時間と空間の中での神的なものの様々な現象や、「事物や出来事、個々の人間や共同体、言葉や書

25　Vgl. RR II, 150; GW XII, 300-304.
26　Vgl. MW VI, 420:「もし『神は一個の人格である』と言うならば、私たちは完全に間違っている。もし神が一個の人格であったならば、神はほかの存在者と並ぶ一つの存在者であって、その内であらゆる存在者が自らの存在と自らの生を持つような神ではないであろうし、私たち自身に対しての私たちの距離よりも、私たちの誰に対してもその距離が近いような神ではないであろう。一個の人格はあらゆるほかの人格から分かれており、誰も他者の最内奥へと入り込むことはできない。それゆえ私たちは〈神は一個の人格である〉とは決して言うべきではない。聖書も古典的な神学もそのことを決してしなかった。……しかしながら、もし〈神とは世界におけるあらゆる人格的なものの創造的な源として人格それ自体である〉と言うならば、私たちは正しい。神はその創造物以下ではありえない。しかしそのとき私たちは別の主張をし、〈人格的である神は人格的以上である〉——逆に言えば、〈人格的以上である神は人格的、すなわち人格である私たちにとって人格的である〉——と言わなければならない。それによって可能になるのは、一個の我がほかの我に語りかけるように、私たちの宗教的な生において私たちが神に語りかけることができるということや、私たちが神に『汝』と言うこと、一個の人格がほかの人格に話しかけるように、神が私たちに話しかけることができるということである」。

物の中での」(GW VIII, 144) 様々な顕現を含んでいる。ティリッヒによると、これらはそれ自体としては世界の中での様々な実在であるにもかかわらず、やはり象徴と呼ばれうる。なぜならば、それらは現象の中での神的なものの現前を代理しているからである。

「神」という言葉、神の諸属性、神の諸行為という3つの要素を持った宗教的象徴の超越的な層と、宗教的象徴の内在的な層を、ティリッヒは別の個所で、宗教的象徴の「基礎づけられていない層」という概念のもとでまとめ、この層を、いわゆる「宗教的な指示象徴」を含んでいるような「基礎づけられている層」から区別する（GW V, 206）。基礎づけられていない層においては宗教的な対象性が「定めら」れる——それゆえティリッヒはその層を「基礎づけている層」[訳注2]とも呼ぶ——のに対して、宗教的な指示象徴は前者の象徴を指し示しており、それゆえそれ自体が基礎づけられている。

宗教的な指示象徴とは、「第一の層に属する宗教的な対象への指示を含む」(GW V, 209) 記号と表現行為という、きわめて広い層のことである。ティリッヒによると、それに属しているのは、宗教儀式上の身振りと共に、例えば十字架のような造形的象徴である。ティリッヒによると、指示対象の層はいわゆる「過渡的現象」である。すなわち、この層は、内在的な層に属する「弱められた対象象徴」(ebd.) として理解されうる。指示象徴はもともとは単に指し示すだけの意義以上のもの、つまりそれ自体として聖なる力を持っており、ある種の神聖な力が、指示象徴をそれが単なる記号的なものに堕落することからいまもなお守っている（vgl. GW V, 210）。

宗教的象徴に関して、「それは象徴にすぎないのか」と問うとき、この問いの基礎をなしているのは、ティリッヒによると、象徴以上のもの、つまり「文字通りのもの」があるという理解である。とはいえ、ティリッヒによると、文字通りに［受け取られると］、宗教的な事物にあるのはもはや象徴以上のものではなく、それ以下のものである。「私たちが象徴による以外の方法では到達しえない現実の諸次元について語るとき、象徴は不可欠であり、それだけが十全であり、『象徴にすぎない』という言い回しは誤った語り方

─────────
〔訳注2　原文の「基礎づけられていない」を「基礎づけている」に訂正。「私たちは宗教的象徴の2つの層を区別する。すなわち、宗教的な対象性が定められ、それ自体基礎づけられていない（unfundiert）基礎づけている（fundierend）層と、前者の対象を指し示している基礎づけられている層である」(GW V, 206)。〕

247

である。『記号にす̇ぎ̇な̇い̇』とは言えるが、『象徴にす̇ぎ̇な̇い̇』とは言えない」（GW V, 220）。宗教は象徴以外の言語を知らない。すなわち、象徴という性格は真理を害さず、ティリッヒによると、完全に逆に、象徴という性格は宗教的な領域では真理の条件にほかならないのである。というのも、「存在それ自体について非象徴的に語るならば、虚偽であろうからである」（GW XI, 133）。

（c）宗教的象徴の真理

ティリッヒによると、象徴の真理内実は、あらゆる経験の射程の外に置かれており、自然科学的な批判と共に史実的な批判からも逃れる（vgl. GW V, 221）。しかしそれは消極的な言明にすぎない。積極的な真理基準をティリッヒは次のように書いている。「象徴の真理は、象徴が、それが生じた宗教的な状況に対応している、ということにある」。すなわち、「象徴は、それがもはや対応していないような状況の中で用いられているとき、虚偽になる」（GW V, 222）。別の個所では、ティリッヒは、この真理基準を真正さ（Authentizität）の基準と呼ぶ。「象徴は、生き生きとした宗教的経験を表現しているならば、真正なものであり、この経験という土台を失い、自らの存続をわずかに伝統と自らの美的な働きにのみ負っているならば、真正なものではない」（GW V, 243）。

真正さというこの要素は不可欠であるが、十分ではない。というのも、この要素は特定の象徴の特殊な真理についての問いにいまだ答えていないからである。この問いは適切さ（Angemessenheit）という要素によって初めて答えられる。この観点から問われなければならないのは、象徴が象徴において指されているものを適切に表現しているかどうかである。ティリッヒによると、象徴の適切さについての問いは、2通りの仕方で答えられうる。「消極的には、象徴が自己自身の具体性を否定し、それによって自らが指し示しているものに対して透明になるということによって、その象徴が適切であることが示される。積極的には、象徴の素材の種類によって、象徴の適切さが示される」（ebd.）。すなわち、象徴は、絶対化と逐語的な（wörtlich）解釈に強く抵抗すればするほど、また、自己否定によって自己を越えて無制約的なものを指し示せば指し示すほど、それだけ真なるものになる。素材に関しては、まさに、宗教的象徴が自らの素材をどこから取るか——無機的な自然か

らか、有機的な自然からか、あるいは精神的なものを含んだ人格的なものの領域からか——という差異がある。というのも、最後の場合にだけ、象徴は現実のあらゆる次元を含むからである。

　ティリッヒはどのように消極的な意味での適切さの真理基準を持つに至るのか。私の考えによると、ここではキリストの出来事が背景にある。この方向を示すのは少なくとも次のテクストである。「キリスト教が、いかなるほかの真理よりも優れた真理を自らの象徴体系の中に持っているのだという主張を掲げるとき、キリスト教はそうした真理を十字架の象徴の中に、すなわちイエス・キリストの十字架の中に見いだす。イエス・キリストは、自らの内で数々の神的な現前を具現化するが、偶像、すなわち〔ほかの〕神と並ぶ一個の神とならず、半神——弟子たちは彼をよくそれにしてしまったのだが——とならないように、自己自身を犠牲にするのである。それゆえ、マルコによる福音書の中での、また、ひょっとすると新約聖書全体の中での決定的なテクストは、イエスがペトロによって与えられた『キリスト』という称号を、彼がエルサレムに行き、そこで苦しみ、死ななければならないという条件のもとでのみ受け入れるという物語である〔マコ 8:27-33〕。このことが意味するのは、イエスが自己自身の偶像化を否定する、ということである。このことがあらゆる象徴にとっての基準である。この基準にこそ、いかなるキリスト教の教会も従うべきなのである」(GW V, 222)[27]。したがって、ティリッヒの象徴理論は、決定的な点で——すなわち宗教的象徴の真理についての問いの点で——キリスト論的な逆説によって本質的に形作られているように思われる。逆にキリスト論的な逆説がその一般的な基準にたまたま当てはまったかのように、ティリッヒがよく見せかけるとしても、そうなのである[28]。こうした考察を手がかりとして明らかになるのは、ティリッヒにおいては、宗教哲学的な設問と神学的な設問が——この両者の領域には原理的な差異が

27　筆者強調。

28　これについては、W. Schüßler, Das Fortwirken des christologischen Paradoxes in der Religionsphilosophie und Religionstheologie Paul Tillichs, in: G. Hummel (Hg.), The Theological Paradox/Das theologische Paradox. Interdisciplinary Reflections on the Center of Paul Tillich's Thought/Interdisziplinäre Reflexionen zur Mitte von Paul Tillichs Denken. Beiträge des V. Internationalen Paul-Tillich-Symposions in Frankfurt/M. 1994 (= Theologische Bibliothek Töpelmann, Bd. 74), Berlin/New York 1995, 20-31 を参照。

あるにもかかわらず——強く相互に絡み合っている、ということである。

　神はあらゆる領域に内在している。したがって、あらゆる制約的なものは神の象徴になりうる。しかし、それによって汎象徴主義の危険が負わされているのではないか。そのような非難は次のように言うかもしれない。〈あらゆるものが神の象徴であるならば、何ものももはや象徴ではない。〉それに対しては、ティリッヒによる宗教的象徴の概念には二重の意味があるのだと、答えられうる。あらゆる制約的なものが神の象徴でありうるということが言われるとき、このことが意味しているのは、あらゆる制約的なものは、それが無制約的なものに参与しているがゆえに、神の表現なのだ、ということである。ただし、「表現は常に、その表現をそういうものとして理解しうる誰かにとっての表現である」（GW IX, 358）。ティリッヒははっきりと述べている。「いかなる有限的な対象や有限的な事象も排除されていないであろう……。原理的にはそれは実際に当たっているが、現実的にはそうではない。私たちの実存は神的なものの遍在によってのみならず、神的なものから私たちが切り離されてあることによっても、規定されている。聖なるものをいかなる現実の中にも見いだしうるのであれば、私たちは神の国に生きていることになるであろう。しかしそれは当たっていない」（GW VII, 121）。

4．非神話化に代わるものとしての非字義化

　ティリッヒは自らの象徴理解によって象徴的な事物の文字通りの理解と闘う。彼にとっては問題であるのは、「非字義化（Deliteralisierung）」、すなわち〈文字信仰から離れる〉という意味での「非文字化（Ent-Buchstäblichung）」であり、ブルトマンが要求したような非神話化（Entmythologisierung）ではない。というのも、ティリッヒによると、そのような非神話化がなされるならば、厳密な意味で、宗教からその言語を奪うことになるであろうからである。「あらゆる宗教的なものは象徴的であるということを、信仰は再発見しなければならない……。『象徴的であること』はその際、決して非現実的であることを意味しない。逆に、時間と空間の中のあらゆる現実的なものよりも、より現実的なのである」（GW XIII, 342）。神に関する言葉や概念を文字通りに理解するならば、神を、「科学的、実践的に研究されうる現実へと引

き下げ、引き込むことになるであろう」（GW XIII, 400）。「聖書の偉大な神話を含んだ神話それ自体が愚かなのではなく、それを逐語的に受け取り、科学的な言明や技術的な世界処理の領域に立てる人間が愚かなのである」（GW XIII, 471f.）。

したがって、ティリッヒにとって、神話とは、ブルトマンが同一視するような原始的な世界像ではなく、「啓示の不可欠で適切な表現形式」（EW IV, 93）である。「信仰の言語が象徴であるゆえに、信仰のいかなる行為も神話を伴っている」（GW VIII, 145）。ここで明らかになるのは、ティリッヒが神話の本質を、十全に発達した破られない神話の時期——つまり神々の物語——からのみならず、生成中の破られた神話[訳注3]の時期からも取り出す、ということである（vgl. GW V, 187）。ティリッヒは神話をこの意味で、「宗教的な行為において指されている無制約的なものや存在の彼岸を表す、現実の様々な要素から作り上げられた象徴」（GW V, 188）として理解する。そのかぎりで、ティリッヒによると、神話に対する宗教の闘いは、「・神・話・一・般・に・対・す・る・闘・い・で・は・な・く、・あ・る・特・定・の・神・話・に・対・す・る・別・の・神・話・の・闘・い」（GW V, 203）である。このことによってティリッヒは、カール・ヤスパースによる〔神話〕理解と非常に近い[29][訳注4]。

ティリッヒは象徴の逐語的な誤解の2つの段階を区別する。すなわち、原初的な段階と防衛的な段階である。「原初的な段階では、神話的なものと逐語的なものは切り離されない」（GW VIII, 147）。この段階が終わりを迎えるのは、人間が神話的なものを逐語的に〈正しいと思うこと（Für-wahr-Halten)〉を克服する瞬間である。いまや2つの可能性が開かれる。——破られない神話は破られた神話によって置き換えられうる。それは事柄上要求された道であろう。他方の可能性は、神話の逐語的な受け取りの第二段階〔すなわち防衛的な段階〕である。内心では人間はここでは問いの正当性が分かっているが、

29　Vgl. K. Jaspers/R. Bultmann, Die Frage der Entmythologisierung, München 1981〔ヤスパース／ブルトマン『聖書の非神話化批判』ヤスパース選集7、西田康三訳、理想社、1962年〕．

〔訳注3　「投げ捨てられたり置き換えられたりせずに神話として理解されるような神話を、『破られた神話 gebrochener Mythos』と呼ぶことができる」（V III, 146, 傍点訳者）。〕

〔訳注4　シュスラー「哲学的信仰と宗教的信仰——パウル・ティリッヒと対話するカール・ヤスパース」岡田聡訳、『哲学世界』第37号所収、早稲田大学大学院文学研究科人文科学専攻哲学コース、2015年、70-101頁を参照。〕

251

それと共に生じる不確実さに対する不安から、それを抑えつけるのである。しかしながら、ティリッヒによると、この段階もある意味では正当化されうるが、それは、批判的な意識がほとんど発達しておらず、容易に静められうる[訳注5]場合である。「しかしながら、許されえないのは、この段階で、成熟した精神がその最内奥を政治的、心理的な方法で挫かれ、自己自身との深い分裂へと突き落とされるということである。それゆえ、批判的な神学の敵は、象徴の素朴な受け取りではなく、自立的な思考を攻撃的に抑えつけることと結びついた、象徴の意識的な逐語的受け取りである」(ebd.)。

「ある象徴を象徴として、ある神話を神話として理解する不可欠さが非神話化によって際立たせられる場合は」、ティリッヒは非神話化のプロセスを肯定する。それに対して、「象徴や神話一般の一掃が非神話化によって意味されているならば」(GW VIII, 145f.)、ティリッヒは〔非神話化という〕この概念を認めない。ティリッヒによると、神話的な思考を人間の精神的な生から切り離すことはできない。「というのも、神話とは、私たちに無制約的に関わるものを表現する様々な象徴を結びつけるものだからである」(GW VIII, 146)。

文字信仰が前提するのは、「神が空間と時間の中で一つの場所を持ち、様々な物事のなりゆきに影響を与え、世界の中のあらゆるほかの存在と同様にそのなりゆきによって影響を与えられもする」(GW VIII, 147)ということである。しかし、そのような理解は、神を有限的なもの、制約的なものの領域へと引き下げることによって、神からその無制約性を奪う。神に関わるあらゆる象徴は、私たちがそれを逐語的に理解するならば、まさしく「ばかげたもの」である。「通常の語用の文字通りの意味で神について何かを言明しようとすることは、神について何か誤ったことを言明することを意味する」(GW XI, 214)。神について象徴的に語ることは、「きわめて正確な非象徴的語り」(GW XII, 351)よりも不適切なのではなく、それよりも適切なのである。ティリッヒはこのことをもういちど非常に見事に、「神は御子を遣わした」という命題を手がかりとして明確にする。

〔訳注5　原文の「高められうる beunruhigt werden kann」を「静められうる」に訂正。「批判的な意識がほとんど発達しておらず、容易に静められうる beruhigt werden kann 場合……」(GW VIII, 147)。〕

「この言葉は、時間性を含意的に『持っている』。ただし神は、いかなる時間性をも超えているわけではないにもかかわらず、私たちの時間性を超えている。この命題は、空間の隠喩も含んでいる。『誰かを遣わすこと』は、その誰かをある所から別の所へと動かすことを意味する。このことも、空間性が神の創造的な根底の一要素であるにもかかわらず、象徴的な表現方法である。さらに、神が『遣わした』と言うならば、このことは、文字通りに受け取られると、神が何かを引き起こしたということを意味する。それによって神は因果性のカテゴリーに従属させられている。最後に『神とその御子』について語るならば、私たちは二つの異なった存在者について語り、それによって実体のカテゴリーを神に適用する。これらすべては、私たちがそれらを逐語的に理解すると、無意味である。それに対して、それらは、象徴的に受け取られると、神と人間の関係に関するキリスト教的な経験の、それどころか最高にキリスト教的な経験の、深い表現である。私たちが上記の諸表現を用いるとき、私たちは象徴的に語るのだということを、今日の人間に明らかにするということに私たちが成功しないならば、彼らは私たちを、なお迷信的でばかげた様々なイメージの中で生きている人間だとして拒絶するであろうが、それは当然である。」（GW V, 219[訳注6]）

したがって、ティリッヒにとっては、神性を完全に除去するような非神話化は存在することができない。というのも、無制約的なものについてや、それに対する私たちの関係についての言明をなすときはいつでも、私たちは象徴言語を用いなければならず、つまり象徴によって語らなければならないからである。私たちが「堕罪」という象徴を別の言葉で表現しようとするときでさえ、やはり象徴的な語り方は不可避のままである。なぜならば、「堕罪」は、歴史上の「いつかどこかで」起こったような事象の名称ではなく、そこでは人間の状況について何かを言明する試みが問題だからである。この象徴の解釈のために——ティリッヒと共に——「本質から実存への移行」という表現を用いるときでさえ、やはりそれによっては——ここでは「昔々あるところに……」という意味での伝説は排除されるとしても——完全な非神話化

〔訳注6　原文の「GW V, 209」を「GW V, 219」に訂正。〕

は達成されていない。「というのも、『本質から実存への移行』という表現は、なお時間的な要素を含んでいるからである。時間という枠組みを用いて神と人間の関係について語るとき、本質や実存のような概念が神話的な形式の代わりに用いられるとしても、私たちは神話的に語っているのである」(ST II, 36)。ティリッヒ自身は『組織神学』においてそうした表現について述べている。「そうした表現はいわば堕罪についての神話の『半－非神話化 (halbe Entmythologisierung)』である」(ebd.)。というのも、ここでも神話はなくなってはおらず、ひょっとすると現代にとってより適切なように思われ、「堕罪」についてのその神話が言明しようとすることの理解に役立ちうるような別の神話によって置き換えられているにすぎないからである。こうした意味でティリッヒの神学の全体を「半－非神話化」として理解することができるのである。

5．象徴の言語と科学の言語

　ティリッヒによると、宗教的言語が不可欠的に象徴的な性格を持つことへの洞察は、信仰と科学の間の衝突を終わらせる。例えば、キリスト教信仰が現代の天文学と不可避的に衝突するのは、「『天上の神』や『地上の人間』、『地下の悪魔』のような象徴が、神々や人間、悪魔によって住まわれる様々な空間の記述と見なされるとき」(GW VIII, 166) のみである。
　ティリッヒによると、ダーウィンの進化論と神学の間の争いも、科学と信仰の間の争いではなく、「その隠れた信仰が人間から人間性を奪うような科学と、その神学的な表現が文字通りの聖書理解によって形作られており、それによって歪められているような信仰との間の争い」(GW VIII, 166f.) である。聖書的な創造物語を「かつて起こった出来事の事実に忠実な記述」として解釈するような神学は、体系的な科学的研究と不可避的に衝突せざるをえない。また同様に、「人間が生命のより古い姿から由来することを説明し、人間と動物の間の本質的な差異が破棄される」ような進化論は、ティリッヒによると、信仰であって、科学ではない (GW VIII, 167)。「科学は科学とのみ、信仰は信仰とのみ衝突しうる。科学であり続けるような科学は、信仰であり続けるような信仰とは矛盾しない」(GW VIII, 166)。

ティリッヒによると、科学は信仰とは別の次元で働くので、科学は創造や完成、罪の赦し、受肉のような宗教的象徴を脅かすことができない。また他方で、宗教も、科学に破壊的に影響を及ぼすことができない（vgl. EW II, 132）。「生物の発生や、巨大分子からの最初の細胞の発生についての科学的な主張は、神学にとっては意味を持たない。もちろん、間接的には、あらゆるものが神学にとっては重要である。自然科学が生命の構造やその進化についての言明をなすとき、自然科学は間接的に神、すなわち生命の創造的な根拠についての何ごとかを述べているのである」（ebd.）。

　ティリッヒによると、信仰と心理学の間の衝突は、〔上と〕同じ観点の下で見られうる。例えば、心という概念を拒絶するような心理学は宗教的な次元を否定することができず、心という概念を熟知しているような心理学はこの次元を確かめることができない。というのも、宗教的な真理は、心理学的な諸概念の真理とは別の次元に置かれているからである（vgl. GW VIII, 167）。ティリッヒはここで――カール・ヤスパースと同様に[訳注7]――決定的に諸次元の混同と闘う。「信仰の真理は、物理学や生物学、心理学の最新の発見によっては確かめられもせず、否定されもしない」（GW VIII, 168）。

　したがって、物理学的あるいは歴史学的、社会学的、心理学的な探究の成果は、宗教を直接的に促進したり、破壊したりすることができない。というのも、啓示の認識は、自然や歴史、生物学的・社会学的・心理学的な存在としての人間についての私たちの認識を増やさないからである。「啓示された歴史記述や啓示された物理学が存在しないように、啓示された心理学は存在しない」（ST I, 157）。信仰の対象は、科学的な確知が可能である領域の彼岸にある（vgl. RR III, 96）。

　ティリッヒは1963年の「19世紀と20世紀におけるプロテスタント神学の歴史 Geschichte der protestantischen Theologie im 19. und 20. Jahrhundert」において、――彼自身の学生時代とは違って――「今日の学生にとっては、自然科学と宗教の間の争い全体は疑いなく意味を持っていない」（EW II, 132[訳注8]）と考えているが、彼の詳論は、例えば「インテリジェント・デザイン」というキーワードのもとでまとめられるような新しい原理主義的な動

〔訳注7　シュスラー『ヤスパース入門』岡田聡訳、月曜社、2015年、特に第9章「哲学の真理」を参照。〕
〔訳注8　原文の「E II, 132」を「EW II, 132」に訂正。〕

きに直面して、いま再びアクチュアリティーを得ているのである。

6．宗教的象徴と存在ノ類比

　存在ノ類比（analogia entis）という概念は、ティリッヒにとってはアメリカ時代に初めて影響力を持ったということを、ノルベルト・エルンストが指摘するのは、正鵠を得ている[30]。その概念がティリッヒに与えられたのは、アメリカの哲学者であるウィルバー・M・アーバンによるティリッヒの象徴概念に対する批判によってである[31]。ティリッヒはこの批判に対して自らの論考において応答した[32]。アーバンによるティリッヒに対する批判は、何よりも次のものである。「創造者と被造物の間に存在の類比（Analogie des Seins）がないのであれば……、宗教的象徴や宗教的認識について語ることは無意味であると、私は考えている」（MW IV, 270）[33]。ティリッヒはそれに対して次のように答えた。

　「私は『存在ノ類比』についての古典的な教説を承認することができる……。しかし、『存在ノ類比』という方法を承認する一方で、私はそれを合理的な構築の手段として用いようとするいかなる試みも拒絶せざるをえない。神やその特性、振る舞いについての象徴的で肯定的な概念は、存在の秘密に満ちた根底や深淵が存在者に対して、この存在者の無制約的な関心として――私たちが『啓示』と名づけうるような行為において――、顕現する具体的な形式を表現する。特殊な象徴は、根底の秘密が

30　Vgl. N. Ernst, Die Tiefe des Seins. Eine Untersuchung zum Ort der analogia entis im Denken Paul Tillichs, St. Ottilien 1988, 8 und Anm. 4.

31　1928年のティリッヒの論文「宗教的象徴」（vgl. GW V, 196-212）は、1940年に英語訳が出版された。Journal of Liberal Religion 2/1 (1940) 13-33 所収。現在は MW IV, 253-269 にも所収。――W. M. アーバンによる批判は以下。A Critique of Professor Tillich's Theory of the Religious Symbol, Journal of Liberal Religion 2/1 (1940) 34-36 所収。現在は MW IV, 269-271 所収。

32　P. Tillich, Symbol and Knowledge. A Response, Journal of Liberal Religion 2/4 (1941) 202-206 所収。現在は MW IV, 273-276 にも所収。

33　筆者訳。

私たちに対して現象する具体的な状況や環境に依存している。無制約的なもののそのような具体的顕現から生じる神の認識は、それが相対的あるいは一時的、歪曲的な真理であるときでさえ、真である。しかしそれは、理論的な真理ではなく、実存的な真理である。すなわち、それに対して私たちが傍観者の役割を引き受けることができず、それを経験するためにはそれに対して私が身を委ねなければならないような真理なのである。この意味で、象徴が与えるのは、客観的な知識ではなく、真の気づきである。すなわち、主体に対して決して客体とはなりえず、主体を客体へと引き入れ、こうした仕方で両者の間の隔たりを克服する存在の根底に真に気づくことである。」（MW IV, 273f.）[34]

1961年のカール・グスタフ・ユングの死に際しての「弔辞」の中で、ティリッヒは、カトリック的な立場が主張するような「存在ノ類比」と「象徴的な表現方法」の間の差異について、次のように書いている。

「二重の差異がある。一方は象徴の発生に関わり、他方は象徴の可変性に関わる。存在ノ類比についての教説は、超越的なものについての神学的な言明の合理的な性格を強調する。これらの言明は、疑いえない論証によって裏づけられ、それ自体として真であるものに関わるが、誰がこの真理によって捉えられるのかどうかとは無関係である。こうした理解はさらに別の帰結を持つ。すなわち、存在ノ類比についての教説は、その本質上、静的なものだ、ということである。〈類比に基づいて創られた象徴が決定的であるのは、その象徴を体験する集団の主観性が象徴の発生に関与していないからである。象徴の内実は、知られ、学ばれうるものである。人間の新たな経験は、その象徴に影響を及ぼすことができない。〉存在ノ類比というこの合理的で静的な象徴論に対して、プロテスタント的な象徴理解は、実存的であり、動的である。象徴は個人や集団の啓示経験から発生し、その象徴は、その経験がもはや生き生きとしていないときには、消滅する。すなわち、象徴は、それがもはや啓示の経験の表現ではなく、その結果、自らの創造的な力を失ったときには、

34　筆者訳。

死ぬのである。」(GW XII, 316f.)

　すなわち、ティリッヒが「存在ノ類比」という概念を肯定するのは、それによって「完全に単純な事実」——すなわち「有限的な存在を踏み越えるものについて語りうるためには、有限的な存在との出会いから生じるような言語を用いざるをえないということ」——が意味されているときである。「そのような言語が神に適用されると、それによってそのような言語は類比的あるいは象徴的な言語になる」(GW XII, 351)[35]。ただし、この概念が「自然神学の認識論的な基礎づけ」という意味で理解されるときには、ティリッヒはこの概念を拒絶する (ebd.)[36]。宗教的な象徴の実存的で動的な性格を強調することは、ティリッヒの象徴理解を、カール・ヤスパースにおける暗号の概念へとある意味で近づける。——ただし決定的な差異はあるが。すなわち、ヤスパースは「存在ノ類比」という概念を拒絶し、それゆえ暗号は結局のところ、超越者それ自体についてではなく、実存について言明するのである[37]。

7．結論

　「神の言葉」という概念の7つの異なった意味が区別される1957年の「神の言葉 The Word of God」というタイトルを持った論考において、ティリッヒは次のように書いている。「『神の言葉 (Wort von Gott)』は、常に『神についての言葉 (Wort über Gott)』でもある。『神の言葉』は、この概念における〈の〉（ゲニティーフ）が一面的に理解されなければ、神から由来する言葉のみならず、

35　Vgl. ST I, 157 u. 278; ST II, 126; GW XII, 303.——ただしティリッヒは、彼が特に強調するように「意味論的な理由から」、〔「類比的」という概念よりも〕「象徴的」という概念を好んで用いる。

36　「自然神学」についてのティリッヒの立場については、W. Schüßler, Protestantisches Prinzip versus natürliche Theologie? Zu Paul Tillichs Problemen mit einer natürlichen Theologie, in: Ders., „Was uns unbedingt angeht". Studien zur Theologie und Philosophie Paul Tillichs (= Tillich-Studien, hg. von W. Schüßler u. E. Sturm, Bd. 1), Münster 2. Aufl. 2004, 143-160 を参照。

37　これについては、W. Schüßler, Chiffer oder Symbol? Die Stellung von Karl Jaspers und Paul Tillich zur Frage nach der „analogia entis", in: C. Danz/W. Schüßler/E. Sturm (Hg.), Das Symbol als Sprache der Religion, a.a.O.（注4）, 135-152 を参照。

神に関する言葉をも意味する」(GW VIII, 78)。神については象徴的にのみ語られうるということを、ティリッヒはここでも明らかにする。「自らを啓示することによって、神は、それによって神が認識可能になり、人間が神に接近可能になるような象徴と神話を創る。……宗教的象徴は、神についての語りの形式である」(GW VIII, 79)。つまり、神は固有の言語を持っていない。ティリッヒによると、神は固有の言語を持っているというような誤解の実例は、神学的な原理主義と原始的な聖書主義であり、これらは「ある書物——つまり聖書——の表紙と裏表紙の間にある言葉の総体を『神の言葉』と同一視するのである」(GW VIII, 70)[38]。

ティリッヒのこの見解は、次の話によって見事に例示されている。すなわち、広く知られていたと言われているが、実際に起こったのかどうかや、伝説にすぎないのではないかどうかがはっきりとは分からない話である。監督(ビショップ)ディベリウスはその話を冒頭ですでに挙げた祝辞の中で私たちに伝えている。「パウル・ティリッヒはアメリカで、ある講演をおこなった。講演のあと、ある素朴な牧師が——彼はアメリカのいわゆる原理主義者であった——、演台へと駆け寄り、聖書を手に次のように言った。『教授、この場でぜひはっきりとおっしゃってください、聖書が神の言葉であるか否かを！』それに対してティリッヒは次のように答えた。『あなたがそのようにご自身の聖書を私に対して抱えているときには、聖書は神の言葉ではありませんが、聖書があなたを抱えているときには、聖書は神の言葉なのです！』」[39]。このこと

---

38 これについては、C. Schwöbel, Symbolische Rede von Gott. Tillichs Beitrag zur Gotteslehre, in: C. Danz/W. Schüßler/E. Sturm (Hg.), Das Symbol als Sprache der Religion, a.a.O.（注4）, 9-29, 28 を参照。「原理主義の特徴をなすのは——ティリッヒによる象徴理論の術語によると——象徴の『非本来性』の放棄である。この『非本来性』に基づくと、『象徴へと向けられている内的な行為が指しているのは、象徴ではなく、象徴されているものである』〔GW V, 196〕。原理主義が取る多くの姿においては、象徴が象徴されているものとなり、それと共に、象徴とその超越的な『対象』との差異が放棄される。象徴は、『本来的に』なり、象徴が『非本来的に』自らの超越的な『対象』として指し示している威厳と権威を獲得する。キリスト教原理主義においては、キリスト教原理主義者たちの基本定式である『5つの原理』[訳注9]によって、そのことが典型的に示される」。

39 O. Dibelius, Laudatio auf Paul Tillich, a.a.O.（注2）, 14.

〔訳注9 「5つの原理（five fundamentals）」とは、「聖書の無謬性」「キリストの処女懐胎」「キリストの代理的贖罪」「キリストの肉体的復活」「キリストの再臨」を指す。〕

が意味するのは——ピンハス・ラピーデと共に言うと——次のことである。「根本的には、聖書を扱う方法は2つだけである。すなわち、聖書を逐語的に受け取るか、聖書を真剣に受け取るか、である。両方ともというわけにはいかない」[40]。ティリッヒにとって宗教的象徴についての自らの理論において本質的に重要であるのは、第二の可能性だけが意味を持ち、第一の可能性は私たちを厄災的な矛盾と不条理へと陥らせるということを、私たちに確信させる点にある。完全にこの意味で、ティリッヒのよく知られた著作、『信仰の動態 Dynamics of Faith』においては、次のように述べられている。「自らの象徴を逐語的に理解するような信仰は偶像信仰となる。そのような信仰は、無制約的以下であるものを無制約的と呼ぶ。それに対して、自らの象徴の象徴的な性格に気づいている信仰は、神にふさわしい栄誉を神に与えるのである」（GW VIII, 147）[41]。

40　V. E. Frankl/P. Lapide, Gottsuche und Sinnfrage. Ein Gespräch, Gütersloh 2005, 67〔フランクル／ラピーデ『人生の意味と神——信仰をめぐる対話』芝田豊彦／広岡義之訳、新教出版社、2014年〕。

41　Vgl. MW IV, 393:「時間と空間という客観的な世界と宗教の意味との差異を知っている人々は、もし宗教の象徴を文字通りに受け取るならば、宗教に対して罪を犯すのである。なぜならば、そうした場合、彼らは不可避的に、問う心——すなわち、知性や、それによる批判、懐疑、徹底的な憤怒の心——を起こすからである。宗教がなさなければならないこと……は、あらゆる宗教的なものが象徴的であるということを再発見することである。象徴的とは、非現実的を意味しない。それは、時間と空間の中のあらゆる現実的なものよりも現実的である。それゆえ、知性的な批判はそれを破壊することができないし、知性的な弁護はそれを守ることもできない。それは聖書的象徴にも当てはまる。なぜならば聖書的象徴は、もし文字通りに受け取られるならば、ばかげたものであり、冒瀆するものであるが、もし象徴的に受け取られるならば、真理の十全な表現だからである」。

XI

マルティン・ライナー〔訳注1〕

マルティン・ブーバーが語る神の蝕について

「知りなさい。誰の前に汝が立っているのか。」[1]

1. 導入

　ユダヤの宗教哲学者マルティン・ブーバー（1878–1965）は、神の蝕（Gottesfinsternis）〔訳注2〕という彼の語りを用いて、近代人の神に対する関係を描写する中心的メタファーのひとつを作り出した。プロテスタント神学者エーバーハルト・ユンゲルによれば、神の蝕という語りは、それがたとえキリストの十字架上の死を自覚的には考えていないとしても、神の死についての語りと並行した正当な発言である。神の蝕と神の死という2つのメタファーは共に、現在の宗教的状況を描写するものである[2]。より詳しくこの語りに

1　これはドイツのシナゴーグで好まれている碑文で、バビロニア・タルムード（ベラホット 28b）が典拠である。

2　Vgl. Eberhard Jüngel, Gott als Geheimnis der Welt. Zur Begründung der Theologie des Gekreuzigten im Streit zwischen Theismus und Atheismus, Tübingen 7. Aufl. 2001, 74 Anm. 1.

〔訳注1　筆者はマルティン・ブーバー学会員であり、2012年にハイデルベルク大学で行われたブーバー訳聖書50周年記念学会では「ブーバーの翻訳に見られる対話的哲学の影響」を発表した。〕

〔訳注2　Gottesfinsternis のドイツ語を直訳すると「神の闇」であるが、これまで日本で「神の蝕」と訳されてきたため、本稿ではこれに倣う。なお、みすず書房から刊行された『ブーバー著作集』のタイトルは「かくれた神」であるが、これも同じく Gottesfinsternis の訳語である。〕

取り組むのであれば、簡単には答えることのできない問いが立てられる。それゆえこの語りはブーバー研究のなかでも同じく、まだ十分に解明されていない。それは「神の蝕についての語りのなかで、どのような思考形式が展開されるのか」という問いをすでに始めている。神の蝕において、神の隠れという思考図式が問題であることは、疑いない。反対にあまり明瞭でない点は、いかにしてこの思考図式が、隠れとは異なる図式から区別されるかということである。神学、いや同じく存在論やかなりの数の自然哲学[3]は、他の図式を知っている。詳しく見てみると、ブーバーの作品には、互いにはっきりと分離されるべき2つの発言の複合体が見いだされる。神の蝕がそれらの発言の一方であるのだが、両者は神の隠れを話題にしている。不明瞭な点は、神認識が原理的に問われる2つ目の複合体と神がどのように関連するかということである。さらに解明を必要とする点は、はたして「神の蝕」についての語りが、ブーバーの対話的思想との関連で、破綻や摩擦なく適合するかということである。特に神が蝕まれる原因が問われるとき、はたしてブーバー哲学の中心的作品『我と汝』と著作『神の蝕』との間に矛盾が存在するのか否か、という問いが立てられる。また「神の蝕」というタイトルの下で構成された諸講義が、解釈者たちに与える問題は少なくない。それは一方で時代を診断し、他方で宗教と哲学の関係性を詳しく規定するという2つの関心事が、はたして関連するのか、またいかにして関連するのかという問題である。『神の蝕』という書物は、主として哲学に対して批判的なものであるのか、もしくは哲学の特別な展開のみを批判するのか、もしくは根本的にはこの概念に対する哲学的研究を肯定するのか。これらの問いが明らかにされたときに初めて、人は神の蝕という語りの有効性と説得力とを、今日において問うことが可能である。

　上で挙げられた問題提起は、順次以下で取り扱われる予定である。これらの問題はブーバーの対話的思考との関連で、なお一層理解可能になる。対話的思考は、それが新たな研究史の光のなかで明らかにされたように、まずその諸特徴において叙述されるであろう[4]。

---

[3] 哲学と神学については、本書における他の論文を参照せよ。自然哲学に関しては、Pierre Hadot, Le voile d'Isis, Paris 2004 を参照せよ。

[4] ブーバー研究の現代的な問いに関して、特にその作品の展開に対する問いに関して、次の論文を参照せよ。Michael Zank, New Perspectives on Martin Buber, Tübingen 2006. 神

2．マルティン・ブーバー：評価の分かれる宗教哲学の巨匠

　マルティン・ブーバーは、20世紀における最も奥の深い宗教哲学者の一人である。本稿の筆者〔ライナー〕がとりわけこのように判断する理由は、ブーバーが現在の宗教的状況すなわち宗教に対する無神論による——さらに悪い場合は——軽はずみな神の語りによる挑戦を生き抜き、それを創造的に対処しているからである。新カント派、生の哲学、現象学、そして時が経つにつれてますますマルティン・ハイデッガー[5]の思想は、ブーバーが哲学的言語を見つける助けとなった。その言語をもってブーバーは、自らの敬虔なる実存理解を精確に表現したのである。ブーバーはこの実存理解を1905年から1923年にかけて取り組んでいたハシディズムのなかに発見した。ハシディズムとは18–19世紀の東欧のユダヤ教におけるかの敬虔主義運動であり、マルティン・ブーバーはその研究と普及のために多大な貢献をなした[6]。『礼拝の生活 Lebens als Gottesdienst』[7]や『サクラメント的実存 sakramentale Existenz』[8]は、この実存理解を宗教的に簡潔に表現したものである[9]。ブーバーのハシディズムについての叙述が受けた様々な歴史的批判[10]にもかかわら

　の蝕に関するブーバーの語りに関する最新の刊行物は、次のすばらしい導入的論文がある。Andreas Rössler, „Reden von und zu Gott in einer Zeit der Gottesfinsternis ausgehend von Martin Bubers Buch ‚Gottesfinsternis' ", in: Werner Zager (Hg.), Ich und Du – Mensch und Gott. Im Gespräch mit Martin Buber. Neukirchen-Vluyn 2006, 1-28.

5 　ブーバーに対する影響については次の論文を参照せよ。Vgl. Martin Leiner, Gottes Gegenwart. Martin Bubers Philosophie des Dialogs und der Ansatz ihrer theologischen Rezeption bei Friedrich Gogarten und Emil Brunner, Gütersloh 2000, 71-102.

6 　Vgl. Simon Dubnow, Geschichte des Chassidismus – in zwei Bänden, Berlin 1931.

7 　Vgl. Martin Buber, Werke III, München/Heidelberg 1963, 744〔『ブーバー著作集3』「ハシディズムの使信」平石善司訳、みすず書房、1969年〕。

8 　Ebd., 746, 829, 838 u.ö. Auch Jochanan Bloch, Die Aporie des Du. Probleme der Dialogik Martin Bubers, Heidelberg 1977, 35. ブロッホは「サクラメント的実存」を、ブーバーの現存在理解を明白にするために大文字で表記することを選んだ。

9 　それについては注5の論文94-95頁を参照せよ。

10 　Vgl. Gershom Scholem, Martin Bubers Deutung des Chassidismus, in: Ders., Judaica, Bd. I, Frankfurt/M. 1963, 165-206, und ders., Martin Bubers Auffassung des Judentums, in: Ders.,

ず、伝記的な証言によれば、ハシディズムに取り組むなかで、彼には決定的な認識が開かれたことを、ブーバー自身確信していたのである[11]。それゆえ、彼の実存理解をハシディズム的であると呼ぶことは正しい。

生活を神への奉仕として理解することは、ブーバーにおいて次のような側面がある。

1. 日常的に〔私たちに〕出会う世界は、人間に対する神の語りかけである。「神はあらゆる具体性のなかで語りかける者であり、創造は言語として生じる」[12]。
2. 神の語りかけは人間を普遍的な応答責任（Ver-antwortung）へと立たせる。人間は自らのすべての行いと人生を通して神に応答すべきである。
3. 人間は、彼の全人生のなかで、つねに神の前に立っていることを知るべきである[13]。

ブーバー自身、ハシディズム的実存理解を簡潔に表現するよう努力した。最も明瞭な表現は次のものであろう。「神は人間に対して物や存在者のなかで語りかける」[14]。オズワルド・バイヤーが、自らの書物『語りかけとしての創造』[15]のなかで述べたように、ブーバーは現在のプロテスタント神学の根本的洞察を、このハシディズム解釈をもって先取りしている。

何がサクラメント的実存であるのか、それについてブーバーはハシディズムとスピノザとの対話のなかで解説している。

Judaica, Bd. II, Frankfurt/M. 1970, 133-192. ショーレムのブーバーに対する批判は、とりわけ距離に関係している。ブーバーはその距離をハシディズムとカバラー間の彼の後期著作のなかで確認している。それについてはブーバーによる以下のサクラメント的実存の叙述を参照せよ。

11 例えば次を参照せよ。Martin Buber, Werke I, München/Heidelberg 1962, 297f.〔『ブーバー著作集 2』「対話的原理の歴史」佐藤吉昭／佐藤令子訳、みすず書房、1968 年〕。
12 Martin Buber, Werke III, a.a.O.（注 7），742f.
13 これに加えて、この論文のモットーを参照せよ。プロテスタント神学にとって特に重要な思考形式との関係、神の前での人間の生というルターの語りとの関係、そして神意識は感性的な（世界）意識をつねに伴い宗教的状況でそれをつねに規定することになるシュライアマハーの陳述との関係が、言うまでもなくここに存在する。ブーバーは自ら、若きシュライアマハーを対話的原理の先駆者と呼んでいる（vgl. ebd., 49）。
14 Ebd., 95.
15 Vgl. Oswald Bayer, Schöpfung als Anrede. Zu einer Hermeneutik der Schöpfung, 2. Erw. Aufl. Tübingen 1990.

「ハシディズムの使信が、たとえそれを語る者も聞く者もスピノザについて何も知らなかったとはいえ、彼に対する答えとして理解される可能性は、その使信がイスラエルの信仰告白を新たな仕方で、しかもそれによって答えとなるような仕方で表明したことに由来する。昔からイスラエルは、世界が神の場所ではなく、神が『世界の場所』であること、そして実際、そこに神が『住む』ことを告白した。ハシディズムはこの原理を新たに、すなわち全く実践的に表明したのである。神の世界内在によって、世界は——一般的宗教用語を用いれば——サクラメントとなるのである。もし世界が神の場所であるならば、世界はサクラメントとなりえないであろう。世界を超越する神が、それにもかかわらず世界に住むというまさにこのことのみが世界をサクラメントとするのである。しかしこのことは、人間の人格の具体的生から独立して正しく成立するような客観的陳述ではなく、まして単に主観性に閉じ込められた陳述でもない。そうではなく、世界は人間との具体的接触によって、つねに繰り返しサクラメントとなるのである。すべて神の火花の内在する事物や生物は、人間がそれらとの接触によってその火花を救い出すためにこの人間に委託されているのである。」[16]

　このハシディズム的実存理解の前提の多い叙述、またカバラー的教えによって特徴づけられた叙述は、ブーバーの哲学的著作のなかでは、信仰経験を現象学的に描写するために、重要さが薄れている。しかしハシディズム的実存理解の描写は、特定の箇所で繰り返し背景として現れ、ユダヤ的根拠から距離を置いたブーバー解釈とは対立するものとして置かれる。
　この信仰経験は、ブーバーによって1922年に初めて「現臨としての宗教」という主題でなされたフランクフルト講義における広範囲にわたる哲学的連関のなかで描写される[17]。1923年にブーバーの主要作品『我と汝』は、ライ

16　Martin Buber, Werke III, a.a.O.（注7）, 745f.
17　この講義は次の著作のなかで刊行されている。Rivka Horwitz, Buber's Way to I and Thou. A Historical Analysis of Martin Buber's Lectures ‚Religion als Gegenwart', Heidelberg 1978. 体系的思考の価値を同時に認めないブーバーの思考における一貫性については、次の論文を参照せよ。Hans-Joachim Werner, ‚Kein Prinzipienbuch in die Hand'. ブーバー

プツィヒのインゼル社において、フランクフルト講義とそれをさらに展開したものとして出版された。題名が、現臨を主題とするものから『我と汝』へと変更されたと考えることは、種々ある誤解の源の一つである。ブーバーにとっては、社会哲学の根本的問いに関する地域存在論的な考察が重要なのではなく、基礎的存在論の考察と「あらゆる存在者と共に在るそれぞれの人間の生活における根元的態度」[18]が重要なのである。ブーバーは「存在に対する人間的な二重の関係性」[19]を取り扱うことを意図している。この二重の関係性を、ブーバーは我-汝と我-それという根元語の二重性として描写する[20]。これらの根元語をもって、ブーバーは二通りの関わり方を考える。我-汝関係は、世界とのあらゆる交わりを基本としており、それは向かい合う者との出会いである。我-それ関係は、我-汝関係のなかで経験する者を物化する。我-汝関係と我-それ関係の間には、〔一方から他方への〕移行や〔両者の〕混同がある[21]。

　ブーバー研究者のなかで、とりわけカトリック神学部で教鞭を執っているベルンハルト・カスパーやアルノ・アンツェンバッハーは、ブーバー思想の拡がりを明瞭に見ていた。「『我と汝』において最も重要な事柄は、無限なる者の現臨性（Martin Buber, Werke I, 80）、純粋な無媒介性（ebd., 85）、『現に待っている者（Gegenwartende）や現に在り続けている者（Gegenwährende）』（ebd., 86）としての現臨である」[22]。その反対に、哲学的ブーバー受容とプロテスタント神学的ブーバー受容にとっては、社会哲学的な誤解が長い間、重要な影響を及ぼしてきたことが致命的であった。ミヒャエル・トイニッセンの著作『他者——現在の社会存在論に関する研究』（1965 年）は、その路線

　の倫理的思考についての熟考は、次の論文を参照せよ。Werner Zager (Hg.), Ich und Du, a.a.O.（注 4）, 69-71.

18　Werke I,（注 11）, 1113〔『ブーバー著作集 8』「或る哲学的弁明より」三谷好憲訳、みすず書房、1970 年〕.

19　Ebd.

20　Werke I, 79〔『ブーバー著作集 1』「我と汝」田口義弘訳、みすず書房、1967 年〕.

21　ブーバーの著作『我と汝』に関して詳しい解釈については、次の論文を参照せよ。Martin Leiner, Gottes Gegenwart, a.a.O.（注 5）, 121-214.

22　Bernhard Casper, Das Dialogische Denken. Eine Untersuchung der religionsphilosophischen Bedeutung Franz Rosenzweigs, Ferdinand Ebners und Martin Bubers, Freiburg/Br. 1967, 278. Vgl. Arno Anzenbacher, Die Philosophie Martin Bubers, Wien 1965.

を差し出した[23]。そこでブーバーは、プロテスタント神学者たちによって批判されうる歪曲された像になったのである。彼らに先行するバルト、ブルンナー、ゴーガルテン、ボンヘッファー、ブルトマンらの弁証法神学者の世代は、一人残らずブーバー思想に強く影響されたのであるが[24]、彼らからの自立を欲したのが〔パネンベルクやヴェルカーといった〕プロテスタント神学者たちであった。たしかにトイニッセンは、すでにブーバーについて「哲学の未来にとっては、わずかな代表者」[25]と語っていた。このような理由で、ブーバーに取り組むことや、単純で素朴であるために低評価がなされた人格主義に取り組むことは、時代遅れである、というイメージが流布した[26]。この誤解は非常に広く行き渡ったので、ブーバーは哲学研究室で取り組む必要のない精神修養的な著述家になったのである。

宗教哲学者としてのブーバーの意義が依然として不明瞭であるもう一つの理由は、彼の文体が特異かつそれに慣れる必要があるからである。彼の言語哲学的著作[27]の刊行は、彼がいかに強くヘブライ語とイディッシュ語の筆法を模倣しようと手がけていたか、とりわけいかにフーゴ・フォン・ホフマンスタールのようなウィーンの近代人や執筆家によって特徴づけられるかを示

---

23 例えばヴォルフハルト・パネンベルクの「人格 Person」に関する記事（RGG, Bd. V, 3. Aufl. 1961, 230-235, 234）における彼の批判を参照せよ。Michael Welker, Gottes Geist. Theologie des Heiligen Geistes, Neukirchen-Vluyn 1992, 56 u.ö.

24 Vgl. Martin Leiner, Buber und Barth, in: Zeitschrift für Dialektische Theologie 17 (2001) 188-191; ders., Martin Buber und Friedrich Gogarten, in: Im Gespräch. Hefte der Martin-Buber-Gesellschaft 3 (2001) 26-35; ders., Gottes Gegenwart, a.a.O.（注 5）, 233-256（ゴーガルテンの箇所）u. 257-284（ブルンナーの箇所）; ders., Art. „Personalismus", in: RGG, Bd. VI, 4. Aufl. 2003, 1130-1133. 弁証法神学者とならんでカール・ハイムも同じく集中的にマルティン・ブーバーを受容した。

25 Michael Theunissen, Der Andere. Studien zur Sozialontologie der Gegenwart, 2. Aufl. Berlin/New York 1977, 8. マルティン・ライナー〔筆者〕は、次の著書のなかで、トイニッセンの箇所を詳細に批判的に取り上げている。Martin Leiner, Gottes Gegenwart, a.a.O.（注 5）, 45-58.

26 引用された批判以前に、ブーバーはずっと、制度や複雑な現象を備えた社会的なるものが我-汝の関係性に基づいて考えられえないことを知っていた。Vgl. ders., Werke I, a.a.O.（注 11）, 269〔『ブーバー著作集2』「人間の間柄の諸要素」佐藤吉昭／佐藤令子訳、みすず書房、1968 年〕.

27 Vgl. Martin Buber, Sprachphilosophische Schriften (= MBW, Bd. 6), Gütersloh 2003.

している。ブーバーはある独自の交換不可能な文体を書くよう試みた。その文体につきあいその文体を哲学的言語と関連づける者のみが、ブーバーを哲学的立場と対話させることが可能である。

　このブーバーの問題の文体的理由より歴史的に意義深いものは、ブーバーがユダヤ教の内部でどちらかと言えば付随的な立場に就いていることである。彼がユダヤ教信仰の中心であるトーラーに対して我－汝の関係性を強調したこと、キリスト教と対話する用意があったこと、彼がショアーに対してほとんど沈黙したこと、多くの者にとってかなり早くドイツ人と和解したこと、ユダヤ人とパレスティナ人との共同国家を考えたこと、これらすべてがブーバーにユダヤ教における少数派や脇役としての地位を与えた。ようやく2000年頃からブーバーに対する一般の認識が変わってきた。再びブーバーへの学問的取り組みが、ゆっくりとではあるが動き出した。これはブーバー自身を実際に知っていた友人たちによる時折美化された視点に影響されることなく、またブーバーの死後に発言力のあった世代の先入観にも影響されていないという利点がある。この新たな研究受容の中心となる計画が、ブーバー著作集の新版（MBW）であり、これはベルリン＝ブランデンブルク学術アカデミーとイスラエル学術アカデミーの委任を受け、ポール・メンデス＝フロールとペーター・シェファーによって編集され、その最初の巻は2001年にギュータースローアー出版社から刊行された。この21〔＋2で計23〕巻で構成された新版は、これまでたいてい引用されていた1962–1963年にミュンヘンのケーゼル社とハイデルベルクのラムベルト・シュナイダー社で刊行された3巻本の著作集の代わりとなった。ブーバー研究者にとって遺憾なことは、古い著作集Werkeも新版MBWも、次のような意味で批判的な版ではない点である。それはブーバーが再編集のために長い間作業に費やしていたかなりたくさんの変更点が、これらの版に収録されてしまったことである。この新版は原文を、ドイツ語のみで、もしくは短い英語テクストのみで提供し、ヘブライ語やポーランド語[訳注3]で提供することはなかった。一部非常に読むことが難しいブーバーの手書きで保存されている書簡集を新たに完全な版として出版することは、新版著作集MBWの刊行の後、依然として、研

〔訳注3　ブーバーは、現在ポーランド共和国領であるガリツィアのレムベルク（リヴォフ）にある祖父母の家で育った。彼はニーチェの『ツァラトゥストラはかく語りき』の第1部をポーランド語に翻訳している。〕

究の上でさらに望まれる点である[28]。このような批判的意見にもかかわらず、マルティン・ブーバーの新たな評価において、新版の著作集はきわめて重要な一歩であった。それに加えて、2000年2月ブーバー思想の研究と普及に尽力するマルティン・ブーバー学会が発足した。この学会は目下、哲学、教育学、臨床心理学の3部門を備えている[訳注4]。ブーバーの新たな出版と共に、これらすべてが示唆することは、今日宗教哲学者たちは新たなもしかすればより公正な発見をするよう動き出すことができるのではないか、ということである。彼を再発見するためのより重要な根拠は、神の蝕についての語りであるだろう。

3．神の蝕――その思考形式の意義と境界付け

　神の蝕は著作のタイトルであり、それは最初「Eclipse of God」のタイトルで英語で刊行された。この著作は主にブーバーが1951年の終わりにアメリカで行った一連の講義に由来する。この著作は『ゴグとマゴグ』や書簡集のなかに見られる一連の短いコメントとならんで、神の蝕に関するブーバーの語りの中心的な資料である。英語のタイトルについてはドイツ語のタイトルと共通して次のように明白である。それはブーバーが、日蝕やおそらく同様に月蝕を、近代人の神に対する関係性を表現するための比喩として使っている点である。日蝕や月蝕の際、昼と夜を地上で定める星と観察者との間に、ある他の天体が介入してくる。それゆえ神の蝕に関するブーバーの語りは、神の隠れの隠喩的な思考図式を描写している。神の隠れはもっとも次の項目のいずれかに帰することが可能である。それらは（a）神はその自己存在において隠れたる神であり、（b）隠れの諸要素は神の内に含まれており、さらに（c）神は現実の世界時代において自ら顔を背けた。もしくは（d）人間は根本的に神を見る目がなく、（e）人間は今日、自ら背を向け、ついに（f）神と私たちとの間にあるものが介入したということである。

28　これまで3巻本の書簡集が、広く資料として使われていた。Martin Buber, Briefwechsel aus sieben Jahrzehnten, hg. Grete Schaeder, Bd. I:1897-1918, Heidelberg 1972; Bd. II:1918-1938, Heidelberg 1973; Bd. III: 1939-1965, Heidelberg 1975.

〔訳注4　2018年現在、第4の神学・聖書学部門が発足している。〕

これらの可能性からブーバーは最初の2つを除外する。神はDeus absconditus（隠れたる神）ではなく、その本質においてもその本質の一部においても隠れたる神ではない。むしろ神はつねに現臨している。それゆえブーバーは『神の蝕』のなかで「絶対的なものが決して消滅することなく顕現すること」[29]について語り、『我と汝』と彼の著作『モーセ』のなかで、神の絶え間なき現臨をさらに明白に語るのである[30]。燃える柴についての聖書物語をブーバーは彼の著作のなかで次のように説明する。「『ヤハウェ』は『現存するであろう者』あるいは『現存する者』すなわち、いつかあるとき、ある所で存在する者ではなく、あらゆる今、あらゆるここにおいて、現臨する者である。かくしてこの名前はその本質を表現し、誠実な者たちに彼らの主人の庇護豊かな現臨を保証する」[31]。
　人間が神を本当に知るまでは、神というよりはむしろその現臨が人間に不可解なものになる。

　　「すべての宗教的現実は、聖書的宗教が『神への畏れ』と名づけるものと共に始まる。つまりそれは生と死の狭間で現存在が不可解で不気味に感ぜられるようになるとき、あらゆる確実性が神秘によって揺さぶられるときに始まるのである。その神秘は、相対的なもの、つまり単に人間の認識能力にとって捉えがたい、したがって原理的に解明できるがまだ知られていないものではなく、本質的な神秘であり、その探求不可能性がその本質にしたがって不可知なるものである。信ずる者はこの暗い門（それはまさにある門であって、多くの神学者が考えるような住居ではない）を通って、いまや神聖化された日常へと入っていく。神秘と共に生きるべき空間のなかへと、自分の現存在の具体的な状況連関を指し示すところの空間のなかへと入っていく。彼がその後、この状況を与える者によって与えられたものとして受け取ること、それが聖書的宗教が

29　Werke I, a.a.O.（注11），593〔『ブーバー著作集5』「かくれた神：倫理的なものの停止について」山本誠作訳、みすず書房、1968年〕．
30　Vgl. ebd., 145. 私たちは同じくこの箇所を関連して引用する予定である。
31　Werke II, München/Heidelberg 1964, 64〔マルティン・ブーバー『モーセ』荒井章三／早乙女禮子／山本邦子訳、日本キリスト教団出版局、2002年〕．

『神への畏れ』と名づけるものである。」[32]

　すべてはこの箇所の意味を理解することにかかっている。ここでブーバーは、神について語るとき、本質的な神秘、探求できないもの、不可知なるものについて語っている。しかし神秘に満ちたもの、探求できぬもの、不可知なるものの体験は、単なる宗教の始まりである。それは本質的な神の隠れではなく、むしろ私たちの現存在の神秘を、また明らかな神の不可知性を指し示している。ここでブーバーは、一方ではルドルフ・オットーのように戦慄すべき神秘についての語り、他方ではパウル・ティリッヒのように啓示に備わっている存在論的衝撃についての語りをもって、同じ経験を語っている。それに対してティリッヒは次のように描写する。「非存在による驚異、それは意識に襲いかかり、『存在論的衝撃』を引き起こす。非存在において存在の神秘の否定的側面——その奥深い要素——が経験される。その『衝撃』は、意識がその通常の落ち着きから投げ出され、その構造のなかで揺さぶられるような意識状態を指し示す。［……］啓示において、また啓示が受け取られる脱自的経験において、存在論的衝撃は繰り返され、同時に克服される。それは神的現臨の壊滅的な力（mysterium tremendum［戦慄すべき神秘］）と神的現臨の高揚させる力（mysterium fascinans［魅する神秘］）において繰り返される」[33]。

　この啓示経験の現象学に対して、さらに次のことがブーバーにおいて付け加わる。人は神についてたしかにそれが現臨することを知っているが、人は神についての個別的なことを知ることはない。『我と汝』においてブーバーは「人は汝について何を知るのか。ただすべてを。というのは人は汝について個別的なものをもはや何も知らないからである」[34]と、とてもはっきりと言っている。なぜなら神、つまり永遠の汝は「その本質にしたがってそれとなりえない」[35]からであり、ブーバーは神の啓示から顕わにされた個別的な知など存在しえないと考えている。「私たちがその前で生き、そのなかで生き、そこから、そのなかへと生きる場所が神秘である。神秘はかつてそうで

32　Werke I, a.a.O.（注11）, 529f.〔『ブーバー著作集5』「かくれた神：宗教と哲学」〕.
33　Paul Tillich, Systematische Theologie, Bd. I, Stuttgart 2. Aufl. 1956, 137.
34　Werke I, a.a.O.（注11）, 84.
35　Ebd. 154.

あったように、いまもなお神秘である。それは私たちにとって現臨するようになり、その現臨をもって救いとして私たちに告知された。私たちは神秘を『知った』のであるが、その神秘性を弱め——和らげるような神秘についての情報を得ることはない。[……] 私は人間の前における神の自己命名や自己規定を信じない。啓示の言葉は、私は現存するものとして現存する、である。啓示するものは、啓示するものである。存在するものは現存するのであって、それ以上のものではない」[36]。

書物『神の蝕』のなかで、ブーバーは、グノーシスや神学のかなりの形式を通して、神秘の覆いを取る自称的な態度について語っている。「顕わなもの顕わにされたものを隠されたものから区別するカーテンを、人間はここで引き上げ、神的な神秘を披露する態度をとる。人間は『私は不可知なるものに精通し、それを知らせる』と言う。グノーシス主義者は、技術者が発電機を扱うように魔術師が操作する自ら称するところの神的なそれ、神的な装置全体を暴露する。『神智学』のみならずそれに隣接する諸学も神的なそれの遺産を引き継ぎ、またかなりの神学において、解釈者の背後で覆いを取る身ぶりを発見することができる」[37]。

神的な神秘、神秘の不可知性、神秘の無媒介的現臨の止揚不可能性が一つの認識へ至ること[38]は、神の蝕とは異なるものである。それゆえに私たちはブーバーにおける神の隠れの2つの思考図式を見分けねばならない。それは神的な現臨自体の神秘における不可知性と、神の蝕とである。比喩的に単純化して語るならば、一方で、神の隠れは太陽への眼差しに対応する。この眼差しでは個別的なものは何も認識されえない。他方、神の蝕の形式は日蝕に対応し、そこで太陽への眼差しが短期間蝕まれるのである[39]。

---

36 Ebd., 153f.
37 Ebd., 596〔『ブーバー著作集5』「かくれた神：神と人間精神」〕．
38 ブーバーをヘーゲルの『精神現象学』と比較することは有益である。ブーバーが神に関して述べることは、ヘーゲルが感覚的確信にとって必要とするものに対応する。普遍的真理に向かうこの確信の止揚は、ブーバーにとって問題となる発展を可能ならしめる抽象化である。
39 神の隠れの両形式は、つねにはっきりと分けられるものではない。ところでこの差異を明らかにぼやけさせるものは、モーリス・フリードマンの感銘を与えた評伝340頁の一節である。Vgl. Maurice Friedman, Begegnung auf dem schmalen Grat. Martin Buber - ein Leben, Münster 1999.

神の蝕は実際に重大な事であり、「いままさに生じている［……］神の蝕」[40]である。それゆえに私たちはまた上述の選択肢（d）を除外することが可能である。なぜならブーバーは、人間が根本的に神を見る目がないことを、出発点にしないからである。その代わりブーバーは、隠喩的に「けっして消滅することない絶対なるものの出現を捕まえる［……］瞳の」[41]力が、再び目覚めることについて語る。したがって人間は根本的に神を見る目がないのではなく、むしろただ神を見る能力が弱くなっただけである。

4．神関係を現実的に妨害する神の蝕

　真の日蝕の場合と同様に、神と人間との間の関係における一時的な妨害から出発する諸解釈の下で、私たちは探求せねばならない。この範囲には3つの可能性がある。それらは、蝕みは神に由来する、もしくは蝕みは人間に由来する、もしくは何かあるものが神と人間の間に介入した、というものである。ブーバー思想の変化に対する問いの答えは、同じくこれら暗くなることの3つの可能性を重視することに、向けられている。
　著作『神の蝕』におけるブーバーの多くの論文、とりわけそのなかの要約的な論考「神と人間精神」は完全に、すでに『我と汝』で言及された議論のうちにある。そこで言われていることは、神へ視座を向ける際に妨害となる近代における思考習慣が私たち人間には存在するということである。神はつねに現臨するのだが、ただ私たちは神から分断されている。詳しく考察するならば、ブーバーはかつて『我と汝』において下記のように発言していた。
　1．神はつねに、また無媒介的に現臨する。「神は、例えば自然からその創造者として、あるいは歴史からその主催者として、あるいはまた主体からその内で自ら思考する自己として、何かあるものから推論されるようなことはない。何か他のあるものが『与えられて』いて、神がそれから初めて演繹されるのではなく、むしろ神は私たちに無媒介的に、最も近く、持続的に存在者に向かい合って存在する。それはただ語りかけられるだけであって、言

40　Werke I, a.a.O.（注11），597.
41　Ebd., 593.

273

い表しえないものである」[42]。「あらゆる領域において、あらゆる関係の行為において、あらゆる私たちに現臨して生成する者をとおして、私たちは永遠の汝のすそに目を向ける。［……］これらすべてをとおして、一つの現臨が光り輝いている」[43]。

2. 人間はつねに現存するわけではない。「なるほど神を知っている者は、神の遠ざかりも不安になった心を襲う渇いた苦痛も同じく知っている。しかし彼は神が現臨していないことを知らない。それはただ私たちがつねに現存していないだけなのであるが」[44]。

3. 私たちがつねに現存するわけではないことの原因は、私たち、特に近代人としての私たちが、即物的な我－それ関係のなかで生きており、神の現臨や、人間・動物・樹木・天体などとの我－汝関係をもはや十分に認識しないことにある。

4. 個々の我－汝関係は、永遠なる神的な汝を、唯一的で必然的に「垣間見る」[45] ことを可能とする。もしもこの関係が背景へ退いてしまえば、それはもはや決して生きたものとはなりえない。そしてこれが宗教にとっての致命的帰結である。「宗教の退化」は、いわばブーバーが、現在において自らつきとめたように「宗教における祈りの退化を意味する。宗教における関係能力は、対象性によってますます生き埋めにされ、分かたれていない全存在をもって汝と語ることは宗教においてさらに困難になっている」[46]。

5. 宗教の「退化」は、ブーバーによれば不可避的である我－汝の出会いから我－それの世界への自然な移行と区別せねばならない。「あらわな現臨のなかで生きることはできない。もしそれに素早く徹底的に打ち克つよう人があらかじめ備えていないのであれば、現臨は人を焼き尽くすであろう」[47]。

---

42 Ebd., 132.
43 Ebd., 147.
44 Ebd., 145.
45 Vgl. Ebd., 128:「諸々の関係の延長線は、永遠の汝において交差する。あらゆる個々の汝は、永遠の汝を垣間見るものである。あらゆる個々の汝をとおして、根元語は永遠なるものに語りかける。あらゆる存在に対する関係が、実現することも、実現されないことも、この汝の仲介に依拠している」。
46 Ebd., 159.
47 Ebd., 101.

『我と汝』のなかで、ブーバーは神の蝕ではなく神の遠ざかりと語っており、人間が神から遠ざかることに、神の遠ざかりの原因があるような状況が叙述された。近代人は我－それ世界のなかに閉じこもっているため、そこから再び我－汝関係を思い出すことへと戻らねばならない。ただ一つの箇所でのみ、人間が自ら神から遠ざかるための可能性と、人間が神へと再び立ち帰るための可能性の条件として、ブーバーは両方の「世界のメタ世界的な根本的運動、つまり個的な我の拡張と、結合への転向」[48] について語るのである。ここで言われたことは別として、『我と汝』は現象学的アプローチに忠実であり、ただ神の遠ざかりの人間的側面についてのみ語っている。

著作『神の蝕』は、この見解を拡げるものである。神の蝕は、人間や地球に由来して暗くなることではなく、むしろ人間の活動を凌駕する出来事である。ブーバーはいくつかの表現のなかで、神と人間の間に立てられた現実を際立たせている。「天の光が蝕むこと、すなわち神の蝕は、実際に私たちが生きている世界時代の特徴である。しかしそれは人間精神のなかで起こった変化から十分に把握できる事象ではない。日蝕は太陽と私たちの目との間に生ずることであって、私たちの目の内で生ずることではない。哲学も私たちが神に対して目が見えぬとは考えていない。哲学の考えるところでは、ただ今日においてのみ私たちには、『神と神々』の再出現と崇高な像の新たな通過を可能ならしめる精神状態が欠けている。しかしいまの時代のように天と地の間で何かが生じているところでは、もし私たちが神秘を解明する力を地上的思考の内部で発見することに固執するのであれば、私たちはすべてを逸するであろう」[49]。

48　Ebd., 157.
49　Ebd., 520〔『ブーバー著作集5』「かくれた神：宗教と実在性」〕. Werke I, 597 も同様に参照せよ：「私たちがまさしくいま生じている神の蝕について語る際、私たちが考えることはいったい何であろうか。この神の蝕という比喩で、私たちは次のような途方もないことを前提としている。それは肉眼で太陽を見やるように『心の目』でいやむしろ存在の目で神に視線を向けうること、また私たちの実存と神のそれとの間には、地球と太陽の間のように、あるものが介入しうるということである。幻想からすっかり解放された本質の眼差し、像を供するのではなく、すべての像を初めて可能にする本質の眼差しが存在することを、この世では信仰以外の他の審級が語ることはない。本質の眼差しが存在することを証明することはできず、ただ経験することができるだけであり、人間はそれを経験してきた。ところが別のもの、間に介入してくるものもまた、今日私たちは

同様にブーバーは、神自身に由来する沈黙について、折にふれて語っている。「神は以前私たちに語りかけたが、いまは沈黙しているということが、文字通り真実でありえないのか、そしてこのことはヘブライ語聖書が理解しようとしてきたように理解することはできないのか、すなわち生ける神は単に自己を顕わにするだけでなく、同時に『自らを隠す』神でもあることを問うてみよう。このような隠れの時代、神的沈黙の時代に生きることが、何を意味するのか思い描いてみよう」[50]。

　要約すると、次のことが確認できる。ブーバーは『神の蝕』のなかで、神の隠れに対する非人間的な根拠に重点を置いている。その一方で『我と汝』においては、ほとんど神の遠ざかりの人間的な原因が洞察されている。しかしながら両著作の間にある直接的矛盾について語ることは、度を超していよう。

5．神の蝕と神の死

　最後の考察では、神の蝕についての語りを、さらに明白化したい。「神の蝕」という言葉は、批判的に「神の死」についての語りから遠ざかっている。神の蝕は日蝕のように過ぎ去るものであるが、神の死はたいてい決定的な終わりと見なされる。「神自身は私にとって決して対象とはなりえない。我とその永遠の汝との関係性、また汝とその永遠の我との関係性以外に、私は神に対する他のいかなる関係性も得ることはできない。しかし人間がこの関係をもはや持ちえないとき、また神が人間に沈黙し、人間が神に沈黙するとき、あるものが生起しているのである。それは人間の主観性の内ではなく、存在それ自体において生起している。そしてそれを神の『死』という大げさで無力な格言で対処するよりも、むしろそれに耐え抜き、同時に他の出来事へと、存在におけるある新たな転換へと実存的に近づく方が、自身の死を超えて天と地の間の言葉が再び聞こえるよう近づく方が、人間にはより相応しいであ

　経験していると言えよう」。
50　Ebd., 551〔『ブーバー著作集5』「かくれた神：宗教と現代思惟」〕．ブーバーはイザヤ書45章15節を参照するよう指示している。

ろう」[51]。神の蝕についての語りは、希望の視点を強調している。「神の光が闇となることは、決してその消滅ではない。はや明日にでも〔神と人間との〕間に介入してきたものは、退いているということもありうる」[52]。

神の現臨が再び輝くことが宣言されうるまでは、ブーバーは蝕とその条件を分析するだけにとどまっている。

6．ブーバーによる宗教史と哲学史解釈

ブーバーの出発点は、『神の蝕』のなかで引用されているローゼンツヴァイクの発言にある。「フランツ・ローゼンツヴァイクの言葉に従えば、神的な真理は、片手は哲学、片手は神学という『両手をもって懇願されることを欲している』。彼はさらに続けて、『神的な真理は、信仰篤き者と信仰薄き者との二重の祈りをもってそれに呼びかける者の言うがままにはならない』」[53]。もしもこの箇所に基礎を置くのであれば、ブーバーの著作『神の蝕』は決して反哲学的なものではない。我－それ関係の領域における概念に対する哲学的作業は、むしろ良き意味を持っている。しかしながらおそらくブーバーは、神の蝕が宗教的根拠とならんでとりわけ哲学的根拠を持つという点から出発しているであろう。

ブーバーは、哲学と宗教を次のように境界づけた。彼は宗教を、人間と神が我－汝関係において具体的人格的に向かい合って立つこと、と定義する。それに反して、哲学は理念世界や概念世界に専念するために、具体的状況からの基本的な抽象化をもって始まる。この理念世界には、我－汝関係は無く、主体－客体関係が存在する。人間に呼びかける宗教の神は、一つの名前と一つの語りうる歴史を持つ者であり、哲学においては普遍的なもののなかで探求される絶対的な者の理念によって交代させられる[54]。

哲学は宗教と関係する。なぜなら思考はその正当な自律性のなかで、すべてを例外なく対象にするからである。宗教は人間を、哲学的思考さえもいっ

51　Ebd., 552f.
52　Ebd., 599. これは『神の蝕』における中心的テクストの最後の一文である。
53　Ebd., 537.
54　この定式化は、Werke I, 525-538 に依拠する。

しょに取り込むような全体性へと導く。このような思考は、それが宗教的現実性という背景から離れない限りにおいて正当である。「具体的な状況のなかに立ち、さらにそれを証言しながら、人間は絶対的なものと具体的なものとの間で、虹の契約〔創世記9章のノア契約〕によって取り囲まれた。しかし人間は哲学することで、絶対なるものの白い光を自らの認識の対象として注視する。ただ原型もしくは理念〔イデア〕、つまり普遍的なものの輝きだけが、人間に対してつねに現れる。かの色のない、色を超えた橋〔虹の契約〕が生じることはない」[55]。

哲学的なものと宗教的なものという両方の領域において、ブーバーは神の蝕の人間的理由を説明する衰退の歴史を辿っている。宗教と哲学の両者が「神の非現実化」[56]に寄与してきた。その際ブーバーは、宗教的側面を哲学的側面よりもはるかに短く扱っている。ブーバーは、宗教的に神が魔術的、グノーシス的立場を通して我‐それの関係性へと変わることを見ている。グノーシスは神秘の覆いを取ろうと試みる。他方、呪術は汝に向き合わず、汝の現臨をほんとうに考えることなく、儀式を挙行する[57]。キルケゴールについて詳述するなかで、ブーバーはさらに制約されたものと無制約的なものとの混同について語る。この混同をはっきりと注視することは——ブーバーによれば——絶対的なものの出現に対する視力を、再び目に返すことによって可能となる[58]。

宗教から哲学が剥離することによって、哲学史において、衰退が用意された。神は「把握可能な［……］思考の対象」[59]、つまり理念となった。その発展は避けられず正当なものとしてここまで来た。しかしながらある種のプラトン的伝統における神の理念が、高次で本来的な神の視点と見なされることをもって、ある問題が始まる。さらに歴史が流れるなかで、哲学的精神は絶対的なものをますます主体の行為から理解し、絶対的なものをそのように主観性と融合させる傾向がある。「つぎの一歩はすでに私たちによく知られた、自らを究極的なものと理解し、自らの究極性をもて遊ぶ段階へと至る。行為

55　Ebd., 534; vgl. auch ebd., 538.
56　Ebd., 594.
57　Vgl. ebd., 595f.
58　Vgl. ebd., 593.
59　Ebd., 594.

に関する支配権を自らに対して与える人間精神は、絶対性や絶対的なものを概念的に消滅させる」[60]。その結果、神の死についての語りが起こるのである。

多くの分析のなかで、ブーバーは哲学者、心理学者、詩人を、歴史と現在からこれらの展開のなかに位置づけている。

第一の歩み、つまり一つの理念〔イデア〕へ神が変貌することは、すでにギリシア哲学の所産としてある。「ギリシア哲学史は、——プラトンにおいて決定的に解明され、プロティノスにおいて完成する——思考の視覚化の歴史である」[61]。神は彼らにおいて理念になる。これら理念を見ることは、神との無媒介的出会いの代わりとなる。その神は、ハシディズム的実存によれば、世界のあらゆる場所、あらゆる日常で、現臨している。

神の非現実化に向かう道の第二の歩みは、理念の主観化をもって始まる。その理念はもはや、世界との出会いから生じる理念化された抽象化ではなく、むしろ人間的精神の産物として解釈される。この主観化はドイツ観念論をもって達成される。イマヌエル・カントの遺作をブーバーは、神の現実性との終わりなき、見込みなき格闘と解釈した。カントの体系は人格である神を非現実化し、ただ要請や理想と見なさざるをえなかった。しかしカントは彼の遺作のなかで、何度も神への信仰に近づいている[62]。ゲオルク・ヴィルヘルム・フリードリヒ・ヘーゲルは「限定的存在と無限定的存在との劇的な向かい合い」を「自己と共にまた自己のために闘う世界精神の伴侶なく、すべてを利用し、すべてを食べ尽くす支配」[63]へと変えるのである。その結果、ヘーゲルはまさに神秘を、神のなかで解消してしまう。

新カント派のヘルマン・コーエンを、ブーバーはなんと、信仰によって圧倒された哲学者の例として見ていた。しかしコーエンは、どうやら神の理念から神を把握しようと少なくとも試みたようである[64]。20世紀はますます多く、神の非現実化という最終段階によって特徴づけられるのである。例えばジャン＝ポール・サルトルは、神の死と、規範設立者としての人間によるその代用を正当であると捉え、なお存在する宗教的要求を不当であると捉えた。

60　Ebd., 595.
61　Ebd., 533.
62　Vgl. ebd., 540f.〔『ブーバー著作集 5』「かくれた神：神への愛と神の理念」〕．
63　Ebd., 517.
64　Vgl. ebd., 542-549.

ブーバーは、現に在る神の蝕を特徴づける神の沈黙に、サルトルは耐えられない、と彼を批判した[65]。同時にサルトルは、被造物のほんとうの自由には相当しないような自由を我が物顔のように振り回した。マルティン・ハイデッガーは、初期の著作のなかで、来るべき神とその語りを待望するという考えを用意していた。しかしブーバーは、すでに啓示された神とは本質的に関わりを持たない来るべき神に、1933 年から取り組んでおり[訳注5]、そのことから彼を批判したのである。ハイデッガーは根本的に預言者の宗教を誤解していた。ハイデッガーにおいては、存在の概念が神の代理を務め、神を脇に追いやってしまったのである[66]。カール・グスタフ・ユングは、結局、神を人間の魂の自律的部分となし、あらゆる神経験を人間の個性化へと拡張した[67]。このようにサルトル、ハイデッガー、ユングは、19 世紀の宗教批判家であるフォイエルバッハとニーチェの後に続く者として現れた。

　批判的に見るならば、いずれの著者の叙述においても修正が行われていないことを残念に思うかもしれない[68]。しかしブーバーは哲学史の重要な傾向を、理念化された対象化、主観化、消滅化という 3 つの段階によって的確に捉えている。

65　Vgl. ebd., 550-555.
66　Vgl. ebd., 555-561〔同上〕.
67　Vgl. ebd., 561-574〔同上、106-127 頁〕. これに加えて、ユングの反論に対する返答も同じく参照せよ。Ebd., 600-603〔マルティン・ブーバー『対話の倫理』「C. G. ユングとの対話」野口啓祐訳、創文社、1967 年〕.
68　筆者〔ライナー〕の考えでは、これは特にハイデッガーとプラトンの叙述に該当する。マルティン・ハイデッガーによる存在忘却の発見は、筆者の考えでは、神の蝕が過ぎ去るための最初の兆しである。それはただ、ヘブライ語が知ることのない存在概念というものを神によって代用すること次第である。ハイデッガーの存在の語りに対するブーバーの関係性については、上掲書 Werke I（注 11）の 557f. 頁を参照せよ。ブーバーのプラトン解釈において、対話的なものは視覚的なものの背後に、非常に強く隠れてしまう。

〔訳注5　教授資格論文の主題は、「来るべき神——イスラエルにおけるメシアニズムの理念」であったが、これは未完に終わった。〕

7．神の蝕に関するブーバー的語りの有効性について

　マルティン・ブーバーは、神の蝕という語りをもって神の非現実化を歴史的に導き出そうとした。それが示したことは、哲学はそれ自身の方法からは神の蝕を克服できないことである。神の蝕が終わる運命にあるか否かは、生きられた宗教の領域における神との新たな出会いが必要不可欠である。そのような出会いは、ただ神自身によって与えられることが可能である。現在の課題は、あらゆる神の蝕にもかかわらず、この出会いを待ち、神から離れないことにある。

　この現在の解釈は多くをそれ自身で有している。その解釈は神に関する多くの良き根拠が哲学の領域で定式化されうることを知っており、徹底的に思考する者はほとんど不可避的に神を考えざるをえないように思われる[69]。しかしこの根拠が現在優勢な思考前提の下では神の現実性を受け入れる結果にはならないことを、現在の解釈はさらに知っている。むしろ人間の構想力、投影活動、理性、力への意志、無意識の原型が、神の創造者と見なされるようになる。

　なぜブーバーは、神の蝕の後でなおも神との出会いが残されていると確信しているのか、そのような問いが彼に向けられるだろう。彼自身の人生の出会いの経験と、彼のハシディズムと聖書的伝統の解釈を超えて、ブーバーは次の点から出発している。それは人間や自然物とも同じくあらゆる我－汝関係のなかで現臨する神を、彼は現象学的に示しうることである。神は、時がほとんど止まり永遠になるところの全き現臨の要素を、この出会いの経験にもたらす。神は、出会いの出来事の後でとりわけ倫理的関連性のなかで示される無制約性、つまり人間の人生の意味を確証するもの——それは同時に人

69　これをブーバーは、彼のイェーナにおける対話のなかで、印象的に披露している。その対話をブーバーは『神の蝕』ドイツ語版の序言として報告する。Vgl. ebd., 505-507〔『ブーバー著作集 5』「二つの対話の報告」〕．それに加えて、次のマルティン・ライナー〔筆者〕の論文も参照せよ。ここではブーバーのイェーナ講義と彼の宗教哲学の背景について、筆者の意見が記されている。Martin Leiner, ‚Glaube ist der Eintritt des Menschen in die ganze Wirklichkeit', in: Martha Friedenthal-Haase/Ralf Koerrenz (Hg.), Martin Buber: Bildung, Menschenbild und Hebräischer Humanismus, Paderborn 2005, 55-76.

間の受け入れを伴うのであるが——をもたらす。つまるところ出会いの経験は、現実性と存在の体験を、人間に贈与する。そこから人生の贈り物に対して感謝することが可能となる。

　これらすべての実情を明確にすることが、現象学的な宗教哲学の今日的課題でもある。しかしそのような現象学は、神の蝕の時代においてどのように入手可能であろうか。もしも神の蝕が全面的なものであるならば、この現象学はとりわけ過去の神との出会いについての記憶を探し出さねばならないだろう。現象学的宗教哲学は、なにも存在を現臨として理解する必要はなく、むしろ神との出会いがいまや挫折したことを熟考すべきであり、過去に現臨した神の痕跡を探さねばならないであろう。ブーバーはそのような現象学を推し進めるのではなく、むしろ現在における神との出会いについて彼が証言しうるものから、出発する[70]。「私はつぎのような状況にあった。1912–1919年にかけて私によって為されたすべての存在経験が、ますます一つの大きな信仰経験として私に現臨するようになったのである。［……］私はただ、すべての他者との出会いがその内で基づいているかの出会いのみを肯定的に証言しなければならない」[71]。したがって神の蝕は、ブーバーによれば、全面的なもしくは少なくとも普遍的なものではありえない。神の蝕が優勢であるような経験の場は存在しない。この経験からブーバーはこう証言する。「私は自らの経験を超えて外へ手を伸ばすことは許されていなかったし、それが許されることを決して望んでいなかった。私は経験を証言し、経験に訴える〔のみである〕」[72]。ブーバーの理解によれば、各人が自ら、この経験を現実性の証言として受け入れるかどうかを決断せねばならないのである。

70　現在の現象学的議論と関連して、ブーバーは、例えばレヴィナスよりも、ポール・リクールと彼の証言についての語り（証言を意味する attestation や témoignage）により近い立場を取っている。

71　Martin Buber, Werke I, a.a.O.（注 11），1111 u. 1113. 傍点は、ブーバーによる強調。

72　Ebd., 1114.

XII

ティエモ・ライナー・ペータース

神の危機

ヨハン・バプティスト・メッツにおける
慰めなさの否定神学に対して

　ヨハン・バプティスト・メッツが1990年代中頃から語る「神の危機」は、道徳と文化と言語の危機として関連領域に導入され、さらにメッツの神学の実に様々な要素と結びつくので、正確かつ簡潔に解明することが難しい[1]。そしてそれにもかかわらずこのキーワードは大いに示唆的な力を有し、同時に直接的な説得力が「感じとられる」ので、曖昧な痕跡を追求し、意図されたものを幾層にも掘り下げるよう促し、さらには自然に感じとられたことが実際に考慮されたかどうかを吟味するよう促す。その感じとられたものによって、当時のラッツィンガー枢機卿はメッツの70歳の誕生日のシンポジウムで「私たちはあなたの意図すべてを知っている」[2]とすすんで発言した。

　メッツにとって、神の危機は歴史的背景と結びついた同時代の現象である。メッツはそれをヨーロッパのキリスト教の内外で、裏面としてよりも、そのイメージがまったく一義的ではない、繰り返し増幅する宗教の心構えの内的契機として捉える。宗教はあらゆる批判的な診断に反して、実際に回帰しているのか——この問いは神の危機というキーワードを伴っているが——、あるいはこの回帰は宗教的な刷新の見かけのもとでの神喪失であるのか。したがってそれは「日常的宗教」が「副産物」として生じる現代の枯渇現象であるのか。日常的宗教の中に「古い、しかも個人をして反社会的な痛みから免

1　Vgl. etwa J. B. Metz, Memoria passionis, Freiburg/Br. 2006, 69-122.
2　Vgl. J. B. Metz, Gott. Wider den Mythos von der Ewigkeit der Zeit, in: T. R. Peters/C. Urban (Hg.), Ende der Zeit?, Mainz 1999, 50.

283

れさせるはずの体制順応主義的意識要素にもはや拘束されない宗教の残骸」が見いだされるであろう[3]。

したがってメッツは「宗教に親和的な無神性」について語るが、これは1933年にすでにこの考えの手がかりをつかんでいたディートリヒ・ボンヘッファーと似ている。「私たちは世俗主義に陥っている。その際、敬虔でキリスト教的な世俗主義が考えられている。……地上の主人としての神はキ••リスト教的に断念される」[4]。これはフランス革命以来、「国家的、社会的、合理的、神秘的であろうと、あらゆる可能なキリスト教の形態において、聖書の生きた神」に逆らうものである[5]。私たちが接近しようと試みるこの危機は、教派を超えて広がっており、キリスト教それ自体の危機、いやメッツが言うように「人間性の危機」であるが、それは新しくはない。

「神の危機」という状況において現れる宗教批判的テーゼに関して、メッツは義認論の意味で宗教と信仰を区別するカール・バルトの伝統には決して属さない。さらにメッツは無条件にボンヘッファーの伝統にも属さない。それは結局なおも「宗教なき〔キリスト教〕」として、すなわち自由主義的な理神論との厳格な二者択一として「真正のキリスト教」を想定できるだけである。メッツにとって問題は、確かに「市民的な宗教」への批判でもあるが、しかし同時に真の、すなわち彼が神学的に絶えず要求し、まことに文化となった宗教である。それは個々人の信仰の（無宗教の）振る舞い以上のもの、それとは異なるものである。しかしながら、この実質的な宗教をメッツは新しい宗教性においてまさに回帰していると見なさないが[6]、それは、しばしばなおも装飾的意義を有し、ヨブの嘆きにおいて、「神秘的な魂の魔法」という申し出を圧殺している。メッツによれば、キリスト教も少なくともヨーロッパにおいてそのような「宗教」になった。それは確かにキリスト教の順応

3　Vgl. D. Claussen, Entzauberte Welt, mißglückte Befreiung, in: Neue Rundschau 105/4 (1994), 41.

4　D. Bonhoeffer, Dein Reich komme, in: Dietrich Bonhoeffer Werke, Bd. 12, Gütersloh 1997. 266.

5　D. Bonhoeffer, Ethik, in: Dietrich Bonhoeffer Werke, Bd. 6, München 1992, 113.

6　Vgl. J. B. Metz, Gottesfkrise. Versuch zur „geistigen Situation der Zeit", in: Diagnosen zur Zeit, Düsseldorf 1994, 76-92; ders., Gotteskrise als Signatur der Zeit, in: Instanzen/Perspektiven/Imaginationen, hrsg. von J. Huber u. A. M. Müller, Basel/Frankfurt/M. 1995, 95-110; ders., Kirche in der Gotteskrise, in: Sind die Kirchen am Ende?, Regensburg 1995, 158-175.

力を可能にするが、その力を通して苦難の感受性も損なわれてしまう。「神の危機」においてこのような懐疑が集約される。教会と神学において神の記憶が「人間の苦難の歴史を背にして」告げられるか、あるいはむしろ「神の権威」が教会のあり方に、したがって久しく「苦難する者の権威」から引き離されている[7]。

ヨハン・バプティスト・メッツが認めた「神の危機」へこうして最初に迫った時に、すでに苦難する者が、つまり「大いなる苦境から」（黙 7:14）苦難する者が現れている。それはとりわけ現代史に制約されているが、次のことも証明する。神の語りは——漠然としていないが、ついには重要ではなくなる——苦難において、「無神論の岩盤」（ビューヒナー）に率先して先鋭化されなくてはならない。それゆえ、私たちのテーマの問題背景として、神義論が浮上してくるが、それはメッツの解釈では、「世界の途方もない苦難の歴史の観点から主に神についてそもそもどのように語られうるのか」という内容である[8]。それは神の問いの最古にして、最も議論の分かれた形態であり、それは今やもう神の危機になると推測されてもよいが、そこでは神の問いは神学的に弱体化させられるか、まったく視界から失われるかである。

1. 神義論の危機

　古代ギリシア（エピクロス）または中世の神義論的問題設定を取り上げずに、手始めに神義論がこの概念で初めて現れ、その直後に時代を決定する力の生起によって、全体として今日まで不合理を論証された時から始めることにする。神、すなわち救済する善についての哲学的な語りだけでなく、あらゆる語りは特に有神論的神思想の危機として認識される問題に直面する。これは、メッツが「神の危機」に関する語りにおいて前提する歴史的で思想史的な枠組みである。たとえ彼がこれを常に強調していないか、より正確には考察していなくてもである。

　ゴットフリート・ヴィルヘルム・ライプニッツ（1646–1716）は、キリス

7　Vgl. J. B. Metz, Gott. Wider den Mythos von der Ewigkeit der Zeit, a.a.O.（注2）, 41.

8　J. B. Metz, Theologie als Theodizee?, in: W. Oelmüller (Hg.), Theodizee – Gott vor Gericht, München 1990, 103-118, 104.

ト教的で西洋的な世界観が脆弱となり、政治的で宗教的な主張が疑わしくなった歴史時代に活動した。伝承的な哲学的、神学的な体系は、あらゆる可能な方向を志向する世界（宗教戦争とヨーロッパの平和の経過）をもはや統括することができず、賢明に導く創造神の表象によって世界を説明することはますます不可能になっていた。ライプニッツは初期の啓蒙主義で明らかになった変革に先立ち、合理主義哲学の手段を用いて、認識的で学問的な概念を達成し始めた。その概念は、唯名論において理性と啓示が離ればなれになった後で、神的理性と人間的理性の統一の思想に負っていることがわかる概念である。それにとって特に重要であったのは、神義論としての理性の復権であるが、それにより結局は理性目的に対する神思想の道具化である。「すべての善と知恵のそのような統一原理が実在することを知るために、私たちは啓示された信仰をまったく必要としない」[9]。

世界は理性的かつ調和的に秩序づけられている。神はこの調和の保証人であり、そのためにライプニッツはそれを「予定調和」と捉える。悪と不幸はこの判断を阻むことはない。それらは全体の調和によって調整され、本来的な意味でそのように補償される。このように基礎づけられた世界は「すべての可能な中で最善」であり、それはライプニッツが楽観主義者であることを示すものである。それはすべての世界の中で最善の理念が、絶えず緊張にさらされ、ライプニッツを19世紀と神の懐疑の前触れとして登場させ、すなわち、近代の地平において際立つ神の危機――それは神の実在性を思考可能性と論理性に合理主義的に従属させる――の初期の代表者として登場させるにもかかわらずである。

ライプニッツが「楽観主義」で出発点とした世界の調和は、周知のように1755年11月1日に突然崩壊した。それは3度の大地震がポルトガルの首都リスボンを恐慌の場所に変えてしまった時である[10]。地震の際にはライプニッツはすでに故人であったが、彼の神義論はそこで初めて無効となった。その神義論は決定的に潰えてしまった。それはたとえクリスティアン・ヴォルフが再度、講壇向けにまとめあげたとしても、ヘーゲルがその概念を強調して広く用いたとしても、新スコラ主義がそれを哲学の根本原則に引き上げた

9　G. W. Leibniz, Die Theodizee, Leipzig 1924, 249f.

10　Vgl. H. Weinrich, Literaturgeschichte eines Weltereignisses. Das Erdbeben von Lissabon, in: Ders., Literatur für Leser, Stuttgart/Berlin/Köln/Mainz 1971, 64-76.

としてもである。それに立ち返ることは悪しき意味において観念論的であるか、スコラ的であるにとどまる。理性に支えられた調和・神義論が覆い隠していたものが、今やますます鮮明に現れてきたのだ。神の語りが信じるに足るものになるのは、それが恐怖に立ち向かい、恐怖を合理主義哲学や神中心の弁証論の関心において萎縮させない場合である。ヨブの物語や嘆きの詩篇は比較可能な認識を仲立ちする。このかぎりではリスボンは聖書的な神、つまりメッツが出発点とする神の問いと苦難の問題との内的連関に視野を開いた。

　イマヌエル・カントは、ヨブ記の熱心な読者であったが、後に「教条的神義論」の原理的な不可能性を表明した。この「詭弁的な」理論は「学問の利益の課題より、むしろ信仰の事柄にも関わっている」、その隠れた動機は「偽善」と「世辞」である[11]。カントにとって可能なのは聖書的な神に方向づけられた消極的な「神義論」にとどまることである。それは理論的で思弁的な知の領域から引き離され、実践理性の根本的な連関に属する。

　古い神義論の調和のイメージを完全に断念しようとせずに、ジャン・ジャック・ルソーは文明批判論を付加し、それによってすべての実践的神義論が基づく歴史思想を導入した。「自然が私たちにもたらす苦難は、私たち自身が作り出す苦難よりもそう酷くはない」[12]。それゆえこの神義論と自然への信頼は納得がいくと思われ、そして啓蒙理性は何らかの仕方でそれと自らを同一視していた。本当に不安にさせるものは、ここでは秘められている――すでにカントはこのことに気づいていたし、そこにもっとも深い「自然的」神義論とすべてのその「解決」とのアポリアがある。つまり自然それ自体がまさに人間を「無目的な混沌の深淵に投げ返すのである」[13]。自然は、マックス・ホルクハイマーとテオドル・W・アドルノが『啓蒙の弁証法』で示したように、和解の原理にはなりえない。「もし歴史から自然を理解しよう」として、逆に歴史を自然に対して、それとともにすべてを飲み込もうとする忘却に従属させないならば、メッツがこの伝統のもとで認めるのは、「歴史的

11　I. Kant, Über das Mißlingen aller philosophischen Versuche in der Theodizee, in: I. Kant, Werke in 12 Bde., hrsg. von W. Weischedel, Frankfurt/M. 1964, Bd. XI, 116f.

12　P.-W. Gennrich, Gott im Erdbeben, in: Wissenschaft und Praxis in Kirche und Gesellschaft 65 (1976), 343-360, 343.

13　I. Kant, Kritik der Urteilskraft, in: Ders., Werke in 12 Bde., a.a.O.（注11）, Bd. X, 579f.

に蓄積された苦難の尊厳への尊敬」である。目的論の投影あるいは存在論の構築ではなく、苦難の記憶がようやく歴史的連続性といったものと、それによって過去の希望をなおも自らのもとであきらめない未来を開くのである[14]。

したがってメッツにおいて、心理学的なものに由来する、「生を信頼することと同意する用意があることと喜ばしく受容することという諸カテゴリー」[15]が神学的に背景に現れてくる。それらは、前提されるか、それどころか尊敬される自然——それはすべての危険の種類に対して基礎をなす、現実の歴史に対して忘却されることで手に入れられるものである——とほぼ常に関係する。メッツは「脅かされた生のカテゴリー」を優先する。彼が基礎神学的に再定式した神義論をメッツは、スピノザとニーチェの「神即自然（Deus sive natura）」に対抗する像として構想する。つまり神において露わになっている歴史の全体的意味への問いとして、さらにはただ被造物の苦痛に対する神のみの手元に保持される（代償として要求される！）答えとしてである。神義論の問いを存在論的に沈静化したり、歴史哲学的に回答したり、心理学化してしまうのではなく——これらすべては神の危機を特徴づけている——、それを「忘却されないものにすることが、グローバル化したキリスト教に対する世界の挑戦に応じようという、神学の根本的な課題」である[16]。

2.「神は死んだ」

神の危機は現代の危機意識よりも古い。メッツは、フリードリヒ・ニーチェとニーチェがすでに100年以上前に語った言葉、今ではようやく大多数の人に行き渡っているその言葉を参照させる。「神は死んだ！ 神は死んだままだ！ 私たちが彼を殺したのだ」[17]。「私たち」とは、ニーチェにとってキリスト教徒自身であり、「君たちと私」とは、19世紀以来の世俗化、歴史化、学問化の流れの中で神を理神論的にそぎ落とし、近代の必要と状況に順応す

14　Vgl. J. B. Metz, Glaube in Geschichte und Gesellschaft, Mainz ^{5}1992, 110f.

15　J. B. Metz, Memoria passionis, a.a.O.（注1), 33.

16　Ebd., XI.

17　F. Nietzsche, Die fröhliche Wissenschaft, in: Ders., Kritische Studienausgabe, Bd. 3, München ^{2}1998, 481; vgl. J. B. Metz, Memoria passionis, a.a.O.（注1), 69-72.

るように立場を変えた人たちのことである。教会史家で、ニーチェの神学的盟友であるフランツ・オーファーベックは、圧倒的な教会の徴候、さらには神学の徴候を目の当たりにして、「finis christianismi」、つまり「近代のキリスト教におけるキリスト教的なものの終わり」について語った。順応したキリスト教と神学、それは終末論的批判の代わりに、決定的な世俗化によって際立っているが、それらの実体喪失が言及された。順応は稚拙に覆い隠された欲望をともに支配し、劣ったものにならないように欲することである。それに対してオーファーベックにとってキリスト教への関心は、その「無力」、すなわち「世界を支配できないという事実である」[18]。ニーチェもオーファーベックも人間たちは目覚めなければならず、現実の神喪失性を把握しなくてはならないと要求した。それは、「目配せをしながら」彼らの宗教的慣習を続行する代わりに、そして「日々神を袋の中に確保している」(オーファーベック) と考える代わりにである。これらすべては、メッツが真実であると名づけた「神の危機」の方法性を示しており、そこでオーファーベック／ニーチェのキリスト教批判の神学的な再受容を語ることができるだろう。それはただしまったく異なる、著しく神学的な関心を追跡し、キリスト教からの離反を絶望に近い形で阻止しようとする。あらゆる場面で「神の危機の時代」はニーチェ以降の、すなわち「後 (post)」と「従属 (secundum)」の時代である。

　メッツは根本的には、文献学的に精密にはニーチェに取り組まず、したがってニーチェの悲観的な預言の背後に隠された神の必要性もまったく顧みない[19]。メッツは弁証論的視点からニーチェを読み、むしろ「とりまく雰囲気の中で (klimatisch)」、つまり近代以後の情態性の背後の現象として、ニーチェを認める。ニーチェをメッツは「従属的な現象にはとどまらない」ために引用する。ニーチェは神の死を『悦ばしき知識』でダーウィンの進化論に照らし、それを現代は主体的な人間の離別において反復するが、メッツはその際、神の死をなにより「時代の福音」として理解する[20]。それに応じてメッツは近代の神の危機を永遠性の生起として解釈する。それはすべての形而

18　F. Overbeck, Christentum und Kultur, hrsg. von C. A. Bernoulli, Darmstadt ²1963, 279.

19　Vgl. K.-H. Volkmann-Schluck, Zur Gottesfrage bei Nietzsche, in: Ders., Leben und Denken, Frankfurt/M. 1968, 45ff.

20　J. B. Metz, Gott. Wider den Mythos von der Ewigkeit der Zeit, a.a.O.（注2）, 35.

上学だけでなく、普遍的で「偉大な」道徳の計画を自らのうちに結び合わせて、「すでに世界の道徳的考察から美的考察へと移行している」[21]。「神は死んだ。すべての経過のうちにとどまるものは、時間そのもの、すなわち神よりも永遠で、あらゆる神々よりも不死である」。時間は「終わることなく、死滅することなく、期限と目的を知らず、天上的でも彼岸的でも、ヘーゲルのように思弁的に理解されるのでもなく、マルクスのように政治的に現実化させられるものでもない。……時間は、すなわち唯一、形而上学以後に魅するものである」[22]。時間の「さらなる進行」はヨーロッパのニヒリズムの絶望的な反響である。

ヤーコプ・タウベスとともにメッツは、イスラエルの信仰の存続に属する「期限（Frist）」としての時間認識に固執する。それはその中ですべてが止揚され、均一化されるような「終末」を前近代的に呼び起こすためではなく、逆に「時間と行為の圧迫のもとで」継承するためである[23]。メッツによる 1977 年のアフォリズムのノートには一つの言葉が見いだされるが、それは「時の終末」に関するこの語りの意味を明らかにする。つまり「宗教の最も簡潔な定義である中断（Unterbrechung）」[24] である。神が到来すれば、時間は中断され、その力と「勝利」において破れる。神の終末的な到来はこの断絶であり、もはやそこからは近代的な教会と神学はあえて真に出発することはないが、それはメッツにとって「常なる期待」と現在する終末論をともなう神の危機の徴である。

神の危機をメッツはニーチェの「永遠回帰」の一般に普及した神秘主義のうちに確認するが、それは道徳の危機である。それは全体として社会的に作られ、すべての伝統から切断されて、それ自身目標なき実験と化した人間の危機である。「すべての出自からの義務は絶えず新しい選択へと変化する。そして人間の救済の秘密は今やもう記憶ではなく、忘却に基づく」[25]。ここで私たちは、再びメッツの神学の根本的な姿に出くわす。それは、エルン

21　J. B. Metz, Gotteskrise, a.a.O. (注 6), 82.

22　J. B. Metz, Ende der Zeit?, in: Universitas 6 (1992) 592-598, 592.

23　J. B. Metz, Zeit der Orden?, Freiburg/Br. 1977 ü.ö., 83.

24　J. B. Metz, Hoffnuug als Naherwartung, in: Ders., Glaube in Geschichte und Gesellschaft, a.a.O. (注 14), 166.

25　J. B. Metz, Gott. Wider der Mythos von der Ewigkeit der Zeit, a.a.O., 35f.

スト・ブロッホの思考伝統における未来的終末論と、ラーナーによる歴史に耐えうる超越論的神学に対し、キリスト教の記憶を強調し、この「危険な記憶」によって基礎神学的反省の中心に苦難を位置づける。

　メッツは啓蒙主義に負う神学を視野に入れる。それは単に啓蒙的理性の原則と思考体系を受け入れるためではない。少なからぬ哲学者に支持された神学にふさわしい慣習は、メッツにとって神の危機の一部を成している。彼が「神をめぐる終末論的心遣い」[26]とも名づける課題は、むしろ近代の神信仰に順応することはではなく、近代的思考の矯正として、まったくの反抗と聖書的な根源に回帰することで神信仰を取り戻すところに存する。したがって世俗社会は、世俗性の成功への懐疑に繰り返しさらされており、ミシェル・フーコー（とニーチェも）の言葉では、「君たちが言ったことの重みのもとで神を殺してしまったという事態は、まったくありうることだ。しかし君たちが言うことすべてから、神よりも長く生きる人間を作り出すとは考えるな」[27]ということになる。

3．世界なき信仰

　私たちのキーワードはいわゆる「伝統以後の」社会の時代に属している。その社会は普遍的な視野を欠くという特徴を持ち、それにより「その現実存在の文化的条件自体を再生産すること」[28]を開始した。近代の背後に逆戻りしないこの文化的な記憶喪失からの出口は存在するのであろうか。以前メッツが1976年、牧会学的、実践的に、世界代表司教会議の文書『私たちの希望』の注解の中で考えたことは、神の危機の理解にも当てはまる。「今日の非近代的信仰の真理は、明日の救済する真理になることができ、そして不安げに沈黙するか、または批判的に非難された福音の一部がまさに探求されるものになりうる」[29]。メッツは聖書の特に黙示録的なイメージの代替不可能性

26　J. B. Metz u.a., Gottesrede, Münster [2]2001, 6.
27　Vgl. J. B. Metz, Gotteskrise, a.a.O.（注6）, 82.
28　H. Dubiel, zit. Nach: J. B. Metz u.a., Gottesrede, a.a.O.（注26）, 7.
29　J. B. Metz/B. Sauermost, Unsere Hoffnung, in: D. Emeis/B. Sauermost (Hg.), Synode – Ende oder Anfang? Düsseldorf 1976, 53-75, 59.

を確信しており、神話に敵対する「神学の自己検閲」に対して警告する。ボンヘッファーにとっても聖書的神話論（例えば復活）は、誤用や世俗化から守られるべき「事柄そのもの」であった。それは近代に捧げられてはならない。すなわち世俗化されたり、あるいはしばしば科学を信用する文明の自己保護のみに寄与する非神話化に受け入れられたりしてはならない。それゆえメッツは、無慈悲な時代の無関心から救いと解放の神話的イメージを保護しようとする。それは抽象的神学的にではなく、苦境にあるがゆえに、「時の終末」を望み、望まなくてはならない人たちの名においてである。

　メッツは熱狂的な神学でついに創造の神に出会う。創造の神は、マルキオンが被造物の欠陥を負わせないために救済の神とグノーシス的に区別し、アウグスティヌスが（マルキオンに対抗して）今や神義論の問いの全体的な重要性を意志の自由に負わせるために弁護した神である。「アウグスティヌスの強調した自由論は本来、弁証論的な視点、つまり創造神の弁証論から生じた。……しかしながら人間の自由は苦難の歴史の重荷を担うことができるのか」[30]。ハンス・ブルーメンベルクが『近代の正統性 Legitimität der Neuzeit』の考察で推察したように[31]、マルキオンの二元論はアウグスティヌスにおいて人間学的なものとして再び現れていないか。そこでは二元論が（少数の）選ばれた人々が（多数の）地獄に落ちる人たちから絶望的に分離する。したがって神学の目標は、聖書的な神の「弁護」だけでありえ、人間ないしは世界を害しない。

　聖書の創造神話は比較的後代の、捕囚時代の預言者によって構想された文学であり、それはバビロンの神々ないしは偶像の世界に対してヤハウェの卓越性を示し、世界創造神は一民族、一地域、一文化や一宗教の神のみならず、すべての人間の神と諸民族世界の神であることを強調する。自らの黙示録的な方向性に従って、メッツは聖書的な創造の神学をもともとは預言的で論争的な意図、つまり「期限を区切る力としての創造力」[32]の中で捉えて、「創造の否定神学」[33]として現代批判的に先鋭化する。その結果は聖書の普遍的思考から帰結する時間の統一を弁護できるようになり、ブルーメンベルクによ

30　J. B. Metz, Theologie als Theodizee, a.a.O.（注8）, 108.
31　Vgl. dazu J. B. Metz, Memoria passionis, a.a.O.（注1）, 13.
32　Ebd., 43.
33　Ebd., 7.

れば、それが神を奪われた進化の「世界時代」と個人的な「生時間」へと時間が崩れ落ちることを阻止する。もしそうであるなら、それにより神についての語りは必然的に、そして根本的に破壊されてしまうだろう。「神の危機」はこの個人主義的で私的な後退の危機であり、神学が聖書的な普遍主義を同時代的に調停できないこと、すなわちダーウィンとニーチェが神を追い出してしまった現実性の全体のために、もう一度神学が神を活用することはできないということである。フランツ・ローゼンツヴァイクの格言によれば、なにしろ神は宗教を作り出すのではなく、世界を作り出すのである。「神の危機」は神学的な知見を宗教へとこのように狭めることであり、まったく一般的にはその根底にある信仰の世界喪失である。『世の神学』[34] 以来、メッツは、神学的な信仰の応答性のこの世界における出発点に取り組む。彼はそれを「政治神学」という人目をひく名前で呼んでいる。

　聖書の神は、人間と契約（berith）によって結びつく契約の神として自己を啓示する。1970 年代のメッツの神学は一つの転機によって特徴づけられる。そこには「神の危機」という批判的な言葉が無意識のうちにすでに現れている。重要なのは、基礎神学的な「存在の思考」からユルゲン・ハーバーマスが後に示す聖書的な「契約の思考」への離反である。メッツが 50 年代60 年代の神学的なハイデッガー受容（メッツ自身のハイデッガー受容も！）を忘却の徴候として解釈するのは適切である。それは自身再度忘却に陥りやすい「存在忘却」の徴候ではなく、時間と神の忘却の徴候である。ハイデッガーが神学的に肯定されたのは、例えば「『存在と時間』で無時間的な形而上学（おそらくは間違った方向性であっても）の前提を探求し始めた人物としてではなく、現存在の実存的な分析家としてである」[35]。ハイデッガーは神学的には聖書的背景（時間としての存在）によって受容されたのではなく、彼の近代的、無神論的な帰結、すなわち燃える柴の中で神の契約の約束を奪い取る存在としての存在の思考においてである。神の危機はこの恐ろしいパラダイム転換の別な言葉にすぎない。それは現代の組織神学の中で乗り越え

34　J. B. Metz, Zur Theologie der Welt, München/Mainz 1968, u.ö. Zur Unterscheidung von Lebens- und Weltzeit vgl. J. B. Metz, Memoria passionis, a.a.O.（注 1），153f.〔田淵文男訳『世の神学』あかし書房、1970 年〕.

35　J. B. Metz, Theologie versus Polymythie, in: O. Marquard (Hg.), Einheit und Vielheit. XIV. Deutscher Kongreß für Philosophie, Hamburg 1990, 170-186, 183.

られているようにはけっして見えない。

シナイで結ばれた契約の規則は、旧約聖書全体を通して基調となっている。「そしてわたしはあなたたちをわたしの民とし、わたしはあなたたちの神となる」(出 6:7)。ここでは神や神的存在、そして神の対向的存在についての反省も働いていない。というのも「神への近さは、……単に人間への人間の近さではない」[36] からである。むしろ約束と義務に基づく歴史的な接触が確認される。それにより最初に神の民の生空間と信仰の地平が時間と歴史の中において生じるのである。

イスラエルは「神話ないしは歴史から離れた観念によって実際に慰めを得られない」[37] ので、この倫理的な一神論に忠実にとどまったままだが、一方でキリスト教徒は自らを根本から救済論的に方向づけており、神の近さの概念において神の無限の超越性を述べることに慣れている。「近さの概念は風土や、家族と部族集団と国家の記憶によって」(レヴィナス)養われている[38]。それゆえメッツの神学においても最初はかなり強調されたキリスト論が、だんだんと明らかに後退する。それどころかキリスト論自身が危機の契機の中心であるのは、それが継承における指示として誤解されて[39]、そこで死にゆくイエスが苦しむ人間の名前において叫ぶ大いなる孤独が見落とされる場合である。「もしかすると私たちのキリスト教において多すぎる歌と少なすぎる叫びがあるのではないか」[40]。エルンスト・ケーゼマンを通してメッツは、ブロッホにおいて見いだした黙示思想を「キリスト教神学の母」として評価することを学んだが、ケーゼマンはこの忘れられやすいキリスト教を特にコリントの信徒への手紙一の分析において熱狂的なものとして、ついにはグノーシス的なものとして本質を明らかにした[41]。メッツは「初めから、そしてほとんど体質的にグノーシス的な二元論が神学的な論証の戦略として

---

36 Aus einem Gespräch mit J. B. Metz, in: B. Langenohl/C. Große Rüschkamp (Hg.), Wozu Theologie?, Münster 2005, 70.

37 J. B. Metz, Kirche nach Auschwitz, Hamburg 1993, 9f.

38 E. Levinas, Heidegger, Gagarin und wir, in: Ders., Schwierige Freiheit, Frankfurt/M. 1992, 176.

39 Vgl. J. B. Metz, Zeit und Orden?, a.a.O. (注23), 41.

40 J. B. Metz, Kirche nach Auschwitz, a.a.O. (注37), 10.

41 Vgl. E. Käsemann, Zum Thema der urchristlichen Apokalyptik, in: Ders., Exegetische Versuche und Besinnungen, Göttingen 1964, Bd. 2, 119-131.

潜んでいる」[42]〔と述べている〕。

「神の危機」はそのような神に慣れることであるが、それはキリスト教において「多すぎる一致と少なすぎる不在への気づき、多すぎる慰めと少なすぎる慰めの渇望」を通して傾向的に拡大してきた。それにより神はその動揺した異質性において完全に視野から消えてしまう。そしてここでキリスト教徒がユダヤ教徒とその聖なる神への怖れからますます離れるところに、メッツは危機の最も深い根底を見る。神は深淵となったが、それはこの過程が20世紀において反ユダヤ主義的に自立し、ヨーロッパのユダヤ主義に対して攻撃的に向かう時である。

4．道徳的な枯渇

神の危機は長い歴史を有するが、その歴史はメッツにとって、キリスト教的なものがギリシア的精神に開かれた時にすでに始まっている。しかもそのためキリスト教的なものは、その際、本来の啓示の知を忘却する恐れがあった[43]。メッツは初期の切断（Einschnitt）を「その精神の二等分」と呼ぶ。そこではキリスト教における信仰と思考が分かれてしまい、そして近代においてはほとんど和解不可能なものとして現れるに至った。メッツはそのような分離に抵抗し、合理主義的努力のみならず、神学における厳格な啓示的思考の原則に反論する。なによりもまずここでは、次の公理が妥当する。神は神から到来し、神は「呪術圏」を批判する。その中で人は、近代への不安から神学的に閉じこもり、「人間が介在する以前に」神は同語反復的に神から由来し、それゆえ「非同一性のリスクをまったく冒そうとはしない」[44]。すでにボンヘッファーはバルトのもとで「啓示の実証主義」について語っている。その弁証法以後の思考は、テーゲルの囚人〔ボンヘッファー〕においてはあまりに教会的に思われていたが、バルトにおいては「この世的な」解釈の必然性へのセンスが欠けており、今やメッツも現代の教会的な神の語りにおいて、そのような解釈がないことに気づいていた。それは初めから、支配的な神の

42　J. B. Metz, Memoria passionis, a.a.O.（注1），151ff.
43　Vgl. ebd., 236ff.
44　J. B. Metz, Gotteskrise, a.a.O.（注6），78.

危機から逃れるために、「教会的に暗号化され」(とりわけ第二バチカン公会議において)、ラーナーがいだく次のような疑念を喚起する。すなわちこれは危機からの道のりではなく、「教会のセクト化への道のり」の始めなのである[45]。

「神の危機」は啓蒙主義の時代にまで遡り、社会的な変遷を映し出している。その変遷の結果——「自由主義社会の押しつけがましい多元主義」と「形而上学の心理学と美学への変貌」——は、私たちの時代において強く感じられるようになっている[46]。その間にいわゆる「第二の近代」が次のような状態に移行する。すなわちそれは神を単なる選択可能性として説明して、ニーチェが嘲笑していた「単調きわまる有神論」を、それに対するすべての基準が失われる、使いやすい程度にまでに圧縮する。エリアス・カネッティの驚くべきヴィジョン、すなわち「人から望まれるような神ならば、神は最も耐えられないものであろう」[47]が、現実のものとなるのである。

メッツが着想を得た世界代表司教会議の決議『私たちの希望』の初稿には、次のような表現がある。それは「キリスト教に日々、疑念が向けられているが、キリスト教は」人間の問いと不安に対して「なおも使い古された神秘によって応答するのみである」[48]。ドミニコ会前総長のティモシー・ラドクリフはまったく同様に表現している。「私たちの文明の脅威は、おそらく私たちが不誠実に話していることやうそを申し立てていることではなく、空虚になった言葉を軽率に述べることにある」[49]。教会批判的な神学のための時代は、世界代表司教会議 (1975年) ではなお実際に到来しておらず、「使い古された神秘」は大多数から拒否され、「神の危機」について語る可能性はまだまったくなかった。「批判の過剰ではなく、教会における根本的で訓練され批判的な自由の欠如が今日、教会の危機の原因の一つである」とメッツは公事 (1968年) の機会に自主的に行った講義において言っている[50]。しかし教会の

45　J. B. Metz, Memoria passionis, a.a.O.（注1）, 110.

46　J. B. Metz, Gotteskrise, a.a.O.（注6）, 78.

47　E. Canetti, Die Providenz der Menschen. Auszeichnungen 1942-1972, Frankfurt/M. 1976, 228.

48　J. B. Metz/B. Sauermost, Unsere Hoffnung, a.a.O.（注29）, 57f.; vgl. J. B. Metz, Memoria passionis, a.a.O.（注1）, 77.

49　An die Dominikaner-Provinziäle, Prag 1993, in: Wort und Antwort 35 (1994), 81.

50　J. B. Metz, Der Glaube der Reformer, zuletzt noch einmal veröffentlicht in: Ders., Jenseits

危機は、彼によって繰り返し強調されるが、二次的な性格のみである。

　メッツの「神の危機」は理解されえない。なぜキリスト教の神秘がさらに使い古されるのかとメッツが捉えることは、時代に固有な仕方で確認することなしには、すなわちナチス時代のキリスト者の態度を見ることなくしては追体験できない。教会の失敗は類例のないものであった。なぜなら、ここで宗教的施設——それは真理への召命、道徳的完全性、自由な告白とまさに同一である——はその真理と道徳的完全性と信奉者精神とを無気力と政治的楽天主義とキリスト教的自己中心主義によって傷つけてしまったからである。このようにボンヘッファーは1944年に次のごとく確言しているほど根本的であった。すなわち「教会は、あたかもそれが自己目的であるかのように自己保存のためにだけここ数年戦っているが、人間と世界に対する和解と救済の言葉の担い手になることはできない」[51]。メッツはこの所見を戦後の時代においても正しいと認めて、後にはキリスト教的なものの「自己私事化」と呼ぶ。神の危機——これはいわば内に向けられた側面から見てだが、自己目的としての教会と神学なのである。

　メッツの神学は綱領的に「アウシュヴィッツ以後の神学」として理解される。ただその神学的思考のみが信頼に値するものとなり、その哲学のみが説得的でありえ、その政治が責任を持つものになることができる。すなわちそれはこの破滅において累積した苦難を無視するのでも、自分自身の欲求や体系に従属させるのでもなく、それを「苦難の記憶（memoria passionis）」の意味において見いだす。今やこの挑発的な記憶は神学的思考に先行しなくてはならないが、それは呼びかけとしてではなく、体系的にである。アウシュヴィッツは「いわゆる近代の危機」をしるしづけるものなのであろうか、とためらいながらも問われる[52]。このただ書き付けられただけの命題を神学的な全体連関の中でその真意を探るために、アウシュヴィッツが数学的、技術的な理性、ないしはホルクハイマーとアドルノが診断したあの「道具的理性」の結果ではないのか、と問うことである。道具的理性は最終的にはすべてを

---

bürgerlicher Religion, München 1980, 128-140.

51　D. Bonhoeffer, Widerstand un Ergebung, in: Dietrich Bonhoeffer Werke, Bd. 8, München 1998, 435.

52　J. B. Metz, Unterweg zu einer nachidealistischen Theologie, in: J. B. Bauer (Hg.), Entwürfe der Theologie, Graz/Wien/Köln 1985, 217.

従属させ、統制を未知なるものに、個々人を自己疎外にゆだねる。メッツにとっては、誰もがこのような出来事の匿名の帰結から逃れるわけにはいかないことは確実である。しかしながら問題は、共同の記憶からすぐに消える単に表層的な現象ではなく、人類の「深層史」の傷である。これは、「すべての普遍的な道徳の堕落であるのか。ここではヨーロッパの道徳の枯渇の段階が始まっているのか」[53] といった息苦しい問いである。神の危機は、いずれにせよニーチェ以降の思考に対し向けられた単なる神学的疑念であることをやめてしまう。それはいわば時代史的に確かなものとなったのである。

5. 苦難を神学する

すべての神学研究の目標点となり、理解を求める思考を挑発するものは、メッツにとって、一貫して明らかであったが、それは歴史の中で集積され、癒やされない苦難である。この人類の「否定的神秘」[54] は人間のいやらしさにおいて、まったく道徳の主題のみならず、基礎神学的な反省の中心にも属するが、それはこの反省が実際に基礎的であり、犠牲をはらいつつ切り抜けた人々と勝利者の密約でない場合のみである。苦難は単数形であり、取り戻せず、理解不能であり、受苦した者自身によってのみ名づけることができ、「マラナタ」（一コリ 16:22）においてあこがれ切望された者によってのみ応答されうる。

メッツは「神とはなにものか」という問いに対し熱意をもってますます本格的に論争するが、それは「苦難する神」すなわち「神における苦難」という神学命題によって応答される場合においてである。すなわちその論争において、ボンヘッファーの場合はこの世における人間の運命への神の連帯的な参与が問題となり、ハンス・ウルス・フォン・バルタザールは過越の神秘を神の自己外化の歴史として理解するし、ユルゲン・モルトマンは和解された否定性における神の三位一体的な存在を反省する。メッツはこの関連で危険な神学的な「同一性思考」[55] について語り、その構想においてヨブよりヘー

53　J. B. Metz, Landschaft aus Schreien, Mainz 1995, 101f.
54　Vgl. J. B. Metz, Memoria passionis, a.a.O.（注1), 117ff.
55　B. Langenohl/C. Große Rüschkamp (Hg.), Wozu Theologie?, a.a.O.（注36), 70ff.

ゲルを理由なしに想定しない。彼にとっては、「三位一体神学的に十字架につけられ止揚された神における苦難が多すぎ、時間的に緊迫した神への苦難が少なすぎる」、また「神とはなにものか、神はどこにいるのかといった問いに対する神学的に賢明な応答があまりに多すぎ、それによって神はどこにとどまっているのかといった聖書的な根本問題に対する考えの表明があまりに少ない」[56]。この問いにおいてのみ苦難は単数形と捉えがたさにおいて正当に評価され、神の崇高さも尊重されることができるように思われる。しかしながら、神がまさに人間のもとに「分離せず、混合せずに」あるのは、神が悲惨において簡単に人間と融合しないことによる。だから「神の危機」は、そのように言われるように、神学と宣教における思想なき神の叙述の危機である。それは神を具体的な苦難の中へ[57]もしくは苦難を思弁的に神の中へと止揚し、それによって苦難する者をまったく評価することなく、巧妙に裏切るのである。抽象的な思弁として、それは決して「人間の苦難の水準」[58]のもとでへだたってとどまるだけではなく、神をも主権的な力において見誤る。

　苦難にはどのような「水準」があるのか。その水準にとって、苦難は神ではなく、人間に属し、人間に被られ、耐え抜かねばならないし、そして苦難は和解されてはならず、神学的に神秘的な仕方でもそうである。すべての神学は人間的で実存的な逃げ道であれ[59]、普遍史的[60]な逃げ道であれ、あるいは苦難を引き延ばすことによって神の将来[61]へと、あるいは観念的に自由[62]へと止揚しようとする逃げ道であれ、どの道を選択するとしても、ヨブ

56　J. B. Metz, Theologie versus Mythologie, in: O. Marquard (Hg.), Einheit und Vielheit, a.a.O.（注35）, 180.

57　親衛隊によって絞首刑にされた若者を目の当たりにして、特に（J. モルトマンによって継承された）E. ヴィーゼルの瞑想が、メッツにとって具体的な苦難を表している。「神は今どこにいるのか」そして私は私の中の声を聞く。「彼はどこにいるのか。ここに彼はいる。……彼はそこで絞首刑にされた」。Vgl. J. Moltmann, Der gekreuzigte Gott, München 1972 u.ö., 262.

58　J. B. Metz, Glaube in Geschichte und Gesellschaft, a.a.O.（注14）, 110.

59　Vgl. J. Splett, Der Mensch in seiner Freiheit, Mainz 1967.

60　Vgl. W. Pannenberg, Der Gott der Geschichte, in: Kerygma und Dogma 23 (1977), 76-92.

61　Vgl. U. Hedinger, Hoffnung zwischen Kreuz und Reich, Zürich 1968.

62　Vgl. M. Striet, Versuch über Auflehnung, in: H. Wagner (Hg.), Mit Gott streiten, Freiburg/Basel/Wien 1998, 48-49.

の「認識」に応じなくてはならない。その認識によれば、苦難は理解される(verstehen)のではなく、耐えられ(bestehen)なくてはならないこと（エーリヒ・ツェンガー）、つまり苦難は「人間の恐ろしいまでの尊厳」[63] である。アウグスティヌスからライプニッツまでの、人類の嘆きを前にして神を弁護し、それゆえに悪を相対化する古典的神義論も、苦難を神学化しそれによって永続化してしまう恐れのある、より新しい神義論も、両方とも人間のこの否定的な特権の前で挫折し、神の危機を反映している。

　神の危機は神の概念の危機であり、次のような「神の危機」[64] ではない。つまりその神のもとでは、人間と人間の不可能性——神的なものについて語り、神の偉大さも人間の尊厳も傷つけられないように神的なものに語ることの不可能性——に関わるものが神人同型論的にされて神へと投影されるような神の危機である。メッツは慰めのなさの否定神学を構想する。彼はそれを神への再度の問いとして、把握不可能で沈静化されない苦難から作り出した。だが神へと向けられ、答えを断念するようなこの問いは、ついには祈りにほかならない。礼拝において用いられ、キリスト論的に超過したものが、神の危機の構成要素であるのではなく、人類の言葉としての祈りがそれである。人類の言葉としての祈りは唯一の言葉であるが、「その中で人間はなお人間として振る舞い、後から調子を合わせた想像上の、徴と暗号の体系の主体としてのみ、ついに数としてのみ現れるわけではない」[65]。神学はメッツにとって「反省的な祈りの言葉」[66] であり、叫びから生じた神義論である。それに対し、神の危機はキリスト教における神学的な概念と方法の自立、すなわち苦難の記憶なしの持続的反省としての神学を代表する。

　この新しく、精力的に申し述べられた神義論の背景には、「政治神学」であるばかりではなく、神秘神学という要求と期待が隠れている。神秘神学は

63　J. B. Metz, Unterwegs zu einer nachidealistischen Theologie, a.a.O.（注 52）, 220.

64　後者を J. ファレンティンはメッツのものとして、それに対し「絶対的な神の危機」の概念を見いだした。だがそれは、自ら「相対的な神の危機」について語り、それによりアウシュヴィッツ以後の神の概念の危機と絶対的な神学の思考への挑戦を相対化できるようになるためである。Vgl. J. Valentin, Relative Gotteskrise. Fundamentaltheologische Anmerkungen zur Diskussion um Theologie nach Auschwitz, in: H. Hoping/J.-H. Tück (Hg.), Streitfall Christologie, Freiburg/Br. 2005, 13-40.

65　J. B. Metz, Gotteskrise, a.a.O.（注 6）, 81f.

66　Vgl. J. B. Metz, Memoria passionis, a.a.O.（注 1）, 77.

結局、とりわけ「神の危機」と結びついた神学的診断の妥当性へと問いを投げかける。もし彼が思考に祈りの信仰を、論証に神秘主義を、神学理論に政治的参与を持ち込むのであれば、ともかくそれは基礎神学的な評価に対してまったくなにも語らないことになるだろう。このことは本来的に神学的な意味において無責任であろう。しかしここでは問題は次のことではない。つまりメッツにとっての神学の証明領域は、神学がグノーシス、観念論、啓示実証主義以上のものであって、「先入観に基づく神学的体系に対して治外法権的」[67]であろうとする、というのと同様に、メッツはラーナーとともに、神学的反省に対して神学以前の契機に苦情を申し立てる。その契機は世俗化されず、反省的に得られることもなく、だがそれなしには神学はたとえそれによって「純粋性」と反省性を保持しうると考えていたとしても[68]、その根拠、すなわち神についての語りとしての正統性を失う。

　「神の危機」というキーワードのもとでは以上のような結果が導かれ、神学が「理性」のパトスにおいて継承と祈りを「圧倒する」ようなキリスト教は批判される。「神への苦難」、つまり次のように犠牲者の側面において発せられる叫びであることをやめてしまう信仰は疑問視される。その叫びは甘んじたり、希望になだめられたりしないが、苦難はそれによって致命的な絶望を逃れる。人間が恐ろしいまでの尊厳において忘却され、無関心あるいは無神性[69]からですらなく、「敬虔」あるいは好意から、ひょっとすると適合しようと努力する教会と、近代的であろうとする教会自身によって神がその到達不可能である神性において意識から追い払われることは、神の危機の全体的な規模と実際にそれに出会う困難さをも表している。

67　J. B. Metz, Glaube in Geschichte und Gesellschaft, a.a.O.（注 14）, 11.

68　Vgl. dazu R. Langthaler, Gottvermissen. Eine theologische Kritik der reinen Vernunft?, Regensburg 2000, 236f.

69　ボンヘッファーにとって、「私たちが希望なき無神性と呼んだ宗教的でキリスト教的に婉曲に言い回された無神性のほかに、反宗教的で反キリスト教的に語る大いに期待できる無神性がある。それは敬虔な無神性への抗議である。もちろん敬虔な無神性が教会を損ない、確実な意味で、否定的な意味であっても、真の神信仰と真の教会の遺産を保つ限りにおいてであるが」。Vgl. D. Bonhoeffer, Ethik, in: Dietrich Bonhoeffer Werke, Bd. 6, a.a.O.（注 5）, 115.

XIII

ルドルフ・フォーダーホルツァー

アンリ・ド・リュバック

神学特有の思考形式としての逆説

　『愛するということ Die Kunst des Liebens』においてエーリッヒ・フロムは、一つの節を「神への愛」というテーマに充てさえしている。その中で彼は、アリストテレス的な論理を「逆説の論理」と対置させるが、この逆説の論理は、彼の見るところによると、老子によって完全な仕方で叙述されている。「本当に本物の言葉は逆説的である」[1]。

1．逆説と教義は矛盾する〔ように見える〕

　この2つの論理は——エーリッヒ・フロムの論法によると——、歴史の中で働いて、はっきりと区別されうる帰結を持つ。「簡潔に言うと、逆説的な思考は、寛容と、自己自身を変えようとする努力とにいたる。アリストテレス的な立場は、教義と科学、カトリック教会と原子力の発見にいたる」[2]。一方の逆説と他方の教義は、相互に排除し合うように見える。
　実際に、思考形式としての逆説は、——2006年9月12日になされた教皇ベネディクト16世のレーゲンスブルク講演以降はそうではないが[訳注1]——、次のような神学とは相容れないように思われる。それは、理性を高く評価し、

---

[1] Erich Fromm, Die Kunst des Liebens (= Ullstein Materialien), neu übersetzt von Liselotte und Ernst Mickel, Frankfurt/M. u.a. 1980, 85f.〔フロム『愛するということ』新訳版、鈴木晶訳、紀伊國屋書店、1991年〕．

[2] Ebd., 92.

哲学的な思考（アリストテレスがここでは「決定的な」哲学である）を単に表面的に取り入れるのみならず、哲学的な概念的枠組みを借りて自己自身を表現したり、哲学的な諸要求に対して自己を弁護しうるという主張を掲げたりするような神学である[3]。それゆえ逆説は一般に、むしろ弁証法神学に根差すプロテスタント的な神の語りの伝統を特徴づけるものだとも見なされている。それは、ルター[4]からキルケゴール[5]を経て、パウル・ティリッヒ[6]とカール・バルト[7]に至る思考形式としての逆説である。

---

3 「『はい』と言い、同時に『いいえ』と言うのは、良き神学ではない」とシェイクスピアは戯曲の中で「リア王」（IV, 6）に語らせている。Art. „Paradox II. Theologisch", in: TRE 25 [1995] 731-737 の 731 頁において、ヘニンク・シュレーアーはシェイクスピアを挙げている。ギルバート・ケイス・チェスタトンの〔探偵小説の主人公である〕ブラウン神父は、チェスタトンの最初の探偵小説『青い十字架』の中で、司祭に変装した人物が犯人であることを、その人物を神学的な会話に巻き込み、理性についての軽蔑的な発言を引き出すことによって、証明する。「あなたは理性を攻撃したではありませんか。それはよこしまな神学でな」（Pater Brown Geschichten [= it 1149] Frankfurt/M. 1989, 34)〔チェスタトン「青い十字架」中村保男訳、『ブラウン神父の童心』所収、創元推理文庫、1982 年〕。

4 ごく最近のものでは、Arnd Brunner, Gerecht und Sünder – eine paradoxe Existenz, in: Chrismon. Das evangelische Magazin 08/2006, 25 を参照。

5 Vgl. Guido Schüepp, Das Paradox des Glaubens. Kierkegaards Anstöße für die christliche Verkündigung, München 1964. Josef Steilen, Der Begriff „Paradox". Eine Begriffsanalyse im Anschluß an Sören Kierkegaard, Trier 1974.

6 Vgl. Gert Hummel (Hg.): The Theological Paradox/Das theologische Paradox. Interdisciplinary Reflections on the Centre of Paul Tillich's Thought/Interdisziplinäre Reflexionen zur Mitte von Paul Tillichs Denken, Berlin/New York 1995.

7 カール・バルトはまず、キルケゴールに立ち返り、逆説概念に十分に重みをもたせた。しかしその後、『教会教義学 Kirchliche Dogmatik』の第 1 巻ですでに、これからはこの概念を――この概念に重要な貢献をしたあとで――再び「より控えめに」用いることを勧めた（KD I/1, 172.)。Vgl. Henning Schröer, Das Paradox als Kategorie systematischer Theologie, in: Paul Geyer/Roland Hagenbüchle (Hg.), Das Paradox. Eine Herausforderung des abendländischen Denkens (= Stauffenberg Colloquium 21), Tübingen 1992, 61-70, hier: 61f.

〔p.302 訳注 1 「信仰、理性、大学――回顧と考察」というタイトルのもとで、「理性と信仰の新たなしかたでの総合」についての講演がおこなわれた。カトリック中央協議会のウェブサイトで全文の邦訳を読むことができる（https://www.cbcj.catholic.jp/2006/09/12/3035/：2018 年 7 月現在）。〕

カトリック神学では「逆説（Paradox）」という思考形式は 20 世紀の間に初めて「市民権」を得た。『神学・教会事典 Lexikon für Theologie und Kirche』（第 7 巻、1935 年）においてはまだ、「パラダイス（Paradies）」という見出し語の次に、「パラグアイ（Paraguay）」の項目が続く[8]。それに対して、第 2 版（フライブルク、ヘルダー社、1957–1967 年）においては、〔「逆説」という見出し語を〕見いだすことができる。1963 年に出版された第 8 巻中のヘルベルト・フォアグリムラーによる短い項目[9]は、定義の試みと、短い〔概念〕史を含んでいる。彼によると、〈「逆説」はおそらくセバスティアン・フランク[10]によって術語として神学用語に導入された〉[11]。フォアグリムラーの定義によると、逆説とは、「普通の考え方（ドクサ δόξα）に矛盾し（〔この点で〕つまずきと似ている）、また、二律背反とは異なり単に普通の考え方に矛盾するのみならず、さらに先鋭化されて、明証的だと思われるものに対して不合理であるとも見なされるような命題」である。哲学的・神学的な意味からフォアグリムラーは、修辞的な意味、すなわち表現手段としての逆説を区別する。表現手段としての逆説は、新たな洞察に注意を向けさせようとし、そのようなものとしてはソクラテス以前の哲学者たち以来すでに知られている[12]。「逆説」という概念の聖書的あるいは教父的な使用を指摘することが、

8　対応するフランス語の参考文献『カトリック神学辞典 Dictionnaire de théologie catholique』第 11 巻（1931 年）においてや、それどころか依然として『カトリック——昨日・今日・明日 Catholicisme. Hier – Aujourd'hui – Demain』第 10 巻（1989 年）においても、同じこと、すなわち「逆説」という見出し語が欠けているということが言える。

9　Herbert Vorgrimler, Art. „Paradox", in: LThk2, Bd. 8 [1963], 74-75.

10　Paradoxa ducenta octoninta. Das ist zwyhundert und achtzig Wunderreden, 1534〔フランク「パラドクサ」中井章子訳、『十六世紀の神秘思想』（キリスト教神秘主義著作集第 12 巻）所収、教文館、2014 年〕．フランク（1500 年頃生）はまず、アウグスブルク教区の司祭になり、宗教改革に加わり、ルター派の説教者になり、1542 年 10 月の末にバーゼルで亡くなった。Vgl. Henning Schröer, Art. „Paradox II. Theologisch", a.a.O.（注 3）, 733.「セバスティアン・フランクは逆説という手段を用いて、キリスト教徒に見えるにすぎない者たちに対する論争をおこなう。必要な教化策はそのことによって、ある新しい前提となるように思われる」。

11　フランクの思考は、クザーヌスとエラスムスが継続し、徹底して、ディルタイとトレルチに影響を与えた。Vgl. André Séguenny, Spiritualistische Philosophie als Antwort auf die religiöse Frage des 16. Jahrhunderts, Wiesbaden 1978.

12　Vgl. Martina Neumeyer, Art. „Paradoxe, das," in: Historisches Wörterbuch der Rhetorik, Bd. 6

〔上掲の〕神学事典には欠けている。しかしやはりその概念は、たとえルカによる福音書 5 章 26 節のただ一度だとしても、聖書において証言されている。中風の人の癒しに人々は我を忘れ、「今日、逆説（*Paradoxa*）を見た！」と言う。ドイツ語の共同訳では「信じられないもの（Etwas Unglaubliches）」と訳されている。ウルガタでは「Mirabilia」（驚くべきもの）である[訳注2]。聖書的な語法は教父たちの神学において受容される。アレクサンドリアのキュリロス（444 年没）は「逆説」という概念を、キリストの救済行為を表す上位概念として用いることができる[13]。フォアグリムラーは上記の「逆説」の項目において、逆説に新たな位置づけを与える現代の論理学と数学の発展を指摘したあとで、「逆説」を最終的には神秘という神学的な概念と結びつける。「絶対的な奥義と、（受肉や恩寵における）その自己伝達の仕方とに関わる様々な逆説を用いて――しかしやはり神学的な洞察を放棄する（不合理ユエニ我信ズ）ことなしに――キリスト教の神学と宣教は語ることができる」。プロテスタント神学では、逆説的であることは、それどころか「かなりのていど思考形式そのものである」。ここでフォアグリムラーは、特にキルケゴールの逆説的キリスト論と、さらにヴァルター・キュネット（1901–1997）の「復活の逆説」を指摘する。しかしながら、参考文献として第一に挙げられるのは、カトリックの思想家――すなわちフランス人のイエズス会の神学者であるアンリ・ド・リュバック――の書名である。それは『生きられた信仰の逆説 Paradoxe des gelebten Glaubens』（デュッセルドルフ、1950 年）である。実際にアンリ・ド・リュバックこそが、「逆説」をカトリック的・神学的にも正式なものにしたのである。

[2003], 516-524; Maria S. Celentano, Art. „Paradoxon", in: Ebd., Bd. 6 [2003], 524-526.
13　Vgl. Henning Schröer, Art. Paradox II., in: Historisches Wörterbuch der Philosophie, Bd. 7 [1989], 90-96, hier: 90f.

〔訳注 2　邦訳（新共同訳）では以下。「そして、恐れに打たれて、『今日、驚くべきことを見た』と言った」。〕

2．アンリ・ド・リュバック：信仰の逆説

処女作『カトリシズム Catholicisme』(1938 年)[14] においてすでに、三位一体の神秘を解明するコンテクストで、彼は根本命題を定式化する。「教義全体は、自然本性的な知性を狼狽させ、――不可能な――証明ではなく反省的な弁護を要求するような、一連の『逆説』である」[15]。そしてアンリ・ド・リュバックこそが、その概念を初めて著作のタイトルに掲げもするのである。つまり彼は 1946 年にアフォリズム集を『逆説 Paradoxes』というタイトルのもとで刊行することを辞さなかった。1950 年のそのドイツ語訳をフォアグリムラーは挙げたのである。1951 年には〔第 2 版として〕改訂され、1959 年には再び改訂された第 3 版『逆説（増補版）Paradoxes, suivi de Nouveaux Paradoxes』が続いた。ハンス・ウルス・フォン・バルタザールは 1972 年にドイツ語抄訳を『信仰の逆説 Glaubensparadoxe』というタイトルのもとでヨハネス・アインズィーデルン社から刊行した。1967 年にはその概念があらためてアンリ・ド・リュバックの著作のタイトルに現れる。それは――ドイツ語訳の編者によっては引き継がれなかったが[16]――『逆説と教会の神秘 Paradoxe et mystère de l'Église』である。

「逆説」はキルケゴールにとっては、ヘーゲル的な体系の拘束からの解放のために働くが[17]、この思考形式のド・リュバックによる使用は、新スコラ

14　Henri de Lubac, Catholicisme. Les aspects sociaux du dogme (= Unam sanctam 3), Paris 1938〔アンリ・ド・リュバック『カトリシズム――キリスト教信仰の社会的展望』小高毅訳、エンデルレ書店、1989 年〕．ハンス・ウルス・フォン・バルタザールによって 1943 年にドイツ語に訳され、『共同体としてのカトリシズム Katholizismus als Gemeinschaft』というタイトルのもとで刊行された。1970 年には第 2 版として、ヨハネス・アインズィーデルン社から、内容はそのままに、『愛に基づく信仰 Glauben aus der Liebe』という新しいタイトルのもとで刊行された。

15　Henri de Lubac, Glauben aus der Liebe, a.a.O.（注 14), 290.

16　この著作は、ハンス・ウルス・フォン・バルタザールによって率いられたヨハネス・アインズィーデルン社から刊行されたドイツ語版ド・リュバック著作集の第一弾であり、そこでは『私たちが基づいて生きる奥義 Geheimnis, aus dem wir leben』（アインズィーデルン、初版 1967 年／第 2 版 1990 年) というタイトルを持つ。

17　Vgl. Henning Schröer: Das Paradox als Kategorie systematischer Theologie, a.a.O.（注 7), 61. シュレーアーは、〈逆説は――逆説的に――「体系の形成に抗する体系的な武器」として

哲学的な講壇神学を克服しようとする闘いのコンテクストにある。〈新スコラ哲学的な講壇神学は、近代的な合理主義との論争においてそれに弁証法的に依存し、自らが神学的な合理主義へと誘惑された〉と、ド・リュバックは新スコラ哲学的な講壇神学を非難する[18]。

「逆説」はド・リュバックにとってはなによりも、「自然本性と恩寵」というテーマをめぐる彼と新スコラ哲学の代表者たちとの間での主要な争点の解決策として考えられた。いわゆる「新神学」に対する教導的な異議にきっかけを与えた彼の著作『超自然的なもの Surnaturel』（1946年）の最終章は、逆説を引き合いに出すことから始まる。「人間の精神、それは一つの逆説である。創造され、有限であるが……」[19]。マックス・ゼックラーはカール・ラーナーの恩寵神学的な立場とアンリ・ド・リュバックのそれとを対比する枠組みの中で、このフランス人に関して〈彼の思考形式は逆説である〉と要約するが、それは正鵠を得ている[20]。ド・リュバックの思考形式は、非歴史的な新スコラ哲学的推論神学に抗して、啓示の歴史性と共に、教会の教義におけるその受容の歴史性にも重みを与えようとする努力と関連している。以下では、まず神学史的な背景を素描し、ついでド・リュバックの逆説理解を、人間学的・恩寵神学的な問題へのその適用に関して、一般的および個別的に叙述したい。その際、ド・リュバックがどのように自らの逆説理解が教会の

もたらされる〉ということについて語っている。

18　Apologetik und Theologie（カール・ハインツ・ノイフェルトによるドイツ語訳。Zeitschrift für katholische Theologie 98 [1976] 258-270 所収。原書は以下。Apologétique et Théologie, in: Nouvelle Revue Théologique 57 [1930] 361-378. のちには以下の論文集にも所収。Henri de Lubac, Théologies d'occasion, Paris 1984, 97-111）．

19　Henri de Lubac, Surnaturel. Études historiques (= Théologie 8), Paris 1946, 483:「人間の精神の逆説。――創造され、有限であるが、人間の精神は単に自然という裏地を付けられているだけではない。人間の精神はそれ自体が自然である。思考する精神である前に、それは精神的な自然である」。これについては、Michel Sales, L'être humain et la connaissance naturelle qu'il a de Dieu. Essais sur la structure anthropo-théologique fondamentale de la révélation chrétienne dans la pensée du P. Henri de Lubac (coll. Parole et Silence), Paris 2003 を参照。

20　Max Seckler, Die Scholastische „potentia oboedientialis" bei Karl Rahner (1904-1984) und Henri de Lubac (1896-1991), in: Martin Thurner (Hg.), Die Einheit der Person. Beiträge zur Anthropologie des Mittelalters, Festschrift Richard Heinzmann, Stuttgart 1998, 301-316, hier: 314.

伝統に根差していると考えたかや、さらに、彼の思考形式がどんな著者たちに影響をもって受け入れられたかを明らかにしたい[21]。

3．啓示と教義

　新スコラ哲学的な講壇神学の狭さから抜け出し、聖書的、教父的、スコラ哲学的な思考の偉大な伝統に結びつくという努力によって、ド・リュバックの神学は特徴づけられている[22]。この格闘の中心には啓示理解がある[23]。新スコラ哲学的な理解によると、神の啓示とは、第一には、人間の理性が固有の能力に基づいては接近も洞察もできないような、神についての真理の伝達である。学としての神学は、啓示されたこの命題的真理（信仰箇条や教義）を、神的な現実がいっそう深く探求されるような推論の方法の出発点とする。そのことによって神学の学的な性格は根拠づけられている。なるほど神学は、「自明な原理」から出発する哲学とは違って、第一の学ではない。しかしそれにもかかわらず、自らが神の知らせ（Wissenschaft）の下位に置かれる学（Wissenschaft）（従属的ナ学 [scientia subalternata]）であることを、神学は方

21　以下の詳論は様々な思想を取り上げるが、それらを著者は最近ではアンリ・ド・リュバックについての次の諸論考において公表した。Henri de Lubac begegnen (= Zeugen des Glaubens), Augsburg 1999; Ein Genie der Freundschaft. Henri de Lubac (1896-1991), in: Michael Langer/Jósef Niewiadomski (Hg.), Die theologische Hintertreppe. Die große Denker der Christenheit, Düsseldorf 2005, 9-21; Mystik aus dem Mysterium. Henri de Lubac (1896-1991) und die Erneuerung der Theologie aus der einen Quelle der Offenbarung, in: Mariano Delgado/Gotthard Fuchs (Hg.), Die Kirchenkritik der Mystiker. Prophetie aus Gotteserfahrung, Bd. III: Von der Aufklärung bis zur Gegenwart, Fribourg/Stuttgart 2005, 441-459; Die Bedeutung der sogenannten „Nouvelle Théologie" (insbesondere Henri de Lubacs) für die Theologie Hans Urs von Balthasars, in: Walter Kardinal Kasper (Hg.), Logik der Liebe und Herrlichkeit Gottes. Hans Urs von Balthasar im Gespräch. Festgabe für Karl Kardinal Lehmann zum 70. Geburtstag, Ostfildern 2006, 204-228.

22　生涯と著作については、Rudolf Voderholzer, Henri de Lubac begegnen, a.a.O.（注21）を参照。

23　Henri de Lubac, La révélation divine, Paris 1968. ドイツ語訳は以下。Die göttliche Offenbarung. Kommentar zum Vorwort und zum ersten Kapitel der Offenbarungskonstitution Dei Verbum des Zweiten Vatikanischen Konzils, Freiburg/Br. 2001.

法という点で示しうる。この神学理解はスコラ哲学から出発して展開した。スコラ哲学はアリストテレス的な認識論を受け継いで、学とはそれぞれ固有の原理に基づく根拠づけられた知の獲得の方法だと定義したのである。その原理とは、〔神学の場合には〕上位に置かれた〔神の〕知らせから受け取られた原理であり、哲学の場合には明証的で、(〔ある〕原理を否定しようとする者は〔別の〕原理を前提しなければならないので) いかなる根拠づけも必要としない原理である。

　特にアンリ・ド・リュバックの周りに集まり、敵対者から「新神学」だと嫌疑をかけられた思想家たちを特徴づけるものは、啓示を「人格的・歴史的な出来事」だと新たに規定することである[24]。この新たな規定によると、信仰の奥義は正当かつ必然的に細分化され、命題として定式化されるにもかかわらず、神自身は一なる非被造的な神秘であり、その神がイエス・キリストにおいて自らの意志の奥義を、つまり自らの救済計画を啓示したのである (エフェ 1:9 参照)。人間との神の共同を目標とするこの自己開示は、人間の自由と神の自由とが向かい合う中で、人格的な出来事としてなされる。そしてどの人格的な伝達とも同様に、神的な啓示も究極的には、演繹されえず考え出されえず入手されえない神の自由に根拠づけられており、それゆえ——たとえ伝達されたとしても——その深みが把握されえないままである。ド・リュバックがシャルル・ボワイエとの論争において強調するように、神の三位格の本質の奥義的性格は放棄されておらず、神は何と言っても、自らを啓示する近くの神としてありながら、把握されえない奥義なのである[25]。神学は——こうした背景を持つので——、より深い認識を獲得する推論の方法ではなく、聖霊によって可能にされた、イエス・キリストにおける神のその

24　Vgl. Jean Daniélou, La théologie et ses sources, in: Recherches de science religieuse 33 (1946) 385-401, hier: 396:「神学には、私たちがそれに反対することを決して辞さないようなある種の知性主義がありうる。キリスト教の啓示は、初めは——そしていつまでも変わらず——、一個の人格の、すなわち人格における〈真理〉の示現であるにもかかわらず、知性主義はキリスト教の啓示を思想体系の伝達にしてしまう傾向を持つ。キリストは、神の使信の担い手であると同時に、それが客体となったものである。唯一的で決定的な完全さを持つ神の言葉、それは肉となった〈言葉〉である」。

25　Henri de Lubac, Le problème du développement du dogma, in: Recherches de science religieuse 35 (1948) 130-160 ——以下の論文集にも収録。Henri de Lubac, La lumière du Christ II, Paris 1990, 38-70, hier: 55, Anm. 42.

自己開示の跡づけである。キリストのほかに神の神秘はない（*Non est enim aliud Dei mysterium nisi Christus*）[26]。キリストにおいて神は自らを人間に決定的・最終的に啓示した。そして信仰は、——早くも新約聖書に基づき、（教義の根源的な形式であり根本的な要素である）信条という形式において、命題として伝達されうるものにさせられなければならないが——、キリストにおける神のこの自己伝達への応答であり、それゆえド・リュバックによると、教会全体もキリストの内に含まれているのである[27]。様々な抽象化の歩みの中でその一なる啓示の出来事が解釈されるのは、神秘を神秘として認識し、神秘を個々の信仰箇条へと分解する教会の信仰の遂行においてである。ド・リュバックによると、この抽象化は、——人間の精神は複雑な現実を区別と区分によってのみ把握しうるので——正当かつ必然的である。しかしながら、様々な信仰内容の相互の根源的な連関や、それらと一なる神秘の根源的な連関を失わず、〈神秘は合理的な方法で残らず言明されうる〉という誤った考えに屈しないように、神学は配慮しなければならない。

　アンリ・ド・リュバックはこのコンテクストで、「了解（verstehen）」（羅 intelligere）と「把握（begreifen）」（羅 comprehendere）の区別を重視する。神の現実はあらゆる人間的な思考を超越する。そして、信仰箇条は、伝達され了解されもする命題において神の自己伝達を証言するが、神の自己伝達の現実を汲み尽くさない。それゆえ次のことが言える。「私たちはそれを把握しなかったし、自らの内でそれを像に結ばなかった。それゆえ私たちは決してそれを好きにできるようにもならない。誠実であるためには、私たちがそれを所有するのではない。それが私たちを所有するのである。私たちがそれを判断するのではなく、私たちがそれによって判断されるのである。私たちはそれの了解を究めようとし、実際に次のところ——神秘は把握されえない（*incompréhensible*）が、しかし了解されえない（*inintelligible*）わけではない——に行き着く。しかし、私たちが遠くへと進もうとすればするほど、私たちはそれだけますます同時に、この真理が私たちを越えるということや、そ

---

[26] Augustinus, Epistula 187, 34〔アウグスティヌス『書簡集2』（アウグスティヌス書簡集別巻II）所収、金子晴勇訳、教文館、2013年〕, zitiert in: Henri de Lubac, Le problème du développement du dogme, a.a.O.（注25）, 65.

[27] Henri de Lubac, Le problème du développement du dogme, a.a.O.（注25）, 65.

れが私たちを圧倒し、狼狽させるということを、感じるのである」[28]。『カトリシズム』の「個人と社会」という章においてすでに、次のように述べられていた。「精神は、たとえ把握されえないものに服従すべきだとしても、やはり了解されえないものを肯定しえない。(『思考しないこと』によって)単なる『矛盾でないこと』に逃げ込むことは、精神にとっては不十分である」[29]。

　しかしほかならぬここに、「逆説」についてのド・リュバックによる語りの出発点がある。逆説は論理的な矛盾からも、謎からも、区別されなければならない。逆説はむしろ、自らを人間に伝達する神的な神秘を理解するための形式的な構造である[30]。

4．教義：一連の逆説

　ド・リュバックにとっては、あらゆる信仰の神秘は、一なる根源的な神秘の信仰告白的な展開であるので、「逆説的な」構造を持っている。神の前に立つ人間の現実の存在に関わるあらゆる概念は逆説的である[31]。

　ド・リュバックがイエスの宣教について述べるとき、まずは、逆説の修辞的な意味の領域の方が考えられている。「福音書は、精神をまずは正しく揺さぶるような逆説に満ちている。なるほど主は思いやりある教育者だが、しかし劣らず次のように言う。『私につまずかないものは幸いである』。精神についてのあるていど力を持った教説のいずれもが、必然的に逆説的でなければならないのかどうか、そのことがそもそも問われているのである」[32]。むし

28　Ebd., 55.
29　Henri de Lubac, Glauben aus der Liebe, a.a.O.（注 14）, 290. 繰り返しイェルク・シュプレット（Jörg Splett）によって取り上げられている。例えば、Umfaßt vom Geheimnis, in: Ders., Gott-ergriffen. Grundkapitel einer Religionsanthropologie (= Edition Kardo LXXV), Köln 2001, 143-145。
30　特に Georges Chantraine, Paradox et mystére. Logique théologique chez Henri de Lubac, in: Nouvelle Revue Théologique 115 (1993) 543-559 を参照。
31　以下のものへの序文。Henri de Lubac, Die Freiheit der Gnade, Bd. II: Das Paradox des Menschen, Einsiedeln 1971, 9-13, hier: 10.
32　Henri de Lubac, Glaubensparadoxe, Einsiedeln 1972, 9. Vgl. Henning Schröer, Art. „Paradox

ろ認識論的と言えるような配慮のもとで、別のアフォリズムにおいては逆説が不合理から区別される。「逆説は論理を犯さない。なぜならば、論理の法則は侵害されえないからである。しかし、逆説は論理の支配から逃れる」[33]。

しかしついで、教義は原理的に逆説的な性格を持つという自らの主張を神学史的に弁護するという枠組みの中で、ド・リュバックはまずボシュエを挙げる。ボシュエは次のように適切に定式化している。「三位一体や〔神が〕人間になったという神秘においては、同一的であることと従属的であることとを調和すべきであり、また、聖体の秘跡においては、実在的な現前と象徴的な現前とを調和すべきである。そのように矛盾するように思われる2つの真理を調和すべきであるどんなときも、――いわば教会の鍵と、奥義全体の完全な了解とを持っているならば別だが――私たちを混乱させるように思われる言語が生まれるのは自明である」[34]。したがって、なるほどたしかに相互に排除し合わないが、しかし人間の思考によっては総合されえないような様々な現実を、まとめて思考せよという信仰の「無茶な要求」を代表するのが、「逆説」である。

別の場所ではド・リュバックは、創造論と恩寵論、終末論の領域から取られた信仰の逆説のさらにほかの例を挙げている。「神は世界を自ら自身の栄光のために、自らのために (propter se ipsum)、しかしながら純粋な善意に基づいて、創造する。人間は活動し自由であるが、しかしながら恩寵なしには何もできない。恩寵は人間に『意欲させ、成し遂げ』させる。神の直観は過分な贈りものであるが、しかしながらそれへの憧憬は、どんな精神もが持っている究極的な深みに根差している」[35]。

『逆説と教会の神秘』においては、逆説概念が教会に適用される。ド・リュバックによると、教会の逆説を発見した者に初めて、教会の神秘も開示さ

II. Theologisch", a.a.O.(注3), 732f. シュレーアーは、〔一コリ 1:18 の〕「十字架の愚かさ」についてのパウロ的な語りや、二コリ 12:10 の「私は弱いときにこそ強い」を指摘している。

33　Henri de Lubac, Glaubensparadoxe, a.a.O.(注32), 8.

34　Jean Baptist Bossuet, Histoire des Variations, IV. Buch, 32. Kapitel, Œuvres, ed. Lachat 14, 1863, 166. アンリ・ド・リュバックによる引用は、Die Freiheit der Gnade, a.a.O.(注31), II, 227。

35　Henri de Lubac, Glauben aus der Liebe, a.a.O.(注14), 290.

れるであろう。教会の逆説は、その同時に人間的で神的な次元の内に、自らの本質を持つ。「〔教会の逆説は〕上から与えられ、下からやってきた。教会を構成する人間たちは、鈍重で傷だらけの自然本性の全力を傾けて、それによって教会が人間を満たそうとする生に反抗する。教会は過去の方を向き、自らが知っている伝承されてきた書物の中で内省し沈思しようとする。ここに立っているのは決して廃れることのありえないものである。同時に教会は将来の方へ延び、言い表せない充実への希望——とはいえ感性的に知覚されうるしるしがその成就についてのなんらの予感も教会に与えないわけではないが——によってつかまれる」[36]。さらにほかの逆説が付け加わる。教会は多様な姿を持つが、やはり唯一的な教会である。教会は集団を擁するが、やはり個人のためのものである。教会は目に見える、この世の、それゆえ無常な姿を持つが、やはり永遠に向けて定められている。教会は罪人から構成されるが、やはり聖なるものである。

　教義の逆説的な定式化の中で突出しているのは、カルケドン公会議（451年）の定式に従うと〈イエス・キリストは同時に完全な神であり完全な人である〉というキリスト論的な教義である。ド・リュバックによると、神人というイメージは思考を狼狽させる。キリスト論的な教義には形式的な矛盾はないとしても、観察者があたかも硬直し金縛りにあっているかのようにその前に立ち尽くすということから、かくも多くの結果が生じる。

　　「どのように？　『神の固有の力と固有の知恵であり、その内で目に見えるものも目に見えないものもあらゆるものが創造された彼は。〈彼〉について信じるべきであるのは、彼がかつてユダヤの国に現れた男に制限されているということや、彼が女性の胎に宿り、あらゆる新生児がそうするように泣きながら幼子として生まれたということである！』（オリゲネス）［……］そのときまずもって彼に十字架刑を言い渡すならば、それは彼にとっては度を越している。『生まれ、十字架に架けられる』べきであるような神（ユスティノス）！　ああ、聖なる恐ろしい奥義！『ユダヤ人にとってはつまずき、ギリシア人にとっては不条理！』（一コリ 1:23）。私たち自身がそのような知らせ（Kunde）の衝撃をもはや感

36　Henri de Lubac, Geheimnis, aus dem wir leben, a.a.O.（注 16），15.

じないのであれば、ひょっとすると、私たちのかくもまっすぐで、かくも確固な信仰は、内面的に鈍く、脆くなったのではないか？ 信仰の対象が私たちのまなざしの前で無害化されず、慣習が私たちを眠り込ませなかったならば、私たちが祈りや生の中でとてつもないものを身をもって経験することができるようになっていたであろう。」[37]

テルトゥリアヌスやグレゴリオス・パラマス、ブレーズ・パスカルのような完全に異なった時代の思想家を挙げてド・リュバックが示すのは、逆説を受け入れないことからほかならぬ異端の定義が得られうる、ということである。それは、「～以外のなにものでもない」へと引き下がること、神秘の複雑な形態を「普通のもの」へと単純化すること、である。例えばテルトゥリアヌスは、3世紀初頭にすでに、三位一体の神秘に関してプラクセアスに反論して、次のように確認した。「彼ら[三位一体を否定する者たち]は神の一性が神の経綸を妨げないということを了解しないので、この表現は彼ら単純な精神の持ち主たちをおののかせる」[38]。14世紀のギリシア正教の代表者であるグレゴリオス・パラマスは、神と神的神秘の直接性と間接性についての対話の中で、証聖者テオファネスに次の議論をさせる。

「ああテオティモスよ、君はアタナシオスやバシレイオス、ニュッサのグレゴリオス、ヨアンネス・クリュソストモス、マクシモスといった尊敬すべき神学者たちが私たちに2つの物事を教えるのを見る。一方では彼らは私たちに〈神的な真理は直接的である〉と言い、他方では〈神的な真理はある点では間接的である〉と言う。〔一方では〕彼らは私たちに〈私たちは神の本性を分有する〉と言い、〔他方では〕〈私たちはいかなる仕方でも神の本性を分有しない〉と言う。それゆえ私たちは両方の言明を固守し、それらをまとめて真なる信仰の基準として見なさなければならないのである。一方に固執し、他方と闘う人たちは、神を欠き、思慮を欠く者として、断罪されなければならない。実際にはこの者たちはい

---

37 Henri de Lubac, Die Kirche. Eine Betrachtung, Einsiedeln 1968, 39f.
38 Tertullian, Adv. Praxean, c. 2 und 3〔テルトゥリアヌス「プラクセアス反論」土岐正策訳、『テルトゥリアヌス1』（キリスト教教父著作集第13巻）所収、教文館、1987年〕. アンリ・ド・リュバックによる引用は、Die Freiheit der Gnade, a.a.O.（注31）, II, 226。

ずれの言明をも主張しない。というのも彼らは相互に矛盾するか、さもなければ自身に矛盾するからである。しかし聖人たちが彼らに注意するのは、この矛盾する教説が偏狭な精神の持ち主たちを特徴づける一方で、神の物事を正当に観察する洞察力ある者たちにとってはあらゆる物事が共鳴し調和するということである。」[39]

300年後にパスカルがまさに同じことを述べることになる。「あらゆる異端の源泉は、2つの対立する真理が統一されうることを見ず、それらが両立しえないと思うということである。あらゆる異端の源泉は、これらの真理のいくつかを排除するということである」[40]。均衡の取れた総合への鍵を与えるのはカトリック的な「～と～」であると、ド・リュバックはもう一度ボシュエと共に述べ、あるいは、「キリスト教は恩寵が結びつけるある種の対立から構成される」[41]と、サン＝シランと共に言った。再びブレーズ・パスカルこそが、このことによって意味されている事態――信仰においてのみ把握されうる、一見すると対立しているように思われるものの統一――に対して、実際にはっきりと「逆説」という概念を用いるのである。「うぬぼれた人よ、君が君自身に対していかなる逆説であるかを知りなさい！　無力な理性よ、へりくだりなさい。愚かな自然本性よ、沈黙し、人間が人間を無限に超えるということを知りなさい。そして、君の知らない君の真の状態を君の主から学びなさい。神に耳を傾けなさい」[42]。

教義の一般的に特徴的な逆説的構造は、ド・リュバックにいまや、神への関係の内にある人間を了解する鍵をも与える。

39　Theophanes (PG 150, 932D)――アンリ・ド・リュバックによる引用は、Die Freiheit der Gnade, a.a.O.（注31）, II, 226.

40　Pascal, Pensée 788（シュヴァリエ版：ブランシュヴィック版では862）〔パスカル『パンセ（中）』塩川徹也訳、岩波文庫、2015年〕. Vgl. Henri de Lubac, Die Freiheit der Gnade, a.a.O.（注31）, II, 226.

41　Considérations sur les dimanches et fêtes, Bd. 1, 227. アンリ・ド・リュバックによる引用は、Glauben aus der Liebe, a.a.O.（注14）, 290, Anm. 1.

42　Pascal, Pensée 438（シュヴァリエ版〔ブランシュヴィック版では434〕）〔パスカル『パンセ（上）』塩川徹也訳、岩波文庫、2015年〕. ドイツ語訳は以下。Hans Urs von Balthasar, in: Blaise Pascal, Schriften zur Religion (= Christliche Meister 17), Einsiedeln 1982, 217.

5. 人間という逆説

　ド・リュバックの人間‐神学（Anthropo-Theologie）と、彼に特徴的な、自然本性と恩寵という問題の解決策とは、人間は一個の「逆説」である、ということである[43]。

　1945年に初版が出版され、若干の修正・加筆がなされることになったド・リュバックの『神の意識について De la connaissance de Dieu』は、初版と第2版において、逆説的に定式化された献辞が付されている。「信仰を持つ友人たちに。信仰（glauben）していないと信じる（glauben）友人たちにも」。この献辞はド・リュバックが持つ人間像に特徴的である。人間は神にかたどって創造され、人間の内には *desiderium naturale ad videndum Deum*──「神を見たいという自然本性的な憧憬」が生きている。それゆえどの人間にも、アウグスティヌスが『告白』の冒頭で書いたことが当てはまる。「ああ神よ、私たちの心は、あなたの内に安らうまでは安んじない」[44]。したがってド・リュバックにとっては、神を欠き、神に無関心な人間は本来的にはまったく存在しない。神は人間の定義に含まれる。人間が神へと向けられていることを否定する者は、人間を未完成な作品（トルソー）にする。こうした理由からド・リュバックは、「純粋自然本性（natura pura）」という新スコラ哲学的な仮定を批判する。それは、少なくとも思考的には必然的であると称される「純粋で」、「それ自体として神との共同なしに完成されうる」人間の自然本性についての学説である。しかしそれによって神学は自然本性を恩寵から切り離したので（ド・リュバックは「分離された神学（théologie séparée）」について語る、──神学の中に「二階建ての思考」という比喩表現が取り入れられる）、神学それ自体は、近代の精神史において生じたような神からの人間の疎外に対して連帯責任を有するのだと、ド・リュバックの非難は新スコラ哲学に向けられる。議論の的となった著作『超自然的なもの』（1946年）の主要目標は、

---

[43]　最近のものでは、Vitor Franco Gomes, Le paradoxe du désir de Dieu. Étude sur le rapport de l'homme à Dieu selon Henri de Lubac, Paris 2005 を参照。

[44]　Augustinus, Conf. I, 1〔アウグスティヌス「告白録（上）」宮谷宣史訳、『アウグスティヌス著作集』第5巻1所収、教文館、1993年〕.

実際に、次のことを立証することである。それは、人間という逆説の解消に等しい「純粋自然本性」という仮説は近代に初めて形成されたものであり、実際には伝統的・教会的なものではなく、「近代的な」神学の表現だということである[45]。しかし人間という逆説が自らの本質を持つのは、〈人間は有限であるが、やはり同時に無限なものに開かれ、それを受容しうるものであり、また、人間は恩寵に依存しているが、やはり何の権利もなくそうである〉ということにこそである。ド・リュバックによると、〔一方で〕人間が神に向けられていることを根本的に否定するにせよ、他方で神を人間に借りのある者にするせよ、その逆説はいずれの方向にも緩和されてはならない。この逆説はすでにモーリス・ブロンデル（1861–1949）が定式化したが、このブロンデルの洞察をド・リュバックは神学史的に根拠づけたのである。ブロンデルは、エポック・メーキングな教授資格論文『行為 L'Action』（1893年）において、精神と自由とにおいて生じる人間の生のダイナミズムを入念に分析することによって、逆説的な定式化に至った。「人間にとっては絶対的に不可能であり、同時に絶対的に不可欠である。――これが『超自然的なもの』の正確な意味である」[46]。人間は絶対的に神に依存しているが、やはり神の慈しみに対する権利を持っていない。もし持っているとしたら、人間が要求しうるような慈しみとはどんなものであろうか。人間はほかならぬここでも、神の自由で借りのない慈しみに依存している。

　その際、神への憧憬は、決して神の所有の成就とは混同されてはならない。それは所有しないことによる憧憬である。しかしながら他方でこの成就はそのように創造された人間には借りがない。「このように、神の賜物が完全に無償であることは、被造物自身のためにと同様に、被造物の神の偉大さのためにも、被造物によって請い求められたものであるように思われる。〔……〕精神は神自身を求めるのみならず、必然的にあらねばならないような神――自身の純粋な愛に基づいて自身を自由に贈り与えるような神――をも求める

45　上掲書『超自然的なもの』（注19）140頁においてド・リュバックは、「純粋自然本性」についての理論と関連して展開された神学の方を「完全に新しい神学」と名づけることによって、非難し返す。

46　Maurice Blondel, L'Action (1893). Essai d'une critique de la vie et d'une science de la pratique, Paris 1973, 388〔ブロンデル『行為――生の批判と実践の学の試み』増永洋三訳、創文社、1991年〕.

のである」[47]。

1965年にド・リュバックは、1946年に世に問うた歴史学的な研究〔『超自然的なもの』〕に向けられた多数の反論を取りあげ、それを拡充する2巻本において、逆説概念をふんだんに盛り込みながら、自然本性と恩寵の関係についての自らの見解を説明する。第1巻は『アウグスティヌス主義と近代神学 Augustinisme et théologie moderne』というタイトルを持ち、第2巻は『超自然的なものの神秘 Le mystère du surnaturel』と題される[48]。この逆説は、キリスト教的な啓示の本質的な内容であり、キリスト教以前の哲学には知られていない[49]。創造されたものであるが、やはり超自然本性的な目標へと秩序づけられた人間の自然本性というような理念を、アリストテレスもプラトンも知らない。〔彼らにとっては、〕人間の魂は、つねにすでに神的であり、それゆえ不死であるか、構成原理の解消と共に再び消え去るかである。キリスト教的な逆説は、つまずきに似て、「健康な人間知性」にも逆らう[50]。

しかし議論の中心であり続けるのは、純粋自然本性理論の展開に際しての、カエタヌス（1469-1534）とそのトマス解釈との役割についてのド・リュバックによる立証である。トマス・アクィナスは人間の自然本性がその唯一の目標である神へと秩序づけられているということからなお出発したが、近代への転換期に自然本性概念が変化したのである。カエタヌスの先駆者の一人、デニス・ファン・リューエン（1471年没）は、自然宗教や純粋哲学というような人文主義的なイメージに基づいて、トマス・アクィナスにはっきりと

47　Henri de Lubac, Surnaturel, a.a.O.（注19）, 484: „Ainsi, la gratuité absolue du don divin apparaît aussi bien comme une requête de la créature pour elle-même que pour la grandeur de son Dieu [...]. L'esprit désire non seulement Dieu lui-même, mais Dieu tel qu'il ne peut pas ne pas être, Dieu se donnant librement, dans l'initiative de son pur amour" (vgl. ebd., 488f.) これについては、Michel Sales, Der Mensch und die Gottesidee bei Henri de Lubac (= Kriterien 46), Einsiedeln 1978. 現在はフランス語でも刊行されている。L'être humain et la connaissance naturelle qu'il a de Dieu, a.a.O.（注19）．

48　ハンス・ウルス・フォン・バルタザールは、この2巻本を『恩寵の自由 Die Freiheit der Gnade』というタイトルでまとめ、その第2巻目に『人間という逆説 Das Paradox des Menschen』（アインズィーデルン、1971年）という特徴的なタイトルを与えることによって、ここでも再びタイトルに手を加えた。

49　Vgl. Henri de Lubac, Die Freiheit der Gnade, a.a.O.（注31）, II, 166-191.

50　Vgl. ebd., II, 192-224.

矛盾しながら、〈古代の哲学者たちによって考えられた人間の最終目標（テオリア、すなわちイデアを見ること、真理の認識）は、実際には、人間の自然本性的な最終目標でもある〉と主張した。もちろんデニスが気づいていたのは、自らがその主張によって、トマス・アクィナスと矛盾するという事実である。なぜならば、トマス・アクィナスは、古代の哲学者たちは人間の真にして一なる最終目標を悟らなかったのだ（同時に弁護し同情することもなくはなかったが）、それどころかキリストの啓示に直面してもこの最終目標を悟らなかったのだと、彼らを批判したからである[51]。わずか半世紀以内で根本的な転換が生じたのである。デニスはスコラ哲学の学頭に矛盾することをなお知っていた一方で、ドミニコ修道会士であるカエタヌスは自らの理論は聖トマスの解釈そのものだと称することになる。

　アリストテレスの自然哲学に含まれている前提は、いかなる自然も一つの目標を持っており、原理的にはこの自然固有の力に基づいてその目標に達することもできるということである。「自然の志向は成就されないままであることができないということ」が、その原理である。星は自らの軌道を描く。植物は成長し、自らの果実をもたらす。動物は狩りに向かい、自らの獲物を見つける。目は光へ向けられ、自らの光を見つける。自然の要求は、自然の領域で成就されうる。さて、トマス・アクィナスは実際にアリストテレスの自然哲学を引き継いだが、しかし人間学的な配慮のもとで、〈人間の自然本性はそれが神と似ていることによって本質的にあらゆるほかの自然から区別されるのだ〉と強調した。このように人間は自然本性的に神の直観へと向けられている。神の直観が人間の真にして最終的な目標である。しかし人間はこの目標を、自らの自然本性固有の力によっては獲得できず、ただ神自身から贈り与えられたものとしてのみ受け取ることができるが、神はそのことによって人間の自然本性を聖化し、神化するのである。キリスト教神学の枠内では、自然本性に基づいて創造がなされる。とりわけ人間は神と似ていることを通じ創造者に関係しているが、神と似ていることによって人間は神の対話相手に高められているのである。

　トマスによって企図された、アリストテレス的な自然哲学の神学的な変形は、カエタヌスによっては、また彼以降の人たちによっては、近代の始まり

51　Vgl. Henri de Lubac, Die Freiheit der Gnade, Bd. I: Das Erbe Augustins, Einsiedeln 1972, 161.

と共に自然本性理解が変化した結果、もはや理解されなかった。いまや、アリストテレス的な自然哲学のこのキリスト教的な変様を考慮することなしに、トマスのテクストは解釈される。カエタヌスは、アリストテレス的に理解された——自らの成就を必然的と見なしうる——人間の自然本性から出発したことによって、恩寵の自由を守るために、次のことから出発せざるをえなかった。それは、神を見ることへの人間の憧憬は、単に、人間の自然本性そのものと共に与えられている最終目標への方向づけであるわけではなく、人間にはこの方向づけは恩寵によって初めて与えられざるをえないのだということである。ド・リュバックは次のように要約する。「カエタヌスは、2人の修道士ケーリンとジャベリによってまもなく継承されたが、トマスのテクストの解釈の始まりに立っている。この解釈は、様々な変更がなされたが、本質的には神学大全とトマスについての数多くの解釈者において今日まで維持されている。カエタヌスによると、人間は、自らと自然本性を同じくする［つまり自らの自然本性に適う］ような目標へのみ、本当に自然本性的な憧憬を抱くことができる。面と向かい合って神を見たいという欲求についてトマスが語ったとき、このことによって彼は、自らが観察する人間の内に——（カエタヌスが明示するところによると）神によって実際に超自然本性的な目標へと高められ、啓示によって照明された人間の内に——生じるような憧憬についてのみ語ることができた」[52]。しかし、真にトマス的な見解を放棄し、仮定的な「純粋自然本性」を構築することによって、人間という逆説は解消されており、自然本性と恩寵はもはや単に区別されているのみならず、切り離されてもいる。神からの人間の神学的な疎外の路線はあらかじめ定められているのである。

　しかしながら、逆説を非難し、ド・リュバックが取りあげもする意見は、〔新たに〕形成されつつあった講壇神学に対して、不利な立場に置かれ続けることになる。第二バチカン公会議の現代世界憲章「Gaudium et spes」[訳注3]が初めて、なによりもアンリ・ド・リュバックにもよる準備作業に基づいて、「人間の究極的な召命は実際にはただ一つ、神的な召命である」（Gaudium et

---

52　Ebd., I, 162f.

〔訳注3　『第二バチカン公会議　現代世界憲章』第二バチカン公会議文書公式訳改訂特別委員会監修、翻訳、カトリック中央協議会、2014年。〕

spes 22）ということについて語ることによって、人間の根源的に神学的な規定に戻ることになる。

こうして要約的に言われうるのは、アンリ・ド・リュバックが思考形式としての「逆説」をカトリック神学に紹介し[53]、しかも二重の配慮のもとでそうしたのだ、ということである。第一には、神の自己伝達を証言する人間の言語形式と表現形式において、一貫して様々な現実が——すなわちその無矛盾性は明らかであるが、しかしその積極的な総合は人間の思考の力を越えているような様々な現実が——調和されなければならない場合には、奥義の形式的な構造を表す概念として。第二には、神の主権と自由に由来し、それゆえ、人間を常に超越しさえし、ほとんど「逆説的介入」という意味において、人間を単に人間的に期待されうるものの圏内から引き離し、神的なものの領域へと導くような、歴史的・人格的な出来事としての啓示の配慮のもとで。

ド・リュバックの思考は、たとえその影響が個別的に正確には示されえないとしても、様々な反響を呼んだ。カトリック神学における逆説というカテゴリーの使用は、いずれにせよ、彼の諸著作の刊行以来、著しく増えたのである。

6．新しいカトリック神学における逆説

マックス・ゼックラーは、逆説としての人間についてのド・リュバックによる語りを見ながら、一方で、ド・リュバックがひょっとすると、〔逆説という〕概念を働かせることがその限界に突き当たるところで、自らの逃げ道をやや性急に詩的なものに——すなわち感情を喚起するものや、ときにはそれどころか感情に訴えるものに——求めたのではないかということを指摘した。

---

53 たしかに〔思考形式としての「逆説」をカトリック神学に紹介したのは〕アンリ・ド・リュバックただ一人ではない。ブラウン神父についての物語の著者であるチェスタトンにとっても、逆説は重要なカテゴリーであった。これについては、Hugh Kenner, Paradox in Chesterton, London 1947; Elmar Schenkel, Paradoxie als Denkfigur. Wiederzuentdecken: Gilbert Keith Chesterton, in: Schreibheft 50 (1997) 69-71 を参照。また、Olivier de Berranger, Des paradoxes au mystère chez J. H. Newman et H. de. Lubac, in: Revue des sciences philosophiques et théologiques 78 (1994) 45-79 も参照。

しかしやはりマックス・ゼックラーによると、他方で、このことは、ド・リュバックの精神形而上学の思想的な卓越さに疑いを挟んだり、ド・リュバックにおける「絶対的な欲求」の問題を「体系的に解決されえないもの」と見なしたりする十分な理由ではない[54]。

ハンス・ウルス・フォン・バルタザールも、ド・リュバックによる自然本性と恩寵という問題の解決策と、それに関連する、人間の逆説的な性格についての語りを引き継いだ[55]。キリスト教哲学なるものの可能性を考察する際に、彼はそれどころか、ド・リュバックによる人間の逆説的な本質や、近代初頭におけるその放棄についての歴史学的な分析を、自らの考察の出発点とする[56]。

ヘニンク・シュレーアーは、神学における逆説について詳論する際に、アンリ・ド・リュバックの論考を見過ごし、カトリックの側からはただリヒャルト・シェフラーと、その研究プロジェクトである「経験の論理」[57]だけに言及する。このプロジェクトの目標は、認識主観が（「加工された」情報という意味での）経験がなされることに寄与することを承認するにもかかわらず、原理的・体系的に次のことについて反省するということである。それは、経験の前提であるのは、驚異に満ち、思考の構造に還元されえず、期待されうるものの範囲をそのつど新たに押し破る現実だ、ということである。「適切には記述されえず、概念や言明において論理的に相容れないものが相互に結びつけられるそのような経験は、『逆説経験』と呼ばれる」[58]。〈それゆえ神

---

54 Max Seckler, Die scholastische „potentia oboedientialis", a.a.O.（注20）, 315. Thomas Pröpper, Erlösungsglaube und Freiheitsgeschichte. Eine Skizze zur Soteriologie, München ²1988, 278f. も同意見である。

55 ロマーノ・グアルディーニ賞受賞講演における『超自然的なもの』の主張の要約を参照。現在は、Wer ist der Mensch?, in: Hans Urs von Balthasar, Pneuma und Institution. Skizzen zur Theologie IV, Einsiedeln 1974, 13-25 の 21-23 頁ならびに、Ders., In Gottes Einsatz leben, Einsiedeln 1972, 74f. 所収。

56 Hans Urs von Balthasar, Regagner une philosophie à partir de la théologie, in: Pour une philosophie chrétienne. Philosophie et théologie (= coll. Le Sycomore), Paris-Namur 1983, 181.

57 Richard Schaeffler, Logisches Widerspruchsverbot und theologisches Paradox. Überlegungen zur Weiterentwicklung der transzendentalen Dialektik, in: Theologie und Philosophie 62 (1987) 321-352.

58 Ebd., 322.

学もそのような経験の論理に関心を持たなければならない〉とシェフラーは述べている。〈なぜならばあらゆる神学に先行している啓示の出来事においては、神的な現実の、驚異の念を抱かせる告知が問題だからである〉。驚異に対する免疫をつけるという、主体に固有の傾向は、〔驚異を〕経験する能力をつけさせる教育によって阻止されなければならない。

　しかしながら、この指摘を越えて、逆説に賛成するド・リュバックの発言は、さらに別の積極的な反響を呼んだ。「逆説」という思考形式の使用が再び見いだされるおそらく最も重要な著者は、その後、教皇ベネディクト16世となった、ヨゼフ・ラッツィンガーである。『キリスト教入門 Einführung in das Christentum』においては、それらの定義が見いだされず、「逆説」という概念が常に同一の意味で用いられているわけではないとしても、「paradox」や「paradoxal」、「Paradoxie」という表現は、まさに好んで用いられる言葉である。ラッツィンガーが相補性に関して、自然科学において一見すると対立的であるように思われるものについて、（特に光を説明する際の粒子と波動の二重性を挙げながら）それは思考の原理だと語るときに、彼もまた、信仰は恩寵によって結びつけられる一連の対立から構成されるというサン＝シランの言葉を引用する[59]。この引用はすでにド・リュバックが『カトリシズム』で挙げ、「良き時代」の――とはいえジャンセニズム的であるがゆえに、その他の点では常に同意しうるわけではない著者の――言明と呼んだものである。他方で『カトリシズム』について、のちの教皇は、自伝的な回想の中で、その書は、自らの研究生活上の鍵となった、と述べている[60]。かくして想定することが許されるのは、ド・リュバックが逆説概念の頻繁な使用にも影響を及ぼした、ということである。父と子の差異性を保った同一性を有するキリスト論と三位一体論は、ラッツィンガーにおいても、逆説の特別な場所を占める。ラッツィンガーによると、〈使徒信条においては、信仰〔者〕の神と哲学者の神の逆説的な統一が、「父」と「万物の統治者」の併存によって表現される〉[61]。三位一体論の新約聖書的なアプローチに関してラッツィンガ

59　Joseph Ratzinger, Einführung in das Christentum [1968], Neuauflage, München ⁵2005, 161〔ラッチンガー『キリスト教入門』小林珍雄訳、エンデルレ書店、1973 年〕.

60　Joseph Ratzinger, Aus meinem Leben (1927-1977), Stuttgart 1998, 69〔ラツィンガー『新ローマ教皇――わが信仰の歩み』里野泰昭訳、春秋社、2005 年〕.

61　Joseph Ratzinger, Einführung in das Christentum, a.a.O.（注 59）, 137. ベルント・ウルリッ

ーが「独特な逆説」について語るのは、一方では人間イエスが神を自らの父と呼び、自らと向かい合っている〈あなた〉としての神に語りかけるが、しかし他方ではこのイエスが同時に、現実的で私たちと出会う神自身の近さであるときである。「それが空騒ぎではなく、ひとり神だけにふさわしいような真理であるべきならば、イエスは、彼が語りかけ、私たちが語りかけるこの父とは別の父でなければならない」[62]。それどころか、三位一体論の積極的な意味づけの枠内では、続けて三つの命題で「一つの本質 – 三つの位格という逆説」について語られる。〈さらにアウグスティヌスは〉と、ラッツィンガーは書いている、〈「私の教えは自分の教えではない」〔ヨハ 7:16〕という命題の逆説を手がかりとして、キリスト教的な神の像とキリスト教的な実存との矛盾を明らかにした〉[63]。その節がそれから、「最も逆説的なものは最も明るいものであると同時に最も役だつものである」[64]という言葉で終わるとき、次のことが明らかになる。すなわち、――ともかくラッツィンガーの考える意味では完全に――、理性の弱体化や、それどころか理性のポストモダン的な無力化が問題なのではなく、神の自己伝達の最も偉大なものと驚異の念を抱かせる新しいものとへ向けて理性を解放し開くことが問題なのである、ということが明らかになるのである[65]。

ヒは最近の論考 (Bernd Ulrich, Die christliche Revolution, in: Die Zeit, Nr. 7 vom 8. Februar 2007, 17) において、ラッツィンガーがサン=シランから借用していることを指摘し、教皇の思考を、(上記の意味での) 様々な逆説に支えられた思考であると特徴づける。

62 Joseph Ratzinger, Einführung in das Christentum, a.a.O.（注59）, 151.
63 Ebd., 176.
64 Ebd., 177.
65 逆説へのラッツィンガーの愛を証明するさらに別のものとしては次がある。――INRI [訳注4] という罪状は、「逆説的な統一性を持って」、「信仰告白」となった（Ebd., 193)。――詩編第2編は使徒言行録〔4:25–27〕において復活者〔キリスト〕に適用されるが、「逆説はここではもちろん些細なものではない。というのも、ゴルゴタで死んだ者が同時にこれらの言葉をかけられた者だと信じることは、とてつもない矛盾であるように思われるからである」(Ebd., 206)。――審判と責任、恩寵というテーマ全体に関連して、次のように述べられる。「これらの言明が恩寵論の重要性とどのように両立しうるかを個別的に検討することは、私たちの課題ではない。逆説の論理は信仰に基づいて生きる者の経験にのみ完全に開示されるが、おそらく私たちは究極的にはそうした逆説を超え出ることができないであろう。無力な人間を解放する恩寵の徹底性と、それに劣らず、人間を来る日も来る日も呼び出す責任の変わらぬ真剣さという、この2つのも

7．逆説としての教義

　この意味でハナ・バーバラ・ガールもそのテーマを受容した[66]。ガールが次のことを指摘するのは正鵠を得ている。それは、教義とは様々な観点を矮小化し、ただ一つの特定の見方へと固定化するものだという皮相的な解釈に反して、ほかならぬ古代の偉大な公会議の決定においてこそ、教義はむしろ逆の機能を持っているのだ、という指摘である。その機能とは、異端的な「〜以外のなにものでもない」において〔信仰を〕単純化し矮小化することに抗して、逆説的な「〜でもあり〜でもある」において信仰のますます大きくなる奥義を守ることである。

> 「思考が現実的なものの逆説の前へと行き着かないかぎり、思考は実際に〔私たちを〕揺り動かす問いの前には決して行き着かない。[……]実際に、キリスト教的な教義の根本緊張は逆説的である。〈教義とは真理を型にはめ、切り離し、固定化するものである〉という一般的な考えに反して、むしろほかならぬ教義化の始まりにおいてこそ、矮小な排他的回答が阻止されたのである。知性の誘惑は常に、二者択一を要求することにある。──すなわち、キリストは神であるか（その場合は、キリストは『あたかも』十字架上で苦しんだだけであり、『あたかも』肉をまとっただけであり、『あたかも』埋葬されただけである）、あるいは、キリストは人であるか（その場合は、すでにパウロが述べたように、その後のあらゆる宗教的な確信は無意味である[訳注5]）のいずれかである。真理のなにものかが切り離され、真理の逆説的な対立が抜け落ちる──

のが存在することに、彼を信頼する者は気づくのである」（Ebd. 307）。

66　Hanna-Barbara Gerl, Ist Vollkommenheit langweilig? あるいは、Auf der Suche nach einer anderen Maria, in: Dies., Die bekannte Unbekannte. Frauen-Bilder in der Kultur- und Geistesgeschichte, Mainz 1988, 116-127。

〔p.324 訳注4　「INRI」とは、十字架の上に掲げられた、「ユダヤ人の王、ナザレのイエス」を意味する語。〕

〔訳注5　一コリ 15:14〕

ほかならぬここから異端という語は由来するのである[訳注6]。そしてそのことによって、一なる真理のポリフォニーが、全体の均衡が、抜け落ちる。生き生きした一なるものは、均(なら)されたもの（durchschnittlich）＝切り離されたもの（durchschnitten）となった。［……］それに対して教義は解放し、根源的・全体的なものを部分から守り、真理をモノトーン（例えば単一原因）から守る。より正確にもう一度言えば、教義は、完結したものや測量されたもの、周知のもの、測定されたもの、自明なものの限界を取り払う。ニカイア公会議は、『神か人間か』という矮小化された問いの限界を取り払い、神人という逆説へと解放し、〔第二〕コンスタンティノポリス公会議（553年）は、『母か処女か』という部分的な観点の限界を取り払い、処女なる母へと解放する」。[67]

エーリッヒ・フロムは逆説を教会の教義と対置した。しかしやはり、教会の教義は、一見そう思われるのとは違って、アリストテレス的な論理に依存していない、ということが示される。教義とは、神の自由な自己伝達への、教会による信仰の応答であるが、この自己伝達の神秘的性格は、逆説的な定式化による以外には、確認も証言も伝達もされえないのである。

したがって、ヘニンク・シュレーアーと共に、アンリ・ド・リュバックの意味においても、次のように言うことができるであろう。すなわち逆説とは、「断片的に希望を持ちつつ驚異と期待に余地を与え、規則づけられた体系を動揺させるような自由な思考の槍先である」と[68]。

67　Ebd., 119f.
68　Henning Schröer, Art. „Paradox II. Theologisch", a.a.O.（注3）, 736.
〔訳注6　「異端 Häresie」はギリシア語の「選抜 haíresis」に由来する。〕

XIV

ヴェルナー・シュスラー

超越者の言語としての暗号

カール・ヤスパースは「否定神学者」か？

　神について責任のある語り方はできるのだろうか？　哲学的、神学的な思考は昔からこの問いに答えようと努力してきた。現代では、この問いはさらに差し迫ったものになっている。とりわけこの問いが、「客観的に」経験可能なものや「客観的に」与えられたもの、つまり学問研究によって到達できるものへと方向づけられた現実概念によって規定されるとき、より差し迫ったものになる。そこからの出口は、神と神表象とを批判的に分離することのできない「端的な直接性」[1]の立場を信奉するのでない限り、究極的には沈

1　J. B. Metz, Vorwort, in: J. Hochstaffl, Negative Theologie. Ein Versuch zur Vermittlung des patristischen Begriffs, München 1976, 9-10, 9; vgl. C. U. Hommel, Chiffer und Dogma. Vom Verhältnis der Philosophie zur Religion bei Karl Jaspers, Zürich 1968, 91. ここで「端的な直接性」について述べている。

　なお、ヤスパースの著作からの引用に際しては、以下の略号を用いる。

A　　Antwort, in: P. A. Schilpp (Hg.), Karl Jaspers, Stuttgart 1957, 750-851;

AP　　Allgemeine Psychopathologie, Berlin 9. Aufl. 1973〔『精神病理学原論』西丸四方訳、みすず書房、1971年〕;

AZM　Die Atombombe und die Zukunft des Menschen, München 7. Aufl. 1983〔『現代の政治意識——原爆と人間の将来』（ヤスパース選集 15、16）飯島宗享／細尾登訳、理想社、1964年〕;

CT　　Chiffren der Transzendenz, München 3. Aufl. 1977〔『神の暗号』（ヤスパース選集 37）草薙正夫訳、理想社、1982年〕;

E　　 Existenzphilosophie, Berlin 4. Aufl. 1974〔『実存哲学』（ヤスパース選集 1）鈴木三郎訳、理想社、1964年〕;

EP　　Einführung in die Philosophie, München 16. Aufl. 1974〔『哲学入門』草薙正夫訳、新

黙することのうちに求めなければならない。なぜならそれは、初期のウィト

	潮文庫、1954 年〕;
FE	Die Frage der Entmythologisierung (mit R. Bultmann), München 1954〔『聖書の非神話化批判』（ヤスパース選集 7）西田康三訳、理想社、1962 年〕;
GSZ	Die geistige Situation der Zeit, Berlin 5. Aufl. 1932 (8. Abdruck 1979)〔『現代の精神的状況』（ヤスパース選集 28）飯島宗享訳、理想社、1964 年〕;
GP	Die großen Philosophen, Bd. I, München 1957;
K	Kant: Leben, Werk, Wirkung, München 1975〔『カント』（ヤスパース選集 8）重田英世訳、理想社、1964 年〕;
NC	Nikolaus Cusanus, München 1964〔『ニコラウス・クザーヌス』（ヤスパース選集 27）薗田坦訳、理想社、1964 年〕;
NH	Über Bedingungen und Möglichkeiten eines neuen Humanismus. Drei Vorträge, Stuttgart 1962;
NMH	Notizen zu Martin Heidegger, hg. H. Saner, München 1978;
NPL	Nachlaß zur Philosophischen Logik, hg. H. Saner und M. Hänggi, München 1991;
P	Philosophie, 3 Bde., Berlin 4. Aufl. 1973〔『哲学Ⅰ　哲学的世界定位』武藤光朗訳、創文社、1964 年、『哲学Ⅱ　実存開明』草薙正夫／信太正三訳、創文社、1964 年『哲学Ⅲ　形而上学』鈴木三郎訳、創文社、1969 年〕;
PG	Der philosophische Glaube, München 1974〔『哲学的信仰』林田新二訳、理想社、1998 年〕;
PGCO	Der philosophische Glaube angesichts der christlichen Offenbarung, in: Philosophie und christliche Existenz. Festschrift für Heinrich Barth zum 70. Geburtstag, hg. G. Huber, Basel 1960, 1-92;
PGO	Der philosophische Glaube angesichts der Offenbarung, Darmstadt 1984〔『啓示に面しての哲学的信仰』重田英世訳、創文社、1986 年〕;
PO	Philosophie und Offenbarungsglaube. Ein Gespräch mit Heinz Zahrnt (1963), in: K. Jaspers, Provokationen. Gespräche und Interviews, hg. H. Saner, München 1969, 63-92〔ヤスパース／ツァールント『哲学と啓示信仰』新井恵雄訳、理想社、1966 年〕;
PW	Psychologie der Weltanschauungen, Berlin 6. Aufl. 1971〔『世界観の心理学』（ヤスパース選集 25、26）上村忠雄／前田利男訳、理想社、1964 年〕;
RA	Rechenschaft und Ausblick, München 1951〔『実存の人間』鈴木三郎訳、『大学の本質』桑木務訳、『現代の精神的課題』草薙正夫訳、新潮社、1955 年〕;
S	Schelling. Größe und Verhängnis, München 1955〔『シェリング』那須政玄／山本冬樹／高橋章仁訳、行人社、2006 年〕;
UZG	Vom Ursprung und Ziel der Geschichte, München 9. Aufl. 1988〔『歴史の起源と目標』（ヤスパース選集 9）重田英世訳、理想社、1964 年〕;
VE	Vernunft und Existenz, München 4. Aufl. 1987〔『理性と実存』（ヤスパース選集 29）

ゲンシュタインが「語りえないものについては沈黙しなければならない」[2]と述べたときに主張した立場だからである。

　これまでの哲学的、神学的思考は、この二つの立場の中間の道を模索してきた。それは否定神学の道である。否定神学はすでに幾世紀にもわたって様々な特徴を持ちながら異なる潮流の中で現れてきた——ここでは代表的な例として、アレクサンドリアのクレメンス、アウグスティヌス、トマス、クザーヌス、シェリングの名を挙げておく——が、その背後にある哲学的な思考構造は変わらないままであった。異教哲学者のプロティノスは、その構造を次のような言葉でまとめている。「しかしその場合、われわれは〈かのもの〉[一者、プロティノスの神]について何らかのことをいかにして陳述できるであろうか。今や、われわれは〈かのもの〉について何らかのことを陳述するが、〈かのもの〉を陳述するのではないし、それについて認識も思考もしない。また、われわれは〈かのもの〉をもっていないときに、いかにして〈かのもの〉について陳述することができるのか。そもそも、われわれが〈かのもの〉を認識していないときに、われわれは〈かのもの〉をもっていない、ということは何を意味するのか。しかしわれわれが〈かのもの〉をもつのは、われわれが〈かのもの〉について陳述するときであって、〈かのもの〉を陳述することができるときに限られるのではない。たしかにわれわれは〈かのもの〉が何でないかを陳述するのであって、〈かのもの〉が何であるかを陳述するのではない。われわれが〈かのもの〉について陳述することは、後に〈かのもの〉として存在する事物に由来する。しかしわれわれが〈かのもの〉を陳述できない場合でも、〈かのもの〉をもつことをわれわ

　　　　　草薙正夫訳、理想社、1964 年〕;
VWZ　　Vernunft und Widervernunft in unserer Zeit, 3. Aufl. 1990〔『現代における理性と反理性』（ヤスパース選集 30）橋本文夫訳、理想社、1964 年〕;
W　　　Philosophische Logik, Bd. I: Von der Wahrheit, München 1947〔『真理について 1』（ヤスパース選集 31）林田新二訳、理想社、1976 年〕.
　この寄稿では、次の拙論をさらに少し改変したものが扱われる。Der absolut transzendente Gott. Negative Theologie bei Karl Jaspers?, in: Jahrbuch der Österreichischen Karl-Jaspers-Gesellschaft 5 (1992) 24-47. これについては次も参照。W. Schüßler, Jaspers zur Einführung, Hamburg 1995, 85-96〔シュスラー『ヤスパース入門』岡田聡訳、月曜社、2015 年〕.

2　L. Wittgenstein, Tractatus logico-philosophicus, Nr. 7, in: Ders., Schriften, Frankfurt/M. 1963ff., I 83; vgl. I 9〔『論理哲学論考』野矢茂樹訳、岩波文庫、2003 年〕.

れは妨げられていない」[3]。また、別の箇所でも同様に次のように言われている。「それゆえ〈かのもの〉は実際にも陳述不可能である。というのも、君が〈かのもの〉について何を陳述するにしても、君はいつも何かを陳述しなければならないからである。むしろ、他のすべての名称のもとでのみ、『すべての事物の彼岸、崇高な精神の彼岸』が妥当なものとなる。というのも、それはそれについての名ではなく、むしろそれはすべての事物について何者でもなく、〈かのもの〉にとっての『名も存在せず』、われわれはそれにふさわしいことを何も陳述できないからである。むしろわれわれは、〈かのもの〉についての指摘を互いに与える可能性を追求するだけである」[4]。

　ここではこれ以上プロティノスにおける否定神学の構造について展開することは差し控えて[5]、この思考構造の要素をカール・ヤスパースの著作の中に探ってみよう[6]。ヤスパースがプロティノスに依存しているという問題についても、ここでは深入りしない[7]。もちろんプロティノスのことをヤスパースがよく知らなかったはずはなく、その名はたびたび挙げられている[8]。

　超越者という主題は、ヤスパースの著作の大部分を占めているが、そこで

3　Plotin, Enneade V 3, 14, 1-8（Übers. nach R. Harder mit Lesarten-Korrektur nach K. Kremer: Plotin, Seele - Geist - Eines. Enneade IV 8, V 4, V 1, V 6 und V 3. ギリシア語テキストとR. Harderによる翻訳は、R. BeutlerとW. Theilerの改訂版を参照。本文と翻訳の注釈、さらに参考文献の指示もK. Kremerによって付されている）。なお、ここでの引用文の強調は筆者〔シュスラー〕によるものである！

4　Plotin, Enneade V, 3, 13, 1-6（R. Harderの訳）〔『エネアデス』プロティノス全集、田中美知太郎／水地宗明／田之頭安彦訳、中央公論社、1988年〕。ここでトマス・アクィナスのテクストを引いてもよい。例えば、De pot. Dei VII art. 5 ad 2um: I Sent. XXII 1, 2.

5　プロティノスについては、この論文集のクラウス・クレーマーとミヒャエル・フィードロヴィッチの論文を参照。

6　以下で私は発展史的にではなく、体系的に論じていく。その背景には、ヤスパースの哲学は全体として見れば、「聞き流すことのできない強固な統一性」によって特徴づけられる、という言わずもがなの前提がある（次を参照。H. von Campenhausen, Die philosophische Kritik des Christentum bei Karl Jaspers, in: Zeitschrift für Theologie und Kirche 48 [1951] 230-248, 231）。発展史的な色合いについては次の著書で見事に分析されている。T. J. Lutz, Reichweite und Grenzen von Karl Jaspers' Stellungnahme zu Religion und Offenbarung, Diss. München 1968, 1-342.

7　これについては次を参照。C. Michaelides, Plotinus and Jaspers. Their conception and contemplation of the supreme one, in: Diotima 4 (1976) 37-46.

8　例えば次を参照。PGO 231, 248f., 255 u.ö.

は「普遍的、非本来的な超越者」と「本来的な超越者」あるいは「超越者の中の超越者」[9]すなわち「神」とが区別されている。前者の「非本来的な超越者」としてヤスパースが挙げているのは、現存在、意識一般、精神、実存、世界である。しかしここでのわれわれの関心は、後者の形式の超越者に限定される。

　ヤスパースにとっては、実存と本来的な超越者は本質的に相互に織り交ぜられている。というのも、ヤスパースによれば、実存——彼はこれをキルケゴールと結びつけている——は「自己自身と関係し、そこで自己を措定する力に関わることを知る自己である」[10]からである。「われわれは超越者との関係に基づいて生きる」[11]とヤスパースは簡潔に述べているが、超越者との関係を持たない実存はないのである[12]。この意味で、ヤスパースの哲学はそれ自体が宗教哲学であり、宗教哲学を含んでいるということではない、と言ってもよいだろう[13]。

　ここでヤスパースは、最初に引用したウィトゲンシュタインの命題に異議を唱える。すなわち、もはや語りえないことに対しても考えることは可能である[14]。形式論理的な記号の連関の明晰さだけではなく、思考の言語による明晰さというものもあるし、その言語はその本質に従えば記号言語に置き換えることができないのである[15]。

　このような思考の明晰さを、ヤスパースは「超越者の中の超越者」との関係において繰り返し練り上げようとしている。彼はこのコンテクストでしば

9　W 109.

10　PGO 118.

11　PGO 109.

12　次を参照。PGO 138; P III, 6, 187; EP 27. ——「超越者なしにか、超越者に対抗してか、超越者とともにか、いずれにせよ超越者は可能的実存にとって止むことのない問いである」(P III, 4)。次も参照。UZG 273:「人間にとって超越者が失われるということは、人間が人間であることをやめない限り、ありえないことである」。

13　次を参照。S. Holm, Jaspers' Religionsphilosophie. Ist Jaspers Religionsphilosoph?, in: Karl Jaspers, hg. P. A. Schilpp, Stuttgart 1957, 637-662, 658f.; これに対するヤスパースの応答はA 776 にある。さらに次も参照。H. Lutzenberger, Das Glaubensproblem in der Religionsphilosophie der Gegenwart in der Sicht von Karl Jaspers und Peter Wust, Diss. München 1962, 89.

14　CT 108.

15　W 463f.

しば否定神学に注意を向けさせている[16]。しかし二次文献の中でほとんど一致して主張されているのとは違って[17]、ヤスパースの思考そのものが何の困難もなく否定神学の伝統に組み入れられるか否かは、まさに本論で解明されるべき問題である。

私はさらに一歩進めて、ヤスパースが超越者を「確証する」のと同じように、第１節でその問題を追跡してみようと思う。ここで彼は形式的な思考構造を展開しているが、それを彼は形式的超越と呼んでおり、それによって彼は神の Daß（神があるということ）を捉えようとしている。第２節で私が解明しようとする問いは、ヤスパースが神の Was（神が何であるか）を規定しようとしているのか、どのように規定しようとするのか、ということである。これに対する彼の回答が暗号形而上学である。最後の第３節では、一般に主張されているように、この思考が否定神学の伝統のうちにあるのか否か、という問いを解明することにしよう。

16　例えば次を参照。PW 200f.; PGO 213, 388ff.; P I, 51; PG 31; CT 91; S 177, 217; VE 118 u.ö. また次も参照。W. Schüßler, Zum Verhältnis von Autorität und Offenbarung bei Karl Jaspers und Paul Tillich, in; K. Salamun (Hg.), Philosophie – Erziehung – Universität. Zu Karl Jaspers' Bildungs- und Erziehungsphilosophie, Frankfurt/M. 1995, 141-157, 151.

17　次を参照。M. Werner, Der religiöse Gehalt Existenzphilosophie, Bern 1943, 6f.; ders., Existenzphilosophie und Christentum bei Karl Jaspers, in: Schweizerische Theologische Umschau 23 (1953) 21-40, 31; M. Dufrenne/P. Ricœur, Karl Jaspers et la phiolosophie de l'existence, Paris 1947, 53 u. 388; H. Droz, Der religiöse Gehalt der Transzendenzphilosophie von Karl Jaspers, Diss. Hamburg 1955, 63; F. Kaufmann, Karl Jaspers und die Philosophie der Kommunikation, in: Karl Jaspers, hg. P. A. Schilpp, Stuttgart 1957, 193-284, 259; H. van Oyen, Der philosophische Glaube, in: Theologische Zeitschrift 14 (1958) 14-37, 25, 28 u. 33; X. Tilliette, Karl Jaspers: Théorie de la vérité. Métaphysique des chiffres. Foi philosophique, Paris 1960, 70 u. 131; H. Johach, Karl Jaspers' Kritik am Offenbarungsglauben, in: Catholica 19 (1966) 282-303, 287; H. Zdarzil, Der philosophische Glaube. Zu Jaspers' Philosophie der Religion, in: Wissenschaft und Weltbild 17 (1964) 61-67, 65; C. U. Hommel, Chiffer und Dogma, a.a.O.（注１）, 87-89; F. Buri, Philosophischer Glaube und Offenbarungsglaube im Denken von Karl Jaspers, in: Theologische Zeitschrift 39 (1983) 204-226, 223; J. M. Lochman, Transzendenz und Gottesname: Freiheit in der Perspektive der Philosophie von Karl Jaspers und in biblischer Sicht, in: J. Hersch/J. M. Lochman/R. Wiehl (Hg.), Karl Jaspers. Philosoph, Arzt, politischer Denker. Symposium zum 100. Geburtstag in Basel und Heidelberg, München 1986, 11-30, 29 Anm. 14. ——それに対して、次も参照。H. Pfeiffer, Gotteserfahrung und Glaube. Interpretation und theologische Aneignung der Philosophie Karl Jaspers', Trier 1975, 77.

1．形式的超越：思考の挫折における超越者の確証

「われわれは対象性においてのみ語ることができる。対象的でない語りや思考などありえない」[18]。「二元論はすべての思考において避けられない」[19]。このような重要かつ極めて単純な認識論的確認によって[20]、ヤスパースの「神の語り」のプログラムはすでにその概略が示されている。神的なものとの関係において、ここから初めて次のような逆説が生じてくる。「われわれはそれを対象性において思考しなければならないが、それは対象としては消滅する」[21]。

このような逆説の洞察に基づいてヤスパースは、次のような思考の可能性を展開している。それは、われわれの有限の思考のこの制約によって必然的な挫折[22]が現実化するのであるが、まさにそのことを通してつまずく思考の可能性である。彼は次のように述べている。「われわれの有限な思考は、反対命題に結びついている。すべての反対命題を超えたものを考えれば、その反対命題に突き当たる。しかしこの方法的に遂行された挫折を通して、超越者が現れる。論理的な言語は自らを明け渡しながら、その論理的なものを超えて突き進む。……人間の思考と人間の思考可能性の対象とが対立的に引き裂かれているものとして本質を洞察することは、思考不可能性という形態において神へと思考しながら飛躍していくことを可能にする」[23]。ヤスパースはこの思考の運動を「形式的な超越」と呼んでいる。それはまさに有限な思考の挫折[24]が現実化することにおいて、単に考えられたものにすぎないとして

18　PGO 124.

19　PGO 232; vgl. 418; P III, 7; K 28.

20　ヤスパースはここで、われわれの思考する現存在の「原現象（Urphänomen）」あるいは「基礎状態（Grundbefund）」について語っている（EP 25）。

21　PGO 124; vgl. 385f., 389; P I, 25f.; P III, 6; K 36.

22　この挫折は必然的である。「さもないと、わたしはわたしが世界内の事物の傍らでは為すのが正当であるものを、ただ見せかけの超越者において続行するような系列を無限に作り出すことになる」（P III, 43）。

23　PGO 391; vgl. CT 89.

24　次を参照。NMH 251f.:「思惟は、無限のものを考える場合には役に立たない。……思

も[25]、無限に飛翔できるのである[26]。

(a) カテゴリーによってカテゴリーを超え出る

通常われわれは、存在、現実、実在、実体、物質、本質、根拠、起源、永遠、不滅、無、といったカテゴリーにおいて思考することしかできない。これらのカテゴリーはすべてヤスパースにとって対象的な意味を常に持っている。超越をこれらのカテゴリーで規定しようとすると、それは最初から失敗していることになる[27]。超越はいかなるカテゴリーにも収まらないからである[28]。このように述べると、ヤスパースは否定神学の伝統に組み入れられるように思われる。結果として、われわれはカテゴリーによってカテゴリーを超えて、非対象的なもの[29]、規定不可能なもの[30]、思考不可能なもの[31]へと超

惟は無限のものを打ち砕き、打ち砕くことにおいて（矛盾において）間接的に無限のものを示すのである。すなわち、「形式的な超越」を通して示すのである。

25 次を参照。NMH 251; S 191.
26 次を参照。NMH 251:「われわれの思惟の形式が踏み越えることができないという意識と、超越者の意識との間には、切り離せない関係がある。思惟する意識の限界という意識がなければ、神は不可避的に客観、対象、像となってしまい、例えば、ある対象についての主張の事柄になってしまう。神についての思惟の深みに向かう自由は、思惟の思惟に形式的に結びつけられる。それを通して、各対象は再び止揚されるのである」。ヤスパースは『哲学』において、私は神性への形式的超越において自ら「思案する」のでなければならない、ということを語っている（P III, 67）。次を参照。GP 691f.
27 次を参照。PGO 385.
28 次を参照。P III, 37; S 193f.
29 次を参照。PGO 231; P III, 34; CT 71, 84; W 1031; E 14f., 67; NPL 21. ——また次も参照。AZM 290; K 119:「悟性を超えた悟性によって」。さらに次を参照。K 56:「理解可能なものを超えた理解可能なものによって」。またこの文脈でヤスパースは、いわゆる「主導的逆説 Leiter-Paradoxon」を持ち出す。これはウィトゲンシュタインの『論理哲学論考』（Nr. 6.54, in: Ders., Schriften, a.a.O.［注2］, I 83）以来、哲学においては重要な役割を果たしているが、フィヒテの1804年の『知識学』（Sämtliche Werke, hg. I. H. Fichte, 8 Bde., Berlin 1845/46, X 291; さらに W. Schüßler, Der philosophische Gottesgedanke im Frühwerk Paul Tillichs [1910-1933]. Darstellung und Interpretation seiner Gedanken und Quellen, Würzburg 1986, 157-162, 127）:「わたしは理解可能なものが崩壊するようにさせる。ちょうど、わたしが高みに登ったときには、もはや用いなくなるような主導的なものがそうであるように」（K 56）にもすでに用いられている。
30 次を参照。P III, 34.
31 次を参照。P III, 37. ここからヤスパースにとっては、次のような「われわれが超越に

越しなければならない。いかなるカテゴリーにも収まらない超越をカテゴリーにおいて考えるなら、逆説的なことであるが、カテゴリー的なものは再びすぐに取り消されなければならない[32]。「思考はその最終的な超越の歩みを自己止揚においてしか遂行することができない」[33]。この「取り消し」に実際の強調点が移されることによって、絶対的なものは「圧倒的な捉え難さ」において現れてくる[34]。「そのような超越は、言明可能な命題になるときには結果的に否定命題となる。思考可能なものはすべて超越者に妥当しないものとして却下される。超越者はいかなる述語によっても規定されず、いかなる表象によっても対象とならず、いかなる推論によっても考えることができないが、すべてのカテゴリーは、超越が量でも質でもなく、関係でも根拠でもなく、一者でも多者でもなく、存在でも無でもない、ということを言うために利用されることになる」[35]。

ついて考えるときの基本的アンチノミー」が生じてくる。すなわち、「われわれの意識は、われわれが対象的なものを放棄するときには常に空虚となる。しかしこの空虚となることにおいて、深みが開かれ、そこから充実そのものがわれわれを迎えることになる。最も空虚なものが最も真なるものである。なぜなら、いかなる像、いかなる対象ももはや残らず、しかしわれわれはこの空虚にわれわれの意識によっては届かないからである。最も満たされたものが最も真なるものである。なぜなら、それは超越の充実に近づくからである。その充実は、われわれが意識において獲得する最も豊かなものを常に凌駕している。空虚になることのうちに真理が存するのは、それによって充実が増大する限りにおいてである。対象的なものの豊かさのうちに真理が存するのは、それによって対象的なもの自体が消滅する限りにおいてである」(NMH 250)。

32 次を参照。PGO 389; EP 30.
33 P III, 38; vgl. NC 94; VE 88, 91f. これに関連して『哲学』においてヤスパースは、「思考が思考不可能へと反転する」ことと「自己自身を否定する弁証法」について語っている (P III, 39)。次を参照。NMH 249. ヤスパースは『哲学』において「カテゴリーによってカテゴリーそのものを超越するための」3つの方法を挙げている (P III, 40f.)。すなわち、(1) 個々のカテゴリーの絶対化；(2) 矛盾における思考（例えばニコラウス・クザーヌスの対立の一致 [coincidentia oppositorum] [これについては NC 58 も参照]）、円環と同語反復 (K 61 を参照) における思考；(3) 相対的カテゴリーの無条件指定（例えば、それ自身の原因）。それに対してプファイファーは、形式的な超越を対立の一致とだけ同一視しているように思われる。H. Pfeiffer, Gotteserfahrung und Glaube, a.a.O.（注 17）, 77f.
34 P I, 51.
35 P III, 38f. 強調は引用者による！

超越者についての思考は必然的に挫折する。というのも、この思考は常に何ものかについて言い表すからである。つまりそれは必然的にカテゴリー[36]、すなわち思考可能なものの一般的形式を用いるのである[37]。しかしそれを用いると、超越者は合理的かつ有限的なものになってしまう[38]。神的なものは思考から消えてしまう。なぜなら、思考は必ず規定することによって考えるのであるが、ここで思考されるものは規定できないからである[39]。この意味において、超越す・る・こ・と・は、われわれがカテゴリーを放棄するという意味にはなりえない[40]。というのも、「それを越え出ること」が遂行できるためには、それは考えられなければならないからである[41]。むしろ、超越することが意味するのは、これらのカテゴリーによって捉えられないということ、またカ・テ・ゴ・リ・ー・に・よ・っ・て・カ・テ・ゴ・リ・ー・を・越・え・て・進・む・ということ、しかし即座に再びカテゴリーに滑り戻ってくるということである[42]。われわれの形式的な思考の必然性においては[43]、われわれはたしかにいつもこのような束縛を受けるが、まさにわれわれがその束縛を見通すことによって再びそこから脱するのである[44]。

　この意味で超越者は、超存在者とも非存在者とも呼ぶことができる[45]。超存在者の概念で表現されているのは、どの存在カテゴリーも超越者にはふさわしくないということ、そして超越者はカテゴリーによって個別の内在者に引き下げられるだろうということである。また非存在者の概念で表現されて

36　次を参照。P I, 22.
37　次を参照。P III, 37.
38　PGO 395; 次を参照。P III, 37.
39　次を参照。PGO 405.
40　というのも、「内在のカテゴリー以外のカテゴリーはないからである。われわれはそのカテゴリーによって超越する思想を考えなければならないか、そうでなければ、まったく考えることができない」(P III, 40)。
41　次を参照。NC 102; W 39. 次も参照。EP 29:「それを超えて思惟することにおいて、われわれは常に同時にそこに留まる」。
42　次を参照。PGO 419f.
43　次を参照。P I, 40.
44　次を参照。PGO 232f.; CT 75. ヤスパースはこのような主観 – 客観 – 分裂を克服しようとする試みを「哲学的根本操作」と呼んでいる（次を参照。PO 74; EP 28f.; W 37-42; E 14; VWZ 23）。
45　次を参照。W 109.

いるのは、超越者の存在は存在を意味するいかなるカテゴリーにも収まらないということである[46]。

(b) 神は知の対象ではない

ヤスパースの説明によれば、存在するものはすべて対象的であり知ることができる、というのが悟性にとっての前提である[47]。しかしそれに反して、神は世界のどこにも見いだされない。神は「有体性と可視性から離れている。神の現実性は空間や時間における実在性ではない。神の現存在は証明することができない。神の現実性というものがあるなら、それは世界の実在性とはまったく異なる性質をもっているものでなければならない。神について思考しても、『神』という対象を探求しうるような、神についての普遍妥当性をもった認識としての学は生み出されない。というのも、知に対して神は存在しないからである」[48]。「超越者は確かな証拠をもった現実性ではない」[49]。

神を把捉することに関して知を排除するとき、ヤスパースはトマス・アクィナスを引き合いに出すこともできたであろう。『原因論』（*Liber de causis*）についての解説において、トマスは次のように説明する。「われわれが第一の根拠からこれを知ることができるのは、神があらゆる知／学（*scientia*）とわれわれの語りを越えていくということくらいである。というのも、いつも神について考えられたり言われたりできることは、神であるものよりも乏しいということを、神に関して受け入れる者は、神をもっとも完全に認識するからである」[50]。しかしこれから見ていくように、ヤスパースはこのトマス・アクィナスさえをも越えていくのである。

ヤスパースは知の概念を対象的な知の概念に限定している[51]。彼は次のように明言する。「知は世界の中の有限なものに関わる」[52]。「提示可能なもの、

46　次を参照。P III, 37.
47　次を参照。P I, 30.
48　PGO 233; 次も参照。EP 36, 38.
49　P III, 7. 強調は引用者による！　次を参照。P III, 28f., 126, 199; EP 27.
50　Thomas von Aquin, In librum de causis, ed. H. D. Saffrey, Fribourg 1954, 43, 3-6. 強調は引用者による！
51　次を参照。PGO 385; K 203f.
52　P II, 281. 次を参照。E 70:「内在だけが知られるものになりうる。ちょうどすべての知られるものが内在的なものにしか出会わないように」。

あるいは証明可能なものは、ある特殊なものへの有限的な洞察である」[53]。しかし超越はこの存在という意味でそこにあるのではない。その背後には、理性の認識と信仰の認識という古い対立が科学、哲学、神学という近代の三区分によって引き継がれている、というヤスパースの考え方がある[54]。今や知は科学の領域だけに属するものである。ヤスパースが言うように[55]、「世界定位」から意識的に離れることによって、神は本質的に、非‐対象的、非‐可知的、非‐確証的、非‐普遍妥当的なものとして規定される[56]。というのも、神に対して存在論的に構想された超越者の存在の一般性は、誰にとっても妥当ではあるが、不可能なものと思われるに違いないからである[57]。それに

53　P III, 17.

54　次を参照。PGO 95ff.

55　「客観存在としての存在に向かう方向で無限に進歩する状況開明」はどれか（P I, 3）。「われわれが世界定位としての客観的な認識を見いだすのは科学においてのみである」（P I, 29）。しかしこれは、ヤスパースによれば科学が哲学にとって重要でない――ハイデッガーにおいてそうであったように――ということではない。むしろヤスパースは哲学を科学から区別するように努めている。「しかし科学は、つまり科学的な立場や方法の意識は、哲学の真理性にとって今や不可欠なものである」（NMH 194; vgl. 137）。

56　次を参照。B. Welte, Der philosophische Glaube bei Karl Jaspers und die Möglichkeit seiner Deutung durch die thomistische Philosophie, in: Symposion. Jahrbuch für Philosophie 2 (1949) 1-190, 32-39. 次も参照。NC 99:「それはすべてのカテゴリー的思弁の驚くべきことである。つまり、悟性によって見れば、それは空虚さや言葉遊びに解消される。真理がそこにあるとすれば、それはわれわれの現存在の驚きが解消されるのではなく、見通せない深みに駆り立てられるときに、人間の実存からの反響によって感じ取ることができるにすぎない」。次も参照。VE 88. そこでヤスパースは「理性的な反論理（Alogik）」について語っている。「悟性にとっては背理となるものが、ある意味の必然的な形式になることはありうる。悟性にとっては一義的に見えるものが、そこで初めて出会う意味の完全な展開を生み出すこともありうる」。次も参照。VE 96; E 15.

57　P III, 24; vgl. 34, 123, 160f.; W 42; AP 649; E 17f. それゆえヤスパースのいわゆる包括者論（Periechontologie: これはギリシア語の periechon-ontos-logos に由来する、つまり包括者の学説という意味）が存在論の代わりになる。「包括者のあり方を現在化することで、われわれはある客観的に生じるもののカテゴリーにおける段階を求めるのではなく、包括者の範囲を求める。すなわち、われわれは存在の層ではなく、主観‐客観‐関係の起源を求めるのであり、対象的な規定の世界を存在論的に求めるのではなく、主観‐客観がそこから由来し、互いに一つとなり重なり合って関係するものの根拠を包括者論的（periechontologisch）に求めるのである」（PGO 130; vgl. 146, 305f.; W 158-161）。それゆえヤスパースは、ハイデッガーのように、「全西洋形而上学の克服」を求めるのではなく、

対して超越者の真理性は歴史的であり、それゆえ遍在的ではないのである[58]。それは無制約的であり、それゆえ普遍妥当的ではないのである[59]。

2．暗号[60]：非－有体性における超越者の現象形式

形式的超越のうちに現象する超越者は、規定できないままである。ヤスパースによれば、この存在については「可能な充実においては根拠づけができない形式的なトートロジー命題（すなわち、そ・れ・は・そ・れ・が・あ・る・と・こ・ろ・の・も・の・で・あ・る・）」[61] 以外には何も言うことができない。この命題はハイデッガーの有名な定式化を想起させる。「しかし存在、存在とは何か。そ・れ・は・〈そ・れ・〉そ・のものである」[62]。形式的超越においては、神的なものは完・全・に・隠・さ・れ・て・い・る・。

しかしわれわれにとって存在は常に、その現存在において言語化される限りでしか現実的にならない。単なる彼岸は空虚であり、まるで存在しないか

「西洋形而上学が（客観的な知となることを要求する限りで）存在の知から未決定の記号へと変化すること」（NMH 194）を求める。それゆえ、ハイデッガーにおけるように、「存在忘却」ではなく、哲学の「自己忘却」を求める（vgl. NMH 187; vgl. 58, 215; PGO 101）。というのも「存在論化は実存的なものの運動を実質的な構造の運動のために取り除くからである」（NMH 226; vgl. 229）。この意味で「暗号の哲学」は当然のことながら、「哲学的な実質洞察」へと作り換えられる必要はない。これは「宗教の根拠づけのように」なってしまうであろう（NMH 254）。

58　次を参照。P III, 23; NMH 247f.
59　P III, 25; vgl. NH 16f. ヤスパースによれば、これらの根拠によって、いわゆる「神の存在証明」も挫折するのである（vgl. P III, 200; EP 34; NMH 119）。次を参照。PG 30f.:「証明された神は神ではない。それゆえ、神から出る者だけが神を求めることができる」。それゆえ、S. ホルムが「ある種のアプリオリ」についてここで語っているのは不当なことではない。S. Holm, Jaspers' Religionsphilosophie, a.a.O.（注13），647. それに対していわゆる神の存在証明は、ヤスパースによれば、「思惟しつつ自己確証する道」（EP 34; vgl. S 189）である。
60　暗号の形而上学と暗号の概念の起源については、次を参照。H. Pfeiffer, Gotteserfahrung und Glaube, a.a.O.（注17），87-90; H. Saner, Artikel „Chiffre", in: Historisches Wörterbuch der Philosophie, hg. J. Ritter, Bd. 1, Darmstadt 1971, 1001.
61　P III, 67.
62　M. Heidegger, Platons Lehre von der Wahrheit. Mit einem Brief über den „Humanismus", Bern 3. Aufl. 1975, 76.

のように善なるものである。これを根拠として「本来的な存在」の経験の可能性は、ヤスパースによれば、「内在的超越者」を要求する[63]。暗号はこの意味において、超越者を現前にもたらす存在であるが、それによって超越者が客観存在としての存在になるというわけではない[64]。しかし、暗号はそれ自体として超越者ではなく、単にその言語にすぎないのである[65]。

形式的な超越において、すなわち思考の挫折において超越者を確証することにおいて重要なのは、形式的な思考の構造であるが、ここで重要なのはむしろ「超越者の現前」[66]である。哲学が思考の挫折において超越者を確証し、そこで神的なものの *Daß*（それがある）が捉えられるのに対して[67]、人間的実存は必然的に常にその *Was*（それが何である）についても問うのである[68]。その問いは、暗号の解読において開明されなければならない[69]。したがってヤスパースはここで、内実に満ちた超越についても語っている[70]。しかし、形式的超越と内実に満ちた超越は、究極的には相互に関係する。最初の一歩において、形式的超越は超越への飛翔を成功させ、それゆえ世界的なものから非対象的なものへと道は通じていき、第二歩において、それと逆の道が始まる。この意味で内実に満ちた超越は、「世界への新しい帰還」、「新し

---

63 P III, 136; vgl. 151; RA 360.

64 P III, 137; vgl. CT 29.

65 P III, 129; vgl. 141; CT 44. 時折ヤスパースは暗号について語る代わりに「象徴」について語る（例えば、W 113, 1030ff.; UZG 273f.; EP 30）。しかし、なお一つの例外がある！象徴概念は哲学的-神学的にも語り尽くされているため、ヤスパースの重要な関心事を誤解のない形で表現することができない。カール・ヤスパースの暗号論とティリッヒの象徴理論との関係については、次を参照。W. Schüßler, Chiffer oder Symbol. Die Stellung von Karl Jaspers und Paul Tillich zur Frage nach der „analogia entis", in: C. Danz/W. Schüßler/E. Sturm, Das Symbol als Sprache der Religion (= Internationales Jahrbuch für die Tillich-Forschung/International Yearbook for Tillich Research/Annales internationals de recherches sur Tillich, Bd. 2), Wien 2007, 135-152.

66 P III, 35.

67 次を参照。P III, 39.

68 次を参照。P III, 34.

69 次を参照。P III, 39, 60.

70 W 1031. 思惟する意識の「境界意識」の解明によって、それが形式的な超越することにおいてどこまで到達するのかが明らかになるので、神の思考の内実は現在的なものにならず、「単にその純粋さが可能となる」（NMH 251）。

い変化した対象性」[71] すなわち暗号の世界への帰還ということになる。しかし暗号－言語もまた神的なものを啓示するわけではない。神はここでも最終的には完全に隠されている[72]。何であるかという問いは、「開明」においては究極的に「満たされる」ことがない[73]。たしかに「開明」はまさに「固定しない」という意味である[74]。しかしそれは冒頭で言及したプロティノスの立場、すなわち、「われわれは神について、神が何であるかを知ることはできない。むしろ神が何でないかを知ることしかできない」という立場になるのではないか。この問いはさしあたり開かれたままにしておこう。

　人間は主観－客観図式で考えざるをえず、その図式がなければ意識も思考もできない[75]。このような思考の認識論的状況から帰結するのは、われわれは思考においては適切な仕方で超越者を捉えることができないということである[76]。これには疑念をさしはさむことなく同意すべきである。というのも、神を客観とするなら、それは神を偶像にしてしまうことになるからである。「このような行いは迷信である」[77]。しかしこの難点を見通すことによって、即座に新しい可能性がわれわれに開かれてくる。それは超越について意味のある仕方で語る可能性である。プラトンの洞窟の比喩をほのめかしながら、ヤスパースは要点をついて次のように言う。「牢獄が認識され、いわば外部からも見られるようになると、それ自体は光を当てられる」[78]。したがって彼は、超越の有体性と思われているものは「惑わす実在性」として、暗号という多義的言語を聴くためには破棄すべきである、と主張している[79]。というのも、超越の有体性のいかなるあり方も、ヤスパースによれば、「神の

71　B. Welte, Der philosophische Glaube bei Karl Jaspers, a.a.O.（注56）, 52. 次を参照。E 32, 72.
72　次を参照。P III, 127.
73　次を参照。P III, 39.
74　GSZ 150. 次を参照。NH 51:「哲学は真理を与えることはできない。しかし哲学は解明し、いわば目を覚まさせ、そちらに注意を向けさせることができる。各人自身がそれを見て実行しなければならない」。
75　次を参照。PGO 156.
76　次を参照。PGO 131.
77　PGO 137; vgl. 483; P III, 12; NC 69; EP 30, 38; W 1042.
78　PGO 136; vgl. FE 41; CT 44; K 28f., 62.
79　PGO 154.

341

純粋性を濁らせること」[80] になるからである。

　そういうわけで、暗号は認識可能な客観的対象ではない[81]。それは普遍妥当的な経験と検証可能性に関わることがない[82]。暗号の内容は実在として扱われるべきではないし、確かな知として扱われるべきでもない[83]。「暗号は超越者そのものの現実性ではない。むしろその可能的言語である」[84]。超越者はそれ自体で現れることはない。つまり、それは隠されたままである。「超越者が現れる代わりに、暗号の言語が現れる」[85]。超越者が有体的になることは、まさにわれわれが超越者と行き交うことにおいて根本的な思い違いをしていることになる。「超越者の現実性がそのように実在性の中に捉えられるなら、超越者そのものはわれわれから失われることになる」[86]。神性そのものが有体性を放棄するようにヤスパースを促すのである。

　存在するものと人間が生み出すものは、ヤスパースによれば、すべて暗号になることができる。すなわち、実在、表象されるもの、思考されるものは、暗号になることができる[87]。しかし暗号は「新しい対象ではない」。むしろ「新しく満たされた対象」である[88]。しかし暗号であることは何か恣意的なことになるのではないか[89]。この問いには、ここでヤスパースが用いた「世界定位」という概念を基準とするなら、たしかに肯定的に答えられるはずである。しかし、超越者そのものが問題となるときにはそうではない。というのも、ヤスパースにとって暗号は「言明されて客観的になったものとしては」、「妥当性を要求しない遊戯」であるからである。しかし、「私自身にとっては

80　PGO 488; vgl. 197.
81　次を参照。PGO 137. また次も参照。NMH 205:「暗号は可能性の言語であるが、多義的であり、その真理性は『実質的』な熟慮のうちにではなく、実存的に聴くことのうちに初めて現れる」。
82　次を参照。PGO 153; また次も参照。P III, 67, 129f., 150f., PO 78.
83　次を参照。PGO 154.
84　PGO 155.
85　PGO 156.
86　PGO 163.
87　PGO 193; vgl. P III, 170, 205f.; W 1031.
88　W 1043. 強調は引用者による！
89　次を参照。P III, 150〔邦訳 171 頁〕.

暗号は単なる遊戯ではない」[90]。暗号が何であり、いかなるものであるかを決定するのは実存である[91]。

したがって、ヤスパースの暗号は非歴史的なものではないし、一般的なものでも、主体なしにあるものでもない[92]。暗号はその多義性において捉えるだけで十分であり、一義的にする必要はない。というのも、ヤスパースによれば、記号の一義性というものがまさに神の隠れを止揚してしまうからである[93]。

暗号は固定された瞬間に消滅する。それゆえ暗号が命脈を保つためには、それが未決定であることが必要である[94]。しかしこの未決定であることにおいて、暗号は同時にそれ自体を越えて、事物の根拠を示す。すなわち、「『存在』、『無』、『存在でありかつ無であるもの』、『超存在』、『一切に先立つ存在』、『あらゆる存在の彼岸』といった、幾世紀にもわたる哲学的営為において触れられてきたもの」[95] を示す。

しかしここで次のような問いが生じる。超越の非対象性と無像性の要求はすべての暗号‐言語を無効にしてしまうのではないか。たとえ聖書の偶像禁止という要求が満たされないとしても[96]、いやそれどころか、ヤスパースが強調するように、われわれの人間本性のゆえに満たされることが不可能であるとしても[97]、暗号‐言語そのものが偶像崇拝になることはない。というの

90　P III, 151. 同箇所の次を参照。「存在とは誰でも知り得るものであろう、と考えるのは愚かなことである。……すべての人にとっての存在というものは、いかなるあり方でもない」〔邦訳 172 頁〕。

91　P III, 170〔邦訳 194 頁〕.

92　「合理的な二者択一の見かけだけが、抽象的な思弁における霧消か、迷信における身体化か、という選択を強いる。両者ともにわれわれが哲学することを妨げる」（PGO 427; vgl. 482f.; P III, 27）。

93　次を参照。PGO 174, 430.

94　次を参照。W 1031f.; PGO 195. ヤスパースはこれに対して次のような比喩を好んで明らかにする。すなわち、未決定の暗号に対する固定化された不動の暗号は、「生きた植物に対する植物標本、生きた肉体に対する骸骨標本のような」（W 1036）関係にある。

95　PGO 210.

96　次を参照。OGO 385.

97　すなわち、人間の思考能力と直観能力に対して、像は常に現れる（次を参照。CT 91; EP 39）。「われわれがしてならないことを、われわれが自然本性にしたがって、まるでしていないかのように、しなければならない」（AZM 495）。この「並外れた緊張」に哲

も、ここで哲学はそれが行っていることを知っているからである[98]。偶像崇拝が前面に出てくるのは、さらにそこから歩みを進めた場合に限られる。すなわち、心象性が有体性になる場合[99]、超越者が対象的になることが無限の言語[100]、それゆえ浮動し消滅していく言語にとどまらず、神を客観対象とする場合[101]に限られる。つまり「真理だけに相応しいものを像に対して示す場合」[102]に限られる。それに対して暗号は、単なる「道標」にすぎないものと理解される。「いかなる暗号も最終的なものではないし、唯一無比のものでもない」[103]。しかし「内在的な現象において超越者を捉えること」は「瞬間的」には超越者の「物体化」[104]のように見られることもありうる。なぜなら、「超越の現象を示すための一時的な形式としての形姿」は避けられないからである[105]。

　暗号が多義的であることから、暗号の客観的で中立的な理解はない、という結論が導き出される。むしろ暗号のすべての解釈が「暗号の独自の経験についての証言として」示される[106]。暗号は「普遍的に判読することはできず」、むしろ「実存的に解読」されなければならない[107]。

(a) 人格的な神の暗号

　こういった考察は、人格的な神という表象にとってどのような意味を持つだろうか。(ヤスパースはここで人格的な〔persönlich〕神、つまり神の人格性〔Persönlichkeit〕について語るが、今日では „personal"、また

学的に耐えることが必要である（S 197）。
98　次を参照。NMH 249.
99　次を参照。PGO 196f.
100　ここでは多神教も「その現存在において止揚されえない意味」を持つ。「というのも、現存在における実存にとって、超越者は常に揺れ動く形態、それゆえ果てしなく多様な形態をとって現れることができるからである」(P III, 123)〔邦訳 141 頁〕。
101　次を参照。PGO 218, 390f.
102　PGO 391. この意味でヤスパースの哲学は、あらゆる偶像崇拝に対する飽くなき戦いである（次を参照。P III, 39）。
103　PGO 210.
104　P III, 18〔邦訳 21 頁〕.
105　P III, 39〔邦訳 43 頁〕.
106　次を参照。PGO 188.
107　P I, 33.

„Personalität" という語が好んで用いられる。）人間の我は神の汝に対して、この汝が人格的なものと考えられる場合にのみ、相対立することができる。しかしここでヤスパースは直ちに防御する。すなわち、超越者と人格的な神を同一視することが厳しく却けられる。汝の人格性はヤスパースにとっては超越者と同一のものでは決してない[108]。ということは、超越するものは、ヤスパースにとって人格以下ということになるのだろうか。

ヤスパースは、「われわれは人間においてのみ人格性について知る」と書いている。「人格存在は世界において、他のすべての世界存在に対して優れた唯一の人間的な実在である。しかし人格存在は限定された存在としてのみ可能である。それは他の人格を必要とする。というのも、人格は人格と共にしか存在しないからである。それは自己だけでは自己自身に至ることもまったくできない。しかし超越は人格性の根源であり、人格性以上のものであり、人格性のように制限されていない」[109]。ヤスパースによれば、神を唯一的かつ自足的な人格性として考えようとする試みも適切とは言えない。この場合でも神はいくつかの特徴を持った人格性として言明されるので、それによって神が有限化されることになるからである[110]。

ヤスパースによれば、人格存在において超越者は、まさに人間であるものに格下げされる。しかし、超越は人間の人格存在の根源として人格より格下には決してなりえず、むしろ格上のものである[111]。この意味で、「超人格的な超越者」について語ることが、より適切である[112]。人格存在の根源としての超越者ということであるが、プロティノスも、神あるいは一者を、存在、生、思考としてではなく、むしろ、存在、生、思考の根源（アルケー [arche]）と呼んでいるので、ヤスパースはここでプロティノスに接近しているのではないだろうか。この問いに対する答えは先延ばしにしておこう。

(b) 神と神性

このように人格的な神の暗号について深く考察していくと、ヤスパースが

108　PGO 219.
109　PGO 224; vgl. 225. 236; P III 166; CT 59f., 66; AZM 493; PO 79; S 183f.
110　PGO 236.
111　次を参照。PGO 220, 236.
112　次を参照。PGO 373.

神秘主義の伝統から受け継いだ神（deus）と神性（deitas）の区別によって何を解明しようとしているかが明らかになる。「神（deus）は、超人格的な捉えられない神性（deitas）が人間に向かうための形式である」[113]。この意味における神性（deitas）は、神（deus）以下のものではなく、むしろ神（deus）以上のものである[114]。ヤスパースは次のように書いている。「神性（deitas）を考えようとするなら、基体（Substrat）、実体（Substanz）などといった一般的なカテゴリーに陥り、最終的にはもっとも一般的かつ空虚なカテゴリー、つまり絶対他者（das ganz Andere）というカテゴリーに陥る。しかし、そのカテゴリーで考えても何の役にも立たない。というのも、神性はあらゆる形態をもったもの、またあらゆる思考可能なものから遠く離れているからである。それは超越者の本来的な現実性なのである。しかしわれわれは、この本来的な現実性に関わろうとしても、思考や表象においては常に暗号を見いだすことしかできない、という緊張状態を生きるしかない」[115]。

そもそも神はこの意味での暗号であるのに対して[116]、神性あるいは超越的なもの（Transzendente）は暗号ではなく、「あらゆる暗号の彼岸」[117]である。しかし、われわれはこれに多義的な暗号の言語において関わる。それは考えることができないが、しかし考えられなければならない[118]。しかしヤスパースによれば、「あらゆる暗号の彼岸」というような概念でさえ、超越性を言い当てるものではない。「超越者が思考されるとしても、それはその思考において同時に失われることになる」[119]。哲学的思弁の思考は、究極的には自

113　PGO 224; vgl. 404.
114　PGO 224.
115　PGO 224f.
116　次を参照。CT 50.
117　CT 93.
118　次を参照。PGO 385.
119　PGO 417. ここでもヤスパースの以下の解明がさらに事情を明らかにしている。「われわれが『神』というとき、その語には本質的にわれわれの心を打つものがある。われわれが『超越者』というとき、その語には本質的に思惟において明快となるものがある。わたしが、神は超越者の暗号である、と言うとき、ある特定の神の形態、すなわち人格的で、行為しつつ語る神が想定されている。わたしが神の暗号について語るとき、神自身が超越者と同一視されている。論理的に迷わせるような変動する言語使用が迷わせることをやめるのは、そのような言語の根本的な意味がそこに現れるときである」（PGO 486f.）。

己自身を止揚するような思考である[120]。しかし人間の立場にあるわれわれの課題は、禁じられた発言をやめるということではない。「むしろ、禁じられたものにおいて、本来的、根本的に禁じられた固定化を止揚することによって動くこと」[121]である。

ここから分かるように、ヤスパースはブルトマンの非神話化プログラムとは反対の立場に立っているが、同時にブルトマンの非神話化はこの信仰による独断的行為のために徹底されていない、と非難することもできる。ヤスパースは次のように総括的に判断している。「しかし全体としては、非神話化はあらゆる神話世界、つまり暗号の王国と言うべきものをわれわれから奪い、超越の言語をその全体的な豊かさと多義性においてわれわれの実存から取り上げるのである」[122]。

3．カール・ヤスパースにおける否定神学？

暗号-言語は、それゆえ最終的に神性を啓示しない。神は——どんな暗号によっても——隠されたままであり、認識されないままであり[123]、絶対的に超越している[124]。「何が神であるか」について「私は決して認識しないであろう」[125]とヤスパースは簡潔に述べる。「神が存在するということ (daß) だけで十分である」[126]。暗号-存在は、常に究極的には神の現在だけを指すので

120　次を参照。PGO 418f.

121　PGO 487.

122　PGO 431.

123　次を参照。VE 120. この箇所でヤスパースは暗号を「神の痕跡（vestigia dei）」と呼び、はっきりと強調している。「暗号は哲学者にとって何らかのことを意味しているが、それはその暗号が暴露することのできない秘密を究極の本来的な存在として示す限りにおいてである」。

124　次を参照。EP 63. H. ホルンは、ヤスパースが神の隠れを「絶対化している」と述べているが、それは正当である。H. Horn, Philosophischer und christlicher Glaube. Erläutert an dem Verständnis Jesu in der Philosophie von Karl Jaspers, Essen 1961, 39f.

125　P III, 123; vgl. VE 43; PG 31. B. ヴェルテ（Welte）は次の箇所で、ヤスパースにおいては超越者の哲学的開明が十分に規定されないままである、と批判している。

126　PGO 360. 強調は引用者による！　次を参照。PGO 31; P III, 125, 236; RA 264, 345; AZM 492f. H. ザーナーによると、この定式において重要なのは「エレミヤ書45章5節

あり、その認識可能性を意味しているのではない！[127]

　しかし、遅くともこの箇所に来ると、次のような問いが迫ってくる。それなら暗号は究極的に神について何も言明しないのか？　もちろん古典的な否定神学は——それが否定表現を用いているにもかかわらず——、例えば知恵、善、一者、人格性などの事態が、実際に「それ自体で」神にふさわしい、というところから出発する。クラウス・クレーマーは、これとの関連で二重の「それ-自体」の間を見事に区別している。「われわれが神を『それ自体』では認識できないということが結局のところ意味するのは、われわれは神について、われわれが神自身から作り出す概念や表象では知り得ず、むしろわれわれが被造物から作り出す概念や表象を通してしか知りえないということである。……それゆえわれわれは神について、神が何であるかを知らず、神が何でないかだけを知る。……しかしわれわれは、例えば『神』という理念には客観的な実在性がふさわしいかどうか、そして、この神は『それ自体』で人格的、無限で、知恵があり、思いやりがあり、存在そのものであるかどうか、『それ自体』で超主観的かつ客観的な意味でのみ理解されるかどうか、ということについては、その知恵や善意や一性などが神のうちでいかに実現しているかという様態を知らなくても、認識することができるのである」[128]。それゆえ、否定神学の「無-知」には、常にある種の「知」が含まれていることになる[129]。このことからアウグスティヌスの「神は知らないということを通してよりよく知られる（Deus nesciendo melius scitur）」[130] という言葉が理解できるようになる。また、プロティノスが言った、われわれは一者については十分に言明できるが、〈かのもの〉については言明できない、われわれは「何か偉大なもの」が自分の中にあって、ある仕方でそれに気づくとい

の基礎にある信仰態度をヤスパースが書き直した」ということである（NMH 322: Anm. 2 zu Nr. 233）。これについては次も参照。J. M. Lochman, Transzendenz und Gottesname, a.a.O.（注17），11.

127　次を参照。S 192.

128　K. Kremer, ‚Gott ist anders‘. Eine Begegnung mit der gleichnamigen Schrift von J. A. T. Robinson, in: Trierer Theologische Zeitschrift 75 (1966) 193-210 u. 257-274, 260.

129　次を参照。K. Kremer, Die neuplatonische Seinsphilosophie und ihre Wirkung auf Thomas von Aquin, Leiden 2. Aufl. 1971, 151.

130　Augustinus, De ordine II, 16, 44.

うことを「知っている」ということ[131]、さらにはアクィナスが言った、知恵 (sapientia) が否定されるのは知恵が神に欠けているからではなく、それがわれわれによって述べられたり洞察されたりするよりも優れた仕方で神のうちにあるからである、という言葉[132]が理解できるようになる。

　しかしヤスパースの場合は、これとは事情が異なっているように思われる。例えば人格性という属性を考慮してヤスパースは次のように述べているからである。「人間の人格性はわれわれにとっては、世界における現実の最高形態である。それにわれわれは出会い、われわれ自身がそれになることができる。それゆえ、人格性は神性を見ることを可能にする形式である。しかし世界における最高のものも世界存在である。それを神へと移し替えることは、基本的に他の世界存在を神に移し替えることよりも真実性があるわけではない。……神を人格性と考えるあらゆる思想は、現実への洞察を指していないし、冒瀆的であるように思われる」[133]。もちろん、知恵、善、一性などの属性にとっても同じことが当てはまる。この意味で、ヤスパースとっては、神の人格性についての言明のようなものは、神についての知ではなく、ホメルが適切に定式化しているように、「実存の暗号化された自己理解」である[134]。ヤスパースによれば、「超感性的なものの特殊なカテゴリーと誤認されているもの」は例外なく、その源泉を内在者のうちにおいて持っており、それが超越に移行することは「誤った認識」を生じさせる[135]。

　しかしこのような理解は、古典的な否定神学の立場からは本質的に区別される。すなわち、これによると神は絶対的に超越しているのではなく、まったく隠されているのでもない。この否定神学もまた神を有限化するという危険に常にさらされていることを自覚しているとしても、神は自然啓示によっても超自然的な啓示によっても「捉えられ」たり有限化されたりすることはないのである。

　自然的であれ超自然的であれ[136]、啓示が神の隠れを止揚するとヤスパース

131　次を参照。Plotin, Enneade V 3, 15, 5f. 9-12.
132　Thomas von Aquin, De pot. Dei VII 5 ad 2um.
133　S 184.
134　C. U. Hommel, Chiffer und Dogma, a.a.O.（注 1），95. 強調は引用者による！
135　NPL 19.
136　ここでヤスパースはこの 2 つの対立を認めていない。「啓示そのものは自然的ではな

が考えているなら、彼は誤った解釈をしていることになる[137]。というのも、特にカール・ラーナー以後の神学がよく知っているように[138]、超自然的啓示は単にそれまで知られていなかったものを開示するだけでなく、そこになおも残る秘密へと導き入れる、すなわち神が根源的に捉え難く、こちらの意のままにならないことをさらに深く示してもいるからである。またトマス・アクィナスが明確に述べているように、われわれはイエス・キリストにおいて現れた神の啓示に・よ・っ・て・、神が何であるかを知るのではなく、神が何でないかを知るにすぎない[139]。ヤスパースはこの教説を知っているが、ここでは「キリスト教特有の矛盾」[140]について述べている。そして人間と世界における神の自然的啓示に依拠した神理解も、エーリヒ・プシュワラの造語である存・在・ノ・類比（analogia entis）[141]に基づいているので、クザーヌスが言うように、神をそれ「自体」で、あるがままに認識できるとは主張しなかったのである。

いのか？　自然的なもの自体は超自然的ではないのか？」（PGCO 12; vgl. PGO 109）。

137　次を参照。PGO 105f., 118, 487; P I, 302. その際、人間の自由はここで危険にさらされている（次を参照。PGO 37f., 110, 481; EP 37; P III, 79）、という論証がようやく第二の立場に至る。ここで言われている限りにおいて、ヤスパースは超自然的な啓示を超自然主義的に誤解していることになる。次の関連文献を参照。H. Fries, Ist der Glaube ein Verrat am Menschen? Eine Begegnung mit Karl Jaspers, Speyer 1950; ders., Karl Jaspers und das Christentum, in: Theologische Quartalschrift 132 (1952) 257-287; ders., Ärgernis und Widerspruch. Christentum und Kirche im Spiegel gegenwärtiger Kritik, Würzburg 1965, 41-99. これと並んで次の文献も挙げておくべきであろう。H. von Campenhausen, Die philosophische Kritik des Christentums, a.a.O.（注 6）; H. Bock, Transzendenz und Offenbarung. Zum Gespräch mit Karl Jaspers, in: Zeichen der Zeit 9 (1955) 81-89; B. A. Willems, Zu Karl Jaspers' Philosophie der Transzendenz, in: Freiburger Zeitschrift für Philosophie und Theologie 9 (1962) 247-255; J. Schmitz, Darstellung und Kritik des Offenbarungsglaubens bei Karl Jaspers, in: Trierer Theologische Zeitschrift 74 (1965) 83-99; H. Johach, Karl Jaspers' Kritik am Offenbarungsglauben, a.a.O.（注 17）; G. Roth, Philosophischer Glaube und Offenbarungsglaube bei Karl Jaspers, in: R. Lengert (Hg.), Philosophie und Freiheit. Karl Jaspers: 23.2.1883-2.2.1969, Oldenburg 1983, 31-48.

138　次を参照。K. Rahner, Über den Begriff des Geheimnisses in der katholischen Theologie, in: Ders., Schriften zur Theologie, Bd. IV, Einsiedeln 5. Aufl. 1967, 51-99, bes. 76f. u. 98.

139　次を参照。Thomas von Aquin, Summa theologiae, I 12, 13 ad 1um.

140　PGO 51; vgl. 180, 182.

141　次を参照。E. Przywara, Analogia entis I, München 1932.

(a)「存在の類比」の拒否

　結局、ヤスパースの立場の背後にあるのは、哲学的な類比思想の断定的な拒否である。類比思想はプラトンが最初に展開したものであるが、西洋の形而上学的思考の基礎となっている[142]。類比はヤスパースにとって「神性を覆い隠し制限して理解可能にするものであり、神の隠れの厳粛さを和らげるものである」。簡潔に言えば、「神性を類比によって考えることは常に神を世界の事物にすることである」[143]。しかしそれに伴って、神を人格存在の起源として語ること[144]は、ヤスパースにおいてはもはや認識価値を認められることではないように思われる。同じことは、超越についての他の言明にも当てはまる。

　しかし神についてのわれわれの言明に、もっとも厳密な意味での肯定的な認識価値が認められないなら、私はいかなる権利によって神の現実存在をなおも受け取ることができるだろうか、という問いが生じる。というのも、神の現実存在を認めることは、この神について何らかの概念、つまり究極的には何らかの肯定的な認識を持つということを前提にするからである[145]。ここでヤスパースの立場は矛盾しているように見える。というのも、神が存在しているということは、彼にとっては問題にならないほど明白であるからだ。しかしヤスパースは、神が存在しているということについて、例えば神の存在証明という意味での自然的な神認識には依拠せず、カントの実践理性の要請にも、ましてや彼が拒否した実定的啓示にも依拠していない。むしろ彼は、自らの自由の意識に依拠している[146]。ヤスパースによれば、私は自由におい

142　NPL 25f. 164; vgl. PGO 389.

143　PGCO 75.

144　本論第2節（a）を見よ。

145　これについては、デカルトの『省察』に対するカテルスの異議にデカルトが応答したことも参照。「というのも、この一点に私の論証のすべての力が依拠しているからです。第一に、少なくとも神が私によって理解できる限りで、あの理念には神が何であるかということが含まれているからである。そして真の論理学の法則によれば、人はいかなる事柄においても、それが何であるかが前もって理解されていないなら、それがあるかどうかを問うことはできないのである……」（Resp. I, in: Œuvres de Descartes, hg. C. Adam u. P. Tannery, 11 Bde., Paris 1982-91 [„nouvelle présentation"], VII 108）。強調と翻訳は引用者による！

146　次を参照。S 186-189.

て超越を経験し、自由によって超越が贈られることが分かるのである[147]。

しかし、ヤスパースの立場はデイヴィッド・ヒュームの立場とは異なっている。それはヒュームが次のように言っているからである。「神の現存在ではなく神の自然本性が問題となる。神の自然本性について私は、それが人間悟性の弱さの結果として、われわれには完全に理解不可能、認識不可能であると主張する」[148]。さらにヒュームは、次のように言う。「しかしわれわれは、われわれの表象が何らかの仕方で神の完全性に対応しているとか、あるいは神の特性が人間自身の特性と何らかの相似性を持っているなどとは考えないようにしたい」[149]。

『哲学的論理学』の遺稿において明らかになっているように、これは究極的にはヤスパースの立場でもある。「類比、象徴、暗号」という表題の下で、次のように言われている。「われわれは類比によって超越者を考える。それはつまり、われわれは世界における状態を絶対的な存在に置き換えることによって、思考不可能なものへと超越することを挫折しながら遂行するということであり、あたかも似ていないものが似ているかのように考えるということである。将帥が軍勢に対して振る舞うように、舵手が船に対して振る舞う――この類比では、有限なものが有限なものに比せられる。人間が人格として自己を認識し、愛し、形成しつつ事物に関わるように、神は世界に関わる――この類比では、有限なものが無限なものに比せられる。有限と無限の間にはいかなる類似性も、いかなる関係もないので、この類比は挫折している

147　PGO 118; vgl. P II 198f. 次も参照。「われわれが神性、超越者について確信するのは、われわれが自然や世界を観照することによってではない。むしろ決定的な点は、われわれが自由であることである。すなわち、われわれが世界に基づいて把握するのでなく、われわれの自由の可能性においてわれわれが贈られ、またわれわれが贈られる根拠に関連しているときにだけわれわれは自由を所有している、というのが決定的な点である。そして、その根拠をわれわれが知ることはない。ただ次のことに気づくだけである。つまり、われわれの自由がわれわれ自身によるのではなく、われわれの自由そのものが、『われわれは自分自身を創造したのではない』という、われわれの現存在に当てはまる命題の根底にあるのである」(CT 74f)。

148　D. Hume, Dialoge über natürliche Religion, hg. G. Gawlick, Hamburg 5. Aufl. 1980, 17. 強調は引用者による！

149　Ebd., 19. 強調は引用者による！

ことになる」[150]。たしかにヤスパースはここでそれを比例性（Proportionalität）の類比に関係づけているが、それはもちろん比例（Proportion）の類比にも関わるものである[151]。というのも、同巻で彼は「存在ノ類比」という表題の

150　NPL 164.
151　いわゆる比例の類比あるいは帰属の類比は形而上学にとって決定的な意義を持つ。ただし、それは比例性の類比のことではない。ラテン語の「proportio」という言い回しは、ギリシア語の「analogia」の翻訳である。この類比の形式は帰属の類比とも呼ばれたが、それは、ここで第一の類比物（神）に依存している第二の類比物（被造物）に対して、類比的に共通のもの、すなわち Analogon（存在）が「分与」（これはラテン語の *attribuere* から派生している）されているからである。ここで、アリストテレスがこの類比の形式に対して「類比」という名称を使ったのではない、ということがかなりの混乱を招くことになった。彼はむしろこれを類比の別の形式に対して使ったのである。それは形而上学の領域に起源を持ち、2つの関係の類似性を表現する形式である（vgl. Metaphysik V 6; 1016 b 34）。例えば、8:4 = 4:2 など。その場合、この類比の形式は後に比例性の類比と呼ばれた。たしかに特定の発見的な機能もこの類比にはふさわしいが、それは形而上学においてはむしろ下位の役割を担っている。またアリストテレスは事柄に即して、いわゆる比例の類比のことも知っている。その一つの仲介は Univokation（アリストテレスでは Synonymie）と Äquivokation（アリストテレスでは Homonymie）との間にある。彼自身はこれを、すでに述べたように、「類比」という名称で呼ばず、派生（Paronymie）との連関において語っている。これを示す古典的な例は健康である（vgl. Metaphysik IV 2; 1003 a 34）。「健康」は根源的な意義を持っている。それは人間の状態を、あるいはより一般的には、生物の状態を示している。それに対して、われわれが日常言語からよく知っているように、薬品や入浴を健康的と呼ぶなら、その語を派生した意義で使っていることになる。したがって、もし入浴が健康的と呼ばれるなら、入浴は人間の健康を維持すると考えられる。「健康的」という概念においてと同様に、様々な存在者がそのつど、アリストテレスにおける実体（Substanz）がそうであったように、第一の存在者に対して別の関係を持つのである。というのも、偶有性（Akzidenz）(vgl. Metaphysik, VII, 1; 1028 b 1-7) と別の意味「である」からである。「健康的」あるいは「存在する seiend」という概念は、「ひとつのものに」関係づけられる。例えば「健康」は生物などに、「存在」は実体に、後のトマスにおいては神に関係づけられる（vgl. Summa Theologiae I, 13, 6）。それによって「プロス・ヘン言明」〔一つのものとの関係〕という表現も理解されるべきである。またここで類比論の歴史において新たに大きな混乱が始まる。それはギリシアのアリストテレスの註釈者によって、形而上学に由来する比例性の類比と、アリストテレスのいわゆる「プロス・ヘン言明」が一つの部類にまとめられたからである。トマスでさえも初めは類比の2つの形式を用いているが、最終的には（だいたい1260年以来）比例の類比あるいは帰属の類比だけが妥当であるとされ、それゆえアリストテレスの「プロス・ヘン言明」が妥当とされた。これについては次を

下でこの2つの類比の形式を区別しているからである。しかしその後で彼は最終的に、次のことを確認している。「類比について考えてみると、ある瞬間に持っていると思ったものをすぐに失う。すべての存在者の存在が関わっている存在とは何か。それは超越者か。もし超越者であるなら、存在しているものはこの超越者の存在とどのように関わるのか。存在するすべてのものが一致するような関係の存在とは何か。存在はそこでは多義的であるか。すなわち、本質的に様々なものが、たまたま常に存在と呼ばれているのか。あるいは、一義的であるか。それに対して、類比は多義性と一義性の間にある、と答えるなら、すなわち、類比はすべての存在者において存在が類似していることを意味する、と答えるなら、根源的な区別も、存在者における存在の十全な同等性も、存在を止揚する、と答えるなら、それが区別不可能なものの分裂にあろうが、その無差異にあろうが、この『類似性』は問いを別の形にしたものにすぎない。それでは、この類似性とは何であろうか」[152]。

(b) 神——「絶対他者」[153]

このようなヤスパースに代表される立場から生じる危険について、エドゥアルト・シュプランガーは極めて適切に述べている。「そうなると、その場は『彼岸』の側で再び完全に空虚になるように見える。そこには、人間が気づくようなものは何もないし、いわんや、適切なイメージに近いものを持つことさえできないだろう。われわれは『知られざる神』のもとに再びいることになる。それは敬虔な信仰によって気づかれるとしてもである」[154]。

ヤスパースが古典的な否定神学と歩みを共にするのは、最初の一歩だけである。すなわち、否定というところだけである。それに続く第二歩を彼はきっぱりと拒絶している。すなわち、単なる否定を超えて、常に「いわゆる」

参照。J. Hirschberger, Paronymie und Analogie bei Aristoteles, in: Philosophisches Jahrbuch 68 (1960) 191-203.

152　NPL 26.
153　Vgl. CT 82.
154　E. Spranger, Gesammelte Schriften, Bd. IX: Philosophie und Psychologie der Religion, hg. H. W. Bähr, Tübingen 1974, 374. 強調は引用者による！　ヤスパースはこの種の非難を知っていたし、それを取り扱っている。また彼は、「哲学的神思想の外見上の貧弱さ」と「哲学の貧困」について自ら語っている（S 185f.）。

(*hoion*, quasi) を備えた肯定に至ることを拒絶している。しかしここにヒュームとの違いがある。それは、ヤスパースによれば人間は神性への超越において暗号のなかで動くという点である。この暗号はたしかに、それが神自身であろうとするなら役に立たないが、暗号のあり方に応じて、多かれ少なかれ適切な仕方で、いわばその道を導くのである[155]。しかしこれは究極的に、暗号は実存について何らかのことを言明しているが、超越については何も言明していない、ということを意味している。この意味でヤスパースもはっきりと次のように述べている。「人間がそのつどの特殊な暗号において話しかける仕方は、その人の生の契機である。人間が神の暗号を考えるように、この像に従って彼も自分自身になるのである」[156]。

以上のことから、次のような結論に至る。(1) 私は文献のなかでほとんど一致して掲げられる、ヤスパースは「否定神学者」である[157]、というテーゼに与することはできない。神について語ること、つまり超越について語ることに対して、適切に制限された内容的充実が拒否されるなら、古典的な否定神学の道は見捨てられるからである。

155　PGCO 75.
156　PGO 249; vgl. PGO 230; CT 77. 強調は引用者による！　神は「完全他者」であるという理解を、ヤスパースは自らの神学における反対者であるカール・バルトと共有しているのである。そのつどの前提はまったく異なる性質を持っているとしても、理解は共有されているのである。バルトによれば、人間は人間として神について何らかのことを知りえない。ただ神ご自身だけが自らについてキリストにおいて、キリストを通して、知らせることができるのである (vgl. K. Barth, Der Römerbrief, München 12. Abdruck der 2. Aufl. 1922, 21 u.ö.; これについては次を参照。W. Schüßler, Der philosophische Gottesgedanke, a.a.O. [注29], 195-198)。当然、ここで道は分かれることになる。というのも、「神人」というのはヤスパースにとって決定的なつまずきの石となるからである。彼は『真理について』という著作でさらに歩みを進めて、人間を「カトリック性」か「理性」かの二者択一の前に置いている (VdW 832ff. を参照)。そこではカトリック性の本質が、ヤスパースにとってはキリストの神人性において表現されている。その背景には、哲学と宗教との関係についての彼の原則的な見解がある。それは次の有名な言説において表明されている。「宗教に対する緊張は絶対的なものである。すなわち、本来的な意味における宗教者は神学者になることはできるが、断絶なしに哲学者になることはできないし、哲学者の方でも断絶なしに宗教者になることはできない」(P I, 294)。
157　例えば、次を参照。C. U. Hommel, Chiffer und Dogma, a.a.O. (注1), 223 Anm. 107:「ヤスパースが『否定神学者』であることは疑う余地のないことである」。さらなる出典については上の注17を見よ。

(2) ヤスパースが単なる否定を越えず、古典的な否定神学と同様に、肯定の道（via affirmationis）と卓越の道（via eminentiae）によって否定を補うこともしないということは、最終的に彼が類比の思想を断念したことに基づいている。この断念は、彼の思考が神に関わるところで失敗する目立った点（punctum saliens）として示されるだろう。

　(3) それにもかかわらずヤスパースが神思想に取り組んでいることは、十分に認められなければならないし、評価されるべきである。神性が現在することを彼は極めて深く確信しており、その神性をあらゆる世俗化と客観化から守ろうとする彼の努力[158]はどんなに評価してもしすぎることはない。というのも、それは神について語ろうとするあらゆる思想的取り組みを修正するものとして欠かせないからである。しかし神の超越を強調しすぎると、それは最終的に空虚なものになってしまう。それゆえパウル・ティリッヒは次のように警告している。「永遠に異議申し立てを続けると、あらゆる具体的内容が取り除かれるということもあり得る」[159]。ヤスパースは明らかにこの危険に屈しているのである[160]。

158　次を参照。P III, 39:「超越の世俗化を各々の隠れ処にまで追撃することは、決して完成されえない、繰り返し現れる課題である」。

159　P. Tillich, Gesammelte Werke, hg. R. Albrecht, 14 Bde., Stuttgart 1959ff., VII 136; vgl. XII 29〔『プロテスタンティズム時代の終焉』ティリッヒ著作集 5、古屋安雄訳、白水社、1978 年、『出会い』ティリッヒ著作集 10、武藤一雄／片柳榮一訳、白水社、1978 年〕．これについては次を参照。W. Schüßler, Jenseits von Religion und Nicht-Religion. Der Religionsbegriff im Werk Paul Tillichs, Frankfurt/M. 1989, 136f.

160　「不可知論的態度」（例えば A. Kolping, Fundamentaltheologie, Bd. I, Münster 1968, 204; 次を参照。C. U. Hommel, Chiffer und Dogma, a.a.O.〔注 1〕, 85）については、私はヤスパースにおいては語ろうと思わない。なぜなら、神の現実存在は彼にとってはやはり問題にならないからである。

XV

ペーター・ヴェルゼン

リクールによる宗教の解釈学的現象学

宗教的象徴の解釈学から宗教的テクストの解釈学へ

　フランスの現代哲学は宗教現象との取り組みをとりわけ集中的に行っているが、リクールはその代表者の一人と見なされている。彼はそのことで繰り返し非難を受けることになってしまうのであるが、その非難とは、彼が推進しているのは哲学というよりも隠れ神学（Kryptotheologie）なのではないかというものである。ミシェル・トールは『フロイトを読む――解釈学試論 De l'interprétation』の書評において、次のような結論に到達している。それは、リクールによるこの『フロイトを読む――解釈学試論』は、「倫理的－宗教的な良心の呵責を合理化してしまっている」というものであった[1]。もちろん、リクールはこの評価に同意していない。彼が重視しているのは、自らの個人的な――ルター主義的な特徴を持った――確信が哲学的反省へと流れ込んでいくのを許すことなく、この２つの領域を分離したままにしておくということである。『他者のような自己自身 Soi-même comme un autre』の序文において、リクールは断固とした態度でもって次のように説明している。「人は次のことに気づくだろう。このような議論上の禁欲は、思うに私の哲学的著作の全体を特徴づけているものであるが、それは次のようなタイプの哲学へと辿り着く。そこでは実際に神を名指すことは行われないし、神についての問いは、哲学的な問いとしては未解決のまま残される。このような処理の仕方は不可知論的とも呼ばれうるだろう」[2]。

1　Vgl. Michel Tort, De l'interprétation ou la machine herméneutique, in: Les temps modernes 21 (1966), 1470.
2　P. Ricœur, Soi-même comme un autre, Paris 1990, 36; ドイツ語訳：Das Selbst als ein Anderer,

357

この2つの評価のどちらがより実情に即しているかどうかはさておき、次のことを確認しておくべきであろう。つまり、リクールは合理的神学を放棄しており、それに対して宗教の解釈学的現象学とでも呼べるようなアプローチを主張しているということである。すなわち、彼は一方で、神的な存在が現実に存在しているということや、その諸性質が単なる理性によって認識され、まったく思弁的にそのことを徹底できるという要求を行き過ぎたものとして却下する。そして他方で、神的な存在に関する事柄は象徴、神話、そして他の形式による言語的媒介など、それぞれ解釈を要求するものによって伝えられるということを彼は強調する。リクールによれば、そのような解釈学的現象学の最終的な課題は、神的なものを解釈する限界や可能性を定めることや、その多様な現れ方の中で神的なものを正当に評価するといったことではない。いまや解釈は確実性を保証するものではなく、終わることのない解釈学的な運動によって、絶対他者としての神的なものへとせいぜい近似的に迫っていくことができるだけなのである。特に興味深いことに、リクールは互いに対立する諸解釈が複数あるというところから出発するのであるが、それによって宗教批判的な考察をも自らのアプローチに取り込み、宗教的寛容を擁護することが可能になるのである。

以下では、リクールの宗教哲学的な考察を、彼の解釈学的現象学のアプローチの枠内において解明することが試みられる。その際に示されるのは、彼の初期の宗教哲学は象徴の解釈学という文脈にあること、そしてまた、彼の後期の宗教哲学はテクストの解釈学という文脈へと継ぎ合わされることである。

1. 宗教的象徴の解釈学

リクールは宗教哲学についての考察を、3巻で構想された意志の哲学の枠内でまず展開する。ただし、刊行されているのはその内の2つ――『意志的なものと非意志的なもの *Le volontaire et l'involontaire*』と『有限性と罪責

München 1996, 36〔『他者のような自己自身』久米博訳、法政大学出版局、1996年〕.

性 *Finitude et culpabilité*』——のみである[3]。第1巻に関していえば、リクールはそこで人間意志の形相的叙述を提示する。この文脈で彼は決意、行為そして同意の現象を詳細に追求していくが、そこで彼は非意志的なものの診断学に向けて、そのつど意志的なものの叙述を遂行してゆく。その結果、両者は最終的に一つの総合において止揚され、そこにおいて——制限された仕方で——意志の自由が保持されるようになるのである。人間にとって特有な「隷属的自由」とは、精神的な契機と身体的な契機が和解されないままになっているような存在者の自由なのである。

　形相的叙述の方法が意志的なものと非意志的なものの関係の本質的構造を解明することを目指しているのであれば、この構造は意志の具体的な行為から抽象されなければならない。それゆえ、リクールは過ちの現象も自らの探求から除外する。というのも、この過ちの現象は把握不可能な飛躍によって世界へとやってくるからである。具体的な現象としての過ちは、形相的叙述によってではなく、ただ経験的叙述によってしか接近することができないのである。

　さらに、無罪と超越は意志の形相論と同様にその経験論の枠組みを破壊してしまうとリクールは説明する。超越についてこのことはただちに納得がいく一方で、無罪については、これが形相論からすり抜け落ちてしまうということが主張される。なぜならば、無罪は人間本質のメルクマールを成しているわけではなく、過ちという飛躍はいつもすでに起こってしまっていることなので、それは経験論に過大な要求を行うことになるからである。無罪と超越の両者は想像のなかにのみ現れることができ、それゆえ別の領域に該当する。すなわち意志の詩学である。ただこの意志の詩学のみが、創造から始まって終末までに至る救済史的な連関を打ち開くことができるのであるが、過

---

[3] P. Ricœur, Le volontaire et l'involontaire, Paris 1950〔『意志的なものと非意志的なものⅠ、Ⅱ、Ⅲ』滝浦静雄／箱石匡行／竹内修身訳、紀伊國屋書店、1993–1995年〕ならびに P. Ricœur, Finitude et culpabilité I. L'homme faillible/Finitude et culpabilité II. La symbolique du mal, Paris 1960〔『人間——この過ちやすきもの』久重忠夫訳、以文社、1978年；『悪のシンボリズム』植島啓司／佐々木陽太郎訳、渓声社、1977年；『悪の神話』一戸とおる／佐々木陽太郎／竹沢尚一郎訳、渓声社、1980年〕；ドイツ語訳：Die Fehlbarkeit des Menschen. Phänomenologie der Schuld I/Symbolik des Bösen. Phänomenologie der Schuld II, Freiburg/München 1971.

ちは最終的にはそこに埋め込まれているものなのである。

『有限性と罪責性』の第1巻、『人間——この過ちやすきもの L'homme faillible』は、方法論的に『意志的なものと非意志的なもの』につながっている。形相的叙述の位置へと入り込んでくるのは、リクールが純粋反省と名づける方法である。純粋反省とは「イメージ、象徴、あるいは神話を用いないで遂行される」やり方のことであって、その対象の「全体的了解」へと到達するという要求を負っている[4]。いずれにせよ、純粋反省が過ちの現象において挫折することになるのは明らかである。しかしながら、純粋反省が成し遂げることのできるのは根本的なものだ。それは「悪をはじめて可能にする構造的な弱さ」[5]として、過ちの可能性の条件であるような可謬性の理解へと到るのである。認識、行為、感情の領域を探求することから出発して、人間は有限なるものと無限なるものの不均衡によって刻印されていることをリクールは示す。悪が突然現れうるような弱さはここに基づいているのである。「人間が過ちをおかすものであるということは次のことを意味する。すなわち、自己自身と一致しない存在に固有な制限性、それが悪が生ずる根源的な弱さなのである。そしてそれにもかかわらず、悪がこの弱さから生じうるのは、ただ悪が措定されるからなのである」[6]。

『有限性と罪責性』の第2巻である『悪の象徴系 La symbolique du mal』は、内容的にも方法論的にも転回を伴っている。『意志的なものと非意志的なもの』と『人間——この過ちやすきもの』において悪という現象の前提が明らかにされたのに対して、リクールはいまや悪の現象そのものに迫っていくことになる。『悪の象徴系』において彼は、意志の経験論と神話学を展開するために形相的叙述と純粋反省を放棄するのである。

このことがまずもって意味するのは、悪がその具体的な形において主題化されるということである。もちろん『悪の象徴系』は近似的な接近にとどまるのであるが、それは悪が直接的にではなく、間接的にのみ——告白の言語において——現れるからである。この『悪の象徴系』は3つの段階に分けられる。すなわち悪の原象徴、原象徴を語りとして仕上げるものとしての始ま

4　Vgl. P. Ricœur, L'homme faillible, Paris 1960, 21 u. 26; ドイツ語訳：Die Fehlbarkeit des Menschen, Freiburg/München, 17 u. 23.

5　Ebd. 11; ドイツ語訳：8f.

6　Ebd. 162; ドイツ語訳：189.

りと終わりの神話、そして原象徴を理論的に仕上げるものとしての悪についての思弁である。

　リクールは象徴を特殊な言語的記号として定義する。そこにおいて特有なものは、シニフィアン（*signifiant*）とシニフィエ（*signifié*）、言語内的な記号と言語外的な指示対象という二分法と並んで、字義的・顕在的な意味と転義的・潜在的な意味という第3の二分法である。その二重の志向性のゆえに、象徴は両義的な記号なのである。これはもうひとつの指標が付け加えられることによって、ほかの両義的な記号——アレゴリーやメタファーなど——から区別される。その指標とは、象徴の内実は余すところなく明らかにされてしまうことがありえないということである。それゆえ、象徴とは不透明な記号なのである。そこから理解できるのは、象徴が反省と対立的な関係にあるということである。リクールは、反省を一義性と普遍性を目指す手続きとして理解しているが、他方で象徴は一義的でも普遍妥当的でもない。象徴は「言語や文化の多様性にとらえられて」[7]おり、その意味論的な曖昧さと同様に、意味論的なものを超えていく不透明さにおいて際立っている[8]。反省が理性の自己措定に基づいているという事実にかんがみると[9]、象徴との対立は次のような点で先鋭化する。つまり、象徴は理性から生ずるのではなく、単にそこに存在しているのである。「まず象徴が存在している。私はそれに出会い、それを見いだす」[10]。反省の力は象徴の事実性に面して終わりを告げるのである。

　リクールによると、象徴は3つの次元を指し示す。つまり、宇宙的な次元、夢の次元、そして詩的な次元である。宇宙的な次元は聖なるものを指示するが、夢の次元は人間精神の古層を指し示す。それに対して、例えば文芸作品において用いられるように、詩的な次元は象徴の創造的な側面を意味してい

7　P. Ricœur, De l'interpretation. Essai sur Freud, Paris 1965, 49〔『フロイトを読む——解釈学試論』久米博訳、新曜社、1982年〕；ドイツ語訳：Die Interpretation. Ein Versuch über Freud, Frankfurt/M. 1969, 54.

8　Vgl. auch P. Ricœur, Interpretation Theory. Discourse and the Surplus of Meaning, Fort Worth 1976, 57ff.〔『解釈の理論——言述と意味の余剰』牧内勝訳、ヨルダン社、1993年〕.

9　Vgl. P. Ricœur, a.a.O.（注7）, 50f.; ドイツ語訳：56.

10　P. Ricœur, La symbolique du mal, Paris 1960, 26, ドイツ語訳：Symbolik des Bösen, Freiburg/München 1971, 27.

る。象徴の3つの次元に依拠することで、リクールは解釈学の3つの種類を区別する。つまり、宇宙的な次元に関わる宗教現象学、夢の次元に関わる精神分析、そして詩的な次元に関わる詩の解釈学である。

『悪の象徴系』において、リクールはまず悪の象徴の宇宙的な次元を解釈する。それはつまり穢れ（Makel）、罪（Sünde）、罪責性（Schuld）であり、まずは汚れ、逸脱、重荷から類推されたものとして現れる。この中でもっとも古い痕跡を残している象徴は穢れである。穢れは外からくる汚れとして説明されるが、人間は災いという形での報いを恐れてそれに反応するのである。そこで人間は、どのような穢れも災いを引き連れてくるかのように、あらゆる災いは穢れから生じるのだという考えに捕らわれてしまう。穢れを解消するには、儀式的な浄めが行われなければならない。

次なる段階として、リクールは罪を設定するが、その決定的な特徴は神とのつながりである。人間と神は互いに契約の関係にあるが、罪は人間が神との契約を破るところに生ずる。リクールは人間の反応を神の怒りに対する怖れとして描くが、それでも神は人間が改心することを前提とした上で契約を更新し、その怒りは止むことになるのである。穢れが外から人間に襲いかかるのに似て、罪にもまた隷属性に関して、あたかも外的な契機が認められる。

最後に罪責性であるが、リクールはこれを、神に対する罪の関係を内面化することと理解している。この内面化は重荷のように人間を抑圧するのである。「まったく一般的に、次のようにいうことができるであろう。罪が過ちの存在論的な契機であるように、罪責性は過ちの主観的な契機を示しているのである」[11]。人間は内面化において過ちを自らに帰し、それについての責任を自ら負うのである。罪責性の解消は信仰によって達成される。

リクールの説明によれば、3つの悪の原象徴は分離・並立しているのではなく、互いに入り交じって干渉し合っている。これらの共通分母として、彼は不自由な意志という概念を提案する。この意味において彼は、悪が3つの特徴を持っていることを断言する。第一に、悪はただ欠如、何か消極的なものであるだけでなく、措定されたもの、何か積極的なものである。第二に、悪は外的な側面を有している。すなわち人間は、自らが過ちを犯す前にすでにそれを見いだしており、それによって誘惑を受けるのである。第三に、悪

11　Ebd. 100; ドイツ語訳：118.

は内的な側面を有している。すなわち悪はその先行性にもかかわらず、人間が「自ら手をつけること」[12]によって生じるのである。

　リクールは歴史的に偶然な一連の神話において、悪の現象をさらに追求する。つまり混沌からの世界創造を扱った創造物語の神話と、人間が悪い神によって眩惑される悲劇的な神話、そして肉体に閉じ込められた魂の神話とアダム神話である。最初の3つの神話においては悪の起源が人間以外へと――混沌、眩惑する神、もしくは肉体の牢獄へと――移されているのに対して、リクールがその優位を認めるアダム神話は、本質的に多層的なかたちで現れる。第一に、アダムによって世界に悪が入り込む。つまり人間はその存在論的な構造のゆえに過ちを犯すことになったのではなく、過ちによって悪を措定したのである。しかし、アダム神話はこの見方で立ち止まるわけではない。この神話はアダムと並んで、別の登場人物を2人提示する。すなわち、エバと蛇である。これによって、他の諸神話との接続が可能になる。蛇は創造神話を指し示す、というのも、蛇はその中に明らかにされた悪の先行性を表しているからである[13]。それに対して、エバは悪に対する人間の抵抗力のなさを保証する。これは眩惑に関する悲劇的な神話を想起させる。最後に、堕落のあとで人間の肉体性が非難されるものとして見られるようになるという点においては、捕らわれた魂についての神話の響きが聞こえてくるのである。

　第三のステップにおいて、リクールは悪に関する象徴と神話が、反省に対して持っている関係を規定しようと試みる。そこで彼のやろうとしていることは、神話をロゴスの代わりにしてしまうということでもなければ、ロゴスのために神話に退いてもらうといったことでもない。「これら2つの袋小路のあいだに、われわれは第三の道を探り出そう。それはつまり、意味を創造的に解釈するという道である。一方で象徴という原動力、象徴が意味を与えてくれるということに対して忠実に。また同時に、あらゆることを理解するという哲学者の誓いに対しても忠実に」[14]。リクールは批判的な読解を用いて、誤った合理的な要求を神話から剥ぎ取ることによって、反省に正当性を

12　Ebd. 149; ドイツ語訳：184.
13　Vgl. ebd. 242; ドイツ語訳：295:「こうして蛇は、人間のどこかしら一部、並びに世界のどこかしら一部、小宇宙のもつ一面と大宇宙のもつ一面を象徴する。蛇は、カオスが私の中にあり、われわれの間にあり、外部にあることを象徴する」。
14　Ebd. 324; ドイツ語訳：396.

与える。しかし彼にとってそこで問題になっているのは、神話を完全に破棄してしまうということではなく、非神話化を実行することで、第一の素朴さを第二の素朴さによって解消することである。「しかし仮に、聖なるものの大いなる象徴世界において、もともとの信仰を抱きながら生きることがもはや不可能なのだとしても、今日の私たちは批判において、批判によって第二の素朴さへと向かってゆくことができる。つまり、解釈を行うことによって、われわれは新しいものへ向けて理解することができるのである」[15]。もちろん、この提案は相当な程度に現象学的記述を超えていくものである。というのも、それは次のような信仰の前提に基づいているからである。「信ずるためには理解しなければならない。だが、理解するためには信じなければならない」[16]。

もちろん、リクールはこの定式によって納得してしまうわけではない。これはせいぜいのところ、人間とは宗教的なものである（ホモ・レリギオース *homo religiosus*）という観点から納得ができるものであって、現象をこのように理解することは信仰によって規定されてしまうのである。それゆえリクールも次のことを認める。「神話的な空間は［リクールにとって］方向付けがなされた空間である。そして、［リクールの］視点はユダヤ的な罪の告白の優越性であり、その象徴系や神話系となるのである」[17]。この困難に直面して、リクールは循環を克服しようと努力する。彼はこれを次のような賭けに変貌させるのである。「象徴世界の意義に賭けることによって、私は同時に次のことにも賭けていることになる。つまり私の賭け金が、関連する言述の要素において反省能力として払い戻されるということに賭けているのである」[18]。

明らかに、象徴と神話を反省的に自己化するという試みは行き詰まってしまった。信仰と理解の循環も、リクールがそれを変化させて作り出した賭けも、一義性と普遍妥当性の要求を保持する思考の要請を満足させるものではない。『悪の象徴系』の成果は反省の観点からすればきわめてわずかなのである。「象徴が考えさせることは、コギト（*Cogito*）が存在の内部にあると

15　Ebd. 326; ドイツ語訳：399.
16　Ebd.
17　Ebd. 329; ドイツ語訳：403.
18　Ebd. 330; ドイツ語訳：404.

いうことであって、その逆ではないのである」[19]。

『悪の象徴系』を説明していくことで、2つの問いが開かれた。1つは、象徴と反省、あるいは神話と反省の媒介は、実際に行われたものというよりも、新たに要求されているものなのではないかということ。そして2つ目に、探求されたのは単に象徴の宇宙的次元だけであったのではないかということである。もしリクールが彼のテーゼにおいて、真正の象徴においては3つのすべての次元が存在していることを真剣に考えているのであれば、彼は夢の次元と詩的な次元についてもまた引き受ける必要があるであろう。言語の詩的な次元は――象徴の解釈学から切り離されて――70年代と80年代の仕事において探求されるのであるが、夢の次元はフロイトとの対決の中心に位置しており、リクールはこれを『フロイトを読む――解釈学試論』の中で扱っている。

この本においてリクールは諸解釈の抗争を演出するのだが、そこでは精神分析の形における還元的解釈学と、宗教現象学の形における回復的解釈学が対置される。これが宗教にとって何を意味するのかというと、一方で宗教は精神分析の批判に服さなければならないのであるが、他方でこの批判を超えて――修正された形において――宗教は正当化がなされることになるのである。

諸解釈の抗争を解消するために決定的な前提は、リクールが『フロイトを読む――解釈学試論』の第3部において提示しているように、反省、精神分析、精神現象学、そして宗教現象学の関係に求められる。そこで彼は、精神分析をまず哲学的な反省へと組み込む。この文脈で彼は、精神分析によって純化された反省哲学、あるいは反省哲学によって下支えされた精神分析を支持し、これを「主体の始原論（Archäologie）」と名付ける。これは結果的に次のような帰結へ導く。すなわち、一方では意味の根源が人間心理の無意識的な古層のうちに認められるが、他方ではまたこの古層を反省的に自己化する際に、それ以上意識の背後へと遡ることができないこともまた認められるのである。さらなる一歩を踏み出しつつ、リクールはフロイトをヘーゲルとともに、ヘーゲルをフロイトとともに読むという容易ならざるテーゼを打ち立てる。「私はこう言いたい。ヘーゲルは、精神の明示的な目的論を、生と

19　Ebd. 331; ドイツ語訳：405.

願望の暗示的な始原論に結びつけた。同様に、フロイトは無意識なものの主題化された始原論を『意識に昇ってくるもの』の主題化されない目的論へと結びつけたのである」[20]。これによって象徴は、その意味が心理の古層へと後退的に、同様に新しい意味の内実の形成へと前進的に指し示すような記号であることが証明されるのである。

　しかし、リクールは始原論と目的論の弁証法で立ち止まることをせず、絶対他者の領域へと跳躍することによってヘーゲルとフロイトを克服しようと試みる。この絶対他者は反省の地平において現れるが、始原論と目的論によっては適切に理解されえない。精神分析と精神現象学は内在の領域に拘束されており、聖なるものはまったく他なる者として超越の領域に属しているので、絶対他者としてのこの聖なるものが正当に評価されるためには他の分野が要求されるのである。リクールによるとそれは、ケリュグマの釈義に関わる宗教現象学である。彼の説明によれば、精神現象学の観点からいえば聖なるものは内世界的な対象の領域に属しており、その根源的な他者性は覆い隠されている。この状況に面してリクールは、固定化されて宗教という形をとるに至った信仰を、精神分析の姿において現れるような還元的な解釈学に従わせることに賛同する。還元的な解釈学は、聖なるものを具象化してしまうような幻想を、精神の古層へと還元することによって打ち砕き、その他者性において聖なるものへと確実に接近するための道を備える。このつながりで決定的なのは、象徴において表現されているものが、反省によって手に入れることが可能な知の対象なのではなく、反省を凌駕する絶対他者としての聖なるものであるということである。

　もちろんこのことは、宗教に対してなされる精神分析の批判を決定的なものとしてリクールが受け取ることができなかったことも意味している。彼は一方で、宗教が本能的な根源へと還元されうるということを認めるが、他方で宗教が決してこの側面のみで汲み尽くされるとは限らないことを強調する。重複決定的で、様々に区別された意味の諸次元へと参与している記号として、象徴は少なくとも新たな、精神の古層を超えていく意味の可能性を開示するのであり、そこにおいて聖なるものが啓示されるのである。それによって象徴は単に還元的な解釈学ではなく、この事態を正当に評価することを

20　P. Ricœur, a.a.O.（注7）, 446; ドイツ語訳：472.

その課題としている回復的な解釈学として現れるのである。精神分析の宗教批判を相対化するか、完全に克服してしまうという提案がたとえ適当だとしても、それを軽く考えてしまうことは歪曲だとリクールは考えている。それゆえ、彼は次のように強調するのである。「しかし、たとえ象徴は否定され克服された幻想なのだとしても、それでも象徴は決して抹消されてしまった幻想なのではない。それゆえ、聖なるもののこの象徴、またはあの象徴が、単なる『抑圧されたものの再来』ではないのかどうかを確実性をもって知ることはできないのである。あるいはむしろ、次のことはつねに確実にいえる。つまり、聖なるもののあらゆる象徴もまた、幼児的で古代的な象徴が再び現れたものなのである。象徴のもつ両方の重要性は分けることができずに結びついているのである」[21]。

2．宗教的テクストの解釈学

70年代の初頭にリクールの哲学的解釈学において重大な展開が生じるが、それは彼の宗教に対する諸考察にも関わるものである。これまでの解釈学の対象領域が罪の現象学や精神分析の作業に限定されており、象徴ないしは神話や無意識なものから由来するもののように、象徴的に把握された言語的な構成物の領域に対して行われる精神分析であったのに対して、今やテクストという領域全体への拡張が起こる。実に、象徴の解釈学からテクストの解釈学への移行が起こったということができるであろう。特に強烈な仕方で、リクールはこのことを自らの論文「テクストとは何か」[22]において提示する。そこで彼はテクストを文字に固定された言述（Diskurs）と特徴づける。それは元来の著者や読者、テクストがはじめに著された状況から切り離されており、それゆえまたある特殊な種類の指示を有しているのである。リクールがテクストを言述の平面へと置き移すことによって、彼はテクストをラング（*langue*）の領域ではなくパロール（*parole*）の領域へと組み込む。この方法

21　A.a.O.（注7），521; ドイツ語訳：555.
22　P. Ricœur, Qu'est-ce qu'un texte? In: R. Bubner/K. Cramer/R. Wiehl (Hg.), Hermeneutik und Dialektik. Bd. II. Sprache und Logik, Tübingen 1970, 181-200; ドイツ語訳：Was ist ein Text? In: Ders., Vom Text zur Person. Hermeneutische Aufsätze (1970-1999), Hamburg 2005, 79-108.

367

で分かるようになることであるが、リクールは構造主義のある変種に見られるような、ラングを実体化することに依拠する「絶対的なテクストというイデオロギー」を棄却するのである。このイデオロギーによれば、テクストは自足的で、著者、読者、状況や指示対象から決定的に孤立した形象を表すということであるが、むしろリクールは次のように主張する。テクストはただテクストに内在的な意味（Sinn）を持つだけではなく、それを超えて、言語に依存しない現実を指し示す指示（Referenz）をも有しているのである。彼の見解によれば、解釈の課題はまさに次のことにある。すなわち、この指示——すなわち、テクストがその「事柄」または「世界」へと関わること——を、本を読むことの中で常に新たに現実化するということである。

　テクストにアプローチする方法論的な側面に関していえば——初期の仕事においてと同様に——リクールが支持するのは始めは互いに排斥し対立しあうアプローチ方法の弁証法であるが、これらはすぐに相互に補完されることになる。この場合、説明（Erklären）と理解（Verstehen）の対立がこれに当たる。ディルタイによれば、説明する方法は外的な現実性、理解する方法は内的な現実性に関連するが、リクールはテクストが説明のアプローチにとっても理解するアプローチにとっても考慮に値することを立証することで、この区分を克服する。彼が考慮の対象として持ち出すのは、例えばテクストの説明が言語学的な手段を用いる構造主義的な分析によって行われるといったことである。この分析にとって特徴的なことであるが、説明はテクストの内部において制限されており、その組成を構成的な統一から明らかにする。それに対して、リクールによれば理解はテクストの自己化（Aneignung）を目的としており、それは読者の自己理解へと寄与することになるのである。その際に決定的なのは、2つの試みが調停されずに対立するのではなく、相互補完的な関係にあるということである。リクールが説明するところによれば、一方で構造分析は理解しながら行われる読書を前提するが、もう一方でテクストの深層意味論によって、解釈しながら自己化することを要求する内容的な次元を白日のもとに晒すのである。

　すでに暗示されていたことではあるが、テクストの解釈学への転回はリクールの宗教哲学に関する論考においてもまた表れている。彼の見解によれば、たしかに宗教は言語においては汲み尽くされず、宗教にとって特徴的な考え方や経験が表されるのは宗教的言述においてであって、最終的にはテクスト

においてではない。この事実に面して提起される問いは次のようなものである。すなわち、宗教的なテクストの特殊性を構成しているのは一体何であろうか。

　まず注意を引くのは、リクールが宗教的言述のいくつかの段階を区別しているということである。第一に、信仰がもともと表現されている言語がある。第二に、神学の言語がある。これは思弁哲学からその概念的枠組みを借用し、信仰の言語の内実を教義学的に固定化するためにそれを用いる。このことから明らかになるのは、神学的言述は自らが供給を受ける源泉に対して従属する関係にあるということである。リクールがプロテスタンティズムから影響を受けていることを思い起こせば、彼の特別な関心が信仰の根源的な言語にあるというのはそれほど驚くことではない[23]。このことがとりわけ明らかになるのは、2つのレベルの区別を曖昧なものにしてしまうとか、信仰の言語を完全に教義に服従させてしまうなどの不当な要求を彼が誤ったものとして却けることにおいてである。このような仕方において人は啓示の「不透明な」、「権威主義的な」理解へと到達することになるのであるが、このプロセスは「啓示された真理」が既成事実化することにおいて頂点に達するのである[24]。それに対してリクールは、哲学が信仰の言語と関わり合いを持ち、そこから学ぶことを要求する。これによって、ある特定の種類の知を断念することになるのは明らかである。「哲学者にとってキリスト教の宣教に耳を傾けることは、第一にあらゆる存在神論的な知を断念するということを意味する。実際に『神』という語がその知に現れるときであってもそうであるし、むしろとりわけそのときこそ断念しなければならない。この点で、存在と神を混合してしまうことは、もっとも巧妙な誘惑なのである」[25]。

23　リクールは自らの知的自伝において、「神学よりも釈義によって」自らの信仰が養われたと告白している。以下を参照。P. Ricœur, Autobiographie intellectuelle, in: Ders., Réflexion faite, Paris 1995, 82；ドイツ語訳：Eine intellektuelle Autobiographie, in: Ders., Vom Text zur Person, Hamburg 2005, 78.

24　Vgl. P. Ricœur, Herméneutique de l'idée de la révélation, in: P. Ricœur/E. Levinas/E. Haulotte/E. Cornélis/C. Geffré (Hg.), La révélation, Bruxelles 1984, 15f.〔「啓示の観念の解釈学」『リクール 聖書解釈学』久米博訳、ヨルダン社、1995 年〕。

25　P. Ricœur, Nommer Dieu, in: Ders., Lectures III. Aux frontières de la philosophie, Paris 1994, 289；ドイツ語訳：Gott nennen, in: Ders., Vom Text zur Person, Hamburg 2005, 163〔「神を名指すこと」『リクール 聖書解釈学』久米博訳、ヨルダン社、1995 年〕。

リクールによれば、宗教的言述は数多の形式において現れることによって特徴づけられる。それゆえ聖書は、例えば預言者的、物語的、規範的なテクストのほかに、賛歌、知恵文学などをもまた含むのである。リクールの見解では、聖書の文学ジャンルはテクストの中身とは関係のない修辞学的な飾りという地位を示しているのでは決してない。むしろジャンルは内容に対して構成的なのである。リクールはこれを根拠に、形式から独立したテクストの命題的な中身を際立たせる試みは不適切であると認定する。この評価を解説するために、リクールは次のように説明する。聖書の神は――実体や原因として解釈されるギリシア哲学の神とは反対に――解放者としてある特定の民族の歴史へと介入する登場人物である点において、物語ジャンルに拘束されている。しかし、そのような登場人物は物語の道筋に沿って描き出されることを要求するのである。聖書テクストの内容は、そのテクストがそのつど属しているジャンルに依存しているという観点から、リクールは3つの問題を指摘する。すなわち、「言述形式とある特定の種類の信仰告白のあいだの親近性、対になる諸構造（例えば物語と預言など）とそれに対応する神学的な使信における緊張とのあいだの関係、そして最後に、文献の資料体（Korpus）の全構成と、それに相関して、あらゆる言述形式を通して共に開示される解釈空間と名づけうるものとのあいだの関係」[26]である。もし、神が聖書テクストにおいてまったく異なった様々なやり方で特徴付けられていることを思い起こせば、リクールがこの連関で「聖書的ポリフォニー」[27]について語るのは簡単に理解できるであろう。さらにここに付け加わるのが、神がいくつものテクストにおいて明らかに示されているというよりも、むしろ隠されていることである。それゆえリクールは燃えさかる柴と同様、彼が限界表現という概念でまとめるような様々な譬え話、格言、誇張表現や逆説的表現について言及する。彼にとって、これらすべてから次のことが結論される。すなわち、聖書の神を哲学的に把握するという試みは失敗に終わると宣言される

26　P. Ricœur, Herméneutique philosophique et herméneutique biblique, in: Ders., Du texte à l'action, Paris ²1998, 135〔「哲学的解釈学と聖書解釈学」『解釈の革新 新装版』久米博訳、白水社、1985年〕; vgl. auch P. Ricœur, La philosophique et la spécificité du langage religieux, in: Revue d'histoire et de philosophie religieuses, 55,1 (1975), 18〔「哲学と宗教言語の特殊性」『解釈の革新 新装版』久米博訳、白水社、1985年〕．

27　P. Ricœur, a.a.O.（注25），289ff.; ドイツ語訳：163ff.

のである。「それゆえ、『神』という語は哲学的な概念としては理解されえない。中世哲学の意味における存在としても、ハイデッガーの意味における存在としてもである。『神』という言葉は『存在』という言葉以上のものを言い表わしている。というのも、それは物語、律法、知恵文学、詩編などのコンテクスト全体を前提としているからである。『神』という語の指示対象はこれら部分的な語り方のすべてが収斂していくところに向けられているのである。この指示対象は、神が名指される語りのあらゆる諸形式のうちにある意味領域を表わしているのである」[28]。

宗教的な言述は意味だけでなく、指示――つまり言語外の現実へのつながり――を有しており、それゆえ真理要求を申し立てることができるというのがリクールの確信である。もちろん、彼はそれによって宗教的な言明が容易に実証されたり反証されたりしうると考えているわけではない。彼の見解によれば、宗教的言述の真理は対応（Adäquation）として理解されるべきではないのである。むしろその真理は――詩的言述の場合などに似て――何かが暴露されたり、開示されたりすることにある[29]。すでに暗示されていたように、テクストは文字に固定された言述として、始めに表明された状況から、それゆえまたもともとの指示から、切り離されているという特徴を持っている。そこでリクールが主張する見解は次のようなものとなる。もともとの指示が破棄されることに伴って新しい指示が現れるのであるが、その指示は決して現実の世界ではなく、人間が留まることができ、そのなかに組み込まれることができるような可能的世界に対して向けられているものなのである[30]。そこで問題になっているのは「テクストの世界」である。この観察結果を例えば聖書のような宗教的テクストへと転用すれば、そこからある一連の結論が生じてくる。聖書が一つのテクストであるという事実にかんがみて、ただ

28　P. Ricœur, a.a.O.（注25）, 294f.; ドイツ語訳：170.
29　この真理概念がハイデッガーによって触発されたものであることは明白である。次の箇所もまた参照。P. Ricœur, a.a.O.（注23）, 73f.; ドイツ語訳：68f.
30　Vgl. P. Ricœur, La philosophie et la spécificité du langage religieux, in: Revue d'histoire et de philosophie religieuses, 55,1 (1975), 21:「私のテーゼはこうである。フィクションや詩によって操作される第一次的指示の中断は、第二次的指示力が解放されるための条件であり、この第二の指示力は、もはや操作可能な事物の世界とは照合されないかわり、フッサールが『生活世界（Lebenswelt）』と呼び、ハイデッガーが『世界内存在（In-der-Welt-Sein）』と呼んだものと関係づけられる」。

ちに実存的な諸カテゴリーをそこに適用するということは不適切であるとリクールは考える。むしろ彼は、まず第一に聖書の構造を叙述し、第二に「神の国」や「新しい存在」として現れる聖書の世界を展開することを要求するのである[31]。さらにリクールは次のことを提案する。聖書の根底にある霊感は決して心理学的なものとしてではなく、テクスト世界の——言述の形式によって暴かれた——固有性として理解されるべきなのである。さらなる結論は次のことに存する。つまり神と人間の関係は、聖書テクストの複雑性を考慮するのであれば、我－汝関係に還元することはできないのである。最終的にリクールは次のことを主張する。ただ単に可能なものであるだけのテクスト世界が日常世界に対して持つ隔たりは、聖書の場合にはまさに断絶という姿をとる。聖書が他のあらゆるテクストと同様詩的なテクストとして、ひとつの世界を展開することにおいて現れる一方で、聖書の特殊性は神を指し示すことにあり、その神の叙述はそこで現れる言述の様々な形式ときわめて密接に絡み合わせられているのである。「神という指示対象は、これら部分的な言述すべてが収斂していく先に目指されているものである。同時にこの指示対象は、その部分的な言述が相互に帰属しあっており、個々のままでは未完成であることのしるしである。それはこの個々の言述の共通の目標であり、かつ個々の言述から逃れているものなのである」[32]。

しかし、これらの条件下で聖書解釈学の課題はどのように表されるのであろうか。宗教的言述の形式がその内容にとって構成的であるということに留意すれば、まず第一にその形式の構造を取り上げることが必要であるとリクールが考えたのも、決して驚くことではない。「形式の構造論的説明という遠いまわり道をとおらずには、意味を解釈しえないのである」[33]。この点で、リクールは一方でゲアハルト・フォン・ラートに、他方でまたロシア・フォルマリストやフランスの構造主義に従う。——さらなる聖書解釈学の課題を、リクールは話された言語と書かれた言語の関係を解明することにあると見る。この文脈で、彼は単なる「言葉の神学」に満足することに断固として反対する。たしかに、ほとんどの文字的な表現には口承の表現が先行していた

31　Ebd. 22f. – Vgl. auch P. Ricœur, a.a.O.（注24）, 37ff.

32　P. Ricœur, a.a.O.（注30）, 24.

33　P. Ricœur, Herméneutique philosophique et herméneutique biblique, in: Ders., Du texte à l'action, Paris ²1998, 137.

という状態から思いつくのは、まったくそのようなアプローチであろう。しかしやはり、そこでは言葉に対する文字の比重があまりにも軽く見積もられているのである。この評価を基礎づけるために、リクールは話された言語と書かれた言語が互いに依存していると説明する。一方で、言葉はしばしばすでにある書物（例えば旧約聖書あるいはトーラー）の解釈であったり、ある書物（例えば新約聖書）に固定されていたりする。しかし他方で、言葉（例えば説教）は、それがそこに固定されている書物よりも早く現れるようにも思われる。それは後に再び話す形式において表明されるためなのである。そこで、リクールは当然次のことを強調する。書物は、話者と聞き手が埋め込まれているもともとの状況からの疎隔を必然的にもたらすのである。――聖書解釈の第三の課題に関していえば、それは「事柄」や「テクスト世界」へと向けられている。リクールによれば、これらのものが現れうる前提として、宗教的言述の様々な形式とともに、書物によってなされる疎隔が必要なのである。さて、聖書解釈学についてリクールが期待するのは、聖書のテクストにおいて展開される世界を開示すること、つまり神がその中心を占めることにおいて際立つような世界を開示することである。そこで彼は、神についての語りが、聖書を他の諸テクストから際立たせるものとして、テクストならびにその世界とほどけることなく絡み合っていると主張する。「聖書解釈学が、何か唯一無二のことを語る、と主張できるのはただ次の場合のみである。つまり、この唯一無二の事柄が、われわれに向けられたテクスト世界として、テクストの事柄として語るときのみである」[34]。――聖書解釈学の最後の課題は、リクールによれば、信仰とテクストの関係を解明することにある。一方でリクールは、信仰が「事柄」や「テクスト世界」によって構成されることを強調する。他方で彼は、信仰が言語によって汲み尽くされたり、そこに還元されたりすることがありえないということを認めるのである。この意味で彼は信仰を「一切の解釈学の限界」あるいは「一切の解釈の非解釈学的な起源」[35] として見ている。信仰をさらに詳細に特徴付けるために、リクールは「究極的関心」、「絶対依存の感情」、「無制約的な信頼」[36] などの表現を用いる。明らかに、これらの考え方は、もしそれらの内容を規定している聖書テクス

---

34 Ebd. 145.

35 Ebd.

36 Ebd. 146.

トに連関しないのであれば、空虚でなにも語らないであろう。宗教的な人間がその信仰を遂行するにあたって、テクストの内容を自己化するということは明白である。さて、リクールにとって自己化とは、例えば信じる者がテクストを自分自身の諸カテゴリーに従属させてしまうことを意味するのではない。むしろ、信仰者はテクストを前にして自己を理解し、そこで自己を自分自身から疎隔するのである。それゆえ信仰者は、一方ではテクストとの出会いにおいて自らの思い込みを訂正することができるようになるが、しかしまた他方では自分自身の新たな諸可能性を想像することもできるようになる。このことについて、リクールは以下のように断言する。「想像力による疎隔が、テクストの『事柄』が現実のただ中で作用する疎隔に応答するとき、実存の詩学は言述の詩学に応答するのである」[37]。

聖書的な信仰がまったく異なった様々なテクストによって構成され、そのテクストの内容が哲学的な諸概念において適切に表現されえないという事実を前にして、どのようにしてその妥当性要求が立てられるのかということが当然問題になる。リクールは、これらのテクストに啓示の地位を与えることについては十分慎重である。これらのテクストは不当な要求（*prétention indue*）を掲げるのではなく、強制する拘束力のない単なる呼びかけ（*appel non contraignant*）を表しているのである[38]。このような考えに対して、2つの反論がなされうるであろう。「第一の反論によれば、啓示の表象はどんなものであれ、経験的な実証や反証の基準に従って測られる客観的真理の表象を損なってしまう。第二の反論によれば、啓示の表象は、自己を支配する意識の表象のうちに記されている思考主体の自律性を侵害してしまう」[39]。第一の批判に関していえば、すでに暗示されていたことであるが、リクールは詩的な——それとともにまた宗教的な——言述に関して、真理を実証や反証によって突き止めるような対応説において見ることに反対していた。むしろ彼が——問題になっている分野について——好むのはハイデッガーによって影響を受けた考え方である。それによれば、真理は現実の新しい側面が暴露されたり、開示されたりすることにある。この前提のもとでは、宗教的言明の客観的な妥当性に関して容易に語ることはもはやできないということは明らか

37　Ebd. 148.

38　P. Ricœur, a.a.O.（注24）, 34.

39　Ebd. 36

であろう。第二の批判に対しては、自らの内容を自分で設定する自律的な意識を想定することは、啓示の表象と両立しえず、保持されえないとリクールは答える。この評価を根拠づけるために、彼は人間的な主観性が持つ3つの特性を強調する。まずリクールが説明するのは、主観は自分自身に対して直接的に近づくすべを持っておらず、もし自分自身について反省を行うのであれば記号による媒介に依存しなければならないということである。しかしそのことのゆえに、意識は自らが設定したわけではない限界に突き当たり、反省は解釈を越えていく迂回路をとることを強要される[40]。次にリクールが説明するのは、主体は客体との関係において決して自律的ではなく、両者は──主体と同様客体も──そのあいだにある関係を規定するような、先行する枠組みに属しているということである。たしかに反省を行う主体はこの帰属（appartenance）に対する隔たりを得ることができる。しかし、そのような疎隔（distanciation）そのものは常に枠組みに依存しているのである。この事実にかんがみて、リクールは反省もまた一次的なものではなく、二次的なものとして位置づける[41]。最後の段階では、リクールは次のように主張する。帰属と疎隔の弁証法に結びつけられ、それによって有限なものとして明らかにされた主体は、テクストとの出会いにおいて自己理解へと達することになる。その自己理解とは、彼が「テクストの前での自己理解」（se comprendre devant le texte）という言葉で叙述するものである。しかし、これは「テクストに対して、自分の制限された理解能力を押し付けることを意味するのではない。そうではなく、自らをテクストにさらし、そこからより内容豊かな自己を受けとるのである。その自己はひとつの実存を提案することとなるであろう。そしてそれは、もっともふさわしい仕方でひとつの世界を提案することに対応するであろう」[42]。啓示されたテクストが客観的妥当性を要求しないこと、そしてテクストへと足を踏み入れる主体が自らの有限性を自覚すること、これら2つの前提が満たされているならば、リクールは宗教的証言の歴史的な偶然性をも、もはや信仰においてその内容に関わりあうこ

40　Vgl. auch P. Ricœur, a.a.O.（注 7）, 50ff.; ドイツ語訳：55ff.

41　二次的反省（sekundären Reflexion）という概念はガブリエル・マルセルから借用されたものである。次の箇所を参照。P. Ricœur, a.a.O.（注 24）, 45.

42　P. Ricœur, La function herméneutique de la distanciation, in: Ders., Du texte à l'action, Paris ²1998, 130〔「疎隔の解釈学的機能」『解釈の革新 新装版』久米博訳、白水社、1985 年〕.

との妨げとは見なさないのである[43]。

すでに暗示されていたことであるが、信仰は「絶対依存」や「無条件の信頼」などといった考えや感情において表されている。そこで表現されているのは、宗教的なテクストの呼びかけに直面する際の主体の答えは服従という態度によって引き受けられるということである。「宗教的な応答とは、聴くということの強い意味において、服従的なものである。この聴くということにおいて、呼びかけの崇高さに場を認めるような思慮深さが認められるのである」[44]。しかし、啓示されたテクストに対する主体の関係に関していえば、信仰は次のことのなかに表明される。すなわち、主体は、テクストを解釈するときにはこのテクストによって解釈される。つまり主体は、テクスト世界が主体に対して開く諸可能性を摑みとるのである。

啓示が客観的妥当性を要求することを拒否するということを根拠付けるために、リクールは次のことをまた引き合いにだす。宗教的経験は直接的にではなく——歴史的、文化的、また言語的に——媒介されるものであり、そのためただひとつの宗教があるわけではなく、多くの諸宗教が存在しているのである。しかし、このことによって彼は次の二者択一を迫られる。「内在的な崇高さなのか、あるいは超越的な崇高さなのか。匿名の崇高さなのか、あるいは人格的な崇高さなのか。受動的に身を委ねるような服従なのか、あるいは積極的な宣教を行う服従なのか。隠遁的な服従なのか、あるいは共同体的な服従なのか」[45]。リクールがこの所見から引き出してくる結論のひとつは、宗教的寛容を支持するというものである。宗教的信念の領域において客観的妥当性が存在しないという事実にかんがみて、人間にまだ残されていることは次のこと以外のなにものでもない。つまり、この宗教的信念を——偶然性によって規定された状況において[46]——自由に選びとること、そしてまさにそのゆえにこの信念は寛容に扱われなければならないということであ

---

43 リクールは、特にナベールの影響を受けた証言（*témoignage*）の概念をもって、宗教的テクストの歴史的偶然性を明らかにする。次の箇所を参照。P. Ricœur, a.a.O.（注24），47ff.

44 P. Ricœur, Phénoménologie de la religion, in: Ders., Lectures III. Aux frontières de la philosophie, Paris 1994, 265.

45 Ebd. 267.

46 Ebd. 271.

る。このことから宗教的寛容は、自由であることによって際立つ存在としての他者を尊重すること（Achtung）のうちにその根拠を持つ。逆に不寛容とは、この尊重を無視するものである。「容認されえないものの基準とは何であろうか。ただ一つのものがありうるだけである。すなわち、尊重が文化的な水準において寛容の徳となっているときに、この尊重を受けるに値しないものである。それが尊重を受けるに値しないのは、そのことがまさに軽蔑（Mißachtung）に基づいているからである。軽蔑とはすなわち、対立する信仰に対して同意する自由、それを受け容れるのを拒むことである」[47]。

---

47 P. Ricœur, Tolérance, intolérance, intolérable, in: Ders., Lectures I. Autour du politique, Paris 1991, 305.

XVI

ザスキア・ヴェンデル

超越についての「非言語的な語り」

リオタール、デリダ、レヴィナス

　20世紀において、哲学的神学が哲学の一部門と見られることはほとんどなかった。さらにそれは、ニーチェやハイデッガーなどの形而上学批判の流れの中で、哲学的言説の周辺現象になっていった。哲学的「主流」の確信によれば、「神の語り」は神学者の問題であり、無前提かつ中立的な学問と考えられている哲学の問題ではないからである。それゆえ、タブーとされて周辺に追いやられた多くの哲学的神学が、ほかならぬ20世紀の哲学的思考の伝統を仲立ちとして活気を取り戻したというのは驚くべきことである。この20世紀の伝統は、ジャン゠フランソワ・リオタールやジャック・デリダなどのポストモダンあるいはポスト構造主義の哲学のように、もともと形而上学批判に捧げられたものだからである。厳密に検討してみると、そこで再び中心に持ち込まれたのは、神についての語りではなく、超越についての語りである。超越は有神論的に理解されることも、神と同一視されることもあるが、しかし超越という概念は神概念と同一ではなく、むしろ無神論的にも、さらには無宗教的にも解釈される。例えば、純粋な事実性を越えたものとか、単に内世界的な「より以上のもの」[1]という意味でも解釈されるのである。リオタールもデリダも、超越について省察するときに、哲学的な神論という意味での哲学的神学のプログラムを追求することは決してなかった。しかしながら、彼らの省察がこの古典的な哲学の学科の「復活」につながったので

1　これについては、例えば次を参照。S. Wendel, „Den Allmächtigen ergründen wir nicht...". Zur Verhältnisbestimmung von Transzendenz und Immanenz angesichts von „Ijobs Gott", in: Concilium 40/4 (2004), 416-429.

ある。それはまさに、この2人のフランス哲学者の深い考察との対決によってもたらされた。しかし超越についての省察を再び哲学の舞台に上らせたのは「ポストモダン学派」だけではなかった。フランスのエマニュエル・レヴィナスもその他性の哲学によって哲学的神学の復興に寄与したのである。しかしポストモダンあるいはポスト構造主義の同志たちとは異なり、レヴィナスはそこで無限の概念と神概念との関係についての彼の思想の文脈で、より厳密な意味での神学に、つまり哲学的に神について語ることに集中した。以下では、リオタール、デリダ、レヴィナスの哲学的な「神についての語り」の考察を紹介するが、彼らの共通点と決定的な相違点を扱っていく。3人の哲学者は超越の理解においては一致している。それは、否定神学の伝統とユダヤ－カバラー思想の伝統を明らかに受け継いで、絶対的撤回と絶対的他性として理解されている。リオタールとデリダとは異なり、レヴィナスはユダヤ教徒であることを明言している。レヴィナスは他性についての哲学的省察から（ユダヤ的）宗教へ、さらにそれに対応して哲学と神学的な神についての語りとの可能な結合へと、橋渡しをしようとしている。

1．J. F. リオタール：叙述不可能なものの証言

リオタールが超越を主題として論じたのは彼の後期の哲学においてである。そこで彼は何よりもイマヌエル・カントと対決しつつ、絶対の意義について考察している。ここで彼は絶対を無条件的な当為、絶対的義務、道徳法則の絶対性と同一視している。しかしこれは実質的に規定可能なものではなく、純粋に形式的に命じられるものである。「精力的に行動するか、平静を保って沈黙するかを定めることはある。われわれはそれが何を定めているかを知らず、法則はただ規則を定めたものにすぎない。［……］法則は『私は何かを知らない』といったような何かを定めているが、同時にそれは自分自身を定めている。すなわちそれは、われわれをそれと同一視したり、それを役立てたりすることを禁じ、それができないように妨げている」[2]。

2　J. F. Lyotard, Streifzüge. Gesetz, Form, Ereignis, Wien 1989, 30. これについては次も参照。J. L. Thébaud, Au Juste. Conversations, Paris 1979, 102. さらに詳細については次を参照。S. Wendel, Jean-François Lyotard. Aisthetisches Ethos, München 1997, 35ff.

379

ところで、なぜ絶対は個々の実質的内実を欠いた単なる形式にすぎないのであろうか。それはリオタールによれば、絶対が根源的に存在を奪われているからである。それは根源的な不在であり超越であり、「存在、空間、時間の彼岸」[3]にある。しかし法則であるところの絶対は、それによって言及不可能、叙述不可能、規定不可能な絶対的秘密として示されることになる[4]。絶対を特に道徳法則として述べようとする者は、リオタールがカントを引き合いに出して言うように、超越的な幻想に陥り、叙述可能な現象界（ファイノメナ）と叙述不可能な叡智界（ヌーメナ）とを取り違えることになる[5]。同時にまた、絶対は究極的に基礎づけ不可能である。というのも、もし絶対が思惟から完全に引き離されるなら、それはあらゆる基礎づけの試みから引き離されることになるからである。それに対応してリオタールにとっては、絶対は原理でも起源でも究極の根拠でもない。というのも、それは絶えざる取り消しであり根源的な超越であって、根拠や起源とはなりえないからである[6]。

　リオタールはこの絶対を絶対的な義務と同一視するだけでなく、出来事つまり「それは起こるか？」という疑問とも見なしている。この同一視のためには、言語哲学的に修正された出来事の存在論が前提とされる。「世界」は命題-宇宙の複数性、あるいは論争というジャンルに結びついた諸命題に基づいて構成されている。これらの命題と命題の結びつきはリオタールによって出来事と同一視されている。諸命題と命題の結びつきが生起するのは、定められた結びつきの規則の下においてである。それゆえ「それはある」というのは、言語ゲームと論争というジャンルの複数性以外のものではない。この複数性は互いに異質の関係にある。リオタールによれば、論争の類を上位の統一へとまとめるようなメタ言語ゲームや、すべてを決定するメタ-規則というものはありえない。個別の出来事は異質で、共約不可能であり、ま

3　これはリオタールを、現在化不可能な無限という意味での絶対的他性というエマニュエル・レヴィナスの考え方と結びつける。これについての詳細は次を参照。S. Wendel, Jean-François Lyotard, a.a.O.（注2），37f.
4　例えば次を参照。J. F. Lyotard, Vorstellung, Darstellung, Undarstellbarkeit, in: Ders., Immaterialität und Postmoderne, Berlin 1985, 98; ders., Das Erhabene und die Avantgarde, in: Ders., Das Inhumane. Plaudereien über die Zeit, Wien 1989, 178.
5　例えば次を参照。J. F. Lyotard, Der Widerstreit, München 1987, 115.
6　次も参照。S. Wendel, Jean-François Lyotard, a.a.O.（注2），43.

さにこのことがその複数性、その多数性を作り出している[7]。したがって「それは起こるか？」という意味での絶対は、「メタ出来事」ではなく、出現（Vorkommnis）そのもの、出来事そのものであり、何かが起こるという事実なのである。それによって出来事は法則とまったく同様に形式的である。それは出来事があるという裸の事実であり、特殊で個別的な実質に満たされた出来事ではない[8]。したがって、絶対は出来事そのものの必然性にほかならない。またこの出来事は、還元不可能な複数性と異質性の中にある。またそれゆえ、絶対はリオタールにとって、例えば古典的な形而上学においてとは異なり、そこから初めて多数性が出現する、つまり多数性というものが初めて可能になるような同一性ではない。むしろそれ自身において異質であり、複数であり、異なっているのである[9]。

ここでもし絶対が法則であると同時に出来事であるなら、絶対は究極的にそれ自体が自らに与え、自らに要求するのである。つまりそれは出来事をその複数性と異質性において許容するように促し、それによって最終的にそれ自体が起こり、到来し、示されるように促す。出来事はそれ自体が無条件的な要求となる。法則は「それが起こるか？」に根差しているだけではない。むしろそれは最終的な結論においてそれと同一になる。そしてもし絶対が叙述不可能であるなら、それ自体を認めて許容するという要求も、また同時に、絶対が叙述できず名づけることもできないということを認め、それが秘密を帯びているということを認めて救出するという要求も含まれる。

しかし絶対が示されるためには、そもそも絶対が「到来する」ということが生じるためには、直接的ではなくても間接的には絶対が現前できなければならない。しかしそのような間接的な現前は、せいぜい不在の現在となることができるにすぎない。つまり絶対の非‐叙述可能性の叙述であるにすぎない。しかしそのことは否定的な叙述として示すことができる。というのも、

7　これについては次を参照。J. F. Lyotard, Das postmoderne Wissen. Ein Bericht, Wien 1986, 36ff.

8　例えば次を参照。J. F. Lyotard, Das Erhabene und die Avantgarde, a.a.O.（注4）, 160f. und 164f.

9　例えば次を参照。J. F. Lyotard, Der Widerstreit, a.a.O.（注5）, 230; ders., Streitgespräche, oder: Sprechen „nach Auschwitz", Bremen 1982, 55. 詳細は次も参照。S. Wendel, Jean-François Lyotard, a.a.O.（注2）, 44-50.

叙述はいかなる現在（Präsenz）も表象（repräsentieren）できず、それゆえまた叙述されるものとしての対象を表象することもできないからである。むしろそれは、ただ形式的で空虚な不在と叙述不可能性だけを表象するのである[10]。このような絶対の否定的な叙述は、痕跡として、しるしとして実現する。「その対象を叙述することができないような理念にとってはアナロギア、しるし、仮説だけしか存在しない」[11]。その際、痕跡、しるし、象徴というものは、原像の模像を意味するのではない。というのも、絶対は本質性でも存在者でもなく、隠された内容でもなく、むしろ取り消すことだからである。隠されていること、不在ということは、記号で示すことを避ける。それに基づいてリオタールは美学との関係、とりわけ崇高の美学との関係を樹立する。崇高の美的感情は絶対の痕跡、しるしである。そしてこれは否定的叙述という様態において存在する。というのも、崇高の感情は不快に面しての快の否定的感情であり、魅惑と恐怖の二面性の感情、すなわち理性的理念による叙述が不可能であることに対する不快に面しての快の感情だからである[12]。さらに崇高の感情は絶対の痕跡となりうる。それはとりわけ崇高の感情が、絶対そのものと同様に、快と不快、魅惑と恐怖の二面性におけるものであり、異質な感情であるからで、さらにこの異質性が絶対そのものに書き込まれているからである。

　このようにポストモダンは叙述不可能なものという概念に接近しているが、それは特にユダヤ的伝統を起源として始まっている[13]。ここではその筆頭として偶像禁止を挙げるべきであろう。リオタールもこれを明白に掲げている。絶対は叙述できるものではなく、せいぜい痕跡として、例えば崇高の感情といった否定的な叙述様態において示すことができるにすぎない。もし

10　J. F. Lyotard, Vorstellung, Darstellung, Undarstellbarkeit, a.a.O.（注4）, 98 を参照。次も参照。S. Wendel, Jean-François Lyotard, a.a.O.（注2）, 37ff.

11　J. F. Lyotard, „Post-Scriptum zum Schrecken und zum Erhabenen", in: Ders., Postmoderne für Kinder. Briefe aus den Jahren 1982-1985, hg. von P. Engelmann, Wien 1986, 95; 次も参照。ders., Widerstreit, a.a.O.（注5）, 105f.

12　これについての詳細は次を参照。S. Wendel, Jean-François Lyotard, a.a.O.（注2）, 67ff.

13　これについての詳細は次を参照。S. Wendel, Zeugnis für das Undarstellbare. Die Rezeption jüdischer Traditionen in der postmodernen Philosophie Jean-François Lyotards, in: J. Valentin/ S. Wendel (Hg.), Jüdische Traditionen in der Philosophie des 20. Jahrhunderts, Darmstadt 2000, 264-278.

そうでなければ、絶対は利用可能なものとなり、それゆえ管理可能なものとなる。すでにカントは偶像禁止を崇高との関連で提示していた。「おそらくユダヤ人の律法の書で、『汝、自らのためにいかなる像をも造ってはならない、天にあるもの、地にあるもの、また地下にあるものに似せた像を造ってはならない』という掟より崇高な箇所はない」[14]。カントに従ってリオタールは、偶像禁止を崇高の美学に結びつけるが、この美学はアヴァンギャルドの芸術において完成されると考えている。アヴァンギャルドの芸術作品は、いわば痕跡であり、叙述不可能なもの、つまり絶対の「顕現」である。「このアヴァンギャルドは絵画の場合は何かを『述べる』が、それは否定的な仕方においてであり、それゆえあらゆる形象や模写を避けるであろう。それはマレーヴィチの正方形のように『白い』であろう[訳注1]し、見ることを禁じることによって見えるようにしたり、痛みを与えることによってのみ快感を作るであろう」[15]。バーネット・ニューマンの例でリオタールは、芸術作品は自らを報告することによって叙述不可能な出来事、つまり絶対を指し示している、ということを明らかにする。というのも、絵画は個別の出来事として、それ自体がすでに出来事となっているからである。「1枚のニューマンの絵は［……］それ自体が出来事であり、それが生じる瞬間である」[16]。それ以外にそこで新たに示されるのは、出来事の複数性と異質性である。複数の個別的な出来事としての芸術作品はその痕跡である。アヴァンギャルドの芸術作品は、この機能を次の2つの根拠によって果たしている。一つは叙述不可能な絶対と同様に内容のない純粋に形式的な絶対であり、それゆえにこそ、それは叙述不可能なものの痕跡となりうるのである。もう一つは、快と不快の混合において、崇高の感情を呼び起こすことである。その感情のよく知られた場所は、いかなるものであれ否定的な叙述の可能性の条件となる。

---

14 I. Kant, Kritik der Urteilskraft, Hamburg 1974, 124.

15 J. F. Lyotard, Beantwortung der Frage: Was ist postmodern?, in: W. Welsch (Hg.), Wege aus der Moderne, Schlüsseltexte zur Postmoderne-Diskussion, Weinheim 1988, 200.

16 J. F. Lyotard, Der Augenblick, Newman, in: Ders., Philosophie und Malerei im Zeitalter ihres Experimentierens, Berlin 1986, 8.

〔訳注1 カジミール・マレーヴィチ（1878–1935）は、ロシア（ソ連）の画家。「白の上の白の正方形」（1918年）は、有名な無対象絵画である「黒の正方形」（1915年）に続く彼の代表作で、白く塗ったカンバスの上に、白い正方形が少し傾いて描かれたもの。〕

リオタールは絶対の叙述不可能性についての考察をユダヤ神秘主義とも結びつけている。というのも、そこでは神的なものは無限（アイン・ソフ[訳注2]）として考えられるからである。その無限者は属性も諸規定も持たず、それ自体が永遠の秘密である[17]。同様に、痕跡の思想、つまり否定的な叙述に関しても、ユダヤ神秘主義との類似性が、特にその象徴理解において見られる。しかしそこでの象徴は、表象理論の意味における原像の模像、つまり示されたものの単なる記号として理解されるのではなく、隠されたものの表現として理解される。「象徴は何も『意味して』いないし、何も『伝えて』いない。むしろあらゆる意義の彼岸にある何ものかを見えるようにさせている」[18]。たしかに、神秘主義の象徴理解とリオタールの痕跡理解との間には重要な違いもある。ゲルショム・ショーレムが詳しく述べているように、象徴においては、「人間から見て、それ自体においてはいかなる表現も持たない現実が、別の現実においては直接的に見通せるものとなる。そこから初めて、その現実は表現を手に入れるのである。［……］そのとき象徴となった対象は、その原初的な形式と原初的な内実のうちに立ち止まっている。そのような対象は、他の内実を受け入れるために、いわば空虚にされるのではなく、むしろそれ自身において、それ自身の実存から、別の仕方では決して伝えることのできないような他の現実がそこに現れるのである」[19]。しかしそれが意味しているのは、隠された絶対が象徴の中に完全に含まれており、それゆえそこに現在しているが、そのときに無限がその秘密の性質を失うことはなく、絶対を表現する有限が原像の単なる模像に還元されたり、記号化されたものの記号に還元されたりして空虚になってしまうこともない、ということである。それゆえ絶対は象徴において現在しつつ不在である。まさにこのような一方では近さと遠さの緊張関係において、他方では有限と無限、内在と絶対の象徴的な互入性（Ineinander）において、無限の否定的な叙述が生じている。それに対して、痕跡においては絶対が現在することは決してない。それは根源的な不在と超越に留まっている。絶対の痕跡となる有限はこ

17　これについては例えば次を参照。G. Scholem, Die jüdische Mystik in ihren Hauptströmungen, Frankfurt/M. 1980, 12ff., 27ff., 227.

18　Ebd., 30.

19　Ebd., 29.

〔訳注2　アイン・ソフ（En-Sof）は、ヘブライ語で「無限」の意味。〕

のような非 − 表象化（非 − 再現前化）と言うべきものを示している。

　リオタールによれば、そのような絶対の痕跡のいくつかは世界の物質性や歴史の中に存在している。例えば、トーラーの文字、聖書の文字が絶対の痕跡となる。その文字において非物質的で言明不可能な絶対の秘密がいわば否定的に「物質化」されている[20]。ここでもユダヤ神秘主義との親近性が明らかになる。一方でトーラーの文字が神性の神秘的な身体となり[21]、他方では例えばラビのメンデル・フォン・リマノヴ（Mendel von Rymanóv）によれば、アレフ（aleph）だけが啓示されたものと見なされた。つまり、音のない、意味を持たない、それゆえ純粋に形式的な文字は、絶対とまったく同じように形式的なのである。その音のないということにおいて、その文字は他のすべての文字を含んでおり、それによって多様な「文字の意味」や意義を可能にしている[22]。この考え方は、リオタールにおいて出来事あるいは絶対の形式性と一致している。つまりそれは、個別の出来事の還元不可能な複数性を保証している。それ以外の痕跡は、「無名なもの」の叙述可能性としての名前である。というのも、リオタールがソール・クリプキ（Saul Kripke）に従って解説しているように[23]、名前は意義を持たず、純粋に形式的な「硬直した名づけ役（starrer Designator）」であるからである。それゆえ彼は、何かを定義しようとすることもなく指し示すことができるが、それを表象化（再現前化）することはできない。そのような名前の一例として、ヤハウェ（JHWH）がある。これは言明不可能な名前であるが、神的な本質の名前ではなく、まさに名づけることが不可能であるということにおいて、名づけることの不可能な絶対の痕跡、記号となっているのである[24]。

　結局、絶対の痕跡は処方箋であり、義務感そのものがそうであるような義務づけの命題であるが、絶対は絶対的な義務づけ、無条件の当為にほかならない。周知のように、この当為は出来事以外のものを何も要求せず、それゆえ最終的に自己自身を許すことになり、それに対応して、法を実現し、その

20　J. F. Lyotard/E. Gruber, Ein Bindestrich. Zwischen „Jüdischem" und „Christlichem", Düsseldorf/Bonn 1995, 27 を参照。
21　次を参照。G. Scholem, Zur Kabbala und ihrer Symbolik, Frankfurt/M. ^{9}1998, 64.
22　これについては同書 23, 47f. および 72ff. 頁を参照。
23　J. F. Lyotard, Der Widerstreit, a.a.O.（注 5）, 72ff. を参照。
24　J. F. Lyotard/E. Gruber, Ein Bindestrich, a.a.O.（注 20）, 102f. を参照。

結果として出来事を実現するように促す。このように課せられた義務の実現は、個別出来事の複数性と異質性における出来事を生じさせるものであり、あるいは言語哲学的に定式化すれば、論争というジャンルの矛盾に配慮し、「メタ規則」と「メタ論争」の助けを借りてその矛盾を止揚して最終的には破壊するようなことはしないのである。しかし他方でこれは、叙述不可能なものの「救出」、つまり絶対の「救出」以外のものは含んでいないのである。それゆえ出来事を生じさせることは、絶対の利用不可能性、簡単に言えば偶像禁止を考慮することを含んでいる。また、その逆も成り立つ。それに対して出来事の異質性、あるいは論争ジャンルの複数性を認めず、許容しない人、偶像禁止を軽視する人は、リオタールが言うように、恐怖政治の代価を支払わなくてはならない。「19世紀と20世紀を通して、われわれはこの恐怖政治が全体に広がっていくのを経験した。われわれは全体と一者への憧憬から[……]手痛い報復を受けたのである」[25]。

リオタールにとって義務に呼応した態度とは、要求を出してくる絶対の下での受容、服従、受け身の態度のことである。出来事を生じさせ、絶対を受け入れ、その要求に応じることが大切である。リオタールはこのような態度を幼児性とも呼んでいる。「私が幼児性ということで理解しているのは、われわれは自分自身で生まれるよりも前に、すでに生まれているということである。しかも他者を見いだし、無防備に他者にさらされているとしても、その他者によって生まれるのである」[26]。このような幼児性の態度において、自我はその自律性、自己規定への憧憬を失い、最終的には真に受容的になり、そこで真に自由になることができるために、自己自身を失うのである。リオタールにとって真の自由とは、幼児が絶対の要求を通して手に入れ独占することができることのうちにある[27]。これをリオタールは「善き解放」とも呼んでいる。それは、自己規定と自律の理解を目指した啓蒙主義の「悪しき解放」と呼んだものに対立している。

たしかに、叙述不可能なものは、服従とそれに結びつく絶対的に義務づけられた法の実現、つまり出来事を生じさせることにおいてのみ、救出され注視されるわけではない。むしろそれがなされるのは、何よりも叙述不可能な

---

25 J. F. Lyotard, Beantwortung der Frage: Was ist postmodern?, a.a.O.（注15），203.
26 J. F. Lyotard/E. Gruber, Ein Bindestrich, a.a.O.（注20），9f.
27 同書11f. および19頁を参照。

ものを想起させる証言においてである。その証言は、不在における現在の逆説と、絶対の叙述不可能性と秘密、また絶対そのものを想起して示す。それはリオタールがアナムネーシス的と呼んだ態度である。

リオタールが絶対を主題化したとしても、彼はそのユダヤ的起源とは関係なく、決して自らを宗教的あるいは「信仰的」哲学者として理解することはない。「出来事は主人ではない。それを異教徒は知っており、この建設的な取り違えを笑い飛ばす」[28]。絶対は法と同義であり、「道徳的な立法者」と同義ではない。したがって絶対は、法を与えて「約束の地」に導き、契約を結ぶことのできる人格ではない。絶対は、絶対的な義務の絶対的超越として、また出来事として、絶対的な神的本質ではなく、神性、人格神でもない。したがってリオタールにおいては、絶対の概念の論争と絶対的超越の概念の構想が見られる。この概念は宗教的ないしは神学的な伝統をも徹底的に受け入れるのである。しかしながら、この「叙述不可能なものの叙述」という構想において重要なことは、哲学的な「神についての語り」ではないし、そうであろうともしていないのである。

2．J. デリダ：いかに絶対を語るか（語らないか）？

ジャック・デリダは超越の問題と取り組み、「語らない語り」という形式でそれを証言したが、それはリオタールとは異なる形でユダヤ思想の伝統を取り入れているだけでなく、明らかにキリスト教の否定神学の伝統をも取り入れている[29]。デリダの省察はここで記憶を超えたもの、言及不可能なものの審級、絶対他者の場所なき場所をめぐってなされている。「無他者 (alterslos)、無歴史 (geschichtslos)、すべての対立よりも古い（例えば、感覚的なものと叡知的なものとの対立よりも古い）、そして『存在の彼方に』保たれているものとして否定的な道によって現されることすらない」[30]。こ

28　J. F. Lyotard, Der Widerstreit, a.a.O. (注5), 196f.
29　このデリダの哲学と神学との関係については、例えば次を参照。P. Zeillinger/M. Flatscher (Hg.), Kreuzungen Jacques Derridas. Geistergespräche zwischen Philosophie und Theologie, Wien 2004.
30　J. Derrida, Glauben und Wissen. Die beiden Quellen der „Religion" an den Grenzen der bloßen

の審級を彼はプラトンを引き合いに出してコーラ（chora）と規定している。コーラは存在者でも存在でもなく、善でも神でもない。それは不在であるが、無でもない[31]。コーラの経験から無限の他性を特殊なものとして認めたり注視することが生じてくる。そしてまさにその注視をデリダは良心の呵責、抑制、隔たり、分離、離接という意味での宗教（religio）としても理解している[32]。

この絶対的他性、あの場所なき場所は言語化の難しい秘義である[33]。それをデリダは偽ディオニュシオス・アレオパギテース、マイスター・エックハルト、アンゲルス・シレジウスに連なる形で詳述している。それは存在の彼岸、ある場所の彼岸にある根源的な超越である[34]。そこからデリダのように、言語化の難しい秘義について、それを明言せずに、いかに語ることができるか、と問うべきである。すなわち「いかに語らないか」[35]。否定的なアポファシス的な語りは、このような語らない語りに適切であろう[36]。神の場所（Ort/Statt）としての非－場所（Nicht-Ort）は、「存在も本質も根拠もない」[37]ような出来事であり、それを書き示すのがアポファシスである[38]。このような非－言明的、非－定義的な語りの様態は、デリダにとっては祈りである。祈りとは、絶対の超越の意識において、完全に受け身の姿勢になる語りである[39]。このような「語らない語り」は、決して直接的に現在化できず、ただ

    Vernunft, in: Ders./G. Vattimo, Die Religion, Frankfurt/M. 2001, 36.

31 同書 37 を参照。

32 同書 39 を参照。

33 このデリダの考察についての詳細は、次を参照。J. Hoff, Spiritualität und Sprachverlust. Theologie nach Foucault und Derrida, Paderborn 1999; J. Valentin, Atheismus in der Spur Gottes. Theologie nach Jacques Derrida, Mainz 1997.

34 J. Derrida, Wie nicht sprechen. Verneinungen, hg. von P. Engelmann, Wien 1989, 48 を参照。この考察については次も参照。J. Derrida, Außer dem Namen (Post-Scriptum), in: Ders., Über den Namen. Drei Essays, Wien 2000, 63-121.

35 同書 46 頁。

36 同書 47f. 頁を参照。

37 同書 104 頁。

38 同書 88 頁を参照。

39 同書 20f. および 75ff. 頁を参照。デリダにおける祈りの意義については、次も参照。J. D. Caputo, Die ‚différance' und die Sprache des Gebetes, in: F. Uhl/A. Boelderl (Hg.), Die Sprache der Religion, Berlin 2003, 293-315; J. Valentin, Atheismus auf der Spur Gottes, a.a.O.（注

痕跡として現在化できるような言語化不可能なものの性質に一致している。そこでは、この痕跡は何かの痕跡を示しているが、その何かがまた別の何かの痕跡となっている。痕跡の痕跡の痕跡……、それ自身の根拠と起源を参照する可能性や、痕跡がそれの単なる模像にすぎないような原像を参照する可能性は、そこにはないのである[40]。

デリダがここで否定神学とキリスト教神秘主義の思想をどれほど取り上げようと、それは神学から明確に区別される。アレオパギテースの否定神学も、マイスター・エックハルトの神秘主義も、神と同一視される「超－本質（Hyper-Essentialität）」[41]から常に発しているので、最終的には存在－神論に含まれることになる[42]。ここでは絶対は常に同一の起源として理解されている。しかしデリダは、言語化不可能で叙述不可能な絶対を「存在の彼岸」として捉え、まさにこの「存在の彼岸」としての絶対に対して起源という役割を与えることはしていない。デリダはそれを差延（différance）と呼んでいる。この差延は、差異を有した、非－起源的、非－現前的な絶対の性質を表している[43]。そこで彼は同時に、厳密に言うと差延という表現は絶対に付けられた名前ではないということを強調している。絶対はその叙述不可能性において名を持たないからである。例えば、ヤハウェ（JHWH）という名はリオタールにとって、どこまでも「名のない名」として絶対の痕跡となりうるので、デリダによればその名は形而上学的な残滓のようなものである。

「われわれにとって差延は形而上学的な名である。そしてすべての名はわれわれの言語において差延を保持しており、常に名として形而上学的である。[……] そのような差延は存在よりも『古く』、われわれの言語においていかなる名も持たない。しかしわれわれは、それがとりあえず

---

33), 187-191; P. Zeillinger, Nachträgliches Denken. Skizze eines philosophisch-theologischen Aufbruchs, Münster 2002, 156-178 u. 206-216.
40　痕跡の思想については、特に次を参照。J. Derrida, Grammatologie, Frankfurt/M. 1983, 81-131.
41　J. Derrida, Wie nicht sprechen, a.a.O.（注34), 17.
42　同書19頁を参照。
43　J. Derrida, Die différance, in: Ders., Randgänge der Philosophie, Wien 1988, 37 を参照。デリダにおける「差延」の概念については次も参照。D. Wood/R. Bernasconi (Hg.), Derrida and ‚Differance', Evanston 1988; P. Zeillinger, Nachträgliches Denken, a.a.O.（注39), 61-85.

暫定的に名を持たないというだけではないことを『すでに知っている』。なぜなら、われわれの言語はこの名をまだ見いだしていないし受け入れてもいないから、あるいはその名が別の言語に、つまりわれわれの言語の限定された体系の外部に探し求められなければならないからである。というのも、それにふさわしい名はないからである。」[44]

　差延は存在者でも本質でもないし、そもそも存在でもない。それゆえ存在論的に偉大なものではない[45]。それは痕跡として示される。すなわち、「決して現在化されえないものであり、それ自体で現れることのない痕跡である。それはその現象において現れ、それ自体で啓示されうる。［……］痕跡は常に差異化しながら、それ自体で現れることはない。それは現れては消え、鳴り響いては静まる」[46]。

　それでもデリダは絶対を単に差延としてだけでなく、叙述されることを避けるような出来事と贈与としても特徴づけている[47]。とりわけ贈与はデリダにとって倫理的な意義を持っているが、ここで彼は贈与の予測不可能性を強調している。この予測不可能性は叙述不可能性とも関係している。贈与はそれ自体では基礎づけられない、つまり理性で捉えることはできない。したがって、贈与の無条件性に基づいた道徳も基礎づけすることはできず、叙述することも予測することもできない。デリダによれば、贈与は「理性なしにある。それは理性なしにあらねばならないし、理性なしに、なぜという理由も根拠もなしにあらねばならない。贈与というものがあるとすれば、それは実践理性にすら由来しない。それは道徳、意志、おそらく自由にとっても異質なものであり続ける。少なくとも、主体の意志と結びつけられるような自由にとっては異質である。それは法にとっても、実践理性の『しなければならない』にとっても異質であり続けるのである」[48]。

　リオタールに対して確認すべきことは、デリダにも当てはまる。彼にとって重要なことは「神の語り」ではなく、語りえないものについて語ることの

44　J. Derrida, Wie nicht sprechen, a.a.O.（注34）, 109f.
45　同書103頁を参照。
46　同書105頁。
47　例えば次を参照。J. Derrida, Falschgeld. Zeit geben I, München 1993, 25ff., 32, 43ff., 123.
48　同書200頁。

問題である。それはテクストにおいて余白としての役割を果たし、認識あるいは道徳を基礎づける原理としての役割やすべての存在者の起源としての役割は果たしていない。この余白はあらゆるテクストが前提にしているもので、そこを満たすための努力はなされているが、決して満たされないようなものである。この空所は記号の無限のつながりによって満たされる。それゆえ記号使用はそのように理解されたテクストと記号の超越を構成しており、逆にその前提が空虚の無限の多様性において無に由来する記号の使用を可能にするのである。その空虚はもはや存在者を超越する充足としては理解されていない。記号はそれを超越する他者、根拠、起源、絶対、神を示すのではなく、ただそれ自身だけを示している。それは表象（再現前化）を通してではなく、意義の無限のずらしを通して意味する[49]。デリダのこのような空所の理解は、理性の必然的な投影という意味でのニーチェの神理解だけでなく、ジャック・ラカンにおける欲望の投影面として現実を把握することとも平行している[50]。同様に、ミッシェル・フーコーのディスクールの「外部」の理念についての省察とも親近関係にある。これはフーコーによれば、ディスクール的な実践の内部における抑圧のメカニズムの結果にほかならない[51]。「超越」は、デリダによれば、存在論的な偉大さではなく、テクストにおける一機能にすぎない。つまり、テクストとそれを構成する記号のつながりそのものの結果にすぎないのである。

3．E. レヴィナス：他者において無限に出会う

リオタールやデリダとは異なる仕方でエマニュエル・レヴィナスは、自ら

49　これについての詳細は次を参照。J. Derrida, Die Struktur, das Zeichen und das Spiel im Diskurs der Wissenschaft vom Menschen, in: Ders., Die Schrift und die Differenz, Frankfurt/M. [4]1989, 422-442.

50　これについての詳細は次を参照。S. Wendel, Affektiv und inkarniert. Ansätze Deutscher Mystik als subjekttheoretische Herausforderung, Regensburg 2002, 49-84 und 248ff.

51　S. Wendel, Theologie ‚nach' Foucault. Chancen und Grenzen einer theologischen Rezeption der Philosophie Foucaults, in: C. Bauer/M. Hölzl (Hg.), Die Theologie vor der Herausforderung Michel Foucault, Mainz 2003, 51-63 を参照。

の哲学的思考がユダヤ的伝統と継続的かつ積極的に関わっていることを明白に公言していた。したがって、彼の伝記もユダヤ的起源によって特徴づけられる。このようなユダヤ的伝統の特徴を持った哲学をレヴィナスは、形而上学の新たな構想として理解した。ここで形而上学というのは、もはや存在論としてではなく倫理学として捉えられるような第一哲学のことである。それは超越についての特殊な理解に基づいている。それゆえレヴィナスにとっての形而上学的な思考は、本質的に超越との関係によって規定される。このような超越との関係は、レヴィナスによれば存在論的観点の下では現れず、むしろ倫理学として現れる。レヴィナスは超越を「他性」と同一視している。「それ［形而上学］は『どこか他の所』に向けられる、つまり『別の仕方で』かつ『他者』に向けられる。実際、形而上学はその一般的な形式においては、われわれが住んでいる『我が家（Zuhause）』から、つまりわれわれが慣れ親しんでいる世界から出発し［……］異質な他己（Außersich）へ、つまり『向こう側』へと通じている」[52]。しかしレヴィナスは伝統的な形而上学を全体性の思考として、すなわち存在−神論と同様の同の思考（Denken des Selben）として特徴づけている。それは、絶対知の表象を引き合いに出した。またそれにとって重要なのは、レヴィナスによれば、存在の問い、つまり「そもそもなぜ何かがあり、むしろ無ではないのか？」という問いである。伝統的な形而上学は存在者の根拠と起源を問い求めた。その際、それはこの起源を一者とか全体者と同一視した。つまり存在の全体性、存在者とその歴史の全体性と同一視した。真理の全体性の理念はそれに一致している。というのも、存在と真理、つまり存在と存在の思考との間には一致があるからである。それは存在と思考との同一性という基本命題において伝統的に定式化されてきた。すでにパルメニデスにもそれが見いだされる。それに対して形而上学は、レヴィナスによれば多、つまり全体性の外側に関わるというのが正当な理解であろう。それは全体性の「彼岸」であり、存在と歴史、また常に存在に関係する思考の絶対他者に関わっている。この「多（Mehr）」という呼び方は外部性と同義である。より厳密に言えば、他者の外部性と同義であり、これは存在と思考の全体性に含まれることはない。またこの超越は無限の観念と

---

52 E. Levinas, Totalität und Unendlichkeit. Versuch über die Exteriorität, Freiburg/München 1987, 35.

同一視され、無限の観念は完全性の観念と同一視される。そのように理解された形而上学はもはや存在論と同義ではない。つまり、存在や思考の起源の全体性について問い求めることはない。それは差異を起源的な一性（Einheit）と総体性（Ganzheit）の全体性（Totalität）に止揚することによって、他を同に還元することもない。逆にこの形而上学は他を通して同を疑問に付すことを引き合いに出す。それが行われるのは倫理学においてである。それゆえ第一哲学、つまり形而上学の場にあるのは倫理学であって、もはや存在論ではない。

> 「自己を問いただすこと［……］は、他者を通して生じる。このように私の自発性を他者の現在によって問いただすこと、それが倫理である。他者の異質性、他者は私や私の思考や私の所有に還元できないという事態が生じるのは、私の自発性を問いただすこととして、つまり倫理としてのみである。形而上学、超越、同による他の受容、私による他人の受容は、他を通して同を問いただすこと、つまり倫理として具体的に起こる。そこにおいて、知の批判的本質が実現する。そして批判が教条主義に先行するように、形而上学は存在論に先行する。」[53]

レヴィナスは存在論と、主体性と自由の哲学との間に平行関係を立てる。それは形而上学の原理としての「私は考える」と「私はできる」という意味での主体性と自由の哲学である。ここで支配的なのは、同の優位性と力の哲学である。なぜなら、存在つまり現実を自我が占有したり同化したりすることが問題となっているからである。「存在論として現れる存在との関係は、存在者を理解したり捉えたりするためにそれを中立化することのうちにある。それゆえその関係は、そのようなものとしての他との関係ではなく、他を同に還元することである。これが自由の定義である。すなわち、他との関係にもかかわらず、他に対して自我の自給自足を確保し守ることが自由である」[54]。それに対して倫理学としての第一哲学においては、同の優位性ではなく他との関係が中心に置かれる。この他との関係において、超越が現

---

53 同書 51 頁。
54 同書 55 頁。

れてくるのである。すなわち、超越はある完全に具体的な状況において現れるが、この状況において全体性の経験は壊れてしまう。すなわち、「他者の顔における外部性あるいは超越の輝き」[55] である。このように超越は、レヴィナスによってさしあたり絶対他者として、存在と思考の彼岸にあるものとして特徴づけられる[56]。それは存在者ではなく、対象でもない。それはまさに存在者を超越しているからである。その他性は人の記憶を超えた過去であり、現在化不可能な不在であり、あらゆる叙述の可能性を回避されている[57]。さらに言うと、超越は無秩序的、非起源的なものとして規定されるべきでる。超越は存在の彼岸であって存在の起源ではないからである。他者は実在性ではなく、実体ではなく、第一原因でもない。それゆえ、レヴィナスによれば、他者はその超越において絶対であり無限であるが、起源でも原理でもない[58]。結局、無限と同一視される超越は、差異が止揚されるような絶対的な一性の表象と同一ではない。逆に、レヴィナスは無からの創造の理念を擁護している。それによって無限と有限、超越と内在とを、その分離と他性の尊厳のために引き離すのである。

「無限が生じるのは、それが収縮において全体性へと拡張することを放棄し、それによって分離された存在者に場を与えることによってである。[……] 無限は円環状に自己とつながることはなく、むしろ存在論的な空間から引き下がることで分離された存在者に場を与えようとするが、それは神的に現実存在している。それは全体性の上部に共同体を立て上げる。[……] 創造的な無限の限定と多様性は無限の完全性と一致できる。[……] 無からの創造という理念は、全体性において一つになることのない多様性を表現している。[……] 無からの創造は体系を壊し、あらゆる体系の外部に、つまりその自由が可能となる場所で、ある

55　同書 25 頁。

56　E. Levinas, Jenseits des Seins oder anders als Sein geschieht, Freiburg/München 1992, 23ff. を参照。

57　同書 38 および 42 頁を参照。また次も参照。E. Levinas, Die Spur des Anderen. Untersuchungen zur Phänomenologie und Sozialphilosophie, Freiburg/München 1983, 249f.

58　E. Levinas, Jenseits des Seins, a.a.O.（注 56）, 67, 213f. および 218ff. を参照。

存在者を措定する。」[59]

　そのような特定の超越は、他者の顔において開示され、その顔において「不在の痕跡として」[60]内在の中に入り込む。その際、顔はさしあたり自己自身以外のものを何も指し示さない。しかし、まさにこの自己報告性において、他者の顔は絶対他者を、つまり無限を指し示している。その絶対他者が現在化したり発言したり自己を示したりするのは、決して直接的にではなく、ただ、絶対者の永続的な外部性や絶対的な不在と超越の痕跡としてである。それゆえ顔において生じているのは、原理的に現在化不可能なものの否定的な現在化、つまり痕跡である。「私を他者に捧げるという命令が、隣人が引き下がった痕跡を通してでなければ隣人の顔として私に示されることはない。それは決してアクチュアリティが先行せず、私自身のすでに聞かれた声においてのみ現在化するような引き下がりの痕跡である」[61]。このことがレヴィナスをリオタールとデリダに結びつける。顔の語りは自己を示すこととしての言及（Sagen）である。それは言明（Aussagen）ではなく、決して概念にもたらされることはない。それは言明による限定を免れている。それゆえレヴィナスにとっては、本来は言明できないようなものについて多義的に語る可能性だけが残る。概念的な言語と絶対他者との間にはいかなる妥当性も存在しない。他者がまさにその言語を絶対的に超越しているからである。「言語の関係は超越を前提にしている。それは根源的な分離、対話の相手の異質性、私に向かって開示される他者を前提にしている。別様に言えば、言語が語られるのは、相互に関係づけられる術語を持たない共同性においてである。そこでは、共通の地平がないので、それがそこで初めて構成されなければならない。言語はこの超越においてある。それゆえ語りは絶対的に異質なものについての経験、純粋な『認識』あるいは『経験』であり、驚きの外傷である」[62]。

　他者が顔の痕跡において顕現することを要求することはできない。むしろ、それは受動的に歓待されなければならない。またこの歓待の受動性において、

59　E. Levinas, Totalität und Unendlichkeit, a.a.O.（注52）, 148f.
60　E. Levinas, Jenseits des Seins, a.a.O.（注56）, 209.
61　同書。
62　E. Levinas, Totalität und Unendlichkeit, a.a.O.（注52）, 100.

顔は無条件の承認と自己自身の敬意を同時に命じる。他者の歓待は、具体的な他者に対する責任を取るという倫理的な要求を意味している。この具体的な他者の顔は無限の痕跡となっている。

> 「この懇願し要求する眼差し——それは要求するがゆえに懇願することしかできないし、人が与えることによって承認するすべてのものに対する権利を持っているがゆえに、そこにはすべてのものが欠けている——この眼差しは顔が顔として顕現すること以外のなにものでもない。顔の裸性は裸つまり欠けていることである。他者を認めることは、すなわち飢えていることを認めることである。他者を認めることは——与えるということである。しかし人は師匠に、主人に与える。崇高の次元で『あなた』と呼びかける人に与える。[……]他者の超越はその卓越、その崇高、その支配を作り出し、その具体的な意義においてその困窮、故郷喪失を含む。また異質なものとしての他者にふさわしい権利を含む。」[63]

したがって、無限についての叙述不可能な叙述、語りえない応答は、顔と顔との社会的関係において生じる。つまり対象認識においてではなく、顔の呼びかけにおいて生じる。それは次のように要求する。「神に至る開かれが生じるためには、正義の働きが必要である。この前提の下で形而上学は社会的関係が生じるところで始まる。つまりわれわれの人間との関わりにおいて始まる。人間との関係から引き離されているような神『認識』はありえない。他者は形而上学的な真理の本来的な場であり、私と神との関係にとっては欠かせない」[64]。リオタールとデリダとは異なり、レヴィナスはそのように絶対他者つまり超越の概念と神の概念との間に明白な関係を確立している。絶対他者はテクストや言説の単なる余白にすぎないものではなく、出来事の承認に対する純粋に絶対的な義務にすぎないものでもない。たしかにレヴィナスは神理解を定式化しようとしているが、それは神を「存在の彼岸」として起源や実体として理解するのではなく、また存在や存在者として理解するのでもなく、まさに否定神学とカバラー的思弁の伝統において、存在を超えた他

---

63 同書 103ff. 頁。
64 同書 108 頁。

性として理解するものである。このような神的な他者は、決して存在者の内在において現在化することはできず、その不在の痕跡として内在の中にいかなる場合でも入り込んでくる。例えば、トーラーの場合のように、神を現在化することなく、特に歴史において私に出会われる具体的な他者において、ヤハウェを指し示すのである。レヴィナスの超越理解はそれゆえ、どこまでも宗教的に解釈可能であり、他者の言語化できない言及についての彼の考察は、神の他性を正当に評価するために神を語るときの霊感として理解される[65]。レヴィナスと2人のポストモダンつまりポスト構造主義の仲間とのさらなる違いは、個々の人間の意義、他者の顕現としてのその肉体性と欲望の意義において見られる。超越の痕跡となるのはテクストでも言語でもない。それは他者との関係であり、他人の顔を迎えることである。本来の意味における神の語り、詳しく言うなら、神の根源的な他性を認めつつも可能な神の語りについての省察は、それゆえレヴィナスにおいてしか見いだされない。つまり、彼の倫理学の優位性の下で新しくされた第一哲学のプログラムにおいてしか見いだされない。それに対してリオタールとデリダは形而上学的あるいは宗教哲学的なプログラムを追求せず、彼らの哲学を神学的に解釈する試みに対しては境界線を引いたのである。しかしもちろん、神学的な観点から受け入れる試みとの論争を拒むことはなかった[66]。彼らはそれによって、20世紀の終わりと21世紀の始まりにおける哲学的神学が再び「公的に

---

65 それでもこの試みは、キリスト教的伝統よりもユダヤ的伝統に結びつけられやすい。キリスト教は、神が人となったという信条と次のような確信によって成り立っているからである。それは、神がわれわれにとって秘義であるが、愛として規定され、歴史において不在の痕跡として現れるだけでなく、イエスの具体的な生活史において自己を一度だけ伝え示したという確信である。それゆえ極端な否定神学は、キリスト教の観点では、特に神の規定の恣意性という問題を視野に入れるなら、考えられないものに見える。その問題は、神についての単なる多義的な語りによってもたらされる。これについては次も参照。M. Striet, Offenbares Geheimnis. Zur Kritik negativer Theologie, Regensburg 2003; S. Wendel, „Den Allmächtigen ergründen wir nicht...", a.a.O.（注1）.

66 リオタールとデリダがそのようなポストモダンつまり脱構築的な影響を受けた神学にどの程度まで合致するのか、そのような構想がそもそもどの程度まで生産的であるか否か、ということについて、ここでは詳細に論じることはできない。そのような試みの批判については、次を参照。S. Wendel, Postmoderne Theologie? Zum Verhältnis von postmoderner Philosophie und christlicher Theologie, in: K. Müller, Fundamentaltheologie – Fluchtlinien und gegenwärtige Herausforderungen, Regensburg 1998, 193-214.

語れるもの」になることに寄与した。そして彼らは哲学的ならびに神学的な神の語りの構想を提唱した。それは近代後期の状況を通して、神についての語りの新しい流儀につながることができたが、それ自体が明白にこの言説の側に立つことはなかったのである。

XVII

アンドレアス・コリテンスキー

ルートヴィヒ・ウィトゲンシュタイン

言語ゲームによる宗教の解明

　ウィトゲンシュタインの遺稿では宗教哲学への体系的な論述が見いだされないにもかかわらず、その著作においては何度も現代の宗教の危機について言及されている。ウィトゲンシュタインは、この宗教の危機をとりわけ宗教的な生き方とその表現形式の理解可能性との危機として経験した。この危機の克服のためにウィトゲンシュタインは 2 つの方法をとっている。初期において、ウィトゲンシュタインは宗教言語の企てが失敗したことを説明するという大胆な戦略を選択している。たしかに、世界から解放された生の意味の次元は存在してはいるが（『論理哲学論考』6.522）、それは言語的に把握可能な世界に対して否定的なものとしてのみ認識される（同書、6.52）[1]。1930 年代以降、ウィトゲンシュタインは反対の方法に着手しているが、それは伝承された宗教言語体系の新たな評価によって特徴づけられている。この企て

---

[1] ウィトゲンシュタインの草稿（MS）、タイプ原稿（TS）、口述（D）は、次の資料から引用される。Wittgensteins Nachlaß, Bergen Electronic Edition, Oxford 2000.『論理哲学論考』と『哲学探究』は実際的な理由から書名とウィトゲンシュタインに由来する段落区分が引き続き使用されている。〔ウィトゲンシュタインの邦訳全集としては『ウィトゲンシュタイン全集』（全 10 巻、大修館書店）が存在し、本章で言及・引用される文章の多くはこの中で確認できる。しかし、ウィトゲンシュタインの邦訳著書はそれ以外にもかなりの数に上っており、本章の内容にも関連するものとして、次の文献が挙げられる。イルゼ・ゾマヴィラ編『ウィトゲンシュタイン哲学宗教日記——1930–1932/1936–1937』鬼界彰夫訳、講談社、2005 年、L. ウィトゲンシュタイン『ウィトゲンシュタイン『秘密の日記』——第一次世界大戦と『論理哲学論考』』丸山空大訳、星川啓慈／石神郁馬解説、春秋社、2016 年。〕

は次の4つの手順において解明することができる。(1) まず問われねばならないのは、ウィトゲンシュタインが哲学の目標をどこに認めて、宗教の考察がその枠組みのどこに位置づけられるのか、ということである。(2) ウィトゲンシュタインの宗教哲学はしばしば言語ゲームの概念と結びつけられる。この概念がそれ自体においていかなるものであるか、入念な説明が必要である。(3) 1960年代と70年代、宗教哲学におけるウィトゲンシュタイン受容は最盛期にあったが、それによって言語ゲーム概念は現在まで概説書中の一項目として取り扱われている。それは宗教哲学におけるウィトゲンシュタイン像を特徴づけるものではあるが、ウィトゲンシュタインの関心や方法と常に一致しているわけではない。(4) この背景から、ウィトゲンシュタインの言語哲学を宗教に適用するいくつかの可能性が試みられねばならない。

1. ウィトゲンシュタインの問題分析：
形而上学の問題と宗教の根元

　宗教の言語に対するウィトゲンシュタインの説明を解釈するために、まず哲学、宗教、正しい生の問いの複合状態にいくぶんなりとも光を当てることが必要である。私たちはウィトゲンシュタインの著作においてこの複合状態に直面しているのである。ウィトゲンシュタインの1930年代の覚書では、哲学的問題状況とそれらの宗教に対する含意とについて多少ともはっきり目につく以下の3つの視点を区別することができる。

(1) 形而上学批判
　一見すると、ウィトゲンシュタインはきわめて自覚的な初期の分析哲学の線上に完全に立っているように思われる。それは、ウィトゲンシュタインが錬金術から化学への移行に比肩できる新しい始まりを予告するときである（ML S. 113）〔訳注1〕。哲学の伝統的な形式は、根本的な思考の欠陥に規定されているのであって、それにより、哲学は同じ問いを伴った際限のない輪の中

〔訳注1　MLはG. E. Moore編のWittegenstein's Lecture in 1930-33の略号であるが、これは、現在、James Klagge and Alfred Nordmann (eds.), Ludwig Wittgenstein. Philosophical Occasions. 1912-1957, Hackett Publishing Company, 1993に収録されている。S. 113はこのKlagge/Nordmann編著の頁である。〕

に囚われ続けているのである（TS 213 S. 424,『哲学探究』115）。この場合に、そこへの第一歩が生じるのは、人が具体的な言語使用から後退し、言語をいわば外から考察するときである。ウィトゲンシュタインはもっとも広い意味における形而上学の問いをめぐる古典的な哲学の合理的努力をこのように解釈しようとしている。したがって、ウィトゲンシュタインがこの過程を反省能力の意識的で熟考された適用と解するのは当然である。直接的な言語使用からの乖離は、明らかにめまいのような感覚を引き起こすのであるが、ウィトゲンシュタインはそれを不安という概念によって描いている（TS 213 S. 416,『哲学探究』111）。この不安は次の一歩として、つまり言語を超えたより確かな拠りどころを求めるようにと促す。この拠りどころとなるのは、明晰かつ単純で可能なかぎり同一形式を有する構造であって、それによって言語の意味は確実なものとなる（『哲学探究』98）。表層文法のどちらかと言えば単純な形態は、たとえ最終的に誤解を引き起こすとはいえ多数の類比を許すものであり、このような統一的な超越的構造を指示するように思われる（『哲学探究』90）。誤解を引き起こす類比の哲学的に顕著な実例としてウィトゲンシュタインが繰り返し取り上げるのは（TS 213 S. 434f.,『哲学探究』196, 422など）、「霊魂」と「肉体」といった言葉であり、またこれらの言葉が表しているはずの2つの「存在」あるいは「実体」の関係を規定する試みなのである。それらの言葉としての類似性と人間への適用は人為的な共通秩序の形成、つまり実体の存在論に至る。それは、問題を解決するものではなく、いかにしてきわめて異なる諸実体が相互に結合され相互作用できるのか、という大きな謎を呼び起こす。

　「新しい哲学」の課題は、古い問題が幻想であることを暴露しそのようにしてそれを取り除くときに、果たされるように思われる。したがって、ウィトゲンシュタインの試みはキリスト教のような宗教にとって広範な帰結を内包する。なぜなら、キリスト教のような宗教は古典的な形而上学的体系を自然な表現と反省の手段として自らのものにしているからである。しかしながら目を引くことは、ウィトゲンシュタインが問題となる思考様式を過去において働いていたものとしてではなく、世界を同形の抽象的な要素に解消しようと努める現代の科学主義的精神において働いているものと見ている点である（MS 109 S. 204f., 207）。そのために、形而上学的思考に対する批判が、ウィトゲンシュタインにおいて自らの初期著作に対する自己批判であること

は珍しくない。ウィトゲンシュタインがこの広義の形而上学的哲学を問題と感じているのは、画一的な思考が事実の特異性にふさわしくないばかりでなく（MS 110 S. 184）、ウィトゲンシュタインが哲学の努力の背後にある固有の動機と理解するものを遮るからである。

(2) 哲学的問題の根元

ここで記述された『哲学探究』（§§ 89-133）におけるウィトゲンシュタインの哲学プログラムを読むならば、次の疑問が頭から離れないであろう。すなわち、そのような単純な思考の欠陥がこれほどの頑強さによって保持されることなどほんとうに納得できるだろうか。ウィトゲンシュタインは、形而上学的あるいは科学主義的思考がどこから信憑性を受け取るかを説明できなければならない。ウィトゲンシュタインがこの疑問にどのように答えようとしているかについて示唆を与えるのは、『哲学探究』において「哲学的問題」を記述する豊富な隠喩表現（不安、偏見、パトス、仮象、囚われ、ためらい、眩惑、ごまかし、名声、魅了、迷信）である。これらの表現の仕方が指示するのは、『哲学探究』においてはめったに現れないが、『大タイプ原稿』（1933年）などの遺稿の他の箇所で明確に現れるウィトゲンシュタインの哲学理解の局面なのである。そこに現れる哲学的問題設定は、より広い生の文脈に埋め込まれており、そこにおいて思考は、実に中立的な合理性の直接利用可能な道具として現れるのではなく、習得されまた本能的でもある習慣によって（TS 213 S. 423）、それどころか感情によって規定することができるのである（TS 213 S. 406f.）。直接的な言語使用からの分離を引き起こし、解決できないと思われる問いを呼び起こすのは、知的な気まぐれではなく、人間ノ条件（conditio humana）に深く根差し思考法をも規定する傾向性である。通常の言語の形態とそれとともに類比とその暗示力とは、人間のそのように考える傾向性に対応している（TS 213 S. 423）。

これによって、最終的な解決に至ることなしに、哲学が同じ問題のまわりを繰り返し廻り続ける頑固さが説明できるだろうし（TS 213 S. 424）、同時に、なぜウィトゲンシュタインが回心というべきものを引き起こすという目標を、つまり、思考習慣と生のあり方の徹底的な変革を追跡するのかが明らかになる（TS 213 S. 407）。それゆえウィトゲンシュタインは、自らのやり方を精神分析の治療に例える（TS 213 S. 410,『哲学探究』133）。それは、ウィトゲンシュタインが成功した治療結果をいかに思い浮かべているのか、と

いう疑問を生じる。一面で、ウィトゲンシュタインは精神的健全さという自然的状態への復帰を意図しているように思われる。この自然的状態においては、言語はまさにそれが作られた目的のために使用されるのである（『哲学探究』116, 118, 124）。しかしながら問題は根源的であり、それによって、いつか治療を中止できるとはほとんど考えられないことになる。ここから推測できるのは、ウィトゲンシュタインがとりわけ悟りのようなもの、めざめた問題意識を念頭においているということである。

（3）宗教の根元

ウィトゲンシュタインが宗教現象とその表現形式をどのように解釈しているのかという問いに取り組む場合、この点に注意を払わねばならない。おそらく明らかなのは、ウィトゲンシュタインが想定するロマン主義的解釈は、ウィトゲンシュタインがトルストイの民話を通して敬虔な農夫の完全な世界へ到達するために宗教の合理的反省を排除することになる点を、あまりにも簡単に見積もっていることである。ウィトゲンシュタインの著作がそのような印象を生じうることについては、彼自身、『哲学探究』成立期の覚書（1937年）の中で、次のように述べている。「生に問題があるということは、あなたの生が生の形式に合致していないことを意味する。その場合、あなたはあなたの生を変化させねばならない。すると生はその形式に合致し、問題は消滅する。しかし、そこに問題を見ない人は大切な何か、実に最も大切なものが見えていないという感情を、私たちは抱かないだろうか」（MS 118 S. 17）。ウィトゲンシュタインはさらに続けている。だから、おそらく決定的なのは、人間が問題となるものを「不確かな背景としてではなく、生を包み込む明るいエーテルとして」（MS 118 S. 17）生へ統合するのに成功することなのである[2]。ウィトゲンシュタインはここで人間の生の意味開放性を言語の意義開放性との類比で描いている。もちろん言語はそれ自体が生の一部なのである。（正しい）生は、いかなる確定的な解決も許さない課題であって、日々新たに着手されねばならない（MS 108 S. 207）。ウィトゲンシュタインは意味開放性を言語と生だけでなく、宗教の中にも見いだしている。それは、民俗学

---

2 ここで述べられた思想、すなわち、（哲学的！）問題の完全な解決という理念との統合という思想が決して新しくないことは、『大タイプ原稿 *Großen Typoskriptes*』の哲学の章に収録された 1931 年の次の一節が示している。「問題はほんとうの意味で解決する。一個の角砂糖が水に溶けるように」（TS 213 S. 421）。

者ジェームズ・G・フレーザーの著作との取り組みという文脈で1931年の時期のテクストの一節が明確に示す通りである。以前にウィトゲンシュタインは、宗教は間違った思考から発生したのではなく、それは本能、つまり生がそこにはめ込まれた（したがって生きる上で重要なものとなる）現象に対する自然な反応である、と主張したが、その後、それを以下のような一節に修正している。「語りうることは、この儀礼に動機を与えるのが（オークの木と人間の）結合ではなく、ある意味において分離であるということである。なぜなら、知性の目覚めは、根源的な地盤、生の根源的な基礎からの分離とともに起こるからである。（選択の成立。）（崇拝は目覚めた精神の形式である。）」（MS 110 S. 298f.）。自己自身に、つまり自らの行為と生活世界に意識的かつ反省的に対処し、本能の領域を後にする人間の能力は、次の3つの現象の共通の根元である。（ⅰ）言語もまた人間的生の構成要素であるかぎり、ここに（知的で）哲学的な問題の根元がある。（ⅱ）選択の動機が指し示すのは、本能からの分離によって、正しい意味付与と具体的な生の形成に対する問いが呼び覚まされるということである（「選択の成立」）。（ⅲ）この文脈で、ウィトゲンシュタインは宗教と出会う。その発言によれば、宗教儀礼は世界についての多かれ少なかれ誤った理論の表現ではなく、生の意味開放性との反省的で実り豊かな交渉の手段なのである。というのも、第一に、宗教は事実と人間ノ条件との実在論的な評価を行うことができねばならないからである。宗教は詩的な誇張や哲学的体系によって意味開放性を否定してはならない。この宗教の「実在論」をウィトゲンシュタインは、多面的に際立たせている（MS 109 S. 202 u. 183 S. 72）。第二に、宗教は不確かな背景を「明るいエーテル」へと転換することができる。「目覚めた知性」は、正しい生の基準を展開することができる。こうした隠喩表現が示すように、ウィトゲンシュタインは、まさに意味開放性には潜在的な意味が隠されているということを密かに受け入れているのである。変革された意味の問いは畏怖という形態を受け入れる（MS 110 S. 298。崇拝、驚き、MS 109 S. 201）。これが起こる媒体が儀礼的行為であり、それはもちろん神話的物語や祈りのような言語的表現も含むことができる。この主張をどのように理解すべきについては、さらに最終章で再度取り上げねばならないだろう。

（4）結論とさらなる問い

（a）ウィトゲンシュタイン哲学は、言語についての理論的洞察ではなく、

変革された精神的態度と生の遂行に向けられている。正しい生の遂行と世界洞察はウィトゲンシュタインにとって宗教的な意味の次元を含んでいる。ウィトゲンシュタインがその宗教概念を形成するとき、それが哲学の理論的そして実践的な問いに対する答えとなることを目指していることはまったく明らかである。すなわち、少なくとも、そこに言語哲学の方法としての目標設定ならびに宗教哲学への寄与を読み取ることができるということなのである。もちろん、それによって、ウィトゲンシュタインが常に宗教的カテゴリーによって思考していたと主張すべきではない。それに加え、ウィトゲンシュタインの宗教との関係はあまりに曖昧である。しかし、宗教言語についてのウィトゲンシュタインの解釈が彼の哲学の基礎のもとで始めざるをえないということは主張すべきであろう。

　(b)　実存的で実践的な、それと同時に宗教的な観点が言語分析的な外面の背後にわずかしか認められないのはなぜかという問いが浮かび上がってくる。一つには、ウィトゲンシュタイン哲学の関心は具体的な事例についての作業の中で表現されるというのが、ウィトゲンシュタインの意見である。その関心は適切な描写をこの表現において見いだすのであって、メタレベルの記述によってではない（MS 109 S. 208-210）。というのも、この哲学が意図する思考法の変革は、まさに具体的な考察によって身につくのであり、理論的な解決を介することによってではないからである。ウィトゲンシュタインの文書は主観的な追体験を要求し、それゆえ、秘教的性格を保持する。「書物はそれを理解する者と理解しない者とを自動的に区別するに違いない」（MS 109 S. 208）。これによって、1929 年から 33 年の転換期においてはるかに豊かにもっていた哲学的概念による説明を、なぜウィトゲンシュタインが『哲学探究』において最小限に切り詰めたのかが明らかになる。

　(c)　ウィトゲンシュタインは上述の一節において、読者に宗教の原風景と言いうるものを提示している。では、これは何によって正当化されるのか、ここで宗教の本質規定はどの程度企てられるのか、また宗教概念はあまりに曖昧なままなのではないか、といった点が解明されねばならない。これらの問いに答えるために、方法に注目することがさらに助けとなる。

405

2．言語ゲームと明晰な叙述の方法

　1929 年の過程で、ウィトゲンシュタインは分析によって言語を基本的な統一的構成要素へ分解するという希望を放棄した。言語は、言語共同体の生の状況にぴったりと織り込まれた全体論的ネットワークとして、その姿を顕わにした。それによって、あらゆる言語の研究は同時に人間の現実存在の基礎分析となるのである。ウィトゲンシュタインは、「明晰な叙述」を可能にする適切な方法を探求しているのであるが、明晰性とは、先に叙述された哲学的問題が解決されるときに、保証されたものと見なすことができる。明晰な叙述の適切な方法を探求するというこの枠組みにおいて、言語ゲームも成立したのである。

　1931 年、ウィトゲンシュタインは、予定された 2 番目の著作への導入として考えられたスコットランド人民族学者ジェームズ・G・フレーザーの『金枝篇』についての一連のコメントを書き留めている（MS 110 S. 177）。方法についての部分において（MS 110 S. 256-258）、ウィトゲンシュタインはゲーテの自然哲学からの示唆を取り上げている。これは近代自然科学の抽象化する分析的な方法に対立した自然観察を要求し、そこにおいては、具体的で個別的な対象が優先されねばならない。それゆえ、自然の構造は一般的で抽象的な特徴によってではなく、具体的で模範的な現象、つまり始原的現象によって理解可能にされるべきなのである。例えば、ゲーテはそこから可能な植物界の現象形態すべてが段階的変化によって継続的に導出されうる原植物を探求している。現象を結びつける構造原理に従って現象を配列するのに成功するとき、始原的現象に到達するのである。ここでウィトゲンシュタインは、言語哲学のために 2 つの手続きを引き継ぐことを検討する。それは、熟達した配列（発展仮説、明晰な分類）と構造原理の具体化（図式、象徴行為）であるが、この具体化はその単純さに基づいて、求められた展望を与える。

　これら 2 つの特徴は、1932 年 3 月 1 日（MS 113 S. 45）にほとんど付随的な仕方で初めて現れた言語ゲーム概念に入り込む。ウィトゲンシュタインが後にそれを何度もはっきり定義している事実から明らかになるのは、問題なのはわずかな人為的な哲学的専門用語の一つであるということであって、そ

れは、1930年以降の哲学の中に場所を見いだしたのである。『青色本』（D 309, 1933/34 年）における予告に従って、『茶色本』（D 310, 1934/35 年）とそのドイツ語改訂版である『哲学的考察』（MS 115, 1936 年）において、言語ゲームは大きく開花する。この『哲学探究』の先駆的文書では、100 を超える言語ゲームの中心思想についてその思考過程が展開されている。ウィトゲンシュタインは、この時期、言語ゲームを次のような特性において特徴づけている。

（1）単純さによる明晰性

言語ゲームはコミュニケーション形式であって、日常言語より単純であり、したがってより明晰である（D 309 S. 26）。明晰さが与えられるのは、言語ゲームの観察者が言語使用の背後にある存在論的で論理的な一般構造を探求する必要性を感じることなく、コミュニケーション行為の機能を直接的に調べ理解する場合である（TS 213 S. 201-205）。

（2）単純さによる根本性

そこでウィトゲンシュタインにとって特に重要なのは、言語の根元が人間の原初的な行為様式（「行為と応答」、D 309 S. 26）の内にあるということを示すことである。基礎的な言語構造は考案されたものでも、したがって論理的形式によって説明されるものでもない。これを根拠にして、ウィトゲンシュタインは、言語ゲームとは子どもが母国語を習得する際のコミュニケーション形式であることを強調する（D 309 S. 26 u. 310 S. 7f.）。この習得過程は訓練によるものであり、説明によって可能になるものではない。言語ゲームが指し示すことになるこのコミュニケーション能力は、共通の生の形式に根拠をもつ。ウィトゲンシュタインが言語ゲームを「原初的な種族」（MS 115 S. 125f.）に分類するとき、彼は言語のこの根源的状況を指摘しようとしているのである。

（3）具体性と虚構

言語ゲームが、コミュニケーションの具体的状況の形式を受容しなければならないことは明らかであり、そこにおいては話し手の生の状況や生活世界も考慮されねばならない。学習言語ゲーム（例えば、MS 113 S. 45）が日常生活にその座をもつことができるのに対して、原民族の言語としての言語ゲームは虚構と規定される。ウィトゲンシュタインもまたそのように特徴づけている。このような虚構的な言語ゲーム概念に対しては、しばしば議論の対

象となった論文の中でR. リースが批判を行った[3]。彼の批判の第一点は、ウィトゲンシュタインの主張、つまり民族の言語がそのような単純なコミュニケーション形式のみから成り立つと想像することはきわめて容易であるとの主張（『哲学探究』6, 19）は信憑性に欠けるということである。より広い生の文脈（またそれと対応する言語形式）がなければ、ウィトゲンシュタインの言語ゲームの多くは機械的な存在物の間の単なるシグナル交換に後退してしまう。第二の批判は、言語の内に自律的で独立した言語ゲーム（D 310 S. 7f.）がどれほど多数（『哲学探究』23）共存できるかが不明確なままであるということである。この批判において、一般に流布している解釈のアポリア、つまり、『論考』の論理的な原記号の伝統において言語ゲームを言語の構成要素と考える解釈のアポリアが表現されている。このアポリアが解決するのは、ゲーテの形態学の伝統における言語研究の道具として言語ゲームを理解するときであり、それは、言語ゲーム概念の以下の2つの特徴が示す通りである。

（4）現実の日常言語に対する言語ゲームの接続可能性

多くの言語ゲームを蓄積することによってではなく、ますます複雑化する言語ゲームにより広い形式を付加することによって、言語ゲームを現実の言語に近づけることが可能になる（D 309 S. 26）。言語ゲームのこのような拡張は、とりわけ『茶色本』において頻繁に見られる（例えば、D 310 S. 1-9）。それゆえ、言語ゲームと言語との関連づけとさらに比較可能性を確立するのは一つの虚構的な発展仮説であり、それは草稿110（S. 257。『哲学探究』122 参照）において知られる通りである。それに加えて明らかなのは、言語ゲームが決して最少の言語単位ではないことである。同一のコミュニケーション領域に対してより単純なまたより複雑な言語ゲームを発展させることができるが、その際に可能な複雑さの度合いは、明晰性の保証と研究対象に依存する。〈望む〉という概念（MS 144 S. 1）は、建築用石材の名称（『哲学探究』2）よりもきわめて多くのより複雑な生の枠組みを前提とする。しかし言語と言語ゲームの比較によって、両者の間に根本的な相違が存在するという結論に至ることができる（『哲学探究』130）。ときおりウィトゲンシュタ

---

[3] Vgl. R. Rhees, Wittgenstein's Builders, in: Ders., Discussions of Wittgenstein, London 1970, 71-84.

インは言語ゲームを構成する際に、私たちの生の実在性という重要な所与性を省略することによって、言語に対するその意義を示そうともしている。したがって、リースが提起する批判のうち第一のものに対しては、言語ゲームが具体的なコミュニケーション形式であるとのウィトゲンシュタインの主張はコミュニケーションする人間が発展した生の形式の中に存在しなければならないということを含意しない、と応えることができる。言語ゲームが抽象的な記号体系としてではなく、行為の文脈、世界の文脈、そして生の文脈のうちで束ねられたものとして言語を提示し、比較を通して現実の人間が有する言語の機能を解明するということで十分なのである。

(5) 完全性と自律

ウィトゲンシュタインが繰り返し強調するように、言語ゲームは単純な言語と考えられねばならない。『茶色本』とそのドイツ語版において、言語ゲームが言語の一部分ではなく、完全で（D 310 S. 7f.）完結している（MS 115 S. 125f.）ことを強調する際に、ウィトゲンシュタインはさらに強くこの点を主張している。この主張は形態論的方法を背景とするならばただちに理解が容易になる。一方で、完全な原初的言語という表象は、コミュニケーションのこの形式が始原的な人間の行為であることを明確にする。「原集団」は前もってその意味論と統語論を規定しているわけではない。いかなる媒体において、原集団はそれを行うのだろうか。それは、言語ゲームが自律的と見なされうる限りにおいてである。他方で、言語ゲームは、現実の人間の言語の有するより複雑な形式に対して、明晰性という優位性をもつ[4]。

これまでの説明は『茶色本』までの言語ゲームの発展を跡づけたものであるが、その発展過程において、言語ゲームは議論の主要な媒体として用いら

---

[4] 言語ゲームの完結性の強調にただちに続いて、ウィトゲンシュタインは日常語を包括する言語ゲームとして技術的言語を規定している（D 310 S. 7f., MS 115 S. 125f.）。一見すると、ここでウィトゲンシュタインは言語ゲームから構成された言語という考えへと前進しているように思われる。しかしながら次の2つのことに注意しなければならない。まず、ここで問題なのは、グラフ、表、幾何学の形、化学式の使用におけるきわめて限定された表現形式である。それらは語られた言語に対して断片的な関係を有するにすぎない。次に留意すべき点は、ここで問題なのが、例えば類似の宗教的な特殊ゲームに至りうるような学的な言語ゲームを作り出すことではない、ということなのである。科学的であろうと宗教的であろうと、世界観は、（全体論的な）日常語を媒介として表現されねばならない。

れている。1936年秋にこの計画のドイツ語版が破綻し、ただちに『哲学探究』の原版である草稿142において新しい企てが開始されることによって、言語ゲームの理念も影響されることになった。(a) 最初に確認できるのは、ウィトゲンシュタインが『茶色本』からのテクスト素材を『哲学研究』の冒頭部分で再利用したことである。そこに再び見いだされるのは、建築家の言語ゲーム（『哲学探究』2）だけでなく、言語ゲーム概念についての多くの記述である。とりわけ、『哲学探究』130/131[5]とその周辺のテクスト素材（『哲学探究』122-124, 126-129, 133）を通して、ウィトゲンシュタインは明らかにゲーテの形態論に対する彼の考察を参照している。(b) 同時に、ウィトゲンシュタインは言語ゲームがメタ概念にならないように努力している。ウィトゲンシュタインは言語ゲームとしては明示的に特徴づけてはならない単純な言語ゲームを哲学的治療のために繰り返し使用しているのであるが、それにもかかわらず、原初的部族という虚構への指示や言語ゲームの拡張や変形という観念は背景に退いている。この展開については次の2つの理由が推測できる。第一に、言語の多様性はわずかな視点では解明できない。第二に、ウィトゲンシュタインは、言語ゲームが根源言語の探求へと密かに変質し方法論的性格を失うことを明らかに回避しようとしている。そのために、ウィトゲンシュタインは、明確な現象に狙いを付ける専門用語や概念に対して、「言語ゲーム」という言葉の隠喩的性格を強調する。『哲学探究』7において、ウィトゲンシュタインは、発話の行為的性格によって、ゲームと呼ばれるものを説明し、同時に、その根源性と導出不可能を再度説明する。(c) それとともに一つの発展が開始され、いくつかの事例における「言語ゲーム」という言葉に関して、根源的概念の個々の特徴のみが取り出されることになった。この意味で、それが理解可能になるのは、『哲学探究』23でウィトゲンシュタインが、「ここでは」（！）言語ゲームは、言語が非言語的な行為の、すなわち全体的な生の形式の文脈に常に立っているという事態をまさに表すと説明する場合なのである[6]。この時から、言語ゲームという言葉の使用はみるみ

---

5 『哲学探究』130/131は、草稿111の119頁以下に反映されている。そこにおいて、ウィトゲンシュタインはシュペングラーがゲーテの形態論を文化の考察へと適用したことに取り組んでいる。言語ゲームがそこで提案された方法を改良したものであることはきわめて明瞭である。

6 改訂が問題であることは、次のことから明白である。すなわち、後の版（TS 227）へ

る平板化し、その結果、その後、「言語ゲーム」という言葉は、個々の言語使用の仕方、「時間の中で繰り返される言語行為」(MS 176 S. 45) の特定の種類としては、もはやほとんど特徴づけられなくなる。

『茶色本』後に登場する「言語ゲーム」という概念に対して、第一に観察されるべきことは、その概念が類似した使用法という領域で用いられていることである。しかし第二に、それが意味するのは、「言語ゲーム」という名の下で展開された方法がウィトゲンシュタインの著作から消滅したということではないのである。

3. ウィトゲンシュタインの遺産：
D. Z. フィリップスの宗教哲学

宗教哲学におけるほど、ウィトゲンシュタインの仕事が徹底的に受容された哲学分野は、ほかにはほとんど存在しない。「ウィトゲンシュタイン主義」の名称には、きわめて多様な多くの構想が結びつけられており、その議論の文脈とウィトゲンシュタイン哲学への近さの度合いによって、相互に区別される。それと並んで、「ウィトゲンシュタイニアン・フィデイズム」という仮定上の立場までも存在しているが、しかし、これを代表する人物は事実上だれもいない。この考えに従えば、言語ゲームは宗教的信念を発展させるものであるが、言語ゲームは、なにが有意味な宗教的主張として妥当するか決定するものであり、外部からは批判できないのである。こうして宗教的信念はほかのすべての信念から分離され、信仰者によってのみ理解可能なものとなる[7]。したがって、このような概略的なイメージによっては、『茶色本』に現れるような方法論的言語ゲーム概念と、同様に言語ゲームと呼ばれる言語使用法に対する『哲学探究』23 からの実例とは区別されない。

ここでは、D. Z. フィリップスによって、ウィトゲンシュタインに刺激を

とあとから別の人の手による「もまた (auch)」によって導入された意味の微妙な差異は、言語ゲームの概念規定のために挿入されたものであり、したがってこのテクストの初版の少なくとも 10 年後のものである。

[7] この記述は、D. Z. Phillips, Belief, Change and Forms of Life, Atlantic Highlands 1986, 5-16 による。

受けた宗教哲学の実際の代表者をいくつかの特徴において描くことにしたい。なぜならば、フィリップスはその広範にわたる著作によって「ウィトゲンシュタイン主義」のイメージを規定しているからである。

（1）フィリップスは、その宗教哲学によって、次の2つの関心を追求している。まず、彼にとっては、宗教と哲学の関係を規定し、とりわけ後者の干渉を防ぐことが重要である。次に、フィリップスは現代に向けた宗教言語の解釈に努力している。

(a) 弁証学

たいていの場合、ウィトゲンシュタイン主義は実証主義が行う無意味性批判に対する多少とも成功した応答として考えられるわけであるが、フィリップスは、1960年代以降すでに、伝承された宗教とその表現形式に対するこれ以外の挑戦について考察を行っている。いわゆる「長い18世紀」[訳注2]以来、アングロサクソンの世界には、神学的合理主義の強力な伝統が存在し、今日分析的な宗教哲学の多くの企ては再びこの伝統と結びついている。フィリップスは、この潮流の2つの根本的な仮定に反論する。まず彼は、宗教概念と一定の哲学的存在論の考えとを単純に同一視することに警告する。次に、フィリップスは、哲学が宗教を根拠づけることができるとは思わない[8]。これら2つの命題は、宗教的言明の意味が本質的にその生活の座によって構成されるという仮定からの帰結である。1980年代以降、フィリップスは、原初的反応というウィトゲンシュタインの概念によって、この経過を描き出している[9]。表現とコミュニケーションという基本的な行為遂行は、理性的判断や慣習に先行するのでなければならない。苦痛の叫び声や、子どもの泣き声に対する母親の慰めの反応は、言語の自発的な原形式に対して、ウィトゲンシュタインが挙げる実例である。フィリップスにとって重要なのは、この言語行為が必ずしも因果的推論に基づかない点を示すことなのである。乳児がこれは特定の目的を達成するためのもっともふさわしい手段であるといった熟考

8　Vgl. D. Z. Phillips, Philosophy, Theology and the Reality of God, in: Ders., Wittgenstein and Religion, Houndmills 1993, 2f.

9　Vgl. D. Z. Phillips, Belief, Primitive Reactions and the Reactions of Primitives, in: Ders., Wittgenstein and Religion, Houndmills 1993, 103-122.

〔訳注2　18世紀を含んだより長い時代のまとまりを示すために、イギリスの歴史家が用いる時代区分用語。例えば、「1630年〜1830年」などについて使用される。〕

に基づいて泣き始めるのではないのとまったく同様に、儀礼はこのようにして神に影響を及ぼすことができるといった考えに基づくものではない。宗教がこのような自発的な行為から発展してきたのであれば、例えば実在といった宗教概念は、物理的あるいは形而上学的な世界解釈体系内におけるその等価物とは異なる機能をもつだろう。それゆえ、宗教はこの文脈内の普通の手段によって根拠づけることができないのである。

(b) 解釈学

哲学には、宗教言語の批判的解釈学という課題が与えられる。哲学は、宗教的表現形式に固有の生の文脈を見つけ出すことによって、その意味を推定し、宗教言語がどこでどのように意味深く使用され、あるいはどこで文法的な混乱に陥るのかの基準を私たちに手渡す。このような理解は、宗教的言述への参与を前提にしない[10]。このプログラム遂行については、フィリップスにおいてわずかな実例を見いだすことができるだけである。このことは、フィリップスがこの課題を神学に帰属させようと考えていたことに関連するかもしれない[11]。いくらか例外的なのは、「神の実在」という概念であり、まさにここにおいて、形而上学的実在論との対立が先鋭化する[12]。物理的世界に関しては、私たちがいつそれを実在的と呼ぶかについて、その明確な基準を挙げることができる。このような判断を否定することも、言語の有意味な動きである。この連関における実在概念は、客体の生成と消滅の可能性を内包している。神が物理的客体と根本的に異なったものと見なされる場合、これは私たちが神に実在概念を使用してはならないということを意味しない。しかし、この場合に「生成」と「消滅」という概念の使用が論理的に不可能であるとすれば、実在という語の文法がこの文脈において別の構造をもつことは明らかである。したがって、この宗教的言明に反論する無神論者は神の実在を単純に否定できるのではなく、その実在を無意味なものとして片付けねばならない。このアンセルムス的な論証の言語論的な継承によって、フィリップスは形而上学的実在論の陣営からの彼の批判者よりも、新プラトン主義

---

10 Vgl. D. Z. Phillips, Belief, Change and Forms of Life, Atlantic Highlands 1986, 11f.
11 Vgl. D. Z. Phillips, Philosophy, Theology and the Reality of God, in: Ders., Wittgenstein and Religion, Houndmills 1993, 5f.
12 Vgl. D. Z. Phillips, Sublime Existence, in: Ders., Wittgenstein and Religion, Houndmills 1993, 10-21.

的でスコラ的な神学の存在概念にたしかにより近づいているのである。

(c) フィリップスの宗教哲学の問題

　フィリップスのアプローチが私に意味あるものと思われるのは、彼が、ある意味で弁証法神学を延長する仕方で、分析的宗教哲学の合理主義を宗教の固有性と対決させる点においてである。しかしここでは、反対の方向から、フィリップスに対する3つの問いの概略を簡単に示しておきたい。第一に、宗教的表現形式の推論については一連の実例が見つけられるが、それらの生の文脈は純粋に内在的に解釈される。例えば、もし子どもに対する神の母の祝福が求められるとすれば、それは願望の表現にすぎないとしても、その子どもには、マリアの振るまい方に合わせることが要求される[13]。上述の〔純粋に内在的な〕限定は、言語に意味を与える生の形式には環境も属していることに注意を払っていない。有名な建築家の言語ゲーム(『哲学探究』2)を行うことができる世界には、それに対応する建築家が存在しなければならない。赦しの祈りには、罪責の経験だけでなく、赦しを与えることができる相手も必要である[14]。第二に、フィリップスの著作にはウィトゲンシュタイン的スタイルの特性が受け継がれている。ウィトゲンシュタインは相違を際立たせることに集中するあまり、ほんとうは微調整を行おうとする際にも、結果的にしばしば言明を否定しているように見える。したがって、宗教的領域と非宗教的領域における概念の使用が一義的ではないことが強調される場合、このことは、その概念の厳密な多義性を必然的に含意するわけではないのである。関係を確かめるためのあらゆる可能性がここにおいて尽くされているわけでないことは、言語ゲームの完結性という問題のある考えにおそらく関連しているであろう(下記参照)。第三に、類似の問題は、哲学の根拠づけの試みに対するフィリップスの批判においても、認めることができる。宗教が哲学的理論からは導出不可能であり、歴史的にほかの根元に対応していることは、尊重すべき主張である。たしかに、宗教の解釈学の批判機能は合理的検査において少なくとも最小限のものを保証する。しかしながら、生の形式の正当性についての、つまり正しい生か偽りの生かの問いは残る。具体的な

13　Vgl. D. Z. Phillips, Religious Beliefs and Language-Games, in: Ders., Wittgenstein and Religion, Houndmills 1993, 74.

14　これに対しては、次の文献を参照せよ。D. Z. Phillips, The Concept of Prayer, New York ^{2}1981, 25-29.

生のあり方という〔解釈を拒む〕荒々しい事実を単に指示するだけでこの問いを拒否することはできない。フィリップスは「素朴で自然な生」というロマン主義的な理想に対し、そしてそれとともに根拠づけられるべき評価に対して屈服するという危険に陥っている。

　(2) フィリップスは、たしかに条件付きではあるが、自らをウィトゲンシュタインの解釈者と理解している[15]。それでもなお、彼が言語ゲームや生（生の形式）への統合という中心的構想をどのように扱っているかは多少とも重要である。フィリップスは、言語ゲームが言語内で相互に並んで存在する独立した言語統一体であるということを出発点とする[16]。2つの問題がこの解釈と結びつけられている。一方で、言語ゲームが結びつきなしにいかにして言語内部で相互に並列的に存在しているかは、不明瞭である。〔他方、〕この言語ゲームの「自律性」は、言語ゲームに対する批判を締め出すかに見え、その場合には、宗教哲学的にフィデイズムに至るであろう。1970年代以降、フィリップスは、言語ゲームを包括する生の形式の中で言語ゲームを相互に結びつけることによって、この問題を解決しようとしている。例えば、悲しみの経験といった生の非宗教的領域の変化が、宗教的言語ゲームの機能を動揺させることは可能である。逆に、宗教的表現形式は文化全体に影響することができる。こうした言語ゲーム構想の取り扱いは、次の3つの帰結をもたらす。

　(a)『哲学探究』における「言語ゲーム」概念の2つの使用方法の混在、つまり方法的な比較対象としての用法（『哲学探究』130/131）と言語が行為に包括されていることへの指示としての用法（『哲学探究』23）との混在によって、フィリップスは、基本的な構成要素における言語の分析というプロジェクトへ立ち戻ることになるが、それは『論理哲学論考』以後ウィトゲンシュタインが放棄したものである。このような目標に向かって努力する人は、ウィトゲンシュタインのように、言語使用の個別的事例の大まかな考察に限定するのではなく、境界設定の基準を展開し、言語構成要素の相互関係を詳しく述べねばならない。

15　Vgl. D. Z. Phillips, Wittgenstein and Religion, Houndmills 1993, X.
16　Vgl. D. Z. Phillips, Wittgenstein's Full Stop, in: Ders., Wittgenstein and Religion, Houndmills 1993, 79-102. ならびに D. Z. Phillips, Religious Beliefs and Language-Games, in: Ders., Wittgenstein and Religion, Houndmills 1993, 56-78.

(b) こうして、宗教は生の形式の分離された領域として理解される。しかしこれはきわめて近代的に考えられたものであり、大抵の伝統的な宗教社会には合致しない。

(c) 原初的反応は単純なモデル内部において自らの場を失い、真正な原歴史となる。しかしその場合、フィリップスは、自らの主張を歴史的、社会学的、あるいは心理学的に根拠づける作業を開始しなければならないだろう。ウィトゲンシュタインはこれを断念できたのであるが、それは、比較の対象〔比較の対象としての言語ゲーム〕とは、私たちが決して意識しない洞察を私たちに媒介するために用いられるにすぎないからである。

4．ウィトゲンシュタイン哲学の視点において神を語ること

この最終章では、宗教言語の現象に対するウィトゲンシュタイン哲学の可能性を掘りさげることを試みたい。

(1) 宗教的な言語ゲーム

私たちのテーマに対するウィトゲンシュタインの発言の多くは、宗教性というきわめて曖昧な概念を表現するにすぎないように思われる。それは一部には伝記的理由があるのかもしれないが、しばしば問題になるのは、明瞭な事例を考察する方法の使用、したがってより狭い意味における言語ゲームの使用である（『哲学探究』130/131）。このように視野が制限されることによって、とりわけ本書で問題となる神概念はウィトゲンシュタインの覚書においてめったに現れないことになる。この単純な範例的事例の考察方法は、例えば『宗教的信仰についての講義』に見られる。ウィトゲンシュタインは、最後の審判の信仰を自らの生の模範とする人間を叙述している（LC S. 53 [17]）。この発言はそれだけで考えれば決して信憑性があるようには見えない。というのも、審判という概念は発展した宗教的世界観の文脈においてのみ意味があるからである。しかしここにおいて問題なのは、宗教の神経症的で臆病な遺物ではなく、共通性と相違を、また共通性あるいは相違（Gemeinsamkeiten

---

[17]　Vgl. L. Wittgenstein, Lectures and Conversations on Aesthetics, Psychology and Religious Belief, hg. von C. Barrett, Oxford 1966.

und/order Unterschiede)を私たちに気づかせようとする比較なのである。最後の審判の信仰という言語ゲームは、私たちに次のことを思い出すよう呼びかける。すなわち、私たちの言語において、私たちは信仰概念を蓋然的な見解に対してだけでなく、それを自らに引き受ける用意のある諸帰結が示すような別の仕方で構造化された現象にも使用するということである。この種の信仰が生の遂行全体を規定する。ジョン・H・ニューマンのようなキリスト教徒であれば、ウィトゲンシュタインによるこの区別の提案をまったく適切なものとして承認するだろう。それは次の表現が明確に示す通りである。「多くの人間はドグマに基づいて生きそして死ぬだろう。しかし〔論理的な〕結論のために殉教者となるものはだれもいないだろう」[18]。しかしながらウィトゲンシュタインは、言語ゲームを現実の現象と比較するには限界があることも強調する(『哲学探究』131)。言語ゲームとしての信仰は特に恐れに基づくように見える。実際、キリスト教においてこの特徴は常に一定の役割を演じてきたが、しかし、次のように問われるだろう。恐れに満ちた信仰に完全に規定された生は神経症において滅びてしまわないか、と。ウィトゲンシュタイン自身、愛と信頼が宗教的(キリスト教的)信仰の原動力として意義あることに気づいている(MS 168 S. 1)。しかし比較可能性の限界もまた探求された対象に光を投げかける。

したがって、宗教的な言語ゲームは宗教に関する命題の性格をもたない。宗教的な言語ゲームは、真ではなく、すなわちそれが一定の誤解を解消する場合には、適切なものなのである。もし、哲学者たちが比較可能性について一致できない場合には、かれらは現象を詳細に研究し、全員が満足する新しい比較可能性を展開すればよいだろう。その点でウィトゲンシュタインは、哲学の仕事は「一定の目的のために記憶を集める」ことにある(TS 213 S. 415)、と述べることができるのである。ここでウィトゲンシュタインが記憶あるいはそれどころか再び思い出すことについて語る場合に(TS 213 S. 419)、「原民族」といったものの自然的宗教性へとロマン主義的に回帰するという意味で、それを誤解してはならない。ここにおいて再び思い出すということが端的に意味しうるのは、これまで異質であった宗教言語の意味と機能の仕方を明らかにするということなのである。それゆえ、必要なことは

18　J. H. Newman, Discussions and Arguments, Leominster 2004, 293.

異質な表現を、少なくともある程度、私たちの固有の生の形式の特徴と結合させることなのであって、異質な直観形式を完全にわかち合うことではない (MS 210 S. 204f.)。言語使用のあり方が根本的に間違っていると判明することもありえないわけではない。ウィトゲンシュタインはこのような事例を宗教の枠内においても考慮に入れている (MS 109 S. 210f. u. 110 S. 183f.)。言語ゲームを通した宗教の探求は問題志向的で批判的な企てであり、そこにおいては、体系的な叙述から逃れる複雑な対象が際立たせられ、それによって私たちは理念的なものをその輪郭において把握することになる。

(2) 最高善としての神

言語ゲームとして読むならば、第1章で考察した宗教の原風景には (MS 110 S. 298f.)、宗教と比較されるより複雑な形成物の諸連関に対して私たちの眼差しを鋭くするという課題が与えられる。ウィトゲンシュタインはこの見解を書き留める際に、比較のための2つの現象、宗教と言語に目を向ける。

(a) この2つの可能性のうち、第一のものを取り上げるならば、この原風景は、現在の宗教哲学においてどちらかと言えば周辺化されているキリスト教的神概念のある特徴を指示するものとして理解できる。トマス・アクィナスは、『神学大全』第2部のはじめにおいて、人間の行為の目的志向性を分析している[19]。トマスが論証するのは、究極目的ないしは最高善が存在しなければならないことである。この最高善、つまり神ないしは神直観に向かう努力は、ところが、この世では達成することができない[20]。たしかにトマスは、アリストテレス的、プラトン的な形而上学の前提から彼の考察を展開する。しかし、人間の幸福追求の限界に対する彼の論述は日常的経験からも容易に追体験することができる。ウィトゲンシュタインが彼の宗教の原風景において読者に示唆するのは、超越的な最高善の表象は形而上学的論証だけでなく、経験にも基づくことができるということなのである。人間の実存は、この世界ではそれを手に入れることができないとしても、この最高善に向けられているのであり、それはすでにいま生に意味を与えるのである。

(b) トマスは、その形而上学的前提から、最高善は神であることを導き出すことができる。それとは反対に、ウィトゲンシュタインが語る経験が「神」

---

[19] Vgl. Thomas von Aquin, Summa Theologiae, Mailand 1988, I-II q.1〔トマス・アクィナス『神学大全9』第2-1部1-21、村上武子訳、創文社〕.

[20] Vgl. ebd. I-II q.5 a.3.

概念に対していかなる関係に立つことができるかについて、私たちは探求しなければならない。この探求は、宗教の原風景を言語に関係づけることによって行われる。ウィトゲンシュタインは、問題としているテクストにおいて、宗教の成立を合理的で反省的な能力の成立に結びつけている。この能力によって、人間は自らが生きる世界と自らの行為について熟考できるのである。この能力は宗教的な根本姿勢によって入念に形作られたものと捉えられる。その結果、「覚醒した知性」が言語において創造する表現手段と反省手段の少なくとも一部は宗教的性格をもつ。ウィトゲンシュタインが、この叙述を通して、読者に対し示唆しているのは、宗教的用語は取り上げられた経験に後から与えられた解釈ではないということである。ここから、神概念は先行する理性の推論からの帰結に基づくものではないと考えることができる。自然神学は神概念を作り出すのではなく、それをすでに見いだしているのである。それゆえ、その理論的根拠づけの企てはすべて、二次的な大胆な企てであって、それ自体に、概念の実在的な基礎を説明するよう要求することはできない。そのほか自然神学は、自らの概念が現象に対し正当であることを確かめ証明する義務がある。宗教概念と思考方法は理性とともに成立したのであり、それに先立つものではないということがいかなる帰結を有するかは、続く最終部分で取り上げることにしたい。

（3）宗教言語の担い手としての共同体と個人

1950 年、かなり後期の覚書（MS 174 S. 1f.）において、ウィトゲンシュタイン自身、経験と神概念を結びつけることに取り組んでいるが、それは、言語ゲームを考察する方法という意味で解釈される初期のテクストにおいて、試みられたものである。その際にウィトゲンシュタインは、考えられているのは生全体の経験であって、「神秘的」ヴィジョンのような奇妙な特殊経験でないことをはっきりと強調している。ここで私たちの興味を引くのは次の 2 つの観点である。生の経験は時間を必要とし、原理的に非完結的なプロセスである。このことは、時間に依存する概念の意味に対して次のような帰結を生じる。「自発的」に成立しそれにもかかわらず発展した生のあり方を前提とする概念として、ウィトゲンシュタインが挙げる好例は、希望である。「今や、日常的な生がしだいに希望のための場所を与えるものとなる」（TS 223b S. 21）。宗教言語もまた、一定の意識状態（「覚醒した知性」）に到達した生物によって初めて、生み出すことが可能になる。その場合には、宗教言

語は生の形式の展開に伴って常により豊かな形態を受け取る。これは個人にも文化的共同体にも妥当する。子どもは、生や経験の文脈の拡大を通して言語を新たに「考え出す」必要はないし、あるいは言語を現実性によって新たに「押しつけ」られる必要もない。子どもは、共同体へと社会化される。共同体の言語に関しては、文法の基本構造や語彙、そしてこの語彙を許容する語りの文脈も重要であるが、その言語は豊かな経験の宝庫に基づいている。言語を習得する個人は、この文化的文脈を自らのものとしなければならない。それによって、個人は経験能力においても教育され指導されるのである。それは、それぞれの個人が人生の経過の中で完全に利用し尽くすことはできない意味空間を言語が生み出しうることから出発しなければならない。その点で、神概念は常により大きいものとして顕わになる意味地平の経験との結びつきに基づいて非完結的なものとして示されるだけでなく、多くの個人の経験の地平がそこに編入される「文化的豊かさ」にも基づいているのである。それゆえ、一方で宗教的伝統は、それが経験へと導き意味の文脈を準備するかぎりにおいて、助けとなるのであるが、他方では、時代が経過するにつれ、その表現形式の多様さによって理解しにくいものともなりうるのである。

　ウィトゲンシュタインは宗教への共感を表明し、そこに生の重大な根本経験の光り輝きが見えると考えている。しかしながら、溝が残っており（MS 183 S. 190）、それは文化的媒介の問題だけでは説明されない（MS 137 S. 113）。ウィトゲンシュタインは、原風景において語られる徹底的に宗教的に形作られた思考様式あるいは精神様式を自らのものにすることに、困難さをはっきり見ている。これはとりわけ技術的な範疇において思考するのに慣れた近代人に当てはまる（MS 131 S. 186f.）。問題は、ウィトゲンシュタインが自らの哲学によって克服しようとした思考のあり方なのである。たしかに、宗教的な根本態度は人間の生と思考に深く書き込まれているが、しかし同じほど深く、その解体に導く傾向も根を下ろしている。この傾向から宗教的態度を守るために、たゆまぬ反省的な努力が必要である。それゆえ、宗教は合理的な関与に頼らざるをえない。ウィトゲンシュタインの仕事はこの課題の成就に寄与するものとしても理解することができるのである。

XVIII

カール゠ハインツ・ポール

語りえぬことを語る

老子と荘子におけるタオとナーガールジュナの「空」

　周知のように道教と仏教との間にはある種の家族的類似性が存在している。それに対して、知恵の教説に数えられるこれらのアジア哲学ないし宗教は、通例、ギリシア・ローマ的またキリスト教的な思考に由来するヨーロッパ的な伝統との結びつきが少ない。しかしながら、このことはこれらの哲学的学説とヨーロッパのものとが根本的に異質であること、いずれにせよそれらの学説がヨーロッパの主潮流に属さないことを意味しない。家族的類似性は、いくらかのヨーロッパの哲学者や学派にまではっきりと広げることができるのである。すなわち、ヨーロッパにおいても、ソクラテス以前の思想家から否定神学と中世の神秘主義を経て現代の実存哲学と言語哲学まで、道教や仏教の伝統と非常によく似た伝統が存在している。ヘラクレイトス[1]、新ピュタゴラス派、グノーシス主義、偽ディオニュシオス・アレオパギテース、ニコラウス・クザーヌス、マイスター・エックハルト、ヤーコプ・ベーメ、G. W. F. ヘーゲル[2]、マルティン・ハイデッガー、ルートヴィヒ・ウィトゲンシュタイン、ジャック・デリダなどから選び出されたテクストを一緒にするならば、極東の伝統の中心的テクストとその内容において決してそれほど異なることのない、一つの小冊子を作ることができるだろう。
　極東の宗教における神表象はアブラハム的伝統のそれとはほとんど比較す

1　Günter Wohlfart, Sagen ohne zu sagen. Lao Zi und Heraklit – eine Vergleichende Studie, in: Minima sinica 1 (1998), 24-29.

2　Yu-Chun Yuan, Die Behandlung des Gegensatzes – über strukturelle Verwandtschaft zwischen Hegels 'Logik' und Nagarjunas 'Madhyamaka-Karika', Diss. Universität Saarbrücken 1998.

ることができない。神について語ることは主題化されていないのである。儒教は中国の世俗の社会倫理的に方向づけられた教説である。たしかに、宇宙の倫理的働きに対して責任を負う超越的な「天」（tian）との形而上学的つながりは一定の役割を果たしているが、それにもかかわらず、そこにおいてさえ、孔子はそれについて意識的に意見を述べることを好まない[3]。それゆえ、一般的な儒教文献においては、天の本性についての発言はほとんど見られない。まさに今日、新儒教的思想家について、（西洋の思想家に倣って）好んで「内在的超越」（neizai chaoyue）が語られるが[4]、この用語は、例えばカール・ヤスパースあるいはほかの西洋哲学者の場合とは、まったく異なったものとして理解されねばならない。むしろ、そこで考えられているのは、儒教においてたしかに最高善が問題になっており、それは超越的な天（根本において倫理的に善である人間本性の形而上学的起源として）に帰せられるが、しかしながらこの最高善は人間の外部にではなく、内在的なものと考えられる、ということである。つまり、最高善が現れるのは、人間相互の間の義務の遂行、ないしは共同の人間性という徳（ren〔仁〕）の実践においてなのである。

これに対して、道教と仏教はまったく別の関心を追求している。儒教については伝統的に、世界の中へと導く（ru shi〔入世〕）と言われるが、ほかの2つの教えでは、反対に、世界から導く（chu shi〔出世〕）と言われる。さらに道教は、儒教とは明確に異なり、宇宙（「天地」）の「道」（dao）が倫理的尺度に従って活動するということから始めない。老子では次のように言われる。「天地には仁愛などはない。／それらは、人間をわらで作られた供犠の犬のように扱う」（『老子道徳経』第5章）[5]。

以下において、道教と仏教のいくつかの基本的な特徴が紹介されるが、た

---

[3] Gespräche (Lunyu), 5.12:「人間本性や天の道については、師（孔子）から聞くことができなかった」。Richard Wilhelm (Übers.) Kungfutse: Gespräche – Lun Yü, Köln 1972, 67f. を参照。

[4] 次の文献を参照。Yü Ying-shih, Die aktuelle Bedeutung der chinesischen Kultur unter dem Gesichtspunkt des Wertesystems, übers. in: Martin Miller, Die Modernität der Tradition. Zum Kulturverständnis des chinesischen Historikers Yu Yingshi, Münster 1995.

[5] 注の7と10を参照。包括的な文明批判における、（犠牲のあとで棄てられる）「わらの犬」という比喩の使用については、次の文献を参照。John Gray, Straw Dogs: Thoughts on Humans and Other Animals, London 2002.

しかにそれらはとりわけ本論文の題目に関連したものであり、「語りえぬものについての語り」に対応している。それには、空、相対性、逆説、無名性あるいは無知の知といった主題が属している。

　仏教に関しては、中観派として知られ、インドの哲学者ナーガールジュナ（紀元2世紀）に遡る宗派を特に取り上げる。道教（老子）とナーガールジュナの比較に対しては、すでにカール・ヤスパースの有名な著作が存在するのだから[6]、ここでも、類似のテクストが解説される。それは、中国で大きな影響力をもつ仏教の知恵の経典（『般若経』）であり、同じくナーガールジュナの学派に数えられる。その際に著者を理解する手がかりは哲学的というよりも、文献学的に作業を行う文化史家のそれである。もしそれが首尾一貫して哲学的、つまりここで示された教えの意味においてであるならば、その寄与はむしろ空白頁の紙の中にあることになるだろう。

1. 道教

　道教の中心的な古典的思想は、第一に、伝説上の老子に帰せられる『老子』（おそらく紀元前6世紀から4世紀の間に成立）であり、ドイツ語で、『「道」とその活動力についての古典的思想家 *Der Klassiker vom „Weg" und dessen Wirkkraft*』（より古い書き換えでは、『道徳経 *Tao Te King*』としても知られる）と言われる。それは道教の最重要哲学文献であり、聖書に次いでたいていの言語に翻訳された世界的な著作である[7]。議論の多い原作者、テクストの歴史や異本について、ここでより詳しく取り上げることはできない。むしろ、2000年を超えて続く影響史に基づいて、標準テクストから出発する。

6　Karl Jaspers, Lao-tse, Nagarjuna – Zwei asiatische Metaphysiker, München 1978〔カール・ヤスパース『仏陀と龍樹』ヤスパース選集5、峰島旭雄訳、理想社、1950年。ナーガールジュナ＝龍樹〕.

7　Richard Wilhelm (Übers.), Laotse. Tao Te King. Das Buch vom Sinn und Leben, Köln 1978; Hans-Georg Möller (Übers.), Laotse: Tao Te King. Nach den Seidentexten von Mawangdui, Frankfurt/M. 1995; ders., Laozi (Lao-tse), Freiburg/Br. 2003〔『老子』蜂屋邦夫訳注、岩波文庫、2008年〕.

第二に『荘子』[8]。この文献においても同様に、真の著者荘周（紀元前4世紀から3世紀）に帰せられる部分（第1章から第7章）とその著者がその学派の人物と推測される部分（第8章から第33章）とが、文献学的に区別される。しかしここではまた、これらを主題とすることはできない。以上2つの文献は内容的にというよりも、叙述の仕方において相互に区別される。『老子』が高度に圧縮され詩的で暗示的な印象を与えるテクストであるとすれば、『荘子』は、物語、譬え、対話の抄録であるが、その比喩的言語は、深遠で隠された意味をもつだけでなく、おもしろい。

(a) 老子

『老子』という著書（そして道教一般）の中心的内容の一つは次のように述べることができる。すなわち、タオ（Dao）は「道」と呼ばれる存在の根拠であるが、その計り知れない総体において、認識によって接近できない、と。私たちは世界におけるその働きがぼんやりとわかるかもしれないが、それは、言葉、知性、知の把握には隠されたものにとどまる。まさに『老子』の冒頭の命題はそれに対応して次のように語っている。

　　語り示せる「道」は、恒常的な「道」ではない。（第1章）

この命題は、中国語の原文において、翻訳におけるよりもいくつかの興味深い理解の局面を提供する。というのも、タオという文字は、「道」のほかに「語る」という意味を同時にもつからである。それゆえ、この命題において「道」は2回ではなく、3回現れるのである（「道可道、非常道」）。さらに、古典的な中国語では、名詞と動詞の間に分離を認めることができない。言い換えれば、語／文字はたいてい名詞的にも動詞的にも使用される。事物と行為の間のこの言語的な区別のなさは、ここにおいて対象が出来事になるという点で、まさに深刻な言語哲学的な熟慮を引き起こすものとなりうる。それは、世界の非事物的な解釈、それゆえむしろ世界の過程的な理解と言うべきものを強く促すのである。タオという文字は、「語る」という第二の意味

8　Richard Wilhelm (Übers.), Dschuang Dsi. Das wahre Buch vom südlichen Blütenland, München 1996〔『荘子』全4冊、金谷治訳注、岩波文庫、1971–1983年〕.

によってだけでなく、「道」という根本的意味によっても動詞的に読むことができるのであって、したがって、冒頭の命題は、次のように理解できる。「『道』、それは『道』［である］ことができるが、恒常的な『道』ではない」、あるいは「タオ、それはタオ［である］ことができるが、恒常のタオではない」（あるいは「タオ、それはタオすることができるが、恒常のタオではない」など）[9]。それゆえ、この著書は、この命題によって、とらえどころのない意味の多様性ないしは無規定性から開始される。それはこの著書の全体的な意味にまさに対応している。

　「道」は言葉によっても別の仕方によっても、タオとして固定することができないのであるから、書き換えや近似、あるいは逆説的な表現が結果として生じる。それは、ニコラウス・クザーヌスの「知ある無知」（*docta ignorantia*）に比することができる。それゆえ、「道」に近づく真性の「知者」（*shengren*〔聖人〕）について、次のように言われる。

　　知者は博識ではなく、
　　博識な者は何も知らない。（第 81 章）[10]

　　知者は語らず、
　　語る者は知らない。（第 56 章）

　　そういうわけで、聖人は［……］
　　学ばないということを学ぶ。（第 64 章）

　　知らないということを知るのは
　　最上である。
　　この知らないという知について知らないということ、

9　これは、並行的に組み立てられた次の命題によっても示すことができる。「名前、それは名前［である］ことができるが、恒常の名前ではない」。ここで、「名前」という文字が同じく 3 度現れる。ドイツ語ならば、2 度目の「名前」の場合は、「『呼ぶ』（nennen）ことができる」といった言葉の変更を行いたいところであろう。

10　『老子』からの引用文は、先に注 7 に挙げた、リヒャード・ヴィルヘルムとハンス＝ゲオルグ・メラーの翻訳によっているが、しばしば若干の変更を行って引用した。

それは苦である。
　この苦を苦として知るときにのみ、
　その人には苦がない。
　聖人に苦がないのは、
　彼がこの苦を苦と見なすからである。
　それだから彼には苦がないのだ。（第 71 章）

　通常の生活では知らないことよりも知ることがより高く評価されるのに対して、ここではこの順序は逆転する。しかしながら、知らないことが最上であるならば、それについては逆説的な仕方でのみ、つまり通常の分別とは逆方向の仕方において、あるいは近似的な仕方でのみ語ることができる。「道」へのわずかな近似の一つは次のような内容である。道はそれが現にあるように「自ずから然ある」（ziran〔自然〕）、道は自然の歩みがそうであるように、それ自体から働く。これに対して、『老子』の中心的な章において、次のように言われる。

　何かが存在していた。それは混沌とした仕方で成就している。
　天地が誕生する前に、それはすでにそこにあった、
　ひっそりと孤独に。
　それはひとり立ちしていて、変化しない。
　それはこの世界の母ともいうべきもの。
　私は、その名を知らない。
　私は、それを「道」と呼ぶ。
　苦労してそれに名を与えながら、
　私は、それを大なるものと言おう。
　［……］
　「道」は大なるもの、天は大なるもの、地は大なるもの、
　そして人間もまた大なるものである。
　この宇宙には四つの大なるものがあり、
　そして、人間もその中のひとつである。
　人間は地のあり方を手本として、
　地は天のあり方を手本とし、

天は「道」のあり方を手本とする。
「道」は自ずから然あるあり方を手本とする（*dao fa ziran*〔道法自然〕）。
(第25章)

　この章では、まずタオを名づけることの不可能さが再び主題とされる。しかし、その決定的な命題は、この最後に見いだされる。人間、地、天がそのつどより高い尺度を手本とする（*fa*〔法〕）のに対して、タオの「手本」は「自ずから然ある」（*ziran*）ことである。その意味は、道が自発的で自然な働きにおいて顕わになるということである。それゆえに、まったくひとりでに、季節の交代、植物の生長が生じ、風は吹き雲は流れる。この「自ずから然ある」ように進行する活動の仕方についての洞察から、人間に対して帰結するのは、「無為（*wuwei*）」である。しかしこれが意味すべきことは、何もしないことではなく、その代わりに、意識せずに自らが求めるままに経過を導こうとすることなのである。つまり、生成するがままにさせうること、自然の自発的で究めがたい働きと調和して生き、その絶え間ない変転に順応すること。この文献は、逆説的な表現において、減らすという生き方の戦略を勧めるのである。

　　学問を修める者は日々に〔いろいろな知識が〕増えていく。
　　「道」を修める者は日々に〔いろいろな欲望が〕減っていく。
　　彼は〔欲望を〕減らして、さらに減らして、
　　遂に、無為〔何事も為さない〕にまで行き着く。
　　無為でいて、為さないものは何もない。(第48章)

　第二のタオへの接近は、「回帰」と「弱さ」と呼ばれる。最終的には事物の経過を逆転させ、長期的には常に、極端の間に調節を育むという「道」の傾向から、まず考察しよう。そこで『老子』においては次のように言われる。

　　回帰する（*fan*〔反〕）のが「道」の運動であり、
　　弱さ（*ruo*〔弱〕）が「道」の働き方である。(第40章)

　事物が極端に達するとき、通常、回帰運動が始まる。例えば、天頂に達し

た後の太陽の運動の場合、あるいは夏や冬になったときの季節の経過において。この自然の原理に忠実であるならば、生命の不均衡は自ずから調節されるだろう。それについては、テクストのこの箇所で、そして詳しく言うと、厳密に並行して記載された補遺において、「弱さ」は、タオの「働き方」(yong〔用〕、または作用）と見なされる。この意味は、道の働きが柔らかいものであり、硬くもなく強くもないということである。それだから、道教は陰と陽という両極的力のうち、暗く柔らかい原理である陰に優位を与える（その際、陽は明るさ、強さ、男性性を、陰は暗さ、柔らかさ、女性性を代表する）[11]。陰は、柔らかい働きによって傑出しているだけでなく、老子においては、より神秘的で（暗く、なぞに満ち）より包括的でもある。

タオの働きに対するさらなる洞察は、存在するものすべての基本的な相対性の認識から生じる。これもまた『老子』における最重要主題である。世界は、人間に対して対照的な二元的構造において現れる。それゆえ、事物は常にその対照的な制約性においてのみ認識される。ちょうど、光と闇、音と静けさが相互に制約的であるようにである。

　　世の中のすべての人々が、美しいものを美しいと認識するときに、
　　それによって、醜いものがすでに措定されているのである。
　　世の中のすべての人々が善なるものを善と認識するときに、
　　それによって、善くないものがすでに措定されているのである。
　　なぜなら、存在と非存在は相互に相手から生まれるからである。
　　難しいと易しいとは相手があってこそ完成し、
　　長いと短いとは相手があってこそ形をなし、
　　高いと低いとは相互に交流し合い、
　　声と口調とは相互に結び付いて調和し、
　　前と後とは相互に並び合う。（第2章）

11　陰陽思想は中国の思考の型と評価できるものであり、それはほかのすべての学派に受け入れられており、クリップのような役割を果たすことによって、これらの学派にまとまりをつけている。それは、中国の日常文化においても、顕著な役割を果たしている。次の文献を参照。Karl-Heinz Pohl, China für Anfänger – Eine faszinierende Welt entdecken, Freiburg/Br. 2004, 61ff.

XVIII　語りえぬことを語る：老子と荘子におけるタオとナーガールジュナの「空」

　対照的なものは相互に制約し合うのであるから、一方のみを要求するのは間違っている。なぜなら、もう一つのものは、いわば断りもなく付いてくるからである。また、人間に対して現れる物的な世界は、一般的な人間の理解力では、二元性においてのみ語られうるのであるから、キリスト教において一般に行われている悪の存在についての問いは、万人に慈悲深い神の観点からすればばかげたものになり、または、それに対する答えは陳腐なものとなる。また無限に慈悲深い神についても、悪との対照において、または悪との制約においてのみ、語りうる[12]。したがって、道教的に理解され解き明かされた事物の見方は、すべての存在するものの二元性または相対性をタオの現れとして理解するものであり、それゆえ、こうした見方は対立の彼方の領域にとどまることによって、二元性や相対性を超越する。

　『老子』における最後の中心主題、後に仏教においていくぶん別の形で扱われることになるが、それは空である。空は、そう語りうる場合、充実よりも本質的である。なぜなら、空は、無限の可能性をもち、またそれはいかなる範疇も逃れるからである。しかしながら、これから見るように、ナーガールジュナの場合の空が、戦略的ないしは論理的な概念であるとすれば、空は、老子の場合、比喩的に説明される。例えば、老子によれば、本質的なものは容器の空の空間であり、車輪のハブである。

　　30本のスポークが1つのハブを取り囲んでいる。
　　その空虚なところにこそ、車としての働きがある。
　　粘土をうがって、それを器に作る。
　　その空虚なところにこそ、器としての働きがある。
　　戸や窓を掘って作り、部屋ができる。
　　その空虚なところにこそ、部屋としての働きがある。
　　だから、形有るものが財産として役に立つ。
　　空虚なものがその働きのために役立つのである。（第11章）

　要約するならば、『老子』は次のように特徴づけることができる。すなわち、それは、語りえぬものをその働きにおいて輪郭づけること、それも、

12　Allan W. Watts, The Way of Zen, Harmondsworth 1957, 55.

429

「自ずから然ある」（*ziran*）、「回帰」（*fan*）、「弱さ」（*ruo*）といったある程度近似的な表現においてそれを行うことを試みる。そのほかには、たいてい、通常の人間の理解力にとって妥当する命題を転倒させるといった否定的戦略が追求される。あらゆる肯定的な命題がその基盤を取り去られるときに、最後に残るのは、逆説と比喩のみである。

(b) 荘子

道教第二の古典的思想である『荘子』[13]においても、タオについて語ることの不可能性は中心的な主題である。この書物は、多くの比喩や譬え、機知に富んだ対話によって愛読されている。例えば、それらは次のような具合である。

 知が北の方に向かって玄水のほとりへとぶらぶらと旅していた。そこで、知は隠墳（暗い墓場）の丘に登り、たまたま無為謂と出会った。知は無為謂に次のように問いかけた。「あなたにどうしても尋ねたい問いがいくつかあります。どんなことを考え、どんなことを熟考したら、『道』について知ることができますか。『道』の内にたしかに基づくことができるために、どこに住み、どのように仕えねばならないでしょうか。どこを出発点として、いかなる方法によって、『道』を実現できるでしょうか」。知はこの3つの問いを尋ねたが、しかし無為謂は答えなかった。答えなかっただけではなく、無為謂は答えうることを何も知らなかったのである。
 知は答えを得ることに成功できなかったので、再び南へ白水まで戻った。そこで、狐闋（疑問の消える）の丘に登り、狂屈をつかまえることができた。知は狂屈に対して同じ問いを尋ねた。狂屈は、「そうとも、私は答えを知っている。それをお前にそっと教えてあげよう」。しかし、狂屈はほとんど語り始めることができなかった。彼は話したかったことを

---

13 荘子に対しては、次の文献を参照。Günter Wohlfart, Zhuangzi (Dschuang Dsi) – Meister der Spiritualität, Freiburg/Br. 2002; ders., Zhuangzi – Auswahl, Einleitung und Anmerkungen, Stuttgart 2003; ders., Die Kunst des Lebens und andere Künste – Skurrile Skizzen zu einem euro-daoistischen Ethos ohne Moral, Berlin 2005, und Henrik Jäger (Übers.), Mit den passenden Schuhen vergißt man die Füße – Ein Zhuangzi-Lesebuch, Freiburg/Br. 2003.

すでに忘れてしまっていたのである。
　知は答えを得ることに成功できなかったので、黄帝の宮殿へ帰った。そこで、黄帝に会って、同じ問いを尋ねた。黄帝は次のように答えた、「考えるな、熟考するな。そのとき初めて、お前は『道』の内にたしかに基づくことがはじめられるかもしれない。出発点をもつな、用いるな。そのとき初めて、お前は『道』を実現しはじめるかもしれない」。
　知は黄帝に尋ねて言った。「あなたと私は、答えを知っているわけですが、あの二人は知っていません。では、だれが正しいのですか」。
　黄帝は答えた。「実際は、無為謂が正しい。狂屈も正しいように見える。しかし、お前と私は、そこ〔道〕から離れているのだ。したがって、結局のところ、『知者は語らず、語る者は知らない』〔『老子』第56章〕。それだから、賢者は不言の教えを実践するのだ」。〔……〕
　知は黄帝に次のように述べた。「わたくしが無為謂に尋ねたとき、彼は答えなかった、答えなかっただけでなく、彼は答えるべきものを何ももっていなかった。私が狂屈に尋ねたとき、彼はただちに答えはじめようとしたにもかかわらず、答えなかった。なぜなら、彼は私に答えないだけでなく、答えはじめたときに、すでに問いを忘れてしまったからです。私があなたに尋ねたとき、あなたは答えを知っていた。なぜあなたは、あなたがそこ〔道〕からとっくに離れていると言ったのですか」。
　黄帝は答えた。「実際、無為謂は正しい。彼は知らなかったのだから。狂屈は正しいように見える。なぜなら、彼は忘れたのだから。お前と私は結局のところ、そこ〔道〕から離れている。なぜなら、私たちは知っているからである」。
　狂屈はこの答えを聞き、黄帝は語ることを理解している人物だと思った。[14]
（第22章）

　ここにおいて再び特徴的なことは、事物の通常の順序が逆転していることである。というのも、タオの本質に向けられた問いに対して、無知と忘却の方がいわゆる知よりも相応しい答えだからである。すなわち、『老子』の言葉において語るとするならば、語る者は知らない者であることが明らかにな

14　Victor H. Mair, Zhuangzi (deutsch von Stephan Schuhmacher), Frankfurt/M. 1998, 298-301.

り、知者は語らない者であることがわかるのである。第二の対話もまた、同様のことを取り扱っている。

　東郭子は荘子の方に向かって問いながら言った。「いわゆる『道』というものはどこにあるのかね」。
「道はどこにでもある」と荘子は答えた。
「実例を示してくれないか、そうすれば私は想像することができるだろう」と東郭子は言った。
「道はアリの中にある」と荘子は答えた。
「道は、そんな下等なものの中に、どうやって存在できるのかね」
「キビの穂の中にもある」。
「さらに下等なものの中にどうやって」。
「瓦や破片の中にだって」。
「さらにひどく下等になったけれどもどうやって」。
「大便や小便の中にもある」。
東郭子はもはや何も言わなかった。荘子は、「きみの問いは事柄の核心をはずしている。市場の監督長が市場の従事者に、なぜ豚の上を踏むのかと尋ねたとき、足がより深く沈むほど、脂肪がより多い、と言われた。それゆえ、特定の事物のうちに『道』を探さないようにせよ。というのも、その場合に事物の中で〔道を〕免れるものなど存在しないから。とにかく、最高の『道』とはそのようなものなのである。偉大な言葉もそのようなものである。『あまねく』『ことごとく』『すべてを包み込む』という言葉は同一の実在に対する3つの異なった名である。それらはすべて、統一を指し示している。
ここから歩いて何ものも存在しないという宮殿へ行ってみよう。そこで、私たちはお互いに際限もない議論を行うことができる。いっしょに無為に与ってみよう。そうすれば、どれほど平和で安らかなことだろう。静かで清らかなことだろう。私たちは自分がどこに行くか知ることなしに行き、どこで止まるべきか知ることなしに帰ってくるだろう。私たちは行き来を行った後にも、そのすべてがどこに導くことになるかを知らないであろう。空虚な広がりの中を歩いてみよう。どうしてそれを汲み尽くすことができるかを私たちが知ることなしに、大いなる知恵が現れる

だろう。
　事物を作るもの〔道〕は事物に対し限定をもたない。しかしその事物が限定をもつがゆえに、私たちは『事物の間の限定』について語るのである。無限定の限定とは限定のない限定である。［……］」[15]（第22章）

　実在の原根拠としてのタオと世界に顕れた事物との間に、境界を引くことはできない。その点で、高いと低いの間、アリと便の間にも、道の働きにおいて相違がない。最初これは単純な汎神論として現れるが、荘子はこの推測に対しても、先の引用と同様に答えるであろう。すなわち、きみの問いは事柄の核心をはずしている、と。「道」を何らかの限定によって、例えば汎神論という概念によって制限しようと試みるならば、「事柄から外れてしまうことになる」。
　『老子』における老子と同様に、荘子において重要なことは、諸対立の統一をはっきり示すことである。次の譬えは、統一についての誤解がもたらす帰結を明らかにしている。この原理を理解しない人間は、その点で「朝三」と呼ばれる物語におけるサルのように生きている。

　　サル飼いの親方がサルたちに麦わらを渡して、「［栃の実を］朝3つにして夕方4つにしよう」と言った。するとサルたちはみな怒った。そこで親方は「それでは朝4つにして夕方3つにしよう」と言った。するとサルたちは喜んだ。概念的にも実質的にも何も変わりないにもかかわらず、サルたちには、喜びや怒りが現れた。サルたちは主観的な制約にまさにとらわれているのだ。それでは、そのことを聖人は人々との交流において行う。聖人は人々を然りと否によって満足させるが、その一方で、聖人は天と調和して内的に休息する。これを両行というのだ。[16]（第2章）

　相互に両立できないと思われる2つのものを妥当させること（両行）ができることが、この思考の核心である。これは、万物の相対性を、生と死についてさえも、認識し、対立の中で思考を超える自由に至ることを意味する。

15　Ebd., 308f., 僅かの箇所について変更を行った。
16　先に注8で挙げた、Richard Wilhelm, Dschuang Dsi, 44.

433

それゆえ、荘子は生と死について次のように語るのである。

> 昔の真人は、誕生を楽しむことも死を憎むということも知らなかった。世界へ来ること（身体的に）は、真人にとって喜びではなく、去ること（彼方へと）に抵抗することもなかった。真人は泰然として去り、泰然として来たる。[17]（第6章）

一切の事物と概念の制約をそれらの対立から知ることは、それぞれ自分自身の立場の相対性への洞察を含んでいる。それは、事物を「永遠の相の下で」(*sub specie aeternitatis*) 見るということである。

> 自分のものではない立場から見ることができない事物は存在しない。自分の立場から見ることができない事物も存在しない。〔……〕それだから、聖人はこのような考察方法から自由になって、永遠の光において事物を見るのである。もちろん、聖人も主観的に制約されたままである。しかし、我はこのようにして同時に非我であり、非我はこのようにして同時に我である。それゆえ、2つの対立した考察方法のいずれも、ある意味で正しく、ある意味で誤りなのである。[18]（第2章）

世界におけるすべての存在するものの認識の主観的制約は、まさに異なった視点へと、したがって誤った判断や誤解にも導くに違いないのである。この精神状態に直面して、そのときすべての人は自分の視点ないしは誤りに固執するのであるが、荘子は言語に対して原則的に懐疑的な立場に至る。

> 言葉を口にしないでいるときは、調和が支配している (*bu yan ze qi*〔不言則斉〕)。しかしこの調和は言葉によっては調和ある表現にもたらすことができない。言葉がこの調和と一致するときも、完全に調和することは決してない。それゆえ、言葉なしに済ますことが重要である。言葉な

---

17 Ebd., 84. 次の文献も参照。Karl-Heinz Pohl, '... that to philosophize is to learn to die' – East and West. Montaigne's Views on Death Compared to Attitudes Found in the Chinese Tradition, in: Hans-Georg Möller/Günter Wohlfart (Hrsg.), Philosophieren über den Tod, Köln 2004, 39-50.
18 先に注8で挙げた、Richard Wilhelm, Dschuang Dsi, 42-45.

しの語りに習熟している人は、言葉を使うことなしに生涯語り続けることが可能であり、生涯沈黙し続けることができるとしても、それにもかかわらず、語っているのである。[19]（第27章）

いずれにせよ、本質的なものは語ることができないのだから、「言葉なしに済ませること」が重要である。それゆえ、荘子は、またもや逆説的な表現を用いて次のように問う。「私は、言葉を忘れることのできる人をどこかで探し出し、その人と語り合うことができるだろうか」[20]（第26章）。

次の物語もまた、相対的な立場を超越するという主題に関係する。まず、節くれ立った木の例を用いて、無用さによっていかに寿命を伸ばすことができるのかについて、つまり、大工の斧を逃れることについてはっきり説明した後で、荘子はそのこともまた相対的であると指摘する。というのも、無用さは、場合によっては、人の命に関わることになりかねないからである。すなわち、最善の立場は、有用と無用といった一般に通用している両極性を超えた立場なのである。

荘子は山中を歩き回っていた。荘子はそこで豊かな葉で飾られふさふさした枝をつけた大木を見た。その横に木こりが立っていたが、彼はその木に触れなかった。その理由を問うたところ、彼は答えた。「この木は、役に立たない」。荘子は言った。「この木は、役に立たないために、その寿命をまっとうすることができるのだ」。
先生は山地を離れ、旧友の家に泊まった。旧友は訪問を喜び召使いにガチョウを殺して料理するように命じた。召使いが許しを得て問うて言うには、「このガチョウは鳴くことができますが、あのガチョウは鳴くことができません。どちらを殺しましょうか」。主人が言った。「鳴くことができない方を殺せ！」。別の日に、弟子が荘子に尋ねて言った。「この間、山中の木は役に立たないために、寿命をまっとうすることができた。それに対して、主人のガチョウはその無能を死によって贖わねばならなかった。先生はどちらが好みますか」。荘子は笑って言った。「私は、有

19　Ebd., 285f.（若干の変更を行った）．
20　Ebd., 283.

用と無用の真ん中を保ちたいと思う。すなわち、それ〔有用と無用の真ん中〕はそのように〔最善のように〕見えるかもしれない。それでもやはり、実際は、ごたごたを逃れるためには、それでは十分ではない。しかし、この世界を抜け出すために、『道』(タオ)とその『影響力』(de〔徳〕) に身を任せる人は、このようなことにはならない〔ごたごたを逃れることができる〕。彼は、あるときには龍のように、あるときには蛇のように、賞賛と批判とを超越している。時に応じて歩き回り、あらゆる一面的な行為を好まない。内的な平静さが命じるがままに、あるときには上へと高く、あるときには下へと深く、この世界の始祖のもとへと舞い上がる。世界を世界として処するが、世界によって世界へと引きずり下ろされることはない。こうして、人はあらゆる紛糾を逃れるのである。」[21]（第20章）

　ここにおける中心思想は、極端なものの間で中間を保つということ、または対立の内にある思考を超え、いわば永遠の視点から事物を見るということである。私たちは、同様の戦略と、ナーガールジュナとその中道の教えにおいて出会う。けれども、これと比べ、次のこともまた重要である。「世界を世界として処するが、世界によって世界へと引きずり下ろされることはない」。道教家の「自己陶冶」は、この内的な自由と囚われなさ、すなわち、さらに先に述べたように、天との調和における内的な平静さを養うのに有用である。

　以上をまとめるならば、私たちは道教において、次のような内容の論証モデルと思考形態を見いだすと言うことができる。
　(1) 事物の世界の多様性の背後にある統一性。
　(2) 万物の相対性、そしてすべての立場の相対性。
　(3) 根源的実在（「道」）についての知の不可能性と、その点における、「道」の言表不可能性。

　こうして、最終的な真理は、結局非真理であり、道教の目標に到達する方法、それゆえ、この真理でないものを認識する方法は、結局方法ではないのである。つまり、一方でそれは無為（wuwei）、すなわち、生成にまかせる

21　Ebd., 208.

こと、干渉しないことであり、他方では、信頼すべきものがない場合に、それでもやはり語りえないものを現し出すために、不条理や逆説ならびに比喩や譬えにおいて語ることである。本質的なものは言葉において表現されないのであるから、それにもかかわらず荘子が調停の試みを企てるとき——荘子の本はそれで満ちているのだが——それは、譬え (yuyan〔寓言〕)、アレゴリー、比喩以外の何ものでもない。荘子自身、次のように述べている。

> 私の言葉において、譬え話 (yuyan) が全体の9割を占める。すなわち、私は自分の考えを表現するために、外的な比喩を使用する。[……] 私がこの手段を手にしなければならないのは、私の欠点ではなく、他の人の欠点である。私たちと意見が一致する人は、私たちを理解するだろう。私たちと意見が一致しない人は私たちに反論するだろう。というのも、だれでも自分に一致するものには同意し、また自分と相違するものは非難するからである。[22]（第27章）

もちろん、比喩的な語りは道教においてだけ好まれるものでなく、この比喩の優位は中国精神史にわたって広く確認できる。『易経』に対する「偉大な注釈〔伝（易伝あるいは十翼）〕」(I.12)、これは、儒教的伝統においてもっとも尊敬を集める古典の一つなのであるが（この注釈はもちろん大いに道教的な思想を含んでおり、同時に陰陽思想の源泉を表している）、そこにおいて次のように語られる通りである。

> 師（孔子）曰く、「文字は言葉を完全に表現することはできない。言葉は考えを完全に表現することができない」。「それでは、人間は聖人の考えを知ることができないのだろうか」。師曰く、「聖人は、その考えを完全に表現するために比喩 (xiang〔像〕) を作り上げたのだ」。[23]

たしかに、ここにおいて、比喩で意味されているのは、『易経』の比較的抽象度の高い「形象」（卦〔六本の爻（陰と陽を示す2種類の横棒）が重ねられて作

22　Ebd., 285.
23　Richard Wilhelm (Übers.), I Ging. Das Buch der Wandlungen, Köln 1972, 298〔『易経』上下、高田真治／後藤基巳訳、岩波文庫、1969年〕.

られた象徴］）であるが[24]、それにもかかわらず、この言語に対する懐疑的な一節は、中国哲学と美学に対してまことにあまねく大きな影響を及ぼしている。というのも、その発言の核心は、形象には文字あるいは純粋に推論的な言語よりも力強くもしくは表現力があるという点にあるからである。

2．仏教

　仏教には、多くの観点において、道教と類似した思考と議論の型が見いだされる。これは、インドで成立した仏教諸学派だけでなく、道教との結びつきによって中国で形成された学派、とりわけ、禅仏教に該当する。
　実際、すべての宗教は、善悪の行為が、人生においてあるいはその後に、いかに報われるのかという問いに対して答えを与えることを試みている。仏教の説明によれば、人間は善行悪行によって「カルマ」（言語的に：行為、業）を形成し、人間のその後の現実存在は、輪廻（*samsara*）の絶え間ない循環の中で、カルマによって規定される。善なるカルマは、より高い段階の新しい生に導き、悪しきカルマにおいては、より低い段階が対応する。この輪廻からの解脱は、次の「四聖諦」の認識によってのみ行われる。すなわち、(1) 生は苦を意味するということ、(2) この苦は無明と感覚的な完全な喜びを伴った生への「渇望」とに原因があること、(3) この不幸な現世の生活からの逃げ道が存在すること、(4) この逃げ道は仏教が実践的道として勧める「八正道」の中にあること。これは、倫理的な生活の仕方、正しい知と精神的な沈思の混合を意味している。
　中国における仏教の成功にとって根本的なことは、紀元前2世紀にすでにインドで始まっていた展開、つまり、上座部仏教（小さな乗り物）から大乗仏教（大きな乗り物）への移行であった。この交代は時代を画する帰結を生み出した。つまり、上座部仏教が輪廻からの「救い」を、苦行者的生活によ

24　『易経』の核心をなしているのは、占いに使用されねばならない64の卦である。この卦についてのギリシア語の名称（Hexagramme）は、次のことに由っている。すなわち、これは6本の分割された（陰）線と分割されない（陽）線から構成されており、それによって、比喩的な意味が導き出される。次の文献も参照。Karl-Heinz Pohl, Ästhetik und Literaturtheorie in China – Von der Tradition bis zur Moderne, München 2006, 114.

って「八正道」の苦行を自らに引き受ける用意のある人にのみ提供したのに対して、大乗仏教（大きな乗り物）は、平信徒はもちろんすべての生けるものにも、救いを開いたのである。この大乗的な救いは、すべてのものがすでに照らされているとの認識、ないしは仏性を所有しているがこれを正しく知らないだけであるとの認識による。これ以降、理想的な人物は、禁欲的で世を捨てた応供（阿羅漢）ではなく、菩薩となった。菩薩とは仏性を備えた人であり、すべての苦しむ人の救いにまず完全に自らを捧げるために、涅槃（Nirvana）へ入ることを、輪廻の現実存在を通じた転生を滅することを断念するのである。

（a）中観派――「中道」の教え

中国における展開にとって重要なのは、大乗仏教の特別な流れ、つまり、インドのナーガールジュナ（紀元2世紀）に遡る中観派である。中観派の目標は、あらゆる立場の否定との論理的結合によって、世界の中のいかなるものにも実体を帰すことがない実在の見方に至ることである。ナーガールジュナの体系的に遂行された「空の論理」[25] は本来の仏教の根本思想に間違いなく基づく次の2つの前提に依拠している。(1) 世界の現象形態（dharma）すべての相対性、(2) 依存性における成立。前者は、（先に道教から確認したのと同様に）すべての現象形態（*Dharma*）が他のものとの関係性においてのみ規定できると主張する（生は死ではない、快楽は苦ではない、など）。後者は、すべて存在するものは何かほかのものに依存して成立すると、したがって世界の無数の現象形態には究極的あるいは絶対的な実在性が認められないと主張する。これには、すでに上座部仏教で出会うことができる認識、すなわち、「自己」の幻想的本性の認識が属している。私たちが自分の「我（Ich）」であると思っているものは、仏教的視点に従えば、慣習あるいは、より厳密には多様な物質的で精神的な現実存在の要因（skandha〔五蘊〕）の偶然の連関にすぎない。したがって、私たちが、ヨーロッパ的伝統の中で、自己表現や自己実現に至る自己の発展の歴史的傾向（たしかに近代において頂点に達しているように）について語ることができるのに対して、仏教的な文脈では、

25　Hsueh-li Cheng, Empty Logic: Madhyamika Buddhism from Chinese Sources, New York 1984.

自己空化ないしは自己超越や自己忘却の傾きが見られる（このような一般化には十分に慎重でありつつも）。ところで、大乗仏教において、とりわけナーガールジュナの場合、自己の無実体性についてのこの見方は、あらゆる現象形態へ拡張される。いわゆる「般若波羅蜜多」はこの主題全体に絡みついている。ナーガールジュナは、その注釈者そして体系家として現れた。世界の知覚は対立に基づいて慣習‐定義に結びつけられており、それゆえすべての概念的な思考は相対的であるのだから、ナーガールジュナは、概念的思考のこの形式からその根拠を取り除き、それによって、「世界」をいわば停止させようとする。彼の方法は、「四句」（サンスクリット語で *catuskoti*、中国語で *siju*。「四命題」）、すなわち、次の四重の否定の方法である。(1) 存在、(2) 非存在、(3) 存在も非存在も、そして (4) 存在でもなく非存在でもなく[26]。ナーガールジュナによれば、すべての現象形態の実体性についての問いには、これら4つの命題はいずれも当てはまらない。こうして、この論理の最後に、世界の「空」（*sunyata*、中国語 *kong*）が現れる。しかしながら、「空」とは、世界が存在しないということではなく、それ自体によっては何も存在しないということを意味する。むしろ、あらゆる現実存在は、現実存在の諸要因のつかの間の相互作用と相互規定に帰されうるにすぎないのである。換言すれば、いかなるものもそれ自体によっては存続しない、また「実体的なもの」として頼りにできるものは何も存在しない。それゆえ、この教説によって、世界の肯定と否定の間で揺れ動く立場、つまりこの2つの立場の間の「中道」（中国語 *zhongdao*）が保持されるのである。

相対性の論理は、もちろん、涅槃にも当てはまる。涅槃は、輪廻との対立においてのみ規定できるのである。その点で、涅槃もまた頼りになる「実体的なもの」ではなく、結局、同様に「空」なのである。それゆえ、大乗仏教は、次のような結論に至る。輪廻（形ある世界）も涅槃（空）も区別できない、むしろ、両者は同一的である、あるいはそれについては、影響力の大き

---

26 Ebd., 67. ナーガールジュナについては、次の文献も参照。K. Venkata Ramanan, Nagarjuna's Philosophy, Tokyo 1966; Frederick J. Streng, Emptiness: A Study in Religious Meaning, Nashville 1967; Bernhard Weber-Brosamer/Dieter M. Back, Die Philosophie der Leere. Nagarjunas Mulamadhyamaka-Karikas. Übersetzung des buddhistischen Basistexts mit kommentierenden Einführungen, Wiesbaden 2005; Stephen Batchelor, Nagarjuna – Verse aus der Mitte. Eine buddhistische Vision des Lebens, Berlin 2002.

な『般若心経』、つまり、きわめて短いが（表題の「心」という語は般若の教説の核心を代表する）般若経で最も有名な経典の言葉において、次のように言いうるだろう。

> 空は形（色）から区別されず、形は空から区別されない。空は形にほかならず、形は空にほかならない。[27]

これは、中国仏教で、「不二（非二元性）」(bu er) の立場として知られている。道教の場合と同様に、これは、すべてのさらなる言明を逃れる立場なのである。

(b) 『維摩経』──不二法門に入る

『般若心経』と並んで、有名な『維摩経』は「不二」思想（興味深いことに、「統一」については語られない）へのもっともよく知られた転換を含んでいる。唐代の中国（7–10世紀）においてきわめて広く知られたこの経典は、仏教の聖者たちと在家者のヴィマラキールティ〔維摩〕との論争を描いており、そこでは、この在家者は仏教の本来の代表者よりも、仏教の「空の教え」に精通していることが示されている。この経典の頂点は、「不二法門」に入ることをめぐる維摩と文殊菩薩（仏陀の弟子）との討論である。ほかの菩薩たちがこの主題に対する見解を述べた後、彼らはもっとも尊敬されている者として文殊菩薩に相談し、意見を求めた。まず彼は、先に語った者の発言が不十分であると批判し、それからこの主題について激しい口調で意見を述べる。

> 「尊敬するみなさん、あなたがたは、すべてを立派に語りました。しかしながら、あなたがたの説明のすべては、それ自体二元的でした。あらゆる言葉を避けること、何も語らないこと、何も表現しないこと、何

---

27 Michael von Brück, Weisheit der Leere. Sutra-Texte des indischen Mahayana-Buddhismus, Zürich 1989, 239〔『般若心経　金剛般若経』中村元／紀野一義訳註、岩波文庫、1960年〕; vgl. Daisetz Teitaro Suzuki, Essays in Zen Buddhism (Third Series), London 1985, 222-238. ミヒャエル・フォン・ブリュックの文献（201-210頁）は、般若経にとって中心的である「知恵」(prajna) の構想の哲学的背景について、優れた叙述を含んでいる。

も説明しないこと、何も告げないこと、何も指摘しないこと、何も特徴づけないこと。これが、不二法門に入ることなのです」。それから、文殊菩薩は在家者維摩に向かって、「高潔なる方、私たちは私たちの教えをすべてお伝えしました。では、不二法門に入ることの教えを私たちに説明いただけないでしょうか」と述べた。それについて、在家者維摩は、沈黙し、何も語らなかった。[28]

　このように、文殊菩薩が、なおも、語りえぬものを言葉によって語ろうと試みるのに対して、維摩は唯一可能な仕方で応答した。これが、維摩の「雷鳴の沈黙」として、文化史において理解されてきたものなのである。このエピソードは、仏教の多くの洞窟壁画に繰り返し見られ、在家者維摩の伝説的な知恵、または同名の経典が広く知られるようになったことは、中国において儒教的な家族理解と両立できる仏教、すなわち僧侶によってのみ担われるのではない仏教を促進することに、たしかに寄与したのである。

(c) 吉蔵と「二重の真理」の戦略

　実在の非二元的（不二の）見方に至るための知略は、すでにナーガールジュナによって取り上げられている。すなわち、「二重の真理」において語ることである。それについて、ナーガールジュナは、次のように語るだろう。日常的文脈では、たしかに「世俗的な真理」（suti〔俗諦〕）を使ってであるけれども、世界の物性についてまったく平易な仕方で語ることができる。しかしながら、人間が世界を肯定する傾向があるのに対して、仏教的な傾向はまずむしろ反対である。その点で、「真正の／絶対的真理」（zhenti〔真諦〕）は、「空」の真理である。いわゆる中国の三論宗（「3つの論」[29]）において、中国の仏教者吉蔵（Jizang, 549–623）は、すでに「四句」において構想されていた思想をさらに継続している。ナーガールジュナを引き継ぎつつ、二重の真

28　先に注27で挙げた、ミヒャエル・フォン・ブリュックの文献の277頁以下〔『維摩経』中村元訳（中村元編『大乗仏典』筑摩書房、1974年）〕。

29　これらは、中観派の次の諸論である。『中論』（中間の道についての論）、これはナーガールジュナ『中論頌』の翻訳。『十二門論』、これは同様にナーガールジュナに帰せられる。ナーガールジュナの弟子であるアーリヤデーヴァの『百論』〔『三論玄義』嘉祥大師撰、金倉円照訳註、岩波文庫、1941年〕。

理の戦略を拡張し、それによって、彼はついに空ないしはすべて存在するものの実体の無さに近づくのである。詳しく言うと、彼は、実体と空についての問いに対する真理をめぐるこれら2つの範疇を、次のように3つの水準で扱っている。

世俗的：
1. 実体
2. 二元性（実体と空）
3. 二元性と非二元性

絶対的：
1. 空
2. 非二元性（実体でも空でもなく）
3. 二元性でもなく非二元性でもなく

その意味するところによれば、第1水準における世俗的真理は、私たちに実体について語らせるが、それに対して、仏教的理解に従えば、すなわち絶対的真理としては、究極的実在としての空についてのみ語られうる。しかしながら、「実体」に対し対立する立場としての「空」の絶対的真理に執着する場合には、そこから、再び第2水準における世俗的真理、すなわち実体と空という2つの極端の間の二元性が生じる。それゆえに、この第2水準における絶対的真理は、非二元性ないしは実体でも空でもないという意味でなければならない。しかしながら、第3水準から見れば、この2つの二者択一への執着は再び世俗的な見方に、すなわち、新たな「二元性」になるだろう。それは、二元性と非二元性（という極端）の間の区別であって、要するにその肯定である。したがって、第3水準における絶対的で究極的な真理は、この「新たな二元性」の否定を形作る。すなわち、二元性と非二元性の対立を承認することも、それを否定することもしないことが重要なのである。このように、「非二元性」の立場もまた、単なる相対的な立場としては離れるべきであり、あるいは言い換えれば、これについては、維摩が印象的な仕方で実際に示したように、沈黙できるだけなのである。こうして、吉蔵の場合、最終的に肯定と否定の中間が保持される[30]。吉蔵がナーガールジュナに従って示そうとするのは、最終結論において、また仏教的視点から見れば、事物

30　Yu-lan Fung, A History of Chinese Philosophy, Vol.II, trans, Derk Bodde, Princeton 1983, 296. 吉蔵については、次の文献も参照。Rolf Elberfeld et al, (Hrsg.), Denkansätze zur buddhistischen Philosophie in Chaina, Köln 2000, 91-110, そして、注25で先に挙げた Hsueh-li Cheng, Empty Logic, 50ff.

あるいは現実は実体がない、ないしは「空」であるということなのである。それらは存在根拠をもっていない。もし私たちがそれらに存在を帰するとするならば、それは世俗的な水準においてにすぎない。

しかしながら、涅槃と「非二元性（不二）」に当てはまることは、「空」という根本思想にも妥当する。たしかに、世俗は仏教的なやり方にとっては空であるとしても、これは最終的には「空」概念から分離されねばならない。というのも、これは「実体」あるいは「充実」との連関と対立において存在するからである。空に固執することは、すなわち、対立的思考に囚われたままであるだけでなく、それどころか空に（形而上学的）「実体」を帰することを意味する[31]。その上、この弁証法に従えば、事物についての「正しい」見方さえも、それに固執しようとするならば、一面的で、それゆえ「誤った」見方となる。

以上の背景を知らないことによって、中観派はしばしばニヒリズムであると批判された。しかしながら、このことは「空」概念に実体が実際に帰せられるだけでなく、それどころか実体的な段階に高められることを意味することになるだろう。それに代わって強調されるべきは、「空の論理」とは、結局は非実在的なものへの執着（無分別、渇望など）があらゆる苦の原因であることを暴き、それによって人間をそこから解放するための単なる戦術的な手段にすぎないということなのである。川を横切ったときに、人は泰然として筏（いかだ）を棄てることができるという教えについての仏教的な類推に忠実であるならば、執着を離れた状態に到達するときに、「空」概念ないしは仏教的な（空の）教えも棄てうるものなのである。それゆえ、私たちが大乗仏教の伝統に見いだすのは、語りえぬもの、概念的に把握できないにもかかわらずあらゆる相対性を超越した実在——仏性も——を、「真如」(*tathata*、中国語 *zhenru*) としてのみ書き直し、それに応じて仏陀を「如来」ないしは「如去」(*tathagata*、中国語 *rulai*) として特徴付ける傾向である。まさに、「真如」という言葉の選択に、道教との平行性、すなわち、「自ずから然ある」(*ziran* 〔自然〕) がその基準であるという語りえないタオへの接近が明らかになるのである。

31　Yu-lan Fung, A History of Chinese Philosophy, a.a.O.（注 30），Vol. II, 295-297.

(d) 金剛般若経

不二（非二元性）についての中心的命題が引用された、簡潔な『般若心経』と並んで、『金剛般若経』（字義的には、「幻想を切断するダイアモンド」）は、語りえないものの語りという主題設定に関わりのあるきわめて影響力のある般若経の一つである[32]。たしかに、「空」はこのテクストでは一度も言及されないが、それにもかかわらず、空はその含意においてこの経典の中心に位置しているのである。同様に、ここで私たちは、逆説的な表現が繰り返されているのを見いだすが、それらは、知性的な慣習と汎用的な論理を破ることへと向かっている。

経典の主題は、私たちが現実に知覚するものについての問い、すなわち、それがもの自体、あるいは単なるそのしるし、錯覚でありうるのではないかという問いである。例えば、真の仏陀は、どのような特徴において認識できるのか（伝統的には、仏は32の相をもち、それらにおいて人は仏を認識できる）。仏弟子須菩提のこの問いに対して、仏陀は次のように答える。

「しるしによって区別できるものが存在するところには、錯覚が存在する。しるしのしるし無き本性を見ることができるならば、汝は如来を見ることができる。」[33]（第5段）

ここにおいてしるしとは、いわばすべての現象形態（*dharmas*）を代表している。現象形態には、独立した現存は何も与えられず、終わりなき編み目の中において、常にほかの何かを指示するにすぎない。しるし、ないしは現象形態の名は、それゆえ、言葉一般と同様に、相互関連性の慣習以外の何ものでもなく、それ自体としては透過され、そのしるし無さ（空）において認識されねばならない。この戦略に従って、『金剛般若経』では、逆説的な論

---

32 『金剛般若経』の中国語版は、世界最古の伝承された刊本（868年に成立。当然、巻物としてであるが）である。敦煌で発見されたその1冊は、現在ロンドンの大英博物館が所蔵している。この巻物は、インターネットで広げることができる。https://www.bl.uk/collection-items/the-diamond-sutra

33 Thich Nhat Hanh, Das Diamant Sutra. Kommentare zum Prajnaparamita Diamant-Sutra (verfaßt 1988), Stuttgart 1996, 57f.〔『般若心経　金剛般若経』中村元／紀野一義訳注、岩波文庫、1960年〕.

証の手本が常に適用される。すなわち、ＡはＡではない、それゆえ、それはＡと名づけられる、と。次の例においても、そうである。

> 「如来が最高の完全な知と名づけたものは、実際には最高の完全な知ではない。それゆえ、それは最高の完全な知である。」[34]（第13段）

最高の完全な知とはいわばそれを非知であるとして解消することである。だから、執着されるあるいは伝達可能な空の教えなどは存在しない。それゆえ、先の引用文に対する追記において、仏陀は「如来は何も教えない」と述べている。ほかの箇所では、これはすでに言及された比喩によって、さらに明確に述べられる。それは、教えを筏に譬えるものであり、筏は人間を他の岸に運ぶためにのみ役立つものであるが、しかし岸に着いたときには、放棄されねばならない。

> 「『きみたちが知らねばならないことは、私が与える教えはすべて、筏だということである』。すべての教えは放棄されねばならず、そして、教えでないものについては、完全に沈黙しなければならない。」[35]（第6段）

しかしながら、この発言もまた、「世俗的な」レベルでのみ理解可能である。それだから、仏陀は、後に次のように述べるのである。

> 「須菩提よ。次のように言ってはいけない。如来が、『私は生ける者を救いの岸に連れて行くつもりだ』という考えを抱いていると。須菩提よ、このように考えてはいけない。なぜか。実際、如来にとっては、他の岸に連れて行くべき者など一人も存在しないのである。如来が、もし、そのような人が存在すると考えるならば、如来は自己という考えに、人に、生けるものあるいは寿命に執着していることになる。須菩提よ、如来が自己と呼ぶものは、その本性に従えば、通常の人間が自己は存在すると考える際の意味において自己をもつわけではないのだ。それだからこそ、

---

34 Ebd., 89.
35 Ebd., 71.

如来はかれらを普通の人と呼ぶことができるのである。」[36]（第25段）

ここにおいて仏陀は、すでに先に（第2段a）言及された見方、つまり、仏教における自我の幻想的本性という見方を裏づけている。教え理解されるべきでない教えの核心として、仏陀はこの経典を次の詩行によって特徴的な仕方で締めくくっている。

　　すべて関連づけられた事物は、夢や、
　　幻や、露のしずくや、電光のようである。
　　人はそれらをそのように沈思するがよい、
　　そのように見なすがよい。[37]（第32段）

語りえぬものないしは空の教えについては、先の老子や荘子におけるように、再びせいぜい詩的に、ないしは比喩や譬えによって語られる。したがって、この経典の意味は、私たちの思考の幻想を切断すること、すなわち、いずこにも執着せず、自らの知覚と経験を現象形態（そしてすべてのダルマ、したがって涅槃などもそれに属している）の事実的な現実存在のしるしと思わない意識を発展させることである[38]。主題としての空は、論証の構造化として表されるが、それによって、議論が相対的でありそれゆえ空であることが示される[39]。一般的に表現するならば、哲学的そして宗教的な意味で、般若経において——さらに言うと荘子の場合も同様に——問題なのは、すべての認識の主観的制約を見抜くことなのである。というのも、この制約を通して、現存在の苦を再び生じさせる実在についての誤った評価が成立するからである。したがって、苦を滅することは仏教の究極の目標であるが、それは私たちの思考の幻想を切断することによって生じるのである。

36　Ebd., 121.
37　Ebd., 136.
38　Dennis Lingwood, Das Buddha-Wort. Das Schatzhaus der heiligen Schriften des Buddhismus – eine Einführung in die kanonische Literatur, Essen 1985, 201.
39　Martin Lehnert, Die Strategie des Kommentars zum Diamant-Sutra, Wiesbaden 1999, 91.

(e) 禅仏教

中観派の受容(吉蔵の三論宗を通して)、維摩の「雷鳴の沈黙」そして般若経の受容を通して中国において行われた発展は[40]、ある意味で、中国にとってもっとも典型的な仏教の宗派、すなわち禅宗において、頂点に達した。その最盛期は、8世紀から13世紀であった。今日日本で禅として知られる宗派は中国におけるこの基礎に遡るものであるが、実践と方法(瞑想法)においてはっきりと異なる発展を遂げた[41]。本来の禅において際立っているのは、洞察をきわめて断固とした仕方で実行に移すこと、すなわち、投げかけられた問いに対してきわめて徹底的に沈黙することである。この特徴は、すでにその基礎を設定した人物伝説から明らかである。禅宗は、ゴータマ・ブッダがかつて説法の際に花を指に取り、無言で高く掲げたことから始まったと言われる。すべての弟子は理解できずに見ていたが、迦葉仏だけが悟りに満ちたほほえみによってそれに応えた[42]。それゆえ、迦葉仏は禅の最初の始祖と見なされている。この物語は一つの伝説を描写するものであったとしても、適切かつ意義深く考え出されたものと言えよう(そして、影響史的に重要なものとなったのである)。すなわち、それは言葉による伝達、とりわけ教義文書的な伝達を越えた知らせの核心を説明している。

したがって、概略的背景からわかるように、禅仏教が涅槃ないしは仏性を手に入れようと努力しているというのは誤っており、むしろ、それを求めることは無分別としての覚知のまさに妨げになるだろう。その点で、悟りに基

---

40 中国における仏教の、まさに禅の発展史は、ここで必要な簡潔さのためになされた叙述よりも複雑である。それゆえ、法華経や楞伽経また華厳経の影響、ないしは天台宗、法相宗(唯識)そして華厳宗の影響も考慮されねばならないだろう。楞伽経と禅にとって重要な構想、つまり、すべての実在が「精神」であるとの構想(瑜伽行派ないしは唯識派におけるように)については、鈴木大拙の次の著書を参照。これは、楞伽経の鈴木の翻訳とそれに対する非常に啓発的な解説の巻である。Daisetz Teitaro Suzuki (Übers.), The Lankavatara Sutra, London 1978 (repr.); Daisetz Teitaro Suzuki, Studies in the Lankavatara Sutra, London 1975 (repr.).

41 Zen は中国語「禅(Chan)」の日本語読みであるが、瞑想を意味し、サンスクリットの *dhyana*〔静慮〕に由来する。禅(特にその道教的で大乗仏教的背景を含めて)への入門書としては、次の文献が今なおきわめて情報が幅広くまた具体的である。注12で前掲の Allen W. Watts, The Way of Zen. また標準的文献として次のものも参照。Heinrich Dumoulin, Geschichte des Zen-Buddhismus, 2 Bde., Bern 1986.

42 Daisetz Teitaro Suzuki, Essays in Zen Buddhism (Second Series), London 1933, 87.

XVIII 語りえぬことを語る：老子と荘子におけるタオとナーガールジュナの「空」

づく現実の見方は、特別な練習によって、例えば、瞑想において達成されるのではなく、現在の瞬間に、今ここにおいて（日常性の全体を含めて）、純粋な注意力をもって生活することの内にあるのである。もちろん他方で、この目的のために、禅仏教は特別な方法を発展させた（公案）。つまり、知性的には解くことのできない問題（例えば、片手をたたく音はどんな音か？）への答えを求めることである[43]。このようにして、弟子は師によって精神的にだけでなく、実存的にも危機に落とされる。そのとき、そこから「突然の悟り」が生じることができるのである。もちろん、悟りはむしろ否定的に叙述されるべき経験として、すなわち、あたかも突如地面が二つに割れて、容器の中に集められた知と努力が空しくなったかのように、考えられねばならない。一方で、空の経験〔悟り〕はまたもや概念的にではなくせいぜい比喩的に明確化される。他方で、禅仏教の師は、荘子の場合と同様に、仏教の本質についての問いに対して、不条理、非合理、そして最後には沈黙、あるいは棒の一撃で答える戦略をとる。これは、「問いと答え」（問答）として有名ないわゆる逸話におけるものである。例えば、仏陀の本質についての有名な表現によれば、仏陀とは地面から離れたバケツ一杯の水のようなものである[44]。仏陀の神性という考えは[45]、禅仏教にはまったく異質である。たしかに、上座部仏教の伝統におけるのと同様に、大乗仏教の伝統においても、仏陀は敬われているわけであるが、禅は、仏陀に対するまったくの尊敬の無さによって際立っている。歴史上のゴータマ・ブッダが誕生後に、「天上天下唯我独尊」と宣言したという伝説はそのように扱われる。この物語を、禅の師である雲門文偃（没966年）は次のように注釈を加えている。「仏陀がこのように言った瞬間に彼と一緒であったならば、私は彼を一撃で殴り殺し、彼の遺体を飢えた犬の口に投げ込んだだろう」[46]。別の例では次のように書かれ

---

43 Allen W. Watts, The Way of Zen, a.a.O.（注12）, 174ff. 12世紀からの中国の公案の集成は、次の文献に翻訳されている。Bi Yän-lu – Meister Yüan-wu's Niederschrift von der Smaragdenen Felswand, Übers. Wilhelm Gundert, Frankfurt/M. 1983.

44 Daisetz Teitaro Suzuki, Essays in Zen Buddhism, a.a.O.（注27）, 236.

45 ナーガールジュナもまた、神の問いを無意味な答ええない問題と見なしている。ナーガールジュナは有神論と無神論の2つの立場を相互に規定し合うものとして退けることによって、両者の間の中間を保持する。Hsueh-li Cheng, Empty Logic, a.a.O.（注25）, 89, 94f.

46 Ebd., 60.

ている。「仏陀がおまえと出会ったときには、彼を殺せ！」[47]。しかしながら、これは、世界のいかなる概念化によっても、いかなる空虚な概念によっても眩惑されないようにとの手引きにほかならない。

　したがって、あるいは次のように言うことができるだろう。禅仏教にとっては、聖なるものは何もない、と。しかしそれにもかかわらず、これもまた実際には適切ではないだろう。というのも、儒教や道教におけるのと同様に、中国では、・日・常・的・な・ものが聖なるものないしは超越的なものを表しているからである。すなわち、「水を運び薪を割る、そのすべてはまさに驚くべき『道』なのである」[48]。それゆえに、禅仏教は「超越的な日常性」の「道」として描くことができるだろう。いずれにせよ、仏性への道は自己放棄の長い道あるいは僧院の壁の背後の生活へと通じるものではないのである。仏陀になるとは、まさに仏陀になろうと・努・力・し・な・いことを意味している。重要なのは、日常的な生活において、注意深いないしは囚われない精神を守ることであり、それは普通の毎日の生活を送るということではない。これらの特徴において見られるのは、道教への精神的な近さである。実際、中国の禅仏教の多くの者は、仏僧の衣を着た道教の哲学者にほかならない。

3．まとめ

　最後に、老荘とナーガールジュナないしは先に紹介した中観派（そしてそれに対応する経典）との相違について強調することが重要である。ナーガールジュナにおいては、認識論だけでなく厳密に貫かれた論理学が存在しているが、しかしながら、その帰結において、日常的理解力によってそれに従うことは容易ではない。ここにヨーロッパ的思考との平行性が見られる。なぜなら、インドにおける言語、文法、ならびに思考モデルは、中国よりもヨーロッパにおいてそれらに対応するものにより多くの類似性を示すからである。このように、「空」（sunyata）概念も論理的構想であり、説明を要する。そこには、実体的概念における思考の代わりに、制約性における思考がはっき

47　Ebd.
48　Yu-lan Fung, A History of Chinese Philosophy, a.a.O.（注 30），Vol. II, 402ff.

り現れている[49]。さらに、ナーガールジュナの論理は、最初に受け入れられねばならない前提と結びつけられている。つまり、依存性における生成という前提である。デリダは[50]脱構築の体系自体を最終的な徹底さにおいて脱構築することによって論理的アポリアに陥っているが、それと同様に、ナーガールジュナの論理も、その体系構想を徹底的に遂行するならば、デリダと比較できる困難な問題領域に陥ることになるであろう。というのも、依存性における生成もやはり相対的言語の慣習(すなわち、非依存性における生成との対立における)だからである[51]。それにもかかわらず、ナーガールジュナは、かれに従う人たちを、底なしの状況に転落させるために、思考のめまいを引き起こす高みへ導くことを心得ており、それは、逆説的な言葉においてであるが、まさに悟りと考えることができるのである。これに対して、老子と荘子の思考はより戯れ的であり、発言の仕方はより詩的である。かれらは比喩や譬えにおいて語り、不条理の中を意識的に動き回る。その際に、その哲学は認識論も存在論あるいは論理学も意味しておらず、むしろ、それは生の哲学、あるいはより適切には生の技法である。生の技法は、世界から論理的に

49　Yu-Chun Yuan, Die Behandlung des Gegensatzes, a.a.O.（注2）, 37.

50　ポスト構造主義(脱構築)と中観派の戦略における類似性は印象的である。両者の相違は次のように要約できるだろう(少なくとも、その影響あるいは意図において)。すなわち、それは、ポスト構造主義が本質主義的思考を攻撃する際に、非本来性についての哲学的言説を開いたということである。この言説はさらに政治的、社会的そして美的な表象(とりわけ、階層)に挑戦するとともに、これまで覆い隠されていたものを暴露する、あるいは救い出すという結果をもたらした。意図的であるにせよそうでないにせよ、もちろんその結果は、解放と多元性であるだけなく、わざとらしさとでたらめともなるのである。それに対して、中観派は偉大な宗教的関心、すなわち、人間をすべての苦の原因である生の絡み合いから解放することを追求する。そのために、徹底して遂行するならば、精神的な執着なき状態に至るはずの否定の戦略が使われる。デリダと中観派との比較については、次の文献を参照。Zong-qi Cai, Derrida and Madhyamika Buddhism: From Linguistic Deconstruction to Criticism of Onto-theologies, in: International Philosophical Quarterly 33/2 (1993), 183-195 (この論文は、吉蔵の「二重の真理」の叙述も含んでいる), ders., Derrida and Seng-zhao: Linguistic and Philosophical Deconstructions, in: Philosophy East and West 43/3 (1993), 389-404. 荘子と脱構築との比較については、次の文献を参照。Robert E. Allison, On Chuang Tzu as a Deconstructionist with a Difference, in: Journal of Chinese Philosophy, 30, 3/4 (Sept. & Dec. 2003), 487-500.

51　ナーガールジュナに対する唯識派の批判については、注25の前掲書である次の文献を参照。Hsueh-li Cheng, Empty Logic, 25.

根拠のしっかりした意味を絞り出す代わりに、生が矛盾を含むことを楽しむのである。例えば、老子が空について語るときには、彼はそれを、ナーガールジュナのように論理的な方法や仕方においてではなく、比喩（車輪のハブ、壁の窓など）に基づいて行い、その際、比喩には照らし出す働きが欠けているわけではない。最終的には、意味深さが何に関わるかと言えば、その答えは沈黙となるだろう。場合によっては、逆説において語ること、あるいはさらに適切には、効果の大きな詩的な比喩で語ることだろう。もちろん、禅仏教においては、仏教と道教の中国的な総合として、幾分戯れ的で無秩序な道教の特徴が生き続けている。

　こうして、中国や日本では、語りえぬものに対する感性を目覚めさせることが、本質的に詩や芸術（例えば、禅画）に対して保持されている。それは締めくくりとして取り上げる隠逸詩人陶淵明（365–427）の次の詩が示す通りであるが、これは、中国文学史においてもっとも知られた詩の一つである。いくつかの単純ではあるが、有名な詩行において示されているのは、心（精神）の内で〔世俗から遠く〕離れることによってまず成功できたのと同様に、生活の喧噪の中で拘束されない道教的な平静な態度ないしは精神の自由を、あらゆる場所で保つことなのである。これはすでに言及された道教的な生の技法である。そうしているうちに、この詩は、ウィトゲンシュタインとも似て、哲学的沈黙によって、それとともに口に出された道教的な調子で結ばれる。それは、事柄の本質が表現不可能で解明不可能であることについての知であり、この詩は、したがって、『老子』の最初に論究された導入命題、つまり、私たちは世界の基礎をなしている真の意味をぼんやりと予感することができるが、それにかかわらず、言葉に表すことはできない、という命題へのほのめかしによって結ばれる。

「酒を飲みながら書く」（その5）

　人の雑踏の中に、私は庵を構えているが、
　しかしながら、ここには車や馬の喧噪は聞こえない。
　どうしてそんなことがありうるのだ、とおたずねか。
　なあに、心が遠く離れているため、場所が心にならってしまうのだ。
　東側の垣根のもとに咲いている菊の花を摘みながら、

ゆったりと、南方の山頂を見る。
山の気は夕方が澄み渡っており、
鳥たちが連れ立ってねぐらに帰って行く。
これらすべての中に、同じくらい真の意味が隠れている。
それを説明しようとしたとたん、私は言葉を失ってしまった。[52]

---

[52] Tao Yuanming, Der Pfirsichblütenquell, Gesammelte Gedichte (hrsg. von Karl-Heinz Pohl), Bochum 2002, 125f.〔『陶淵明全集』上下、松枝茂夫／和田武司訳注、岩波文庫、1990年〕.

人名索引

あ行

アウグスティヌス Augustinus 52 A. 39, 53 u. A. 42 u. A. 44 u. A. 46, 54 A. 49, 57, 58 A. 62-63, 89 u. A. 31, 292, 300, 310 A. 26, 316 u. A. 44, 324, 329, 348 u. A. 130

アタナシオス Athanasius 49 A. 31, 52 A. 39, 314

アダム Adam, C. 351 A. 145

アテナゴラス Athenagoras 47 A. 23

アドー Hadot, P. 12 A. 4, 13 A. 6, 262 A. 3

アドルノ Adorno, T. W. 287, 297

アーバン Urban, W. M. 256 A. 31

アプレイウス Apuleius 48 A. 26

アマン・ド・メンディータ Amand de Mendieta, E. 52 A. 37

アームストロング Armstrong, A. H. 12 A. 4

アーラーズ Ahlers, R. 124 A. 41

アーラント Aland, K. 227 A. 86

アリス Aris, M.-A. 85 A. 12

アリストテレス Aristoteles 17, 37 A. 123, 42 A. 5, 62 A. 2, 65 A. 8, 101 A. 91, 302, 309, 318, 319, 320, 353 A. 151, 418

アリソン Allison, R. E. 451 A. 50

アーリヤデーヴァ Aryadeva 442 A. 29

アルビノス Albinos 12 A. 3

アルブレヒト Albrecht, R. 131 A. 5, 208 A. 14 u. A. 20, 209 A. 22, 236 A. 3, 356 A. 159

アルル Harl, M. 51 A. 34

アレイオス Arius 49

アンゲルス・シレジウス Angelus Silesius 388

アンセルムス、カンタベリーの Anselm von Canterbury 172 A. 31

アンツェンバッハー Anzenbacher, A. 260 u. A. 22

アンブロシウス、ミラノの Ambrosius von Mailand 46 u. A. 19, 47 A. 25, 53 A. 44

イヴァンカ Ivánka, E. von 39 A. 139

イェーガー Jaeger, W. 11 A. 1

イェーガー Jäger, H. 430 A. 13

イェシュケ Jaeschke, W. 110 A. 7

イエス・キリスト Jesus Christus 92 A. 43, 105, 156, 157, 172, 182, 183, 193, 197, 198, 203, 205, 206, 211, 212, 214, 216, 218, 219, 220, 221, 222, 223, 224, 225, 227, 228, 229, 230, 231, 232, 234, 261, 294, 309, 310, 311, 313, 319, 325, 350, 355 A. 156, 397 A. 65

ヴァイシェーデル Weischedel, W. 111 A. 9, 287 A. 11

ヴァイスマール Weissmahr, B. 78 A. 46

ヴァインリッヒ Weinrich, H. 286 A. 10

ヴァーグナー Wagner, H. 299 A. 62

ヴァッティモ Vattimo, G. 388 A. 30

ウァレンティニアヌス2世 Valentinian II. 45

ヴィシンク Wissink, J. 160 A. 1, 174 A. 36

ヴィーゼル Wiesel, E. 299 A. 57

ヴィソワ Wissowa, G. 12 A. 2

ウィッタカー Whittaker, J. M. 12 A. 3

ヴィッテキント Wittekind, F. 111 A. 8, 118 A. 23 u. A. 25 u. A. 27, 120 A. 34

ウィトゲンシュタイン Wittgenstein, L. 239 A. 16, 328-329 u. A. 2, 331, 334 A. 29, 399-420, 421, 452

ヴィマラキールティ →維摩

ヴィール Wiehl, R. 332 A. 17, 367 A. 22

ヴィルペルト Wilpert, P. 23 A. 50, 89 A. 31, 91 A. 37

ヴィルヘルム Wilhelm, R. 422 A. 3, 423 A. 7, 424 A. 8, 425 A. 10, 433 A. 16, 434 A. 18, 437 A. 23
ヴィレムス Willems, B. A. 350 A. 137
ヴェト Weth, R. 216 A. 43
ヴェーバー Weber, O. 228 A. 87
ヴェーバー＝ブローザマー Weber-Brosamer, B. 440 A. 26
ヴェルカー Welker, M. 267 A. 23
ヴェルシュ Welsch, W. 383 A. 15
ヴェルテ Welte, B. 80 A. 51, 338 A. 56, 341 A. 71, 347 A. 125
ヴェルナー Werner, H.-J. 265 A. 17
ヴェルナー Werner, M. 213 u. A. 31, 332 A. 17
ヴェンカタ・ラマナン Venkata Ramanan, K. 440 A. 26
ヴェンツ Wenz, G. 244 A. 23
ヴェンデル Wendel, S. 378 A. 1, 379 A. 2, 380 A. 3 u. A. 6, 381 A. 9, 382 A. 10 u. A. 12-13, 391 A. 50-51, 397 A. 65-66
ヴェントラント Wendland, P. 25 A. 60
ヴォルフ Wolff, C. 286
ヴォールファルト Wohlfart, G. 421 A. 1, 430 A. 13, 434 A. 17
ウッド Wood, D. 389 A. 43
ウーテマン Uthemann, K.-H. 51 A. 34
ウール Uhl, F. 388 A. 39
ウルバン Urban, C. 283 A. 2
ウルフソン Wolfson, H. A. 12 A. 3
ウルリッヒ Ulrich, B. 324 A. 61
ヴンデルレ Wunderle, G. 52 A. 37
ヴント Wundt, W. 143 A. 23
雲門文偃 Yunmen 449
エーアハルト Ehrhardt, W. E. 126 A. 45
エイレナイオス、リヨンの Irenäus von Lyon 54 A. 50
エウセビオス Eusebius 43 A. 9
エウノミオス Eunomius 50 u. A. 33, 51 u. A. 34, 51, 56
エックハルト →マイスター・エックハルト
エピクロス Epikur 285
エピファニオス、サラミスの Epiphanius von Salamis 51 A. 34
エフライム、シリアの Ephraem der Syrer 53 u. A. 43, 54 A. 49, 55 A. 50, 56 A. 56
エーベリング Ebeling, G. 225 A. 77, 226 A. 81
エメイス Emeis, D. 291 A. 29
エラスムス Erasmus von Rotterdam 304 A. 11
エル＝コーリー El-Khoury, N. 43 A. 8
エルバーフェルト Elberfeld, R. 443 A. 30
エールミュラー Oelmüller, W. 285 A. 8
エルンスト Ernst, N. 236 A. 4, 256 u. A. 30
エンゲルマン Engelmann, P. 382 A. 11, 388 A. 34
オイエン Oyen, H. van 332 A. 17
オイラー Euler, W. A. 85 A. 12
オースト Ohst, M. 109 A. 3
オストヘフェナー Osthövener, C.-D. 127 A. 47
オット Ott, H. 221 A. 63, 234 A. 114
オットー Otto, R. 130-159, 238 u. A. 13, 271
オットー Otto, W. F. 187 u. A. 10-11, 188 A. 14, 231
オーファーベック Overbeck, F. 289 u. A. 18
オリゲネス Origenes 41 u. A. 1, 43 u. A. 9 u. A. 11 u. A. 13, 47 A. 25, 48 A. 26, 49 A. 29, 53 A. 46, 55 A. 52, 313
オルフェウス Orpheus 42
オーロット Haulotte, E. 369 A. 24

か行

ガイウス Gaius 12 A. 3

455

カイザー Kaiser, O. 131 A. 4, 190 A. 18
ガイザー Geyser, J. 52 A. 37
ガイヤー Geyer, P. 303 A. 7
カウフマン Kaufmann, F. 332 A. 17
ガウリック Gawlick, G. 352 A. 148
カエタヌス Cajetan, T. 318, 319, 320
迦葉 Kasyapa 448
カスパー Casper, B. 266 u. A. 22
カスパー Kasper, W. 308 A. 21
カッサパ →迦葉
カッシーラー Cassirer, E. 237-238 u. A. 10
カッテンブッシュ Kattenbusch, F. 43 A. 7
カテルス Caterus 351 A. 145
カネッティ Canetti, E. 296 u. A. 47
カプート Caputo, J. D. 388 A. 39
カムラー Kamlah, W. 197 A. 28
ガール Gerl, H.-B. 325 u. A. 66
カルヴァン Calvin, J. 227 u. A. 87
カンチク Cancik, H. 47 A. 31
カント Kant, I. 110, 111-117, 118, 119, 120, 121, 122, 123, 124, 125 A. 44, 126 A. 44, 127, 139, 173 u. A. 32, 178, 201, 202, 279, 287 u. A. 11 u. A. 13, 351, 379, 380, 383 u. A. 14
ガントン Gunton, C. 160 A. 1
カンペンハウゼン Campenhausen, H. V. 330 A. 6, 350 A. 137
ギアリンクス Geerlings, W. 46 A. 20
吉蔵 Jizang 442-444, 448
偽ディオニュシオス・アレオパギテース →ディオニュシオス（偽）・アレオパギテース
ギボンズ Gibbons, A. 137 A. 15, 140 A. 20, 147 A. 32
キャリー Carey, J. J. 239 A. 17
キュネット Künneth, W. 305
キュリロス、アレクサンドリアの Cyrill von Alexandrien 305
キュリロス、エルサレムの Cyrill von Jerusalem 53 u. A. 45, 54 A. 50
ギヨーム、ムールベーケの →ムールベーケ
キルケゴール Kierkegaard, S. 191, 193, 278, 303 u. A. 7, 305, 306, 331
クヴェンシュテット Quenstedt, J. G. 170, 172 u. A. 31, 173 u. A. 33, 174, 175 A. 38
クザーヌス →ニコラウス・クザーヌス
クザン Cousin, V. 19 A. 33, 99 A. 84
グーチ Gooch, T. A. 131 A. 41, 32 A. 8, 137 A. 16, 159 u. A. 40
グニルカ Gnilka, C. 47 A. 22
クライン Klein, G. 185 A. 7
クラウス Kraus, O. 21 A. 41
クラウセン Claussen, D. 284 A. 3
グラーフ Graf, F. W. 125 A. 42
グラプス Grabs, R. 216 A. 41
クラーマー Cramer, K. 367 A. 22
クリアリー Cleary, J. J. 27 A. 70
クリークシュタイン Kriegstein, M. von 236 A. 4
クリストウ Christou, P. C. 52 A. 37
クリバンスキー Klibansky, R. 103 A. 102
クリプキ Kripke, S. 385
クルゼル Crouzel, H. 43 A. 8
グルーバー Gruber, E. 385 A. 20 u. A. 24, 386 A. 26
グルーベ Grube, D.-M. 161 A. 11, 168 A. 18-19, 173 A. 32
グレイ Gray, J. 422 A. 5
グレゴリオス・パラマス Gregorios Palamas 314
グレゴリオス、ナジアンゾスの Gregor von Nazianz 50, 52 A. 38-39, 55 A. 50 u. A. 52, 56 A. 55-56, 57 u. A. 58
グレゴリオス、ニュッサの Gregor von Nyssa 50 u. A. 33, 51 A. 34-35, 53 A. 41, 55 u. A. 50 u. A. 52-53, 56 A. 54, 84, 314

クレトケ Krötke, W. 223 A. 70, 232 A. 109
クレーマー Kremer, K. 88 A. 23, 95 A. 62, 330 A. 3 u. A. 5, 348 u. A. 128-129
クレメンス、アレクサンドリアの Clemens von Alexandrien 25 u. A. 59, 43 u. A. 9-10, 47 u. A. 24, 48 A. 28, 49 A. 29, 55 A. 52, 57 u. A. 61, 83, 329
グレンメルス Gremmels, C. 205 A. 1
グローセ・リュシュカンプ Große Rüschkamp, C. 294 A. 36, 298 A. 55
クンスト Kunst, H. 227 A. 86
ケーゼマン Käsemann, E. 294 u. A. 41
ゲーテ Goethe, J. W. 406, 408, 410 A. 5
ケーリン Koellin, K. 320
ケルソス Celsus 44
ケルトナー Körtner, U. H. J. 217 A. 48
ケレーニイ Kerényi, K. 187 A. 10
ケレンターノ Celentano, M. S. 305 A. 12
ケンナー Kenner, H. 321 A. 53
ケンペル Kemper, D. 121 A. 35
ゲンリッヒ Gennrich, P.-W. 287 A. 12
コーイ Kooi, C. van der 160 A. 1, 171 A. 30, 172 A. 31
孔子 Konfuzius 422 u. A. 3, 437
コーエン Cohen, H. 279
ゴーガルテン Gogarten, F. 193, 267 u. A. 24
コダーレ Kodalle, K.-M. 109 A. 3
ゴメス Gomes, V. F. 316 A. 43
コルシュ Korsch, D. 238 A. 10
コルネリス Cornélis, E. 369 A. 24
コルピンク Kolping, A. 356 A. 160
コルペ Colpe, C. 140 A. 20
コーレンツ Koerrenz, R. 281 A. 69
コーン Cohn, L. 25 A. 60, 53 A. 41

さ行

ザイゼン Seysen, C. 109 A. 3, 110 A. 5, 126 A. 44, 127 A. 46

ザウアーモスト Sauermost, B. 291 A. 29, 296 A. 48
サザランド Sutherland, S. 172 A. 31
ザーナー Saner, H. 328 A. 1, 339 A. 60, 347 A. 126
サフライ Saffrey, H. D. 337 A. 50
ザラムン Salamun, K. 332 A. 16
サル Sales, M. 307 A. 19, 318 A. 47
サルトル Sartre, J.-P. 279, 280
サロット Sarot, M. 172 A. 31
サン＝シラン Saint-Cyran 315, 323, 324 A. 61
ザンク Zank, M. 262 A. 4
シェイクスピア Shakespeare, W. 303 A. 3
シェーファー Schäfer, P. 268
シェフラー Schaeffler, R. 322 u. A. 57, 323
ジェフレ Geffré, C. 369 A. 24
シェーラー Scheler, M. 20
シェリング Schelling, F. W. J. 125, 126 A. 45, 237 u. A. 10, 329
シェリング Schelling, K. F. A. 126 A. 45
シェンケル Schenkel, E. 321 A. 53
シェーンフェルト Schönfeld, A. 100 A. 86
シェーンベルガー Schönberger, R. 100 A. 86
シェーンメッツァー Schönmetzer, A. 77 A. 44
シャイダー Schaeder, G. 269 A. 28
ジャベリ Javelli, C. 320
シャントレーヌ Chantraine, G. 311 A. 30
シュヴァイツァー Schweitzer, A. 213, 216 A. 41
シュヴァイツァー Schwyzer, H.-R. 12 A. 2, 13 A. 12, 15 A. 21-22, 16 A. 26
シュヴァリエ Chevalier, J. 315 A. 40 u. A. 42
シュヴェーベル Schwöbel, C. 177 A. 39, 259 A. 38
シュエップ Schüepp, G. 303 A. 5

457

シュスラー Schüßler, W. 132 A. 8, 207 A. 13, 208 A. 14 u. 20, 210 A. 24, 227 A. 85, 236 A. 4-5, 237 A. 9, 238 A. 10-11, 239 A. 17, 249 A. 28, 258 A. 36-37, 259 A. 38, 329 A. 1, 332 A. 16, 334 A. 29, 340 A. 65, 355 A. 156, 356 A. 159

シュタイレン Steilen, J. 303 A. 5

シュタイン Stein, E. 80 A. 53

シュタルマッハ Stallmach, J. 83 A. 3

シュティグルマイアー Stiglmayr, J. 43 A. 7

シュティーフェンホーファー Stiefenhofer, D. 60 A. 72

シュテーリン Stählin, O. 57 A. 61

シュトゥルム Sturm, E. 214 A. 32, 236 A. 4, 239 A. 17, 258 A. 36-37, 259 A. 38, 340 A. 65

シュトックハンマー Stockhammer, M. 22 A. 44

シュトリート Striet, M. 299 A. 62, 397 A. 65

シュネーメルヒャー Schneemelcher, W. 48 A. 28

シュネレ Schnelle, U. 113 A. 14

シュプランガー Spranger, E. 354 u. A. 154

シュプレット Splett, J. 299 A. 59, 311 A. 29

シュペングラー Spengler, O. 410 A. 5

須菩提 Subuthi 445, 446

シュミッツ Schmitz, J. 350 A. 137

シュミット Schmid, K. H. 188 A. 13

シュライアマハー Schleiermacher, F. 108-129, 172, 214 u. A. 34, 264 A. 13

シュラーダー Schrader, W. H. 118 A. 26

シュレーアー Schröer, H. 303 A. 3 u. A. 7, 304 A. 10, 305 A. 13, 306 A. 17, 311 A. 32, 312 A. 32, 322, 326 u. A. 68

シュンマクス Symmachus 45 u. A. 17

ショーレム Scholem, G. 263 A. 10, 384 u. A. 17, 385 A. 21

シルプ Schilpp, P. A. 331 A. 13, 332 A. 17

シンツァー Schinzer, R. 130 A. 1, 131 A. 2

スクラ Suchla, B. R. 86 A. 14, 93 A. 47

鈴木大拙 Suzuki, D. T. 441 A. 27, 448 A. 40 u. A. 42, 449 A. 44

スティール Steel, C. 99 A. 84

ストレング Streng, F. J. 440 A. 26

スピノザ Spinoza, B. de 125 A. 44, 126 A. 44, 129 A. 49, 222 A. 65, 264, 265, 288

スリーマン Sleeman, J. H. 11 A. 1

セゲニー Séguenny, A. 304 A. 11

ゼックラー Seckler, M. 42 A. 4, 307 u. A. 20, 322 u. A. 54

ゼンガー Senger, H. G. 86 A. 14, 89 A. 31, 91 A. 37

ゼーンゲン Söhngen, G. 67 A. 11

荘子 Zhuangzi 424 A. 8, 430-438, 447, 449, 450, 451 u. A. 50

荘周 Zhuang, Z. 424

ソクラテス Sokrates Scholastikos 51 u. A. 34

ソリニャック Solignac, A. 42 A. 3 u. A. 4, 43 A. 7

た行

提婆 →アーリヤデーヴァ

タイラー Theiler, W. 12 A. 4, 21, 330 A. 3

ダーウィン Darwin, C. 254, 289, 293

タウベス Taubes, J. 290

ダグラス Douglass, W. J. 59 A. 69

ターナー Thurner, M. 307 A. 20

ダニエルー Daniélou, J. 48 A. 26, 49 A. 29, 52 A. 37, 309 A. 24

ダルフェルス Dalferth, I. U. 172 A. 31

ダンツ Danz, C. 109 A. 3, 111 A. 9, 118 A. 26, 124 A. 41, 236 A. 4, 238 A. 10, 258 A. 37, 259 A. 38, 340 A. 65

タンヌリー Tannery, P. 351 A. 145

チェスタトン Chesterton, G. K. 303 A. 3,

321 A. 53
鄭學禮 Cheng, H.　439 A. 25, 443 A. 30, 449 A. 45, 451 A. 51
蔡宗齊 Cai, Zong-qi.　451 A. 50
ツァイリンガー Zeillinger, P.　387 A. 39 u. A. 43
ツァーガー Zager, W.　213 A. 30, 263 A. 4, 266 A. 17
ツァールント Zahrnt, H.　328 A. 1
ツィーグラー Ziegler, K.　12 A. 2
ツィンツェン Zintzen, C.　12 A. 3, 21 A. 39
ツェンガー Zenger, E.　300
ツォットル Zottl, A.　220 A. 58
ツダルチール Zdarzil, H.　332 A. 17
ディオニュシオス（偽）・アレオパギテース Dionysius Ps.-Areopagita　12 A. 1, 41 A. 2, 59 u. A. 69-71, 62 u. A. 2, 69, 78, 84, 86 A. 14, 93, 237, 388, 389, 421
ティク Thich, N. H.　445 A. 33
ディーチュ Dietzsch, S.　238 A. 14
ディベリウス Dibelius, O.　235 u. A. 2, 259 u. A. 39
テイラー Taylor, C.　145 A. 28
ディラン Dillan, J.　27 A. 70
ティリエット Tilliette, X.　238 A. 14, 332 A. 17
ティリッヒ Tillich, P.　131 u. A. 5, 132 u. A. 9, 133, 150 A. 37, 158 A. 39, 186 u. A. 8, 207 u. A. 13, 208 A. 18, 209 A. 22, 210 u. A. 24, 211 A. 27, 213 u. A. 29, 214, 215 u. A. 35, 216 A. 40, 224, 226 u. A. 80, 227 u. A. 85, 231 u. A. 101, 232 u. A. 110, 235-260, 271 A. 33, 303, 340 A. 65, 356 u. A. 159
ディールクスマイアー Dierksmeier, C.　109 A. 3
ディールケン Dierken, J.　118 A. 26, 125 A. 42, 127 A. 47
ディルタイ Dilthey, W.　304 A. 11, 368

ディレンバーガー Dillenberger, J.　239 A. 15
テオファネス Theophanes　314 u. A. 39
デカルト Descartes, R.　351 A. 145
デニス・ファン・リューエン Dionysius der Kartäuser　318, 319
テボー Thébaud, J. L.　379 A. 2
デュージング Düsing, K.　113 A. 14
テュック Tück, J.-H.　300 A. 64
デュフレンヌ Dufrenne, M.　332 A. 17
デュモリン Dumoulin, H.　448 A. 41
デリー Dörrie, H.　12 A. 3, 21 A. 40
デリダ Derrida, J.　378, 379, 387-391, 395, 396, 397 u. A. 66, 421, 451 A. 50
デルガド Delgado, M.　308 A. 21
テルステーゲン Tersteegen, G.　215 A. 38
テルトゥリアヌス Tertullian　49, 314 u. A. 38
デンツィンガー Denzinger, H.　77 A. 44
トイニッセン Theunissen, M.　266, 267 u. A. 25
陶淵明 Tao, Y.　452, 453 A. 52
ドゥドツス Dudzus, O.　220 A. 58
ドゥビエル Dubiel, H.　291 A. 28
ドゥブノウ Dubnow, S.　263 A. 6
ドッズ Dodds, E. R.　20
トマス・アクィナス Thomas von Aquin　28, A. 76, 33 A. 107, 61-82, 100 A. 86, 237 u. A. 9, 245 A. 24, 318, 319, 320, 329, 330 A. 4, 337, u. A. 50, 349 A. 132, 350 u. A. 139, 353 A. 151, 418 u. A. 19
ドライスバック Dreisbach, D. F.　236 A. 4
トラヴェルサーリ Traversari, A.　93 A. 48
トランス Torrance, T. F.　171 A. 29
トール Tort, M.　357 u. A. 1
ドレクスラー Drechsler, W.　131 A. 4
トレルチ Troeltsch, E.　206 A. 8, 304 A. 11
ドロッツ Droz, H.　332 A. 17

459

な行

ナーガールジュナ Nagarjuna 423, 429, 436, 439, 440 u. A. 26, 442 u. A. 29, 443, 449 A. 45, 450, 451 u. A. 51

ナベール Nabert, J. 376 A. 43

ニーヴィアドムスキー Niewiadomski, J. 308 A. 21

ニコラウス・クザーヌス Nikolaus von Kues 20, 23, 33 A. 107, 40, 83-107, 304, A. 11, 329, 335, 421, 425

ニコラウス5世 Nikolaus V. 93 A. 48

ニーチェ Nietzsche, F. 280, 288 u. A. 17, 289, 290, 291, 293, 296, 298, 378, 391

ニートハンマー Niethammer, F. I. 109 A. 2-3, 117

ニューマン Newman, B. 383

ニューマン Newman, J. H. 417 u. A. 18

ネーベ Nebe, K.-H. 219 A. 56, 220 A. 58

ネーレンベルク Nörenberg, K.-D. 236 A. 4

ノイエンシュヴァンダー Neuenschwander, U. 206 A. 6, 216 A. 44

ノイフェルト Neufeld, K. H. 307 A. 18

ノイマイヤー Neumeyer, M. 304 A. 12

ノイマン Neumann, P. H. A. 206 A. 5, 219 A. 56

ノック Nock, A. D. 48 A. 26

は行

ハイデッガー Heidegger, M. 186, 189, 190, 191 u. A. 20, 192, 196, 263, 280 u. A. 68, 293, 338 A. 55 u. A. 57, 339 u. A. 57 u. A. 62, 371 u. A. 29-30, 374, 378, 421

ハイム Heim, K. 267 A. 24

バイヤー Bayer, O. 264 u. A. 15

バイヤーヴァルテス Beierwaltes, W. 12 A. 3, 19 A. 33, 23 A. 46, 27 A. 70, 35 A. 116, 38 A. 134, 39 A. 139, 86 A. 14, 101 A. 89 u. A. 91, 102 A. 99

ハイル Heil, G. 41 A. 2

ハインツマン Heinzmann, R. 307 A. 20

バウアー Bauer, C. 391 A. 51

バウアー Bauer, J. B. 297 A. 52

パウス Paus, A. 138 A. 17, 141 A. 21

ハウプスト Haubst, R. 83-88, 90 A. 36

バウムガルトナー Baumgartner, H. M. 116 A. 19

パウリー Pauly, A. 12 A. 2

バウル Baur, L. 23 A. 50

パウロ Paulus 16 A. 23, 43

ハーゲンビュフレ Hagenbüchle, R. 303 A. 7

バシレイオス Basilius 52 A. 38-39, 53 A. 41, 54 A. 48 u. A. 50, 55 A. 52, 56 A. 54 u. A. 56-57, 314

パスカル Pascal, B. 314, 315 u. A. 40 u. A. 42

ハーダー Harder, R. 13 A. 6, 16 A. 23, 21 A. 38 u. 40, 24 A. 52, 30 A. 86, 330 A. 3-4

バチェラー Batchelor, S. 440 A. 26

バック Back, D. M. 440 A. 26

ハート Hart, T. A. 160 A. 1

バーナスコーニ Bernasconi, R. 389 A. 43

パネンベルク Pannenberg, W. 160 A. 1, 267 A. 23, 299 A. 60

ハーバーマス Habermas, J. 116 A. 19, 293

ハベル Habbel, J. 72 A. 30

ハマッハー Hammacher, K. 110 A. 6

ハマートン＝ケリー Hamerton-Kelly, R. 29 A. 84

バルタザール Balthasar, H. U. von 160 A. 1, 298, 306 u. A. 14 u. A. 16, 308 A. 21, 315 A. 42, 318 A. 48, 322 u. A. 55-56

バルト Barth, H. 328 A. 1

バルト Barth, K. 74 A. 33, 134 A. 12, 160-180, 193, 207, 215, 267, 284, 295, 303 u. A. 7, 355 A. 156

バルト Barth, U. 110 A. 6, 111 A. 9, 113 A.

14, 115 A. 17, 118 A. 26, 121 A. 35, 123 A. 38, 125 A. 43, 127 A. 47, 140 A. 20
ハルナック Harnack, A. von　132 A. 7
ハルフヴァッセン Halfwassen, J.　14 A. 13
パルマー Palmer, B.　29 A. 84
パルマー Palmer, D. W.　48 A. 27
パルメニデス Parmenides　392
バレット Barret, C.　416 A. 17
ピスケ Piske, I.-M.　110 A. 6
ビューヒナー Büchner, G.　285
ヒューム Hume, D.　352 u. A. 148, 355
ビュルクレ Bürkle, H.　187, 188 u. A. 13 u. A. 15
ヒラリウス Hilarius　52 A. 39-40, 53 A. 41
ヒルシュ Hirsch, E.　111 A. 8, 118 A. 26, 132 A. 8
ヒルシュベルガー Hirschberger, J.　29 A. 84, 354 A. 151
ファイル Feil, E.　228 A. 89
ファレンティン Valentin, J.　300 A. 64, 382 A. 13, 388 A. 33 u. A. 39
ファンステーンベルゲ Vansteenberghe, E.　86 A. 14, 95 A. 61, 96 A. 63
フィエッタ Vietta, S.　121 A. 35
フィードロヴィッチ Fiedrowicz, M.　330 A. 5
フィヒテ Fichte, I. H.　109 A. 3-4, 118 A. 24, 334 A. 29
フィヒテ Fichte, J. G.　108, 109 u. A. 2-4, 110, 111, 117-122, 123, 124, 125, 129, 334 A. 29
フィリップス Phillips, D. Z.　411-416
フィロン、アレクサンドリアの Philon von Alexandrien　12 A. 3, 25, 53 A. 41, 58 u. A. 65
フォアグリムラー Vorgrimmler, H.　304 u. A. 9, 305
フォアベルク Forberg, F. K.　108, 109 A. 2
フォイエルバッハ Feuerbach, L.　221, 222 u. A. 64, 280
フォークト Vogt, H. J.　43 A. 8
フォーダーホルツァー Voderholzer, R.　308 A. 22
フォルクマン＝シュルック Volkmann-Schluck, K.-H.　289 A. 19
馮友蘭 Fung, Y.　443 A. 30, 444 A. 31, 450 A. 48
フォン・ラート →ラート
フーコー Foucault, M.　291, 391
プシュワラ Przywara, E.　74 A. 33, 78 A. 45, 82 A. 56, 350 u. A. 141
フッサール Husserl, E.　371 A. 30
仏陀 Buddha　445, 446, 447, 448, 449
フーバー Huber, G.　328 A. 1
フーバー Huber, J.　284 A. 6
ブーバー Buber, M.　261-282
プファイファー Pfeiffer, H.　332 A. 17, 335 A. 33, 339 A. 60
フーフス Fuchs, G.　308 A. 21
ブブナー Bubner, R.　367 A. 22
プフライデラー Pfleiderer, G.　131 A. 2, 132 A. 6-7, 134 A. 12, 138 A. 17-18, 141 A. 21, 150 A. 36
ブーヘナウ Buchenau, A.　22 A. 44
ブライトマン Brightman, R. S.　52 A. 37
ブラウン Braun, R.　49 A. 30
ブラウン Brown, D. M.　244 A. 21
プラクセアス Praxeas　314
フラッシュ Flasch, K.　83-88, 93 A. 49, 103 u. A. 104
フラッチャー Flatscher, M.　387 A. 29
プラトン Platon　11 u. A. 1, 12 A. 3, 13 u. A. 12, 31 A. 94, 37 A. 123, 44, 48, 101 A. 89 u. A. 94, 278, 279, 280 A. 68, 318, 341, 351, 388, 418
フランク Franck, S.　304 u. A. 10
フランクル Frankl, V. E.　260 A. 40
ブーリ Buri, F.　332 A. 17

461

フリーゴ Frigo, G. F. 238 A. 14
フリース Fries, H. 350 A. 137
フリース Fries, J. F. 138 A. 17
フリーデンタール＝ハーセ Friedenthal-Haase, M. 281 A. 69
フリートマン Friedman, M. 272 A. 39
ブリュック Brück, M. von 441 A. 27, 442 A. 28
フリュヒテル Früchtel, L. 25 A. 59
プリュム Prümm, K. 185 A. 7
ブルグスミュラー Burgsmüller, A. 216 A. 43
プルタルコス Plutarch 43 A. 6
ブルトマン Bultmann, R. 181-204, 207 A. 12, 214 u. A. 32, 221 u. A. 62, 250, 251 u. A. 29, 267, 328 A. 1, 347
ブルーメンベルク Blumenberg, H. 292
ブルンナー Brunner, A. 303 A. 4
ブルンナー Brunner, E. 267 u. A. 24
ブレイエ Bréhier, É. 12 A. 4, 20
フレーザー Frazer, J. G. 404, 406
プレッパー Pröpper, T. 322 A. 54
ブレンターノ Brentano, F. 21
フロイト Freud, S. 365, 366
プロクロス Proklos 19 A. 33, 30 A. 90, 39 A. 139, 86 A. 14, 101 A. 89 u. A. 91-96, 102 A. 98
プロチェーゼ Procese, L. 238 A. 14
ブロック Brock, S. 52 A. 37
ブロッホ Bloch, E. 290-291, 294
ブロッホ Bloch, J. 263 A. 8
プロティノス Plotin 11-40, 58, A. 67, 83, 279, 329, 330 u. A. 3-4, 341, 348, 349 A. 131
フロム Fromm, E. 302 u. A. 1, 326
ブロンデル Blondel, M. 317 u. A. 46
フンメル Hummel, G. 249 A. 28, 303 A. 6
ヘーゲル Hegel, G. W. F. 88 u. A. 25, 272 A. 38, 279, 286, 290, 298-299, 306, 365, 421

ヘシオドス Hesiod 42
ペータース Peters, T. R. 283 A. 2
ヘディンガー Hedinger, U. 299 A. 61
ベートゲ Bethge, E. 205 A. 1, 215 A. 36, 217 A. 45, 219 A. 53, 220 A. 58, 221 A. 61
ベートゲ Bethge, R. 205 A. 1
ベネディクト16世 →ラッツィンガー
ヘネル Henel, I. 236 A. 3
ヘブルスウェイト Hebblethwaite, B. 172 A. 31
ベーメ Böhme, J. 146 A. 30, 421
ヘラクレイトス Heraklit 421
ベランジェ Berranger, O. de 321 A. 53
ヘリング Herring, H. 22 A. 44
ベール Bähr, H. W. 354 A. 154
ペルガー Perger, M. von 42 A. 4
ヘルシュ Hersch, J. 332 A. 17
ヘルツル Hölzl, M. 391 A. 51
ベルヌーリ Bernoulli, C. A. 289 A. 18
ヘルマン Herrmann, W. 140 A. 19, 192-193, 199 u. A. 31
ヘーレ Härle, W. 160 A. 1, 166 A. 11
ヘンギ Hänggi, M. 328 A. 1
ヘンキュス Henkys, J. 210 A. 23
ベンツ Benz, E. 130 A. 1, 131 A. 3
ヘンリー Henry, P. 15 A. 21, 17 A. 27
ボイトラー Beutler, R. 12 A. 4, 330 A. 3
ホーウィッツ Horwitz, R. 265 A. 17
ボエルダール Boelderl, A. 388 A. 39
ボシュエ Bossuet, J. B. 312 u. A. 34
ボック Bock, H. 350 A. 137
ホッホシュタッフェル Hochstaffel, J. 41 A. 3, 327 A. 1
ホーピング Hoping, H. 300 A. 64
ホフ Hoff, J. 388 A. 33
ホプキンス Hopkins, J. 90 A. 36
ホフマンスタール Hofmannsthal, H. von 267

462

ホメル Hommel, C. U.　327 A. 1, 332 A. 17, 349 u. A. 134, 355 A. 157, 356 A. 160
ホメロス Homer　42
ポランド Poland, L.　135 A. 13, 148 A. 33-34
ポール Pohl, K.-H.　428 A. 11, 434 A. 17, 438 A. 24, 453 A. 52
ホルクハイマー Horkheimer, M.　287, 297
ポルピュリオス Porphyrios　20, 38 A. 134, 47 A. 22
ボルマン Bormann, K.　20 A. 35, 85 A. 12, 99 A. 84
ホルム Holm, S.　331 A. 13, 339 A. 59
ホルン Horn, H.　347 A. 124
ポレー Pollet, G.　11 A. 1
ボワイエ Boyer, C.　309
ホワイト White, R.　172 A. 31
ボンヘッファー Bonhoeffer, D.　205-234, 267, 284 u. A. 4-5, 292, 295, 97 A. 51, 298, 301 A. 69

ま行

マイスター・エックハルト Meister Eckhart　20, 388-389, 421
マイヤー Mair, V. H.　431 A. 14
マクシモス、証聖者 Maximus Confessor　41 A. 2, 56 A. 56, 57 A. 59, 314
マクシモス、テュロスの Maximus von Tyrus　48 A. 26
マクロビウス Macrobius　47 A. 22
マッギン McGinn, B.　59 A. 69
マッコーマック McCormack, B. L.　160 A. 1, 172 A. 31
マハーカッサパ →迦葉
マリア Maria　414
マリウス・ウィクトリヌス Marius Victorinus　52 A. 39
マルキオン Markion　292
マルクアルト Marquard, O.　293 A. 35, 297 A. 56
マルクス Marx, K.　290
マルセル Marcel, G.　375 A. 41
マルツェロス Martzelos, G.　42 A. 3
マルティ Marty, F.　116 A. 19
マレーヴィチ Malevitsch, K.　383
マン Mann, U.　208 A. 19
マンジュシュリー →文殊
マンシュテッテン Manstetten, R.　85 A. 12
ミカエリデス Michaelides, C.　330 A. 7
ミッケル Mickel, E.　302 A. 1
ミッケル Mickel, L.　302 A. 1
ミヒェル Michel, K. M.　88 A. 25
ミュラー Müller, A. M.　284 A. 6
ミュラー Müller, D.　219 A. 56, 233 A. 113
ミュラー Müller, K.　397 A. 66
ミューレンベルク Mühlenberg, E.　51 A. 34, 52 A. 37
ミラー Miller, M.　422 A. 4
ムサイオス Musaios　42
ムールベーケ Moerbeke, W. von　99 A. 84, 101 A. 90-96, 102 A. 98
メーステル Meester, P. de　59 A. 68
メッケンシュトック Meckenstock, G.　108 A. 1, 125 A. 44
メッツ Metz, J. B.　283-301, 327 A. 1
メディクス Medicus, F.　111 A. 8
メラー Möller, H.-G.　423 A. 7, 425 A. 10, 434 A. 17
メンデス＝フロール Mendes-Flohr, P.　268
モイス Muis, J.　160 A. 1
モイテン Meuthen, E.　83 A. 3, 88 A. 23
モクスター Moxter, M.　149 A. 35
モーセ Moses　43, 57
モートレー Mortley, R.　51 A. 34, 52 A. 37, 59 A. 69
モール Mohr, H.　147 A. 31
モルデンハウアー Moldenhauer, E.　88 A. 25

463

モルトマン Moltmann, J. 298, 299 A. 57
文殊 Manjusri 441, 442
モンターニュ Montagnes, B. 64 A. 7

や行

ヤコービ Jacobi, F. H. 110 A. 6
ヤスパース Jaspers, K. 190 u. A. 16, 204 A. 34, 251 u. A. 29, 255, 258, 327-356, 422, 423 u. A. 6
ヤッフェ Jaffé, A. 235 A. 1
余英時 Yü, Y. 422 A. 4
顔永春 Yuan, Y.-C. 421 A. 2, 451 A. 49
維摩 Vimalakirti 441, 442, 443, 448
ユスティノス Justin 49 A. 29, 313
ユング Jung, C. G. 235 u. A. 1, 238, 241, 257, 280 u. A. 67
ユング Jung, M. 145 A. 28-29, 149 A. 35
ユンゲル Jüngel, E. 160 A. 1, 172 A. 31, 181 A. 1, 261 u. A. 2
ヨーアッハ Johach, H. 332 A. 17, 350 A. 137
ヨアンネス・クリュソストモス Johannes Chrysostomus 51 u. A. 36, 52 A. 37 54 u. A. 47, 55, 56 A. 50-51, 56 A. 54, 58 u. A. 64-66, 59 A. 68, 314
ヨアンネス、ダマスコスの Johannes von Damaskus 52 A. 39, 53 A. 41, 60 u. A. 72
ヨナス Jonas, H. 190 u. A. 18, 201-203, 232 A. 112, 233 A. 112
ヨハネ、洗礼者 Johannes der Taufer 43
ヨハネ、福音書記者 Johannes der Evangelist 43, 55
ヨハンネス・スコトゥス・エリウゲナ Johannes Scottus Eriugena 11 A. 1
ヨブ Hiob 284, 287, 298, 299

ら行

ライナー Leiner, M. 263 A. 5 u. A. 9, 266 A. 21, 267 A. 24-25, 281 A. 69
ライナー Reiner, H. 17 A. 29-30
ライプニッツ Leibniz, G. W. 22 u. A. 44, 285, 286 u. A. 9, 300
ラインハルト Reinhardt, K. 88 A. 23
ラカン Lacan, J. 391
ラクタンティウス Lactanz 146 A. 30
ラッチョウ Ratschow, C. H. 236 A. 3
ラッツィンガー Ratzinger, J. 287, 302, 323 u. A. 59-61, 324 u. A. 61-65
ラート Rad, G. von 372
ラドクリフ Radcliffe, T. 296
ラーナー Rahner, K. 291, 296, 301, 307 u. A. 20, 350 u. A. 138
ラピーデ Lapide, P. 260 u. A. 40
ラボウスキー Labowsky, C. 103 A. 102
ランガー Langer, M. 308 A. 21
ラングターラー Langthaler, R. 111 A. 9, 301 A. 68
ランゲノール Langenohl, B. 294 A. 36, 298 A. 55
ランダウ Landau, P. 109 A. 4
リオタール Lyotard, J. F. 378, 379-387, 390, 391, 395, 396, 397 u. A. 66
リクール Ricœur, P. 282 A. 70, 332 A. 17, 357-377
リシャール Richard, J. 236 A. 4
リース Rhees, R. 408 u. A. 3, 409
リッケン Ricken, F. 116 A. 19
リッター Ritter, A. M. 41 A. 2, 50 A. 33
リマノヴ Rymanów, M. von 385
龍樹 →ナーガールジュナ
リュバック Lubac, H. de 302-326
リュールマン Lührmann, D. 166 A. 11
リングウッド Lingwood, D. 447 A. 38
リンテレン Rintelen, F.-J. von 52 A. 37
ルクレティウス Lukrez 129 A. 49
ルソー Rousseau, J. J. 287
ルター Luther, M. 148, 193 A. 25, 199, 227

u. A. 86, 228 A. 88, 264 A. 13, 303
ルッツ Lutz, T. J. 330 A. 6
ルッツェンベルガー Lutzenberger, H. 331 A. 13
ルドルフ Rudoph, H. 238 A. 10
レーヴィット Löwith, K. 222 u. A. 64
レヴィナス Levinas, E. 282 A. 70, 294 u. A. 38, 369 A. 24, 379, 380 A. 3, 391-398
レオ1世 Leo I. 54 A. 48
レスラー Rössler, A. 208 A. 14, 213 A. 30, 231 A. 100, 263 A. 4
レデカー Redeker, M. 128 A. 48
レーネルト Lehnert, M. 447 A. 39
レーマン Lehmann, K. 308 A. 21
レームツ Reemts, C. 49 A. 29
レンゲルト Lengert, R. 350 A. 137
レンツ Rentsch, T. 42 A. 3

老子 Laozi（Lao-Tse） 302, 422, 423 u. A. 7, 424, 430, 433, 447, 450, 451, 452
ロスキー Lossky, V. 42 A. 3, 53 A. 44, 59 A. 69
ローゼンツヴァイク Rosenzweig, F. 277, 293
ロック Roques, R. 59 A. 69
ロッホマン Lochmann, J. M. 332 A. 17, 348 A. 126
ロート Roth, G. 350 A. 137
ロビンソン Robinson, J. A. T. 209 A. 21

わ行

ワイズベイカー Weisbaker, D. R. 239 u. A. 17
ワッツ Watts, A. W. 429 A. 12, 448 A. 41, 449 A. 43

事項索引

あ行

愛 Liebe 39
合図記号 Deutezeichen 141-145
アガペー Agape 39
悪 Böse, das 360, 361, 362, 363
悪 Malum 22, 103
　　形而上学的—— malum metaphysicum 22
アナロジー Analogie →類比
アプリオリ、宗教的 Apriori, religiöses 143 A. 24, 206 A. 8, 227
アレゴリー Allegorie 361, 437
暗号 Chiffer 258, 327-356
　　人格的な神の—— vom persönlichen Gott 344-345
　　——の未決定 Schweben der 343
異教 Heidentum 44, 48, 49, 60

威厳 Majestas 154
意志 Wille
　　人間の—— menschlicher 359
　　——の自由 Willensfreiheit 292
　　——の神話学 Mythik des 360
意識、宗教的 Bewußtsein, religiöses 115, 125, 126, 127
依存感情、絶対的 Abhängigkeitsgefühl, schlechthinniges 128 A. 48, 214
異端 Häresie 315, 325
一義 Univokation →同音同義
一元論 Monismus 64
一者・善 Eines / Gutes 12, 14, 16, 17-40, 49
一神論、倫理的な Monotheismus, ethischer 294
一致 Koinzidenzlehre 90-104 →対立の一致

465

祈り Gebet　300, 388 u. A. 39
　　祈りの信仰 Gebetsglaube　301
畏怖 Ehrfurcht　404
意味の次元 Sinndimension　405
　　意味の問い Sinnfrage　404
意味論、神学的 Semantik, theologische
　　165, 170, 171, 176, 177, 178, 179
因果／因果性 Kausalität　74, 76, 77, 79, 253
　　神的な因果性 göttliche　201
因果原理 Kausalitätsprinzip　69 A. 20
陰陽 Yin / Yang　428 u. A. 11, 437
ウィトゲンシュタイン主義
　　Wittgensteinianismus　411, 412
永遠回帰 Ewige Wiederkehr　290
エウノミオス派 Eunomianer　56, 58
驚き Wunder　37-40

か行

我／非我 Ich / Nicht-Ich　434, 439
解釈学 Hermeneutik　413-416
　　宗教言語の―― der religiösen Sprache
　　　　413
　　宗教的象徴の―― des religiösen
　　　　Symbols　358-367
　　宗教的テクストの―― des religiösen
　　　　Textes　367-377
　　宗教の―― der Religion　414
　　聖書―― biblische　372, 373
　　――的方法論 hermeneutische Methode
　　　　181
　　→宗教 ; 象徴 ; テクスト
概念 Begriff　35, 106, 145 u. A. 30
解放、善き／悪しき Emanzipation, gute /
　　böse　386
顔 Antlitz　395
科学／学問 Wissenschaft　35, 338 u. A. 55
　　科学の言語 Sprache der　254-256
学問的な知識 Wissenschaft　35　→科学
語り Sprechen

アポファシス的―― apophatisches
　　388
非言語的―― nichtsprechendes　378-
　　398
語りの仕方 Modus significandi　80
語りの目標 Res significata　80
カッパドキア教父 Kappadokier　51
カテゴリー Kategorien　65 u. A. 8, 66 u. A.
　　9-10, 68, 70
　　――によってカテゴリーを越え出る
　　　　mit den Kategorien über die Katego-
　　　　rien hinaus　334-337
カトリック Katholizismus　173, 174
カトリック性 Katholizität　355 A. 156
カバラー Kabbala　264 A. 10, 265, 379, 396
神 Gott　31, 33, 41, 42, 43, 44, 45, 48, 49,
　　50, 51, 52, 54, 55, 57, 58, 81, 82, 86 u. A.
　　14, 87, 88, 89, 91, 92, 93, 94, 95, 96, 107,
　　110, 111, 112 u. A. 11, 114 A. 15, 127,
　　129, 161, 191, 192, 193, 194, 195, 242,
　　244 A. 21, 245, 246, 264, 265, 269, 270,
　　271, 272, 277, 281, 282, 298, 299, 331,
　　339 A. 59, 346 A. 119, 347, 348, 349, 369,
　　370, 378, 379, 388, 389, 391, 396, 413
　　一なる三位一体の―― einer-dreieiner
　　　　89
　　宇宙の直観の仕方としての―― als
　　　　Anschauungsart des universums
　　　　122-129
　　永遠の汝としての―― als ewiges Du
　　　　271, 274 u. A. 45, 276
　　隠れたる―― Deus absconditus　87 A.
　　　　21, 270
　　カテゴリーの外にある―― Außerkate-
　　　　gorialität　68
　　完全に隠されている／超越 schlechthin
　　　　verborgen / transzendent　341, 347,
　　　　349
　　機械仕掛けの―― Deus ex machina

466

218, 223
来るべき── kommender 280
ギリシア哲学の── der griechischen Philosophie 370
苦難する── leidender 298
啓示の── der Offenbarung 55
原因としての── als Ursache 76
最高善としての── als summum bonum 418-419
最大限ニ存在スルモノとしての── als maxime ens 72
作業仮説としての── als Arbeitshypothese 231
人格的‐超人格的な── personal-transpersonal 229, 232
人格的な── personaler 16-17, 344
聖書の── der Bibel 44
聖書の── biblischer 293, 370
絶対他者である── der / das ganz Andere 194, 346, 354-356, 358
全能の── der Allmächtige 194
創造の── der Schöpfung 292
その本質はその存在である── sein Wesen ist sein Sein 71
存在 Dasein 108
存在している── Daß 351
存在それ自体としての── als Sein selbst 72, 73, 75
存在の充実としての── als Fülle des Seins 70
（知・思考の）対象ではない── kein Gegenstand (des Wissens) 67, 337-339
超人格的な── überpersönlich 246
道徳的な世界秩序としての── als moralische Weltordnung 117-122
理念としての── als Idee 279
──が何であるのか Washeit 98
──即自然 Deus sive natura 288

──と神性 und Gottheit (deus und deitas) 345-347
──と世界 und Welt 64, 81, 221, 222
──と存在 und Sein 171
──に関して／──について語ること Reden über / aus 192-195
──についての隠喩的な語り metaphorisches Reden von 213
──についての語り Rede von 192
──についての知 Wissen von 47
──についての直接的／間接的な語り direktes / indirektes Reden von 214-215
──についての哲学的‐存在論的な語り Philosophisch-ontologisches Reden von 213
──についての非宗教的な語り nicht-religiöses Reden von 212
──認識 Erkenntnis 161, 165, 166, 167, 176, 179
──の言い表せなさ（言説不可能性） Unaussagbarkeit 49, 54, 55, 56, 59
──の行ない Tat 197, 198, 199
──の恩寵 Gnade 216
──の隠れ Verborgenheit 168, 223, 262, 269, 272, 276, 343, 349
──の苦難（受難）／無力 Leiden / Ohnmacht 212, 224, 225, 230, 232, 233
──の／──における苦難 Leiden an / in 298, 299, 301
──の啓示 Offenbarung 168, 169, 192
──の権威 Autorität 285
──の言明可能性 Aussagbarkeit 178
──の現臨 Gegenwart 270, 271, 272
──の行為 Handeln 183, 197, 198-201, 202, 203, 206
──の自己啓示 Selbstoffenbarung 179, 203

――の実在（存在）Existenz　56, 351, 356 A, 160, 413
――の諸行為 Handlungen　246, 247
――の人格 Person　79, 237, 245, 246 A. 26, 246
――の人格性 Personalität　117, 121, 349
――の神秘 Geheimnis　45, 271, 272
――の神秘 Mysterium　309, 312
――の全能 Allmacht　198, 199, 232
――の属性 Attribute　245
――の他性 Alterität　397
――の探求し尽くせなさ Unerforschlichkeit　56
――の単純さ Einfachheit　68 A. 13, 70
――の知 Wissen　104
――の超越 Transzendenz　222, 231, 294
――の沈黙 Schweigen　280
――の捉え難さ Unbegreiflichkeit　48, 51, 52, 54, 168 A. 19, 350
――の名 Namen　61
――の認識可能性 Erkennbarkeit　163, 164, 171, 175, 176, 177, 178, 179
――の非現実化 Irrealisierung　278, 279
――の不可知性（認識不可能性）Unerkennbarkeit　60, 113 A. 12, 270, 272
――の本質 Wesen　56, 61, 71
――のみによって認識される wird nur durch Gott erkannt　164-167, 175 A. 38, 176, 179
――の無名性 Namenlosigkeit　103
――の明言できなさ Unaussprechlichkeit　48, 61, 205
――は神の象徴 ist Symbol für Gott　243
――は常に偉大である Deus semper major　210
――への近さ Nahe　294
――をこの世的に理解／――について語る weltlich verstehen / von ihm reden　205-234
→神の死
神概念 Gottesbegriff
　アウシュヴィッツ以後の―― nach Auschwitz　300 A. 64
　フェミニスト的―― feministischer　179
　――の危機 Krise des　300
神思想 Gottesgedanke
　道徳哲学的―― moralphilosophischer　112, 114, 118
　有神論的―― theistischer　285
　――の超越論的な導出 transzendentale Ableitung des　119
神中心 Theozentrik　231-232
神と似ていること Gottebenbildlichkeit　319
神なき状態（無神性）Gottlosigkeit　226, 284, 301 u. A. 69
神についての語り（神の語り）Gottes-Rede　177, 179, 285, 287, 293, 301, 303, 333, 373, 378, 387, 390, 397, 416-420, 422
→神
神についての学問 Gotteswissenschaft　146 A. 30
神認識 Gotteserkenntnis
　謎としての―― änigmatische　83-107
　――の四段階 vier Grade der　96-98
神の語り　→神についての語り
神の危機 Gotteskrise　283-301
神の子　→子、神の
神の言葉 Wort Gottes　104, 105, 207, 220, 221, 224, 230, 258, 259
神の死 Tod Gottes　261, 276, 279, 288-291
神の支配 Gottesherrschaft　183, 193
神の蝕 Gottesfinsternis　261-282

神の存在証明 Gottesbeweis(e)　20, 69 A. 20,
　　76, 113 A. 12, 176, 339, A. 59, 351
神の遠ざかり Gottesferne　274, 275
神の忘却 Gottvergessenheit　228, 293
カルマ Karma　438
感情 Gefühl　124 A. 41, 125 A. 42, 138 u. A.
　　17, 139 u. A. 18-19, 140 A. 21, 141, 142
　　A. 22, 143, 148 A. 33
　　絶対依存の── der schlechthinnigen
　　　　Abhängigkeit　373, 376
　　ヌーメン的── numinoses　139, 140,
　　　　141, 143 u. A. 23, 144 u. A. 26, 146,
　　　　156
カント主義 Kantianismus　178
観念論 Idealismus　148, 301
　　超越論的／解釈論的── transzenden-
　　　　taler / deutungstheoretischer　140 A.
　　　　21
寛容　→許容
記号（しるし）Zeichen　343, 366, 382, 384,
　　391
　　しるしの意識 Zeichenbewußtsein　126
　　→象徴
擬人観（神人同型論）Anthropomorphismus
　　63, 111, 116, 146 A. 30
義認 Rechtfertigung　167, 171, 184
　　──の使信 Rechtfertigungsbotschaft
　　　　214, 216
　　──論 Rechtfertigungslehre　170, 171,
　　　　284
逆説 Paradox　203, 302-326, 333, 335
　　新しいカトリック神学における── in
　　　　der neueren katholischen Theologie
　　　　321-324
　　逆説 Paradoxon　333
　　教会の── der Kirche　312, 313
　　キリスト論における── in der Chris-
　　　　tologie　324
　　キリスト論的な── christologisches
　　　　249
　　三位一体論における── in der
　　　　Trinitätslehre　323
　　主導的── Leiter Paradoxon　334 A.
　　　　29
　　信仰の── des Glaubens　200
　　信仰の── Glaubensparadoxe　306-307
　　人間という── des Menschen　316-
　　　　321
　　不在における現在の── der Präsenz in
　　　　der Absenz　387
　　──的な表現 paradoxe Formulierungen
　　　　427, 435, 445
　　──と教義 und Dogma　302-305
　　──の論理 Logik des　302
救済の出来事 Heilsgeschehen　196-198
教会 Kirche　296, 297, 312
　　──信仰 Kirchenglaube　116
教義 Dogma　307, 311-315
　　逆説としての── als Paradox　325-
　　　　326
　　キリスト論的な── christologisches
　　　　313
教条主義 Dogmatismus　393
共通存在 Esse commune　72
教父 Kirchenväter　41-60
許容（寛容）Toleranz　45
　　宗教的寛容 religiöse　358, 376, 377
キリスト教 Christentum　44, 45, 249, 284,
　　295, 296, 297, 397 A. 65, 401
　　宗教なき── religionsloses　226, 284
　　ドイツ的── deutsches　174, 175
キリストの出来事 Christusereignis　249
キリストの出来事 Christusgeschehen　197
キリスト論 Christologie　294
　　──的集中 christologische Konzentra-
　　　　tion　228-231
苦 Leiden　426, 438, 447
　　苦難の神学 Theologisierung des　298-

469

301

空 Leere 429, 440, 441, 442, 443, 444, 445, 447, 449, 450, 452 →涅槃
偶像 Götze 249, 341
　　──信仰 Götzenglaube 128, 211 A. 27, 260
偶像禁止 Bilderverbot 214, 382, 383, 386
　　聖書の── biblisches 343
偶像崇拝 Idolatrie 112, 227, 334 A. 102
偶有性 Akzidens 31, 32
苦難の記憶 Memolia passionis 297
グノーシス Gnosis 272, 278, 301, 421
　　──主義者 Gnostiker 44, 272
啓示 Offenbarung 19, 20, 44, 46, 60, 193, 202, 203, 207, 221, 271, 307, 308, 309, 310, 374, 376
　　キリスト教的── christliche 187
　　自然的──／超自然的──natürliche／übernatürliche 349 u. A. 136, 350
　　──と教義 und Dogma 308-311
　　──の可能性 Möglichkeit der 201-204
　　──の権威主義的な理解 autoritäres verständnis der 369
　　──の真理 Wahrheit der 203
　　──の内容 Inhalt der 203
形而上学 Metaphysik 122, 123, 124 u. A. 40, 129, 289, 290, 293, 296, 338 A. 57, 353 A. 151, 392, 393, 396
　　形而上のもの Metaphysisches 17
　　古典的な── klassische 64, 66, 381
　　──批判 Kritik der 378, 401
啓示の実証主義 Offenbarungspositivismus 207, 212, 217, 295, 301
啓示批判、異教徒の Offenbarungskritik, heidnische 47
芸術 Kunst 239, 383, 452
啓蒙主義 Aufklärung 286, 296, 386
穢れ Makel 362
ケリュグマ Kerygma 187

原型（原像）／模型（模像・模造品）Urbild／Abbild 28, 29, 30, 31, 382, 384, 389
言語 Sprache 401, 404, 406, 407, 408, 409, 414, 415
　　話された／書かれた── gesprochene／geschriebene 372, 373
　　──使用 Sprachgebrauch 401, 402
　　──使用、指示的と表現的ないしは遂行的 Sprachverwendung, designate bzw. Expressiv／performativ 145, 146-157
言語ゲーム Sprachspiel(e) 380, 399-420
　　宗教的── religiöse 416-418
言語的遂行 →遂行、言語的
言語哲学 Sprachphilosophie 405
現実態／可能態 Akt／Potenz 79
現象学 Phänomenologie 263
　　精神── des Geistes 365, 366
　　→宗教
現象形態（ダルマ）Dharma 439, 440, 445, 447
現象的なもの Phänomenale, das 201
現存在／相存在（現に存在すること／かくかくの仕方で存在すること）Dasein／Sosein 66
現存在分析、存在論的 Daseinsanalytik, ontologische 192
原理主義 Fundamentalismus 211, 212, 255, 259 u. A. 38
子、神の Sohn Gottes 51
公案 Koan 449
構造主義 Strukturalismus 368
　　フランスの── französischer 372
肯定 Affirmation 101, 102, 104, 106, 355
合理／非合理 Rational／irrational 137, 138, 140, 150-151
合理主義 Rationalismus 136, 148
　　異端的── heterodoxer 49

近代的——neuzeitlicher　307
　　　神学的——theologischer　51, 60, 307, 412
護教家 Apologeten　47, 48
告知、キリスト教の Verkündigung, christliche　184
悟性（知性）Verstand　81, 82, 143, 337, 338 A. 56
痕跡 Spur　389, 390
　　　不在の——der Abwesenheit　395
　　　→絶対

さ行

最高善　→善、最高
罪責性 Schuld　362
差延 Différance　389, 390
先立つもの／後からのもの、本性によれば Früheres / Späteres, das der Natur nach　15, 16, 17, 18, 20, 27, 40
サクラメント Sakrament　265
挫折 Scheitern　333 u. A. 22
　　　思考の——des Denkens　340
悟り Erleuchtung　448, 449
三位一体 Trinität　51, 172, 173, 179
　　　——の神秘 Trinitätsmysterium　314
参与 Partizipation　74, 75, 76　→分有
時間性 Zeitlichkeit　253
時間の忘却 Zeitvergessenheit　293
自己意識 Selbstbewußtsein　37 A. 123
　　　道徳哲学的——moralphilosophisches　119
　　　倫理的——sittliches　115, 116, 117
思考、客体化された Denken, objektivierendes　184
自己の無実体性 Selbst, Substanzlosigkeit des　440
自然因果性 Naturkausalität　114
自然宗教 Natürliche Religion　318
自然神学 Natürliche Theologie　170, 173, 174, 175, 176, 258 A. 36, 419
自然神学（theologia naturalis）　110, 112
自然哲学 Naturphilosophie　262, 319
自然本性と恩寵 Natur und Gnade　318, 320
実在論 Realismus　141 A. 21, 148, 149
　　　形而上学的——metaphysischer　413
　　　現象学的——phänomenologischer　140 A. 21
　　　素朴——naiver　158
実存 Existenz　191, 192, 193, 194, 195, 196, 198, 331, 343, 344 A. 100, 349, 355
　　　サクラメント的——sakramentale　263, 264
　　　人間的——menschliche　185, 186, 188, 189
　　　——理解 Existenzverständnis　263, 264
実存哲学 Existenzphilosophie　189, 192
実存分析 Existenzanalyse　188-192
実存論的解釈 Existentiale Interpretation　181-204
実存論的存在論 Existentialontologie　189
実体 Substanz　253, 443, 444
　　　——範疇（——のカテゴリー）Substanzkategorie　121
史的イエス Historischer Jesus　229
シノニミー Synonymie　353 A. 151
社会哲学 Sozialphilosophie　266
釈義、ケリュグマの Exegese, kerygmatische　366
自由 Freiheit　114, 119, 201, 223, 234, 280, 309, 317, 350 A. 137, 351, 352 A. 147, 376, 377, 386, 390, 393
　　　内的な——innere　436
宗教 Religion　112, 113, 122, 123, 124, 127, 135, 136, 139 A. 19, 140 A. 19, 202, 203, 151 u. A. 19, 215, 216, 293, 400-420
　　　市民的な——bürgerliche　284
　　　真の／偽の——wahre / falsche　218,

471

219, 233
――と信仰 und Glaube　284
――と哲学 und Philosophie　277, 278, 281, 355 A. 156, 412
――の回帰 Rückkehr der　283
――の回帰 Wiederkehr der　226
――の解釈学的現象学 hemeneutische Phänomenologie der　357-377
――の危機 Krise der　399
――の誤用 Mißbrauch der　216, 218, 226
――の根元 Wurzeln der　403-404
――の退化 Entartung der　274
――の熱狂主義 Fanatismus der　218, 226
――の本質 Wesen der　110, 122
→言語ゲーム；象徴
宗教性、新しい Religiosität, neue　284
宗教的意識 religiöses Bewußtsein　→意識、宗教的
宗教哲学、分析的 Religionsphilosophie, analytische　412, 414
宗教なき世界 Religionslosigkeit　225-228
宗教批判、精神分析的 Religionskritik, psychoanalytische　366
集合的無意識　→無意識
十字架 Kreuz　247, 249
終末論 Eschatologie　290, 291
主観 Subjekt　→主体
主観哲学 Subjektphilosophie　172
儒教 Konfuzianismus　422, 442, 450
呪術 Magie　278
主体（主観） Subjekt　375, 376
　　宗教的―― religiöses　128
　　自律的―― autonomes　119
主体－客体（主観－客観）関係 Subjekt-Objekt-Spaltung / verhältnis　277, 336 A. 44, 338, A. 57
ショアー Shoah　268

象徴 Symbol(e)　108, 141-145, 209, 210, 239-242, 340 A. 65, 352, 358, 382, 384
悪の―― des Bösen　362, 364, 365
宗教的―― religiöse(s)　210-213, 222, 233, 242-250
宗教的――の解釈学 Hermeneutik des religiösen　358-367
宗教的――の基礎づけられている／いない層 fundierte / unfundierte Schicht der religiösen　247
宗教的――の真正さ／適切さ Authentizität / Angemessenheit der religiösen　248
宗教的――の諸層 Schichten der religiösen　243-248
宗教的――の真理 Wahrheit der religiösen　248-250
宗教的――の本質 Wesen der religiöse　242-243
宗教的な――化 religiöse Symbolisierung　129
宗教的な指示―― religiöse Hinweissymbole　247
宗教の言語としての―― als Sprache der Religion　235-260
堕罪という―― des Falls　253
父親という――Vatersymbol　240
非――的 nichtsymbolisch　244 u. A. 22
弱められた対象―― depotenzierte Gegenstandssymbole　247
――意識 Symbolbewußtsein　126
――選択 Symbolwahl　240
――と記号 und Zeichen　240-241, 361
――と存在ノ類比 und analogia entis　256-258
――と反省 und Reflexion　365
「――にすぎない」„nur symbolisch"　247, 248
――についての消極的理論 negative

472

　　　　Theorien des　239-240
　　　　——の機能 Funktionen der　241-242
　　　　——の次元 Dimensionen des　362
　　　　——の素材 Symbolmaterial　210-212, 222
　　　　——の内実 Symbolgehalt　210-212, 222
新アレイオス主義 Neo-Arianismus　50
神学 Theologie　11 A. 1, 42, 43, 262, 309, 338
　　　　アウシュヴィッツ以後の—— nach Auschwitz　232 A. 112, 297
　　　　懐疑的—— zweifelnde　89
　　　　学としての—— als Wissenschaft　308
　　　　肯定—— affirmative　86, 87, 89, 92-96, 98, 102
　　　　肯定—— positive　59, 60, 95
　　　　合理的—— rationale　358
　　　　言葉の—— des Wortes　372
　　　　自由主義—— liberale　182, 192, 193
　　　　宗教改革—— reformatorische　192
　　　　神秘—— mystische　96, 98, 105, 300
　　　　哲学的—— philosophische　378, 379, 397
　　　　東方—— östliche　58
　　　　反省的な祈りの言葉としての—— als reflexive Gebetssprache　300
　　　　否定／肯定—— apophatische / kataphatische　11, 41 A. 2, 59
　　　　分離的—— disjunctive　89
　　　　連結的—— kopulative　89, 98
　　　　——の可能性 Möglichkeit des　201-204
　　　　——の言語 Sprache des　369
　　　　——の「それにもかかわらず」„Dennoch" des　203
　　　　→否定神学
人格性 Personsein　78, 79
進化論 Evolutionstheorie　289

新カント派 Neukantianismus　263
神義論 Theodizee
　　　　教条的—— doctrinale　287
　　　　古典的—— klassische　300
　　　　実践的—— praktische　287
　　　　消極的—— negative　287
　　　　——の危機 Krise der　285-288
信仰 Glaube　195, 197 u. A. 29, 198, 199, 200, 201, 203, 204, 217, 227, 260, 310, 362, 364, 373, 374, 375, 417
　　　　最後の審判の—— an das Jüngste Gericht　416-417
　　　　世界なき—— weltloser　291-295
　　　　業としての—— als Werk　184
　　　　——と科学 und Wissenschaft　254
　　　　——と心理学 und Psychologie　255
　　　　——とテクスト und Text　373
　　　　——の言語 Sprache der　369
　　　　——の神秘 Glaubensmysterien　331
新儒教 Neokonfuzianismus　422
新神学 Nouvelle théologie　308 u. A. 21, 309
神人同型論 Anthropomorphismus　→擬人観
新スコラ主義（新スコラ哲学）Neuscholastik　286, 306, 307, 308, 316
神智学 Theosophie　145 A. 30, 146 A. 30, 272
真如 Soheit　444
神秘 Mysterium　147 A. 32, 305, 310
　　　　神の—— göttliches　45, 54, 59
　　　　戦慄すべき—— tremendum　271
　　　　戦慄すべき——と魅する—— tremendum et fascinans　154, 158 A. 39
　　　　魅する—— fascinosum　271
審美主義 Ästhetizismus　158 A. 39
神秘主義 Mystik　21, 36, 301, 346, 421
　　　　キリスト教—— christliche　389
　　　　ユダヤ—— jüdische　384
新ピタゴラス派 Neupythagoreer　421

473

神秘的合一（一致）Unio mystica　28, 35, 88 A. 23, 93, 96, 141 A. 21
新プラトン主義 Neuplatonismus　45, 49, 58
真理 Wahrheit　166
　　実存的な―― existentielle　257
　　二重の―― doppelte　442
心理学 Psychologie　296
神話 Mythos　181, 184, 185-188, 209, 237 A. 10, 238 A. 10, 251, 252, 294, 358, 361, 363
　　アダム神話 Adamsmythos　363
　　創造神話 Schöpfungsmythos　363
　　破られた／破られない―― gebrochener / ungebrochener　251
神話論 Mythologie　189, 193, 200, 292
遂行、言語的 Performanz, sprachliche　130-159
数学、現代の Mathematik, modern　305
数学的な神学 Mathematico-Theologie　92-96
スコラ哲学 Scholastik　309
生 Leben　402, 403, 404
　　礼拝の生活（神への奉仕としての生活）als Gottesdienst　263, 264
　　――の技法 Lebenskunst　451
　　――の形式 Lebensform　414, 415, 420
　　――の哲学 Lebensphilosophie　263
政治神学 Politische Theologie　293
聖書 Bibel　259, 260, 371, 372
聖書研究、批判的 Bibelexegese, kritische　189
聖書主義 Biblizismus　259
聖書的概念 Biblische Begriffe
　　この世的な解釈 weltliche Interpretation　219-225, 231, 295
　　非宗教的解釈 nicht-religiöse Interpretation　206, 208-209, 214, 215, 216, 219, 224, 225 A. 77, 228, 231, 233
精神分析 Psychoanalyse　240, 362, 365, 366, 367
正統主義 Orthodoxie　49
聖なるもの Heilige, das　130-159
　　アプリオリなカテゴリーとしての―― als Kategorie a priori　143 A. 24, 154-156
　　言語的な表象可能性 seine sprachliche Repräsentierbarkeit　135-145
　　日常的なものとしての―― als das Alltägliche　450
　　まったく他なる者／絶対他者としての―― als das Ganz- / Absolut-Andere　366
聖霊 Heiliger Geist　189, 232
世界、すべての可能な中で最善な Welt, beste aller möglichen　286
世界秩序、道徳的な Weltordnung, moralische　121
世俗主義、キリスト教的 Säkularismus, christlicher　284
絶対 Absolute, das　278, 279, 379, 380, 381, 382, 383, 387-391
　　隠された―― verborgen　384
　　言語化不可能／叙述不可能な―― unaussprechlich / undarstellbar　389
　　根源的不在としての―― als radikale Absenz　380, 381, 382, 384
　　叙述不可能性 Undarstellbarkeit des　382, 383, 384, 386, 387, 389, 390
　　絶対的／永遠の秘密としての―― als absolutes / ewiges Geheimnis　380, 384, 387
　　存在の彼岸 Jenseits des Seins　388
　　出来事としての―― als Ereignis　380, 381, 383, 385, 386, 387, 390
　　――の痕跡 Spur des　382, 383, 384, 385, 389
絶対他者 Ganz-Andere, das　133, 147 A. 32, 148, 158

説明と理解 Erklären und Verstehen　368
善、最高 Gut, höchstes　418
全体的次元、現実の Totalitätsdimension der Wirklichkeit　128, 129
禅仏教 Zen-Buddhismus　438, 448-450
善を超越したもの Übergute, das　32
像 Bild　107
　　比喩（像）Bilder (xiang)　437, 446, 447, 452
相関の方法 Korrelation, Methode der　207 u. A. 13
創造の神学、聖書的 Schöpfungstheologie, biblische　292
想像力 Phantasie　128, 129
相対性、すべての存在／すべての立場の Relativität alles Seienden / aller Standpunkte　428, 429, 436, 439
ソクラテス以前 Vorsokratiker　304
素朴さ、第二の Naivität, zweite　364
存在 Sein　37, 38, 69, 339, 340
　　現実存在（existentia）Sein (existentia)　191
　　存在（esse）と本質（essentia）Sein (esse) / Wesen (essentia)　66, 71
　　存在忘却 Seinsvergessenheit　280 A. 68, 293, 339 A. 57
　　──概念 Seinsbegriff　64, 173, 174, 175, 176, 280, 371, 414
　　──と存在者 und Seiendes　75
　　──と非‐存在 und Nicht-Sein　440
　　──の思考 Seinsdenken　293
　　──の問い Seinsfrage　392
　　→神
存在神論 Ontotheologie　389, 392
存在それ自体（存在そのもの）Sein-Selbst　14, 213, 242, 244 u. A. 22, 245　→神
存在論 Ontologie　262, 288, 338 A. 57, 391, 392, 393
　　神学的── theologische　170, 173, 175

　　　A. 38, 176, 178 A. 42
　　出来事の── Ereignisontologie　380
　　──的衝撃 ontologischer Schock　271
　　──的分析 ontologische Analyse　191, 192

た行

多 Viele, das　19, 20, 22, 23, 26
第一哲学 Prima philosophia　397
体験 Erlebnis　139 u. A. 19
対象性 Gegenständlichkeit　66, 67 u. A. 11
第二バチカン公会議 Vaticanum, Zweites　296, 308 A. 23, 320
太陽の比喩 Sonnengleichnis　13
対立ノ一致 Coincidentia oppositorum　91, 335 A. 33　→一致
タオ（道）Dao (Weg)　423-438, 444, 450
多義 Äquivokation　→同音異義
多元主義 Pluralismus　296
確かな知　→知／知識
他者 Andere, der / das　391, 392, 397
　　神的── göttliche　397
　　絶対── absolut　394, 395
　　──の外部性 Exteriorität des　392
多神教 Polytheismus　128, 344 A. 100
他性 Andersheit　392, 394
　　絶対的── absolute　388
譬え Gleichnisse　437, 447, 451
他律 Heteronomie　114, 115
ダルマ Dharma　→現象形態
単一性、絶対的な Einheit, absolute　90
　　統一性／多様性 Einheit / vielfalt　436
知（知恵）Weisheit　446
　　絶対的な知恵 absolute　93
知ある無知 Docta ignorantia　53, 81, 425
　　教導された無知 belehrte Unwissenheit　93
知／知識 Wissen　201, 337
　　確かな知 zwingendes　342

475

知性 Nus →ヌース
知性 Verstand →悟性
注意力 Achtsamkeit 449
中期プラトン主義 Mittelplatonismus 48, 49
超越 Transzendieren
　　形式的── formales 333-339, 340
　　内実に満ちた── gehaltvolles 340
超越意識 Transzendenzbewußtsein 227
　　普遍的── universals 206 A. 8
超越カテゴリー Transzendentalien 66 A. 10
超越／超越者 Transzendenz 191, 327-356, 378-398
　　神の──性 göttliche 45, 47, 64 A. 7
　　人格存在の根源としての── als Ursprung des Personseins 345
　　絶対的──性 absolute 64
　　内在的── immanente 340, 422
　　認識論的── erkenntnistheoretische 231
　　──についての非言語的な語り nichtsprechendes Sprechen über 378-398
　　──の隠れ Verborgenheit der 201
　　──の現前 Gegenwart der 340
　　──の真理性 Wahrheit der 339
　　──の有体性 Leibhaftigkeit der 341
超越論的神学 Transzendentaltheologie 291
超越論的哲学 Transzendentalphilosophie 127
超自然的なもの Übernatürlich 317
超存在者 Überseiende, das 336
　　存在を超えたもの Übersein 28
直視、神秘的な Schau, mystische 98
直観 Anschauung
　　──概念 Anschauungsbegriff 125 u. A. 42, 126
　　──と感情 und Gefühl 122, 124
　　宇宙の── des Universums 108, 126
　　感性的── sinnliche 125

宗教的── religiöse 125, 126, 127, 129
知的── intellektuelle 125, 126
罪 Sünde 362
出来事 Ereignis 388, 396 →絶対
テクスト Text 391, 396, 397
　　宗教的──の解釈学 Hemeneutik des religiösen 367-377
　　──の世界 Welt des 371, 372
哲学 Philosophie 308, 309, 358
　　合理主義── rationalistische 286
　　古代── antike 47
　　古典的── klassische 401
　　実践── praktische 123
　　主体性の── der Subjektivität 393
　　純粋── reine 318
　　──と宗教 und Religion 277-280, 355 A. 156, 412
　　──の自己忘却 Selbstvergessenheit der 339 A. 57
ドイツ観念論 Deutscher Idealismus 279
同音異義（多義）Äquivokation 62 A. 3, 63, 64 u. A. 7, 76, 169, 177, 353 A. 151, 354, 395, 397 A. 65, 414
同音同義（一義）Univokation 62 u. A. 3, 63, 64 u. A. 7, 76, 169, 177, 178, 353 A. 151, 354, 414
道教 Daoismus 423-438, 439, 441, 444, 450, 452
道徳 Moral 113, 122, 123, 124, 127, 129, 290
　　──の危機 Krise der 290
　　──の自律 Autonomie der 123
道徳性 Moralität 116, 120 u. A. 34, 121
道徳論、自律的 Moraltheorie, autonome 113
トーラー Tora 268

476

な行

ニカイア公会議 Konzil von Nicäa　49, 326
二元性 Dualität　429　→不二（非二元性）
二元論 Dualismus　64, 333
ニヒリズム Nihilismus　290, 444
ニルヴァーナ　→涅槃
人間 Mensch　196
　　可能存在としての―― als Seinkönnen　196
　　――という逆説 Paradox des　316-321
認識、概念以前かつ概念を超える Erkenntnis, vor- / überbegriffiche　139
認識の対象、神学的な Erkenntnisobjekt, theologisches　173
認識の服従 Erkenntnisgehorsam　165, 167, 177
認識論 Epistemologie
　　神学的―― theologische　163, 165, 172 A. 31, 173, 175 A. 38, 176, 178, 179
　　ドイツ的―― deutsche　178
ヌース（霊、知性）Geist (Nus)　14, 16, 17, 18, 22, 24, 29, 30, 34, 36, 38
ヌミノーゼ Numinose, das　130-159
　　ヌーメン的体験 numinoses Erleben　141
　　ヌーメン的対象 numinoses Objekt　142
　　――の喚起 Evokation des　141-145, 147 A. 31, 149, 151
　　――の顕現 Offenbarung des　134
　　――の諸要因 Momente des　153-154
　　――の図式化 Schematisierungen des　154
　　――の表現手段 Ausdrucksmittel des　147
　　――の類比 Analogien des　154
　　→感情
ヌーメン的なもの Noumenale, das　201
涅槃 Nirvana　439, 440, 444, 447, 448　→空

は行

媒体 Vehikel　108, 111-117
ハシディズム Chassidismus　263, 264 A. 10, 265
派生 Paronymie　353 A. 151
パラドックス　→逆説
バルト主義 Barthianismus　131 A. 3
バルメン神学宣言 Barmer Theologische Erklärung　216
汎象徴主義 Pansymbolismus　250
汎神論 Pantheismus　22, 24, 64, 81, 126 A. 45, 128, 433
汎神論論争 Pantheismusstreit　110 A. 6
反省 Reflexion　361
　　純粋―― reine　360
　　――哲学 Reflexionsphilosophie　365
反対命題 Gegensatz　333
　　対立の内にある思考 Denken in Gegensätzen　433, 436
　　矛盾した対立 kontradiktorischer　88, 91, 99
反論理、理性的な Alogik, vernünftige　338 A. 56
美学 Ästhetik　296, 382, 383
悲観主義、形而上学的 Pessimismus, metaphysischer　286
非合理的なもの Irrationale, das 132, 135, 136, 137, 138, 142, 154
非字義化、宗教的言語の Deliteralisierung der religiösen Sprache　235-260
非神話化 Entmythologisierung　181-204, 211 A. 27, 235, 250-254, 292, 47, 364
　　半―― halbe　254
被造者感情 Kreaturgefühl　151-153
非存在者（存在しないもの）Nichtseiende, das　99, 100, 336
非対象的なもの Ungegenständliche, das　334
否定 Negation　101, 102, 104, 106, 354, 356

477

否定神学 Negative Theologie　11-40, 41-60, 80 u. A. 51, 82, 236, 329, 330, 332, 334, 347-356, 387, 389, 396, 397 A. 65, 421
　　創造の―― der Schöpfung　292
　　慰めなさの―― der Untröstlichkeit　283-301
　　→神学
非二元性　→不二
批判主義 Kritizismus　110, 139
表意文字 Ideogramm　141-145, 238
フィデイズム Fideismus　415
　　ウィトゲンシュタイニアン・―― Wittgensteinscher　411
フォルマリスム、ロシア Formalismus, russischer　372
不可知論 Agnostizismus　64, 81, 89, 206, 357
深みの次元 Tiefendimension　242
不合理ユエニ我信ズ Credo quia absurdum　305
不死 Unsterblichkeit　110
仏教 Buddhismus　422, 423, 429, 438-450, 452
　　上座部 Hinajana　438, 439, 449
　　大乗 Mahayana　438, 439, 440, 444, 449
　　中観派 Madhyamika　439-441, 444, 448, 450, 451 A. 50
　　→禅仏教
不二（非二元性）Nicht-Dualität　441-442, 443, 444, 445
普遍主義、聖書的 Universalismus, biblischer　293
プロス・ヘン言明 Pros-Hen-Aussage　353 A. 151
分析哲学 Analytische Philosophie　400
分有 Teilhabe　34, 76, 77, 242　→参与
弁証学 Apologetik　412
弁証法神学 Dialektische Theologie　267 u. A. 24, 303, 414

法（法則）Gesetz　387
　　道徳―― moralisches　379
包括者論 Periechontologie　338 A. 57
ポスト構造主義 Poststrukturalismus　378, 451 A. 50
ポストモダン Postmoderne　378
ホモニミー Homonymie　353 A. 151
ホモ・レリギオースス Homo religiosus　364
本質存在（essentia）Wassein (essentia)　191

ま行

道 Via
　　肯定ノ―― affirmativa　12
　　肯定ノ―― affirmationis　356
　　三様ノ―― triplex via　78, 79
　　卓越（卓越性）ノ―― eminentiae　12, 14, 356
　　中間ノ―― media　56, 81
　　否定ノ―― negativa　21
　　否定ノ―― negationis　97
　　類比ノ―― analogiae　12
道 Weg　→タオ
無為 Nicht Tum (wuwei)　427, 436
無意識 Unbewußte, das　239
　　集合的―― kollektive　241
無カラノ創造 Creatio ex nihilo　394
矛盾、論理的 Widerspruch, logischer　311
矛盾の原理 Kontradiktionsprinzip　96　→反対命題
無神性 Gottlosigkeit　→神なき状態
無神論 Atheismus　48, 221, 222, 226, 263, 285, 449 A. 45
無神論論争 Atheismusstreit　108, 109, 110, 111, 117, 118, 120 A. 34, 121, 123, 129
無制約的な要素 Unbedingtheit, Element der　243
無知 Nichtwissen　47, 81, 348, 425, 431

478

迷信 Aberglaube　341
瞑想 Meditation　449
メタファー Metapher　361
目的論 Teleologie　288
文字信仰 Buchstabenglaube　252
　　　字義通りの解釈 literalistische Interpretation　211
　　　文字通りの buchstäblich　247, 250, 252, 253, 254, 260 A. 41
問答 Mondo　449

や行

唯名論 Nominalismus　286
有神論 Theismus　128, 129, 449 A. 45
予覚 Divination　156-157
予感 Ahnung　139, 148 A. 33
予定調和 Prästabilierte Harmonie　286

ら・わ行

楽観主義、形而上学的 Optimismus, metaphysischer　286
ラテラノ公会議 Laterankonzil　77 A. 44
理神論 Deismus　284
理性 Vernunft　219, 286, 355 A. 156, 390
　　　神の── göttliche　45
　　　啓蒙的── aufgekärte　291
　　　実践── praktische　110, 111-117, 118, 390
　　　純粋── reine　114
　　　道具的── instrumentelle　297
　　　人間の── menschliche　106, 308
　　　理論── theoretische　112
理性宗教 Vernunftreligion　116
理性道徳、自律的 Vernunftmoral, autonome　113
流出論的汎神論 Emanationspuntheismus　22
了解／把握 Verstehen / begreifen　309, 310, 312

輪廻 Samsara　438, 439, 440
倫理学 Ethik　392, 393
倫理神学 Ethikotheologie　110, 112, 118, 123
倫理性 Sittlichkeit　114
倫理法則 Sittengesetz　114, 115
類似 Ähnlichkeit　63 u. A. 6, 74, 77 u. A. 44, 79, 81, 352, 354
　　　──の思考 Ähnlichkeitsdenken　29, 30-33, 40
類比 Analogie　18, 29, 61-82
　　　帰属ノ── analogia attributionis　70, 170
　　　帰属の── Attributionsanalogie　353 A. 151
　　　信仰ノ── analogia fidei　160-180
　　　存在ノ── analogia entis　64, 74 A. 33, 77, 161, 162, 173, 174 A. 36, 175, 176, 256-258, 350, 353
　　　比例の── der Proportion　353 u. A. 151
　　　比例性ノ── analogia proportionalitatis　70
　　　比例性の── der Proportionalität　353 u. A. 151
　　　──論 Analogielehre　237
霊 Geist　→ヌース
ロゴス、神の／受肉した Logos, göttlicher / inkarnierter　44, 47, 48
論理 Logik
　　　空の── leere　439, 444
　　　現代の── modern　305
　　　相対性の── der Relativität　440
我－それ関係／の世界 Ich-Es-Relation / verhältnis / Beziehung / Welt　266, 274, 277, 278
我－汝関係／の世界 Ich-Du-Relation / verhältnis / Beziehung / Begegnung　266, 267 A. 24, 268, 274, 275, 277, 281

479

訳者あとがき

　本論集『神についていかに語りうるか』は、パウル・ティリッヒやカール・ヤスパースらの研究で著名な、トリーア大学神学部教授ヴェルナー・シュスラー博士の編集によるものであり、ここには、プロティノスから現代思想や道教・仏教までを扱った18編の論考が収録されている。古代の哲学あるいは宗教思想以来、神的なもの、絶対的なものについていかにして語りうるのかという問題は、伝統的に否定神学あるいは神秘思想として多くの思想家を魅了してきた。本論集が明確に示すように、この問いは現代の哲学者たちをも捉えて離さない、さらにはアジアの伝統に立つ思想家にも共有された、まさに古今東西にわたる根本的な思想的問いと言うべきものなのである。本論集の意図と概略については、編集者による序言において簡潔に説明された通りであるが、このあとがきでは、本論集の特徴と意義について、簡単にコメントしたい。

　本論集の18編の論考によって取り上げられる思想は多岐にわたっている——視野に入れられる思想の広がりは本論集の特徴である——。もちろん、読者としては、取り上げられるべき思想家としてほかにも様々な名前を思い浮かべるのではないだろうか。古代から中世で言えば、パウロ、カバラー、エックハルト、十字架のヨハネ、ルターら、現代ならばハイデッガー、キュピットら、さらにアジアと言うならばイスラームの神秘思想まで、数え上げれば切りがないが、序言で述べられるように、本論集は、否定神学や神秘思想の「大全」ではなく、「関連した最重要な哲学的また神学的な思想形態をまず一つの著書に集めること」をめざしているのである。しかし、集められた思想家の選択の仕方から本書の次のような特徴を指摘することはできるだろう。

　本論集の視野はヨーロッパの思想伝統の全体に広がり、さらにはアジアに及んでいるものの、中心は、近代以降の欧米の神学と哲学におかれている。哲学の文脈では、ルドルフ・オットー、パウル・ティリッヒ、カール・ヤスパースから、ジャン・フランソワ・リオタール、ジャック・デリダ、エマヌ

エル・レヴィナス、ウィトゲンシュタインまでが論じられ、神学では、カール・バルト、ルドルフ・ブルトマン、ディートリヒ・ボンヘッファーらのプロテスタント神学者を中心に、カトリック神学者アンリ・ド・リュバック、ヨハン・バプティスト・メッツとユダヤ的な宗教哲学者マルティン・ブーバーについての論考が収録されている。しかし、ここで注意すべきは、哲学と神学という文脈の相違が意識されている一方で、シュライアマハーを扱ったダンツ論文がシュライアマハーをカントとフィヒテの思想連関に位置づけていることからもわかるように、欧米思想史において哲学と神学とは緊密に連関し合っており、両者はいわば不可分の関係にある、ということである。「神的なもの、絶対的なものについて語る」という問いは哲学と神学との境界を超えて共有されている。ティリッヒなどはこの典型的な思想家であり、シュスラーの論考がいわばティリッヒを主に宗教哲学的な観点から論じているのに対して、より神学的な観点から論じることも可能であろう。西欧思想史において哲学と神学との区分は決して自明ではないのである。

　こうした本論集における思想の広がりと選択は、現代の思想状況（特に西欧的な）において、宗教哲学の可能性を積極的に追求する上で、意義深い試みと言えるのではないだろうか。しばしばポスト近代とも言われる現代の思想状況において、宗教哲学がいかなる仕方で存立可能かについては、否定論を含め多くの議論が存在するわけであるが、もし、現代において宗教哲学が可能であるとすれば、それは、西欧の思想的伝統を踏まえ、しかも、現代の知的状況を的確に捉え、さらには西欧を越えた視野をもつものでなければならないように思われる。このように考えるならば、本論集は、現代日本において宗教哲学を試みる際に貴重な手がかりを与えてくれることがわかる。ここに本論集の意義の一端が確認できる。しかし、本論集の意義はそれにとどまらない。それは、「神について語る」という問いが、哲学あるいは宗教哲学の問いであるにとどまらず、優れて現代神学の問いであり、さらには現代日本における信仰の可能性にも関わるものだからである。読者は、本論集からそれぞれの関心に応じて豊かな示唆を得ることができるものと思われる。なお、本論集に収録の個々の論考は――すべての論考がそうだとは言わないが――、通常の雑誌論文よりもやや長めであり、扱われる思想家の特定の問題（否定神学的あるいは神秘思想的など）だけでなく、その思想の全容や諸特徴についても、的確な論述がなされている。その点で、本論集は西欧の宗

481

教思想への導入ともなるであろう。

　ここで、本論集の翻訳の経緯についても説明しておきたい。本論集の翻訳作業は分担者となった翻訳者の共同作業として進められた。具体的には、翻訳は、次のような研究会における取り組みによって行われた。まず、翻訳分担者はそれぞれの分担論考について、研究会——最初は４人の共訳メンバーによる「シュスラー翻訳研究会」と呼ばれ、途中からは共訳者を追加し「宗教哲学・否定神学研究会」と改名された——において、論考の概要を説明し、ほかの分担者との討論を通して内容のより正確な把握が試みられた。月１回の頻度で行われたこの研究会において論集全体を扱うには１年以上の時間を必要としたが、これは、担当する思想家の必ずしも専門研究者でない翻訳担当者が正確な翻訳を行うためであり、なによりも、論集翻訳という作業を通して共訳者が西欧宗教思想史についてそれぞれの知見を深め、宗教思想を学ぶ（＝楽しむ）機会となった（これがどの程度成功したかについて共訳者の理解はそれぞれ異なるかもしれないが）。次に、研究会は、担当者によって提出された訳文原案について、その訳文の詳細な検討を行うための「翻訳検討会」として進められた。この翻訳検討会には、翻訳担当者のほかに、論集全体の翻訳の統一性などに目を配る編集担当（監修者でもある芦名と岡田聡さんの２名）が原則として参加し、検討は細部にわたって行われた。本論集の翻訳上の正確さを確保する上で、岡田さんの寄与がきわめて大きなものであったことを述べ、その働きに謝意を表したい。分担者は、この翻訳検討会の議論を踏まえて訳文を完成させたわけであり、訳文についての最終的な責任は、その担当者と監修者にあることは言うまでもない。

　以上のように本論集の翻訳は３年以上にわたる時間と多くの労力によって完成されたものである。この長期にわたる翻訳作業のために時間的な余裕を認めていただいた、日本キリスト教団出版局に対して、特に翻訳の細部に関して有益なアドバイスをいただいた担当者の秦一紀さんに、心より感謝申し上げたい。

共訳者を代表して
芦名　定道

執筆者紹介

クリスティアン・ダンツ（Christian Danz）（第 V 章）
　1962 年生。神学博士。神学教授資格取得。ウィーン大学プロテスタント神学部（組織神学）、教授。**研究領域**：基礎神学・教義学（神論、キリスト論）、宗教改革の神学、19、20 世紀の神学史、倫理学、諸宗教の神学、宗教哲学、宗教と文化。

ノルベルト・エルンスト（Norbert Ernst）（第 III 章）
　1943 年生。哲学博士。神学博士。フルダ司教区司祭。1989–2002 年、マールブルク大学付き司祭。2002 年 –、同司教区大学付きチャプレン。フルダ大学神学部（哲学）、講師。**研究領域**：トマス・アクィナス、パウル・ティリッヒ。

ミヒャエル・フィードロヴィッチ（Michael Fiedrowicz）（第 II 章）
　1957 年生。神学博士。神学教授資格取得。トリーア大学神学部（古代教会史、教父学、キリスト教考古学）、正教授。**研究領域**：初期キリスト教の護教論者たち、アウグスティヌス、教父神学の基礎と方法。

ディルク＝マルティン・グルーベ（Dirk-Martin Grube）（第 VII 章）
　1959 年生。神学教授資格取得。博士（宗教、アメリカ合衆国）。修士（アメリカ合衆国）。ユトレヒト大学（オランダ）、精神科学部神学科（宗教哲学、倫理学）、正教授。**研究領域**：宗教哲学、認識論、言語哲学；パウル・ティリッヒ、カール・バルト、ゴットホルト・エフライム・レッシング、改革派認識論。

アンドレアス・コリテンスキー（Andreas Koritensky）（第 XVII 章）
　1971 年生。哲学博士。神学学士。**研究領域**：宗教哲学、言語哲学、認識論、経験概念；ルートヴィヒ・ウィトゲンシュタイン、ジョン・ヘンリー・ニ

483

ューマン。

クラウス・クレーマー（Klaus Kremer）（第 I、IV 章）
　1927 年生。哲学教授資格取得。哲学博士。神学博士。トリーア大学神学部（哲学）、退役正教授。トリーア大学名誉教授。**研究領域**：認識論、形而上学、哲学的神論、哲学的創造論；アリストテレス、プロティノス、偽ディオニュシオス・アレオパギテース、ボエティウス、トマス・アクィナス、ニコラウス・クザーヌス、ゴットフリート・ヴィルヘルム・ライプニッツ、マックス・ホルクハイマー。

マルティン・ライナー（Martin Leiner）（第 XI 章）
　1960 年生。神学博士。神学教授資格取得。修士（哲学）。イェーナ・フリードリヒ・シラー大学（倫理学を中心とする組織神学）、正教授。**研究領域**：神学の解釈学と方法論、三位一体論、和解論、倫理学史、医療倫理学；マルティン・ブーバー、ポール・リクール、ピエール・テイヤール・ド・シャルダン、カール・バルト。

マルクス・ペレノウド（Markus Perrenoud）（第 VI 章）
　1973 年生。ドイツメノナイト教団神学生。北西スイス教育大学（宗教教育学）、教員。プロテスタント・改革派教会、ビッニンゲン・ボットミンゲン教区、宗教教員。ゲオルグ・プフライデラー博士（バーゼル大学（組織神学、倫理学）、教授）の下で、ヴィルヘルム・ヘルマン、ルドルフ・オットー、ルドルフ・ブルトマンにおける宗教的な体験概念についての博士論文を執筆中。

ティエモ・ライナー・ペータース（Tiemo Rainer Peters）（第 XII 章）
　1938 年生。ドミニコ会士。神学博士。ミュンスター大学カトリック神学部（組織神学）、学術顧問（2004 年まで）。**研究領域**：基礎神学、神学的人間学、宗教哲学、歴史哲学、キリスト教とユダヤ教の対話；ディートリヒ・ボンヘッファー、ヨハン・バプティスト・メッツ。

カール＝ハインツ・ポール（Karl-Heinz Pohl）（第 XVIII 章）

1945 年生。博士（東アジア研究、トロント大学、カナダ）。1987–1992 年、テュービンゲン大学（中国文学、中国精神史）、教授。1992 年 –、トリーア大学（中国学）、教授。**研究領域**：近代、前近代の中国の精神史、倫理学、美学。漢詩、中国の文学理論。中国と西洋の異文化間コミュニケーションと対話。

アンドレアス・レスラー（Andreas Rössler）（第 IX 章）

1940 年生。神学博士。ビュルテンベルク州プロテスタント教会、牧師。1978–1991 年、『Ökumenische Studienarbeit』編集者。1992–2003 年、『Evangelisches Gemeindeblatt für Württemberg』編集長。2003 年、退職。**研究領域**：教派学、エキュメニカル神学、基礎神学、宗教哲学、キリスト教マスコミュニケーション学、自由主義神学史；パウル・ティリッヒ、アルベルト・シュヴァイツァー、クリストフ・シュレンプフ。

ヴェルナー・シュスラー（Werner Schüßler）（序言、第 X、XIV 章）

1955 年生。哲学博士。哲学教授資格取得。神学博士（カナダ）。トリーア大学神学部（哲学）、正教授。**研究領域**：哲学的人間学、宗教哲学、形而上学、自然神学、神義論、哲学の自己理解；ゴットフリート・ヴィルヘルム・ライプニッツ、カール・ヤスパース、パウル・ティリッヒ、ヴィクトール・E・フランクル、ペーター・ヴースト。

エルドマン・シュトゥルム（Erdmann Sturm）（第 VIII 章）

1937 年生。神学教授資格取得。神学博士。ミュンスター大学プロテスタント神学部プロテスタント神学・教義学研究所（組織神学、宗教教育学）、教授。2002 年、退役。**研究領域**：組織神学、教授法・教育学、エキュメニカル神学、宗教教育；ヨハン・アモス・コメニウス、パウル・ティリッヒ。

ルドルフ・フォーダーホルツァー（Rudolf Voderholzer）（第 XIII 章）

1959 年生。神学博士。神学教授資格取得。トリーア大学神学部（教義学、教義学史）、正教授。**研究領域**：聖書解釈学史、キリスト教啓示理解、「新神学（Nouvelle Théologie）」；ファウルハーバー枢機卿、ヴィルヘルム・フ

ライヘア・ペヒマン、アンリ・ド・リュバック、ヨゼフ・ラッツィンガー。

ペーター・ヴェルゼン（Peter Welsen）（第 XV 章）
　1956 年生。哲学博士。哲学教授資格取得。トリーア大学（哲学）、教授。
　研究領域：哲学的人間学、倫理学、認識論、フランス哲学、哲学史、哲学的解釈学、現象学、宗教哲学；イマヌエル・カント、ポール・リクール、アルトゥール・ショーペンハウアー。

ザスキア・ヴェンデル（Saskia Wendel）（第 XVI 章）
　1964 年生。神学博士。神学教授資格取得。哲学博士。現在、ウィーン大学カトリック神学部（教義学）、客員教授。**研究領域**：形而上学、宗教哲学、主観の哲学、意識の哲学、神論、神学的認識論、神学的啓示論、哲学的・神学的人間学、神秘主義、近代フランス哲学、批判理論、実存哲学、哲学と神学における「ジェンダー」論。

翻訳者紹介

芦名定道（序言、第 XVII、XVIII 章担当）
　1956 年生まれ。京都大学大学院文学研究科博士後期課程（キリスト教学）指導認定退学。京都大学博士（文学）。現在、京都大学大学院文学研究科教授。
　主要業績　『自然神学再考──近代世界とキリスト教』（晃洋書房、2007 年）、『近代日本のキリスト教思想の可能性──二つの地平が交わるところにて』（三恵社、2016 年）他。

津田謙治（第 I、II 章担当）
　1976 年生まれ。京都大学大学院文学研究科博士後期課程（キリスト教学）指導認定退学。京都大学博士（文学）。現在、西南学院大学国際文化学部教授。

主要業績　『マルキオン思想の多元論的構造——プトレマイオスおよびヌメニオスの思想との比較において』（一麦出版社、2013 年）、「護教家教父思想における神の場所の問題——哲学的場所概念への応答」（『宗教哲学研究』第 31 号、宗教哲学会、2014 年、107-120 頁）他。

岡田　聡（おかだ　さとし）（第 III、X、XIII 章、執筆者紹介担当）

1981 年生まれ。早稲田大学大学院文学研究科人文科学専攻哲学コース博士後期課程単位取得退学。博士（文学）。日本学術振興会特別研究員 PD（京都大学キリスト教学研究室）を経て、現在、立教大学ほか非常勤講師。

主要業績　ヴェルナー・シュスラー『ヤスパース入門』（月曜社、2015 年、単訳）、„Philosophie und/oder Theologie der Existenz. Karl Jaspers und Fritz Buri: Stationen einer Begegnung" in: Jahrbuch der Österreichischen Karl-Jaspers-Gesellschaft. 29, Wien (Studien Verlag) 2016, S. 161-179 他。

須藤英幸（すどうひでゆき）（第 IV 章担当）

1967 年生まれ。京都大学大学院文学研究科博士後期課程（キリスト教学）指導認定退学。京都大学博士（文学）。現在、同志社大学嘱託講師。

主要業績　『「記号」と「言語」——アウグスティヌスの聖書解釈学』（京都大学学術出版会、2016 年）、『21 世紀のソシュール』（松澤和宏編、水声社、2018 年、共著）他。

伊藤慶郎（いとうよしお）（第 V、XII 章担当）

1972 年生まれ。京都大学大学院文学研究科博士後期課程（宗教学）指導認定退学。同志社大学博士（神学）。現在、名古屋ハリストス正教会司祭、同志社大学嘱託講師。

主要業績　『シュライアマハーの対話的思考と神認識——もうひとつの弁証法』（晃洋書房、2013 年）、「理解と対話——シュライアマハーの解釈学と弁証法」（『宗教哲学研究』第 31 号、宗教哲学会、2014 年、94-106 頁）他。

堀川敏寛（ほりかわとしひろ）（第 VI、VIII、XI 章担当）

1979 年生まれ。京都大学大学院文学研究科博士後期課程（キリスト教学）

指導認定退学。修士（京都大学）。現在、ハイデルベルク大学客員研究員。
主要業績 „Jakobsgeschichte in Genesis 32 und 33 – Leitworte von Erstgeburt, Antlitz, Segen," in: Martin Buber-Studien, Band 2: „Alles in der Schrift ist echte Gesprochenheit." Martin Buber und die Verdeutschung der Schrift (Lich/Hessen: Verlag Edition AV, 2016) S. 243-264;『聖書翻訳者ブーバー』（新教出版社、2018 年）他。

濱崎雅孝（はまざきまさたか）（第 VII、IX、XIV、XVI 章担当）
1971 年生まれ。京都大学大学院文学研究科博士後期課程（キリスト教学）指導認定退学。修士（京都大学）。現在、神戸松蔭女子学院大学ほか非常勤講師。
主要業績 A. E. マクグラス『「自然」を神学する――キリスト教自然神学の新展開』（教文館、2011 年、共訳）、P. ティリッヒ『諸学の体系――学問論復興のために』（法政大学出版局、2012 年、共訳）他。

岡田勇督（おかだゆうすけ）（第 XV 章担当）
1990 年生まれ。京都大学大学院文学研究科博士後期課程（キリスト教学）指導認定退学。修士（文学）。現在、ハイデルベルク大学哲学科にて短期研究滞在中。
主要業績 「ガダマーとパネンベルク」（『日本の神学』第 56 号、日本基督教学会、2017 年）、「ガダマーとブルトマン――解釈学的構造を軸にして」（『基督教学研究』第 36 号、京都大学基督教学会、2017 年）他。

W. シュスラー編
神についていかに語りうるか
プロティノスからウィトゲンシュタインまで

2018 年 8 月 24 日　初版発行　　Ⓒ 芦名定道・伊藤慶郎
　　　　　　　　　　　　　　　　岡田　聡・岡田勇督
　　　　　　　　　　　　　　　　須藤英幸・津田謙治
　　　　　　　　　　　　　　　　濱崎雅孝・堀川敏寛　2018

　　　　　　監訳者　芦　名　定　道
　　　　　　発　行　日本キリスト教団出版局
　　　　　〒169-0051　東京都新宿区西早稲田 2-3-18
　　　　　電話・営業 03 (3204) 0422、編集 03 (3204) 0424
　　　　　　　　　　http://bp-uccj.jp

　　　　　　　　　　　　　　　印刷・製本　三秀舎

ISBN 978-4-8184-0989-7　C3010　日キ販
Printed in Japan

日本キリスト教団出版局

《オンデマンド版》
神への誠実
J. A. T. ロビンソン：著
小田垣雅也：訳

ティリッヒ、ボンヘッファー、ブルトマンらの意図を生かしつつ、固定的な死せる宗教性を克服し、存在の根拠としての神、この世的な聖に、神なき現代への懸け橋を見出そうとした、教会革新の話題作。　3,000 円

アブラハムの
イサク献供物語
アケダー・アンソロジー
関根清三：編著

ユダヤ教でアケダー（「縛り」）と呼ばれるイサク献供物語。その一見不条理な内容は、古代から信仰者を悩ませてきた。キルケゴールはじめ旧約偽典からブーバー、西田、デリダら現代の神学者・哲学者まで多彩な議論を幅広く収集。　5,200 円

他者の風来
ルーアッハ・プネウマ・気をめぐる思索
宮本久雄：著

聖書のルーアッハ（神の霊、風）やプネウマ（聖霊、息吹き）は三位一体論的「聖霊」の説明を超えていかに語りえるのか。預言者、イエスの受難、根源悪や FUKUSHIMA 等を鑑みつつ旧・新約的地平、東洋的神秘思想の見地から考究。　4,600 円

キリスト論論争史
小高　毅／水垣　渉：編著

キリスト教信仰の中心がイエス・キリストにあるゆえに、キリスト論はキリスト教内部でも他宗教との関係においても常に問題化せざるをえない。初代教会から現代に至るまでの様々なキリスト論の展開、ならびに論争を概観する。　9,500 円

死者の復活
神学的・科学的論考集
T. ピーターズ／R. J. ラッセル／
M. ヴェルカー：編　小河　陽：訳

終末における「からだの甦り」とはどういう形で起こりうるのか？　神学、宗教学、宇宙物理学、脳神経学など多彩な領域の研究者18名がその実現の可能性を考究する。キリスト教神学と自然科学とを対話させる創造的相互交流。　5,600 円

現代キリスト教神学 上
理解を求める信仰
D. L. ミグリオリ：著
下田尾治郎：訳

「神学」とは信仰を理性により考究し続ける営みである。組織神学を構築する各分野を、古典的神学から現代の問題と切り結ぶ神学まで視野に入れ概説。現代英米圏で広く用いられ、信頼される、キリスト教神学最良のテキスト。　4,200 円

重版の際に定価が変わることがあります。定価は本体価格。
オンデマンド版書籍のご注文は出版局営業課（電話 03-3204-0422）までお願いいたします。